August Wilhelm Ambros, Gustav Nottebohm, B. von Sokolowsky,
Carl Ferdinand Becker, Heinrich Reimann, Otto Kade

Geschichte der Musik

August Wilhelm Ambros, Gustav Nottebohm, B. von Sokolowsky, Carl Ferdinand Becker, Heinrich Reimann, Otto Kade

Geschichte der Musik

ISBN/EAN: 9783741117442

Manufactured in Europe, USA, Canada, Australia, Japa

Cover: Foto ©Angelika Wolter / pixelio.de

Manufactured and distributed by brebook publishing software (www.brebook.com)

August Wilhelm Ambros, Gustav Nottebohm, B. von Sokolowsky,
Carl Ferdinand Becker, Heinrich Reimann, Otto Kade

Geschichte der Musik

Geschichte der Musik

von

August Wilhelm Ambros.

Mit zahlreichen Notenbeispielen und Musikbeilagen.

Zweite verbesserte Auflage.

Vierter Band.
Fragment.

Leipzig, Verlag von F. E. C. Leuckart
(Constantin Sander).
1881.

Der Verfasser behält sich das Recht der Uebersetzung in fremde Sprachen vor.

Ihrer kaiserlichen und königlichen Hoheit

der Durchlauchtigsten Frau Erzherzogin

MARIA THERESIA

Infantin von Portugal

der Hochherzigen Beschützerin kirchlicher Tonkunst

in tiefster Ehrfurcht und Dankbarkeit

gewidmet von

August Wilhelm Ambros.

Vorwort.

Das vorliegende Werk ist, wie schon auf dem Titel angedeutet ist, Fragment geblieben. Der Verfasser ist über der Arbeit gestorben. Es kann uns nicht die Aufgabe zufallen, noch steht es uns zu, die Ziele und Gesichtspunkte, welche Ambros bei der Abfassung dieses Bandes im Auge hatte und von denen er sich leiten liess, darzulegen. Wer sich darüber unterrichten will, findet hinreichende Andeutungen in den Vorreden der vorhergehenden Bände. Wohl aber ist hier der Ort, einiges über den Stand des Manuscriptes und über die Wiedergabe desselben zu sagen.

Das Fragmentarische macht sich an manchen Stellen und sowohl im Verlauf längerer Abschnitte als innerhalb einzelner Sätze und Notenbeispiele bemerkbar. Nach Stellen, die im Manuscript offenbar zur späteren Ausfüllung leer geblieben sind, lassen sich beispielsweise Lücken in den Abschnitten, wo über Antonio Brunelli und Zarlino die Rede ist, bezeichnen[1]. Der aufmerksame Leser wird diese und andere im Text vorkommende Lücken selbst gewahren. Unvollständige Notenbeispiele finden sich Seite 333, 334, 371 (in der An-

---

[1] Seite 331 zwischen Zeile 4 und 5 und S. 417 zwischen Z. 25 und 26.

merkung), 374 u. s. w. Ohne Zweifel würde der Verfasser, wenn er länger gelebt hätte, die Lücken ausgefüllt und auch manches umgearbeitet haben. Bei der Herausgabe des Werkes jedoch kam es darauf an, dessen fragmentarische Beschaffenheit zu bewahren und im Text nur da einen Zusatz zu machen, wo es des Verständnisses wegen oder aus einem andern naheliegenden Grunde durchaus nöthig erschien. Nennenswerthe Zusätze, die in diesem Sinne bei der Herausgabe gemacht wurden, sind: S. 175 Z. 17 die Worte „Dann ist — zu nennen", S. 210 Z. 20 die Worte „war etwas Gewöhnliches", S. 215 die 2. Anmerkung S. 308 Z. 4. v. u. (in der 2. Anmerkung) die Worte „quae Palilogiis", S. 387 Z. 9 bis 6 v. u. die Worte „Grossen Erfolg" .... bis „die Sonne", und S. 442 Z. 1 der Anmerkung die Worte „der Toccaten". Von diesen Stellen stehen übrigens die zweite und fünfte im Manuscript; nur sind sie da mit Bleistift ausgestrichen. Die vierte Stelle betrifft ein Citat, und bei der sechsten ist im Manuscript ein Raum zu späterer Ausfüllung offen geblieben. Man kann also bei den meisten von den angeführten Stellen nicht eigentlich von Zusätzen sprechen. Sie lassen sich zum Theil eben so gut in Beziehung bringen mit Erscheinungen, die jetzt noch zu erwähnen sind.

Ambros hat bei späterer Durchsicht des Manuscriptes sehr viele Stellen geändert. Hierbei ist es geschehen, dass Wörter, die der ersten Fassung eines Satzes angehören, aus Versehen stehen geblieben, umgekehrt, dass Wörter, die zur spätern Fassung eines Satzes gehören, vergessen sind. Ein Eingreifen war nöthig. Welcher Art solche Stellen sind, lässt sich aus einer der vorhin angeführten abnehmen. Welches Wort im Zusammenhang fehlte oder überflüssig war, ergab sich meistens aus einer Vergleichung der verschiedenen Fassungen. Erschwert wurde diese Arbeit am meisten durch die Unleserlichkeit einzelner Wörter und Stellen, welche Eigenschaft sich übrigens auch auf andere Theile des Manuscriptes ausdehnt und welcher zu begegnen die Benutzung der citirten Werke oder das Eingehen auf den behandelten Gegenstand manchmal das einzige Mittel war.

Ausser den mit der Nichtdruckfertigkeit zusammenhängenden Mängeln und Ungenauigkeiten enthält das Manuscript auch Fehler im engsten Sinne des Wortes. Hier wurde nach der Ansicht vorgegangen, dass solche Fehler, die als Schreibfehler zu betrachten sind oder die der Verfasser bei wiederholter Durchsicht sehr wahrscheinlich oder ohne Zweifel selbst beseitigt haben würde, bei der Herausgabe möglichst zu beseitigen seien[1]), hingegen solche, die mit dem sie umgebenden Text verwachsen sind, stehen bleiben müssen[2]).

---

[1]) Ein Theil der beim Druck geänderten Stellen sei hier verzeichnet. (Links gebe ich die Lesart des Manuscriptes, in einer Klammer daneben die beim Druck geänderte Fassung an.)

S. 337 Z. 2f.: Vincenti in Rom (Vincenti in Venedig)
„ 420 „ 3: grosse Terz (kleine Terz)
„ 420 beim 2. Notenbeispiel: nel modo retto (nel moto retto)
„ 421 Z. 5 v. u. bis S. 422 Z. 1: grosse Terz (kleine Terz)
„ 422 „ 1: kleine (grosse)
„ 422 im Notenbeispiel: gr. Terz (kl. Terz)
„ 422 Z. 8: kleinen Terz (grossen Terz)
„ 469 „ 3: Mattheson (Walther)
„ 481 „ 16: Paul Poglietti (Alexander Poglietti).

[2]) So sind z. B. die S. 417 und 418 stehenden Notenbeispiele nicht von O. Tigrini, sondern von Scipione Cerretti. Vgl. Zacconi's „Prattica di musica", P. II. 163 ff. (Das Beispiel S. 419 oben ist von Tigrini.) Die S. 454 Z. 6 ff. v. u. erwähnte Phantasie (nicht Capriccio) ist nicht von Frescobaldi, sondern von Froberger. Vgl. A. Kircher's „Musurgia" I. 465.

Zu bemerken ist noch, dass das Manuscript von der Wittwe des Verfassers dem Verleger zur Veröffentlichung überlassen wurde und dass die ersten 8 Druckbogen von dem vor einiger Zeit gestorbenen verdienstvollen, früheren Organisten C. F. Becker in Leipzig, die letzten 22 von dem Unterzeichneten revidirt worden sind. Dass das Druckfehlerverzeichniss so reich ausgefallen ist, wird der ein- und nachsichtige Leser mit einigen vorhin angedeuteten Umständen in Verbindung zu bringen wissen.

Wien, April 1878.

G. Nottebohm.

Berichtigungen.

Seite 4	Zeile 12	v. u.	ist statt	Centiphonars	zu lesen:	Antiphonars
„ 5	Anm. Zeile 2		„	„	Jahren	„ „	Jahre
„ 5	Zeile 21	v. u.	„	„	Lungana	„ „	Lunara
„ 7	„ 8	v. u.	„	„	er	„ „	es
„ 8	„ 7	v. o.	„	„	Scottas	„ „	Scotto's
„ 8	„ 21	v. o.	„	„	ein	„ „	einen
„ 10	„ 21	v. o.	„	„	ansprach	„ „	aussprach
„ 12	„ 1	v. o.	„	„	Ruggieri	„ „	Ruggiero.
„ 14	Anm. 1 Zeile 7	„	„	unverwerfliche,,	„ „	verwerfliche
„ 14	Zeile 11	v. u.	„	„	adantuisset	„ „	statuisset
„ 15	„ 9	v. u.	„	„	Musonium	„ „	Mutonium
„ 15	„ 8	v. u.	„	„	adagis	„ „	adegit
„ 15	„ 7	v. u.	„	„	desumerens	„ „	desumerent
„ 15	„ 6	v. u.	„	„	Agnatam	„ „	Agnetem
„ 16	„ 6	v. u.	„	„	Ex	„ „	Et
„ 19	sind Anm. 1 u. 2 mit einander verwechselt worden.						
„ 22	Zeile 15	v. u. ist statt	faxis		zu lesen:	faxit
„ 23	„ 3	v. o.	„	„	Argande	„ „	Quando
„ 23	„ 4	v. u.	„	„	admettais	„ „	admettait
„ 25	„ 19	v. o.	„	„	Tribulares	„ „	Tribularer
„ 31	„ 14	v. o.	„	„	Cosi spuzzati	„ „	Cori spezzati
„ 35	„ 3	v. o.	„	„	Jesus	„ „	Jesu
„ 39	„ 25	v. o.	„	„	circuita	„ „	circuitu
„ 40	„ 8	v. o.	„	„	Petremdue	„ „	Petre indue
„ 41	„ 2	v. u.	„	„	fortem	„ „	fontem
„ 42	„ 13	v. o.	„	„	coetum	„ „	coelum
„ 43	„ 5	v. o.	„	„	Sanctae	„ „	Sancte
„ 43	„ 5	v. o.	„	„	Chori	„ „	Cori
„ 44	„ 8	v. o.	„	„	Eccetu	„ „	Ecce tu
„ 45	„ 16	v. o.	„	„	cartica	„ „	cantica
„ 47	„ 10	v. o.	„	„	magnifices	„ „	magnificas
„ 47	Anm. 1 Z. 1	„	„	est revertar	„ „	est ut revertar
„ 47	Anm. 1 gehört zu Seite 48 Zeile 6.						
„ 49	Zeile 13 v. u. muss die letzte Note (B) unter den letzten Ziffern $\frac{8}{7}$ stehen.						
„ 49	„ 9	v. u. ist statt vergantique zu lesen: very antique.					
„ 50	„ 16	v. u. ist das Komma vor „la serva" zu streichen.					
„ 50	„ 11	v. u. ist statt compunti vi zu lesen: compuntivi.					
„ 53	„ 15	v. o. „ „ anzufangen „ „ angefangen					
„ 53	„ 21	ist das „J." vor „Filippo" zu streichen.					
„ 54	„ 7	ist statt gloria zu lesen: gloriae.					
„ 55	„ 14	v. u. ist statt Zusammenklingen zu lesen: Zusammenklingens					
„ 57	„ 17	ist statt Part. zu lesen: Parte					
„ 65	„ 16	„ „ kommt „ „ kramt					
„ 66	„ 5	„ „ de „ „ di					
„ 66	„ 1	v. u. ist das Komma nach „schön" zu streichen.					
„ 67	„ 15	ist statt dem zu lesen: der					
„ 68	„ 16	v. u. ist der Punkt nach „rex" zu streichen.					
„ 70	„ 3	v. o. „ statt Bernardio zu lesen: Bernardin					
„ 71	„ 7	v. u. „ „ den Meister „ „ dem Meister					
„ 74	„ 2	v. u. „ „ S. „ „ In					
„ 75	„ 14	v. o. „ „ Suffresia „ „ Suffragia

Berichtigungen.

Seite	Zeile		statt	zu lesen
76	11 u. 20 ist		G. L.	G. B.
76	13	v. u.	den alten Grossmeistern	dem alten Grossmeister
78	17	v. o.	Betini	Bettini
78	13	v. u.	Santin'sche	Santini'sche
78	2	v. u.	aperuis	aperuit
79	11	v. o.	die Passion	der Passion
79	19	v. o.	Bott	Batt.
81	6	v. o.	sex	sei
81	21	v. u.	aportet	oportet
83	7	v. u.	cum	sum
87	8	v. o.	angelli	augelli
87	19	v. o.	wiederstehen	widerstehen
87	28	v. o.	cansando	cantando
88	6	v. u.	Rinuncini	Rinuccini
89	22	v. o.	udiso	udito
90	18	v. o.	Steffonio	Stessonio
90	23	v. o.	Ballerus	Bellerus
91	7	v. o.	gearbeitet	gearbeitete
94	14	v. o.	in	im
95	13	v. u.	instrumentalis	instrumentale
96	15	v. o.	Niederschlägen	Wiederschlägen
98	2	v. u.	seinen	seinem
99	7	v. u.	letztern	Letztern
101	11	ist der Punkt nach „Anton" zu streichen.		
101	19	v. o. ist statt	Naemi	Narni
101	8	v. u.	Persageppi	Persapeggi
103	6	g. u.	dé	de'
103	5	v. u.	vespero	vesperi
105	15	v. u.	Dämonomachiren	Dämonomachieen
105	3	v. u.	seinen	seinem
105	3	v. u.	Persageppi	Persapeggi
106	22	v. u.	mosto	morto
108	20	v. u.	Bellabene's	Ballabene's
114	11	v. u.	in	im
114	10	v. u.	strengen	strengem
115	9	v. o.	l'ersageppi	Persapeggi
115	10	v. o.	avangaudo	avanzaudo
115	15	v. o.	guiste	giuste
115	22	v. o.	Ligius	Livius
116	15	v. u.	G. L. Doni	G. B. Doni
116	6	v. u.	a verà	averà
118	21	v. u.	deu	dem
118	19	v. u.	Bassparts	Bassparte
118	16	v. u.	secondi	secondo
121	5	v. o.	zu dem	zudem
125	15	v. u.	Tremoti	Tremoli
125	14	v. u.	abwechselnde	abwechselnden
125	10	v. u.	clarissionus	clarissimus
125	6	v. u.	Pers.	Però
125	5	v. u.	graziedi, trilli	grazie di trilli
125	3	v. u.	praticale	praticate
126	12	v. u.	G. L. Doni	G. B. Doni
126	8	v. u.	illuis	illius

Berichtigungen.

Seite 126 Zeile 7 v. u. ist statt et zu lesen: etc.
" 126 " 3 v. u. " " porra " " porro
" 126 " 1 v. u. " " tationem " " talionem
" 128 ist im 7. Takt des ersten Notenbeispiels (im Worte „authorem") statt des Doppelpunkts ein Bindezeichen zu setzen.
" 128 Zeile 5 v. u. ist der Punkt (nach dem Worte „perenne") zu streichen.
" 153 Zeile 3 v. u. ist statt Nicias zu lesen: Nicius
" 178 ist der 1. Buchstabe der 4. Zeile mit dem 1. Buchstaben der folgenden Zeile verwechselt worden.
" 185 Zeile 12 v. u. ist statt di zu lesen: da
" 185 " 9 v. u. " " ingagliardare " " ingagliardire
" 198 " 7 v. u. " " trima " " prima
" 198 " 6 v. u. " " dellen " " stellen
" 199 " 18 v. u. ist nach dem Worte „pflegen" ein Semikolon zu setzen.
" 202 ist im Notenbeispiel (Zeile 3) statt inch'el — zu lesen: in ch'el —
" 211 Zeile 4 v. u. ist das Komma vor „Poe." zu streichen.
" 219 Notenzeile 3 v. u. muss der erste (volle) Takt so lauten:

Seite 233 Zeile 2 ist vor dem Worte „in" das Wort „Ton" einzufügen.
" 234 Anm. 2 Zeile 2 ist statt ne zu lesen: ne'
" 240 müssen im 1. Takt des 3. Notensystems v. u. hinter den Halbnoten es und b Punkte stehen.
" 276 Zeile 22 v. u. ist statt quasto zu lesen: questa
" 282 " 3 v. u. " " Epalagi " " E palagi
" 282 " 2 v. u. " " Ela " " E la
" 283 ist zu Anfang des 2. Notenbeispiels statt Conche zu lesen: Con che
" 289 Zeile 16 ist statt 1622 zu lesen: 1623.
" 295 " 10 v. u. ist statt 351 zu lesen: 251
" 295 " 5 v. u. " " magnificentissima zu lesen: magnificentissimi
" 303 ist im Notenbeispiel Zeile 1 v. o. der Punkt nach „co-re" zu streichen.
" 303 muss im obern System des 2. Notenbeispiels die 3. Note des 2. Taktes eine Ganznote sein.
" 325 Notenbeispiel. Die 2. Hälfte der Ligatur im Bass ist nur eine Brevis.
" 335 muss im Notenbeispiel Takt 12 im obern System die 1. Note eine Viertelnote sein.
" 362 Zeile 14 ist statt nuovo zu lesen: nuovissimo
" 362 " 15 " " Strozzi " " Sacrati
" 409 " 15 " " Pius " " Sixtus
" 428 Anm. 3 Zeile 1 ist statt Fantizzi zu lesen: Fantuzzi
" 458 Zeile 23 v. o. ist statt fer zu lesen: der
" 463 ist im obern System des 1. Notenbeispiels statt des Taktzeichens ein G-Schlüssel auf der 2. Linie anzubringen.

Die Berichtigung anderer Fehler, die Richtigstellung mancher falsch angebrachter Kommata u. dgl. möge der geneigte Leser selbst übernehmen. Einige hin und wieder vorkommende Wörter jedoch, die nicht so heissen können wie sie gedruckt sind, deren richtige Fassung aber nach dem Manuscript nicht herzustellen war, müssen zweifelhaft bleiben.

Inhalt.

	Seite
Vorwort von G. Nottebohm	VII
Berichtigungen	XI
Inhaltsverzeichniss	XIV
I. Palestrina	1
II. Die Zeit des Palestrinastyles. Der italienischen Musik grosse Periode	63
Giovanni Maria Nanini	67
Giovanni Bernardo Nanini	70
Tommaso Lodovico da Vittoria	70
Felice Anerio	73
Giov. Francesco Anerio	74
Annibale Zoilo	75
Rocco Rodio	75
Pietro Paolo Paciotti	76
Fabricio Dentice	77
Fr. Roussel (Rossel)	77
Giov. Andr. Dragoni	78
Annibale Stabile	78
Giov. Franc. Brissio	78
Placido Falconio	79
Arcangelo Crivelli u. s. w.	79
Asprilio Pacelli	79
Ruggiero Giovanelli	79
Francesco Soriano	80
Vincenzo Ugolini	83
Fabio Costantini	84
Alessandro Costantini	84
Luca Marenzio	85
Gregorio Allegri	90
Antonio Cifra	98
Agostino Agazzari	99
Francesco Foggia	101
Girolamo Frescobaldi	103
Agostino Diruta	103
Matthäus Simonelli u. s. w.	103
Paolo Agostini	106
Antonio Maria Abbatini	107
Domenico Allegri u. s. w.	107

	Seite
Orazio Benevoli	108
Virgilio Mazzocchi	115
Abundio Antonelli	117
Gregorio Ballabene	117
Pier Francesco Valentini	121

III. Der monodische Styl in Rom.

Joh. Hier. Kapsberger	125
Vittorio Loreto	144

IV. Die Musikreform und der Kampf gegen den Contrapunkt ... 145

Emilio de' Cavalieri u. s. w.	154
G. B. Doni	156
Vincenzo Galilei	157
Giulio Caccini	159
Domenico Brunetti u. s. w.	175
Der Dichter O. Rinuccini	182
Jacopo Peri	201

V. Die Zeit des Ueberganges.

Theatralische Aufführungen in Italien, Deutschland und
Frankreich	207
Ludus Dianae (Festspiel von C. Celtes)	211
Scenica Progymnasmata (Comödie von Joh. Reuchlin)	215
Ballet comique de la reine	216
Die Chromatik	231
Nicola Vicentino	234
Gesualdo Principe di Venosa	236
Der Basso continuo	248
Lodovico Viadana	248

VI. Die Zeit der ersten dramatischen Musikwerke.

Der Stile rappresentativo und das Musikdrama der Florentiner ... 253

J. Peri's „Euridice" und G. Caccini's „Euridice"	253
Giulio Caccini's „Il rapimento di Cefalo"	272
Emilio de' Cavalieri's „La rappresentazione di anima e di corpo"	275
Agostino Agazzari's „Eumelio"	280
Marco da Gagliano's „Dafne"	288
Verbreitung des neuen Florentiner Styles	294
Gir. Giacobbi's „Andromeda"	294
Francesca Caccini's „La liberazione di Ruggiero"	295
Intermedien in Mailand	300
Giov. Boschetto-Boschetti's „Strali d'Amore"	301
Geistliche monodische Gesänge	309
Radesca da Foggia	310
Serafin Patta	310

Inhalt.

	Seite
Ottavio Durante	311
Girolamo Marinoni	311
Luigi Simonetto u. s. w.	312
Bartolomeo Pesarino	312
Hymnen der Philomela angelica	314
Domenico Mazzocchi	319
Weltliche Monodieen	323
Radesca da Foggia	323
Antonio Brunelli	330
Giov. Francesco Capello	331
Giacomo Fornaci	334
Sigismondo d'India	335
Luigi Rossi	335
Salvator Rosa	336
Sänger und Sängerinnen	337
Vittorio Loreto u. s. w.	337
VII. Claudio di Monteverde.	
Monteverde	353
Francesco Cavalli	371
Giulio d'Alessandri	400
VIII. Theoretiker und Lehrer	407
Gioseffo Zarlino	407
Orazio Tigrini	417
Lodovico Zacconi	418
Giov. Maria Artusi	419
Girolamo Diruta	420
Adriano Banchieri u. s. w.	425
Francesco Patrizzi u. s. w.	428
IX. Die italienischen Organisten	433
Ottavio Bariola u. s. w.	433
Adriano Banchieri	435
Girolamo Frescobaldi	438
Johann Jacob Froberger	463
Giov. Battista Fasolo	480
Bernardo Pasquini	480
Nachwort von Eduard Schelle	483

I.
Palestrina.

Giovanni Pierluigi da Palestrina.

Südöstlich von Rom, in einer Entfernung von etwa achtzehn Miglien, dem Blicke von der Höhe des palatinischen Hügels erreichbar, steigt an der Lehne eines Kalksteinberges eine graue Masse von Häusern hinan; die Stadt Palestrina, das uralte Präneste, dessen Gründung über Alba longa und Rom hinausreicht — im Alterthume der Sitz eines berühmten Orakels, im Mittelalter Besitzthum der Colonna, deren Schloss noch jetzt von seiner Höhe herabblickt auf die weite römische Campagna, mit der in bläulicher Ferne gelagerten Weltstadt Rom und dem einsamen Soracte im Hintergrunde. „Wer", sagt Gregorovius, „dieses Anblicks geniesst, dieser erhabenen Landschaft, dieses azurnen Himmels und seiner klaren Lüfte, mag bei seiner eigenen inneren Regung sich gerne erinnern, dass Palestrina der Geburtsort jenes grossen Meisters der Kirchenmusik ist, welcher von dieser Stadt den Namen trägt."

Giovanni Pierluigi da Palestrina wurde dort nach der gewöhnlichen Annahme 1524 geboren, neuerlich wird behauptet: um zehn Jahre früher, schon 1514.[1]) Der kleine Pierluigi soll, nach Cecconis Angabe, als Betteljunge in den Strassen Roms herumgesungen haben, bis er die Aufmerksamkeit des Kapellmeisters von S. Maria maggiore erregte. Nach einer anderen

---

[1]) Der Herausgeber des 1594 erschienenen siebenten Buches der Messen Palestrina's, sein Sohn, sagt in der Vorrede: Pater meus, septuaginta fere vitae suae annos Dei laudibus componendi consumens." Darnach rechnet Baini obiges Jahr heraus. Baini's Schüler Cicerchia, welcher in Palestrina's Geburtsort Nachforschungen anstellte und dort viele Documente copirte, deren Publication von seiner Seite ganz unbegreiflicher Weise unterblieb, gab in mündlicher Mittheilung an: Palestrina's Familienname sei Sante gewesen, sein Vater habe, wie er, Pierluigi, die Mutter Maria Gismondi geheissen — geboren sei er 1514 — so dass also jene „siebenzig Jahre" buchstäblich zu verstehen wären, indem der grosse Meister nicht schon als Wickelkind, sondern mit etwa zehn Jahren Musik zu treiben angefangen.

Version geschah letzteres bei einer musikalischen Aufführung, bei welcher Pierluigi als Singknabe durch seine schöne Stimme und sein sich entschieden bemerkbar machendes Talent auffiel. Der Kapellmeister soll sich fortan um seine Ausbildung angenommen haben.

Sicherer als diese schwankenden Angaben ist es, dass Pierluigi zu Rom in die Schule Claude Goudimels[1]) kam, und hier wurde der Grund zu jener Meisterschaft gelegt, welche ihn befähigte, seine himmlischen Inspirationen in fest umrissene musikalische Gestaltungen zu fixiren. Man sagt: „Palestrina", wie man „Raphael" sagt — mit dem Namen ist Alles ausgedrückt. Er nimmt für die Musik eine sehr analoge Stellung, wie Raphael Sanzio für die Malerei. Gleich diesem ist er der Abschluss einer langen vorangegangenen Kunstentwickelung. Für den Maler werden Zeichnung und Farbe Boten des Göttlichen — in der irdischen Gestalt spiegelt sich der Abglanz des Himmels — der Ton des Musikers löset sich vom Irdischen los und steigt wie der Duft reinen Weihrauches zum Himmel empor — der verwehende Klang wird zum Träger des Ewigen.

An Pierluigi's äusseren Schicksalen hat ein Biograph nicht viel zu erzählen. Er hat in Rom gelebt, rastlos gearbeitet, er sah eine Reihe von Päpsten — von Leo X. bis Clemens VIII. nicht weniger als fünfzehn — darunter die verschiedenartigsten Charaktere, den Thron besteigen, er starb endlich am 2. Februar 1594 als hochbetagter Greis. Zur Zeit Pius IV. tritt er mit seiner Missa Papae Marcelli einen Moment lang in eine auch äusserlich glänzende Beleuchtung. Als er stirbt, schreibt man ihm auf den Sarg die Worte: „Joannes Petrus Aloysius Praenestinus, Musicae Princeps". An Fruchtbarkeit wetteifert er mit seinem Zeitgenossen Orlando Lasso: Messen allein hinterlässt er 78 — dazu Motetten für die Feste des Jahres, Hymnen für's ganze Kirchenjahr, Lamentationen, Offertorien für's Kirchenjahr, Magnificat nach den acht Kirchentönen u. s. w. Gregor XIII. bürdet ihm zu alle dem noch die Revision des römischen Graduals und Antiphonars auf, eine Riesenarbeit, an welcher er, trotz der Mithülfe seines Schülers Guidetti erlahmt — bei seinem Tode findet sich nur das Gradual „de tempore" abgeschlossen. Der glänzendste Genius, der fleissigste Mensch, der einfache Bürger — und doch waren seine Glücksumstände, der gewöhnlichen Meinung nach, nichts weniger als glänzend — in der an Sixtus V. gerichteten Dedication seines „Lamentationum liber primus cum quatuor vocibus et privilegio Sixti V Summi Pontificis" (Rom 1588) klagt er bitter

---

[1]) Antonio Liberati nennt den Lehrer: Gaudio Mel, den Namen „Claudio Goudimel" seltsam zusammenziehend und corrumpirend. Burney gerieth darüber in Zweifel, welche Baini überzeugend widerlegt hat.

über den Druck der sein Lebelang erlittenen Noth, welche ihn gleichwohl nicht verhindert habe, der Musik allen Fleiss und alles Studium zuzuwenden, selbst am Nothwendigsten habe es gemangelt, über welches hinaus ein Genügsamer doch nicht mehr begehre. Er weist auf die grossen Auslagen hin, welche ihm der Druck seiner musikalischen Compositionen verursacht habe — eine beträchtliche Zahl von Tonwerken sei veröffentlicht, die Drucklegung einer sehr grossen Anzahl anderer werde nur durch seine Armuth verhindert u. s. w. Wirklich wurden von den zwölf Büchern (Messen) nur sieben vom Componisten selbst veröffentlicht, das siebente, auch von ihm selbst zur Drucklegung vorbereitete Buch, erschien erst nach seinem Tode. Zwölf Messen sind bis heute ungedruckt geblieben. Als Palestrina sein Ende herannahen fühlte, rief er seinen Sohn Iginio an sein Krankenlager: „Mein Sohn", sagte er; „ich hinterlasse eine grosse Anzahl bisher nicht veröffentlichter Werke; — Dank dem Grossherzog von Toscana, dem Cardinal Aldobrandini und dem Abt von Baume — hinterlasse ich Dir auch so viel als zur Bestreitung der Drucklegung nöthig ist — ich lege es Dir ans Herz, letzteres so bald als möglich zu veranstalten — zum Preise des Allmächtigen und zur würdigen Feier des Gottesdienstes."

Was wir von den Besoldungen Palestrina's wissen, lautet kläglich genug. Hätte Palestrina, wie neuerlich auf mündliche Angaben Cicerchia's hin behauptet worden, in behaglichen Verhältnissen gelebt, drei Häuser in der Lungara besessen, seinen Töchtern ein anständiges Heirathsgut mitgegeben, verschiedene Grundstücke gekauft u. s. w.[1]), so wäre es rein unbegreiflich, wie er gegenüber dem Papste — und obendrein Sixtus dem fünften, der sich keinen blauen Dunst vormachen liess, und in keiner Beziehung Spass verstand — hätte eine Sprache führen können, wie in jener Vorrede. Es ist nicht anzunehmen, dass er nachträglich wohlhabend geworden. Denn als er jene Worte schrieb, war er ein Greis von 74 Jahren und hatte nur noch sechs Jahre zu leben.

Palestrina begann angeblich 1544 seine eigentliche künstlerische Laufbahn nach überstandener Lehrzeit — etwa im dreissigsten Lebensjahre, denn am 26. Februar 1551 schied der „maestro de putti della cappella Giulia" — Franz Roussel —

---

1) Cicerchia soll über Alles dieses Urkunden aufgefunden und copirt haben. Aber es sind seit dem „Fund" 15 bis 20 Jahren hingegangen und wir harren bis heute der Publikation so wichtiger und interessanter Documente vergebens. Und doch wäre der wirkliche Inhalt der Schriftstücke das Entscheidende. So lange uns aber nicht der Worttext der Urkunden vorliegt, und letztere eine kritische Prüfung bestanden haben, sind diese Notizen für uns werthlos.

auch Rosseli genannt — aus seiner Stellung und von Rom („discessit ab urbe" heisst es in den Registern der Capelle). Palestrina widmete dem Scheidenden einen Abschiedsgesang und wurde Roussel's Nachfolger; nebstdem ertheilte ihm das Kapitel von St. Peter den Titel: „Maestro della cappella della Basilica Vaticana."

Drei Jahre später — 1554 — erschien Palestrina's erstes gedrucktes Werk, ein Buch Messen, unter dem Titel: „Ioannis Petri Aloisii Praenestini, in Basilica S. Petri de Urbe Capellae magistri: Missarum liber primus." Es enthält die vierstimmigen Messen: *Ecce Sacerdos magnus; O regem coeli; Virtute magna; Gabriel Archangelus*, und die fünfstimmige Messe: *ad coenam agni providi* (zweite Auflage 1572, der dritten, 1592 erschienenen, wurde die fünfstimmige Missa *pro Defunctis* und eine Messe *sine nomine* zu sechs Stimmen beigegeben). Palestrina hatte an die Composition eine besondere Sorgfalt gewendet, er bezeichnet sie in der Dedicationsvorrede an Julius III. als rhythmi exquisitiones".[1]) Der Lohn blieb nicht aus. Julius III., welcher vielleicht gleich in dem einleitenden „Ecce sacerdos magnus" eine schmeichelhafte Anspielung finden mochte, berief am 1. Januar 1555 Palestrina in die päpstliche Capelle — unter Nachsicht der strengen Prüfung, welche eben er in einem Motu proprio vom 5. August 1553 für die in die Capelle aufzunehmenden Sänger vorgeschrieben hatte.[2]) Palestrina's bisherige Stelle bei der Peterskirche ging auf Johannes Animuccia über.

Ein Buch Madrigale, welches in eben diesem Jahre 1555 erschien, soll dem Tousetzer viele Vorwürfe und Anklagen wegen der „anstössigen und leichtfertigen Texte" zugezogen haben, und man könnte daran glauben, wenn man in der an Gregor XIII. gerichteten Dedicationsvorrede der Motetten aus dem hohen Liede liest, wie Palestrina sein Pater peccavi anstimmt: „Erubesco et doleo — sed quando praeterita mutari non possunt, nec reddi infecta, quae facta jam sunt" u. s. w.[3]). Zum Glücke liegen uns

---

1) Wie Baini aus diesem Worte folgern kann, Palestrina habe andeuten wollen, dass diese seine Messen alle früheren Leistungen der Musik übertreffen, ist einigermassen unbegreiflich.

2) In den Tagebüchern der päpstlichen Capelle heisst es: 13. Januarii 1555 die Dominica fuit admissus in novum cantorem Joannes de Palestrina habebamus et absque consensu cantorum ingressus fuit.

3) Auch schon Morales, der herb-grossartige Spanier, spricht sich in der an Paul III. gerichteteten Widmung des zweiten Buches seiner Messen in ähnlichem Sinne aus — er sagt von der Musik: „quod e coelestium orbium ratione ad coelestium Deique Opt. Max. laudes canendas deducta est, atque in mentes nostras immissa divinitus. Quamobrem plerumque demiratus sum, cur eam ipsam maxima musicorum, praecipue aetatis nostrae, pars ad ineptias converterit, atque utinam non etiam ad obscoena: perpaucique ea, ad quae instituta est, utantur. Cum eximiae,

die Madrigale noch vor — mit Ausnahme jenes an Franz Roussel
gerichteten sind es — ohne eine Spur von Anstössigkeit oder
Leichtfertigkeit — die herkömmlichen Liebespoesien, das An-
schwärmen weiblicher Schönheit u. s. w. Wie sehr aber hatten
sich die Verhältnisse in Rom allmälig geändert! Nach dem Rausch
der Tage Leo X. kam der Rückschlag. „Dem Uebermaasse der
Genüsse des Geistes folgten Trübsinn und Uebersättigung." Leo X.
war ein wahrer Kunstsybarit gewesen, ein Schwelger in Kunst-
schönheit — er lebte gerne und liess leben. Der ernste tugendhafte Hadrian VI. wurde von den Römern offen verböhnt — ein
„niederländischer Barbar". Aber schon die entsetzliche Kata-
strophe des „Sacco di Roma" — worin die Besseren und Be-
sonneneren — wie Sadolet in seinem Briefe an Clemens VII.
unverholen ausspricht, ein wohlverdientes Strafgericht Gottes
erblickten, hatte 1527 den Dingen eine wesentlich andere Wendung gegeben; in Deutschland gewann die Reformation immer
mehr Boden, das Geschrei nach „Reform an Haupt und Gliedern"
wurde auch innerhalb der Kirche immer dringender.

Die „gute Gesellschaft" in Rom war als gelehrige Schülerin
des extremsten Humanismus, wie ihn Pomponius Lätus repräsentirt, durch und durch mit classisch-heidnischen Elementen durch-
setzt gewesen — jetzt fing sie wieder an, ihr „Confiteor" und
„Credo" anzustimmen. Wie es in Zeiten der Reaction immer
geht — die Zügel wurden jetzt straff, und um so straffer angezogen, je ungebundener und lockerer es früher zugegangen war.
Und so wird es erklärlich: dass man dem armen Pierluigi seine
unschuldigen Madrigale zum Verbrechen anrechnete, und dass
er selbst mit so vieler Zerknirschung davon redet.

Wie nun vollends der strengste aller Cardinäle, der fast
achzigjährige Erzbischof Giampietro Caraffa von Neapel, 1555
als Paul IV. den päpstlichen Thron bestieg, schien Rom das
directe Gegentheil dessen werden zu wollen, was er unter Leo X.
gewesen. Pius V. bewährte sich als „der vornehmste Vertreter
der Zeit des Kampfes und der beginnenden Wiedergeburt." Dass
nun Alles dieses auf Palestrina, der recht eigentlich im Zeitraum
dieser Bewegungen lebte und webte, und auf den Weg, den
seine Kunst einschlug, den allergrössten Einfluss geübt, ist wohl
zweifellos. Ein päpstlicher Capellmeister, welcher sich, während
ein Paul IV., ein Pius V. auf dem Throne sass, hätte einfallen

---

praestantissimaeque hujus artis vice dolerem, eorumque ingratum animum
in Deum, tanti hujus muneris largitorem, cum meo ipso animo detestarer:
constitui pro viril i parte ei succurrere, totumque studium meum, atque
operam, quam in hanc disciplinam impendi, in divinis laudibus canendis
ponere atque collocare." Die oben im Texte mitgetheilten Worte Palestrina's sind ein Echo des Spaniers.

lassen, das Goldhaar und die Sternenaugen einer Schönen madrigalesk zu besingen, würde sich selbst den Tod und das Gericht componirt haben — oder aber er hätte nach Venedig auswandern müssen, wo man an dem bussfertigen Trauern in Sack und Asche nie sonderlichen Geschmack gefunden: — wie denn wirklich ein zweites Buch Madrigale von Palestrina 1586 nicht in Rom sondern in Venedig bei Girolamo Scotto's Erben erschien. Es ist aber eben diesen Umständen vielleicht auch zu danken, dass Palestrina seine ganze Kraft und Thätigkeit der geistlichen Musik zuwendete, und so der erste aller Kirchencomponisten wurde. Schon unter Paul IV. sollte Palestrina in sehr empfindlicher Weise fühlen, dass das Oberhaupt der Kirche jetzt ganz anders denke, als weiland Julius III., Palestrina's Gönner gedacht. Der greise Paul wiederholte bei jeder Gelegenheit sein Lieblingswort „Riforma, riforma" — er wollte eine eiserne Disciplin einführen, „reformiren", ob es biege oder breche — wobei er mit rücksichtsloser Strenge vorging. — War für Leo X. die Kunst das Erste und fast das Einzige gewesen, so war sie Paul IV. vollständig gleichgültig. In den Sängern der päpstlichen Capelle sah er nur Kleriker der Kirche, nicht Künstler. Er fand darin, dass drei davon verheirathet waren, „ein Scandal des Gottesdienstes und der heiligen Kirchengesetze." Schon die Erwartung der päpstlichen Resolution warf den armen Palestrina auf das Krankenlager; vierzehn Tage später, am 30. Juli 1555, erfolgte das päpstliche motu proprio, womit der Capellensänger Lionardo Barre von Limoges ohne Rücksicht auf seine langjährigen treuen und ausgezeichneten Dienste, Domenico Ferrabosco ohne Rücksicht auf die um der päpstlichen Capelle willen von ihm verlassene Capellmeisterstelle von S. Petronio in Bologna, Palestrina ohne Rücksicht auf den Wunsch Julius' III., der ihn aus einer guten Versorgung in die Capelle berufen, mit einer Pension von monatlich 5 Scudi 13 Bajocchi ihres Dienstes entlassen wurden. Und nicht genug daran, mit der dem greisen Paul in allen Dingen eigenen excentrischen Uebertreibung erfolgte diese Entlassung in der härtesten Form. Palestrina erhielt aber schon am 1. October 1555 die Berufung als Capellmeister bei der Lateranensischen Basilica. Als Musikleiter des Laterans componirte er die berühmten Improperien, die in ihrer wundervollen Einfachheit so unwiderstehlich ergreifen, und durch welche er sich die Gunst Pius' IV. errang (Paul IV. war am 18. August 1559 gestorben). Am 1. März 1561 erhielt Palestrina die etwas einträglichere Capellmeisterstelle bei der Liberianischen Basilica (St. Maria Maggiore). In die Zeit seiner zehnjährigen Dienstleistung bei dieser Kirche (bis 31. März 1571) fällt seine berühmte Rettung der Kirchenmusik vor dem ihr drohenden Bannfluche. Die Beschuldigungen, welche sich gegen die Figuralmusik erhoben hatten, waren zu laut geworden, als

dass das ebendamals tagende tridentiner Concil nicht auch die
Frage hätte anregen sollen, ob die Figuralmusik als Kirchengesang überhaupt noch zu dulden, oder ob letzterer ganz streng
auf die alten völlig einfachen Gregorianischen Intonationen beschränkt werden solle. Der Katholicismus sollte allüberall restau-
rirt werden, auch im Kirchengesange. Man war geneigt, in all'
der reichen Kunst, die sich auf und um den allein authentisch
gutgeheissenen Gregorianischen Gesang aufgebaut hatte, eine grosse
Verwirrung, einen verwerflichen Auswuchs zu erblicken. Wie bei
der Geistlichkeit in Klöstern und endlich bei allen Mitgliedern
der Kirche im weitesten Sinne die alte Zucht und Ordnung herzustellen, den Ritus zu reinigen, für ihn ein für allemal eine un-
verrückbare Ordnung festzustellen sei, wurde ernstlich in Ueber-
legung gezogen. Die Musik, oder vielmehr der Gesang, und zwar
ganz eigens der Gregorianische Gesang hatte nun von jeher für
einen wesentlichen Theil des Ritus, nicht bloss als zufälliger,
entbehrlicher Schmuck des Gottesdienstes gegolten. Die reichen
und kunstvollen Figuralcompositionen waren nun freilich — neben
den weltlichen Liederweisen, an denen man jetzt unter also be-
wandten Umständen das höchste Aergerniss nehmen musste —
über Gregorianische Antiphonenmotive, Messenmotive, über alt-
geheiligte Hymnen oder in den Kirchengesang eingeführte Sequenzen componirt; aber so wie die weltliche Liedermelodie im Stimmengewebe verschwand und somit aufhörte anstössig zu sein (nur
der anstössige Name blieb), so verschwand auch die Gregorianische
und hörte auf durch sich selbst erbaulich zu wirken. Ver-
schnörkelten vollends die Sänger ihre Parte mit sogenannten
Diminutionen, so verschwand jede, auch die kleinste Spur des
autorisirten Gregorianischen Gesanges. Selbst der Fauxbourdon
deckte ihn schon fast bis zum Unkenntlichen. Ihn wieder hör-
und vernehmbar zu machen und ihn in der ursprünglichen Reinheit herzustellen, war also das letzte Ende und Ziel der ange-
bahnten Reformirung, nicht aber eine Verbesserung des Musikstyles
im künstlerischen Sinne. Man muss durchaus den Gesichtspunkt
festhalten, dass die Kirche nach ihrem innersten Wesen keine
specifische Kunstanstalt sein konnte. Die Kunstliebe von Päpsten
wie Julius II. und Leo X. hatte allerdings diese Seite der Entwickelung kirchlichen Lebens mit grösster Vorliebe in den
Vordergrund gerückt. Der Rückschlag konnte nicht ausbleiben.
Schon Leo's X. Nachfolger, der fromme, gelehrte Professor von
Löwen, der als Hadrian VI. den päpstlichen Thron bestieg, rief
beim Anblicke des Laokoon: „Sunt idola ethnicorum"; aber
Hadrian war ein Papst, wie ihn die Kirche brauchte, worüber
man ihm die mangelnde Kunstkennerschaft sehr zu Gute halten
kann. Paul IV. liess in der Sixtinischen Capelle vor der Giganten-
welt Michel Angelo's den unwilligen Ausruf hören: „ob das ein

Gotteshaus oder eine öffentliche Badestube sei!" Mit Mühe wurde das jüngste Gericht durch Daniel's von Volterra Uebermalung einzelner Nacktheiten vor dem Urtheilsspruche des Herunterschlagens bewahrt. Geht man auf den Grund der Ausmalung der Kirchen u. s. w. von Altersher zurück, so ist es in letzter Instanz wohl Kunstdrang und Zierlust[1]), was sie hervorrief; aber der ausdrücklich betonte Grund blieb der Lehrzweck, an die Heiligen und die heiligen Begebenheiten auch die des Lesens unkundigen Kirchenbesucher zu erinnern. Daher wurde die Composition der Bilder ein- für allemal beibehalten[2]), die Begebenheit sollte dem Beschauer in gewohnter Anordnung vorgeführt, er sollte nicht durch mannigfache Composition derselben Scene irre gemacht, ihm nicht zugemuthet werden etwas zu errathen — es sollte ja für die Unwissenden und Geistesarmen dienen — nicht dem Künstler etwa Anlass bieten durch originelle Auffassung zu glänzen. Aehnlich ist auch der Gregorianische Gesang zu verstehen: er sollte der Gemeinde die Worte des Ritus in ganz bestimmten, immer gleichem Klange entgegentragen, er sollte sie ferner nur um desto hörbarer, verständlicher machen; denn die Worte waren die Hauptsache, die Musik nur die vermittelnde Trägerin. Wo sie eigene Bedeutung ansprach, in grossen, kunstvoll verschränkten Tonsätzen den einfachen Gang der authentischen Urmelodie untergehen liess und die blanke Verständlichkeit des Textwortes perturbirte, konnte sie freilich nicht mehr jenem Zwecke entsprechend genannt werden. Es ist ganz begreiflich, dass es nur in dem mumisirten byzantinischen Staate glücken konnte einen solchen eigentlich kunstwidrigen Standpunkt festzuhalten; in der abendländischen Kunst lag zu viel Lebenskraft und Zukunft; diese kräftige Pflanze sprengte das einengende Gefäss und schlug im hellen Sonnenlichte nach allen Seiten in Zweig und Blüten aus. Die abendländische Kirche fand dieser freieren Auffassung, dem Wesen des lebendigmachenden Geistes nicht entgegenzutreten, sie begnügte sich der Bewegung zu leiten und hatte an der immer herrlicher leuchtenden christlichen Kunst, welche jetzt schon der antiken als Rivalin entgegentreten konnte, ihre Freude.

Wo nun einmal das Schöne sich so weit emancipirt hatte, dass es um seiner selbst willen erscheinen durfte, wobei freilich noch immer die Heiligengestalt, die biblische Begebenheit die Anschauung des Schönen zu vermitteln hatte, war es ganz natürlich, dass man nach dem abstracten Schönheitsideal der Antike griff, und dass endlich die Zeit, wo sich das anfängliche Verhält-

---

1) „Domine dilexi decorem domus tuae."
2) Vergl. Kuglers Gesch. der Malerei. 2. Aufl. 1. Bd. S. 64.

niss umkehrte, dass statt die an sich gleichgiltige Kunst zur
blossen Trägerin des an sich werthvollen Erbaulichen zu machen,
vielmehr gerade umgekehrt das an sich gleichgiltig angesehene
Erbauliche zum blossen Träger der an sich werthvollen Kunst
wurde. Die Musik konnte sich freilich nicht antikisiren — jede
Spur echter antiker Tonkunst war längst verloren; aber sie emancipirte sich durch sich selbst, und zwar zu einem Grade, der Anstoss erregte. Dies ist im innersten Kerne die sogenannte
„Entartung der Kirchenmusik" im 16. Jahrhunderte,
und man muss bei deren leidenschaftlichen Anklagen
nie vergessen, dass sie meist von unmusikalischen
— des Kunstsinnes ermangelnden, obwohl wohlmei-
nenden Bischöfen, Gelehrten u. s. w. erhoben wurden,
denen der Ritus, aber nicht entfernt die Kunst, am
Herzen lag.

Leo X. hatte auch in der Musik geschwelgt; er pflegte die
Motive und Gänge leise mitzusummen, während seine Capelle
sang. Carpentras und Mouton waren neben dem allbewunderten
Josquin seine Lieblinge. Auch hier blieb die Reaction nicht aus.
Wie jene folgenden Päpste im Laokoon ein Götzenbild, in den
Fresken der Sixtina nur Nuditäten sahen: so fand man in den
kunstvoll figurirten, fugirten Messen, Psalmen, Vespern eine schmäh-
liche, ja frevelhafte Ausartung echten Kirchengesanges.

Die Entscheidung der Reformationsfrage war leicht: man
brauchte nur Alles eben auf den strengen Gregorianischen Kirchengesang zu reduziren. Wie wäre das aber in dem Jahrhunderte
der schönsten Kunstblüte möglich gewesen?

Die strenge Restaurirung des eigentlich zum Ritus gehörigen
Gesanges konnte sich zum Glücke und hauptsächlich nur in einer
Revision der rituellen Gesangbücher bethätigen, was wieder das
Gewitter von der Figuralmusik einigermaassen ablenken half.
Darum übertrug Gregor XIII. dem Palestrina eine strenge Revision
des Directorium Chori nach den ältesten und besten Handschriften
der Vaticana, eine Arbeit, welche der Bolognese Johannes Gui-
detti 1582 vollendete.[1]) Darum liess Paul V. das Graduale

---

1) Das Werk erschien unter dem Titel „Directorium Chori ad usum
sacrosanctae Basilicae Vaticanae', et aliarum cathedralium et collegiata-
rum Ecclesiarum collectum opera Johannis Guidetti Bononiensis, ejusdem
Vaticanae Basilicae clerici beneficiati et SS. D. N. Gregorii XIII. capellani.
Permissu Superiorum. Romae apud Robertum Granjon, Parisiensem, 1582."
Spätere Auflagen: 1589, 1600, 1604, 1642 (letztere von D. Florido Silvestri
de Barbarano, Canonicus, revidirt), 1665 (revidirt und vermehrt von Nic.
Stamagna, Capellmeister bei St. Maria Maggiore). Die neueste Ausgabe
erschien 1737 zu Rom in der Vatic. Buchdruckerei. Diesem Werke liess
Guidetti folgen: 1586, Cantus ecclesiasticus passionis Domini nostri Jesu
Christi secundum Matthaeum, Marcum, Lucam et Joannem juxta ritum

durch **Ruggieri Giovanelli** neu redigiren.[1]) So wie man bestimmte, der lateinische Text der Bibelübersetzung des hl. Hieronymus, die sogenannte Vulgata, habe für die katholische Kirche als der echte, wahre Bibeltext zu gelten: so sollten diese revidirten, neu redigirten Gesangbücher den Kirchengesang regeln und vor jeder willkürlichen Abweichung bewahren. Paul V. liess diese von Giovanelli besorgte Redaction in der Medicei'schen Druckerei zu Rom mit von deren Leiter Giov. Batt. Raimondi besorgten neuen Typen prächtig drucken — sehr zum Verdrusse der speculativen Venezianer, wo man als Privatarbeit eine ähnliche Neuredaction durch die berühmten Meister Giov. Gabrieli, P. Lodovico Balbi und Orazio Vecchi hatte vornehmen und das Graduale in Peter Lichtenstein's und Angelo Gardano's Buchdruckerei in schöner Ausstattung hatte an's Licht treten lassen.[2]) Diese Redactionen bilden fast den wichtigsten Theil der durch das Tridentinum vermittelten vielbesprochenen Musikreform — sie gehen, wie man sieht, den blanken Ritualgesang an.

Indessen konnte auch die Figuralmusik, welche eine so grosse Rolle spielt, so beliebt sie war und von Meistern allerersten Ranges betrieben wurde, der Aufmerksamkeit des Concils nicht entgehen. Ganz besonders musste von dem Standpunkte, den man einnahm, die Unverständlichkeit der Texte Anstoss erregen: man setzte

---

capellae SS. D. N. Papae etc. — 1587, Cantus ecclesiasticus officii majoris hebdomadae juxta ritum u. s. w. 1588, Praefationes in Cantu firmo, juxta ritum Sanctae Romanae Ecclesiae emendatae.

1) Diese Redaction Giovanelli's erschien unter dem Titel: Graduale de tempore juxta ritum Sacrosanctae Romanae Ecclesiae cum Cantu, Pauli V. P. M. jussu reformato. Cum Privilegio. Romae ex typographia Medicaea, anno 1614. Graduale de Sanctis, juxta u. s. w. 1615.

2) Graduale Gloria Christo Domino Amen. Graduale Sacrosantae Romanae Ecclesiae integrum et completum tam de tempore quam de Sanctis juxta ritum Missalis novi ex decreto Sacrosancti Concilii Tridentini ristituti et Pii Quinti, Pontificis maximi jussu editi: nunc primum accuratissime impressum summaque diligentia tam in textu, quam in Cantu emendatum. Cum Kyriali modulationes omnes continente, quibus in ipsis, Hymno Angelico ac symbolo decantando Romana utitur Ecclesia. Venetiis ex officina Petri Liechtenstein, latine: lucidus lapis Patricii Agrippinensis. Anno Christi redemptoris 1550. — Graduale Romanum, juxta ritum missalis novi ex decreto Sacrosancti Concilii Tridentini restituti. Cum additione Missarum de Sanctis ut in praecepto SS. D. N. Sixti Papae V patet. Nuperrime impressum et at multis erroribus, temporis vetustate lapsis, magno studio et labore multorum excellentissimorum musicorum emendatum. Una cum Kyriali, Hymno Angelico, Symbolo Apostolorum, ac modulationibus omnibus, quibus utitur Sacrosancta Ecclesia Romana. Venetiis, apud Angelum Gardanum 1591. — Das officielle römische Gradual Paul des Fünften schlug natürlich diese venezianischen Ausgaben, obwohl Giovanelli's Arbeit nicht gerade vorzüglich ist. Fétis (Biogr. univ. 4. Band S. 12) bemerkt: „J'ai vu avec regret que Giovanelli s'est écarté, en beaucoup de passages, des bonnes leçons des anciens manuscrits."

ganz auf Rechnung der Kunstweise, was zum grossen Theile Folge
ungeschickter Textlegung und ungenügender Vocalisation von
Seiten der Sänger war.¹)

Wenn jeder einzelne Sänger den Text zerrte, zerstückte,
Worte wiederholte oder ausliess, wenn vollends fremde Texte,
nach dem Beispiele der Tropen, eingemischt wurden: so ist es
begreiflich, dass dem Zuhörer in dem Durcheinander von Stimmen
und Textsylben nur ein unverständliches Chaos geboten wurde.
Die missbilligenden Aeusserungen besonders aus den Reihen der
Kirchenvorsteher mehrten sich denn auch und wurden nicht selten
zu leidenschaftlichen, geradezu übertriebenen Anklagen. Der bekannte Cornelius Agrippa von Nettesheim hat ein sonderbar misslauniges Büchlein geschrieben. „Von der Unsicherheit und Eitelkeit
aller Wissenschaften und Künste" — wo denn im 17. Capitel
auch die Kirchenmusik in folgender Weise geschildert wird:
„Heutzutage ist die Zügellosigkeit der Musik in den Kirchen so
gross, dass man zugleich mit dem Messtexte auf den Instrumenten
üppige Liedeleien zu hören bekömmt, und beim Gottesdienste die
für schweres Geld gemietheten liederlichen Musiker ihre Gesänge
nicht zur Erbauung der Anwesenden und zur Geisteserhebung
aufführen, sondern zur Erregung der schlimmsten Sinnlichkeit,
nicht Menschen- sondern Thierstimmen hören lassen; denn hier
wiehern Knaben den Discant, andere brüllen den Tenor, andere
bellen den Contrapunkt, wieder andere blöken den Alt oder
brummen den Bass. So hört man Töne im Ueberfluss, aber vom
Texte kein Wort." Rubiger, dabei aber weit eindringlicher sind
die Worte des Bischofs von Ruremonde, Wilhelm Lindanus, der
sich beklagt dass er oft bei der angestrengtesten Aufmerksamkeit
zu verstehen was man denn eben singe, auch nicht ein einziges
Wort habe unterscheiden können, „so war alles mit Wiederholungen der Sylben durchmengt — es war ein Durcheinander von
Stimmen, das eher ein verworrenes Geschrei als Gesang zu heissen
verdiente." Wie der Breslauer Bischof Rotus gegen den „krummen
Gesang" eiferte, ist schon früher erzählt worden.

Die sogenannte Rettung der Kirchenmusik durch Palestrina
ist nun eine der Mythen, die sich zuweilen berühmten Namen
anhängen. Man hört denn seit Adami von Bolsena immer und
immer wieder das Märchen, wie Papst Marcellus II., hocherzürnt
über den Missbrauch der Kirchenmusik, beschlossen habe alle
Musik aus der Kirche zu verbannen; wie Palestrina ihn bat, das
Verbot so lange zurückzuhalten, bis er, der Papst, noch eine
musikalische Messe, die Palestrina eben componirte, gehört; wie
der Papst durch diese Messe völlig anderen Sinnes geworden,

---

1) Auch die rein rituelle Intonation lässt bei ungenügendem Vortrage
den Text unverständlich. Die Erfahrung kann man allsonntäglich machen.

und wie diese Messe daher „Missa Papae Marcelli" genannt werde bis auf diesen Tag¹). Der wahre Sachverhalt ist folgender: Neben anderen Fragen über die innere Einrichtung und die Disciplin des Gottesdienstes stand auf dem Programme des Concils, wie natürlich, auch jene über die gottesdienstliche Musik. In der 22. Sitzung sollten verschiedene Missbräuche bei der Messfeier zur Sprache kommen, wobei auch nebenher ein Blick auf die Musik geworfen wurde. Aehnlich den Versammlungen unserer Deputirten vor den eigentlichen Kammersitzungen hatten auch die Väter des Concils ihre Zusammenkünfte zu Vorberathungen und Besprechungen. Eine solche fand auch vor der 22. Sitzung am 11. September 1562 statt. In der 21. Sitzung wurde das Programm der 22. Sitzung vertheilt und es wurde eine eigene Commission ernannt, welche die zu besprechenden Missbräuche formuliren sollte. Begreiflicherweise gab es unter den Bischöfen einige, welche der Ansicht waren, man solle in der Kirche ganz einfach zum reinen Gregorianischen Ritualgesange zurückkehren²). Sie regten die Frage in jener Versammlung am 11. September an. Zum Glücke gab es unter den Uebrigen viele eifrige Musikfreunde und fein gebildete Kenner; man darf sich nur erinnern, dass insbesondere die Cardinäle von Rom her gewohnt waren treffliche Musik zu hören und ihren Werth sehr wohl erkannten. Pabst Pius IV. selbst war ein ausserordentlicher Musikfreund, hatte für gelungene musikalische Compositionen das grösste Interesse und lebendiges Verständniss. Es erhoben sich denn auch sogleich viele Stimmen für die Musik und beriefen sich, sehr bezeichnend, auf die Stelle im Sirach „non impedias musicam". Freilich redet der hebräische Weise von nichts weniger als von Kirchenmusik, vielmehr von „Musik beim Weingastmahl"; gleichviel, es war eine Bibelstelle, hinter welche sich die Kunstliebe verstecken und sie zum ostensiblen Grunde machen konnte. So fiel denn auch der Beschluss in der 22 Sitzung sehr gemässigt aus: nur wo man dem Rituellen in der Musik etwas „Lascives"

---

1) Auch G. B. Doni (de praest. mus. vet. S. 49 der ersten Edition) spielt auf diese Geschichte an, „Quam musicorum licentiam cum reprimere ac resecare juxta Sac. Trid. Concilii sententiam Marcellus secundus, sapientissimus Pontifex statuisset, nescio quomodo unius musici astutia(!) imponi sibi passus est, tantique facinoris gloriam de manibus eripi." Die Stelle ist für Doni charakteristisch. Dieser tükische, böse Palestrina mit seiner „Astutia" hätte er die unverwerfliche Musik „barbarischen Styles" nicht „gerettet" so wäre die allein berechtigte griechische eher an die Reihe gekommen.

2) Papst Benedict XIV. erwähnt es in seinem berühmten Buche de synodo dioecesana (II. 7.): „Cum in Concilio Tridentino a quibusdam episcopis ecclesiasticae disciplinae cultoribus propositum fuisset, ut cantus musicus ab ecclesiis omnino tolleretur." — Solche Stimmen hören wir auch heut noch.

oder „Unreines" beimische, solle es verbannt werden: „ab ecclesiis vero musicas eas, ubi sive organo, sive cantu, lascivum aut impurum aliquid miscetur arceant, ut domus Dei vere domus orationis esse videatur ac dici possit"[1]). Da entstand allerdings die weitere Frage, was denn eigentlich „lasciv" zu heissen verdiene. Und wirklich sollte die Angelegenheit der Kirchenmusik in der 24. Sitzung nochmals zur Sprache kommen: die dritte Proposition sollte das direct auszusprechende Verbot einer allzuweichlichen Musik (mollior harmonia) enthalten. Die 42 Propositionen der bevorstehenden 24. Sitzung, welche, wie gewöhnlich, und zwar Anfang August 1563 dem kaiserlichen Ablegaten mitgetheilt und von diesem am 10. August an den Kaiser Ferdinand I. gesendet worden waren, kamen rücksichtlich der die Musik betreffenden Proposition mit der Antwort zurück: „Dass doch die Figuralmusik nicht ausgeschlossen werden möge, weil sie so oft den Geist der Frömmigkeit weckt[2])." Das war ein sehr gewichtiges Fürwort — und in gewissem Sinne könnte auch Kaiser Ferdinand Anspruch auf den Tittel eines „Retters der Kirchenmusik" machen. Der ganze Beschluss, welcher in der 24. Sitzung gefasst wurde, beschränkte sich darauf, dass die öfter zusammenkommenden Provinzialsynoden auf Missbräuche in der Musik achten und sie abstellen sollen.

Erst als das Concil beendet war — was noch in demselben Jahre 1563 geschah — wurde Palestrina in die Sache hineingezogen. Pius IV. liess es sich angelegen sein, den gefassten Tridentiner Beschlüssen Geltung zu verschaffen, wozu er mit dem Motuproprio vom 2. August 1564 „Alias nonnullas constitutiones" die Initiative ergriff, und die Obsorge der Ausführung einem Collegium von acht Cardinälen übertrug. Hier kam auch der Beschluss wegen der Musik zur Sprache, und die Cardinäle wählten zur Instruirung der Sache aus ihrer Mitte den damals dreiunddreissigjährigen Cardinal Vitellozzo Vitelli, einen bekannten Musikfreund und Musikkenner, und den Cardinal Karl Borromeo. Der erstere berief überdies zu den Berathungen acht Sänger der päpstlichen Capelle: Antonio Calasans, Federigo

---

1) Begreiflicherweise waren damit die Volkslieder-Messen verbannt. Wie man sie jetzt ansah, zeigt eine Aeusserung G. B. Donis (a. a. O. S. 137): „Quae (malum) antiquiores illos ac celebriores Missarum modificatores, Jodocum Mutonium, Hadrianum atq. ejus fariae reliquos vesania adegit, ut sacrosancti atquo intemerati sacrificii mele. non e profanis tantum argumentis, sed saepe lascivis abjectisque desumerent? Essetne ferendus is pictor, qui sanctam aliquam virginem, puta Agnetem aut Catharinam ad vivum delineaturus, notae alicujus ac famosae meretricis vultum assumeret?"

2) Item ubi in templis interdicebatur mollior harmonia, optavit ne cantio, quam figuralem appellant, excluderetur, cum saepe sensum pietatis excitet. (Pallavicini Hist. Conc. Trident. 3. Theil. S. 249:)

Lazisi, Giovanni Lodovico Vescovi, Vincenzo Vimercato, Giovanni Antonio Merlo (Italiener), Francesco des Torrès, Francesco Soto (Spanier) und Christian Hameyden (Niederländer). Nach den zu fassenden Beschlüssen sollte die Musik in der päpstlichen Capelle eingerichtet und diese das Muster für alle übrige Kirchenmusik werden. Ueber den Punkt, dass Messen über Volkslieder nicht weiter gesungen werden sollen, dass das Einmischen fremder Texte verboten werde, dass nur Motetten mit autorisirten Texten zulässig seien, war man bald einig. Mehr Schwierigkeiten machte die vom Cardinal Borromeo abermals zur Sprache gebrachte Unverständlichkeit der Texte. Es wurde bemerkt: das Problem müsse also gar wohl zu lösen sein, da man in Costanzo Festas Tedeum, in Palestrinas Improperien jedes Wort deutlich vernehme. Die Sänger meinten dagegen, so gar einfach sei die Sache denn doch nicht. In textreicheren Sätzen, wie das Gloria, das Credo, könne man das künstlichere Tongewebe unmöglich völlig entbehren, wenn man nicht in unleidliche Monotonie hineingerathen, und wenn man die Figuralmusik überhaupt beibehalten wolle. Endlich kam man überein, einen praktischen Versuch zu machen. Es mag wohl Karl Borromeo gewesen sein, welcher jetzt den Namen Palestrina's nannte — der Cardinal war bekanntlich Neffe des Papstes, und bei letzterem hatte sich Palestrina durch die Improperien in grosse Gunst gesetzt; seine sechsstimmige Messe über das ut re mi fa sol la hatte er nicht lange vorher — 1562 — dem Papst Pius IV. überreicht — sie hatte diesen und die Cardinäle entzückt, besonders das „Crucifixus" — gleich dem „Pleni" derselben Messe einer der seraphischen Sätze Palestrinas für zwei Soprane und zwei Altos, und in der That von so feiner Belebung und so herrlichem Wohlklang, dass sich hier der Meister der Marcellusmesse schon ganz bestimmt ankündigt. Bemerkenswerth ist es jedenfalls, dass gerade diese Messe in Erinnerung kam, denn sie konnte, wie sie war, füglich schon für die glückliche Lösung des auf die Tagesordnung gesetzten Problems gelten. Was in diesem sehr bedeutenden Tonwerke der eigentlichen Satzkunst angehört, ist weniger ein verwickeltes Tongewebe, als hauptsächlich das unaufhörliche Auf- und Niedersteigen des Hexachords, von welchem die Messe den Namen hat — die vorkommenden imitatorisch in einander greifenden Motive und Gänge, auch wo sie sich wie im Sanctus zu reicheren Bildungen verschlingen, sind durchweg von klarer Durchsichtigkeit. Die textreichen Sätze des Et in terra und Patrem aber sind, ähnlich den älteren Messen Mater patris von Josquin und de Dringhs von Brumel vorwiegend fast nach Art einfacher Falsibordoni als schlichte Harmoniefolgen, Note gegen Note, Accord nach Accord gehalten. Das „Obligo" des ut re u. s. w. hat auf die Gestalt, welche die Composition an-

nahm, fühlbar eingewirkt; die Messe hat dadurch stellenweise
etwas an Krystallbildungen und deren architektonisch-gebundene
Regelmässigkeit Erinnerndes bekommen. Vorzüglich gilt solches
von dem äusserst fein und meisterhaft gearbeiteten vierstimmigen
Benedictus. Für den zweiten Sopran ist sie völlig eine Solfeggir-
übung, und wenn er im Osanna sein ut re mi fa u. s. w. dreimal
nach einander in schweren Doppeltaktnoten (Breven) auf- und
absteigen lässt, wenn er im Sanctus sich eben so einführt, sofort
aber sein Hexachord in Taktnoten (Semibreven) und zwar zu je
drei auf einen Ton gruppirt, wiederholt u. s. w., so könnte man
glauben, auf altniederländisches Territorium gerathen zu sein.
Auch der Zug mahnt an Altniederländisches, dass öfter mit kleinen
aus einem Fragment der Skala gebildeten Imitationen gespielt
wird, und dass zuweilen eine im vollen Fluss befindliche Stimme
plötzlich auf zwei, drei schweren Breven stockt — dann sich
wieder in Bewegung setzt. Die Zierlust, die an elegant ge-
schnitzten und gemeisselten Ornament ihre Freude hat, macht
sich auch noch fühlbar; am auffallendsten im Benedictus, wo sich
den drei gegen den unermüdlich solfeggirenden Sopran contra-
punctirenden Stimmen ein zierliches Gruppetto von vier Achtelnoten — ein wahrer Rococoschnörkel — wie eine Berlocke anhängt. Das Hexachord ist durchweg sehr sinnreich benützt —
im Benedictus beginnt der Alt mit dem Hexachordum naturae,
gleich auf die dritte Note des mi setzt im zweiten Tempus der
Sopran mit dem ut des harten Hexachords an, also eine förmliche
Antwort im Fugenstyl, was der Tenor und der Bass sofort regel-
richtig aufnehmen und fortsetzen. Im letzten Agnus wird das
Hexachord zum „Canon in Subdiapente" und der Satz dadurch
siebenstimmig. Das Crucifixus combinirt die Stimmenführung
vollends zu einem Spiel in Engführung und Verkehrung einander
folgender und begegnender Hexachorde. Die Textlegung verräth
durchaus eine besondere Sorgfalt, und das Streben, die Worte
ganz deutlich hörbar zu machen, wie denn in dieser Beziehung
diese Messe kaum noch etwas zu wünschen übrig lässt.

Die Herren der geistlichen Commission hatten kaum Einsicht
genug in die Technik der Gesangskunst, um zu wissen, dass das
deutliche Verstehen der Texteswörte, auf welches sie so sehr drangen,
für die Hörer nicht allein von der Art des Tonsatzes, sondern
auch, und zwar hauptsächlich, von dem Punkte abhängt, ob die
Sänger gut vocalisiren oder nicht. Die Anklage gegen die Figuralmusik war aber einmal erhoben, und schwerlich werden die Com-
missäre auf die Thatsache geachtet haben, dass selbst der Vortrag
des Evangeliums im Lectionston durch den Priester am Altar
in sehr vielen Fällen oft genug noch unverständlicher bleibt, als
die complicirteste Fuge eines Sängerchors, und man nicht weiss,
ob man Matthäus, Marcus, Lucas oder Johannes zu hören be-

kommt. Die Componisten ihrerseits begannen schon zur Zeit Josquins die Noten wenigstens in Motetten, im Gloria und Credo der Messen oft mit grösserer Sorgfalt für den Text und zuweilen so zu ordnen, dass sie die Textlegung den Ausführenden fast mit zwingender Nothwendigkeit fertig entgegenbrachten, richtiger Accent, feste Deklamation kamen, wenn nicht unbedingt, so doch mehr und mehr zur Geltung — und wenn zu Anfang des siebenzehnten Jahrhunderts die gelehrten Nachfolger der Humanisten gerade über diesen Punkt von den älteren Meistern nicht genug Schlimmes zu sagen wussten, so lag, abgesehen davon, dass ihre Ausstellungen keineswegs ganz unbegründet waren, der Grund ihres Tadels mehr in der vernachlässigten schulgerechten Prosodie, als im verfehlten Accent. Wie wohlgefällig wurde es nicht an Tommaso Baj's „Miserere" bemerkt und laut gepriesen: „dass man darin so genau die lange und die kurze Sylbe, nebst der „Anceps" nach striktester Schulregel unterscheide!"

Palestrina stand durch seine Improperien, die Hexachordmesse und wohl auch durch andere Compositionen in bedeutendem Ansehen. Man hatte zwei seiner Motetten in die grossen Chorbücher der Sixtina aufgenommen — eine Ehre, wie sie nur entschiedenen Meisterstücken widerfuhr, eine Art musikalischer Beatification. Es war die Motette zu fünf Stimmen *Beatus Laurentius*, mit dem rituellen Cantus firmus als Tenor, und die sechsstimmige *Estote fortes in bello* mit einem streng durchgeführten Canon zwischen Tenor und Alt, kunstvolle Tonsätze also, wie man von einem Meister verlangte. Zudem wurde in Palestrina's Tonstücken ein Schönheitssinn, ein Klangzauber fühlbar, der auch dem einfachen Hörer auffallen musste. Was die Kirchenfürsten in der Solmisations-Messe „hingerissen" hatte, war sicher nicht der sehr kunstreiche Aufbau von Tönen auf die Guidonischen Sylben, sondern der edle Wohllaut, welcher über dem Ganzen schwebte.

Den Meister also, welchem man nach seinen bisherigen Leistungen das Beste zutrauen konnte, liess Carl Borromeo rufen, eröffnete ihm den ehrenvollen Auftrag und legte es ihm warm ans Herz, „er möge doch ja seine ganze Fähigkeit aufbieten, damit der Papst und die Cardinäle der Musik ihren Schutz nicht entziehen." So mussten ein Papst, ein Kaiser, ein Heiliger und ein genialer Musiker zusammenwirken, um der Musik in der Kirche eine bleibende Stätte zu erhalten — man verliert sich in nicht abzusehende Consequenzen, wenn man sich vorstellt, wohin ein Verbot geführt haben würde! Palestrina ging an's Werk — es lässt sich denken, wie ihn die Aufgabe ganz erfüllte. „Domine illumina oculos meos" betete er — er hat diese Worte nachher zum Motto der ersten der drei Probemessen gewählt, die er componirt; denn statt der bestellten einen schrieb er gleich drei Messen, jede zu sechs Stimmen, und legte sie den Com-

missarien vor. Die Taktik, welche Palestrina dabei beobachtet,
lässt den sichern Blick des Genies erkennen. Während die erste
Messe[1]) durchaus ganz einfache alterthümliche strenge Formen
zeigt, und die Absicht einen vereinfachten Styl nach einem vor-
gefassten Plane zu schaffen darin deutlich ausgesprochen ist,
werden in der zweiten Messe in den Gegenthemen schon wieder
reichere Notengruppen in Bewegung gesetzt; das Ganze gewinnt
ein leichteres, freieres Ansehen, und wirksam contrastirt gegen
die erhabene strenge Würde der ersten Messe die zweite durch
zarte Innigkeit und eine beinahe schüchterne Anmuth. In der
dritten Messe aber, der von Palestrina in Erinnerung an den der
Kirche leider schon nach 21 Tagen entrissenen edeln Marcellus II.,
der zuerst unter den Päpsten jener Zeit „den Gottesdienst zu
seiner echten Feierlichkeit zurückzuführen bedacht war"[2]), *Missa
Papae Marcelli* genannten, schwingt sich der Meister zur vollen
Höhe empor.

Am 28. April 1565 wurde in Gegenwart der acht Cardinäle
im Palaste des Cardinals Vitellozzo die Probe der drei Messen
vorgenommen. Das Interesse der kunstverständigen Versammlung
steigerte sich, wie in den Messen das Interesse der Composition
stieg, und wurde zum höchsten Antheil bei der Marcellusmesse.
Dies sei der wahre, lange gesuchte, jetzt erst gefundene Kirchenstyl. — Und dennoch darf man sagen, dass sich die ehrwürdige
Commission täuschte. Was sie hinriss, war nicht ein neuer, un-
erhörter Styl[3]) — es war der Zauber des Wohlklangs, das
Mysterium reiner Schönheit, was hier so unwiderstehlich wirkte.
Die Cardinäle waren einig, dass Palestrina's Messen allen Wünschen
volle Rechnung tragen, und erklärten den Sängern, „dass sie keinen
Grund finden in der Kirchenmusik eine Veränderung anzurathen;
doch sollen die Sänger stets bedacht sein ähnliche Werke, wie
die eben gehörten, für den Gottesdienst zu wählen." Cardinal
Borromeo aber erstattete seinem Oheim, dem Papste, Bericht über

---

1) Rancke, Päpste I. Theil S. 278. Cardinal Marcello Cervini —
hernach Papst Marcell II. — war der tugendhafte Kirchenfürst, „der die
Reformation der Kirche, von der die anderen schwatzten, in seiner Person
darstellte". Man sieht, wie tief bedeutungsvoll und wohlgewählt der
Name „Missa Papae Marcelli" ist und eine ganz andere Bedeutung hat,
als die gewöhnliche Meinung annimmt, die darin nur einen Act der Dankbarkeit Palestrina's gegen seinen ehemaligen Gönner erblickt.
2) Sie wurde 1600 bei Hieronymus Scoto's Erben in Venedig gedruckt.
3) Palestrina selbst glaubte ganz ehrlich hier einen neuen Styl geschaffen zu haben. In der Dedicationsvorrede des zweiten Bandes seiner
Messen (1567 bei den Brüdern Dorici zu Rom) sagt er: „Gravissimorum
et religiosissimorum hominum secutus consilium ad sanctissimum missae
sacrificium *novo modorum genere decorandum* omne meum studium,
operam industriamque contuli."

den günstigen Erfolg der vorgenommenen Probe und äusserte
sich besonders über die dritte Messe in Ausdrücken der Bewunderung. Pius IV. war äusserst begierig das neue Werk zu hören.
Ein *Te Deum*, das am 19. Juni 1565 wegen des Bündnisses des
päpstlichen Stuhles mit den Schweizer Eidgenossen gefeiert wurde,
bot dazu Gelegenheit. Cardinal Carl Borromäus celebrirte am
Altare, der Papst und die Würdenträger der Kirche waren anwesend. Die Feier fand in der Sixtinischen Kapelle statt. Pius
war äusserst ergriffen — er hattte gemeint die Chöre der Engel
zu hören. Das Wort, welches er nach der Aufführung zu
den Cardinälen sprach, ist berühmt geworden: „Das sind die
Harmonieen des neuen Gesanges, welchen der Apostel Johannes
aus dem himmlischen Jerusalem tönen hörte, und welche uns ein
irdischer Johannes im irdischen Jerusalem hören lässt [1])."

Durch ein Motuproprio ernannte der Papst den Meister dieses
Werkes zum „Compositor" der päpstlichen Capelle, wodurch sein
bisheriger Gehalt von 5 Scudi 87 Bajocchi des Monats durch eine
Zulage von 3 Scudi 13 Bajocchi auf die Summe monatlicher
9 Scudi erhöhet wurde! — Nach solchen ziffermässigen Daten
ist es schwer begreiflich, woher Palestrina's in neuerer Zeit behauptete „Wohlhabenheit" hergekommen sein soll! War die Marcellusmesse etwa ein Tonwerk, durch welches die ersten Messen,
und insbesondere die gepriesene Messe über das Hexachord, so
sehr in den Schatten gestellt wurden, dass sie nur noch die Bedeutung eines „überwundenen Standpunktes" behielten, und dass
Palestrina's wahre Bedeutung erst mit jener Muster- und Meistermesse beginnt? [2]) Die Zeitgenossen können es gedacht haben —
der Umstand, dass die Improperien dauernd eines der berühmtesten und ergreifendsten Stücke des Charfreitags in der Sixtinischen Capelle gebildet haben, lässt indessen erkennen, dass man
den Palestrinastyl nicht erst von der Marcellusmesse an datirte.
Wohl aber hat sich an letztere das stets wiederholte Wort geknüpft: „Palestrina, der grosse Reformator der Kirchenmusik".
Die noch immer zäh festgehaltene Vorstellung, als sei die Musik
bis auf Palestrina ein Haufwerk trockener, dem combinirenden
Verstande abgequälter Künste gewesen, ohne Schönheit, ohne
Wohlklang, bedarf keiner Widerlegung. Ganz kann überdies

---

1) — „queste dovettero esser armonie del cantico nuovo, che
Giovanni l' apostolo udi cantare nella Giernsalemme trionfante, delle
quali un altro Giovanni ci da un saggio nella Gierusalemme viatrice."
Man möge sich erinnern, dass Palestrina's Taufname Giovanni Pierluigi war.

2) Man wird unwillkührlich an die Beethovener der „Linken" erinnert, welche ihren Meister auch erst von der „Eroica" an gelten lassen,
wenn sie nicht gar erst bei der „neunten Symphonie" und den letzten
Quartetten anfangen!

der Tonsatz zu keiner Zeit die geschmähten „Satzkünste" entbehren, wenn er nicht zur flachsten Liedelei entarten soll. Von Josquin, bei dessen Ableben Palestrina sieben Jahre zählte, bis auf Palestrina drängt sich eine Fülle von Meisterwerken — die beim Concil behandelte Frage hatte mit dem Kunstwerth und der Schönheit der damaligen Musik eigentlich nicht das mindeste zu thun, sie betraf die Restaurirung des gregorianischen, offiziellen Kirchengesanges, aus dem sich der Figuralgesang als etwas Neues, aus ihm Entsprossenes, aber von ihm selbst Grundverschiedenes entwickelt hatte — dass die Canons, Nachahmungen u. s. w. nicht aus Rücksichten des guten Geschmacks, sondern deswegen angefochten wurden, weil man fand, es werde durch sie das Wort des Ritualtextes für die Zuhörer undeutlich. Die musikfeindliche Fraction des Concils hätte, wenn sie anders noch hätte mitreden dürfen, ebenso gut Palestrina's Musik, und zum guten Anfang gleich die Missa Papae Marcelli ablehnen müssen.

Andererseits werden wir sehen, dass die Satzkünste nach wie vor geübt und zu Anfang des 17. Jahrhunderts sogar zur gedenkbarsten Höhe getrieben wurden. Aber eine Reform trat doch wirklich ein. In dem conservativen Rom mögen die älteren Arbeiten häufig auf dem Repertoir gestanden haben. Mit dem Verbote Messen zu singen, denen irgend ein Volkslied zu Grunde lag, war schon ein stattlicher Theil von Tonwerken ausser Kurs gesetzt — Messen mit eingemischten „Tropen" hätten, selbst wenn man sie nach Ausscheidung der eingemischten fremden Texteswort e hätte beibehalten wollen, eine neue mühsame Textlegung an allen jenen Stellen erfordert, wo sie zur „Kirchenmusik ohne Worte" geworden. Festa, Morales und andere treffliche Meister, deren Werke in der That ein dauerndes Besitzthum der päpstlichen Capelle geworden sind, boten für den Ausfall reichen Ersatz, Palestrina war in seinem 90 Jahre dauernden Leben überaus fleissig, neben ihm Vittoria, Anerio, Soriano und wie die Meister der römischen Schule alle heissen. So trat eine ganze Generation der glänzendsten Talente hervor, die älteren Meister aber traten in den Hintergrund, und die Reform war vor Allem eine Reform des Repertoirs der päpstlichen Kapelle. Insofern sich der Musikstyl, der Geschmack änderte, geschah diese Aenderung allmälig, nach dem natürlichen Verlauf der Entwickelung der Kunst, aber nicht nach einem von Cardinälen und päpstlichen Sängern zusammengestellten Programme. In der Marcellusmesse zog Palestrina gleichsam die Summe der neuen Erwerbungen der Kunst zusammen. Palestrina hätte nur sechs Jahre länger auf Erden zu wandeln gebraucht, um einen Umschwung zu erleben, gegen welchen seine Reform gar nicht in Betracht kommt, denn wo er und seine Kunstgenossen auf dem historisch Ueberlieferten weiter bauten, und es als feste

Grundlage beibehielten, wurde in Florenz radical aufgeräumt, ein
ganz anderes Fundament der Kunst gelegt, und mit den bisherigen
so gründlich gebrochen, dass man ihm alle Berechtigung
absprach, dass G. B. Doni in einem Moment von Aufrichtigkeit
unverblümt Palestrina's Compositionen als barbarische Produkte
bezeichnete; dass schon 1643 der Römer Pietro della Valle sie
ausser Gebrauch gesetzt und als „Antiquitäten in's Museum" gestellt
wissen will, dass eben damals wirklich durch einen musikalischen
Charlatan, den Lautenschläger Hieronymus Kapsberger,
ein ungeschickter Versuch gemacht wurde, Palestrina's Musik aus
der päpstlichen Capelle herauszudrängen — ein Unternehmen,
das zum Glück an dem Widerstande der Sänger scheiterte.

Venedig, neben Rom die zweite musikalische Hauptstadt
Italiens, liess sich („siamo Veneziani e poi Cristiani") auch in
Sachen der Musik von Rom nichts vorschreiben — nach Deutschland
wirkte Venedig mehr hinüber als Rom — in Frankreich lag
die Musik für den Moment nahezu brach, das protestantische
Deutschland und England waren am wenigsten geneigt, sich Tridentiner
Beschlüssen zu fügen — so blieb für die „Reform" kaum
ein anderer Boden übrig, als Rom selbst. Hier reiht sich allerdings
eine lange Reihe glänzender Namen und Werke an Palestrina;
der „Palestrinastyl" ist der Styl der römischen Schule.
Zwar nicht in Rom aber anderwärts wurden trotz des Verbotes
Messen über weltliche Gesänge noch lange Zeit componirt. Orlando
Lasso hat ihrer eine ganze Menge, Lodovico Balbi schrieb
1595 eine Messe über „fuggite il sonno" — noch 1658 erschien
bei Robert Ballard in Paris eine von Charles d'Helfer über das
Lied „lorsque d'un desir curieux" gemodelte Messe. Karl Luython
brachte, dem Verbot des Einmischens fremder Textesworte stracks
zuwider, Rudolf II. seine Huldigung in einer Messe dar, wo (das
Crucifixus allein ausgenommen) beständig in den Ritualtext hineingesungen
wird: „Caesar vive faxis Deus noster, clamant omnes
gentes". Eine andere Messe von ihm heisst: „Tirsi moris volea".
Ja in Rom selbst schloss noch tief im 17. Jahrhundert, wo die
tridentiner Beschlüsse über Musik halb vergessen waren, Carissimi
die lange Reihe der Omme-armò-Messen mit einem zwölfstimmigen
Prachtstück. Palestrina, welcher das Verbot besser kennen musste,
als ein anderer, brauchte bei seiner Messe über Ferrabosco's „Jo
mi son giorinetta" (Text von Bocaccio) die unschuldige List, sie
einfach „Missa primi toni" zu nennen — aber sogar auch er liess
seine Missa omme-armò unter dem wahren Namen drucken —
das Verleugnen hätte bei dem allbekannten Liede eben nichts
geholfen. Im fünften Buche der Messen Palestrina's, welches erst
1590, also lange nach eingetretener voller Gesetzesgiltigkeit der
Tridentiner Beschlüsse, in Rom, vom Meister selbst herausgegeben,
erschien, findet sich eine Messe *nasce la gioia mia* — im neunten

Buche (1599) eine Messe *vestiva i colli*, im zehnten Buche (1600)
eine Messe *già fù, chi m' ebbe cara*, im eilften (1600) eine Messe
Argande lieta sperai, im zwölften (1601) eine Messe *qual è il più
grand' amor* ¹).

Palestrina's Mission war eine ganz andere, als zu zerstören
und zu beseitigen — er kam um zu vollenden. Man kann es
nicht nachdrücklich genug betonen, dass er die letzte, höchste
Blüte einer Jahrhunderte langen Entwickelung ist, deren ganze
Triebkraft dahin ging, endlich ihn hervorzubringen. Das Wort
Goethe's über Raphael Sanzio, welcher der langsam und allmälig
gebauten Pyramide endlich „den Gipfel aufsetzte, über und neben
dem kein anderer stehen mag" — gilt bedingt auch von Palestrina — bedingt: weil neben ihm allerdings eine ganze glorreiche Schaar von Meistern seiner — der römischen — Schule
und Richtung steht, welche in Beziehung auf ihn eine ganz andere
Bedeutung haben, als die Schüler Raphaels — Giulio Romano
nicht ausgenommen — neben ihrem Meister. Als Schüler Goudimels ist Palestrina ein direkter Abkömmling der französisch-
niederländischen Schule. Dass er die Werke der älteren Niederländer zum Gegenstande eifriger und tiefer Studien gemacht,
lehren seine eigenen zur Genüge. Er studirte sie, wie der Maler
alte Kunstwerke studirt — es sind nicht die Meister der unmittelbar vorhergegangenen Periode, welchen er seine Aufmerksamkeit zuwendet, er greift nach Okeghem und Hobrecht und
nach denjenigen Werken Josquins, in welchen dieser letztere als
der bewunderte Virtuose der Satzkünste erscheint, bei welchem
„die Noten machen müssen, was er will." Die künstlichen Notirungen mit Modus und Tempus und Prolation und was die Mensuralnote sonst an spitzfindigem Apparate bot, die thematischen
Spielereien mit regelmässigen Notengruppen oder mit irgend einem
durchs ganze Stück eigensinnig festgehaltenen Motiv, die verkehrt
gegen einander schreitenden Stimmen — das Alles war schon
so gut wie ganz aus der Mode gekommen, und Goudimels Compositionen lassen erkennen, dass er selbst sich damit so wenig

---

1) Leicht nachzuerzählende Geschichten haften den schlagendsten
Widerlegungen, klar vorliegenden Thatsachen zum Trotz unausrottbar.
In S. Kleins 1873 erschienener Biographie Sixtus des Fünften ist Seite 24
zu lesen: „während seines zweiundzwanzigtägigen Pontificates fand
Marcell II. Zeit, den Nepotismus zu verdammen und die Einmischung der
Päpste in politische Angelegenheiten zu tadeln; die ganz entartete (!)
Kirchenmusik gedachte er aus dem Gottesdienste zu verbannen; sie wurde gerettet durch Pierluigi's unsterbliches
Meisterwerk, die Missa Papae Marcelli". Sehr richtig sagt Fétis:
„Si l'on admettais l'anecdote du pape Marcel, il faudrait supposer, que
Palestrina a sauvé deux foix la musique religieuse de l'anathème, dont
on voulait la frapper", nemlich unter Papst Marcellus II. und unter
Pius IV.

mehr befasste, als irgend ein Zeitgenosse, und also wohl auch
seine Schüler damit verschonte. Wir dürfen daher annehmen,
dass Palestrina aus eigenem Lernetrieb in den reichen Musik-
archiven Roms suchte und fand, was ihm von alter Musik des
Studiums werth schien. Mouton war bekanntlich der Lieblings-
componist Leo's X., Messen von diesem, sowie Stücke des in
dauerndem und hohem Ansehen gebliebenen Josquin kann Palestrina, wenigstens als Knabe, gehört haben.

Man darf ferner ganz unbedenklich behaupten, dass Palestrina
nicht geworden wäre, was er ist, hätte er nicht die niederländische
Kunst, und zwar die niederländische Kunst strengster Richtung,
zu einer Art Palästra gemacht, welche seinem Geiste eine ganz
andere Schnellkraft und Gelenkigkeit gab, als er aus Goudimels
Schule allein hätte mitbekommen können. Er lernte dort Dinge,
welchen sein Meister Goudimel, unter dem Anschein, sie zu verschmähen, vielleicht nicht ganz gewachsen war. Die vollständige Beherrschung des Tonsatzes, selbst in seinen verwickeltesten
Combinationen, welche Palestrina auf diesem Wege gewann,
machte es ihm möglich, sich auf der Grundlage des kunstvollsten
Tonsatzes, dessen Technik allein schon der höchsten Bewunderung
werth ist, zur freien Schönheit zu erheben, und uns nirgends
Last und Mühe des „Machens" empfinden zu lassen, sondern mit
Götterleichtigkeit schaffend, nicht allein die volle Kraft, sondern
auch die ganze Anmuth seines Genius zu entwickeln. Baini hätte
nicht Ursache gehabt über den „squalor fiammingho" zu klagen,
welchen Palestrina erst loswerden musste — etwa wie sich Dante,
nachdem er die neun Höllenkreise durchwandert, den Höllen-
brodem vom Gesichte waschen muss, ehe er zum reinen Lichte
der Seligen emporsteigen darf. Palestrina scheint sein Lebelang
auch als Lehrer den Weg durch die niederländische Tonkunst
für den richtigen zur vollen Meisterschaft gehalten und seine
eigenen Söhne und seinen Bruder auf diesem Pfade geleitet zu
haben. Er hatte drei Söhne, Angelo, Igino und einen dritten,
von dem es, wie von Palestrina's jüngerem Bruder, zweifelhaft
ist, ob er Silla oder ob er Ridolfo geheissen. In der Dedicationsvorrede des zweiten Buches der Motetten (1572), in welches Palestrina auch Motetten Angeli Petraloysii, Sillae Petraloysii und Rodulphi Petraloysii aufnahm, sagt er: „inter-
positas, fratris, liberorumque meorum primitias" (Igino besass kein
Musiktalent). Hätte nun Palestrina's Vater nicht gleichfalls Petra-
loysius geheissen, so liess sich die Sache nach dem beigesetzten
Vatersnamen leicht entscheiden. Kein Zweifel aber, dass Angelo,
Silla und Rudolf Schüler Palestrina's waren. Baini hat in diesen
Familiencompositionen zu seinem Verdrusse „steifen Flamänder-
styl" entdeckt, woraus zu schliessen, dass man diesen Styl im
Hause Palestrina's nicht in gleichem Masse verabscheute, wie sein

ehrwürdiger Biograph thut. Das meiste Talent hatte unverkennbar Angelo, seine Motette nimmt sich ganz gut aus, Silla und Ridolfo lieferten kaum mehr, als tadellose Schularbeiten, welche beträchtlichen Mangel an Erfindung verrathen — stellenweise mag die bessernde Hand des grossen Lehrers helfend eingegriffen haben. Mit diesen „Primizien" war die Künstlerlaufbahn der drei Scholaren auch zu Ende — man hat von ihnen nichts weiter gehört.

Vieles in den ersten Messen sieht so völlig altniederländisch aus, dass man mit Rücksicht auf den Styl der Zeitgenossen sagen kann: Palestrina archaisire. Dass er diese seine Arbeiten aber etwa als blosse Studien angesehen habe, ist durchaus in Abrede zu stellen — denn noch 1570, drei Jahre nach der Drucklegung der M. papae Marcelli, 1567, nahm er in das dritte Buch der Messen als erste Nummer seine „M. omme armò" auf — eine durch und durch niederländische Composition, aber sicher auch eine seiner grossartigsten, ein wahres Monumentalwerk [1]). Zu keiner Zeit vergisst Palestrina, was er seinen Vorgängern dankt — mehrere seiner Hauptwerke sind in augenscheinlichem Wetteifer mit älteren Compositionen entstanden. So die Motette „Tribulares si nescirem" — eine seiner schönsten, welche in der Disposition des „pes ascendens in voce media" völlig dem Miserere Josquins nachgebildet ist, eine neue Lösung des alten Problems im Palestrinageist, die „Missa ad fugam" mahnt bis selbst auf den Namen an die ältere Josquins — eine dritte Namensschwester ist in der ganzen Literatur nicht zu finden. Zur Missa super ut re mi fa sol la scheint Brumel mit der seinigen Anregung gegeben zu haben. Eine spätere von Soriano, die „Missa sine nomine", ist gleich jener Josquins eine durchgeführte Canonstudie. Canons mit Mottos waren eine nahezu vergessene Sache — Palestrina schreibt dem Agnus der Missa brevis bei: „Symphonizabis" — der sechsstimmigen Motette „Accepit Jesus calicem" giebt er die Beischrift: „Canon: tres in unum". In den Hymnen (*Ave maris stella, Sancta et immaculata* u. s. w.) liebt es Palestrina, zwei Tenore als streng durchgeführten Canon zu behandeln, während die übrigen Stimmen contrapunktiren, und dabei sinnreiche Anklänge an die Motive des Cantus firmus zu den geistvollsten Nachahmungen verweben. Es hat ein sehr eigenthümliches Aussehen, wenn in der Antiphone *Beatus Laurentius* der Tenor streng auf den kirchlichen Cantus firmus in langen Haltenoten beschränkt

---

1) Der Cäcilienverein in Regensburg brachte sie vor wenigen Jahren zur Aufführung — die Wirkung war eine überraschend mächtige — kaum wagte man sich zu gestehen: sie sei grösser als die der M. P. Marcelli. Die Ausführung ist übrigens eine sehr schwierige Aufgabe. Trotzdem wäre es wohlgethan, die omme armè in die eben wieder beginnende Fortsetzung der Proske'schen Musica divina aufzunehmen.

bleibt, wozu die übrigen das reichste contrapunktische Leben entwickeln. In dem fünfstimmigen Magnificat des fünften Kirchentons enthält das (sechsstimmig gesetzte) „Sicut erat" ein echt niederländisches Kunststück: die beiden Tenore sind so gesetzt, dass der eine seinen Part geradeaus, der andere aber diesen Part rückläufig singt, wir treffen Canons in Verkehrtschritten — im Schlusssatze des Magnificat sexti toni, im Benedictus der Missa ad fugam, das Agnus der Messe „repleatur os meum" ist ein canonisches Duett, ganz analog dem Benedictus in Josquins M. omme-armé sup. voc. mus., in der Messe „quem dicunt homines" wird eine kurze, dem rituellen Motiv entnommene Notengruppe immerfort als cantus firmus wiederholt. Diese altertümelnden Züge, welche sogar schon bei Palestrina's Zeitgenossen nicht mehr vorkommen, geben seiner Musik einen eigenen Reiz, wir erkennen wieder die Analogie mit Raphael, welcher gerade dort am hinreissendsten ist, wo sich bei ihm die Nachklänge der alten, strengen Schule, gemildert durch seinen himmlischen Schönheitssinn und seine holde Anmuth, zeigen. Die beiden Messen *Ecce Sacerdos magnus* und *Omme-armé* sind völlige Studien über die allerfeinsten Feinheiten der Mensuralnotirung. Im fünfstimmigen Kyrie der zweitgenannten Messe (über welche Lodovico Zacconi im ersten Theile seiner 1592 erschienenen „Prattica di musica" eine ausführliche Erläuterung geben zu sollen für nöthig hielt) lässt Palestrina (ganz wie Josquin) den Tenor im Tempus perfectum cum prolatione, die anderen Stimmen im Tempus perfectum integri valoris singen, sie setzen alle nach einander mit dem Liedmotiv auf den Intervallen g-d-h ein — im Tenor dehnen sich kraft des Taktzeichens die Noten zu langathmigen Haltetönen. Im „Christe" singt der Tenor die zweite Hälfte des Liedes unter dem Zeichen des Halbkreises mit Punkt — ebenso hernach im Sanctus und auch im ersten Theile des „Et in terra" — die anderen Stimmen des letzteren sind im Tempus imperfectum diminutum gesetzt, welches sie im „Qui tollis" beibehalten, während der Tenor sich im Tempus imperfectum integri valoris bewegte; erst beim „in gloria Dei patris Amen" treffen alle Stimmen — zum erstenmale in der Messe — unter dem gleichen Taktzeichen zusammen. Im „Pleni" wechseln fortwährend eine schwarze Brevis und eine weisse Semibrevis. Der Sopran des Benedictus hat gar, wie es weiland Hobrecht liebte, drei vorgesetzte Zeichen:

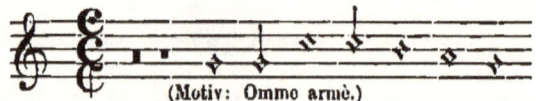

(Motiv: Omme armé.)

Aehnliche, zum Theil höchst schwierige Zeichencombinationen enthält die Messe „Ecce sacerdos magnus". Im Agnus stehen

Discant und Alt unter dem Zeichen ◯, der Tenor unter dem
Zeichen ⊙, der Bass unter dem Zeichen ɸ — es ist also integer valor, Augmentirung und Verkleinerung combinirt.
Dazu kommen noch Imperficirung, Alterirung, Notenschwärzung, Punktirung, Mischung zwei- und dreitheiliger Rhythmen, intricate Einmengung von Triolen. Im Osanna singen — was seit Okeghem's
omme-armé-Messe nicht da war — alle Stimmen unter dem Prolationszeichen. G. B. Rossi dürfte auch hier sagen: „bisogno
che l' uomo s'armi di buona teorica per cantare [1]". Styl und
Phraseologie, Art der Motive, gelegentliche harmonische Sequenzen — Alles ist erzniederländisch. Zu den canonischen
Messen Palestrinas zählt nebst der Missa ad fugam, und der
Missa sine nomine auch die im achten Bande gedruckte Messe
„Sacerdotes Domini", deren Doppelcanons sich in der Obersecunda
und in der Oberterz bewegen — unter diesem Zwange gestaltet
sich alles grossartig und frei — es ist der Triumph der vollendeten Beherrschung der Form. Die vorhin erwähnten vierstimmigen Madrigale, welche Palestrina so vielen Verdruss verursacht haben sollen, gehören noch seiner Frühzeit an — und
wenn Einzelnes wirklich sehr Schöne, wie das Madrigal *Donna
vostra mercede; la vera Aurora* u. s. w. eine Ankündigung der
hohen Blüte scheint, zu welcher später Luca Marenzio das Madrigal brachte, so gleichen andere Sätze bedenklich einem Nachklang der alten sentimentalen Frottola — auch sie haben, wie
es für Palestrina's Erstlingsarbeiten charakteristisch ist, etwas
Archaisirendes. Es fehlt der rechte Madrigalenton, wie ihn
Hadrian Willaert mustergiltig geschaffen und ihn auf seine Schüler
Cyprian de Rore, Costanzo Porta u. a. vererbt hat, die vornehme Tonpoesie, der geistvoll belebte musikalische Conversationston der feinen italienischen Gesellschaft des Cinquecento,
der intensive, und doch von der hohen Bildung so massvoll gezügelte Ausdruck der Empfindung, wie wir bei jenen Meistern
antreffen und wie auch Luca Marenzio in so schöner Weise getroffen hat, — diese Sätze Palestrinas haben etwas Trockenes und
Schwerfälliges, und der Ton des Sentimentalen schlägt in's Lamentoso um. Eine der wenigst erfreulichen Nummern ist das an
Roussel gerichtete Gelegenheitsstück (*in lode di Rossel*) — ein
steifes Compliment, welches beim Abschied ein Capellmeister dem
andern macht.

In voller Bedeutung tritt uns Palestrina erst in den „Improperien" entgegen. Sie gehören zu dem Allereinfachsten, aber
auch Allerschönsten, was er geschaffen. Heiliger Schmerz und
heilige Liebe sprechen aus diesen wenigen falsobordonartigen

---

[1] Org. de Cant. Cap. XVIII (S. 47). Er rechnet das Agnus unter
die „esempj stravaganti", fügt aber hinzu: „non meno difficili, che vaghi".

Accorden mit dem so wunderbar rührend austönenden Schlussfall.
Sie haben Jahrhunderte lang in der sixtinischen Kapelle ihre tief
ergreifende Wirkung bewährt. Die Missa Papae Marcelli eröffnet
die neue Epoche in des Meisters Schaffen. Erinnert man sich,
welcher Standpunkt ihm dabei angewiesen war, so kann man der
Art die Bewunderung nicht versagen, wie Palestrina die an ihn
gestellte Forderung, den Text deutlich hervortreten zu lassen,
mit den unabweisbaren Forderungen der Kunst, sogar mit deren
reicheren Formen in Einklang zu setzen. Nicht einmal die verpönten „Fugen" (d. h. Canons) hat er vermieden; gleich im
ersten Kyrie führt er die beiden Bässe ganz strenge als Canon
all' unisono, während im „et in terra" diese beiden Stimmen eine
Art geistreichen Scheincanon ausführen; nemlich, ohne einander
notengetreu nachzuahmen, einander immerfort in ähnlichen Phrasen
antworten. Wo über ein Textwort, wie „Amen" u. dgl., gar kein
Zweifel mehr sein kann, ergreift Palestrina sofort die willkommene
Gelegenheit zu einer sehr kunstvollen Verwebung der Stimmen.
Der Eintritt eines solchen Momentes wird sorgsam vorbereitet —
das textreiche „Credo" beginnt höchst einfach, und wird allmälig
reicher, bis beim Schluss-Amen ein nachahmungsreiches, lebendig
bewegtes Tonspiel eintritt, dessen Thema aus der absteigenden
Scala gebildet ist — es ist, als ergössen sich Feuerströme der
Harmonie vom hohen Himmel. Um den Text möglichst deutlich
vernehmbar zu machen, wendet Palestrina öfter den Contrapunkt
Note gegen Note an, oder er belebt solche einfache Combinationen durch die einfachsten Mittel: zwei Noten gegen eine, kurze
energische Gänge von vier Noten in dieser, jener Stimme —
während eine Stimme auf einer Textsylbe figurirend verweilt,
lässt er eine zweite mit deutlichst declamirtem Texte in einem
charakteristischen Motiv hinzutreten — Worte, wie „suscipe-miserere-quoniam-etiam-spiritum-resurrectionem-venturi seculi" u.
dgl. m. declamirt er scharf ausgeprägt in sorgsamster Betonung -
sie treten wie in deutlichen Buchstaben einer eleganten Lapidarschrift hingeschrieben hervor. Palestrina gruppirt die Stimmen
oft nur zu dreien, zu vieren — treten dann alle sechs ein, so
wirkt der Contrast der Tonstärke äusserst belebend, ohne der
Deutlichkeit Eintrag zu thun. Die Pausen dienen oft dazu, eine
neu eintretende Stimme mit ihren Textworten entschieden hervortreten zu lassen. Alle diese Mittel finden sich schon bei Palestrina's Vorgängern — sein Verdienst wird dadurch eher grösser
als kleiner — wenn man erwägt, mit wie genialem Blicke er
von allen Seiten gerade dasjenige auswählt, was dem ihm vorgeschriebenen Zwecke dienlich ist.

Man hat sich gewöhnt, dieses Tonwerk als Palestrina's absolut höchste Leistung anzusehen — aber unter den folgenden
Messen Palestrina's giebt es viele, welche ihr an Werth und

Schönheit gleichkommen. Charakteristisch ist an ihr ein eigenthümlicher Zug schlichter Hoheit. Der Tonsatz ist in der Verwebung der sechs Stimmen durchweg höchst meisterhaft, lebendig und von idealer Reinheit[1]). Sehr begreiflich ist es, dass die Missa Papae Marcelli bei den Zeitgenossen Sensation machte — sie erfuhr (in damaliger Zeit eine Seltenheit) einige Bearbeitungen für mehr und für weniger Stimmen als die ursprünglichen sechs: Felice Anerio richtete sie, gleichsam für den Hausgebrauch, zu vier Stimmen ein — Francesco Soriano dachte ihre Wirkung durch acht Stimmen zu steigern — ein Ungenannter, dessen Arbeit sich in der Chiesa nuova zu Rom befindet, setzte gar zwölf Stimmen in Bewegung[2]). Besser wäre das Meisterwerk unangetastet geblieben, denn Palestrina hätte ebenso gut selbst zu acht oder zwölf Stimmen greifen können, und wusste genau was er wollte. Aber es kam in Rom eine Zeit, wo die Tonsetzer unter acht, zwölf, sechszehn u. s. w. Stimmen kaum mehr schreiben mochten.

Schon 1567 erschien die *Missa Papae Marcelli* in Palestrina's „Liber Missarum secundus" — welcher Philipp II. von Spanien gewidmet ist und nebst der genannten Messe, die vierstimmigen *de beata Virgine, Inviolata, ad fugam, sine nomine*, und die fünfstimmige *Aspice Domine* und *Salvum me fac* enthält. Das dritte Buch Messen folgte 1570 mit der *Missa omme arme*, der fünfstimmigen *Repleatur os meum*, der sechsstimmigen *de beata Virgine* und *super ut re mi fa sol la* und den vierstimmigen *Spem in alium, Primi toni, Missa brevis* und *de feria*. Das Verbot des Ein-

---

1) Palestrina ist — und nicht nur in der Marcellusmesse, sondern auch anderwärts — sorgfältiger, als irgend einer seiner Vorgänger. Quintparallelen, vor welchen letztere nicht allzuviel Angst und Scheu hatten, meidet er — eine Stelle im Kyrie der Messe „Tu es Petrus", welche eine Ausnahme zu bilden scheint, ist ein blosser Schreibfehler der Copisten im Altaemps'schen Codex. Baini hat die richtige Lesart hergestellt. Die Paralleloctaven in der Motette „Domine preces servi tui"

sind ebenso unverkennbar ein Copistenfehler; der Alt muss heissen

2) Ein Seitenstück zu den „Neubearbeitungen der Instrumentirung" bei Händel'schen u. a. Werken!

mischens fremder Texte macht sich in der M. de B. Virgine, einer älteren Arbeit Palestrina's, merkwürdig durch die Textlücken fühlbar, wo früher die gewohnten Einschübe gestanden „Mariam gubernans — Mariam coronans". Die Missa brevis ist ein kleines Juwel — eine köstliche Studie über Goudimels Messe „audi filia". Bei der Missa ad fugam darf man nicht an die Bach'sche Fugenform denken[1]) — es ist eine canonische Messe nach Art der gleichnamigen Josquins — auch wieder eine Studie, aber eine Studie im höchsten Sinn; gleich im ersten Kyrie ist der Canon ein ganz strenger doppelter (zwischen Bass und Alt, und zwischen Tenor und Sopran beide in der Octave), das Sanctus combinirt sich aus zwei Canons in Verkehrtschritten u. s. w. Die meisterhafteste Gestaltungskraft und die vollkommene Beherrschung der Tongestaltungen eint sich mit der ungezwungensten Führung der Stimmen und dem vollsten Wohllaut ihres Zusammenklingens. Das bloss zweistimmige Crucifixus überrascht durch seine Kraft und Fülle doppelt, wenn man sich erinnert, wie ungebührlich mager derlei canonische Duetten bei den älteren Meistern einherzustelzen pflegen.

Am 1. April 1571 erhielt Palestrina die nach Animuccia's Tode vacant gewordene Kapellmeisterstelle bei St. Peter — zum zweitenmale — und, als zweite Erbschaft nach Animuccia waren die nahen Beziehungen, in welche Palestrina zu dem h. Philippus Neri trat, für dessen Schüler er, wie früher Animuccia gethan, kleine ansprechende Singstücke componirte In diese Zeit fallen auch zwei bedeutende, im päpstlichen Capellenarchiv befindliche Messen, eine fünfstimmige über seine eigene Motette *O magnum mysterium*, die andere zu sechs Stimmen über das *Veni creator Spiritus*, welches der Sopran als Cantus firmus immer wieder anstimmt — ein Motiv, welches wieder an Altniederländisches erinnert. Pitoni erzählt, Palestrina sei durch den am 23. Juli 1580 erfolgten Tod seiner Gattin Lucrezia so heftig erschüttert worden, dass er aller Musik zu entsagen und sein Tagewerk mit der Motette „super flumina Babylonis" zu beschliessen im Sinne gehabt. Die Worte des mit diesen Worten beginnenden Psalms schildern bekanntlich, wie die trauernden Kinder Israel ihre Harfen weinend an die Weiden hängen. Die Erzählung wird indessen bezweifelt, weil Palestrina seinen resignirten Entschluss mindestens sehr schnell wieder aufgegeben haben müsste, denn noch 1582 erschien das vierte Buch Messen — 1583 folgten die neunundzwanzig Motetten über das hohe Lied — eines von des Meisters Hauptwerken. Der Inhalt des „super flumina" widerspricht aber der Erzählung Pitoni's in keiner Weise. Es spricht sich in der ge-

---

[1]) Wie Thibaut („über Reinheit der Tonkunst") zur Ungebühr thut.

nannten Motette der bitterste Schmerz, das herbste Leid in ergreifender Weise aus — man empfindet, dass es des Meisters eigene Seele ist, in welche wir einen Blick werfen. Wie ein stiller Trauerzug schleichen die Stimmen hinter einander her, bis sie bei den Worten „illic sedimus et flevimus" in vollen Accorden mit kühnen, prachtvollen, modulatorischen Wendungen zusammentreten, und so weiter bis zu dem in düstere Stille verklingenden Schluss.

Bald indessen finden wir Palestrina thätiger als je. Zunächst widmete er Gregor XIII. (1572—1585) drei sechsstimmige Messen — über *Viri Galilaei*, eine der schönsten Motetten Palestrina's selbst, über eine andere seiner Motetten *Dum complerentur* und über das Ritualmotiv des *Te Deum*. Eine Messe *Confitebor* zu acht Stimmen a Cosi spuzzati, brachte 1585 Giovanni Becci, Domherr aus Fiesole, nach Venedig, wo sie wegen ihrer Verwandtschaft mit der venezianischen Kunstweise sehr angesprochen zu haben scheint — Girolamo Scotto's Erben beeilten sich sie in Druck zu legen, unter dem Titel: „Di M. Gio. Pierluigi da Palestrina una messa a otto voci sopra il suo confitebor a due Cori".

Am 24. April 1585 bestieg der ehemalige Hirtenknabe aus Grottamare, Felice Peretti, als Sixtus V. den päpstlichen Thron. Als nach vierzehntägigen heissen Wahlkämpfen der Neugewählte in die Peterskirche im feierlichen Zuge eingetreten, intonirte die Capelle die von Palestrina mittlerweile für die Gelegenheit vorbereitete Messe *Tu es pastor ovium*, zu welcher ihm seine bereits 1563 gedruckte gleichnamige Motette die Motive bot. „Pierluigi hat diesmal vergessen, dass er eine Marcellusmesse geschrieben", soll die kurze, scharfe Kritik des neuen Papstes gewesen sein. Wäre aber, wie ein neuer Biograph des grossen Sixtus meint, „Palestrina dadurch ins Herz getroffen" worden, so würde er die Messe wohl in aller Stille bei Seite gelegt haben — aber sie ist unter den Messen des fünften Buches zu finden, dessen Herausgabe Palestrina selbst noch, hart vor seinem Tode, besorgte, und er hätte um so minder nöthig gehabt, seine Sixtus-Messe mit aufzunehmen, als ihm damals noch 43 zur Zeit ungedruckte Messen zur Verfügung standen. Baini, der in den angeblichen Tadel pflichtschuldigst mit einstimmt, und diesmal auf seinen göttlichen Pierluigi mit etwas komischer Ereiferung einzankt, findet die Verbindung gregorianisch-ritueller und frei erfundener Figuralmotive verwerflich. Als ob das ein Fehler wäre — woher hat denn aller Contrapunkt den Anfang genommen — und wie oft kommt diese Verbindung gerade bei den grössten Meistern, auch bei Palestrina selbst, vor? Ebenso wenig selten ist es, schwere Noten des Cantus firmus in lebhafter figurirte Motive austönen zu lassen, wie Palestrina schon in jener Motette gethan, welche, wenn vielleicht auch nicht seine beste, so doch sicher eine sehr gute ist.

Ist etwas Wahres an der Anekdote, so antwortete jedenfalls Palestrina der Kritik in der seiner würdigsten Weise: noch in demselben Jahre 1588 — am 15. August, dem Feste der Himmelfahrt Marias — wurde in S. Maria Maggiore eine neue Messe zu sechs Stimmen von Palestrina aufgeführt: „Assumpta est Maria" — ein Wunder an Kunst und Schönheit. Sie bezeichnet vielleicht nebst den „Motetten aus dem hohen Liede" und dem *Stabat mater* den Höhenpunkt in Palestrina's Schaffen, und steht neben der Marcellusmesse ebenbürtig da. Mit Recht sagt Proske, „der Genius des unerreichten Meisters schwebe hier im reinsten Aether — es liege eine Hoheit, Anmuth und Begeisterung in dieser Messe, dass man sich unwillkührlich zu einer Vergleichung mit Raphaels sixtinischer Madonna, ihrem würdigsten idealen Gegenbilde, hingerissen fühlt". Baini giebt eine kurze und gute Schilderung: „Palestrina theilt die sechs Stimmen öfter in zwei Chöre, wechselt aber beständig mit der Zusammensetzung, so dass er Chöre von drei, vier und selbst von fünf Stimmen erscheinen lässt. Dazu verbindet er die einfachen und erhabenen Motive der Gregorianischen Antiphone mit analogen frei erfundenen Melodien, welche sich mit jenen anderen zu einem sinnreichen Ganzen verknüpfen, ihnen das Gleichgewicht halten, und in herrlichen Accorden und ganz neuen Harmoniefolgen zusammenthuen." Durch die von Baini belobte Gruppirung der Stimmen gewinnt Palestrina einen zauberischen Wechsel von Klangfärbungen. So intoniren im Gloria vier hohe Stimmen das „qui tollis peccata mundi" — darauf alle sechs „miserere nobis" — und nun wie ein Echo in vier tiefen Stimmen abermals „qui tollis peccata mundi" und nun alle zusammen, einfach und mächtig: „suscipe deprecationem nostram". Die beiden Contraltos werden nach Bedürfniss bald zu den hohen bald zu den tiefen Stimmen gesellt. In den Motiven in den einzelnen Gängen, in den sparsam aber am richtigen Orte angebrachten verzierten Stellen spricht sich Palestrina's Schönheitssinn, sein idealer Zug in hinreissender Weise aus. Die Höhe, zu welcher sich der Kirchencomponist Palestrina hier emporschwingt, hat kein zweiter wieder erreicht.

Gerade in diese Tage fiel eine unangenehme Agitation, welche den Zweck hatte, Palestrina zum „Maestro della cappella Apostolica" zu machen. Die Anregung soll von Sixtus V. selbst ausgegangen sein, was bei dem bekannten Sinne dieses eisernen Papstes für gesetzliche Correctheit und wie aus der folgenden Darstellung sich zeigen wird, schwer glaublich ist. Vorzüglich bemühte sich der bisher der Capelle vorgesetzt gewesene Prälat, Monsignor Antonio Boccapadule zu Palestrina's Gunsten, und ein

gewisser Tommaso Benigni verstand es, die Stimmen einer Anzahl
der jüngeren Sänger für ihn zu gewinnen. Aber die Mehrzahl
der Sänger, welche nach dem Motuproprio Paul IV. keinen Laien
zum Capellmeister haben wollte, leistete energischen Widerstand —
der Plan scheiterte und die Sache endete mit der Ausstossung
der vier Sänger Alessandro Merlo, Agostino Martini, Gianbattista
Giacomelli und Luca Conforti, welche während der Verhandlung
missliebige Aeusserungen hatten hören lassen, mit einer vom
1. September 1586 datirten Verordnung Sixtus' V. „In suprema",
welche ein für allemal bestimmte, dass hinfort immer nur ein
Mitglied des Sängercollegiums Capellmeister sein sollte — und
mit 9 Scudi Strafe, welche Tommaso Benigni zahlen musste.

In der Capelle selbst blieb eine bedeutende Verstimmung
gegen Palestrina zurück. Vergebens brachte er zur Versöhnung
drei Messen dar: zwei fünfstimmige *Salve Regina* und *O sacrum
convivium* und die sechsstimmige *Ecce ego Joannes*. Es war offene,
demonstrative Feindseligkeit, wenn man es unterliess, diese vorzüglichen Werke in die grossen Chorbücher der Capelle ein-
schreiben zu lassen, und hätte der Capellmeister Orfei sie nach
Palestrina's Tode nicht zurückgestellt, so wären sie verloren.
Ungedruckt sind sie heut geblieben. Sixtus V., welcher sehr wohl
wusste, was er an Palestrina besitze, suchte zum Ersatze dem
Meister ein besonderes Zeichen seiner Gunst zu geben, und ernannte ihn zum „Compositore della cappella Apostolica".

In dieser Eigenschaft schrieb Palestrina 1587—1588 sein
grosses Lamentationenwerk und zwar, wie es merkwürdiger Weise
auf dem Titel heisst: „cum Privilegio Sixti V." Die Capellensänger, wohl noch unter dem Einflusse der noch fortdauernden
Verstimmung, wollten abermals Widerstand leisten, wollten an
den gewohnten Compositionen von Carpentras festhalten, diesmal
aber, wo sie den Buchstaben des Gesetzes nicht für sich hatten,
zogen sie den Kürzeren, denn der alte Sixtus fuhr mit einem
Donnerwort dazwischen, etwas worauf er sich, wie bekannt, vortrefflich verstand, und wo von Seite des Angedonnerten aller
weiterer Widerspruch aufhörte. Baini charakterisirt auch diese
Composition in treffender Weise: „Die Noten scheinen bei ihrer
Schwere und gleichen Geltung für den ersten Anblick bedeu-
tungslos — aber beim Anhören entwickeln sich daraus die edelsten
Melodieen — der Ausdruck ist ehrfurchtgebietend, selbst die
Pausen sind bedeutungsvoll." Allerdings ist aber der Grund, aus
welchem Baini diese Pausen belobt, etwas seltsam. „Sie geben,"
meint er, „Gelegenheit zu einer ernsten Betrachtung des mystischen
und allegorischen Sinnes der heiligen Worte des Propheten".
Für theologische Meditirpausen sind diese flüchtigen Augenblicke
des Schweigens doch wohl etwas zu kurz, dafür aber haben

sie die künstlerische Bedeutung verstummenden Schmerz anzudeuten [1]).

Palestrina hatte schon früher, als er Capellmeister im Lateran war, ungefähr gleichzeitig mit den Improperien, ein Buch Lamentationen völlig ähnlichen Styls componirt. Eine andere Serie zog um die Mitte des vorigen Jahrhunderts der Capellmeister am Lateran Girolamo Chiti „ex antiquo Codice manuscripto Lateranensis Basilicae" — eine Abschrift wird in der Corsiniana aufbewahrt — es sind Gesänge zu vier und fünf Stimmen, offenbar in derselben Zeit entstanden, wie die vorhin genannten. Ein grandioses Lamentationenwerk zu 5 und 6 Stimmen endlich enthält der Codex N. VI der Altaemps-Ottobonianischen Sammlung.

Die Lamentationen von 1588 dürfen so ziemlich als das Ideal ihrer Gattung gelten [2]). Sie halten den von Altersher gewohnten Ton fest, gleich das „Quomodo sedet" führt das allbekannte Ritualmotiv in wunderbar schöner Weise ein. Die erste Einleitung des „incipit lamentatio" mit der einfachen imitatorisch in den vier Stimmen nacheinander leise vorüberziehenden Figur hat etwas eigen Ergreifendes. Wie Zauberschläge treffen die Harmoniefolgen der Stelle „plorans ploravit".

Eine zweite kaum minder grossartige Arbeit sind die Hymnen für das Kirchenjahr, welche 1589 bei Francesco Coattino in Rom unter dem Titel gedruckt wurden: „Joannis Petri Aloysii Praenestini, Sacrae Bas. Vat. Capellae Magistri Hymni totius anni secundum Sanctae Romanae Ecclesiae consuetudinem quatuor vocibus concinendi, nec non hymni religionum." Diesen Compositionen liegen die uralten Melodieen der kirchlichen Hymnologie zu Grunde. Wie Lichtstrahlen leuchten vier bis fünf Stimmen ineinander, in den fünf- und sechsstimmigen Schlusssätzen erhebt sich Alles zur höchsten Pracht. Der erhabene aber auch strengflüssige und zur contrapunktischen Verarbeitung nicht immer gefügige Grundstoff ist zum herrlichsten Aufbau verwerthet. Das *Pange lingua*, dem zuerst Josquin eine contrapunktisch verwendbare Seite abgesehen (in der Messe), findet hier an Palestrina einen andern vortrefflichen Exegeten. Die Hymne *Conditor alme siderum* steht im Glanze reiner Verklärung da; herrlich ist die

---

1) Auch sonst weiss Palestrina von Pausen charakteristischen Gebrauch zu machen. In der Motette *Quid habes Hester* schliesst er den ersten Theil mit einer Doppeltaktpause, um der Frage „cur mihi non loqueris?" Ausdruck zu geben.

2) Man möge Proske's Musica divina Tom. IV. Liber vespertinus S. 49 u. f. aufschlagen. Statt der Chiavette, welcher sich Palestrina hier bediente, ist die Ausführung mit folgenden Schlüsseln zweckmässig:

Composition des *Vexilla regis*: der Satz „o crux ave spes unica" besonders ist von einer fast leidenschaftlichen Frömmigkeit. Die Hymne *Tristes erant apostoli*, *Jesus corona virginum*, *Ad coenam agni providi*, anziehend durch die Vergleichung mit der gleichnamigen Messe des Meisters und dadurch geeignet, einen bedeutenden Blick in seinen Bildungsgang zu gewähren, *A solis ortu cardine*, *Ave maris stella*, wo dem vielbenutzten Thema ganz neue Seiten abgewonnen sind, wie es sich denn im fünfstimmigen Schlusssatze zum strengen Canon zwischen Alt und Tenor, in den anderen Stimmen zur freieren thematischen Führung in der geistvollsten Weise gestaltet, *Urbs beata Jerusalem*, *Ad preces nostras*, gehören zu Palestrina's trefflichsten Arbeiten [1]).

Zwei Jahre später (1591) erschien bei Alessandro Gardano eine dritte grosse Arbeit „Magnificat octo Tonorum liber primus". Der neue päpstliche Compositor entfaltete eine erstaunliche Thätigkeit. Seit Carpentras war solch' ein systematisches Durchcomponiren der Melodieen aus der alten Schatzkammer der Kirche nicht wieder dagewesen. Dieses erste Buch enthält sechzehn Magnificat zu vier Stimmen; abermals zwei Jahre später (1593) erschienen bei Coattino schon wieder „Offertoria totius anni secundum S. R. E. consuetudinem quinque vocibus concinenda", in zwei Theilen, mit 68 Offertorien [2]), und „Litaniae deiparae virginis, quae in Sacellis rosarii ubique dicatis concinuntur" (in zwei Büchern). Die Art, das Magnificat zu componiren, wird von Baini richtig charakterisirt: sie bestehe in der Kunst, die Melodie, wie sie nach den acht Kirchentönen dem Magnificat primi toni, secundi toni u. s. w. gehört, gleich vom ersten Anfange so wie die Melodie des Mittel- und jene des Schlusssatzes entsprechend zu fugiren, die Fugen bei unverändertem Hauptthema in jedem Versett abwechseln zu lassen, und die Nebenmotive aus dem Hauptmotive zu bilden. Die Magnificat Palestrina's zeigen, welche Fülle des Herrlichsten sich unter so einschränkenden Bedingungen entwickeln lasse. Girolamo Chiti fand im Archive des Lateran einen Band anderer Magnificat zu fünf und sechs Stimmen [3]). Die Compositionen sind überaus reich und glänzend; die vortrefflichen Magnificat von Morales erscheinen dagegen fast wie anspruchlose, aber freilich meisterhafte Skizzen neben ausgeführten Gemälden. Auch hier hat Palestrina eben „der Pyramide den letzten Stein aufgesetzt". Studien nach Costanzo Festa oder gar Nachahmungen seines Styles, wie Baini will, dürften hier schwerlich zu erkennen sein,

---

[1]) Kiesewetters Sammlung enthält die hier genannten in Partitur.
[2]) Darunter das *Exaltabo te*, welches Burney, hist. of mus 3. Bd. S. 191 u. f. mittheilt.
[3]) Eine Abschrift auch im Liceo filarmonico zu Bologna.

sie gehen über Costanzo Festa's Weise hinaus. Allerdings aber mögen diese Compositionen aus der Zeit herrühren, wo Palestrina Capellmeister der Lateranischen Basilica war und dort Costanzo's Werke mit Antheil studirte. Es kommen auch hier schon jene Entgegenstellungen der Klangfarbe vor, mit denen Palestrina so grosse Wirkungen hervorzurufen versteht; so wird im *Magnificat des ersten Tones* der Satz „quia fecit mihi magna" hohen, helltönenden, der Satz „esurientes" tiefen Stimmen zugewiesen; oder man sehe die kurze dreistimmige Episode gegen den Schluss des höchst brillanten „Sicut locutus est" im *Magnificat des zweiten Tones*, die an Aehnliches in der Messe *Assumpta* anklingt. Ueberhaupt aber tritt der Charakter des Brillanten hier öfter, als sonst bei Palestrina der Fall ist, hervor. Pater Martini hat an dem „reizenden und lieblichen" (vago e dilletevole) Thema des „Sicut erat" im *Magnificat tertii toni* seine Freude: „siehe da, eine Fuge," ruft er aus, „die zugleich gefällig und streng nach den Regeln der Meister gearbeitet ist". Auch in besonderen Satzkünsten legt hier Palestrina Meisterproben ab. So entwickelt sich in dem siebenstimmigen „Sicut erat" des *Magnificat quarti toni* aus dem Tenor ein doppelter Canon in der Quinte und in der Octave, welch' beide letztere nur durch den Raum einer Semibrevis auseinandergehalten werden.

In jene reiche Zeit Palestrina's fällt auch das 1590 gedruckte fünfte Buch seiner Messen, welches er dem Herzoge Wilhelm II. von Baiern widmete. Es enthält vier Messen zu vier Stimmen: *Aeterna Christi munera, Jam Christus astra ascenderat, Panisquem ego dabo, Iste confessor*; zwei Messen zu fünf Stimmen: *Nigra sum* und *Sicut lilium inter spinas*, und zwei Messen zu sechs Stimmen: *Nasce la gioia mia* und *Sine nomine*, Arbeiten ihres Meisters werth, insbesondere ist die Messe *Iste confessor* in ihrer krystallklaren Durchsichtigkeit äusserst schön und durch die Vergleichungen mit Palestrina's Bearbeitung desselben Cantus firmus in dem vorgenannten grossen Werke der Hymnen, welche einen ganz anderen Charakter hat, doppelt interessant. Das einfache Motiv giebt in der Messe zu einer Menge von Gestaltungen Anlass: ein merkwürdiges Stück ist das *Benedictus* für Alt und zwei Bässe. Diese Sammlung ist bedeutender als das 1582 bei Alessandro Gardano in Rom erschienene, Gregor XIII. gewidmete vierte Buch, das sieben Messen im Ganzen leichteren Styles enthält, darunter drei fünfstimmige. Palestrina scheint, nach einer Stelle seiner Vorrede zu schliessen, diese Messen früher bei verschiedenen Gelegenheiten gesetzt zu haben. Die bedeutendste vielleicht ist die letzte Messe *O magnum mysterium*, — wenn sie auch nicht gerade an die allerbedeutendsten Werke Palestrina's völlig hinanreicht; einzelne Sätze, wie das dreistimmige *Pleni*, leuchten aber auch hier wie Diamanten. Es scheint, dass der Meister diese Messen zusammen-

suchte, um dem Papste Genüge zu thun, der nach einer neuen
Publication Palestrina's einige Ungeduld merken liess.

Gleichzeitig vielleicht mit dem Buche Messen, welche Palestrina dem Herzoge von Baiern widmete, mag eine achtstimmige Messe „sine nomine" sein, von Baini als verschollen beklagt, nicht in Rom zu finden — glücklicher Weise aber in der Münchener Hof- und Staatsbibliothek, wohin sie mit dem Dedikationsexemplar der gedruckten Messen gekommen sein dürfte — es ist aber auch möglich, dass sie schon aus den siebenziger Jahren des Säculums herrührt, wo Palestrina, wie das dritte Buch seiner Motetten, das 1575 erschien, wahrnehmen lässt, gelegentlich zu acht Stimmen schrieb — bei ihm am Ende doch eine Ausnahme. Die Münchener Messe darf für den achtstimmigen Satz mustergiltig heissen — gedruckt wurde sie nie [1]). Zuweilen, wie im zweiten Kyrie, im „Qui tollis" scheiden sich die acht Stimmen fühlbar in zwei correspondirende Gruppen, insgemein aber greifen sie alle acht in einander ein, so dass wir hier ein wirklich achtstimmiges (nicht: zweimal vierstimmiges) Tongefüge vor uns haben. Die Leichtigkeit und die Eleganz der Formen, mit welcher Palestrina die schwierige Aufgabe zu bewältigen weiss, ist bewundernswerth (anderwärts, wie in der auch achtstimmigen herrlichen Motette *Surge illuminare Jerusalem*, nähert sich Palestrina mehr der Weise der getheilten venezianischen Chöre). Dass die acht Stimmen der Messe die kunstvollste Textur von Imitationen bilden, dass wir nirgends roher Masse begegnen, sondern alles bis in die letzten Einzelnheiten hinein durchgebildet und belebt ist, versteht sich bei einem Meister wie Palestrina von selbst. Einzelne Stücke, wie das Crucifixus und das Benedictus, sind nur vierstimmig gesetzt — lichter, durchsichtiger, in wohlberechneter Wirkung.

Eine zwölfstimmige Messe soll sich (unverbürgten Angaben nach) im Archiv der Peterskirche befinden. Sie wäre eine Spezialität — Palestrina liebt die Stimmenhäufung nicht, wollte er mehr als vier Stimmen anwenden, so griff er am liebsten zum sechsstimmigen Satz. (Ein dreichöriges Stabat mater in der Altaemps'schen Collection ist schwerlich von Palestrina. Darüber weiterhin.) Freilich sind acht und selbst zwölf Stimmen noch immer wenig gegen die vierundzwanzig und achtundvierzig, welche die Generation nach Palestrina als musikalisches Weltwunder schrieb und als musikalische Weltwunder anstaunte. Was sind Palestrina's bescheidene acht Notenzeilen gegen die vierundfünfzig Notensysteme, welche die Riesenpartitur der Salzburger Riesenmesse

---

1) Ein gelehrter Musikfreund aus Schweden, Herr Ansh. M. Angman, hat sie in Partitur gesetzt. Seiner freundschaftlichen Güte verdanke ich eine Abschrift.

Orazio Benevoli's[1]) als ein Monstrum von Musik erscheinen lassen!

Das Verhältniss der Motetten Palestrina's zu seinen Messen ist jenem sehr analog, in welchem wir in einer früheren Kunstepoche die Motetten und Messen Josquins unter einander gefunden haben. Wie bei dem älteren niederländischen Meister finden wir bei Palestrina eine Anzahl von Motetten, welche, ohne auf den Sinn der einzelnen Textesworte Gewicht zu legen, vorwiegend ein tüchtiges contrapunktisches Gefüge sind, welches aber durch die mächtige Kraft der Themen, durch die Schönheit des Zusammenklanges imponirt, seine Berechtigung aber, diesen oder jenen Worttext zu enthalten, nur durch den entweder notengetreu als Tenor zwischen die anderen contrapunktirenden Stimmen eingefügten rituellen Cantus firmus oder durch die auf das offizielle kirchliche Thema deutlich anspielende Themenbildung legitimirt. Zur Erläuterung des Gesagten mögen hier die beiden meisterhaften Motetten *Beatus Laurentius* dienen, die fünfstimmige, wo dem einen der beiden Tenore nichts mehr und nichts weniger zugetheilt ist, als die kirchliche, notengetreu reproduzirte Antiphone, und die vierstimmige, für deren Motive die Tonschritte 1. 4. 3. 1. massgebend sind, weil sie jene Antiphone kennzeichnen („il Canto fermo della quale si distingue per la grandiosità e soavità della melodia" sagt Pater Martini). Das ist der ältere Standpunkt, den auch die Altmeister Hobrecht und Okeghem (deren Namen für G. B. Doni ein Gräuel sind!) einnehmen, das „musikalische Waldesbrausen und Meeresrauschen". Die vierstimmige Motette, die wir eben genannt, bildet indessen schon den Uebergang zu der zweiten, freieren, leichteren und weitaus zahlreicheren Gattung der Palestrina-Motetten.

Wir bemerkten schon früher, dass Josquin — fast könnte man sagen: zu seiner eigenen Ueberraschung — die Wahrnehmung macht, die Musik könne nicht blos klingen, sondern auch etwas sagen; sie könne die Fluctuationen des Gemüthslebens malen, und zwar bis in Regionen hinein, wo das begriffscharfe Wort nicht mehr nach kann; ja, der auf- und absteigende Tongang, der helle und tiefe Klang u. s. w. habe seinen malerischen Werth,

---

[1]) Die Originalpartitur, Benevoli's Autograph, wurde vom Bibliothekar des Mozarteums, Herrn Jelinek, aus dem Nachlasse eines erzbischöflichen Kammermusikers und gewesenen Chordirektors, Namens Fuetsch, und vor den Klauen eines Gewürzkrämers gerettet, welcher das Riesenfolio zur Verfertigung von Papiersäckchen für sehr brauchbar erkannt und den Vorsatz gefasst hatte, das Ding der Wittwe Fuetsch für einige Groschen abzukaufen. Die Partitur befindet sich jetzt im Mozarteum. Benevoli componirte die Messe eigens zur Einweihung des neu erbauten Domes, welche am 24. September 1628 stattfand. Nach dem Agnus folgt eine Festcantate, voll Anspielungen auf Salzburg und dessen Schutzheilige.

es gebe sogar bis für das einzelne Wort Etwas, was man „Tonmalerei" nennen könne.

Von dieser wahrhaft ungeheueren Entdeckung macht Josquin in seinen Messen so wenig Gebrauch, wie Palestrina in den seinigen — von den stark contrastirenden Einzelheiten neuerer musikalischer Messen (wie das „Crucifixus" und „Resurrexit") ist keine Rede, wenn auch Einzelnes, wie insbesondere das „Incarnatus" oft eine noch ruhigere und feierlichere Färbung annimmt, und sich charakteristisch aus dem Uebrigen hervorhebt.

Die Motettentexte mit ihrem mannigfaltigen Inhalt aber regten an, auch die Musik, ihnen entsprechend, mannigfaltig, und nach dem Sinn der gesungenen Worte charakteristisch zu gestalten. Hier begnügt sich nun Palestrina so wenig, wie sich Josquin begnügte, etwa nur schöne und wohlklingende Musik zu machen, deren Text eben nur den Haken bildet, an den diese Musik gehängt wird, und Sinn und Inhalt der Worte nicht weiter zu beachten, sondern eben nur dem Ganzen eine einfach grosse Färbung zu geben, oder aber die Worte nur durch Herbeiholen des ihnen im Ritualgesang zugewiesenen gregorianischen Motives zu charakterisiren. Wie Josquin malt vielmehr Palestrina auf's Feinste und Geistreichste ins Detail, oft bis zur sinnreichen Illustrirung eines einzelnen Wortes, ja gelegentlich bis zur entschiedenen Tonmalerei. Es ist kein Zufall, wenn er in der Motette „Surge, propera amica mea" und nochmals „Surge amica mea" und „Surgam in circuita" (alle drei unter den Motetten aus dem hohen Liede) und in einer andern „Surge, illuminare Jerusalem" das gleichlautende erste Wort mit einem fast identischen figurirten Motiv eintreten lässt, wobei er übrigens nicht verlegen ist, für eine zweite Composition des „Surge propera" (unter den vierstimmigen Motetten für das Fest der Heimsuchung) eine völlig verschiedene, aber wiederum charakteristische Musik zu finden. In Sätzen, wie „quae est ista, quae processit" oder „quam pulchri sunt gressus tui" giebt er den Motiven deutlich den Ausdruck des Fortschreitens — „ad te levavi oculos meos", „ad Dominum cum tribularer clamavi", „Sagittae potentis, Surrexit pastor bonus, trahe me post te, Descendi in hortum meum, veni, veni dilecte mi — Surge Petre — exultate Deo adjutori nostro" — das Textwort bringt das bezeichnendste Motiv mit sich — feinsinnig ist es, wenn zu Anfang der Motette „vox dilecti" (aus dem hohen Liede) das Wort „vox" in einem vollen Accord, wie horchend, auf einer langen Note ausgehalten wird — und nun rascher wiederholt: „vox dilecti" u. s. w., wenn zu dem Worte „o quantus luctus hominum" das „quantus" durch einen Octavenschritt aufwärts mächtig hervorgehoben wird. In derselben Motette betont er sehr bezeichnend die contrastirenden Worte „gaudere" und „flere".

Zuweilen fasst Palestrina den Namen des Heiligen, welchen er zu preisen hat, in eine zierliche Notengruppe ein, wie in einen goldenen Nimbus: „Magnus Sanctus Paulus; Beatus Laurentius" u. s. w. Zuweilen streift er geradehin ans Dramatische — wie in der Motette „Pueri Hebreorum portantes ramos" mit dem jubelnden „Osanna" — nur für hohe Stimmen gesetzt, ein wahres Kinderjauchzen — ganz den Moment bezeichnend, und der Motette: „Surge Petremdue te vestimentis tuis". Aufs mannigfachste gestalten sich die Tonsätze — bald treten die Stimmen fugenartig eine nach der anderen ein — bald alle zusammen, mehr choralartig, wie in dem herrlichen mystisch-feierlichen „Adoramus te Christe" und in förmlich gegen einander gestellten Accordgruppen in dem Gesang zum Allerheiligenfest: „Salvator mundi, salva nos omnes" — einem wundersamen Mittelding zwischen Motette und Litanei. Oft giebt eine Wendung im Texte der Musik augenblicklich eine andere Färbung. In der Motette „valde honorandus est sanctus Joannes" wird bei den Worten „cui Christus in cruce" plötzlich Alles hochfeierlich — das bisherige reiche Stimmengewebe macht einfach und mächtig tönenden langsam bewegten Accorden Platz, es ist ein Moment als verstummen die tausend Stimmen der Erde, um fremden Klängen aus fernen, tiefen Himmeln voll Ehrfurcht zu horchen. Nach Beschaffenheit der Texte giebt Palestrina seiner Musik jedesmal die entsprechende Grundfärbung. Er hat in der Vorrede seiner Motetten aus dem hohen Liede darüber gelegentlich ein kurzes, aber bedeutungsvolles Wort fallen lassen: „usus sum genere aliquanto alacriore, quam in Ecclesiasticis cantibus uti toleo: sic enim rem ipsam postulare intelligebam". Eine eigene Gruppe bilden Palestrina's Marienmotetten. Wie feierlich-erhaben, ernst, mystisch, ist die Motette „Nativitas tua Dei genitrix" — mit dem lang austönenden Durdreiklang — und hinwiederum, wie ganz engelhaft verklärt sind die Mariengesänge für hohe Stimmen: *Ave Regina coelorum; Alma Redemptoris, Salve Regina, Ave Maria* — die uralten Kirchenmelodieen klingen durch — zur entzückendsten Schönheit gestaltet. Wie eine Rose aus dem Paradiese, wie ein strahlender Stern am klaren Himmel über rollenden Meereswogen leuchtet durch die christliche Musik, wie durch die christliche Malerei, Maria. Was für Tondichtungen sind nicht schon die Marienmotetten Josquins! Und den gleichen Ton schlägt auch Palestrina an — seine wunderbaren Gesänge sind tönend gewordene Raphael'sche Marienbilder!

Es möge hier zur Ehre Josquins, dieses genialsten unter den Tonsetzern der Vor-Palestrinazeit, bemerkt werden, dass seine Motette oft genug einer Ankündigung der Motetten Palestrina's gleichen. Palestrina's Composition zum Feste der Verkündigung (Nr. 7 im ersten Buche der vierstimmigen Motetten) zeigt die grösste Verwandtschaft mit ähnlichen Tonsätzen des altniederländischen Meisters — und der zweite Theil der Motette „ad te levavi", welcher mit den Worten beginnt „miserere nostri Domine" ist ein förmliches Seitenstück zu Josquins „tu pauperum' refugium". Schlagen wir das erste Buch der „Motecta Festorum totius anni cum communi Sanctorum, quaternis vocibus" auf, und wir werden uns gleich bei der ersten *Dies sanctificatus* entschieden an Josquin'sche Disposition, sogar an die Art seine Stimmen zu führen, gemahnt finden: erst die zwei hohen Stimmen hinter einander bescheidenen Schrittes hergehend, aber in wohlgeführtem Canon, dann die genaue Wiederholung des eben Gehörten durch die zwei tiefen Stimmen, aber auf die zweite Takthälfte gerückt, während die zwei anderen ihren Weg darüber fortsetzen (man sieht, welche guten Früchte die alte Schulübung trug, zu zwei fertigen Stimmen eine dritte und vierte zu setzen), dann der anregende Ruf „venite populi" bis alle Stimmen, zusammen einsetzend, in prachtvollen Harmonieen den Kernpunkt des Ganzen hervorheben „quia hodie descendit lux magna" mit der so einfachen und so wirksamen Tonmalerei des „descendit" — und endlich daktylisch, in ungeradem Takt der Satz „exultemus et laetemur" — wie das Ganze ein gottesdienstlicher Tanz beschliesst. Dies ist ganz richtiger wiedergeborener Josquin — wiedergeboren aber im Lichte einer neuen Zeit und in höherem Sinne. Palestrina scheint diese seine Motette mit Recht geschätzt zu haben — er hat darüber eine seiner schönsten Messen componirt.

Die zwei Bücher vierstimmiger Motetten „Motecta Festorum totius anni cum communi Sanctorum" (1563) und „Motecta quatuor vocibus, partim pleno voce, partim paribus vocibus" (1581) enthalten 57 derartige Compositionen und in ihnen einen unergründlichen Schatz an Musik. Nach der Motette „Veni sponsa Christi" (Nr. XXXV des ersten Buches) hat Palestrina hernach eine seiner kleineren, aber liebenswürdigsten und anmuthigsten Messen geformt. Einzelne Motetten sind wahre Pracht- und Glanznummern voll Festesfreudigkeit, wie die Pfingstmotette „loquebantur variis linguis", mit dem kleinen zierlichen Motiv auf die Worte „magnalia Dei" und dem wiederholten Alleluja. In der Composition des 42. Psalms, der wie bekannt mit dem, verzehrende Sehnsucht malenden Bilde beginnt „sicut cervus desiderat ad fontem aquarum" ist der vorherrschende Ausdruck zur süssen Wehmuth gemildert, wie sie sich etwa in manchen jugendlichen Köpfen Perugino's so lieblich schwärmerisch ausspricht — nur stellenweise macht sich ein momentanes, tief schmerzliches Aufblicken bemerkbar [1]).

[1]) Aeusserst schön ist das lange Austönen des Altes auf die Worte „fortem aquarum", während schon die anderen Stimmen eine neue Periode intoniren „ita desiderat" u. s. w.

Neben den Motetten zu vier Stimmen stehen, ebenbürtig an Werth, und noch glänzender in der Ausstattung die fünf-, sechs-, sieben- und achtstimmigen. In den fünfstimmigen genügt die eine, fünfte Stimme, um durch sie, indem sie sich bald den beiden höheren, bald den zwei tieferen Stimmen gesellt, alternirende kleine dreistimmige Chöre im Wechselgesange einander gegenüberzustellen und eine Fülle neuer Combinationen zu gewinnen. Gleich die erste Motette im ersten Buche *o admirabile commertium* zeigt diese Anordnung, welche sich in der folgenden *Senex puerum portabat* zu grosser Pracht entfaltet. Das reichste Stück dieser ersten Sammlung möchte wohl die Himmelfahrts-Motette sein: *Viri Galilaei*, mit der merkwürdig betonten Frage „quid statis aspicientes ad coetum" und dem jauchzenden Triumphgesang des zweiten Theils „ascendit Deus in jubilatione". Würdig reiht sich die Pfingstmotette an: *Dum complerentur*, voll regen Lebens in allen Stimmen — in diesen beiden Werken tritt der erzählende Zug besonders deutlich hervor. Voll tiefer Andacht sind die Gebete *O Domine Jesu Christe adoro te in cruce vulneratum* und *Crucem sanctum subiit* — eines der Hauptstücke der päpstlichen Capelle ist die Motette: *O beata et benedicta et gloriosa Trinitas*, einfach und grossartig ist *O magnum mysterium* [1]). Ein Kunststück an Tonsatz stellt die Motette *O virgo prudentissima* vor — ihre fünfte Stimme entsendet zwei Canons — aufwärts in die Quinte, abwärts in die Quarte, wodurch die Composition siebenstimmig wird. Dieses erste Buch enthält 24 Motetten zu fünf Stimmen, 7 sechsstimmige, 2 siebenstimmige, das zweite Buch bringt 17 fünfstimmige, 8 sechsstimmige, 4 achtstimmige Tonsätze. Unter den sechsstimmigen das gepriesene *Tribularer si nescirem*, mit dem „Miserere mei Deus" als auf- und absteigenden „Pes in voce media" — die neue Verwerthung des gleichen Josquin'schen Gedankens. *Peccantem me quotidie* ergeht sich (absichtlich) in herben, scharfen Zügen, — erschütternd klingen die beiden mächtigen Einsätze „timor mortis" und „miserere mei Deus" — in diesem zweiten Anruf drückt sich aber auch zugleich der Uebergang von angstvoller Bedrängniss zu hoffnungsvollem Vertrauen aus — es ist in diesen wenigen Takten, als senke sich erquickender Thau auf verbranntes Land. Ein kunstvolles Stück feinen Imitationengewebes ist die Motette *Gaude Barbara beata*, in der sechsstimmigen Motette *Sancta et immaculata* wird ein Canon „in Diatessaron" im Sinne älterer Kunst eingefügt. In

---

[1]) Baini sagt davon: „una nuova collezione — la dovette dedicare indubitamento al Cardinale Ippolito di Ferrara". Trotz dieser „zwingenden Nothwendigkeit" ist diese Sammlung aber, wie das neuerlich von Theodor de Witt aufgefundene Exemplar zeigt, dem Herzoge Wilhelm von Mantua gewidmet.

der Motette *Ascenda ad patrem* erscheint wiederum (wie in der vorhin erwähnten „O quantus luctus") der ungewöhnliche Effekt eines Octavenschrittes nach oben.

Dass die achtstimmigen Motetten im dritten Buche (*Lauda Sion Veni Sanctae; Ave Regina* u. a.) völlig „Chori spezzati" darstellen, nimmt Baini — der dem Haupte seines göttlichen Pierluigi gerne alle möglichen Lorbeerkronen aufstülpen möchte — für Palestrina als „Erfindung" in Anspruch und schilt die Venezianer „unvollkommene Nachahmer". Ein Blick auf die Chronologie der Werke Adrian Willaerts und der Werke Palestrina's hätte ihn eines Anderen und Besseren belehren können (Andrea Gabrielis zu geschweigen), und was den Zeitgenossen Johannes Gabrieli betrifft, so tragen seine Werke eine von dem römischen Styl Palestrina's so grundverschiedene, specifisch-venezianische Färbung, dass an eine „Nachahmung" von Seiten des venezianischen Meisters in keiner Beziehung zu denken ist. In S. Marco drängten die beiden einander gegenüberstehenden Musikgallerien des Presbyteriums so zu sagen von selbst zu correspondirenden Doppelchören — in Rom zeigt kein einzige Kirche eine gleiche Anlage, am wenigstens schon die sixtinische Capelle mit ihrer in die rechte Seitenwand eingezwängten Sängertribüne. Eher wäre zu glauben, dass Palestrina den venezianischen Gedanken aufgriff, welcher ja auch nordwärts Anklang und Nachahmung fand, wie das „Te Deum" von Jacobus Vaet beweist.

Das dritte Buch Palestrina's enthält unter den fünf- und sechsstimmigen Motetten einiges, wenn nicht Geringe, so doch Geringere — aber auch Compositionen ersten Werthes, wie das achtstimmige *Surge, illuminare Jerusalem*, das völlig in lauter Licht und Glanz aufgeht, und das hoch jauchzende *jubilate Deo*. Sehr hübsch ist der Einfall, in einer Cäcilienmotette die Worte „cantantibus organis" zu illustriren und die Menschenstimmen eine Art kleinen Orgelpräludiums ausführen zu lassen — noch origineller ist es, dass in der fünfstimmigen Motette *Angelus Domini descendit* recht deutlich gemalt wird, wie sich der Engel — setzt. Zu dem Einfachsten und Edelsten in diesem Bande gehört das sechsstimmige *O bone Jesu*, welches den specifischen Palestrinastyl in seiner idealsten Reinheit darstellt.

Das vierte Buch enthält die gepriesenen 29 Motetten nach Worten des hohen Liedes — sämmtlich zu fünf Stimmen — Schöpfungen einer hohen Begeisterung, zu welchen sich der Tondichter (denn hier ist er es ganz besonders und in vollem Sinne) durch die farbenglänzenden Bilder des orientalischen Dichters anregen liess, und welche ohne Frage zu dem Höchsten zählen, was die Musik in irgend einer Epoche hervorgebracht haben mag. Die Färbung ist durchaus mystisch — von „dramatischer Intention" ist keine Rede, so entschieden Palestrina auch seiner

Musik ihren Charakter nach den jeweiligen Worten der Dichtung
giebt, und so lebendig und wahr der Ausdruck der Empfindung
überall wie ein Glutstrom hervorbricht — zitirt ja doch selbst
Athanasius Kircher die Stelle „quia amore langueo" als „mustergiltige Schilderung" (paradigma) des „Affektes der Liebe — freilich
einer anderen, als der herkömmlichen „madrigalesken" — es ist
der himmlische Eros, welcher hier seine Schwingen regt — die
Stelle (zu Ende der Motette Eccetu pulcher es) athmet aber
wirklich eine Glut und Sehnsucht — eine „Wonne der Wehmuth",
welche im Palestrinastyl doppelt überrascht¹).

Palestrina lässt die Wechselgespräche der Liebenden und
ihre Monologe wie von Engelschören vortragen, und gerade dieses
giebt den wunderbaren Tondichtungen das Mystische, dessen wir
vorhin gedacht, diese Musik ist ganz durchgeistigt, während die
Liebesworte der Dichtung, wären sie mit dem Zuge heisser Leidenschaftlichkeit im Sinne der kurz nach Palestrina entstandenen
dramatischen Tonkunst — etwa wie Claudio Monteverde's Ariadnenklage, oder der Monolog seiner Penelope — componirt, also
getragen vom mächtig-sinnlich anregenden Medium der Musik,
eine Färbung annehmen würden, dass man zu dem altjüdischen
Verbot „das hohe Lied nicht vor dem dreissigsten Lebensjahre
zu lesen", einen Zusatzartikel machen müsste: es nicht vor dem
sechzigsten zu singen. Palestrina leiht seine Tonsprache, ganz
im Sinne der Kirche, keinem realistischen, sondern einem mystisch-
allegorischen Brautpaar, und taucht er seine Tonweisen in Feuer
(was er in der Vorrede aber, höchst bescheiden, als „genus alacre"
bezeichnet), so ist's in der Sphäre jenes Feuerhimmels, von
welchem Dante in seinem „Paradiso" singt. Welchen über-
mächtigen Duft von Poesie strömt die Stelle aus: „ego flos campi
et lilium convallium," wie süss klagend und voll zarter Sehnsucht
ist der Gesang „vulnerasti cor meum", wie sind die reizenden
Bilder des erwachenden Lenzes in der Motette: „Surge, propera"
gemalt — wie dringend ist der Ton der Bitte „ad juro vos filiae
Jerusalem", wie zierlich und anmuthig ist die den Moment fein
malende Bewegung des „Dilectus meus descendit in hortum
suum" — man meint es mit Augen zu sehen. Um die ganze
Eigenthümlichkeit dieses musikalischen Canticum Canticorum und
den Unterschied von den sonstigen Motetten Palestrina's klar
einzusehen, genügt es, diejenigen Texte, welche von Palestrina
ein zweitesmal, ausserhalb dieses Cyclus componirt sind, auf-
zusuchen, und die Compositionen neben einander zu halten. Es
sind die Texte Surge, propera (I. N. XVI; Cantic. N. XV), Quae

---

1) Die Worte kommen zweimal vor — in N. 8 und N. 19, in letzterem
Stücke episodisch, wohingegen in ersterem, wo sie den Schluss bilden.
Dagegen gipfelt der Ausdruck des Ganzen in ihnen.

est ista (I. N. XIX; Cant. N. XXIII) und Quam pulchri sunt
gressus (I. N. XXVIII; Cantic. N. XXV).

Und noch einen Blick in die Dedicationsvorrede zu machen,
in welcher sich Palestrina so reumüthig über seine weltlichen
Madrigale äussert, möchte der Mühe werth sein. Nachdem Palestrina die Poeten und ihre Dichtungen gescholten „carmina
amorum a christiana professione et nomine alienorum argumento —
carmina hominum vere furore correptorum ac juventutis corrup-
torum" schilt er die Musiker, welche dergleichen in Musik setzen,
und fährt fort: „ex eo numero aliquando fuisse me, et erubesco
et doleo. Sed quando praeterita mutari non possunt, nec reddi
infecta, quae facta jam sunt, consilium mutavi. Itaque et antea
elaboravi in iis, quae de laudibus Domini nostri Jesu Christi,
Sanctissimaeque ejus matris et Virginis Mariae carminibus scripta
erant, et hoc tempore ea delegi, quae divinum Christi, sponsaeque
ejus animae amorem continerent, Salomonis nimirum cantica."
Gedruckt wurden diese Motetten 1584, gewidmet sind sie dem
Papste Gregor XIII., welcher von 1572 bis 1585 regierte, die
Compositionen sind also kurz vor ihrer Publikation („hoc tempore")
componirt. Wie kommt Palestrina dazu, erst jetzt, 29 Jahre
nach dem Erscheinen der weltlichen Madrigale, ein solches „pater
peccavi" anzustimmen?! Die Sache ist klar — der weltlichen
Liebe der Madrigale setzt er die geistig-mystische dieser Motetten entgegen — es ist eine Phrase, im Geschmack der Vorreden jener Epoche — und schwerlich mehr — es gab eine
passende Wendung, und so sucht Palestrina eigentlich weniger
seine ersten Madrigale zu desavouiren, als die neuen Hohelied-
Motetten möglichst in glänzendes Licht zu stellen, was man einem
Autor und Dedicanten nicht übel nehmen kann. Und so ist am
Ende die ganze Geschichte von den „bittern Bemerkungen",
welche er über seine Madrigale hören musste, einfach in das
Reich der Fabeln zu verweisen. Die verbissensten Zeloten hätten
es kaum fertig gebracht, ein volles Viertelsäculum über die Collection „anstössiger" Madrigale zu zetern und zu eifern — zumal
wenn diese anstössigen Madrigale gar nichts Anstössiges ent-
hielten. In diesen fünfundzwanzig Jahren hatte Rom gelegentlich
ganz andere Dinge zu sehen und zu hören bekommen, es genüge
an Giulio Romano's sechzehn von Marcanton gestochene Gruppen
und an Pietro Aretino's dazu gehörige „Sonetti lussuriosi" zu
erinnern, welche allerdings die Folge hatten, dass Clemens VII.,
den hernach von Julius III. wiederum auf's Gnädigste auf-
genommenen Poeten, „das Phänomen der Unsittlichkeit", wie
ihn Gregorovius nennt, aus Rom verbannte. Im Vergleiche
zu dem Pfuhl aretinischer Verse konnten die von Palestrina
componirten allenfalls von den Engeln im Himmel gesungen
werden!

In demselben Jahre 1584, wie das die Motetten aus dem hohen Lied enthaltende vierte Buch, erschien das fünfte Buch. Als erstes Stück dieses fünften Buches überrascht — nicht gerade angenehm — eine feierlichst in Musik gesetzte Dedication an den Cardinal Andreas Bathori, Neffen des braven Siebenbürgerfürsten und Polenkönigs Stephan Bathori, dessen im Text der bezüglichen Motette (*Laetus hyperboream volet hic concentus ad aulam* sind die Anfangsworte) mit dem Ausrufe „Polonia felix! Secula longa servet Deus utrumque" (nämlich dem königlichen Oheim und Seiner Eminenz dem Neffen) als eines noch Lebenden gedacht wird — wornach also diese Composition zwischen den Jahren 1575—1581 entstanden sein muss, während das sie enthaltende Buch erst 1584 gedruckt wurde, wo jener Wunsch langen Lebens für König Stephan schon zu spät kam und sich nun fast wie eine Ironie ausnimmt. Die Dedicationen Palestrina's scheinen in der That überhaupt nur da zu sein, damit wir ihn nicht ganz und gar für einen Engel halten. Es ist schmerzlich, in einem Meister, der wie ein Himmelsbote dasteht, einen gebückten Dedicanten bei allen möglichen Heiligkeiten, Majestäten, Hoheiten und Eminenzen zu finden, von denen manche zuweilen weit genug von Rom hausten. Die Dedication des ersten Buches Messen an Julius III. trug, wie wir sahen, ihre Früchte, ob aber aus Madrid, München oder der „Aula Hyperborea" etwas „Reelles" als Dank zurück nach Rom spedirt wurde, bleibt höchst zweifelhaft. Hatte indessen doch schon der ernste Morales seinen zwei Büchern Messen stattliche Dedicationen — aber mit des Spaniers würdigen, edel-stolzen Vorreden — vorangestellt, und das „Dediziren" ist seitdem in der Musik löblicher Gebrauch geblieben — bis auf diesen Tag. Die Poeten machten es ja im Grunde noch schlimmer! Wenn Ariosto sich nicht schämt, dem Texte seiner unsterblichen Gedichte („eines der prächtigsten Phänomene italienischen Geistes" nennt es Gregorovius) den Kleks anzuhängen, dass er ein Ungeheuer, wie Hippolyt von Este, als „Erculea prole, ornamento e splendor del secol nostro" begrüsst und sich selbst als „l'umil servo vostro"[1]) hinstellt, wenn Tasso den Herzog Alfonso, der ihn später in die Narrenzelle sperren liess, als „magnanimo Alfonso" anredet[2]), so steht Palestrina mit seiner fünfstimmigen, in der That musikalisch schönen und nobeln Motette völlig gerechtfertigt da[3]).

---

1) Orl. Fur. Canto I. 3.
2) Gerus. libr. 2. 4.
3) Die italienischen Poeten konnten sich ihrerseits auf die antiken berufen. Virgil redet gleich im zweiten Vers seiner „Georgica" mit einem eingeflickten „Mäconas" den „Musarum fautor optimus maximus" (wie ihn Scaliger nannte) ganz unmotivirter Weise an — und nachdem er sofort verschiedene Götter des Landbaues angerufen, wird auch Cäsar Augustus

Sehen wir, nach dieser musikalischen Aufwartung beim Cardinal Bathori, das Buch weiter durch, so finden wir mehr als eine Nummer, welche ein Juwel erster Grösse heissen darf, und allein hinreichen würde, Palestrina über alle Meister der Zeit und Vorzeit zu stellen. Ein Gesang voll Glanz und Festespracht ist die Himmelfahrtsmotette *Tempus est ut revertar*, der Freudengesang *Exultate Deo* — wie in düsterem Nachtdunkel steht eine Anzahl ergreifender Bussgesänge daneben. Man achte hier auf die einzelnen Züge, wie Palestrina die Worte betont „quis est homo quia magnifices cum" — besonders mit den zagenden Syncopen der beiden Altos, wie zu Anfang des zweiten Theils derselben (sechsten) Motette die Stimmen mit dem Worte „peccavi" in engsten Engführungen sich zum Bekenntniss der Sündhaftigkeit gleichsam drängen. Voll malender Züge ist die Motette *Surge Petre* — der Eintritt des Engels in den finstern Kerker wird durch Harmonieen angekündigt, welche etwas fremdartig Geisterhaftes und zugleich Grossartiges haben — seine Rede tragen erst die drei höheren Stimmen, Redesatz nach Redesatz, und dann die beiden tieferen Stimmen, wie ein Echo, vor, wobei sogar das „Surge velociter" durch sinnige Tonmalerei hervorgehoben wird. Oft ist es ein einziges Wort, in welches Palestrina einen wunderbar wahren und ergreifenden Ausdruck zu legen versteht: „*Aegypte noli flere!*[1]) — man sehe wie durch die einfache Deklamation des ersten Wortes o o ♩ o o sich innigste Theilnahme, tiefes, herzliches Mitleid ausspricht. Solcher Züge sind Palestrina's Motetten voll — er lässt sie uns freilich nicht von Ophikleiden in die Ohren blasen und von der grau Cassa in die Ohren donnern — leider haben uns neuere „Meister" mit diesen und ähnlichen „Kunstmitteln" etwas harthörig gemacht. Wir müssen Palestrina auf den Wegen seines Geistes mit Liebe, Antheil, fast möchte man sagen mit Ehrfurcht folgen — dann aber werden wir Dinge finden, die uns wie ewige Sterne in die Seele funkeln und deren Glanz uns dann nicht mehr erlöschen will. Es giebt nicht wenige Gebildete, welche meinen, dass sie Raphael Sanzio durch und durch kennen, wenn sie eben nur das Dresdener Bild gesehen, und dass sie mit Palestrina nach dem Anhören einer guten oder schlechten Aufführung der „Missa Papae Marcelli" ganz im Reinen sind. Selten giebt es einen Meister, der so wenig gekannt

---

als Gott angeredet und eingeladen, dem Poeten durch Feld und Flur zu folgen. Auch Horaz, sonst keine Höflingsnatur, kann sich den Schmeichelphrasen nicht entziehen!

1) S. die Motette N. 3 „Tempus est revertar" zu den Worten „nolite contristari" im Tenor, Sopran und Alt, und N. 4 „Domine secundum actum meum" zu den Worten „nihil dignum" im Tenor.

ist, wie Palestrina, und der so falsch aufgefasst wird — und letzteres obendrein zuweilen von Leuten, welche sich für ihn möglichst enthusiasmiren!

Bemerkt mag werden, dass Palestrina in diesen Motetten mehr als einmal von der (angeblichen) Regel der alten Meister, Sextenschritte zu vermeiden, abweicht. Ein fünfstimmiges *Salve Regina* beschliesst dieses fünfte Buch und zugleich den Motettencyclus des Meisters; er konnte ihn nicht besser und schöner schliessen, als mit diesem Schwanengesang. Es ist eine missliche Sache, den Eindruck eines in den reinsten Höhen der Verklärung und des Idealen schwebenden Kunstwerkes in Worte fassen zu wollen, wenn man nicht, wie Palestrina's Biograph, in Schwulst und Bombast verfallen will, ohne mit all' dem Aufwand und Wortspectakel mehr gesagt zu haben, als eben, dass man von der Herrlichkeit durchdrungen und hingerissen sei. Ebenso misslich ist es, mit plumpem Finger auf die einzelnen „Schönheiten" zu zeigen, oder gar den lebendigen Organismus des Werkes auf den contrapunktischen Anatomirtisch hinzulegen. Aber, wenn nicht zu einem solchen musikalischen Prosectorsstück, so doch zu kritischen Hymnen und Dithyramben kann diese Motette hinreissen und auch bei dem Einzelnen mag man mit entzücktem Schauen gerne verweilen. Glänzende Züge von Genialität und Züge tiefster Empfindung folgen einander Schritt nach Schritt. Monteverde hat nachmals (der erste) mit allen Mitteln der dramatisch-ausdrucksvollen Musik, deren erster mit Genie begabter Pfleger er ist, die Stelle: „ad te suspiramus gementes et flentes in hac lacrimarum valle" illustrirt — aber nicht wahrer, nicht tiefer, und nicht mit der überirdischen Reinheit, als Palestrina thut. Wunderbar, wie ein aufleuchtender Blick, wirkt die herrliche Harmoniewendung zu den Worten „illos tuos misericordes oculos" — was soll man zu dem hochfeierlichen, anbetenden „et Jesum benedictum" sagen — und zu dem wunderbar zart-innigen, wie in Liebe schmelzenden Schluss: „o clemens, o pia, o dulcis virgo Maria". Raphael Sanzio, sagt man, konnte den Namen Maria nicht ohne Thränen aussprechen — hier ist etwas Aehnliches. Dieses Wunderwerk Palestrina's hat auf dem Gebiete religiöser Musik in allen folgenden Jahrhunderten nur ein einziges gefunden, welches ihm vielleicht ebenbürtig genannt werden darf — Mozart's „Ave verum".

Ganz eigen und einzig unter Palestrina's Werken steht sein zweichöriges „Stabat mater" da — zu dessen verhältnissmässig grosser Popularität sein Anfang mit den drei unmittelbar auf einander folgenden Durdreiklängen von A, G, F sicher nicht wenig beigetragen hat — und jedermann, der es von der päpstlichen Sängercapelle intoniren hörte, war voll Verwunderung, aber auch voll Bewunderung. Ruft doch selbst Oulibischeff: „wie klingt dies? schön, erhaben, göttlich! diese Musik stammt nicht von der Erde" u. s. w. Diese drei Accorde galten und gelten nicht nur für eines der Wahrzeichen des „Palestrinastyls", sondern auch für ein Unicum [1]). Aber eine ähnliche Harmoniefolge kommt bei Morales vor — zu Anfang des zweiten Theils der Motette *O Jesu bone*[2]) auf D, C, B (nur dass über D die kleine Terz steht), und bei Palestrina selbst zum Schluss der vierzehnten Motette aus dem hohen Liede wie im „Stabat" genau die drei Durdreiklänge A, G, F zu den Worten „En dilectus meus". — Unvergleichlich mächtiger aber wirkt dieser, wirklich wie aus einer fremden Welt herübertönende Harmoniegang zu Anfang des Stabat mater, weil er nicht nur der allererste Anfang des Stückes ist, sondern auch weil der zweite Chor ihn sofort, wie im Echo, wiederholt. Es ist übrigens wirklich eine der wenigen Stellen in Palestrina, wo er mit ganzen Dreiklangbildungen als solchen arbeitet — nicht, wie sonst, die Harmonie blos als Resultat zusammentreffender Melodieen behandelt.

Spätere Componisten haben, wie bekannt, den Text dieser wunderbaren Blüte mittelalterlicher Dichtung zu einer Reihe oratorienartiger Nummern benutzt, Chöre, Duos, Arien u. s. w.

---

[1]) Schon den alten Niederländern ist die Trugcadenz — die auch bei Palestrina oft genug auftritt — ganz geläufig, wo der Bass, statt den schliessenden Dominante-Tonica-Schritt zu machen, einen Ganzton abwärts steigt, z. B. statt 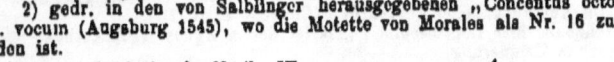 vielmehr

— natürlich mit durch Gegenbewegung vermiedenen Quintparallelen. Sieht man zu, so bemerkt man, dass hier gleichsam eine Accordstation übersprungen ist, die sich nach dem natürlichen Zirkel ergäbe — nemlich

Ganz das Gleiche ist jener „vergantique effect" (wie ihn Burney bei Arcadelts „bianco e dolce cigno" nennt) des fa fictum. Zu Anfang des Stabat mater wiederholt nun Palestrina diesen Schritt fortsetzend noch einmal — nemlich statt:

gleich mit Verschweigung der zwei vermittelnden Zwischenstufen *d* und *c*

[2]) gedr. in den von Salblinger herausgegebenen „Concentus octo etc. vocum (Augsburg 1545), wo die Motette von Morales als Nr. 16 zu finden ist.

wechseln lassen, und ebenso auch wechselnden Stimmungen, je nach dem Sinne der Worte, musikalischen Ausdruck gegeben, das Orchester mit seinen reichen Ausdrucksmitteln herangezogen u. s. w., bis endlich und schliesslich aus dem alten Kirchenstücke ein dramatisches geworden [1]. Vom Standpunkte seiner Kunst, wie von dem Standpunkte seiner Zeit aus bleibt Palestrina einer solchen Behandlungsweise durchaus fremd, er fasst das Stabat wieder ganz rein als Kirchengesang auf und seine Composition verklärt sich ihm wieder zu Engelschören, wie in seinen Gesängen aus dem Hohenlied. So verschieden die Stimmung hier und dort: es ist zwischen diesen Werken eine innere Verwandtschaft. Nie ist der Schmerz und die Klage schöner verklärt und geheiligt worden als in diesem Stabat — es sind rollende Thränen, aber in jeder Thräne spiegelt sich der Abglanz eines ewigen, seligen Himmels. Man weiss, wie das Jahrhundert nach Palestrina in den Künsten auf den leidenschaftlichen Affekt losarbeitete — wie für den bildenden Künstler das dornengekrönte Eccehomohaupt mit dem leidenschaftlich zum Himmel emporflammenden Blick, die schmerzensbleiche Mater dolorosa mit den rothgeweinten Augen Lieblingsdarstellungen wurden, wie auf Kreuzigungen und Kreuzabnahmen Maria jetzt regelmässig ohnmächtig wurde, und „der sittliche Inhalt dem pathologischen wich" [2] — wie sich an Stelle der schönen, stillen Heiligenbilder in die Kirchen riesenhafte Altarblätter drängten: blutige Henkerscenen und dazwischen sehnendes Schmachten der Hauptfigur, und dazu allenfalls in den Wolken ein Engelsorchester, welches aus Leibeskräften geigt und harft und flötet, und „zum Morde Musik macht" [3]. In solcher Zeit ist es begreiflich, dass ganz Rom in Thränen zerfloss, wenn der Castrat Loreto vom Kirchenchor herab die „büssende Magdalena" Domenico Mazzocchi's solo jammerte, Palestrina's Musik

---

1) P. Martini bemerkt über Pergolese's Stabat: „questa composizione del Pergolese, se si confronti con l' altra sua dell' intermezzo suo, intitolato, la serva Padrona si scorge affatto simile a lei e dello stesso carattere, eccettuandone alcuni pochi passi. In ambedue si vede lo stesso stile, gli stessi passi, le stesse stessissime delicate o graziose espressioni. E come mai può, quella musica, che è atta ad esprimere sensi burlevoli o ridicoli, come quella della Serva Padrona, potrà essere acconcia ad esprimere sentimenti pii, devoti o compunti vi" u. s. w. (Vorrede des Saggio di contrapp.) Diesem strengen und wohl allzustrengen Urtheil gegenüber sehe man, wie Tieck (im Phantasus) Palestrina und Pergolese (welche wirklich von vielen Leuten mit einander verwechselt werden) ohne Zeremonien neben einander Platz nehmen lässt, und wie er in romantisch-blaublumenhaften Versen ihre Musik charakterisirt. Was aber wohl der alte P. Martini zu Rossini's „Stabat" gesagt haben würde, welches dem modernen Italien als „mustergiltiges" Meisterwerk von Kirchenmusik gilt?!
2) Ein Ausdruck Jacob Burkhardt's (Cicerone S. 1052).
3) Ich habe hier Domenechino's „Marter der h. Agnes" (Pinakothek zu Bologna) in Erinnerung.

aber „di gran lunga" übertroffen, ja unmöglich geworden schien. Man muss sich solche Thatsachen in Erinnerung halten, um sich klar zu machen, welch' ein ungeheurer Umschwung sich binnen etwa 1590—1630 in Sachen der Musik vollzog. Palestrina's Stabat steht zum Glücke für alle Zeiten über den Fluctuationen des Zeitgeschmacks auf einer Höhe, wohin die beweglichen Wellen des wechselnden musikalischen Alltagsbedürfnisses nicht mehr reichen.

Baini nimmt neben dem zweichörigen Stabat der päpstlichen Capelle noch ein dreichöriges in der Altaemps'schen Sammlung des Collegio romano für Palestrina in Anspruch — und commentirt es in seiner Weise — erzählend: wie sein Lehrer beim blossen Anblick der Partitur, bei der Stelle, wo die drei Chöre zum erstenmale zusammenkommen „o quam tristis" in Thränen der Rührung ausgebrochen sei u. s. w. Die Composition lässt sich indessen an Werth und Wirkung dem zweichörigen Stabat nicht vergleichen, und ist schwerlich von Palestrina, sondern eine Arbeit Felice Anerio's, welchem auch der Katalog der Bibliothek das Werk zuschreibt, wie denn in demselben Codex ein anderes, achtstimmiges von dem genannten Componisten dem dreichörigen unmittelbar vorangeht. Aber für Baini genügte es, dass eine augenscheinlich spätere Hand dem Basse den Namen „Palestrina" in unsicheren Zügen beigeschrieben, um das Werk sofort auch als Palestrina anzusprechen und aus Leibeskräften zu bewundern. Zugegeben muss indessen werden, dass es immer eine Composition von grossartigem Zug und meisterhafter Textur ist, wie denn Felice Anerio zu den besten Meistern zählt, welche sich in so würdiger Weise um den „Fürsten der Musik" Palestrina gruppiren. Aber der wunderbare Duft, jene „Wonne der Wehmuth", jener Zauber poetischer Verklärung, welche Palestrina's Stabat so einzig in seiner Art erscheinen lassen, fehlt dem Stabat Anerio's, welches kurz und gut eben nur als „vortreffliches Kirchenstück" zu charakterisiren wäre und im Ganzen den Hörer ziemlich kalt lässt¹).

Eine Art Mittelstellung zwischen Motette und weltlichem Madrigal nehmen Palestrina's geistliche Madrigale ein, von denen 1581 bei Angelo Gardano in Venedig ein Buch gedruckt wurde. Es enthält die sogenannten *Vergini del Palestrina*, das

---

1) Auch der verewigte Proske — sicher einer der feinstfühlenden, eminentesten Palestrinakenner, hielt das dreichörige Stabat für einen Anerio. Der um die Musica sacra in Prag so hochverdiente P. Barnabas Weiss, Superior des Capuzinerconvents von St. Joseph, bereitete uns in einer der herrlichen Charwochemusiken seiner Klosterkirche den Genuss, dieses Anerio-Stabat in ganz vorzüglicher Ausführung zu hören. Vorher hatten wir eben dort das Stabat von Palestrina gehört. Wir konnten also die Wirkung beider Werke unmittelbar vergleichen.

ist acht Madrigale über die Canzone Petrarca's an die h. Jungfrau, so dass jede Stanze ein Madrigal bildet. *Vergine bella, che di sol restita* (auch schon von Dufay componirt [1]); *Vergine saggia*; *Vergine pura*; *Vergine santa e d' ogni grazia piena*; *Vergine sola al mondo senza esempio*; *Vergine chiara*; *Vergine quante lagrime*; *Vergine tale e terra* (die beiden letzten Stanzen *Vergine in cui ho tutta mia speranza* und *Vergine umana* sind nicht in Musik gesetzt). Es sind leichte aber reine und liebenswürdige Compositionen. Die folgenden 18 Madrigale sind zum Theile flüchtige Arbeiten von geringem Werthe.

Das zweite Buch (30 Madrigale, erschien 1594 bei F. Coattino) steht hoch über dem ersten [2]). Die Art, wie Palestrina hier den Ton des Madrigals in seiner leichteren Beweglichkeit anzuschlagen und ihn doch dem erbaulich-geistlichen Inhalte der Texte entsprechend zu färben weiss, wie er ferner die feinste contrapunktische Arbeit hinter scheinbare Leichtigkeit zu verbergen versteht; die Fülle geistreicher Züge und anmuthiger Motive sichern diesen Werken ihren Rang, von denen Kiesewetter meint, „man könne bei ihrer Anpreisung des Lobes unmöglich zu viel ausdrücken", Baini aber sich dabei, wie von ihm zu erwarten, bis zum Zerbersten anstrengt.

Ein Buch weltlicher Madrigale war 1586, also einunddreissig Jahre nach jenem ersten, welches einst dem Meister so viel Verdruss gemacht, bei den Erben Girolamo Scotto's in Venedig erschienen. Baini vermuthet, sie seien auch als Tanzstücke gemeint; die „vielen schnellen Noten" allein aber sind dafür kein Beweis. Was getanzt werden soll, muss vor Allem tanzhaften Rhythmus haben. Diese späten Madrigale des Meisters unterscheiden sich sehr auffallend von jenen ersten durch ihre Form. Während jene älteren an das gemessene halb kirchlich gefärbte Madrigal Willaert's anklingen, sind die zweiten schon ganz weltliche Musik und lassen den ganzen Einfluss der Entwickelung erkennen, welche das Madrigal seitdem durchgemacht. Wo blieben aber die guten Vorsätze aus der Vorrede zu den Hohelied-Motetten? — Im Todesjahr des Meisters (1594) erschien das sechste Buch seiner Messen. Es enthält die vierstimmigen Messen: *Dies sanctificatus*, *In te domine sperari*, *Missa sine nomine*, *Quam pulchra es*; eine fünfstimmige *Dilexi quoniam*. Der Ausgabe, welche A. Gardano 1596 in Venedig druckte, ist eine sechsstimmige Messe *Ave Maria* beigegeben. Die Messe *Dies sanctificatus* ist durch ihre Beziehung auf die gleichnamige Motette des Meisters sehr interessant, deren einzelne Motive hier eine weitere und reiche Ausführung finden (der Anfang sogar ganz identisch!), so

---

1) Cod. N. 37 in Bologna.
2) Ein schönes vollständiges Exemplar in der Sammlung Kiesewetter's.

dass diese sehr bedeutende Messe (die zwischen der Einfachheit der *Missa brevis* u. s. w. und dem reichen Glanze der *Missa assumpta est* eine Art mittlere Stelle einnimmt) als Missa parodia (wie Paix diese Gattung nennt) zu bezeichnen ist. Ganz wundersam ist das für vier Soprane [1]) geschriebene *Crucifixus*. Solche Missae parodiae sind auch sonst bei Palestrina nicht eben selten: die Messen im achten Buche *O admirabile commercium*, *Memor esto*, *Ascendo at patrem* und *Dum complerentur* und *Veni Sponsa Christi* sind Motetten, die Messe im neunten Buche *Vestiva i colli* ist einem Madrigal des Meisters nachgebildet; Palestrina erlebte gerade noch den Druck dieses Buches Messen — er starb, nachdem er Mittwoch am 26. Januar erkrankt war, am nächsten Mittwoch, das ist am Morgen des 2. Februars, eines der grossen Feste der Kirche, das in Rom besonders glänzend mit feierlichem Umzuge in der Peterskirche, wobei Alles, vom Papste anzufangen, die neugeweihten Kerzen in Händen trägt, begangen wird. Der sterbende Palestrina soll beim Morgenroth des Tages den Wunsch geäussert haben, „das Fest diesmal im Himmel mitfeiern zu können," worauf er alsbald, seinen klaren Sinn bis zum letzten Moment behaltend, sanft und ruhig gestorben sei. Sein edler Freund, der h. J. Filippo Neri, hatte das Lager des sterbenden Meisters mit tröstender und begeisternder Zusprache keinen Augenblick verlassen. Bei der Beerdigung sang der Sängerchor in den Strassen sein *Libera*; den Sarg bezeichnete eine Bleiplatte mit der schon erwähnten Inschrift, welche Palestrina kurz den „Fürsten der Musik" nennt; bei dem Altare St. Simon und Juda in der Peterskirche wurde er eingesenkt.

Nach des Meisters Tode erschienen nicht weniger als noch sechs Bücher seiner gesammelten Messen. Das siebente Buch (1594, wie schon erwähnt, noch von Palestrina selbst zur Drucklegung redigirt) mit den vierstimmigen Messen *Ave Maria*, *Sanctorum meritis*, *Emendemus*, *Sacerdos et pontifex*; den fünfstimmigen: *Sacerdos et pontifex* und *Tu es pastor ovium*. — Das achte Buch (1599. Venedig, G. Scotto's Erben) mit den vierstimmigen Messen *Quem dicunt homines* und *dum esset summus pontifex*, den fünfstimmigen *O admirabile commertium* und *Memor esto*, und den sechsstimmigen *dum complerentur* und *Sacerdotes domini*. — Das neunte Buch (1599 a. a. O.) mit den vierstimmigen Messen *Ave regina* und *Veni sponsa Christi*, den fünfstimmigen *Vestiva i Colli* und *Missa sine Nomine*, den sechsstimmigen *In te Domine speravi* und *Te Deum laudamus*. — Das zehnte Buch (1600 a. a. O.) mit den vierstimmigen Messen *In illo tempore* und *Già fu chi m' ebbe cara*, den fünfstimmigen *Petra sancta* und *O virgo simul et*

---

1) Die beiden tieferen Soprane steigen jedoch zwischen durch in die Altlage hinab.

mater, den sechsstimmigen *Quinti toni* und *Illumina oculos meos* (letztere die erste der drei Probemessen). — Das eilfte Buch (1600. Venedig bei Girol. Scotto) mit der vierstimmigen *Descendit Angelus*, den fünfstimmigen *Regina coeli* und *Quando lieta spera*, den sechsstimmigen *Octavi toni* und *Alma redemtoris mater*. — Das zwölfte Buch (1601 a. a. O.) mit den vierstimmigen Messen *Regina coeli* und *O rex gloria*, den fünfstimmigen *Ascendo ad patrem meum* und *Qual' è il più grand'amor* und den sechsstimmigen *Tu es Petrus* und *Viri Galilaei*.

In demselben Jahre 1601 erschien in Venedig ein Buch achtstimmiger Messen. Es enthält ausser der schon früher gedruckten *Confitebor tibi Domine* die Messen *Laudate Dominum omnes gentes* und *Hodie Christus natus est*, beide über die Motive der entsprechenden Motetten (in den Motetten zu 5, 6 und 8 Stimmen) und die Messe *Fratres ego enim*, welcher eine achtstimmige Motette zu Grunde liegt, die der Orvietaner Domcapellmeister Fabio Constantini 1614 in Rom zusammen mit den Motetten *Sub tuum praesidium* und *Cara mea* herausgab. Das *Fratres* ist bekanntlich eines der berühmtesten Stücke der Charwochenmusik aus der Sixtina und hat einen ganz eigenthümlichen Hauch zarter, rührender Wehmuth. Nicht minder schön und den achtstimmigen Motetten des dritten Buches ebenbürtig ist das so innig und dabei so ruhig vertrauensvoll flehende Gebet *Sub tuum praesidium:* einzelne Stellen, wie das energisch declamirte „sed a periculis", wie die prächtige Harmoniewendung bei den Worten „libera nos semper", treten überraschend hervor, das Ganze wieder ein Muster echtesten Palestrinenstyles.

Ungedruckt gebliebene Arbeiten besitzt das päpstliche Capellenarchiv, das Archiv der Capella Giulia im Vatican, die Archive der Lateranischen und Liberianischen Basilica, das Archiv der Chiesa nuova und die Sammlung Altaemps, darunter zwölfstimmige Compositionen, ein grosses, absichtlich höchst einfach gesetztes *Miserere*, gleichsam eine im farblosen Bussgewande trauernde Musik mit dem eigenthümlichen Zuge, dass die drei nach den Versetten alternirenden Chöre die Stelle „Tibi soli peccavi" einer nach dem andern singen — ein in seiner Einfachheit eigen ergreifender Effect — erst bei dem letzten „Tunc imponent super altare tuum vitulos" vereinigen sich alle drei Chöre. Wer möchte zweifeln, ob es dem Meister mit solchen Compositionen Herzenssache, oder ob es ihm nur darum zu thun war, heilige Worte, gleichviel wie, in wohlklingende Musik „ohne tiefere Bedeutung" einzufassen! Drei überaus grossartige zwölfstimmige Motetten besitzt das Archiv von S. Maria in Valicella (Chiesa nova) *Laudate dominum*, *Ecce nunc benedicite* und *Nunc dimittis servum tuum*, sie gehören zu den bedeutendsten Werken des Meisters. Aus der Sammlung Altaemps hat Proske die zu vier hohen Stimmen geschriebene *Princeps gloriosissime Michael* in seiner „Musica divina" drucken lassen. Baini nennt sie „ernst und andächtig": vielleicht nicht die rechte Bezeichnung, es ist vielmehr wie lauter Licht und Feuerglanz.

Baini hat bekanntlich in Palestrina zehn Style nachweisen wollen: einen sehr künstlichen, einen fliessenden, einen gewöhnlichen, einen miniaturartigen u. s. w. Die Missa *Papae Marcelli* repräsentirt, wie Baini will, für sich allein einen Styl, den siebenten, und nach Baini's Meinung vollkommensten, vom Meister selbst nicht wieder erreichten. Dieses Einschachteln der Geniuswerke in selbstgezimmertes Fachwerk hat etwas sehr Kleinliches, aber es ist die Art der Italiener sich die Werke grosser Künstler in solcher Weise zum besseren Verständnisse zu zerlegen; Raphael, Guido Reni und sogar der Landschaftsmaler Paul Bril haben sich von den dortigen Kennern und Aesthetikern Aehnliches gefallen lassen müssen. Wenn nun im Leben des Genius kein Stillstand, sondern steter Fluss und stete Fortentwickelung ist, so erscheint dieses Abmessen und Einrammen von Grenzpfählen zuletzt immer mehr oder minder willkürlich. Wie bei allem Idealschönen ist es auch bei Palestrina's Compositionen sehr leicht, die ideale Schönheit zu empfinden, sehr schwer aber ist es den Grund ihres Zaubers in Worten auszusprechen.[1]) Wenn ein neuerer Aesthetiker das Schöne als ein „sich selbst offenbarendes Mysterium" bezeichnet, so wären Palestrina's Tonsätze mit diesem Worte zwar nicht erklärt, aber doch richtig charakterisirt. Sie vereinigen das edelste Mass mit dem reichsten inneren Leben. Die Contouren der einzelnen Stimmen sind von wunderbarer Feinheit und Schönheit; es ist eine Welt idealer Gestalten, die sich vor uns aufthut, wenn wir vor Allem dem Gange jeder einzelnen Stimme in ihren Notenzeichen mit Blick und Geist folgen, um dann erst dem himmlischen Wohllaut ihres Zusammenklingens zu horchen, ihre feinen Wechselbeziehungen, die Einheit in ihrer Mannigfaltigkeit, die einander antwortenden Motive, die einander sinnig nachahmenden Gänge an uns vorüberziehen zu lassen. Hier ist wahrlich kein kaltes „krystallinisch Gewächs" — keine blosse „Monstranz aus Tönen, um dem Volke die heiligen Worte entgegenzubringen", ein himmlisch beseelender Geist lebt und belebt, die reinste Opferflamme lodert, und die innigste Empfindung, welcher kein trüber Rest von irdischer Leidenschaft anklebt, hebt diese Musik in verklärte Regionen, von wo aus uns ihre Klänge wie Boten einer höheren und ewigen Welt entgegentönen. Palestrina's Musik, um es in ein Wort zu fassen, athmet die Seligkeit der Anbetung.

---

1) Gerade wie bei Mozart! —

Der musikalische Techniker aber möge die meisterhafte Fügung des Tonsatzes beachten. Wo „Künste" angewendet sind, drängen sie sich nirgends anmasslich in den Vordergrund, sie scheinen an ihrer Stelle eben nur das natürlich Einfache, um nicht zu sagen, das hier Selbstverständlich-Angemessene. Die Textur der Stimmen zeigt nirgends Ueberhäufung, nirgends Verwirrung — sie reichen sich wie Grazien die Hände, nähern sich, entfernen sich und gehen leichten Götterschrittes zum gemeinsamen Ziele. Oft genug bekömmt man, als Charakterisirung des Palestrina-Styls, zu hören: „er bestehe aus diatonischen Folgen oft unvermittelter, aber eben deswegen oft sehr frappant wirkender, stets consonirender Dreiklänge," und mit dem Schlagwort „Palestrina-Dreiklänge" meint man das eigentliche Wesen dieser Musik kurz und treffend bezeichnet zu haben. Treten wir aber zu dem Meister in seine geistige Werkstätte — wir werden ihn ganz anders beschäftigt finden, als etwa wie ein Kind sich damit befasst und ergötzt, auf dem Clavier wohltönende Accorde zusammenzusuchen, oder als einen fleissigen Musikstudenten, welcher auf dem Fundament eines ihm vom Lehrer gegebenen Basses sein musikalisches Pensum in Dreiklängen und Sextaccorden ausarbeitet und zu Papier bringt, wohlbedacht, „keine Quinten und Octaven zu machen".

Alle polyphone Musik ist von der Melodie ausgegangen, schafft Melodie, lebt und webt in Melodie, — ihre Harmonie ist aber nur das Resultat zusammenklingender Melodieen. „Die Harmonie", sagt G. Jakob mit Recht, „ist in dieser polyphonen Musik nicht Zweck, sondern nur Folge — erster Zweck ist die einheitliche Führung der Einzelstimmen." So ist es bei Palestrina. Wo Alles Melodie, ist vor lauter Melodie keine zu finden, ist die beste Illustration zu dem alten Spruche vom Wald, den man vor Bäumen nicht sieht. Palestrina's Melodie, wie sie in den einzelnen Stimmen klingt und singt, ist sogar, als Melodie genommen, von ganz besonderer Schönheit — voll Seele, Adel und Empfindung. Ihr wesentliches Merkzeichen ist die breite, austönende Entfaltung der Gesangstimme (das „spianar la voce" der Italiener), während die „Oltramontanen" — auch Orlando Lasso — lieber mit kurzen, knappen, scharf ausgeprägten Motiven arbeiten. Durchaus ist die Bewegung der Melodie wie der Harmonie eine ruhige — nirgends eine schleppende. Von dem leidenschaftlich ungeduldigen Wesen des spätern dramatischen Musikstyls, von seinen Sprüngen und Contrasten ist keine Rede. Man fühlt sich an die „edle Einfalt und stille Hoheit" gemahnt, welche nach Winckelmanns schönem Wort, das Kennzeichen der Antike ist — oder, wenn man will, an das Gebet, welches die heilige Theresia in ihrer wundersamen Dichtersprache „das Ruhegebet" nennt, ein stiller, stetiger Strom ruhiger, ihrer selbst sicherer Seligkeit.

Die herrschende Diatonik insbesondere giebt dem Ganzen
den Charakter erhabener Ruhe — keine Ausweichungen in fremde
Tonarten neuen Styls (für jene Musik ohnehin eine „Terra incognita") unterbrechen beunruhigend den feierlichen Zug; aber
frappante, selbst kühne Ausweichungen fehlen nicht — wohlmotivirt wo sie erscheinen. Durch die Compositionen geht endlich auch ein grosser, rhythmischer Zug, sie haben ihren Periodenbau, ihre Symmetrie, ihre Einschnitte, Zwischenschlüsse, Ruhestellen, ihre geregelte Gruppirung. Besonders deutlich wird dieses
in den Motetten, wo selbst der Worttext das Vor- und Zurücktreten der Massen, und deren architektonische Disposition in eine
hellere Beleuchtung rückt — als in Sätzen der Messe der stets
gleichartige Anruf des „Kyrie" oder „Osanna", das stets wiederholte „Sanctus" oder „Benedictus" zu thun vermag. An den liedmässigen Periodenbau der späteren monodischen Musik mit der
gleichartigen Folge viertaktiger oder zweitaktiger Glieder, mit
den correspondirenden Halb- und Ganzschlüssen, mit „Part. prima"
und „seconda" mit der Ausweichung nach der Dominante und
der Rückkehr zur Tonica, wird man allerdings hier so wenig gemahnt, als etwa in den Chören der griechischen Tragiker an den
gereimten Alexandriner der französischen Poesie. Der Takt,
welcher in der Musik der Folgezeiten mit dem Gleichmass seiner
„starken" und „schwachen" Schläge so entschieden durch die
tausendfachen Tongestaltungen hervortritt, ist hier gleichsam latent,
wir empfinden die Gegenwart dieses Regulators der Bewegung
nicht, obwol er in der That vorhanden ist, und nur er eben das
Zeitmass der Töne in Ordnung und in geregeltem Gange erhält.
Während sich der Takt in der Tanzmusik bis zur Aufdringlichkeit fühlbar machen muss, verschwindet er hier völlig in den
Tonwellen, welche ihn überströmen, und welche doch nur eben
er in Bewegung setzt. Nur gewisse daktylische Sätze, wie sie
die Musik von Altersher kannte, lassen den Rhythmus sehr entschieden fühlbar werden. Die hochfeierliche altniederländische
Cadenzform behält Palestrina mit vollem Recht bei. Dass er viele
Sätze so schliesst, dass das „moderne Ohr" einen Halbschluss zu
hören meint, ist natürlich. Aber eben diese Schlüsse haben dann
etwas wunderbar Ahnungsvolles — es ist ein Blick in ungemessene
Weite, welche der Geist schauernd ahnt, aber nicht zu überfliegen vermag. Der römische Musikstyl, als dessen höchste Erscheinung Palestrina gelten darf, ist, dem Gebrauch der päpstlichen Kapelle gemäss, reine Vokalmusik, in seiner vollen
Reinheit als „Palestrinastyl" schliesst er alle Instrumente, sogar
die Orgel, aus. Eine Messe von Palestrina etwa mit Instrumenten
zu verdoppeln (wie weiland Gottlob Harrer that) wäre geradehin
ein Barbarenstück musikalischen Vandalismus. Dass gegen Ende
des Jahrhunderts, nachdem der Styl sich zu modifiziren, man muss

sagen zu degeneriren angefangen, die Componisten ihren Arbeiten einen Grundbass für Orgel (Basso per l'organo) beifügten, hatte seine Veranlassung in äusseren praktischen Gründen. Der bezifferte Orgelbass hängt sich dieser seraphischen Musik aber auch sofort an, wie ein schwerer Fussblock, welcher sie aus dem reinen Aether ihrer himmlischen Höhen in den Dunstkreis der Erde herabzieht. Im Palestrinastyl kann selbst die kirchliche Orgel nur Vorrednerin oder Verbindung zwischen Satz und Satz sein. Dem eingebildeten Sinn, welchem nach des Dichters Wort, die Antike Stein ist, wird Palestrina's Musik Klang bleiben, und nichts weiter. Wer in ihr durchaus dasselbe finden will, was ihn in später, unter ganz anderen Bedingungen und mit ganz anderen künstlerischen Zielen entstandener Musik lieb geworden ist, wird sich allerdings getäuscht fühlen. Die Musik vor 1600, also auch die Palestrina-Musik, ist im Vergleiche zur Musik nach 1600, d. i. zur modernen, ein fremdes Idiom, welches erlernt sein will, um verstanden zu werden. Es genügt dabei nicht, Dinge, welche eine relative Aehnlichkeit mit unserer musikalischen Ausdrucksweise haben, als „Ahnungen" oder „Geistesblitze" wohlgefällig zu bemerken, um alles Fremdklingende sofort als „unberechtigt" zurückzuweisen. Ein solches Halbverstehen ist schlimmer als Garnichtverstehen. Man weise, wenn man will, den „römischen Musikstyl" ganz zurück, aber man messe ihn nicht mit der neapolitanischen Elle, und man bedenke, dass die „Missa Papae Marcelli", das „wohltemperirte Klavier" und die „Sinfonia eroica" drei sehr verschiedene Dinge sind.

Endlich ist aber bei Palestrina's Musik ihre ursprüngliche Bestimmung nicht ausser Acht zu lassen. Sie ist von Hause aus keine Musik für den Concertsaal, für die Singakademie, für den Theezirkel exquiser Kunstfreunde, sie ist kein Tummelplatz für die geistvollen Kunsturtheile und feinen Bemerkungen der in ihrem Gartensaale über Kunst und Literatur conversirenden, Rheinwein, Dante und Raphael geniessenden Tieck'schen Phantasus-Gesellschaft, kein Vehikel für's musikalische „Sternbaldisiren": sie ist Musik für die Kirche, für den Gottesdienst, für das Kirchenjahr mit dem reichen Kranz seiner Feste, mit seinen Festzeiten — mit seinen Tagen der Trauer, der Tröstung, des Jubels, der Weihe, des Dankes, der Anbetung. Sie ist kein äusserlich herangebrachter Schmuck für alle diese reichen, mannigfachen gottesdienstlichen Zeremonien, sie fügt sich ihnen als integrirender Bestandtheil ein. Ja sogar ihre Localbedeutung hat sie — wie Homer Hellas, wie Sophokles Athen voraussetzt —: sie ist in Rom und für Rom entstanden. In der Sixtinischen Capelle, wo Michel Angelo's Sibyllen und Propheten herabblicken, wo Anfang und Ende der Dinge — Weltschöpfung und Weltuntergang — in ungeheuern Bildern vor Augen stehen, ist ihre richtigste

Stelle. Ueber die Donner des Gerichtes spannen sich die Töne als lichter Regenbogen: der titanenhaft zürnende Maler spricht von der Gerechtigkeit des lebendigen Gottes, „in dessen Hände zu fallen schrecklich ist" — aber der Musiker spricht von Gottes Liebe und Gottes Erbarmung, und von der reinen Harmonie ewiger Seligkeit.

II.
Die Zeit des Palestrinastyles
„der italienischen Musik grosse Periode."

Der italienischen Musik grosse Periode.

Palestrina und seine Zeit- und Kunstgenossen, so wie seine Nachfolger — wir fassen sie unter dem gewohnten Namen der römischen Schule zusammen — repräsentiren die glänzendste, man darf sagen die klassische Zeit der römisch-katholischen Kirchenmusik. Aus den Bedürfnissen des kirchlichen Ritus hervorgegangen, durch den Ritus ausgebildet und nur innerhalb des Ritus lebendig und wahr und nur dort an rechter Stelle, wurzelt dieser Styl im uralt geheiligten gregorianischen Gesang, aus welchem er wie eine Lichtblume emporblüht, in den Kirchentonarten, deren höchste und feinste Ausbildung er darstellt und welche ihm seinen musikalischen Charakter gegeben haben. An Durchbildung, wie an Beseelung steht er gegen keinen andern, selbst auch den höchsten zurück. Er pocht nicht, wie der spätere Musikstyl, die Leidenschaften der Menschen aus ihrem Schlummer(sei es immerhin um einer Katharsis derselben willen), er hebt den Geist in reine, himmlische Höhen, wo sich der wilde Schmerz der Tiefen zur milden, seligen Wehmuth verklärt, wo der bacchantische Jubel vor der Heiterkeit eines seligen Gottesfriedens verstummt. Das musikalisch Schöne spricht sich in ihm in reiner Idealität, nicht in der Farbenbrechung des Tragischen oder Komischen aus. Es ist derselbe Geist, das einfach Edele, das rein Schöne, welcher einst die Hand des Phidias leitete, als er die Gestalten der im Panathenäenzug wandelnden attischen Jungfrauen schuf, der den christlichen Malern bis einschliesslich auf Raphael jene Gestalten eingab, die uns wie Gäste aus einer anderen, höheren, besseren Welt anschauen, deren blosse Gegenwart beseligt, ohne dass sie uns erst durch irgend ein Thun Interesse, durch Leiden Mitleid abgewinnen müssen. In diesen Tonwerken singt und klingt Alles, jede Stimme ist für sich ein schön belebtes, seinen Weg in edler Anmuth hinwandelndes Gebild, der Zusammenklang aller aber formt das Tonstück. Ruhig und breit wogt ein Strom von Wohllaut vorüber, durch keine rauschende Stromschnelle, durch keinen jähen Sturz unterbrochen, aber auch nirgends träge schleichend, nirgends stagnirend.

Man bezeichnet bekanntlich diese Kunst und Kunstzeit als

„der italienischen Musik grosse Periode" — zum Unterschied von der später insbesondere durch die Meister der neapolitanischen Schule repräsentirten „schönen Periode der italienischen Musik." Der Gegensatz ist indessen nicht ganz glücklich ausgedrückt, denn die Grösse des römischen Musikstyls schliesst Schönheit nichts weniger als aus. Richtiger wäre es vielleicht an den Unterschied zwischen Himmel und Erde, zwischen dem himmlischen Eros und dem irdischen Amor, zwischen heiliger Würde und sinnlich reizender Anmuth zu denken — zwischen einer Maria Raphael's und einer von Coreggio. Es ist in diesen Musikstylen wirklich so etwas ihrer Pflegestätte: Rom und Neapel, Analoges: dort die einfach grossen Formen und Contouren der römischen Campagna mit den sie abschliessenden, wunderbar edel geschwungenen Bergzügen und dem blauen Meeresstreifen in der Ferne und hier die berauschenden Hesperidengärten am Strande von Sorrent, mit dem Ausblick auf den dampfenden Vulkan, in welchem Lavagluthen kochen und Erderschütterungen schlummern. Nach dem Epochenjahre 1600 lernte die Musik am Baume der Erkenntniss Gutes und Böses unterscheiden, aber sie wurde dafür auch aus dem Paradiese des Palestrinastyls gewiesen und musste es lernen „der Erde Lust, der Erde Weh zu tragen, mit Stürmen sich herumzuschlagen und in des Schiffsbruchs Knirschen nicht zu zagen." Ja selbst der alte Richterspruch erfüllte sich: „von dem Baume der Erkenntniss des Guten und Bösen sollst Du nicht essen, denn an welchem Tage Du davon issest, wirst Du des Todes sterben." Ueber den Palestrinastyl haben die Jahrhunderte keine Macht — er verwelkt nicht, er stirbt nicht. Zur Zeit der Neapolitaner brachte jeder Frühling einen neuen herrlichen Blumenflor, den der nächste Herbst welken und verblühen machte. Wir hören Messen und Motetten von Palestrina und hören sie mit denselben Empfindungen, wie sie einst des Meisters Zeitgenossen gehört — wer aber könnte und möchte noch jetzt die Aufführung einer Oper von Alessandro Scarlatti, Feo, Vinci, Hasse durchmachen wollen? Und doch ist auch hier Musik — die herrlichste. Jedenfalls wollen wir uns hüten, das Jahr 1600 als ein Jahr musikalischen Sündenfalls anzuklagen — es wurde der Musik gegeben, sich das Paradies wieder zu erkämpfen — wir hätten keinen Mozart, keinen Beethoven, hätten die Herren im Hause Bardi zu Florenz conservativ gedacht — und bei Mozart's „Ave verum" würde sich vielleicht Palestrina selbst einer wunderbaren Bewegung, einer tiefen Ergriffenheit nicht erwehren können.

Den Musikstyl der römischen Schule könnte man vielleicht wesentlich als den Styl des Musikalisch-Erhabenen fassen, ohne doch mit dem Begriffe des Erhabenen den Gedanken colossaler Dimensionen oder dynamischer Gewaltsamkeit (Alpen, Ocean, rollender Donner u. s. w.) verbinden zu müssen. Der Begriff des Erhabenen wird passen, mag man es nun mit Vischer, als „das Hinauswagen der Idee über die Sinnlichkeit" verstehen, oder mit Zeising als „dasjenige Schöne, welches durch seine objective Vollkommenheit (namentlich durch seine Grösse) die Idee der absoluten Vollkommenheit erweckt" oder mit Jean Paul als das „angewandte Unendliche." Was Solger als das Merkzeichen des Erhabenen hinstellt: „Die Ponirung des Unendlichen im Endlichen" oder was Hegel ähnlich diessfalls sagt: „das Product künstlerischen Bestrebens, das Unendliche im Endlichen auszudrücken", leidet vollkommen Anwendung auf diese Tonwerke. Das Erhabene manifestirt sich in grossen, ruhigen Umrissen, es beunruhigt nicht den Blick durch bunt und hastig wechselndes Farbenspiel (erhaben sind die weithin weiss leuchtenden Alpengipfel, ist die unendliche blaue Fläche des Meeres, der einfarbig dämmernde Nachthimmel voll Sternengefunkels) es kommt nicht in kleinen Einzelheiten herum — „es zerreibt" wie M. A. Griepenkerl d. J. sagt: „alles Staubgeborne wie Mörtel." Die einfachste Form des musikalischen Erhabenen ist der Choral mit seiner feierlich langsamen Bewegung, seinen prächtigen, gleichförmig langen Noten, seinen schweren Accordsäulen. Unvergleichlich reicher, vielgestaltiger spricht sich das Erhabene im Palestrinastyl aus, dessen Compositionen selbst schon in der Aufzeichnung mit ihren grossen Notengeltungen, ihren ruhigen und doch durch und durch belebten Massen, den Eindruck des einfach Grossen hervorrufen, welcher alles rasche Passagenwerk, allen Kleinkram an Figurationen vollständig vermeidet und als sich letztere bei Palestrina's Epigonen einzustellen anfangen, sofort auch an Erhabenheit verliert — welcher sogar die Phasen des Seelenlebens nur in grossen ernsten Zügen malte, ohne sich auf Detaillirung einzulassen. In grosse, ruhige Massen zerschmilzt der Tonstoff, und ruht gar aus, wie das weite Meer, wie der weite Himmel.

Das Komische — wenn wir solches mit Vischer als den Gegenpol des Erhabenen gelten lassen wollen — hat umgekehrt gerade an jenem Kleinkram seine Freude, der „Dichter kann nicht Farben genug finden, um die liebe Endlichkeit in ihr Recht einzusetzen" (Griepenkerl). Die Tonsetzer haben, ohne in der Schule der lehrenden Aesthetik gesessen zu haben, diese Wahrheit durch den Instinkt des Künstlertalentes praktisch auf's Glücklichste herausgefunden — und zwar sogleich, als an die Musik die Aufgabe gestellt wurde, auch komisch sein zu sollen. Schon Orazio Vecchi's „Amfiparnasso" hat in den burlesken Szenen Plauderpassagen, kleines rasches Notenwerk. Ganz verschieden tritt schon in Cavalli's Opern diese Seite des musikalisch Komischen hervor. Der grotesk komische Diener Demo (im „Giasone" 1649) überschüttet gleich in seiner ersten Arie, „son gobbo, son

Demo, il mondo m'è schiavo, il diavol' non temo" u. s. w. die Zuhörer mit einem ganzen Hagelwetter von Parlandonoten. Die Buffonerien der späteren italienischen Oper finden bekanntlich hierin ihr wirksamstes Mittel (Rossini's Don Magnifico in „Cenerentola" — unübertrefflich der Moment im ersten Finale des „Barbiere de Seviglia", wo gleichzeitig alle auf dem Theater Anwesenden prestissimo ihr Anliegen in den Führer der Wache hineinsingen, welcher, als jenen der Athem ausgeht und sie verstummen, höchst phlegmatisch antwortet: „ho capito"). Selbst was an weltlicher Musik dem Palestrinastyl verwandt ist, wie das gleichzeitige Madrigal, bewegt sich im Sentimentalen, am liebsten sogar im schwächlich Melancholischen. Wenn die Villote, das Tanzlied, das Scherzo (ausdrücklich so genannt, natürlich etwas ganz Anderes als die später also genannten Instrumentalsätze) leichtere Töne anschlagen, so bringen sie es doch nur zum munter Belebten, und in Adriano Banchieri's „Giovedi grasso" und ähnlichen Werken liegt die Komik meist mehr nur in den Worten des Textes oder in allerlei burlesken Manieren der Ausführung (Nachahmung von Thierstimmen, von Musikinstrumenten durch die Sänger), als in der Musik.

Innerhalb der römischen Schule bildete sich durch ein feines Verständniss der Tonsetzer für die Bedürfnisse und den Geist des kirchlichen Ritus eine ungleich reichere Fülle von Formen und Gestaltungen aus, als bei den Niederländern der Fall gewesen. Die Niederländer hatten sich auf wenige Formen beschränkt: die Messe, über ein Ritualmotiv oder ein weltliches Volkslied, daneben das weltliche Lied, welches nicht selten zur gleichnamigen Messe umgewandelt und erweitert wurde, die Motette, von welcher der „Psalm" eine nicht wesentlich verschiedene Modification war — endlich die „Lamentation", welche hinwiederum in der „Missa pro defunctis" fühlbar auf die Messencomposition zurückwirkte. Die Vilanelle, die Frottola sind fremde, italienische Formen, in welchen sich die niederländischen Meister und auch erst in der auf Okeghem zunächst folgenden Generation nur sehr ausnahmsweise versuchen. Das Madrigal entwickelte sich in Venedig unter Willaert's und unter Verdelot's Händen aus der Frottola, um das altniederländische contrapunctirte Volkslied binnen Kurzem aus dem Felde zu schlagen.

Reicher und mannigfaltiger entwickelten sich aber, wie gesagt, die Gattungen in der Palestrinazeit — und schieden sich schärfer von einander. Neben die „Messe", welche bei ihren alten Bezugsquellen, dem Ritualgesang und — trotz des Tridentinums — dem Volksliede bleibt, und im Madrigal sogar noch eine neue findet, stellen sich die Motette mit ihrem mannigfaltigen Inhalt wechselnder, freudiger und düsterer Stimmungen, der Psalm (darunter, als „Miserere", speziell der fünfzigste Psalm eine besondere Stelle behauptet), die Hymne, die Litanei (sehr schön, übrigens auch schon bei Orlando Lasso), die Passionsmusik nach den Evangelien (nicht im halbdramatischen Sinn der protestantischen des 18. Säculums), die Antiphone (wie Christus redemtor omnium, Vexilla Regis, Hostis Herodes impie, veni creator u. a.), das Te Deum, das Stabat mater, das „Asperges" und „vidi Aquam", das „Pange lingua", das Magnificat nach den acht Kirchentönen, die Lamentationen, die Improperien — die „falsi bordoni", welche nicht mehr dem Improvisirtalent der Sänger überlassen, sondern zu förmlichen, oft sehr edlen Kunstgebilden gestaltet werden. — Alles sehr bestimmte Kunstformen — vom einfachsten Stile familiare, vom schlichten Contrapunct Note gegen Note, von der psalmodirenden Recitation ganzer langer Wortsätze, für welche eine einzige lange Note hingeschrieben wird — bis zu dem reichsten, verwickeltsten, kunstvollsten Combinationen hinauf. Die Missa pro defunctis, — bei dem die alten niederländischen Meister gar nicht wussten, was sie anfangen sollten, um Grausen zu erregen — in Dissonanzen ein Uebriges thaten und am liebsten auch noch die Sänger schwarz und gespensterhaft vermummt hätten[1]), und denen die Codexschreiber den Gefallen thaten, die Initialen mit Todtenschädeln und Todtenknochen auf nachtdunklem Grund auszustatten — die Todtenmessen nehmen jetzt auch eine eigene Form an, welche sie als Trauermessen charakterisirt.

Die geistliche Musik erhält durch das „Madrigale spirituale" ein ganz neues Genre zur Verfügung — daneben blüht das weltliche Madrigal und treibt tausend und tausende von Blüten, erlebt erst jetzt (in Luca Marenzio) seinen höchsten und schönsten Entwickelungsmoment, muss sich aber auch zu chromatischen und andern Experimenten hergeben (der Fürst von Venosa!), bei welchen dem armen Madrigal oft Knochen ausgerenkt werden — eine Tortur, gegen welche die geistliche Musik sich der „Immunität" zu erfreuen hat. Villoten, Vilanellen und Balli treiben neben jenen höhern und edlern Gattungen, wie schon erwähnt ihr lustiges Spiel.

Eine unübersehbare Masse von Musik wird produzirt, die Meister und die Meisterwerke drängen sich.

Unter den Meistern der Palestrinazeit begegnen wir vor allen, als noch unmittelbar Goudimel's Schule angehörig, Giovanni Maria Nanini aus Vallerano. Er kam später als Palestrina zu Goudimel in die Lehre, und kann daher nicht eigentlich, wie wohl geschieht, als „Palestrina's Mitschüler" bezeichnet werden. Nachdem er eine Zeitlang den Capellmeisterposten in seiner Vaterstadt versehen, erhielt er zu Rom die gleiche

---

[1] Eine solche Todtenfeier ist wirklich unter den unvergleichlichen niederländischen Miniaturen des Breviario Grimani der Marcusbibliothek in Venedig abgebildet zu sehen.

Stelle bei S. Maria maggiore unmittelbar nach Palestrina. Er gründete 1571 in Rom eine förmliche Lehranstalt der Composition, daher er insgemein als „Gründer der römischen Schule" gilt. Diese Auffassung bringt den Missstand mit sich, dass, wenn man sie gelten lässt, gerade der grösste aller Römer, Palestrina, nicht zur römischen Schule gehört. Aber nicht der Umstand, ob ein Musiker in Nanini's Lehranstalt gelernt, ist für diesen Punkt entscheidend, sondern ob er sich der geistigen Strömung anschloss, die sich schon im Römer Costanzo Festa und später in dem Spanier Christofano Morales und in dem Franzosen Claude Goudimel ankündigte, in Palestrina aber, mit Ausscheidung oder Ueberwindung aller fremden Elemente eigenst römisch wird. Eine „Schule" im richtigen Sinne ist Geist und Leben, nicht aber eine geräumige Stube mit so und so viel hölzernen Bänken und einem Katheder, von welchem herab der Magister einer Anzahl zuhörender Jungen etwas dozirt — gesetzt auch, dass aus den Jungen selbst wieder Meister werden.

Eine sehr treffende Charakterisirung Nanini des älteren (denn es giebt auch einen jüngeren Giov. Bernard. Nanini) zeichnet Proske. „Nanini", sagt er, „muss als einer der grössten Musikgelehrten der römischen Schule, aus welcher so viele Künstler höchsten Ranges hervorgegangen, angesehen werden. Als schaffender Künstler war er gleichfalls ein Stern erster Grösse. Besass auch sein Genius die reichen Schöpfungskräfte eines Palestrina nicht, so verdienen doch seine Werke ihrer classischen Ausprägung und vollendet reinen Form willen unmittelbar den Schöpfungen Palestrina's angereiht zu werden." Seine Compositionen gehören unter das Schönste, was noch heut in der päpstlichen Capelle vorgetragen wird; darunter das herrliche, wahrhaft erhabene Weihnachtsresponsorium *Hodie nobis coelorum rex.* für sechs Stimmen [1]. Dieses Prachtstück reiht sich dem Palestrinastyl in der edelsten Weise an; ein anderer Weihnachtsgesang der päpstlichen Capelle *Hodie Christus natus est* für vier hohe Stimmen aber ist ein zur lebendigsten Theilnahme hinreissendes Jubelstück, voll der freudigsten Aufregung in dem lebhaften Gange seiner Stimmen und eigenthümlich poetisch durch den volksliedartigen Ton, den der Meister in den (herkömmlichen) Weihnachtsruf *Noe, noe,* hineinklingen lässt [2]. Andere Motetten, wie das vierstimmige *Exaudi nos,* das fünfstimmige *Haec dies quam fecit Dominus* [3], das fünfstimmige *Veni Sponsa Christi* [4] u. a. m. dürfen ebenfalls als reine

---

[1] Eine Abschrift in Kiesewetter's Sammlung.
[2] Man sehe das Stück bei Proske.
[3] Durch Tucher neu veröffentlicht.
[4] In den „Motetti, quali si cantano nelle Cappelle Cardinalizie in Roma" etc.

Blüten des Palestrinastyls gelten, wogegen das oft genannte, strophenweise nach einem choralartigen Sätzchen, seltsamer Weise im wiegenden $^3/_2$ Takt zu singende *Stabat mater* zwar vom schönsten Wohlklang, aber gerade in seiner alleräussersten Einfachheit, den Eindruck des Gesuchten, des Reflectirten macht. Wie unbefangen, wahr und natürlich sind dagegen Palestrina's Improperien!

Von Nanini's Meisterschaft in der Contrapunctik existiren in ihrer Art merkwürdige Proben. Man sehe, wie er z. B. in seinem dreistimmigen *Lapidabant Stephanum* oder *Hic est beatissimus Apostolus Johannes* (in den bei Angelo Gardano in Venedig 1586 gedruckten Motetten) den gregorianischen Cantus firmus, wie er geht und steht, in langen Noten herübernimmt, um unter seinem Zwange mit Leichtigkeit, ja mit Anmuth zwei andere Stimmen im strengsten Canon in der Quinte oder Octave daneben hergehen zu lassen. Ein Manuscript „cento-cinquantasette Contrappunti e Canoni a 2, 3, 4, 5, 6, 7, 8 e 11 voci sopra del Canto fermo intitolato la Base di Costanzo Festa" darf ein in diesem Sinne erstaunliches Werk heissen. Adriano Banchieri, fast noch Zeitgenosse, hat Recht, wenn er darüber sagt, „opera degna di essere in mano di qualsisia musico e compositore[1]). Aber Nanini war eben auch ein Mann, der frisch vorwärts und der neuen Zeit rüstig entgegenschritt. In dieser Hinsicht sind seine achtstimmigen Motetten in der öfter erwähnten Publication Fabio Costantini's (*Cantate Domino canticum novum, O altitudo divitiarum*) höchst anziehend. In dem *Cantate Domino* singen zwei Chöre nach venezianischer Weise; aber wie sie einander vor freudiger Aufregung in's Wort fallen, einander zurufen, antworten, ja endlich rasche syllabische Phrasen in Viertelnoten hören lassen; das Alles hat schon etwas dramatisches, die Harmoniewendungen deuten schon nach der Neuzeit; das Ganze ist eines der brillantesten Stücke. Das reiche Musikarchiv von St. Maria in Valicella in Rom, das vaticanische und päpstliche Capellarchiv besitzen viele, zur Stunde noch ungehobene Schätze des Meisters. Ein lehrreicher Tractat Nanini's „Regole di Giov. Maria e di Bernardino Nanini per fare contrappunto amente sopra il Canto fermo" von der Hand des päpstlichen Sängers Orazio Griffi befindet sich in der Corsini'schen Bibliothek zu Rom, leider fehlen die ersten und die letzten Blätter. G. M. Nanini ist sicher eine seltene Erscheinung: man wird nicht eben leicht einen zweiten finden, in welchem specifische Musikgelehrsamkeit, die sich als solche gibt, und der freie Schwung poetischer Begeisterung und frischer Schöpferkraft — Gaben, die sonst ziemlich weit auseinanderzu-

---

1) S. dessen „Cartella musicale del Canto figurato" etc. Ven. 1614 S. 234. Adriano redet freilich von einem gedruckten Werke, kann aber doch kein anderes meinen, als das oben.

liegen pflegen — so vollkommen einträchtig neben einander Platz hatten.

Der jüngere Nanini — nämlich **Giovanni Bernardio Nanini**, Schüler und später Gehilfe in der Musikschule seines Bruders, Capellmeister bei S. Luigi de Francesi und später bei S. Lorenzo in Damaso, erscheint als das stillere Talent, reicht auch schon mehr in die Neuzeit hinüber, wie er denn z. B. seinen Compositionen eine Orgelstimme beizugeben anfängt (una cum gravi voce ad organi sonum accomodata). Viele seiner bedeutendsten Arbeiten (wie das zwölfstimmige *Salve Regina* in der Santini'schen Sammlung) blieben ungedruckt. Eine Sammlung fünfstimmiger Madrigale (1612) enthält hübsche Sachen, — der Beisatz auf dem Titel „Con licenza de Superiori" wirft ein Licht auf die gleichzeitigen Zustände in Rom. Mit wie grandios-solenner Miene man übrigens damals selbst anakreontische Tändeleien oder Kindereien in die Welt der römischen Cose grosse einführen musste, zeigt in ergötzlicher Weise eben diese Sammlung. Da ist z. B. ein Madrigal „Animosa guerriera piccola zanzaretta", Achtelnoten tanzen darin durcheinander wie Mücken, die Pointe ist: die angesungene Schnacke hat die schönste der Schönen verwundet, was Amor selbst mit seinem Bogen nicht im Stande gewesen. Man erstaunt, wenn man nun Einfällen dieser Art eine Dedicationsvorrede an den Cardinal Montalto vorangestellt ist, die gleich mit dem hochtönend-gewaltigen Satze anfängt: „se questo mondo inferiore, secondo il gran Trismegisto, depende dal superior mondo u. s. w.

Wie ein jüngerer Bruder steht neben Palestrina **Tommaso Lodovico da Vittoria** aus Avila in Spanien, den man gerne und mit vollem Rechte mit Palestrina zusammen nennt [1]).

Vittoria ist keineswegs etwa eines jener allerdings oft sehr liebenswürdigen Talente zweiten Ranges, die von einem grösseren Geiste so unwiderstehlich angezogen werden, dass sie in ihm aufgehen, denken wie er, fühlen wie er, deren Werke zwar nur Nachklänge jenes Grösseren, aber reine Nachklänge und noch immer etwas unendlich Besseres sind, als blosse Nachahmungen. Vittoria hat sehr viele Motetten über Texte componirt, welche

---

[1]) Baini ist von diesem Spanier in der Nähe seines göttlichen Pierluigi offenbar genirt. — Er lässt sich also über Vittoria's „Officium hebdomadae sanctae" (1585 Gardano) dahin vernehmen: es seien Lamentationen, nicht im Flammänder, aber im spanischen Style, lang, breit, einförmig, weshalb die Flammänder sie eine Ausgeburt von Mohrenblut, die Italiener aber einen Bastard von spanischer und italienischer Race nannten." Urtheile wie dieses, wie das Urtheil über Orlando Lasso u. s. w. gereichen Baini zu wahrer Schmach. Selbst Kandler findet die Geschichte denn doch zu stark und meint, jene Lamentationen seien doch „sehr beachtenswerth".

auch von Palestrina in Musik gesetzt worden: *Senex puerum portabat; O magnum mysterium; Veni sponsa Christi; Estote fortes in bello* u. a. m. Da findet sich nun eine fast doppelgängerische Aehnlichkeit der beiden Meister, und doch empfindet man einen wesentlichen Unterschied, dessen Erklärung vielleicht Proske's Ausspruch giebt: „Vittoria werde durch einen gewissen mystischen Zug charakterisirt." Einzelne Züge bei Vittoria verrathen, dass in dem Herzen dieses Spaniers eine tiefe Glut lebte, welche, auf andere Bahnen gelenkt, Gesänge der Leidenschaft, wenn auch einer edeln Leidenschaft, angestimmt und ihn zu einer Luca Marenzio ähnlichen Erscheinung gemacht haben würde. Man erkennt an diesem Avilaner den Landsmann der h. Theresia von Avila, deren liebeflammendes Herz in mystischer Glut brannte. Ohne Zweifel hat Palestrina's Beispiel und die innige Freundschaft, welche ihn mit Vittoria verband, auf letzteren wesentlich eingewirkt. Die als Probe dieser Freundschaft öfter erzählte Anekdote: „dass Vittoria seinem Freunde Palestrina zu Liebe die spanische Tracht abgelegt und sich den Bart habe nach römischer Art stutzen lassen" kann auch sinnbildlich genommen werden. Halte man Vittoria's Motette „Veni sponsa Christi" mit der gleichnamigen von Palestrina vergleichend neben einander: Palestrina gönnt dem Thema seinen ruhigen Eintritt in allen vier Stimmen, Vittoria setzt gleich mit der zweiten Stimme ein Gegenthema ein, welches mit fast leidenschaftlicher Sehnsucht zwischen das Kirchenthema hineinruft. Aber wie eigen hält und bändigt er diesen Zug seiner Seele durch Andacht und Demuth! Dagegen fehlen ihm so ganz jene kleinen, halbdramatischen Züge, wie sie aus Palestrina zuweilen herausblitzen (sehr fühlbar bei Vergleichung des *Pueri Hebraeorum* beider Meister). Die Improperien Vittoria's sind den berühmten Palestrina's vollkommen ebenbürtig, aber auch zum Verwechseln ähnlich, bis auf den Schluss, der bei Vittoria ins Motettenhafte hinüberspielt. In ähnlich einfachstem Style sind die Turbae der Passion, wie sie Vittoria vierstimmig gesetzt; von irgend welcher dramatischer Intention ist nicht die Rede; es sind reine Zeremoniengesänge für die kirchliche Feier. Manche Motetten, wie die prachtvoll-edle *O quam gloriosum est*, manche Sätze der *Magnificat*, das *Ave Regina coelorum* (dessen achtstimmiger Schlusssatz ein Meisterstück musikalischer Tectonik ist), sind ganz reiner Palestrinastyl, sie werden den geübtesten Blick täuschen. Wenn wir den Meister von Präneste endlich doch die höhere Stelle anweisen, so ist es, weil er unverkennbar doch der reichere, vielseitigere Geist ist, weil ihn sein Flug durch Regionen trug, an die Vittoria kaum gestreift hat, und selbst jenen inneren Kampf, wie sich Palestrina von der älteren Kunst losringt, muss man für ihn in Anrechnung bringen.

Vittoria's Hauptwerk ist das *Officium defunctorum in obitu et obsequiis Sacrae imperatricis*, bestehend aus einer sechsstimmigen *Missa pro defunctis*, einem sechsstimmigen *Versa est in luctum*, einem sechsstimmigen *Libera* und einem vierstimmigen *Taedet anima*. Diese erhabene Trauermusik weist dem Meister seine Stelle in allernächster Nähe Palestrina's an¹). Von Messen Vittoria's erschienen zwei Bücher: das erste, Philipp II. gewidmete mit vier-, fünf- und sechsstimmigen Compositionen, 1583 in Rom; das zweite mit vier-, fünf-, sechs- und achtstimmigen Messen nebst *Asperges* und *Vidi aquam*, 1592 ebendaselbst. Das erste Buch enthält die vierstimmigen Messen: *Quam pulchri sunt; O quam gloriosum; Simile est regnum coelorum; Ave maris stella; Pro defunctis*, die fünfstimmigen Messen *Surge propera* und *De B. Virgine*, die sechsstimmigen *Dum complerentur* und *Gaudeamus*. Das zweite Buch hat nebst den erwähnten *Asperges* und *Vidi aquam* (beide zu vier Stimmen) die vierstimmigen Messen: *O magnum mysterium*, und *Quarti toni*; die fünfstimmigen *Trahe me post te* und *Ascendens Christus*, die sechsstimmige *Vidi speciosam*, die achtstimmige *Salve* und eine vierstimmige *Missa pro defunctis* mit dem Responsorium *Peccantem me*²). Proske hat Recht, wenn er meint, „dass sich hier Arbeit, Gebet und Genie zur vollendeten Harmonie durchdringen. Umfangreiche und sehr bedeutende Werke sind Vittoria's „Magnificat" (Rom 1581) und seine „Hymni totius anni secundum S. Rom. Eccl. consuetudinem qui quatuor concinuntur vocibus, una cum quatuor psalmis pro praecipuis festivitatibus, qui octo vocibus modulantur" (Rom 1581). Dieses grossartige Hymnenwerk ist Gregor XIII. gewidmet³). Ein sehr merkwürdiges und eigenthümliches Stück darin ist das Pange lingua more hispano, d. i. nach der in Spanien gebräuchlichen, von der gewöhnlichen verschiedenen Melodie. Vittoria lässt die erste Strophe im einstimmigen Cantus planus, die folgende Nobis datus in einer ausnehmend schönen vierstimmigen Bearbeitung singen, und so strophenweise abwechselnd bis zum Schlusse. In derselben Sammlung findet sich ein zweites, nicht minder schönes Pange lingua nach der gewöhnlichen Melodie. Merkwürdig ist es, dass dieser

---

¹) Ein Exemplar im Musikarchiv der spanischen Kirche St. Jacob zu Rom. Eine Abschrift in Proske's handschriftlicher, jetzt in Regensburg befindlicher Sammlung. Fétis versichert, „dass Vittoria später nach Madrid zurückgekehrt sei," weil das Werk dort 1600 gedruckt worden. Der Grund ist denn doch nicht haltbar.

²) Exemplar in der Vaticana. Die Missa quarti toni, Simile est regnum coelorum, Vidi speciosam, Trahe me post te und O quam gloriosum est regnum sind neuestens durch Proske's Musica divina wieder allgemeiner bekannt geworden.

³) Exemplar der Magnificat und der Hymnen in der Casanatensis zu Rom.

herrliche Meister nie in eines der päpstlichen Sängercollegien eintrat, wohin doch sonst die bedeutenden Musiker in Rom früher oder später gelangten. Er war 1573 Capellmeister des Collegium germanicum, 1575 Capellmeister von St. Apollinare. Mit Palestrina war er innig befreundet, aber die übrigen Musiker mögen ihn durch allerlei Intriguen ihrem Collegium ferngehalten haben. Ihr unwürdiges Urtheil über Vittoria's Lamentationen lässt eine bis zum Hasse gesteigerte Abneigung erkennen, welche vielleicht dem Spanier galt. Seit der entsetzlichen Plünderung Prato's 1512 und der gleich schrecklichen Plünderung Rom's 1527 standen die Spanier nicht in Gunst; der alte heftige Paul IV. hatte, so oft er sie nur nannte, gegen sie ein ganzes Schimpflexicon bereit, worin auch das „Marannenblut" figurirte, welches die Sänger in jenen Lamentationen wiedererkennen wollten.

Aus der Schule Nanini's ging Felice Anerio hervor; 1551 Nachfolger Palestrina's in der Capellmeisterstelle von St. Peter. Er zählt zu den besten der goldenen Zeit. Das Archiv der Chiesa nuova in Rom, die Sammlung des Collegio germanico, die Altaemps'sche Sammlung bewahren von ihm zahlreiche Arbeiten, das erstgenannte Archiv unter andern ein achtstimmiges Miserere für zwei Chöre, die Altaemps'sche Sammlung viele Motetten von vier bis zu zwölf Stimmen, so auch Santini's Sammlung ein zwölfstimmiges Dies irae, vierstimmige Improperien, eine achtstimmige Messe „Vestiva i colli", eine andere Messe zu zwölf Stimmen u. s. w.; es finden sich aber auch Motetten für blos eine Stimme, also schon wahre Monodieen. Interessant ist eine Sammlung geistlicher Madrigale zu fünf Stimmen, sie erschien 1585 bei Alessandro Gardano. Das ganze Genre ist für die Zeit bezeichnend. Liest man die Textanfänge „ardendo mi consumo; Fortunati pastori, Occhi voi mi beate; Chiedei piangendo u. s. w., so meint man Liebesmadrigale vor Augen zu haben, es ist aber alles geistlich gewendet und pointirt — ungefähr wie man in gewissen Klöstern der erlaubten Fastenspeise, den Fischen, Ansehen und Geschmack der verbotenen Fleischspeisen zu geben wusste. Eine vierstimmige Messe „veni sponsa Christi" reiht sich der gleichnamigen Palestrina's würdig an, eine andere über das Lied „hor le tue forze adopra" (handschriftlich in der Vaticana und im Coll. rom.) ist ein reines Meisterwerk, die Färbung dunkler, tiefer als bei Palestrina, der Ausdruck von eigenthümlich mildem Ernst und feierlicher Würde, der schönste Wohlklang, die gediegenste Arbeit. Eine Auswahl herrlicher Motetten aus der Altaemps'schen Sammlung im Coll. rom. hat Proske in seine Musica divina aufgenommen, die merkwürdigste darunter ist vielleicht die Antiphone, welche „in festo virginum" gesungen wird: „Regnum mundi et omnem ornatum seculi contempsi" — Wonne und Schmerz sind hier wunderbar gemischt, das Stück hat etwas Visionäres, es ist eine Stimmung wie etwa Katharina's von Siena, welche die Rosenkrone abreisst und sich die Dornenkrone entzückt in die Stirne drückt¹). Einer der reinsten Klänge der goldenen Zeit, ein *Adoramus te Christe* gilt aller Orten für eines der hinreissendsten Werke Palestrina's, es wäre endlich Zeit, es dem wahren Meister zurückzustellen. Gehört doch auch das dreichörige Stabat der Altaemps'schen Sammlung vielleicht ihm, und nicht Palestrina, zu dessen herrlichsten Schöpfungen Baini es zählt²)! Felice's jüngerer Bruder Giov. Francesco Anerio steht schon sehr bedeutend an der Grenze der Neuzeit, oder vielmehr, er gehört schon einer neuen Generation an — (er hat Stücke mit schon obligat eingreifenden Instrumenten, wie seine 1619 gedruckte sechsstimmige Conversione di S. Paolo), aber er hat auch Compositionen im Capellenstyle, wie sein tüchtiges vierstimmiges Requiem (an Stelle des „Si ambulavero" bringt es, gleich dem Requiem des Niederländers Antonius Brumel die Sequenz des dies irae), wie seine fünfstimmige sogenannte Missa Paulina Borghesia super: quem dicunt homines (sie ist nämlich Paul V. Borghese gewidmet), wie seine sechsstimmige Messe „In te Domine speravi" im Archiv der Chiesa nuova zu Rom. Tonstücke voll Geist und voll Ausdruck, an Luca Marenzio's bewunderte Arbeiten mahnend, sind seine, von seinem Schüler Ippolito Strada³) in Venedig bei Giacomo Vincenti 1608 herausgegebenen Madrigale zu fünf und sechs Stimmen, sehr mannigfach in der Stimmung, die Situation, ja das Wort malend. Harmonie und Modulation gehört nicht mehr den Kirchentönen, sondern vollständig schon der modernen Tonalität — es finden sich sogar kühne, aber glückliche Züge, der Fürst von Venosa hatte nicht umsonst in seinem Madrigale sich in das Dickicht wundersamer Harmonieen gewagt; Meister wie Anerio unterschieden sehr wohl, was von dem, was ihm dort in's Garn gelaufen, brauchbar sei, und was nicht, und wussten den Fang zu nützen. Ein zweichöriges Ave verum, eine achtstimmige Motette Pulchra es bewahrt das Musikarchiv der Chiesa nuova. Fanden wir es schon bei Clement Jannequin mit Verwunderung zu notiren, dass er sein musikalisches Bataillenstück zu einer

---

1) Die Dissonanz zu den Worten „quem amavi" möge man nicht unbeachtet lassen.

2) Proske hielt es für ein Werk Anerio's. Mein werther Freund, der Capuzinersuperior P. Barnabas Weiss in Prag, veranstaltete eine Aufführung, wo wir die mächtige Wirkung dieses Tonwerkes kennen lernten.

3) „Signor Gio. Fr. Anerio mio maestro" sagt Strada in der Vorrede. Der Titel ist: „Madrigali a cinque o sei voci, con uno ad otto di Gio. Fr. Anerio, Romano. Libro secondo. Nuovamente composto et dato in Luce. S. Venezia appresso Girolamo Vincenti MDCVIII." Das erste Buch kenne ich leider nicht.

Messe umgearbeitet, so begegnen wir auch dem römischen Meister auf dem ähnlichen Pfade; seine Messe „la Battaglia" wurde sogar eines seiner geschätztesten Werke, und wurde zusammen mit seiner vierstimmigen Umarbeitung der Marcellusmesse und den beiden Messen Palestrina's *Iste confessor* und *Sine nomine* wiederholt gedruckt (1626, 1639 u. s. w.). G. Fr. Anerio, den wir hier in Gesellschaft seines Bruders Felice eingeführt, gehört schon sehr zu der musikalischen „Fortschrittspartei". Bei den Zeitgenossen Palestrina's sah es noch anders aus. Ein solcher war Annibale Zoilo, ein geborener Römer, aber, wie seine Musik zeigt, treuer Eleve der Niederländer — seit 1561 Kapellmeister in S. Giovanni di Laterano — seit 1570 im Collegium der päpstlichen Sänger. Seine Responsorien für die heilige Woche [1]) wurden hoch geschätzt, so auch seine „Suffrezia Sanctorum", und haben einen strengen, ernsten, echt rituellen Charakter. — Bei Fabio Costantini (Select. cant.) findet sich eine Motette *Beata mater*. Zoilo's Musik ist noch fühlbar archaisch — die Responsorien mahnen etwa an Carpentras, auch die eingefügten kleinen Duos sehen ganz niederländisch aus. Die Harmoniewendungen sind sehr kräftig, aber oft herb. Hier sind wirklich die „wenig vermittelten Dreiklangfolgen", mit denen man oft (sehr falsch) diesen ganzen Styl charakterisiren zu können meint. Unverhältnissmässig oft erscheint die Tonfolge des Bassschrittes tonab- oder tonaufwärts mit darauf gesetztem Dreiklang. Ein in seiner Art ausgezeichnetes *Salve Regina* zu zwölf Stimmen lässt die Tüchtigkeit Annibale Zoilo's ganz besonders erkennen. Mit ihm ist Cesare Zoilo nicht zu verwechseln, von dem sich in der Raccolta de Salmi a otto di diversi eccellenti autori (Napoli, appr. Giov. Gius. Carlino 1615) ein achtstimmiges *Lauda Jerusalem*, bei Constantini im ersten Buche ein Duo für Alt und Tenor *Elevatis manibus*, im zweiten Buch ein Duo für zwei Bässe *veni electa* findet. Von den beiden Zoilo ist Cesare offenbar der jüngere — von ihm erschienen 1620 fünfstimmige Motetten „col suo basso continuo" bei Magni in Venedig. — Deswegen braucht er selbst kein „compositeur venitien" zu sein, wie Fètis ohne nähere Nachweisung behauptet.

Noch entschiedener fremd und alterthümlich, wie ein Ueberbleibsel aus alter Zeit, steht auch noch Rocco Rodio aus Calabrien da, Meister im improvisirten Contrapunct, den er in Regeln brachte (seine Schrift darüber erlebte einige Auflagen), mit virtuosenhaften Satzproblemen vertraut, wie sich denn in seinen zu Neapel gedruckten Messen (1580) eine fünfstimmige Messe *de*

---

[1]) In der Vaticana, im Codex M. S. Altaemps. Ottobon. N. 2928. (Proske hat sie sämmtlich in Partitur gebracht — und sieben davon in seine Mus. divina aufgenommen).

Beata Virgine befindet, welche eine Messe plurium facierum (aber in anderem Sinne als jene Pierre Moulu's) ist: man kann sie nämlich auch vierstimmig singen, wenn man die Pars quinta weglässt; oder dreistimmig, wenn man auch den Sopranpart unterdrückt; oder abermals, und zwar anders dreistimmig, wenn man nur die drei obern Parte singt. So hatte Rodio ein Duett mit verschiedener Taktbezeichnung in den beiden Stimmen (Prolatio cum tempore perfecto in der höhern, Tempus perfectum mit der Proportion $^3/_2$ in der tiefern), welches Stück Rodio besuchenden Musikern als eine Art Ulyssesbogen vorlegte: „niemand aber konnte es singen," nur G. L. Rossi, der Verfasser des „Organo de Cantori", fand sich zu Rodio's Erstaunen gleich zurecht [1]). Unter jenen Messen findet sich auch eine sechsstimmige über *Adieu mes amours*, eine vierstimmige über *Mater patris*, gleich jener Josquins „ad voces aequales" componirt; Rocco Rodio, der noch die Neuzeit des 17. Säculums erlebte, nimmt sich aus wie ein Grossvater, der den Enkeln von der alten „Niederländerzeit" berichtet. Er muss wirklich sehr alt geworden sein, denn Camillo Maffei begrüsst ihn schon 1563 in einem an ihn gerichteten Briefe als berühmten Meister, und G. L. Rossi redet in seinem 1618 gedruckten „Organo de Cantori" von ihm als einem noch Lebenden: „Rocco Rodio, musico eccelentissimo a nostro tempo." Nimmt man hiernach Rodio's Geburtsjahr mit 1530 an, so wäre er, als Rossi jene Worte schrieb, schon 88 Jahre alt gewesen. Wer weiland sein Lehrer gewesen — darüber fehlen die Nachrichten.

Den Palestrinastyl ohne archaische Nachklänge des Niederländerstyles, vielmehr in seiner vollen Reinheit und seiner klassischen Schönheit repräsentirt Pietro Paolo Paciotti, ein geborener Römer, Kapellmeister am Seminario Romano, dessen Messen drei Jahre vor Palestrina's Tode — nämlich 1591 — bei Alessandro Gardano in Rom gedruckt wurden [2]) und den alten Grossmeistern, wenn er sie noch kennen lernte, die reinste Freude gemacht haben müssen. Paciotti ist ein Beweis, dass sich nicht immer „Verdienst und Glück verketten" — seine Werke sind überaus selten, er selbst wird kaum genannt. Und doch verdiente er unter den Meistern der Palestrinazeit mit in erster Reihe zu stehen, mehr als mancher andere, dessen Name in Aller Mund ist.

---

1) In Rossi's Buch steht S. 43 das Duo nebst Commentar.
2) Petri Pauli Paciotti, Seminarii Romani moderatoris Missarum liber primus — quatuor ac quinque vocibus concinendarum, nunc denuo in lucem editus. Romae apud Alexandrum Gardanum 1591." Proske hat daraus eine herrliche fünfstimmige Messe: „Si bona suscepimus" in seinen Select. nov. Miss. II Tomus — Pars I. — Missa X. aufgenommen.

Nicht blos Römer, wie Paciotti, repräsentiren den römischen Musikstyl, der Neapolitaner Fabricio Dentice, ein Edelmann, welcher aber allerdings in Rom lebte, schloss sich so vollständig der römischen Schule an, dass es unzulässig ist, ihm zu Ehren schon eine „neapolitanische Schule" zu statuiren. Neapel kam erst später an die Reihe. Ein neunstimmiges Miserere, mit einzelnen vier- und fünfstimmigen Strophen (in den Musikvorräthen der Chiesa nuova zu Rom), falsobordonartig, klingt wie ein Vorbote des späteren, berühmten Miserere von Allegri — 1560 wurden von ihm in Venedig Motetten gedruckt, auch einige in die 1601 bei Peter Phalesius in Antwerpen gedruckte „Melodia Olimpica" aufgenommen. Als Meister der Laute wird Dentice von Vincenzo Galilei genannt[1]) — man findet Stücke von ihm im „Thesaurus harmonicus" des Besardus (Köln 1603), auch Johannes Woltz, der Organist von Heilbronn, hat in seiner „Nova musices Organicae Tabulatura" etwas von ihm in „deutsche Tabulatur" umgeschrieben — im ersteren Werke wird der Name des Componisten zu „Dendici", im andern zu „Dentici" (Genitivform) gemodelt. Dentice scheint kraft seiner Geburt, nach seiner Vorliebe für die Laute zu schliessen, und da er nie eine offizielle musikalische Stellung einnahm, ein (sehr tüchtiger) Dilettant gewesen zu sein, wie es deren in jener Zeit mehr gab[2]). Der Franzose Franz Roussel, von den Italienern Rossel, Rosselli oder Rossello genannt, dessen Abschied von Rom 1550, nachdem er eine Zeit lang als Domenico Ferrabosco's Nachfolger maestro de putti in der päpstlichen Capelle gewesen, Palestrina in einem Madrigal feierte[3]), und der, dahin zurückgekehrt, seit 1572 Lehrer des Gesangs bei S. Giovanni di Laterano war, und dessen auch Vincenzo Galilei gedenkt[4]), wird insgemein auch für die römische

---

1) Dialogo della mus. ant. e mod. S. 138.
2) Ein solcher war in Rom z. B. Flaminio Flamini, Ritter vom Orden des h. Stephan — er gab 1610 „Vilanellen mit Guitarre" (Guidarra Spagnola) heraus.
3) In: il primo libro de Madrigali a 4 voci 1555 (Madrigal N. 18) mit der Ueberschrift: „La lode di Rossel": das Poem nimmt den Mund etwas voll:

    Quai rime fur' si chiare
    o quale stil fia mai lodato
    che dogno sia, Rossel del vostro canto
    voi certo foste in ciel
    ond' ai mortali la divin armonia portaste
    perch' eterno avete il grido
    e pur voleste far ch' in più d'un lido
    — o somma cortesia — i bassi versi miei
    spiegasser l' ali con vostre voci e tali
    ch' addolcir ponno il duol, far lieto il pianto
    che a nessun altro sene può dar vanto.

4) Im „Fronimo" S. 61.

Schule in Anspruch genommen — er kann aber wenigstens um der zwei stimmungsvollen „Adoramus" willen, welche Proske im Musikarchiv der Münchener Hofkapelle fand[1]), nicht wohl zu den Meistern der genannten Schule gerechnet werden — solche einfach-edle Sätze, Note gegen Note, findet man lange vor Palestrina's Improperien u. dgl. in ganz ähnlichem Character schon bei Josquin, bei Brumel, bei Pierre de la Rue (das schöne *O salutaris*) und anderen Niederländern. Inwiefern eine handschriftliche „Missa pro defunctis", welche Pitoni im Archiv von „S. Lorenzo in Damaso" (Rom) fand, sich dem römischen Musikstyl etwa mehr nähert, wüssten wir nicht zu sagen — jedenfalls verliess der Tonsetzer Rom, ehe sich der „römische Musikstyl" individuell ausgebildet und von der Abhängigkeit an niederländische Tonkunst emancipirt hatte und gerade während der Jahre, wo dieser Styl feste Gestalt bekam, war Roussel von Rom abwesend. Allerdings aber ist es möglich, dass auch er Goudimel's Schüler gewesen. Gewiss ist letzteres von Steffano Betini, genannt „il Fornarino", seit 1562 Sänger der päpstlichen Capelle. Die Kiesewetter'sche Sammlung besitzt von ihm die fünfstimmigen Motetten *Surge propera, Verbum iniquum* und *Sana me Domine*, die Santini'sche die ebenfalls fünfstimmigen *Salvum me fac* und *Transeunte Domino*, gute Arbeiten im Sinne der römischen Schule.

Unmittelbare Zöglinge Palestrina's waren Giovan Andrea Dragoni (geb. zu Meldola, Capellmeister im Lateran von 1576 bis zu seinem Tode im Jahre 1594) und Annibale Stabile (Capellmeister im Lateran 1575 bis 1576, dann bei S. Apollinare, von 1592 an in S. Maria Maggiore). Von Ersterem besitzt die Münchener Bibliothek ein Exemplar der 1575 zu Venedig gedruckten fünfstimmigen Madrigale, die Sammlung Kiesewetter's eine achtstimmige Motette *Benedictus Dominus Deus Israel*, die Santin'sche Sammlung eine canonische Messe „dextera tua Domine", das Archiv des Lateran eine vierstimmige Todtenmesse „quae dicitur in anniversariis canonicalibus" u. a. m. Annibale Stabile übersetzt in seinen achtstimmigen, im Florilegium Portense gedruckten Motetten *Hi sunt qui venerunt de tribulatione magna* und *Nunc dimittis* den Styl seines grossen Lehrer's in's prosaisch Tüchtige, es sind kräftige, auf stattlichen Effect angelegte, im Tonsatze höchst achtbare Werke, aber der wunderbare Duft hoher Poesie, wie er die echte Palestrinamotette durchweht, fehlt.

Derselben Schule gehört unverkennbar auch Giov. Franc. Brissio an, von dem in Fabio Costantini's Sammlung nur eine Motette zu drei Stimmen *In medio ecclesiae aperuit* erhalten ist,

---

1) S. Mus. divina Tom IV über Vespertinus S. 307—309.

welche, abgerechnet einiges unnütze Kokettiren mit pikanten Dissonanzen, feinen Schönheitssinn verräth. Den reinen Styl der goldenen Zeit zeigt in sehr anerkennenswerther Weise Placido Falconio aus Asola (Benedictiner in Brescia um 1550). Ein aus seinem grossen Werke „Missae introitus per totum annum" (Venedig 1573) von P. Martini in seinem Saggio di Contrapp. mitgetheiltes fünfstimmiges Stück (Commune de martyribus in tempore paschali Sancti tui Domine) hält mit seiner meisterlichen Behandlung des Cantus firmus die Nachbarschaft der dort seine Umgebung bildenden Palestrinas ganz wohl aus. (Ausserdem von Falconio vierstimmige Responsorien, die „Turbä" die Passion, und das Magnificat nach den acht Kirchentönen — alle diese Werke 1580—1588 in Brescia gedruckt.) Noch wäre der päpstliche Capellsänger Arcangelo Crivelli aus Bergamo (trat 1583 in die Capelle, st. 1610) zu nennen, von dem die Santini'sche Sammlung unter anderem eine Messe zu sechs Stimmen besitzt, *Transeunte Domino*, und mehrere Stücke in den Publicationen Fabio Constantini's gedruckt sind, ferner Prospero Santini, Cesare Roilo, Vincenzo de Grandis und Giov. Bott. Lucatello oder Locatello, von denen Stücke in Fabio Costantini's Sammlungen enthalten sind, von Locatello übrigens auch in Waelrants „Symphonia angelica" und in der unter dem Titel „Dolci affetti" bekannten Madrigalensammlung.

Den braven Meister Asprilio Pacelli, aus Varciano bei Narni, verschlug sein Geschick, nachdem er die Capellmeisterstelle von S. Peter in Rom von 1601 bis 1603 versehen, nach Polen an den Hof Sigismund's III.; er starb 1623 zu Warschau, wo er, wie seine Grabschrift in der dortigen Kathedrale sagt, die königliche Capelle mehr als 20 Jahre mit wunderbarer Sorgfalt (mira solertia) geleitet. Fabio Costantini's Sammlung enthält von ihm eine sehr schöne achtstimmige Motette *Factum est silentium* und ein achtstimmiges *Veni sancte*, der 2. Theil des Florileg. Portense die achtstimmigen Stücke *Cantate Domino* und *Tres sunt qui*, welche, wenn sie auch nicht das Lob der Grabschrift „eruditione, ingenio, inventionum delectabili varietate omnes ejus artis coaetaneos superavit" übertrieben erscheinen lassen, doch den tüchtigen Meister der Kunst verrathen. Asprilio Pacelli gehört übrigens schon den folgenden Zeiten des Stylüberganges an.

Als Palestrina starb, glaubte man ihm keinen würdigeren Nachfolger geben zu können als Ruggiero Giovanelli aus Velletri — der als einer der bedeutendsten Meister der römischen Schule gilt. Seine frühesten gedruckten Werke sind ein 1586 in Venedig bei Antonio Gardano erschienenes fünfstimmiges Buch Madrigale 1587, 1589 folgte ein zweites und drittes Buch — im Jahre 1587 druckte Giacomo Vincenti in Venedig ein Buch sogenannter „Sdruccioli". [1]) In Rom folgten 1593 fünfstimmige und achtstimmige Motetten bei Francesco Coatti, 1593 achtstimmige Messen, daneben Vilanellen alla Napoletana und andere Werke. Damals war Giovanelli Capellmeister bei S. Luigi de Francesi, hernach bei S. Maria dell' anima, — am 12. März 1594 erhielt er die Capellmeisterstelle bei der Peterskirche und trat sein Amt drei Tage später an. Hier schrieb er das vierstimmige „Miserere" (letzte Strophe achtstimmig), welches in der päpstlichen Capelle so lange gesungen wurde, bis es der Composition Allegri's weichen musste.

Unter Giovanelli's Messen im Capellenarchiv der Sixtina findet sich unter anderem eine achtstimmige über Palestrina's *Vestiva i colli* von trefflicher Arbeit,[2]) eine zwölfstimmige bewahrt die Altaemps'sche Sammlung im Coll. romano — dazu bedeutende Motetten zu 4, 5 und 8 Stimmen, und eine zwölfstimmige *Egredimini filiae Sion*. Die Motetten zu fünf Stimmen *Iste Sanctus pro lege Dei* (aus den Mot. delle Capp. Cardinalizie, in Kiesewetter's Sammlung) und *Laudent nomen ejus* (in einem gemischten Bande Motetten derselben Sammlung) sind schöne Werke des ausgebildeten römischen Musikstyles; die achtstimmige Motette *Jubilate Deo* (im Florileg. Portense) aber ist ganz besonders bemerkenswerth, weil sich darin neben den Kunsttraditionen der Palestrinazeit ein fühlbares Streben nach grossartiger Pracht kenntlich macht. Giovanelli malt bei den Worten „in tubis ductilibus et voce tubae corneae" mit den Menschenstimmen die Fanfaren der Trompeten, die anschlagenden Pauken, bei den Worten „moveatur mare" gerathen die Stimmen in eine Wellenbewegung (die sogar in den geschriebenen Notengruppen auch dem Auge anschaulich gemacht wird!); doch sind diese Malereien nicht kleinlich, die Stelle vom „wogenden Meere" ist sogar ganz imposant, wie denn überhaupt diese ganze Motette als Beweis gelten darf, was sich an glänzender Wirkung auch ohne den brillanten Farbenwechsel eingreifender Instrumente erzielen lässt. (Merkwürdiger Weise hat Luca Marenzio denselben Psalm in ganz ähnlicher Art und sogar mit ganz denselben Tonmalereien componirt.[3]) Ein sehr bedeutender Meister ist Francesco Soriano (geb. 1549 zu Rom), Schüler Annibale Zoilo's und des Bartolomeo Roy, auch eine Zeit lang in Nanini's Schule, wo sich Palestrina selbst um

---

1) „Gli Sdruccioli, Il primo libro de Madrigali a quattro voci. Roma appr. Aless. Gardano 1585." Ein Exemplar — leider aber nur das Sopranheft — besitzt die Casanatensis aus Baini's Nachlasse. „Sdruccioli" ist bekanntlich der Name einer Gattung italienischer Verse.
2) Eine Abschrift davon in der Kiesewetter'schen Sammlung.
3) Ebenfalls im Florilegium Portense abgedruckt. Einer der beiden ist, wie kaum zu zweifeln sein möchte, Nachahmer. Aber welcher?

seine Ausbildung bemüht haben soll, Capellmeister bei S. Luigi de Francesi und bei S. Maria Maggiore, von 1603 an bei St. Peter. Als sein Hauptwerk gilt eine Arbeit, die freilich gewissermassen nur eine Studie, aber in diesem Sinne erstaunlich ist, nämlich die 1610 in Rom bei Robletti gedruckten *Canoni et oblighi di cento e dieci sorte sopra l'Ave maris stella a tre, quattro, cinque, sex, sette et otto voci.* Zacconi hat diese sämmtlichen Probleme aufgelöst und in Partitur gebracht, seine Handschrift wird im Liceo filarmonico zu Bologna aufbewahrt. Abgesehen von der hier entwickelten contrapunctischen Meisterschaft hat Soriano diese Sätze mit so vieler rein musikalischer Schönheit ausgestattet, dass dieses eine Werk genügen würde, ihm eine hohe Stelle zu sichern. Solche Meisterproben des Satzes zeigen aber auch, wie tüchtig, fest und gediegen der Grund war, auf dem die römische Schule ihre Werke baute (unvergleichlich mehr, als die venezianische), und dass ein solches Wissen und Können, weit entfernt etwa als „scholastische Spitzfindigkeit" angesehen zu werden, seinen Mann ehrte und zierte. Eine solche Schulung bewahrte vor flachem Idealismus und leerer Effektsucherei, zwei Gefahren, welche zu Zeiten der römischen Schule ziemlich nahe rückten. Soriano's Motetten (*Lauda Jerusalem, Vidi turbam magnum* u. a. m.), bei denen er nach der Zeit Weise gerne den achtstimmigen Satz anwendet und von denen 1597 ein ganzes Buch erschien, sind so tüchtig, als seine Messen (Missarum liber primus, Rom G. B. Robletto 1609, darunter auch die von ihm zu acht Stimmen arrangirte *Missa Papae Marcelli*) Nos autem gloriari aportet und ad Canones, den fünfstimmigen: sine titulo; Quando laeta sperabam (man bemerke wie schlau hier das Madrigal „quando lieta sperai" durch die lateinische Version maskirt ist — es war, wie aus einer Stelle des Fronimo von Vincenzo Galilei zu entnehmen, eine fünfstimmige Composition von Morales, oder war es etwa ein geistliches Madrigal?) und Octavi toni, den sechsstimmigen: Secundi toni und super voces musicales.[1]) Eine vierstimmige Passionsmusik erschien zusammen mit 16 Magnificat (zwei für jeden Kirchenton), den Sequenzen Dies irae und Libera und einigen anderen Kirchenstücken 1619 bei Lucas Anton Soldi in Rom.[2]) Der Idealstyl der römischen Schule ist in Soriano's Werken in vorzüglicher Weise vertreten, wie man denn dem massenhaften Vortrefflichen jener (allerdings kaum ein halbes Menschenalter umfassenden) Epoche gegenüber fast versucht ist, wie Tinctoris schon in einer früheren gethan, an einen „besonders günstigen Einfluss der Sterne" zu glauben.

1) Ein Exemplar dieses seltenen Druckes besitzt die Bibliothek des S. Convento in Assisi. Die Messen Nos autem gloriari und super voces musicales finden sich auch in Proske's Select. nov. missarum.
2) Ebenfalls in der Bibliothek zu Assisi.

Unter den Meistern der römischen Schule ist Soriano vielleicht derjenige, dessen Arbeiten am meisten den Charakter energischer Kraft zeigen, er mahnt in diesem Sinne zuweilen an die Altniederländer. In seiner Messe „Nos autem gloriari" sind die Motive wie in Marmor gemeisselt, so rein und scharf und fest umschrieben stehen sie da. Das erste Kyrie mit dem unaufhörlich in allen Stimmen wie im Wetteifer empordringenden Skalenmotiv sieht aus, als wolle der Meister das Himmelreich mit Sturm nehmen. Die bedeutendste unter Soriano's Messen ist aber wohl die sechsstimmige über das Hexachord — eines der geistvollsten Werke der Schule, höchst meisterhaft, kühn und originell im Tonsatz — das erste Kyrie über das im ersten Sopran stets aufsteigend wiederholte Hexachordum durum, das Christe über das absteigende, das zweite Kyrie über das Hexachordum naturae im Alt — und so weiter — nur das Benedictus ist „freier Satz" d. h. ohne das Obligo der anderen. Eine unübersehbare Fülle von Gestaltungen knüpft sich an jene sechs Noten — die Phantasie des Tonsetzers beweist hier einen nicht zu erschöpfenden Reichthum. Die Missa papae Marcelli zu acht Stimmen ist ein dem Meister Palestrina dargebrachter Zoll der Bewunderung, den aber Palestrina selbst wohl gerne erlassen haben würde — gewonnen hat die Messe durch die Zuthat denn doch wohl nicht — sie ist aber recht lehrreich als Beweis, wie Palestrina mit seinen sechs Stimmen gerade das Rechte getroffen. Eine ganze Welt von Musik ist in ein 1619 bei Lucantonio Soldo in Rom gedrucktes Werk niedergelegt: „Passio D. N. Jesu Christi secundum quatuor Evangelistas; Magnificat sexdecim, Sequentia fidelium defunctorum, una cum Responsorio aliaque nonnulla Ecclesiastica quaternis vocibus in ecclesiis concinenda." Die Passionsmusiken sind natürlich wieder nicht in dem dramatisirenden Ton gehalten, wie die späteren protestantischen, sondern die „Turba" für den Ritus der Charwoche. Aber sehr merkwürdiger Weise führt der Text, der geschilderte Moment den Meister Soriano, wie ohne dass er es selbst recht zu merken scheint, in's Dramatische hinein — wie in den Sätzchen „Barrabam" der Matthäuspassion, wo der Componist offenbar an das wüste Durcheinanderschreien des Volkes gedacht hat, im Chor „prophetica quis est, qui te percussit?" und „alios salvos fecit" (besonders von der Stelle an „descendat nunc de cruce"), in der Johannes-Passion das „Crucifige", und das kurze, aber äusserst energische „tolle, tolle" und so noch vieles Einzelne. Durchweg zeigt sich in diesen Sätzchen ein meisterhaft durchgebildeter Tonsatz, sie sind reich, ohne überladen oder bunt zu werden. Man begegnet im Einzelnen manchen überraschend geistreichen Zügen. So singen die Zeugen ihr „hic dixit possum destruere" u. s w. (wie auch sonst öfter vorkommt) als Canon — aber der Bass beantwortet das Thema des Tenors wie der Comes einer Fuga di tuono, und nach wenigen Takten wird der Canon zum Canon in Verkehrtschritten — ein Zug, mit welchem Soriano offenbar mehr wollte, als nur ein musikalisches Kunststück machen. Auch die Reden Christi hat Soriano componirt — für vier hohe Stimmen. Jede dramatische Intention bleibt also auch hier vollständig ausgeschlossen — es ist aber, als wiederhole den Menschen ein Engelchor die Worte des Heilands. Eine so zarte Innigkeit, eine so heilige Wehmuth, ein so rührender Ausdruck schwebt über diesen Sätzchen, dass man den Himmelsstürmer der Messe „nos autem" gar nicht wieder erkennt, und sieht, wie dieser mächtige Geist auch frei und tief empfinden konnte.

Meisterstücke sind endlich die nach den acht Kirchentönen in ganz kurzen Sätzen componirten Magnificat — ein ganz eigenes Mittleres zwischen Falsobordon- und Motettenstyl, bald dem einen, bald dem andern sich mehr nähernd — von herrlicher Klangwirkung, und wiederum voll Leben in dem äusserst sorgfältig durchgebildeten Tonsatze — äusserst feierlich im Charakter; besonders überraschen die abschliessenden Doxologien durch ihre einfache Erhabenheit.

Kiesewetter's Sammlung besitzt von Soriano zwei Motetten zu acht Stimmen — imposant prächtige Stücke: *Lauda Jerusalem* und *Vidi turbam magnam*. Ein ähnlicher achtstimmiger Psalm *Credidi propter quod* findet sich in der 1615 zu Neapel erschienenen „Raccolta de Salmi".[1]) Mit Anerio und Vittoria zusammen darf als Dritter wohl Soriano genannt werden — es sind die Meister, welche Palestrina zunächst angereihet zu werden verdienen.

Soriano's Nachfolger bei S. Maria Maggiore von 1603 an war Vincenzo Ugolini aus Perugia. Seine Bildung erhielt er in Nanini's Schule. Von 1606 bis 1615 war er Capellmeister im Dome zu Benevent, dann kehrte er nach Rom zurück. Er starb

---

1) „Raccolta de Salmi a otto di diversi eccelent. autori." Napoli. Giov. Giac. Carlino, ad istanza di Giov. Ruardo. 1615 (Exemplar in der Bibl. Altaemps im Coll. rom). Die Sammlung enthält folgende, zum Theil sehr bedeutende Nummern:

Dixit Dominus	von	Fab. Costantini,
Confitebor	„	Arcangelo Crivelli,
Beatus vir	„	G. M. Nanini,
Laudate pueri	„	Aless. Costantini,
Credidi	„	Fr. Soriano,
Laetatus cum iis	„	Bern. Nanini,
Nisi Dominus	„	Paolo Tarditi,
Lauda Jerusalem	„	Ces. Zoilo,
Magnificat	„	G. Fr. Anerio,
Regina Coeli	„	Rugg. Giovanelli,
Salve Regina	„	„
Ave Regina coelorum	„	„

schon 1626 nach langer Kränklichkeit. Unter seinen gedruckten Werken finden sich achtstimmige Motetten und zwölfstimmige Psalmen, aber auch schon Motetten für eine Stimme solo mit Orgelbass. Auch in Fabio Costantini's „Scelta di motetti" (1618) ist er vertreten (ein Duo Domine in multitudine misericordiae).[1]) Ein sehr eigenthümliches Werk druckte 1622 L A. Soldi — es sind die Motecta et Missae octonis vocibus et duodenis[2]). Nebst einer achtstimmigen Missa super il vago Esquilino findet sich hier das Perfice gressus meos als achtstimmige Motette und als achtstimmige Messe, das Beata es virgo Maria und das Quae est ista als zwölfstimmige Motette und als zwölfstimmige Messe, so dass die vorangehenden Motetten gewissermassen das (musikalische) Programm der ihnen nachfolgenden Messen bilden.

Fabio Costantini, der das Verdienst hat, in seinen hier schon mehrfach erwähnten Sammlungen Werke einer bedeutenden Anzahl trefflicher Tonsetzer der römischen Schule, darunter Arbeiten ersten Ranges, vereinigt zu haben, wagte es und durfte es wagen, auch eigene Compositionen einzuschalten: in die „Select. cant. octo voc." die Motetten *Sancti Dei* und *O lumen ecclesiae*, in die „Raccolta de Salmi" den Psalm *Dixit Dominus*, in die „Select. cantion. binis" etc. ein Duo *Hoc est praeceptum*, und die vierstimmige Motette *Hodie beata virgo Maria puerum Jesum praesentavit*, in die „Scelta de Motetti", die Duos *Calistus est vere Martyr, Os justi meditabitur* und *Cum jucunditate* und die Motette *O admirabile commertium* zu vier Stimmen. Fabio Costantini repräsentirt in einer Zeit, wo der reine Palestrinastyl schon über seine Sonnenhöhe hinaus war, diesen edlen Styl noch in seiner Reinheit. Es lässt sich kaum etwas Anmuthigeres denken, als der Schluss der zuletzt genannten Motette. Ueberhaupt ist es eine ganz eigenthümliche Anmuth, welche Fabio Costantini's Werke auszeichnet.

Die Motetten eines Namens- und Geistesverwandten, Alessandro Costantini, die er mit aufgenommen, sind gleichfalls recht anziehende Werke. Die eine vierstimmige *Ego sum panis vivus* ist auch wieder so reiner römischer Styl, als man ihn denken mag; die andere sehr anmuthvolle *Confitemini Domino* für drei Tenore aber kann mehr als ein gutes geistliches Madrigal und in der Führung der Harmonie, wie in der bewegten melodischen Gestaltung und im musikalischen Periodenbau eigentlich schon als völliger Schritt in die Neuzeit hinein gelten. In der That hat Alessandro auch schon Motetten neuen, das heisst monodischen Styles für eine, zwei und drei Stimmen „cum Basso ad Organum" componirt und dem Cardinal von Medicis gewidmet. Sie wurden

---

1) Exemplar in der Bibl. Angelica zu Rom.
2) Exemplar in der Valicelliana.

1616 bei Bartolomeo Zannetti in Rom gedruckt, auf dem Titelblatte wird der Componist genannt: S. Joannis Florentinorum Capellae Moderator et Organista. Er war also Capellmeister bei S. Giovanni de Fiorentini in Rom. Es ist merkwürdig genug, wie sehr tüchtige Meister der alten Schule in jenen Uebergangzeiten den ihrer Kunst eigentlich sehr heterogenen neuen, monodischen Kunststyl nicht nur ohne Hass gegen die „Neuerung", sondern vielmehr mit Liebe und Interesse aufnahmen. Der „süsseste Schwan Italiens" (il più dolce cigno d'Italia), wie ihn die Zeitgenossen nannten, Luca Marenzio wird insgemein nur als Madrigalencomponist, nicht als Meister des kirchlichen Tonsatzes genannt, und doch reiht er sich auch in letzterer Beziehung den Zeitgenossen völlig würdig an. Vor allem waren es allerdings seine Madrigale, welche das Entzücken seiner Zeit bildeten. Der Spanier Sebastian Raval begrüsste ihn in einer Dedication als „divino maestro", der Engländer John Dowland suchte durch Vermittelung Cristoforo Malvezzi's seine persönliche Bekanntschaft, sein Tod wurde in lateinischen Gedichten besungen [1]). Luca Marenzio war in dem auf halbem Wege zwischen Brescia und Bergamo gelegenen Oertchen Coccaglio geboren. Er scheint sehr bald als Singknabe nach Brescia gekommen zu sein; hier wurde der Erzpriester Andrea Mazetto auf sein Talent aufmerksam und sein Wohlthäter; er übergab ihn dem Capellmeister am Duomo vechio Giovanni Contini, einem tüchtigen Musiker, zur Ausbildung. Lässt man es bei Dichtern und Malern gelten, dass der Ort, wo sie ihre Ausbildung erhielten und wo sie lebten, auf ihr künstlerisches Schaffen bestimmend eingewirkt, so ist nicht einzusehen, warum das Gleiche nicht für den Tondichter gelten soll. Es ist, als trage Marenzio's Musik den Ton des anmuthigen Brescia mit seiner heiter-prächtigen Renaissancekunst, und als ruhe insbesondere auf des Meisters Kirchenstücken ein Abglanz der lieblich-ernsten Altartafeln, womit Alessandro Bonvicino il Moretto seine Vaterstadt geschmückt, von denen Mündler sagt: „sie wiegen eine ganze Gallerie auf". Was Moretto, der Bildner edelster weiblicher Schönheit, und sanfter, rubiger Würde in den Männergestalten als Maler, das ist Marenzio als Tonsetzer. Marenzio's Madrigale, welche alle Welt entzückten, erschienen in Venedig — neun fünfstimmige Bücher 1580 bis 1589 — jedes Jahr ein Buch, 1588 allein ausgenommen — sechsstimmige von 1582—1609. Neuauflagen folgten bei der starken Nachfrage sehr rasch — Petro Phalesius veranstaltete eine Gesammtauflage „Madrigali — ridotti in un corpo" wie es auf dem Titel heist, 1593 [2]) — also noch bei Marenzio's Lebzeiten. Die Nürnberger Notenpressen waren auch

---

1) Zwei davon theilt Walther in seinem Lexikon S. 384 mit.
2) Diese Ausgabe der Madrigale zu 6 Stimmen besitzt die k. Bibliothek zu Dresden.

eifrig hinterher, und zu den Sammelwerken, welche Phalesius unter Glanztiteln, wie „Musica divina di XIX autori — Harmonie celeste — Simfonia angelica — Melodia olimpica — il Trionfo di Dori — Paradiso musicale" u. s. w. veranstaltete, musste Marenzio's Musik — geistlich und weltlich — ein starkes Contingent stellen. Vierstimmige Madrigale kamen 1592 und 1609 in Venedig heraus.¹) Dazu eine stattliche Menge Kirchenmusik — meist Motetten — manches ist auch Manuscript geblieben, wie ein zwölfstimmiges *ave maris stella* in der Bibl. Altaemps des Coll. romano. Luca Marenzio arbeitete auf dem Gebiete der Kirchenmusik kaum weniger fleissig als auf madrigalesken. Druckten doch die Erben des Hieronymus Scotus 1588 von ihm ein Werk: „Lucae Marentii Motectorum pro festis totius anni cum Communi Sanctorum quaternis vocibus lib. I." — es gehört aber etwas dazu, also das ganze Kirchenjahr durchzucomponiren! Auch in den Fest- und Hochzeitsmusiken am Hofe zu Florenz begegnen wir Werken Marenzio's. Der ausserordentliche Ruf des Tonsetzers drang nach England, drang nach Polen, an dessen Königshof er mit dem für die damalige Zeit enormen Gehalt von 1000 Scudi jährlich berufen wurde. Aber das nordische Klima machte ihn krank, er gab die glänzende Stellung auf und kehrte nach Italien zurück — als „Ritter", denn dazu erhob ihn vor seinem Scheiden der Polenkönig. Er hat sich indessen nie „Cavaliere Marenzio" genannt, so wenig wie es nachmals der „Cavaliere filarmonico" Mozart für nöthig hielt, seinem Namen dieses Glanzlicht aufzusetzen. Rom, damals die Musikhauptstadt der Welt, war Marenzio anziehend — er begab sich 1581 dahin — zuerst als Capellmeister des Cardinals von Este, dann bei dem Neffen des Papstes Clemens VIII, Cardinal Aldobrandini, welcher sein besonderer Gönner war. — 1595 trat er in die päpstliche Capelle ein. Am 22. August 1599 starb er; — er ist in S. Lorenzo in Lucina begraben. Eine reine Klatschgeschichte scheint es, dass ein zelotischer Beichtvater den Sterbenden wegen seiner Madrigale bis zur Verzweiflung geängstigt haben soll.

Marenzio's Madrigale gehören zu dem feinsten, reizendsten und liebenswürdigsten, was wir dem reichen 16. Jahrhundert verdanken. Die edelste Sentimentalität, ohne weichliche Zerflossen-

---

1) In Cozzando's „Libraria Bresciana" (S. 249) und Donato Calvi's „Scena letteraria" werden auch dreistimmige Madrigale genannt, welche bei Alessandro Vincenti in Venedig (alla pigna) erschienen sein sollen. Vielleicht sind die dreistimmigen „Vilanelle alla Napoletana" gemeint, von denen wirklich fünf Bücher (zwischen 1584 und 1605) in Venedig gedruckt, und welche 1606 mit deutschen Texten in Nürnberg unter dem Titel nachgedruckt wurden: „Auszug aus Lucä Marentii vier Theilen seiner italienischen dreistimmigen Vilanellen und Napolitanen (von Valentin Hausmann).

heit, kommt darin zum Ausdrucke. Neben Reichem, Glänzendem, Ingeniosem, hören wir Töne innigster Empfindung, zartester Seelenschönheit. Es ist ein eigener Zauber von Wohllaut darin — die Arbeit verräth durchweg die Meisterhand. Jedes Madrigal bekommt seinen Localton, zu welchem der poetische Text mehr nur die Andeutung, die Musik erst die volle warme Lebensfarbe giebt. Luca Marenzio beachtet oft selbst das einzelne Wort: fortuna volubile — le onde — i vezzosi angelli — moriro u. s. w. und lässt es, ohne jede kleinliche Detailmalerei, bezeichnend hervortreten. Marenzio's Nachfolger streifen gerade hierin zuweilen an die Grenze des Zulässigen oder überschreiten sie und illustriren gar zu deutlich. Wenn z. B. in den ausgezeichnet schönen Madrigalen von G. F. Anerio ein sterbender Hirt — natürlich stirbt er vor Liebe — „in giro" umherschaut, so wird dieser Kreis in der Musik höchst deutlich versinnlicht; und leitet er sein last dying speech mit einem Seufzer, „con un sospiro" ein, so unterbricht der Tonsetzer den Gang der Stimme durch ein Suspirium d. i. eine Viertelpause (die italienischen Componisten haben dem Einfall selten widerstehen können, wenn im Text „sospiro" oder „sospiri" vorkam, ein „Suspirium" in den Noten anzubringen — auch noch die späteren Monodisten, wie Radesca da Foggia im „Pianto della S. Vergine al Crocefisso", so G. Capello in einem sehr seltsamen Stück, von dem wir später sprechen werden — ebenso verlockend ist es für sie, wenn es im Text heisst „ut sol" — „wie die Sonne" — oder „mi fa" — „es macht mich" — die solmisationsgerechten Noten anzuwenden, das Wort „canto" durch eine kleine cantable Passage zu markiren u. s. w.). Wenn Arcadelt im Madrigal „il bianco e dolce cigno cansando muore" ein reizendes Stimmungsbild süssester Melancholie in ganz einfachen Tönen giebt, so kann es sich Anerio nicht versagen, in einem ähnlichen Madrigal den Schwan wirklich singen zu lassen:

Marenzio malt auch, aber viel weniger in's Detail — und weiss dafür den Gesammtton desto besser zu treffen. So wird seine Composition des Sonettes CCLXIX von Petrarca „*Zeffiro torna*" wirklich wie von einem milden, süssen Frühlingshauch durchweht, so ist sein Madrigal „vezzosi angelli" von so leichter Anmuth, wie das liebliche Bild, der „im Laub singenden zierlichen Vögelchen" nur erheischen mag.

Unter den zahllosen Madrigalen Marenzio's nehmen vorzüglich die 1592 zu Venedig gedruckten vierstimmigen durch meisterhafte Arbeit, geistvolle Behandlung der Texte und zauberhaften Wohlklang einen hohen Rang ein. Ausser den weltlichen Madrigalen, welche vorzugsweise seinen Ruhm begründeten, componirte Luca Marenzio nicht nur geistliche Madrigale (il primo libro de madrigali spirituali a 5 voci. Rom, Aless. Gardano, 1584), sondern auch zahlreiche für die Kirche bestimmte Stücke, Motetten im Style der römischen Schule, welchen er trefflich, doch schon gelegentlich mit einer Neigung zum zierlich spielenden behandelt (statt alles anderen sehe man seine Motette: O quam gloriosum est regnum und halte die Composition desselben Textes von Vittoria daneben [1])

In den grossen Motetten zu acht Stimmen macht sich schon sehr entschieden jene Neigung zu dem Unruhigen und Brillanten fühlbar, welche die kommende Neuzeit ankündigt. Mit der Motette Jubilate Deo omnis terra ist z. B. offenbar eine Wirkung beabsichtigt, wie etwa die eines glänzend-feurigen rauschenden Allegro einer Instrumentalsymphonie. Sehr oft zeigt sich eine Art in's Detail zu malen, die sich ganz unverkennbar von den Madrigalen herschreibt (wie in der achtstimmigen Motette Iniquos odio habui.) Er hat sogar auch zwölfstimmige Compositionen geliefert; ein Ave maris stella dieser Art besitzt die Altaemps'sche Sammlung im Collegio romano.

Marenzio's Harmonie hat auch schon eine Menge Mitteltinten und freiere Ausweichungen und Uebergänge, welche ihr ein von der älteren, strengeren Diatonik wesentlich verschiedenes Colorit geben. Marenzio hätte nur einige Jahrzehnte später geboren, ja es hätte ihm vielleicht nur eine längere Lebensdauer gegönnt sein dürfen, so würden wir seinen Namen vermutblich unter den frühesten Operncomponisten begegnen. Seine Musik zu dem zu Florenz 1585 bei der Vermälung Ferdinand's von Medici mit Christiana von Lothringen aufgeführten von Ottavio Rinuccini gedichteten Festspiele oder vielmehr Intermedio „il Combattimento d'Apolline col serpente" kann als der Morgenstern der nahenden **dramatischen Musik** gelten, obwohl der Tonsatz einstweilen

---

[1] Wozu man durch Proske's Musica Divina (Motetten No. CXXVII, CXXVIII) die leichteste Gelegenheit hat.

noch ganz dem herkömmlichen Madrigalstyle angehört. Durch Bastiano de Rossi's Schilderung [1]) können wir uns eine ziemlich lebhafte Vorstellung dieser dramatischen Aufführung machen, zumal wenn wir dabei Luca Marenzio's Musik (sie ist in den 1591 zu Venedig bei G. Vincenti erschienenen Intermedji e Concerti fatti per la Commedia rappresentata in Firenze nelle nozze del Seren. Don Fernando Medici e Madama Christiana di Loreno, gedruckt) mit in Anschlag bringen. Die Scene zeigt einen Wald mit der Drachenhöle, die Bäume sind zum Theile gebrochen oder von dem giftigen Schaume des Ungeheuers verunreinigt. Ein Doppelchor von Hirten und Hirtinnen, in griechischer Tracht nahet vorsichtig [2]), er stimmt einen Gesang an

> Ebbra di sangue
> Giacea pur dianzi la terribil fera
> E l'aria fosca e nera
> Rendea col fiato e maligno tosco;
> Qui di carne si sfama
> Lo spaventoso serpe
> Vomita fiamme e fuoco, e fischia e rugge,
> Qui l'erbe et i fior distrugge —
> Ma dov' è il fiero mostro?
> Forse avrà Giove udito il pianto nostro?

Die Antwort lässt zum Schrecken der Hirten nicht lange auf sich warten, der Drache zeigt sich am Eingange der Höle, der Chor fällt auf die Kniee [3]) „O sfortunati noi." Er richtet ein Gebet an Zeus um Rettung. Und siehe, als der Drache mit schrecklichem Gezische auf seine Opfer losfährt, nahet vom Himmel Apoll. Der Kampf selbst wird in einer Art heroischen Tanzes vorgestellt (welcher dem Darsteller des pfeilschiessenden jungen Gottes Gelegenheit gegeben haben mag, eine Menge bedeutender, der Antike abgesehener Stellungen zu entwickeln). Der Drache reisst wüthend mit seinen Zähnen die Pfeile aus den Wunden, denen schwarzes Blut entströmt, er zerknirscht die Geschosse mit seinem Gebiss, er scheint bald fliehen zu wollen, bald bäumt er sich zur Gegenwehr, aber immer neue Pfeile fliegen, sein Widerstand wird matter, er windet sich sterbend zu den Füssen Apoll's und liegt endlich getödtet da. Ein Dankchor der Hirten „oh valoroso Dio, o Dio chiaro e sovrano" [4]) endet das Spiel. Auf die Aehnlichkeit dieser Vorstellung mit einer ähnlichen bei den

---

1) Descrizione dell' apparato e degli intermedj, fatti per la commedia rappresentata in Firenze nelle nozze del Seren. D. Ferdinando Medici 1589.
2) Dieser „Chor" ist ein Vorbild zahlloser späterer Opernchöre, die nur deswegen auftreten, weil sie der Componist nöthig hat. Was haben die Hirten bei der Drachenhöle zu suchen?! —
3) Abermals ein echter Opernzug! Warum entflieht er nicht?!
4) Kiesewetter bringt ihn unter den Musikbeilagen seines Buches „Schicksale und Beschaffenheit des weltlichen Gesanges.

antiken pythischen Spielen hat schon Bastiano de Rossi hingewiesen. Die Musik ist durchweg von jener massvollen Haltung, und jener durch die einzelnen Wendungen der Textworte motivirten feinen Ausmalung des Einzelnen, wie sie auch die anderen Madrigale Marenzio's kennzeichnet, an eigentlichen dramatischen Styl darf man nicht denken; allerdings aber erhöhte diese Musik ohne Zweifel die Wirkung der Darstellung und gab ihr die richtige Färbung. Die begleitenden Instrumente (natürlich verdoppelten sie nur die Stimmen, ausser wo Tanzmusik eingelegt war) sind höchst bescheiden gewählt, Harfen, Lyren (d. h. Geigeninstrumente). Das Ganze war einstweilen wieder nur eine Reihe lebender, von Musik begleiteter Bilder. Aber diese Bilder alle zusammen geben als Summe doch schon eine (allerdings überaus einfache) dramatische Handlung. Marenzio starb zu früh, um die grosse florentiner Musikreform, welche 1600 mit dem ersten grossen Werke, der „Euridice" Peri's und Caccini's auftrat, zu erleben. Marenzio wurde in der Kirche St. Lorenzo in Lucina begraben, der Jesuit Bernardino Steffonio weihete seinem Andenken ein überaus begeistertes Gedicht.[1]) Seine gepriesenen Arbeiten beschäftigten die italienischen und die deutschen Pressen vollauf. Venedig und Nürnberg wetteiferten seine Madrigale in endlosen Auflagen zu verbreiten, eine vollständige Sammlung der fünfstimmigen gab 1593 Peter Phalesius und Joh. Ballerus in Antwerpen heraus,[2]) eine ähnliche Sammlung der sechsstimmigen 1610. Einzelnes arrangirte man zur Ergötzung der Dilettanten für die Orgel (Joh. Woltz von Heilbronn 1617, Bernh. Schmid d. j. 1614) oder für die Laute (Florilegium des Adrian. Denss 1594). Die dreistimmigen Vilanelle alla Napoletana Marenzio's erschienen 1600 in fünf Büchern bei Ant. Gardano in Venedig, sechs Jahre später gab Valentin Hausmann in Nürnberg eine Auswahl heraus, unter dem Titel „Auszug aus Lucä Marentii vier Theilen seiner italienischen dreystimmigen Vilanellen und Napolitanen." Die grossen Sammelwerke, wie die Gemma musicalis, das Floril. Portense, das Promptuar des Schadäus u. s. w. griffen ebenfalls begierig nach seinen Werken — von den Motetten zu vier Stimmen druckte Alessandro Vincenti in Venedig 1589, 1592 zwei Bücher (1592 das erste in wiederholter Auflage). Ausserdem wird ein 1614 in Venedig publizirter Druck zwölfstimmiger Motetten erwähnt, und sechsstimmige Completorien und Antiphonen (1595). Wie Luca Marenzio durch seine Madrigale ist Gregorio Allegri (1560—1652) durch sein „Miserere" weitberühmt, ja bis auf unsere Tage eine der grossen Weltberühmtheiten der Musik geworden. In G. M. Nanini's Schule gebildet, erreichte Allegri seine

---

1) Man möge es in Walther's Lexicon ad v. Marenzio (Luca) nachlesen.
2) Exemplar in der k. Bibliothek in Dresden.

Mannesjahre als Palestrina's Ruhm auf seinem Gipfel stand, allein er war damals nicht mehr in Rom, sondern Benefiziat der Kathedrale zu Fermo (Romanus, Firmanae Ecclesiae Beneficiatus) nennt er sich auf dem Titel seiner 1620 gedruckten Motetten. Im Jahre 1629 berief ihn Urban VIII. in's Collegium der päpstlichen Sänger. Noch in Fermo componirte er sogenannte „Concertini" für zwei bis zu vier Stimmen, das heisst contrapunctisch gearbeitet, reichlich mit Imitationen, sparsam mit Passagenwerk ausgestattete Gesänge, in denen die Stimmen gleichsam wetteifern, daher der Name.

Zwei Bücher dieser Compositionen, dem Duca d'Altaemps gewidmet, erschienen 1618, 1619 bei Soldi in Rom, ebendort erschienen zwei Bücher Motetten von zwei bis zu sechs Stimmen, gewidmet dem Erzbischofe von Fermo, Pietro Dino (1620, 1621). Eine Composition desselben Styles für zwei Soprane und einen Tenor *Egredimini et videte* nahm Fabio Costantini in seine Scelta di motetti (1618) auf. Diese Art Compositionen nimmt zwischen dem hohen Palestrinastyl der Motette und dem Zier- und Sologesange, wie er damals durch einzelne vorzügliche Sänger aufkam, welche ihr Licht auch auf dem Kirchenchore leuchten liessen, eine Art Mittelstellung ein. Sie sind nicht wohl für Chöre, sondern für zwei, drei, vier geschickte Solisten berechnet, welche diesen feinen harmonischen Combinationen einer schon sehr entwickelten Modulationsart, dem sparsam, aber geschmackvoll angebrachten Zierwerk an Passagen durch sorgfältigen und geistreichen Vortrag gerecht zu werden im Stande sind. Die wirklich sehr glückliche Mischung des echt und streng Kirchenmässigen mit einem leichten, anmuthigen Anklange heiterer Weltlichkeit, und mit jener gemässigten Färbung von Sentimentalität, von effectvoller Erregung, wie sie selbst Allegri's ganz strengen Kirchensachen eine eigenthümliche Färbung gibt, mag vorzüglich dazu beigetragen haben, diesen Compositionen den Beifall Urban VIII. zu gewinnen. In die päpstliche Capelle eingetreten, nahm Allegri einen höheren Flug. Er componirte eine Messe zu acht Stimmen „Christus resurgens" welche sich noch im päpstlichen Capellenarchiv und in der casanatensischen Bibliothek befindet, eine Messe im Cappellastyle nach alter Art über ein weltliches Stück „Che fa oggi il mio sole" (in der Corsiniana zu Rom), ferner eine ausgezeichnet schöne, dem reinsten Palestrinastyle verwandte sechsstimmige Motette *Salvatorem exspectamus*, welche noch jährlich am ersten Adventsonntage in der sixtinischen Capelle gesungen wird, achtstimmige Psalmen (*voce mea* und *derelinquas impius*, beide in der Casanatensis), Improperien, und zwei Abtheilungen Lamentationen für den Mittwoch der Charwoche (Feria V in coena Domini) und für den Charsamstag (ad Matutinam), beide zu vier Stimmen. Mit den, gleichfalls in der Charwoche gesungenen Lamentationen von Palestrina zusammengehalten, lassen sie mehr als irgend ein anderes Werk, Aehnlichkeit und Unterschied beider Meister erkennen. Die reine, keusche Hoheit des wie in Licht getauchten Styles, die Factur, die überall auf's Einfach-Grosse geht, oder vielmehr deren technisch vollendete Durchbildung sich hinter anscheinend einfache Formen birgt, der edle Ausdruck, die massvolle Schönheit, Haltung, Form und Färbung des Ganzen geben die Aehnlichkeit. Aber durch alle Zucht und Strenge klingen jene schärferen Accente der Empfindung durch, welche andeuten, die Musik befinde sich auf dem Wege vom Objectiv-gottesdienstlichen gegen den Ausdruck subjectiver Empfindung. Allegri lässt dissonirende Vorhalte herber und öfter verklingen als Palestrina, jenen musikalischen Schmerzensschrei, dessen früheste Anwendung allerdings schon auf Josquin zurückdatirt werden muss, von dem aber erst jene spätere Zeit des stark betonten, in den bildenden Künsten sogar bis zum Masslosen souverän gewordenen Affectes auch in der Musik öfter und absichtlicher Gebrauch zu machen anfing, wie er denn insbesondere für die damals emporblühende dramatische Musik ein kostbarer Fund war, (man sehe Steffano Landi's geistliche Oper, il S. Alessio). Auch die strenge Diatonik erhält (wenn auch noch bescheiden und einfach, dabei aber höchst effectvoll) durch modulatorische Wendungen, welche durch chromatische Schritte motivirt sind, eine besondere Färbung: das b—h des Tenors zu den Worten „quia non sumus consumpti, quia non defecerunt miserationes ejus" das $\overline{f \# f}$ des Soprans bei den Worten „exspectabo eum" — die frappanten Harmoniewendungen wohl nicht ohne Beziehung auf den Inhalt der Textesworte, wie denn Allegri z. B. auch nach den Worten „sedebit et tacebit" den glücklichen Einfall Costanzo Festa's mit der Generalpause wiederholt. Noch mag bemerkt werden, dass Palestrina und Allegri gerade in die an sich nichts bedeutenden Controllbuchstaben Aleph, Beth u. s. w. (Allegri fängt bei Heth an) Ausdruck tiefer Empfindung legen — man muss sie als vocalisirende Präludien, gleichsam als Ritornello der (bekanntlich aus der päpstlichen Capelle ganz ausgeschlossenen) Instrumente betrachten. welche das folgende vorbereiten. Diese Aleph, Beth u. s. w. werden übrigens auch schon bei den ältern Meistern als figurirte contrapunctische Sätzchen behandelt, oft reich und zierlich, wie prächtige Initialen. So herrlich alles dieses auch ist, den Gipfel seines Ruhms erreichte Allegri erst mit dem Miserere für zwei Chöre (einen vier- und einen fünfstimmigen), welches bei seiner anscheinend ausserordentlichen Einfachheit (in Wahrheit ist der Tonsatz nichts weniger als einfach) als eine ganz originelle, einen ganz neuen Styl, gleichsam den offiziellen Styl des Capella-Miserere begründende Schöpfung gelten muss. Lange Zeit galt es für eine Art Weltwunder, wer es am Charfreitag in der sixtinischen Kapelle singen gehört, vergass den Eindruck nie wieder. Das Verbot bei sofortiger Excommunication eine Abschrift zu nehmen (übrigens ein Verbot, das sich auf alle Musik des päpstlichen Kapellarchivs von Dufay und Okeghem bis auf die neusten Arbeiten von Baini u. s. w. erstreckt), wob um das Stück noch einen ganz eigenen mysteriösen Reiz. Als man es nun auf Verlangen Kaiser Leopold I. mit päpstlicher Erlaubniss nach Wien sendete, erfolgte freilich eine grosse Enttäuschung, statt des erwarteten Weltwunders fand man einen „Semplicissimo falso bordone", so dass der Kaiser ernstliche Beschwerde nach Rom führte: „man habe ihm nicht das wahre Miserere gesendet"; der päpstliche Kapellmeister suchte die Sache dadurch zu erklären, man kenne in Wien nicht die wahre traditionelle Vortragsweise u. s. w. Es war dabei aber auch sogar noch in Anschlag zu bringen, dass man am Kaiserhofe, an brillante italienische Opernmusik gewöhnt, wohl kaum noch ein Verständniss für den alten hohen Styl hatte. Richtig aber ist es, dass der eigene Vortrag dieses Stückes, wie man ihn in Rom hört, und (müssen wir auch hinzusetzen) die ganze Umgebung, in welcher man es hört zu jener ausserordentlichen Wirkung mit beitragen, die sich übrigens noch heut bewährt. Zwischen den fest und zugleich so ausdrucksvoll declamirten falsobordonartigen Versetten, kehrt immer und immer wieder ritornellartig jener musikalisch-modulirte Seufzer, der so seelenergreifend den Ausdruck der tiefsten Zerknirschung malt, jenes wunderbare kleine Motiv der Contralte, welches der Sopran nachahmt, dessen Zauber sich wohl empfinden, nicht erklären lässt. Endlich die machtvoll austönende Stelle: tunc imponent super altare tuum vitulos. Sage niemand, dass die Sänger in die Composition „erst etwas hineinlegen", sie legen nicht hinein, sie nehmen vielmehr heraus, was darin, aber was nicht von jeder Hand zu heben ist. Und wenn die ganze gottesdienstliche Feier wesentlich mit dazu gehört, so frage man sich nur, ob z. B. die letzte Scene des Don Giovanni, wenn der „steinerne Gast" in schwarzem Frack und weisser Weste im Concertsaale seinen Part aus dem Notenblatte absänge, gleich stark wie auf der Bühne sein könnte? Allegri's Miserere ist ein Stück für eine ganz bestimmte kirchliche Feier, nur dort ist es an seiner rechten Stelle. An seiner rechten Stelle macht es den Eindruck, dass man sich sagen darf, nirgends sei der tiefste, aber zugleich die Seele verklärende und heiligende Schmerz mit gleich ergreifender Kraft ausgesprochen, als vielleicht in einem, allerdings ganz heterogenen Stücke, dem Adagio des Beethoven'schen F-dur Quartettes Op. 59. 1. — ganz verschieden im Style, ja in der Tendenz, ist doch im letztesten Punkte, die Wirkung beider Tonsätze eine erstaunlich analoge; freilich finden wir bei dem älteren Meister ein Gebet, ein feierliches, rituelles, kirchliches Gebet, bei dem neueren die Fluctuationen einer einsamen grossen

Seele, welche trübe den vorüberziehenden Wolkenschatten des eigenen Innern zusieht. Der ältere Meister kann, wenn auch im tiefsten Ernst, so doch hoffnungsreich, gehoben, getröstet in vollen Klängen schliessen, die Katharsis hat sich vollzogen — der neue Meister findet keinen Schluss, sein erhabener Trauergesang verrieselt in Notenpassagen, die zum wilden Humor des Finale hinüberleiten. Prüft man Allegri's Stück daheim bei der Studirlampe (denn trotz der Excommunication ist es oft genug gedruckt), so erstaunt man über diese anscheinend einfache und doch so kunstreiche, fein berechnende Technik, diese frappanten harmonischen Züge, die so ungewöhnlich und doch so ganz natürlich klingen. Man findet wieder die specifischen Züge Allegri's, die vorsichtig und wohl vorbereiteten, herben, mächtig wirkenden Dissonanzen (gleich in 3. Tempus der Zusammenklang $\flat e \; \overline{d \; f \; g} \; \flat$), den sentimentalen Zug tiefer und schon subjectiver Empfindung des Componisten. Zwar tritt der Meister auch hier noch immer, wie jener griechische Maler, hinter sein Gemälde zurück, aber zuweilen zeigt er sich momentan vortretend und sagt dem Beschauer mit einem flüchtigen Blicke, was alles er bei seinem Kunstwerke empfunden.

Der eigenthümliche Styl des Miserere ist wesentlich aus seiner Entstehung in der päpstlichen Kapelle zu erklären. Schon die niederländischen Meister hatten öfter den 50. Psalm in Musik gesetzt, aber im durchgearbeiteten, fugirten Motettenstyl — Josquin's mächtiges Stück wäre hier vor allem zu nennen. In der sixtinischen Kapelle wurde, wie wohl zweifellos heissen darf, das ritualmässig vorgeschriebene Miserere in den drei Tagen der Charwoche bis auf die Zeit Leo X. als einfache falsobordon Psalmodie gesungen. Der dreigekrönte Musikfreund scheint statt dessen etwas Kunstwürdiges gewünscht zu haben — Costanzo Festa lieferte denn 1517 ein Miserere (ein Versett zu vier, eines zu fünf Stimmen, so abwechselnd bis zum Schlusse zu singen) als ausgearbeitetes Stück (Res facta, oder wie jener Venezianer Giovanni del Lago sich in seiner Breve introduzione alla musica misurata — 1540 — ausdrückt: „Contrapunctus ad videndum.") Man machte mit dieser Composition den Anfang eines neuen Codex, in welchen in der Zeit von 1517 bis etwa 1617 [1]) noch zehn andere, für den Capellendienst bestimmte Miserere, zum Theil von sehr berühmten Meistern, eingeschrieben wurden: von Lodovico Dentice, Francesco Guerrero, Palestrina (zwei Versette, vier- und fünfstimmig), Inofilo Gargano da Gallese, Giov. Fr. Anerio, Felice Anerio (das letzte Versett neunstimmig, es treten nemlich der vier- und der fünfstimmige Chor zusammen), Joh. Maria Nanini (neunstimmiger

---

1) Santo Naldini, von dem das zehnte Miserere ist, trat am 23. November 1617 in die Capelle.

Schluss zu Palestrina's zwei Versetten), Santo Naldini, Ruggiero Giovanelli. Das zwölfte Stück im Codex, Allegri's Miserere, stellte alle früheren in den Schatten. Die Traditionen der früheren Zeit der einfachen Falsibordoni, wie der Kunstcompositionen seiner Vorgänger mit abwechselnden vier- und fünfstimmigen Strophen und der neunstimmigen Schlussstrophe, sind darin durchaus wiederzuerkennen, an manchen Stellen wird den Sängern nur der Accord für eine Menge von Textessylben vorgeschrieben, deren richtige Accentuirung ihnen selbst überlassen bleibt — es sind Falsibordoni. Andere ähnliche Partien, bei denen die Harmonie wechselt, sind selbstverständlich vollständig ausgeschrieben. Aber dazwischen treten immer wieder flüssigere, polyphone Stellen ein, mit ausgeprägten melodischen Motiven, mit sinnreicher Verkettung einfach-schöner Imitationen. Der Epilog vereint beide Chöre in einem neunstimmigen Ganzen. Allegri's Miserere ist das directe Vorbild des Miserere von Tommaso Bai u. s. w. geworden. Aber Gregorio Allegri ist auch darum eine sehr interessante Erscheinung, weil er zu den frühesten Meistern gehört, welche selbstständige Instrumentalsätze, Symphonieen wenn man will, componirt haben. Der Altaemps'sche Nachlass,[1]) welcher sich jetzt im Collegio romano befindet, bewahrt ihrer eine Anzahl — eine dieser Compositionen hat Athanasius Kircher in seine Musurgie aufgenommen, zwei andere hat neuestens Dominicus Mettenleiter in seinen periodischen Musikheften „Musica" veröffentlicht. Die Form dieser nicht langen, aber gut gearbeiteten Sätze ist im wesentlichen jene der fugirten Orgelcanzone, nur dass die Parte, statt sie in der Hand eines Orgelspielers zusammenzufassen, unter vier einzelne Instrumentalparte vertheilt sind: was bei der streng durchgeführten Polyphonie der gleichzeitigen Orgelcanzonen, Ricercar u. s. w. auch z. B. durch einfache Umschreibung der Orgelsätze Frescobaldi's wirklich in ganz ähnlicher Art bewirkt werden könnte. Unter diesen Instrumentalsätzen Allegri's findet sich eine „Sinfonia instrumentalis a quattro voci per la Viola con Basso per Organo" — Canzonen, gleichfalls für Saiteninstrumente (Primo Violino, Secundo Violino, Alto della Viola, Basso per la Viola und als generalbassmässig bezifferte Grundstimme Basso per l'Organo), ferner auch Canzonen für die vier ausdrücklich vorgeschriebenen Instrumente Violino, Cornetto, Liuto, Teorba. Eine dieser Canzonen trägt die Bezeichnung: *la Scomfortina*. Der Tonsatz ist der streng polyphone, contrapunctische; die damalige höhere Musik kannte eben keinen anderen. Diese Incunabeln der Instrumentalmusik haben daher auch nicht den Charakter jener „Poesie ohne Worte", wie man die Instrumentalwerke Mo-

---

1) Cod. mus. sacra, jussu Domini Joannis Ang. ducis ab Altaemps collecta.

zart's, Haydn's, Beethoven's nennen könnte, sie zeigen vielmehr
jenen strengen, formalen, architectonischen Zug der alten Musik,
der hier, wo das erklärende und belebende Wort eines gesungenen
Textes fehlt, fast noch entschiedener fühlbar wird, als in den
Motetten. Führt uns doch auch noch Händel in die grossen
Münster seiner Oratorien durch die gothischen Portale ähnlich
angelegter Ouverturen. Und diese Canzonen Allegri's, welche
insgemein ein allerdings nur kurzes (5 Tempora u. dgl.), Note
gegen Note in breiten, volltönigen Accorden geschriebenes Sätzchen wie ein feierliches Andante einleitet, welchem, ohne Tact-
und Tempowechsel ein vorwiegend aus kleinen Notenwerthen
(Viertel- oder Achtelnoten) mit reichen figurirten Themen gebildetes, also den Eindruck eines nicht zu hastigen Allegro gewährendes, fugirtes Stück von energischem Charakter folgt (auch
schon mit Beantwortungen in der Quinte, Niederschlägen, doch
alles noch erst mehr nur wie in skizzenhafter Andeutung) —
diese Canzonen machen einen den Ouverturen Händel's analogen
Eindruck — allerdings verhalten sie sich zu letzteren wie etwa
modellirte Thonfigürchen zu in's Grosse ausgeführten Statuen.
Sehr bemerkenswerth ist aber hier schon, wie die Technik der
Instrumente auf Erfindung der Themen und deren Durchführung
eingewirkt hat. Alles ist rascher, flüssiger, bewegter, bunter, als
in den, dem Grundprinzipe nach allerdings ähnlich gearbeiteten
Singesätzen. Die Instrumentalmusik beginnt sich schon hier von
der Vocalmusik zu trennen, die Tochter beginnt sich von der
Leitung ihrer Mutter zu emancipiren und deutet die Wege an,
die sie gehen will. Dem fugirten Tonspiele folgt regelmässig
eine jener Episoden im ungeraden ($\frac{3}{4}$) Takt, wie wir sie auch
schon bei Johannes Gabrieli fanden. Hier hat nun ganz unverkennbar die gleichzeitige, ernst-feierliche Tanzmusik eingewirkt,
deren Formen, Rhythmen und selbst eigenthümliche Motive, wie
sie uns aus den erhaltenen Tanzstücken jener Zeit bekannt sind,
wir hier wiedererkennen. Hat nun aber unsere höhere Instrumentalmusik die gediegene Factur ihres Tonsatzes wirklich von
der Contrapunctik, ihre Beweglichkeit, ihren Perioden- und symetrischen Bau aber von der Tanzmusik gelernt — (in den grössten
Werken treten jezuweilen diese beiden Factoren an einzelnen
Stellen abwechselnd stärker hervor — Finale der Eroica Beethoven's
und zahlloses andere), so ist es gewiss interessant den beiden
Factoren auch schon hier in so ausgesprochener Weise zu begegnen. Der kurzen Episode folgt wieder ein contrapunctisches
Sätzchen im geraden Takt, ein Epilog mit neuen Themen und
leise gesteigerter lebhafter Bewegung. Man findet die gleiche
Anlage, nur in weit reicherer und breiterer Ausführung oft auch
in Frescobaldi's grossen Orgelstücken. Ja noch mehr! Jene Anlage von Einleitungsaccorden, fugirten Allegrosätzchen, Andante-

Episoden, bewegten Epilogen deuten wie im ersten Keime, wie aus weitester Ferne die herkömmlichen Sätze unserer grossen Instrumentalmusik an: Einleitungs-Andante, erstes Allegro, Andante, Finale. (Unser „Menuett" oder „Scherzo" zeigt sich dann recht deutlich als das, was dieser Satz ist, und wie ihn neueste Meister auch oft nennen, als Intermezzo, als Einschub — ein Einschub, der sich freilich z. B. bei Beethoven zu einem hochbedeutenden Element der ganzen Anlage mächtig herausgebildet hat.) Die Instrumentalstücke Allegri's sind mit ein Beweis, wie die Meister von ganzer Seele und aus allen Kräften Neues suchten, und sich nicht begnügten, etwa nur die überkommene Kunstweise zu bewahren und zu erhalten. Aber sie gingen auch Schritt für Schritt, es fiel ihnen nicht ein, wie es in jenem Epigramme heisst, durch's Fenster zu springen um die Treppe zu ersparen. Sie legten treu und fleissig Stein auf Stein, darum steht das Gebäude auch so fest da.

Einer ganz besonderen Erwähnung ist auch die als Basso per l' Organo bezeichnete Stimme werth. Sie ist kein selbstständiger Bestandtheil des Ganzen, wie die übrigen Stimmen, sondern die Darlegung des harmonischen Fundamentes. Daher geht sie, wo der Basso per la Viola eintritt, mit diesem im Einklange (allenfalls in den Figuren vereinfacht), darum aber verstummt sie auch nicht, wo nur die höheren Stimmen (ohne den Violabass) beschäftigt sind, bei den Fugeneintritten u. s. w. Der Orgelbass verdoppelt dann entweder den Alto della Viola, die Mittelstimme (die hier für den Moment relativ zur tiefsten wird), oder deutet den verschwiegenen Bass, die eigentliche Grundharmonie an. Daher ist diese Stimme der allgemeine Bass (Bassus generalis), für sich angesehen das harmonische Programm des Ganzen, und, mit einer Art Widerspruch, doch wieder auch Bestandstück des ganzen Ensemble. Gewiss ist es, dass viele Particen, z. B. eben die fugirten Eintritte der höheren Stimmen, weit glücklicher wirken, wenn man den unaufhörlichen Mentor in der Tiefe verstummen lässt. Mit dem beständig mitspielenden Bassus generalis ist einer der einfachsten und mächtigsten Effecte, der kraftvollen Eintritte und Wiedereintritte des Basses paralysirt, oder doch abgeschwächt. Man findet die Anlage, welche Allegri seinen Instrumentalsätzen gab, auch in anderen gleichzeitigen Instrumentalwerken. Sie kehrt ganz genau in der „Sinfonia" wieder, womit Steffano Landi sein Musikdrama „il S. Alessio" (1634) eröffnet. Bemerkenswerth ist dabei der kleine Zug, dass Landi dem Ganzen die Ueberschrift giebt „Sinfonia" und erst wo der Fugensatz (wieder ohne Takt- und Tempowechsel) beginnt, im eilften Tempus, beischreibt „Canzone". Der Generalbass begleitet auch hier ohne Unterbrechung. Wir kommen bei Besprechung der dramatischen Musik noch darauf zurück.

Gregorio Allegri's Mitschüler war **Antonio Cifra** (zuerst im Collegio germanico zu Rom, seit 1610 Capellmeister in Loretto, wohin er, nachdem er bis 1620 Capellmeister im Lateran, und eine Zeit auch in den Diensten des Erzherzogs Karl von Oesterreich gewesen, 1629 zurückkehrte und bis an seinen Tod blieb). Einen bemerkenswerthen Ausspruch von ihm, welchen er in einem Briefe an einen gewissen Pierfrancesco machte, hat uns Angelo Berardi [1]) aufbewahrt: „besser zwei Quinten als Meister durchlaufen lassen, als sie auf Kosten des Satzgewebes verbessern" (che amava più tosto di lasciar correre le due Quinte in un passo da maestro, che salvarle con pregiudizio della tessitura). Cifra's grosse und freie Meisterschaft zeigt sich in der That durchaus in seinen Compositionen, welche mit zu den allerbedeutendsten seiner Zeit zählen, — seine Messe „Conditor almo siderum" enthält in dem letzten siebenstimmigen Agnus eine ganz grosse Meisterprobe, einen Canon in der Sexte und in Verkehrtschritten zwischen dem zweiten Tenor und dem zweiten Contralt, gebildet nach dem gregorianischen Motiv der Hymne, über welche die Messe componirt ist, die andern Stimmen führen dazu höchst kunstvoll verwebte Imitationen aus, der Gesammteffect ist ein hochfeierlicher (eine andere, vierstimmige Messe über das Hexachord besass Kapellmeister Landsberg in Rom handschriftlich). Die Bibliothek des Collegio romano bewahrt von Cifra einige gedruckte Arbeiten, welche theils noch seiner ersten Periode angehören, wo er beim Collegium germanicum angestellt war, theils den ersten Jahren seines Aufenthaltes in Loretto. Zu ersteren gehören die „Motectae, quae binis, ternis et quaternis vocibus concinuntur, auctore Antonio Cifra, Romae in Coll. germ. musicae moderatore, una cum basso ad Organum (Romae 1610, apud J. B. Roblettum). Gehören die vorhin genannten Kirchensachen vollständig dem grossen Capellenstyl, so finden wir hier den Meister auf den Pfaden einer neuen Zeit. Diese Doppelrichtung bleibt von nun an auf langehin, bis auf Alessandro Scarlatti und noch später, für die Meister kennzeichnend. In jenen Motetten Cifra's finden wir schon vom Orgelbasse begleitete Duetten: *Isti sunt triumphatores*; *Maria virgo assumta est*; *Misit Dominus angelum suum* (sämmtlich für Sopran und Bass), wir finden Trios mit oft eigener Zusammenstellung der Stimmen, so ein Terzett, vielleicht nicht ohne einen Seitenblick auf's Dramatische, für drei Bässe: *Magi videntes stellam*, dann Stücke für drei Soprane: *Gaudent in coelis animae*; *veni lumen tuum Jesus* u. s. w. für drei Altos: *Apertis thesauris*, für drei Tenore: *Benedicite Dominum*, ein Sopranquartett *ex ore infantium*, wiederum mit einer, hier unverkennbaren, Beziehung auf

---

1) In seinen: Il perchè musicale ovvero staffetta armonica (Bologna 1693) S. 29.

den Text, der von dem Lobe handelt, das sich Gott „aus dem Munde der Kinder bereitet". So beginnt der dramatische Geist der Musik, wie halb verstohlen, auch schon in echte und richtige Kirchenmusik hineinzublicken. Ein anderes Werk im Besitze des Coll. rom. sind achtstimmige Vespern und Motetten „Vesperae et Motectae octonis vocibus decantandae, auct. Ant. Cifra, Romano, cum B. ad. org. (Rom 1610, bei Barth. Zanetto), darin unter andern ein De profundis, ein Magnificat, und die Mariengesänge: Alma redemtoris, Regina coeli und Salve Regina, — ferner: Salmi septem qui in vesperis ad concentus varietatem interponuntur quaternis vocibus cum B. ad org. Auct. Antonio Cifra, Romano, in alma aede Lauretana mus. praefecto. Op X. (Rom. 1611, 1612 bei Robletto), darin wieder ein de profundis und zwei Magnificat. Dreichörige Motetten erschienen 1616—1629 in Venedig — ferner auch Madrigale, und ein Fugenwerk unter dem Titel Ricercari e Canzoni francesi a quattro voci (Rom, Soldi 1619). Unter Cifra's gedruckten Arbeiten wird auch genannt: „Scherzi e Arie a una, due, tre e quattro voci per cantar nel clavicembalo, chitarrone o altro simile instromento", (Venedig 1614), also, wie schon der Titel zeigt, völlig der neuen Richtung angehörig, wie sie gleichzeitig Radesca da Foggia und Ant. Brunelli in ähnlichen Arbeiten einschlugen, Brunelli's ähnliches Werk hat sogar den gleichen Titel, Verlagort und Jahr der Herausgabe.

Ein sehr tüchtiger Meister dieser nach-palestriner Generation ist Agostino Agazzari, geboren zu Siena am 2. December 1578, aus adeligem Geschlecht stammend, als Mitglied der Accademie der „Intronati" (d. i. der Verdutzten oder Betäubten), auch unter dem Namen „Accademico armonico intronato" oder „Armonico intronato" bekannt, auf welchen Titel er bedeutenden Werth legte, indem er ihn auf den Titelblättern seiner Compositionen anzubringen nie ermangelte, oft sogar allein — ohne seinen Namen zu nennen. Schon 1603 wird er auf dem Titel der bei Zanotti in Rom gedruckten „Sacrae cantiones" als „Musicae praefectus in Collegio germanico" bezeichnet. Er soll auch eine Zeit lang am Hofe des Kaisers Matthias verweilt haben. Zuletzt war er Kapellmeister im Dome zu Siena und starb am 10. April 1640. Als Componist schloss er sich der römischen Schule an, zu deren vorzüglichen Vertretern er gezählt wird. Aber auch die neue Bewegung interessirte ihn lebhaft — Umgang mit Lodovico Viadana, vielleicht sogar Unterricht, den er von letztern genoss, lehrten ihn die neuen Mysterien des „fortgehenden Basses" kennen, er hat darüber sogar eine Abhandlung geschrieben „del suonare sopra 'l Basso con tutti stromenti et uso loro nel conserto", welche dem 1608 bei Ricciardo Amadino in Venedig gedruckten zweiten Buch Sacr. cant. beigegeben ist, welche Michael Prätorius (Syntagma III. 6. Cap.) auszugsweise „den Unwissenden zum Besten ex Italico sermone in unser Teutsch allhier" übersetzt hat — auch seine „eigne Observationes darbey bringen und anzeigen wollen", welch' letztere er mit M. P. C. (d. i. meae propriae considerationes) bezeichnet. Der wichtigste Fortschritt über Viadana hinaus ist darin, dass Agazzari auf die Nothwendigkeit der Bezifferung dringt, welche Viadana in der berühmten Einleitung seiner „Concerti ecclesiastici" in Abrede stellt — und nicht blos, wie Viadana ♯ und ♭ als Zeichen für die grosse oder kleine Terz, wo sie nicht an sich schon im Accord liegt, beigesetzt wissen will, sondern auch Ziffern, „weil ja der Generalbassspieler sich nach den Intentionen der Componisten richten und daher wissen muss, ob in den „auf den Bass gesetzten Stimmen gegen jenen eine Quart, Quint, Sext, ja wohl gar durch Syncopation eine Secunde oder Septime angeschlagen werde".

In Agazzari's Musik spricht sich entschieden der Charakter aus, welcher den Epigonen Palestrina's eigen ist. Das subjektive Empfindungsleben fängt an, sich in die unnahbare Hoheit des früheren Kirchenstyls einzudrängen — indessen ist diese Musik von dem späteren theatralischen Kirchenstyl doch noch sehr weit entfernt. Agazzari's „Stabat mater" [1]) steht zwischen beiden Richtungen mitten inne — hochfeierlich, ein noch immer rein und klassisch zu nennender Kirchenstyl einerseits, während nach der anderen Seite Antheil, Liebe, mitleidender Schmerz schon wesentlich im Geiste persönlicher Devotion Ausdruck gewinnt. Die Modulation in entschiedener Wendung nach den Tonarten im Sinne neuerer Harmonie verwandter Tonarten, durch vermittelnde Zwischenaccorde sorgfältig motivirt, der bescheidene, aber sehr wirksame Gebrauch der Chromatik, die ganze Anordnung des Periodenbaues, die Accordbildung und Verbindung zusammen giebt dem Tonsatze einen ganz entschieden modernen Klang, welcher sich von der Klangfärbung z. B. des Palestrina'schen Stabat, das, wie alle anderen Compositionen des Meisters, auf die Kirchentöne gebaut ist, sehr auffallend unterscheidet. Und trotz dieses Unterschiedes schwebt auf beiden Werken ein ähnlicher Verklärungsglanz, und giebt die feierlich gemessene Bewegung, die Schlichtheit der Contouren, das choralmässige der melodischen Motive beiden Werken hinwiederum eine entschiedene Verwandtschaft. Während der ältere, echte Palestrinastyl den Menschen über die Erde und zum Himmel emporhebt, so dass sie dem Blicke entschwindet, lässt sich dieser spätere, den Ueber-

---

[1] Zuerst gedruckt in „Sertum roseum ex plantis Hiericho ab Augustino Agazzario, armonico intronato nuper collectum et armonia traditum. Singulis, binis, ternis et quaternis vocibus decantandum, cum Basso ad Organum. Opus XIV. In Venetia appresso Ricciardo Amadino MDCXI". Proske hat das Stück in seine Mus. divina (Tom IV vespertinus Seite 386) aufgenommen.

gang zur Neuzeit leise vermittelnde, vom Himmel zum Menschen herab, aber ohne seine himmlische Abkunft zu verläugnen. Er bringt aus seinem Himmel jedem einzelnen Hörer die Empfindungen fertig mit, von welchen dieser während seiner Andacht bewegt werden soll.

Neben Agazzari ist der bedeutendste Meister der vorhin erwähnten Richtung, welche durch Verschmelzung des alten mit dem neuen Musikstyl eine Art Vermittlungs- oder Uebergangsstyl schaffen, Francesco Foggia. Er war 1604 in Rom geboren — er genoss dort den Unterricht vorzüglicher Lehrer: Anton. Cifra, Bernardo Nanini und Paolo Agostini, dessen Schwiegersohn er hernach wurde. Er führte, wie es damals unter den italienischen Meistern anfing Sitte zu werden, ein bewegtes Wanderleben — zuerst war er Kapellmeister des Churfürsten Ferdinand Maximilian in Köln, dann verweilte er mehrere Jahre am Hofe zu München, von wo aus er in die Dienste des Erzherzogs Leopold von Oesterreich in Brüssel trat, dessen Kapelle er leitete. Aber es trieb ihn zurück in sein Italien, er wurde Kapellmeister der Kathedrale in dem wildromantischen Städtchen Naemi, dann in dem abseitig von seiner Höhe auf den Bolsener See herabblickenden Bergnest Montefiascone, kehrte von dort nach Rom zurück, wo ihm die Leitung des Chores in dem sehr bescheidenen Kirchlein S. Maria in Aquiro (auf Piazza capranica unweit vom Pantheon) zufiel, bis er die bessere Stelle bei der uralten, schönen Basilica S. Maria in Trastevere erhielt — allerdings noch keine der musikalischen Grosswürden in Rom. Es war ein bedeutender Schritt, als der erst zwei und dreissigjährige Meister im December 1636 die Kapellmeisterstelle im Lateran erhielt — von wo er nach S. Lorenzo in Damaso übertrat. Unbegreiflicher Weise zögerte er, als man ihm die Stelle bei S. Maria maggiore antrug, so lange mit der Annahme, bis man es vorzog, Benevoli zu berufen. Aber als der Platz erledigt wurde, wurde er dem schon drei und siebenzigjährigen Manne abermals angeboten, und diesmal nahm er an, und trat am 13. Juni 1677 den Dienst an, in dem er fortan verblieb. Es erregte Staunen, den Greis, selbst da er schon das achtzigste Jahr überschritten hatte, mit frischer Kraft thätig zu erblicken — man nannte ihn „den Vater der Musik, die Stütze der wahren kirchlichen Harmonie"[1]. Und als

---

[1] Antimo Liberati sagt in dem bekannten Sendschreiben an Ovidio Persapeggi: „di Paolo Agostini, ingenio imparaggiabile tra gli altri n' è stato degno scolaro è genero il Sign. Francesco Foggia, ancor vivente, benchè ottuagenario, et di buona salute per la grazia speziale di Dio, e per beneficio publico, essendo il sostegno o il padre della musica e della vera armonia ecclesiastica come nelle stampe ha saputo far vedere, e sentire tra varietà di stile, ed in tutti far conoscere il grande, l' erudito, il nobile il pulito, il facile ed il dilettevole tanto al sapiente, quanto all' ignorante." Das Sendschreiben datirt von 1684.

er am 8. Januar 1688 starb, und in dem alten Heiligthum von
Santo Prassede seine Ruhestätte gefunden, schien es wirklich, als
sei die Stütze gebrochen. Von da an datirt man den Verfall der
Kirchenmusik in Rom — wenigstens im Ganzen und Grossen,
denn einzelne sehr ausgezeichnete Meister hat es noch später gegeben. Aber Foggia's Tod ist gleichsam der Schlusspunkt der
eigentlichen hochgepriesenen römischen Schule, und als der Musik-
patriarch zu Grabe ging, lebte schon in voller Jugendkraft Alessandro Scarlatti, durch welchen der musikalische Primat auf
Neapel übergehen sollte.

Foggia war ein sehr fruchtbarer Meister, vieles von ihm
wurde gedruckt, aber sehr vieles blieb auch Manuskript. Gedruckt
wurden sechs Bücher Messen zu 4 bis 9 Stimmen (1650, 1663,
1672, 1673), unter denen von 1663 befindet sich eine, welche
„la Battaglia" heisst (zu fünf Stimmen), ferner eine prachtvolle
neunstimmige „Tu es Petrus". Bemerkt mag werden, dass die 1650
bei den Erben Mascardi's erschienenen Messen als Opus 3, die
1673 ebenda erschienenen Motetten und Offertorien als Opus 16
bezeichnet sind. Ferner erschienen: Motetten zu zwei bis fünf
Stimmen, sechs Bücher — eine Anzahl Motetten ist auch den
Messen beigegeben — Litaneien, Offertorien (darunter zu 8 Stimmen), ein Buch — vier Bücher Psalmen. Weltliche Musik hat
Foggia gar nicht geschrieben. Wenn Antimo Liberati die „Mannigfaltigkeit des Styles" rühmt, ferner die „Grossheit des Styles, die
Gelehrsamkeit, das Edle, den Schliff, die Leichtigkeit und das
Gewinnende für den Kenner wie für den Laien, so hat er in der
That eine treffende Charakteristik des Meisters gegeben. Höchst
liebenswürdig erscheint der Componist in seinen dreistimmigen
Kirchenstücken: *Adoramus Christum regem*; *Dominus et salvator
meus*; *Ecce paratum nobis*, *Caro mea*, ein *Salve Regina* für Alt,
Tenor und Bass, ein zweites für zwei Soprane und Bass (ausserdem noch eines zu fünf Stimmen mit Orgel) u. s. w. Das erstgenannte „Salve Regina" im Altus mit dem kirchlichen Motiv
exponirend, wogegen die zwei anderen Stimmen bewegt contra-
punctiren, in eine Menge kleiner Sätze getheilt, hat einen eigenen
Ton, der, wenn man versucht ist, ihn alterthümlich zu nennen,
erstaunlich modern erscheint, und wenn man ihn modern zu finden
geneigt ist, sich alterthümlich ausnimmt. Es sind Stellen von
hinreissender Schönheit darin. Die Modulation zeigt schon grosse
Freiheit der Bewegung, in der Contrapunctik kommen mehrfach
Motive in ganz kleinen Notengeltungen vor. Gelegentlich taucht
eine kühne harmonische Combination auf (so bei den Worten:
„O clemens, O pia"). Imposant ist der „Sacerdos magnus", wo
die Orgel stellenweise nicht mehr als blosses, den Singbass ver-
doppelndes Fundament, sondern als selbstständige vierte Stimme
erscheint, die sich in bewegter Contrapunctirung ergeht (so gleich

anfangs gegen das im Tenor eingeführte kirchliche Motiv —
weiterhin wirkt die Stelle mächtig, wo der Bass das „Ecce Sacerdos" anstimmt). Diese Stücke sind entschieden für Solostimmen
berechnet.

Eine neue Richtung kündigt sich endlich bei Foggia auch
darin an, dass er seine Fugensätze nicht mehr nach der ältern
Art als Fuga reale sondern als Fuga di tuono behandelt, worin
übrigens der grosse römische Orgelmeister Girolamo Frescobaldi sein Vorgänger und Vorbild war. Auch dieser reihet sich
diesen Meistern mit einigen kirchlichen Gesangscompositionen an —
ein dreistimmiges „Peccavi" (2 S. und T.) findet sich in Fabio
Costantini's Select. cant. — ein „Angelus ad Pastores" (Sopran
und Tenor) in eben demselben „Scelta di Motetti" — auch der
Augustinermönch Agostino Diruta[1]) aus Perugia, welcher bis
1646 im Kloster seines Ordens in Rom verweilte und dann im
Ordenskloster zu Perugia die Musik leitete, wäre mit einer Anzahl in Rom gedruckter Kirchenstücken zu nennen.[2]

Das bekannte Gleichniss, womit Karl der Grosse einst die
Sänger zurechtwies, vom „Bach, welcher, je weiter er fliesst, um
so mehr fremde Elemente in sich aufnimmt", kann füglich auch
auf die römische Schule angewendet werden. Der sogenannte
„Palestrinastyl" wird in Rom von tüchtigen Meistern noch zu
einer Zeit mit Liebe und Begeisterung gepflegt, wo alle Welt
nur neapolitanische Musik hören wollte, die päpstliche Kapellmusik mehr für ein alterthümliches Curiosum als für ein wirkliches musikalisches Kunstwerk galt, wo der ehrliche Thomanercantor Gottlob Harrer, der Nachmann J. S. Bach's, den Palestrinamessen, welche er aus Italien mitgebracht, dadurch aufhelfen zu
müssen glaubte, dass er — — Saitenquartett und zwei Oboen
hinzufügte. Nicht blos bei Matthäus Simonelli (Schüler
Allegri's und Benevoli's, seinerseits Lehrer Corelli's), welcher als
Sänger der päpstlichen Kapelle, der er seit dem 15. December
1662 angehörte, mitten in der Palestrinamusik sass, und den man,
wie Adami von Bolsena erwähnt, den „Palestrina des 17. Säculums" nannte, bei dessen Schüler Giovanni Maria Casini
(aus Florenz, auch Schüler Bernardo Pasquini's), bei Claudio
Casciolini (um 1700?), den Proske eine der grössten Zierden der
römischen Schule nennt, bei dem grossen Orgelmeister Bernardo

---

1) Nicht zu verwechseln mit Girolamo Diruta, dem geschätzten Organisten.
2) Ein Exemplar des Werkes: „il secondo libro de' Salmi, che si cantano ne' vespero di tutto l'anno concertati a 4 voci dal P. Agostino Diruta,
Perugino, Agostiniano, Baccilleri in S. Teologia e Maestro di Cappella
nella Chiesa di S. Agostino di Roma, dedicato all' Angelo suo Custode.
Opera XXI in Roma per Lodovico Grignani 1647 hat, so viel bekannt,
Proske seiner Bibliothek einverleibt.

Pasquini (1637—1710), welcher Schüler des Luxus-Sängers Vittorio Loreto war, aber in Palestrina's Werken seinen eigentlichen Lehrmeister fand, bei Tommaso Baj (gest. 1714), bei Giovanni Biordi (seit 1717 in der päpstlichen Kapelle), bei Ottavio Pitoni, der 1750 als neunzigjähriger Greis starb, begegnen wir einem Festhalten an den Traditionen der goldenen Palestrinazeit, und auch der brave Johann Joseph Fux, der Kapellmeister des Kaisers Karl VI., wendete als Compositeur, wie als Theoretiker (im Gradus ad Parnassum) dem Meister Petrus Aloisius Pränestinus eine glühende Liebe und Bewunderung zu, die ihm am musikalisch-neapolisirten Kaiserhof schwerlich jemand dankte, und über welche seine Collegen oft bedenklich ihre Allongeperrücken geschüttelt haben mögen.

Aber auf alle diese Meister hat ihre Zeit, ihr Jahrhundert, die musikalische Luft, die sie athmeten, die vom Palestrinastyl himmelweit verschiedene Musik, welche sie täglich hörten, eine Einwirkung geübt, welche sie auch da nicht ganz überwanden, wo sie sich der Weise ihres verehrten Vorbildes so eng wie möglich anzuschliessen gedachten. Wie „palestrinisch" klingen z. B. die Sachen von Pitoni, man halte sie aber neben echten Palestrina, und man wird in der Färbung und Haltung einen sehr bedeutenden Unterschied wahrnehmen. Es ist gleichsam dasselbe Idiom, aber die Ausdrucksweise ist eine andere geworden. Palestrina hat mit Raphael dem Maler auch das gemein, dass beiden noch ein Rest alterthümlicher Weise anhängt, und dieser Zug mit seinem keuschen Adel, mit seiner geistigen Tiefe bei scheinbarer Beschränkung, mit seiner jungfräulichen Strenge und Holdseligkeit zugleich, mit seiner Quellenfrische und Unmittelbarkeit ist es, welcher ihren Werken den wunderbaren Zauber giebt. Jene Spät-Palestriner hatten sich genug gethan, wenn sie gegenüber der neuen, bunten Musik nach der schlichten Hoheit ihres Vorbildes streben, ohne indessen die Erinnerungen an jene neue Kunst völlig abweisen zu können.

Bei einzelnen römischen Componisten um die Mitte des Seicento mischen sich vollends die Elemente des Palestrinastyls mit der neuen Musikweise in sehr eigenthümlicher aber oft höchst reizvoller Art. Andere suchen dem Palestrinastyl dadurch eine neue Bedeutung zu geben, dass sie Chöre gegen Chöre stellen — und so zu sagen musikalische Armeen in den Kampf schicken. —

Die höchste Zahl von Stimmen, welche Palestrina angewendet hatte, stieg (wenn wir von dem ganz vereinzelten Ausnahmsfall der achtzehnstimmigen Composition absehen) nicht über drei Chöre zu vier Stimmen — und selbst auch dieser grössere Aufwand von Kunstmitteln ist bei ihm eine Ausnahme, wogegen er acht Stimmen öfter anwendete. War von den gewohnten vier Stimmen der älteren Compositionen der Fortschritt zu acht Stimmen geschehen, dass diese reichere Kunstweise endlich als das Gewöhnliche, als das einfach Anständige galt, und hatten sogar schon die älteren Meister (Brumel) vereinzelte Versuche bis zu zwölfstimmigen Sätzen gewagt, so wird es ganz begreiflich, dass die durch anhaltende Uebung erlangte Gewandtheit in der Behandlung einer grösseren Stimmenzahl, die Gewöhnung an reicheren Vollklang, der Wunsch mit einer gesteigerten Wirkung der Tonsätze die Vorgänger und ihre Werke zu überbieten, die Meister bewog, weiter und endlich an die äusserste Grenze des Möglichen zu gehen — eine Grenze, welche sie endlich in Messen zu sechs realen vierstimmigen Chören, also in Compositionen bis zu 48 Stimmen erreichten: ein Steigern in der Verwendung der Kunstmittel weit über das Maass des für die eben vorliegende Aufgabe einfach Nothwendigen, Masseneffecte, verschwenderischer Luxus. Auf dem Felde der Musik finden wir gerade hier zwei Namen der Unsterblichkeit werth: Paolo Agostini und Orazio Benevoli. Was geringere und geringe Talente leisten, wenn sie Kräfte und Massen herbeirufen, deren sie dann nicht Meister werden können, fällt dann freilich unleidlich aus.

Der Musikstyl a cappella hatte seine Vollendung, seine schönste Verklärung im Palestrinastyl. Jetzt begann die Zeit der (falschen) Rechnung, die doppelte und dreifache Zahl der Kunstmittel, welche sich in einfacher Anwendung so herrlich bewährt hatten, werde doppelte und dreifache Wirkung hervorbringen. Das Steigerungsprincip war gerade damals ohnehin in allen Künsten in vollem Gange. Besonders in Rom hatte Michel Angelo mit seinen titanenhaften Gedanken den Künstlern das Concept verrückt — man hatte sich auf allen Kunstgebieten an das Gigantische gewöhnt. Seit der grosse Florentiner im jüngsten Gerichte der sixtinischen Kapelle ganze Klumpen von Riesengestalten zusammengeballt und durch die Lüfte geschleudert, nahmen in möglichst ungeheuern Dimensionen gemalte Dämonomachien, Gigantenstürze u. s. w. gar kein Ende. An der Peterskirche wurde rüstig fortgebaut; sie war gleich im Bauentwurfe (oder vielmehr in den Bauentwürfen) als Weltwunder angelegt. Sehr begreiflich, dass auch die Musik in diese Riesenwirthschaft mit hineingezogen wurde. In jenen gewaltigen Fresken wimmelte es von Gestalten, thürmten sich Gruppen über Gruppen, der Petersdom löste das Problem „das Pantheon in die Lüfte emporzuheben." So machten auch die Musiker, was sonst als einfacher vierstimmiger Satz ein in sich vollendetes Ganze vorgestellt haben würde, eben nur zur Theilgruppe, zum einzelnen Element eines gigantischen musikalischen Aufbaues. So entstanden jene Kirchencompositionen, von denen Antimo Liberati in seinen bekannten an Ovidio Persageppi gerichteten Briefe redet „modulazioni a quattro a sei e otto chori reali, con istupore di tutta Roma." Urban VIII. blieb

mitten in der Peterskirche horchend stehen, als Paolo Agostini
die ungeheuern Räume mit den Tonmassen einer achtundvierzig-
stimmigen Messe füllte, und verneigte sich endlich bewundernd
gegen den Meister. Die Peterskirche war eben der rechte Ort.
Will man die oft hervorgehobene Analogie zwischen Tonkunst
und Architectur gelten lassen, so wird man sagen dürfen, diese
Musik sei als Musik, was die Peterskirche als Bau ist.

Welchen Musiker fortan sein Beruf in Rom an eine bedeutende Stelle brachte, hielt es für eine Art Ehrenpunkt, sich
durch einige möglichst stimmenreiche, vielchörige Compositionen
als Meister zu legitimiren.

Schon Tiburzius Massaini hatte dem Papste Paul V (1605—
1621) Motetten zu vier Chören gewidmet. Die eigentlichen Ver-
treter dieser Richtung aber sind Agostini, Abbatini, Benevoli und
der jüngere Mazzocchi. Paolo Agostini, der Meister jener von
Urban VIII. bewunderten Messe, war 1593 in Vallerano geboren,
Schüler und Tochtermann Bernardino Nanini's. Er begann seine
Laufbahn als Organist zu S. Maria in Trastevere, wurde dann
Kapellmeister in S. Trinita a Ponte Sisto, dann in Lorenzo in
Damaso, und endlich 1629 Nachfolger Vincenzo Ugolini's als
Maestro di Cappella in der Peterskirche, starb aber schon im
September desselben Jahres, nachdem er seine neue Würde kaum
sieben Monate bekleidet hatte. Antimo Liberati sagt von ihm:
„Fu Paolo Agostini uno de più spiritosi e vivaci ingegni, che
abbia avuto la musica de nostri tempi — se non fosse mosto nel
fiore della sua virilità, avrebbe maggiormente fatto stupire tutto
il mondo, e se fosse licito, si potrià con ragion dire di lui: Con-
summatus in brevi explevit tempora multa." Sein Hauptwerk sind
Messen zu vier, fünf, acht- bis zu zwölf Stimmen, deren erstes
Buch 1624 (und dann noch in wiederholten Auflagen) bei Robletti
in Rom gedruckt wurden. Das zweite und dritte Buch enthält
Messen zu vier Stimmen, höchst meisterhaft und kunstvoll im
Tonsatze. Eine davon „Benedicam Domine" ist ganz in Canons
gesetzt. In der fünfstimmigen Messe über das Hexachord findet
sich ein Agnus zu acht Stimmen — den Grundstamm bilden drei
verbundene Canons, die wieder sich mehrfach gliedern, der Sopran
und der Bass beginnen, der erste entsendet einen Canon in der
Unterquint, der Bass einen Canon in der Oberquint, und einen
zweiten im Unison. Der dritte Canon entwickelt sich aus dem
Tenor, und zwar wieder in zwei Gestalten, in der Oberseptime
und in der kleinen Oberterz. Trotz der angeblichen „Reform"
waren also die alten Künste nicht nur nicht vergessen, sondern
kamen zu wo möglich gesteigerter Anwendung. Nicht allein die
Compositionen Agostini's sind voll davon, sondern fast alle wirklich tüchtigen Meister der Zeit theilen wenigstens im Kirchenstyl
diese Neigung. Je flacher und leerer die weltliche Musik wird,

um so eifriger sucht man die Traditionen des alten meisterhaften Tonsatzes in die Kirchenwerke hineinzuretten. Die Compositionen Agostini's „zu vier, sechs und acht realen Chören", deren Antimo Liberati erwähnt, sind ungedruckt geblieben. Agostini bedurfte zu ergreifender und tiefer Wirkung nicht des Aufgebotes vieler Stimmen. Sein kurzes vierstimmiges „Adoramus" ist „der zarteste und heiligste Engelsgesang"[1]), ein wahres Juwel kirchlicher Musik — man meint Palestrina wiederzufinden, aber schon deutlich im Lichte einer neuen Zeit: fein vermittelte Modulationen, häufigerer, wirksamer, fast könnte man sagen, pikanter Gebrauch von Dissonanzen geben dem Satze doch eine sehr wesentlich andere Physiognomie, als jene des Palestrinastyls ist.

Als polychorischer Componist ist zunächst Antonio Maria Abbatini (1595—1677) zu nennen. Als tiefgelehrter Musiker war er hilfreicher Mitarbeiter an Kircher's „Musurgia". Die Musikarchive der Kirchen zu Rom, deren Chor er im Laufe seines langen Lebens leitete: S. Giovanni in Laterano, S. Lorenzo in Damaso, Gesu und St. Maria maggiore — bewahren von ihm Messen, Psalmen und Motetten von vier bis zu 16, 32 und 48 Stimmen (drei sehr sonderbare Messen zu 12 Stimmen in der Corsiniana), Antiphonen für zwölf Soprane und zwölf Altos, desgleichen für zwölf Tenore und zwölf Bässe, welch' letztere sein Schüler Domenico del Pane unmittelbar nach des Meisters Tode bei den Erben Mascardi zu Rom im Drucke herausgab. Messen Abbatini's bis zu 16 Stimmen und derlei Psalmen hatte Mascardi schon früher (1638, 1650) gedruckt, Motetten von zwei bis zu fünf Stimmen Grignani in Rom (1638). — Der Einfall Abbatini's, der alten Compositionsweise „ad voces aequales" dadurch eine neue Bedeutung zu geben, dass er Antiphonen für ganz aus Sopranen u. s. w. bestehende Chöre setzte, blieb nicht vereinzelt. Domenico Allegri (Römer, nicht zu verwechseln mit dem berühmteren Gregorio Allegri — er war von 1610 bis 1629 Capellmeister der liberianischen Basilica in Rom) componirte ähnliches — so ein *Euge serve bone* für 12 Tenore, ein *Beatus ille servus* für 12 Bässe, beide Stücke, nebst einer sechzehnstimmigen Messe in Santini's Nachlass. Kiesewetter's Sammlung besitzt vierchörige Motetten von Fra Erasmo di Bartolo, genannt il Padre Raimo (geb. 1606 zu Gaeta), wurde am 14. Juli 1656 ein Opfer derselben furchtbaren Pest, in deren „Beängstigungen" Orazio Benevoli jene grosse Messe schrieb). Das war noch ziemlich bescheiden gegen jene römischen Messen, wo Stimmenmassen gegen Stimmenmassen, Chöre gegen Chöre stehen; wo, was sonst einzelne Stimme war, zur Chorgruppe wird, und

---

[1] So bezeichnet es mit Recht die Vorrede in Proske's Mus. div. Tomus IV, wo man das Stück, Seite 312 aufsuchen möge.

Sätze sich über Sätze aufbauen. Hier sind selbst die Venezianer, wie Johannes Gabrieli, überboten.

Als Vollender des polychorischen Kirchenstyls kann der Römer Orazio Benevoli (1602—1672) gelten. Er war Schüler Vincenzo Ugolini's und somit Abkömmling der grossen römischen Schule. Seine Bewunderer fanden durch ihn Palestrina übertroffen — was ihnen wie natürlich Baini sehr übel nimmt, welcher über einen Passus in dem Dialog „l'Ateista convinto" von Filippo Maria Bonini in ganz unbeschreiblichen Zorn geräth. Es ist dort auch die Rede eben von Orazio Benevoli, welchen der eine Interlocutor nicht allein als den biedersten Mann („cordialissimo uomo") lobt, sondern auch meint „non solo è giunto allo stile del Palestrina ma di gran lungha l'ha superato". Ueber diesen Ausspruch erstarrt Baini, als habe man ihm das Haupt der Medusa entgegen gehalten. „Pover' uomo" schreit er endlich auf. Und nun geht es über den armen Benevoli her: Das seien „musiche confuse, clamorose, di membra sproporzionate, prive totalmente della imitazione della natura". Man braucht aber nur z. B. Benevoli's vierchörige (16 stimmige) Messe „Si Deus pro nobis quis contra nos" durchzusehen, um das Gegentheil von „Confusion, Geschrei und Missverhältniss der Glieder" zu finden (die „Nachahmung der Natur" lassen wir wie billig auf sich beruhen). Weit entfernt, den Effect in roher Häufung der Massen zu suchen, lässt Benevoli's Tonsatz vielmehr eine höchst sorgsame und sinnreiche Durchbildung erkennen. Hier ist denn doch unendlich mehr als das blosse „kleinliche Streben" Quinten und Octaven zu meiden, worin Kiesewetter das ganze Verdienst von eines Spätlings, Bellabene's acht und vierzigstimmiger Messe fand. Mit sechzehn Stimmen zu schreiben, war für Benevoli beinahe schon der „familiäre Styl" — er hat eine ganze Zahl solcher Messen, wie nebst der oben genannten: „Si Deus pro nobis", „in angustiis pestilentiae", „Tira corda" u. s. w., auch sechzehnstimmige (und selbst vier und zwanzigstimmige) Magnificat u. s. w. An die Stelle der einzelnen Stimme, Discant, Alt u. s. w. tritt hier ein ganzer selbst wieder aus Discant, Alt, Tenor, Bass gebildeter Chor — eine sechschörige Messe ist gleichsam eine sechsstimmige Messe, aber mit in ganze Chöre zerlegten einzelnen Stimmen, oder, wenn man will, umgekehrt mit zu einzelnen Stimmen zusammengefassten Chören. Die fugirten Eintritte, sonst den Einzelstimmen zugetheilt, erfolgen hier, ganz folgerichtiger Weise, in ganzen Chören, d. h. es tritt immer ein ganzer Chor zugleich mit allen vier Stimmen ein, das Motiv und die harmonische Combination des früher in ähnlicher Weise eingetretenen Chores nachahmend. Dieses hindert selbstverständlich nicht an anderen Stellen dem einzelnen Chore mit seinen vier Stimmen Fugeneintritte der älteren einfachern Art zuzutheilen, oder statt vier Stimmen acht und noch mehr einzelne

Stimmen mit imitatorischen Eintritten nach einander einzuführen. Da nun aber ein stetes Durcheinanderarbeiten und Durchkreuzen aller oder doch sehr vieler Stimmen bald den Zuhörer verwirren und ermüden müsste, so wird für lichtere, durchsichtigere Stellen gesorgt, sei es, dass einen Satz nur ein Chor solo singt, im nächsten Satze dann erst ein zweiter, ein dritter u. s. w. hinzutritt, und so Steigerung und Milderung der Tonstärke in mannigfachsten Combinationen wechselt, sei es, dass der eine Chor in langen Noten, in piano ausgehaltenen Accorden, in einer Art choralmässiger Harmonie gleichsam den einfarbigen Hintergrund bildet, auf welchem ein zweiter Chor ein feines, melodisch figurirendes Stimmengewebe aufsetzt, sei es, dass die Chöre in Zurufen, in Rede und Gegenrede wechseln, dann wieder vollkräftig zusammentreten und mit ihren Tonmassen nach jenen lichteren milderen Stellen durch imposante Kraftentwickelung erschüttern. Der Tonsetzer kann ferner, da die einzelnen Chöre nicht untrennbar in sich geschlossene Einheiten bilden, stellenweise aus den Gesammtchören einen Chor von lauter Sopranen oder aus Sopranen und Altos herausholen (so im Crucifixus der Messe si Deus pro nobis), diesem hellstimmigen Chor kann er einen andern aus Tenoren oder aus Tenoren und Bässen entgegenstellen — kurz er kann Klangfarben in den mannigfaltigsten Combinationen mischen, und durch sie mächtig gegen einander stellende Contraste wirken. Benevoli hat alles dieses in meisterhafter Weise gethan.

Man erstaunt, wenn man auf Stücke stösst, wie Benevoli's fugirtes Kyrie zu 16 Stimmen bei Paolucci, oder etwa auf eine für zwölf Soprane gesetzte Composition, wie der Psalm *Regna terrae*. Dieser ganzen Richtung, welche das Ungeheuere in Permanenz erklärte, ist nur der Vorwurf zu machen, dass sie das künstlerische Maass aus den Augen verlor — und so bewundernswerth ihre Technik, so vielfach anerkennenswerth das von ihr Geleistete auch ist — sie muss am Ende doch als ein Symptom des eintretenden Verfalles, nicht aber, wie die enthusiastisch anerkennenden Zeitgenossen wähnten, als ein Fortschritt angesehen werden, oder gar als der Gipfel des Erreichbaren, wie Bonini will. Denn nicht dasjenige Kunstwerk ist am Höchsten zu stellen, welches den grössten Luxus verschwenderisch entwickelt, oder die virtuosenhafte Geschicklichkeit des Künstlers zur Hauptsache macht, sondern dasjenige, welches seine Idee am reinsten und klarsten mit den allein angemessenen Mitteln — nicht mehr, nicht weniger als deren nöthig sind, seien es nun wenige oder viele — ausspricht. Wo die Massenwirkung um der Massenwirkung willen in Bewegung gesetzt wird, giebt der Künstler sich kein besseres Zeugniss, als dass er nicht im Stande ist, mit Wenigem künstlerisch hauszuhalten — das eigentliche Leben des Kunstwerks wird in den meisten Fällen von der Wucht der aufgewendeten Mittel erdrückt, ¹) und der Künstler verblüfft und betäubt uns, statt uns zu erheben. ²) Zum Glücke hat Benevoli gezeigt, dass er nicht stets und jederzeit einen ganzen musikalischen Heerbann aufzubieten brauche, um sich als Meister zu bewähren. Den Uebergang zu Maassvollerem bilden seine zwölfstimmigen Messen *Solam exspecto, Angelus Domini* u. s. w. — in den achtstimmigen in *lectulo, Paradisi porta, decantabat populus, sine nomine* u. s. w. lässt er sich zu den anderen Meistern herab. Nach der anderen Seite hin hat er es freilich bis zu der berufenen Messe für acht und vierzig Stimmen gebracht und damit die Sache auf die Spitze getrieben, über welche sich wegen Halsbrechensgefahr kein anderer hinauswagen mochte.

Ein Blick in die Partitur einer solchen Composition Benevoli's gewährt einen ganz eigenen Genuss und regt das Interesse an. Wie in einem figurenreichen, aber meisterlich gruppirten Gemälde sich die Fülle der Gestalten dem Beschauer sofort zu Theilgruppen scheidet, die sich wieder zu dem grossen Ganzen zusammenordnen, und, weit entfernt den Blick zu verwirren oder den Eindruck des Ueberfüllten zu machen, dem in Wahrheit überreichen Ganzen den Schein sogar der edeln Einfachheit geben — wie an einem in den grandiosesten Massen, aber mit grossem Sinne und Verständnisse angelegten Prachtgebäude der fassliche Wechsel stützender und getragener, ornamentreicher und einfacher, stark beleuchtet vortretender und schattig zurückweichender architektonischer Glieder uns das Ungeheuerste sogleich commensurabel, ja in seiner, endlich im letzten Grunde auf einfachen Prinzipien beruhenden organischen Construction begreiflich macht, und jedes Einzelne uns sofort in seiner Verbindung mit dem Ganzen und im Zusammenhange mit dem Ganzen, einleuchtend wird: so ordnen

---

1) In ähnlichem Sinn sagt Schumann über Hector Berlioz' „Sinfonie fantastique. Die Riesenidee wollte einen Riesenkörper, der Gott eine Welt zum Wirken. Aber die Kunst hat ihre Grenzen; der Apoll von Belvedere, etliche Schuh höher, würde beleidigen". Diese Stelle ist in dem Aufsatze der „neuen Zeitschrift für Musik" 3. Band N. 1, 9, 10, 11, 12, 13 zu finden — einem der genialsten, geistvollsten, hinreissendsten, welche Schumann je geschrieben. Eine wahrhaft jammervolle Verstümmelung, die engherzigsten, aber eben darum höchst charakteristischen Zensurstriche von Seiten der Herausgeber musste er sich in den gesammelten Schriften gefallen lassen.

2) Ein lehrreiches Analogon gewährt Giulio Romano's berühmtes Fresko der Sala de' giganti im Palazzo del Te nächst Mantua, wo die zwölf bis fünfzehn Fuss hohen Riesengestalten der himmelstürmenden Giganten „den Beschauer mit aufdringlicher Colossalität beängstigen", wie A. v. Zahn in den Zusätzen zu Burckhardt's „Cicerone" (2. Band S. 947) sehr gut sagt. Dieser Trieb und Drang nach dem Unerhörten, Ungeheuren lag in der Zeit. Michel Angelo's berühmte Statue des David, wo der etwa zwölfjährige Knabe als Coloss dasteht, gehört zu den Kunstwerken, in denen sich dieser Drang am frühesten ankündigte.

sich in Benevoli's Partituren die bewegteren und ruhigeren Tonmassen, die wohlgruppirten Motive, die Haltetöne und Figurationen, die contrapunctisch verschlungenen Stellen und die einfachen Accordsäulen zu einem reichen, aber wahrhaft schönen, künstlerischen Aufbau, welcher selbst schon in der schriftlichen Aufzeichnung erfreut und die Vorstellung eines „Kosmos" von Tönen gibt, das Wort Kosmos im Sinne der Griechen als wohlgeordnetes, reichgeschmücktes, gesetzmässig aufgebautes Ganze verstanden. Wie sehen dagegen z. B. jene Zwölftenor- und Zwölfbassantiphonen Domenico Allegri's aus, in denen die Noten infusorienartig durcheinanderwimmeln, und in den Antworten und Wechseleinsätzen der Stimmen eine unglaubliche Zerfahrenheit herrscht — der Schein des ganz Willkürlichen und Regellosen. Es sind keine Gruppen, es ist ein Haufen durcheinandersingender Menschen; dazu ist das Ganze eine Prahlerei, denn abgesehen von den wenigen Stellen, wo alle zwölf Stimmen zusammen kommen (wo freilich einer dem andern auf die Füsse tritt), pausirt immer eine beträchtliche Anzahl von Stimmen, und dieselbe Wirkung wäre mit viel geringerem Aufwand zu erzielen.

Aber auch Benevoli selbst geräth zuweilen durch sein herbeigerufenes Stimmenheer in's Gedränge. Von feinen Contouren, von durchsichtig durchgeführten Imitationen u. s. w. ist dann keine Rede — Massen stossen auf Massen, ungeheure Accorde wechseln mit bunter Figuration, mit langen Coloraturpassagen, die harmonischen Feinheiten der älteren Meister würden von den durcheinandersingenden Stimmen erdrückt — an ihrer statt müssen also einige wenige, energisch hervortretende Harmonieformeln genügen — der Glanz der Instrumente, welche mit den Menschenstimmen wetteifernd (in concerto) die Motive, Passagen, Coloraturen nachahmen, gestaltet vollends das Ganze zu einem ungeheuern musikalischen Pracht- und Decorationsstück, welches aber dann auch nicht viel mehr bedeutet, als dass es eben ein Pracht- und Decorationsstück ist. Die Motive sind dann unbedeutend, oft der Bearbeitung nicht werth, sie werden aber auch nicht bearbeitet, Tonfülle und Glanz müssen die feinere Detailarbeit ersetzen. Unter solchen Umständen gerathen die einzelnen Tonsätze verhältnissmässig kurz, der Componist wird mit dem, was er zu sagen hat, bald fertig, und das bestürmte Ohr des Hörers braucht eben auch Schonung. Es ist etwas falsch Prächtiges, eine mit Keulen dareinschlagende Grossartigkeit — man denkt unwillkürlich an die gleichzeitigen Riesenbilder in Riesenkirchen, die von Figuren wimmeln, und eben so grossprahlerisch und eben so leer sind, wie diese Musik.

Die ganze Färbung des Tonwerkes nimmt etwas sehr Modernes an — erinnert man sich, dass fünfzig Jahre früher noch der Palestrinastyl in voller Blüte stand, so muss man über die Wandlung, welche sich auch auf dem Gebiete der Kirchenmusik vollzogen, erstaunen. Die Melodie hat eben auch nicht mehr den edel-einfachen, grossen Zug der Melodie Palestrina's, sie ist multiplicirte Kleinheit, ein buntes Figuren- und Häckelwerk, die kleinen Notengeltungen wimmeln ameisenhaft auf dem Riesenfolio der Partitur herum. Benevoli's Styl lässt sich nicht in ein Gesammtbild zusammenfassen, so wenig wie der Styl jener Meister der bildenden Kunst, bei welchen man von einer „Maniera prima, seconda" u. s. w. spricht. Seine Kunst blickt mit einem Januskopf zurück nach der eben abgelaufenen, grossen Kunstzeit und vorwärts nach der herankommenden neuen Epoche.

Das Glanzstück Benevoli'scher „Zukunftsmusik" ist die Messe, welche er für die am 24. September 1628 gefeierte Einweihung des neu erbauten Domes in Salzburg componirte. Dass die Messe eigens für diese Gelegenheit geschrieben wurde, zeigt eine dem Agnus Dei folgende Hymne mit dem Text: „Plaudito Tympana — Fides accinite — Choro et jubilo — Applaude patria — Rupertum[1]) celebra — Clangite classica — Voces applaudite — Pastori maximo (Mittelsatz) — Felix dies ter amoena — Dies voluptatum plena — Qua Rupertum celebramus — Qua patronum honoramus — Dies felicissima — In Angelorum millibus — In Beatorum plausibus — Triumphat alta mens — Gaude vive Salisburgum — Magno patri ter applaude — Rupertum celebra — Pastori jubila" — (Wiederholung: Plaudite Tympana u. s. w.)

Diese offenbar aus einer „geistlichen" Feder geflossenen, eigentlich inhaltlosen Verse, boten dem Tonsetzer ein genügend weites Feld, um den vollsten Festjubel anzustimmen „ertönt ihr Pauken, klingt darein Saiten, im Chor und in Jauchzen" — das Alles hat Benevoli endlich in Bewegung gesetzt. Ganz energische Motive tauchen auf, wie:

---

1) S. Rupert ist Salzburg's Patron.

Der italienischen Musik grosse Periode.

In den Sturm der Menschenstimmen geigt und paukt und flötet und trompetet das Orchester nach Herzenslust hinein und brausen zwei Orgeln. In den imposanten, riesenhaften Hallen des Domes mag die Wirkung auf die Hörer wohl eine überwältigende gewesen sein. Eine Musik dieses Styls hatte bis dahin noch niemand gehört, niemand geahnt. Selbst wir werden uns mitunter an den Donnerschritt Händel'scher Chöre gemahnt finden, an welche dieser Musikstyl wirklich stellenweise in merkwürdiger Weise anklingt. Ohne Zweifel hatte der Erzbischof von Salzburg die Festmesse und Festmusik bei dem berühmten Meister bestellt, während er in Wien verweilte. Man merkt auch, dass ihn das „fertigwerden zu rechter Zeit" gedrängt hat — gegen den Schluss der Messe hin werden die Sätze flüchtiger, kürzer — ein kurzes „Agnus" (statt der herkömmlichen drei) bildet den Schluss. Benevoli scheint aber auf das Werk Werth gelegt zu haben, er nahm die Stimmhefte nach Rom mit, wo sie sich in der Corsiniana befinden. Die Partitur im Autograph des Componisten blieb in Salzburg und ist jetzt Eigenthum des Mozarteums. In 54 Notensystemen bauet sich die Composition auf — fast könnte man von diesem Notenbuch sagen, was Ammianus Marcellinus vom flavischen Amphitheater sagt: „Des Menschen Blick vermag kaum seine Höhe zu erreichen". Die Disposition ist folgende:

Mit wie gerade wenig Mitteln übrigens Benevoli das Schönste zu leisten vermochte, beweisen seine auf wenige Stimmen reduzirten Sätze, wie das vierstimmige Christe der (16stimmigen) Messe „in diluvio multarum aquarum" — ein überaus merkwürdiges Stück, streng polyphon, fugirt, aber in Melodieführung, Harmonie und Modulationen, in Takt und Rhythmus schon den Sieg einer neuen Zeit verkündend, völlig „modern", dabei von sehr zartem, innigem Ausdruck, man kann sagen: entschieden sentimental. Palestrinastyl ist das nicht mehr, obwohl Benevoli als Zögling Bernardio Nanini's der Schule angehörte. In einen der „Kirchentöne" lässt sich das Stück auch nicht mehr registriren; es müsste denn der „jonische" sein.

Eine bedeutende Anzahl von Benevoli's Werken bewahrt die Bibliothek im Palazzo Corsini zu Rom — leider zum Theile in kläglich fragmentarischem Zustande. Drei Messen „in diluvio aquarum multarum, Missa Tiracorda und Si Deus pro nobis" alle drei zu 16 Stimmen tragen keine Namensbezeichnung, da aber die erste und die dritte notorisch dem Benevoli gehört, so ist wohl kein Grund da für die Messe Tiracorda einen andern Autor zu suchen (es sind nur drei Hefte übrig: Altus secundi Chori, Cantus und Altus Tertii Chori). Eine zweite Sammlung sechszehnstimmiger Messen, der eben erwähnten ganz ähnlich ausgestattet (nur noch der Tenor Tertii Chori und der Altus quarti Chori vorhanden) enthält drei Messen: sine Nomine, Benevola und Tu es Petrus. Die Anspielung auf den Namen des Componisten in der zweiten Messe lässt wohl über dessen Person keinen Zweifel. Auch genügen selbst diese Trümmer, um Benevoli's Styl deutlich erkennen zu lassen. Ausserdem besitzt die Corsiniana die Missa in angustiis pestilentiae, die Missa in lectulo für zwei Chöre, die mannigfach nach der in den mehrchörigen Messen Benevoli's vorkommenden, bei den früheren Componisten nicht gebräuchlichen Weise in einander übergreifen, wie denn z. B. im Benedictus Sopran und Alt des ersten Chores mit Tenor und Bass des zweiten verbunden werden (nach Chiti's Angabe ist diese Messe im Jahre 1666 componirt), — endlich eine dreichörige Messe „Angelus Domini" in mixolydischen Modus mit sehr bewegten Stellen, und in weniger strengen Style als Benevoli's übrige Messen. Ein Benedictus kömmt nicht vor, wie auch sonst in den vielchörigen Messen des Meisters; es scheint Raum für eine freie Einlage gelassen. Jene zwölfstimmige Messe *Angelus Domini* findet sich auch unter den Musikschätzen des Sacro Convento zu Assisi. Kiesewetter's Sammlung bewahrt die Messen in angustiis pestilentiae und in lectulo, Fétis besitzt die Messe „si Deus pro nobis" von der sich auch eine alte handschriftliche, in Rom erworbene Partitur im Besitz des P. Haberl befindet.

Kiesewetter, der nicht leicht aus der maassvollen Ruhe seiner

Darstellung zu bringen ist, spricht von Benevoli mit (verdienter)
Bewunderung — ihm gebühre in jener Epoche die Palme, seine
vielchörigen Compositionen werden noch die Bewunderung später
Jahrhunderte sein, nur ein Carissimi habe ihm den Rang eines
Mannes der Epoche streitig machen können.

Wir können die Besprechung der Werke und Verdienste
Benevoli's nicht besser schliessen, als mit der geistreichen und
treffenden Characterisirung, welche Antimo Liberati in dem Briefe
an Ovidio Persageppi von ihm macht: „Horatio Benevoli, il quale
avangando, il proprio maestro, e tutti gli altri viventi nel modo
di harmonizare quattro, sei Chori reali, e con lo sbattimento di
quelli, e con l'ordine, e con le fughe rivoltate, e con i contrappunti dilettevoli, e con la novità de roversi, e con le legature e
scoglimento di essa maraviglioso, e con l'accordo del circolo im-
pensato, e con le guiste e perfette relazioni, e con la leggiadria
delle consonanze e dissonanze ben collocate, o con l'ugualianza
della tessitura, e col portamento sempre piů fluido, ampolloso a
guisa del fiume che *crescit eundo*, ed in Somma con la sua mira-
bilissima quanto decorosa harmonia". Wer solches und dergleichen geleistet, zählt ohne Frage zu den Grössten aller Zeiten.
Man nennt Benevoli aber fast nur als den Tonsetzer von Kirchenstücken, zu deren Ausführung es eines Sängerheeres bedarf, und
damit gerade war eben Benevoli selbst seinem verdienten Ruhme,
der sonst ganz anders klingen müsste, im Wege („ut eam magni-
tudine laboret sua", wie Ligius von Rom sagt). Benevoli hatte
aber doch schon bei Leibesleben Ruf, er führte ihn 1643—1645
nach Wien, früher war er Capellmeister bei S. Luigi de Francesi
in Rom, seit 1646 Capellmeister in S. Maria maggiore, dann bis
zu seinem Tode (am 17. Juni 1672) Capellmeister der vaticanischen Capelle. Es sind immer dieselben römischen Kirchen, durch
welche die grossen Meister ihren Lauf nehmen, wie die Sonne
durch die Himmelszeichen. Sein Ruhm und sein vortrefflicher
persönlicher Charakter bewahrten ihn nicht davor, sein Leben in
sehr beschränkten Verhältnissen (A. Liberati sagt geradezu „povertà")
hinbringen zu müssen, in dieser Hinsicht weniger glücklich als
Palestrina. Er ist in S. Spirito di Sassia (nicht weit vom Vatican) begraben.

Zur Aufführung der vielchörigen Compositionen bedurfte es
begreiflicher Weise, nebst einem gewaltigen Aufgebot an Sängern,
auch grossräumiger Kirchen — in Rom, auf welches sich dieser
musikalische Landsturm (wie Kiesewetter scherzend sagt) eigentlich beschränkt, waren dafür S. Maria sopra Minerva und die
Peterskirche die auserlesenen Orte. Die ungeheuren Dimensionen
der vaticanischen Basilica und der gewaltige Innenraum ihrer
Kuppel gaben Virgilio Mazzocchi (aus Civita Castellana,
seit 1628 Maestro di Cappella im Lateran, seit 1629 bei S. Peter

— gest. 1646) Gelegenheit zu einer originellen und ohne Zweifel sehr wirksamen Musikaufführung. Er vertheilte nämlich die Chöre einer von ihm componirten Musik so, dass einige auf ebenem Boden, andere auf der den unteren Rand des Kuppel-Tambours einfassenden Gallerie, andere wieder in schwindelnder Höhe auf der Gallerie in der Lanterna aufgestellt waren. Wie nun die Chöre durch gewaltige Entfernungen auseinandergehalten, einander im Echo antworteten, mag die Wirkung allerdings zauberhaft gewesen sein — und die in letzter, weitester Ferne wie ein verwehender Nachhall herabtönenden Antworten des zu höchst aufgestellten Chores mögen geradezu etwas Geisterhaftes gehabt haben [1]). Die Peterskirche, welche von aussen bei der Osterbeleuchtung zum gigantischen Illuminationsgerüste wird [2]), musste ihr Inneres hier wiederum zur gigantischen Sängertribune herleihen. Dergleichen war nur in Rom und nur in der Peterskirche möglich, und nur dort verlor es das bedenklich Spielende, was eigentlich darin lag — „steht nun einmal das Erhabene wirklich da, so verschlingt und vertilgt es eben seiner Natur nach alle kleinen Zierden um sich her" lässt Jean Paul seinen Don Gaspard, eben von der Peterskirche, sagen [3]). Im Grunde lag in Mazzocchi's Einfall doch etwas Unkünstlerisches, oder mindestens war der Schwerpunkt in etwas Aussermusikalisches gelegt.

Pietro della Valle erzählt von einer im Collegio romano aufgeführten sechschörigen Musik des jüngeren Mazzocchi (Virgilio's), die er wegen reicher Abwechslung der glänzendsten Effekte höchlich preist [4]). Eine der letzten Arbeiten Virgilio's, die dann (1648) bei Grignani in Rom gedruckt wurde, waren Vesperpsalmen für zwei Chöre, Domenico brachte 1629 Motetten zu neun Stimmen und 1638 die lateinischen Poesieen Urban des achten von zwei

---

1) Pietro della Valle sagt in seinem Sendschreiben an Lelio Guidiccioni: „non ebbi fortuna di sentire un anno quel gran musicone, che il medesimo Mazzocchi fece in S. Pietro, non so a dodici o a sedici cori con un coro di eco fino in cima alla cupola, che intendo, che nell ampiezza di quel vasto tempio fece effetti maravigliosi". (Siehe G. L. Doni Opp. II. S. 260.)
2) Oder war. Ich habe es am Osterfeste 1868 noch gesehen. Dass Goethe von dem Anblick, der ihm wie ein „ungeheures Märchen" erschien, entzückt war, wird man aus seiner italienischen Reise wohl in Erinnerung haben.
3) Titan IV. 27.
4) Se a caso V. S. si ritrovò l'altro giorno nel Collegio Romano a quella nobilissima musica a sei cori composta dal più giovane Mazzocchi, a verà inteso in essa e stile madrigalesco con vaghezzo o leggiadrie, e stile da Motetti con gravità e imitazioni ben fatte di arie diverse antiche e moderne, e recitativi spiritosi di buon garbo, e bizzarie di Trombe, di Tamburi, di Bombarde, di Battaglie, di serra, serra, che io per me non so, che si possa desiderare di più varietà, e di più galante. (Sendschreiben an Lelio Guidiccioni.)

bis zu acht Stimmen gesetzt, wo dann freilich noch viel bis zu den 48 Stimmen der Agostini und Benevoli fehlt. Kiesewetter's Sammlung besitzt von Virgilio ein „Amen" zu zehn Stimmen (aus den Vesperpsalmen), von Domenico fünfstimmige Madrigale. Virgilio Mazzocchi und sein älterer Bruder Domenico sind tüchtige Contrapunctisten im älteren Sinn, und dabei den neuen Musikreformen ihrer Zeit mit Antheil zugewendet, ja sie suchten auch in ihre geistliche Musik mancherlei Neues zu bringen. Virgilio wurde als „lieblicher und glänzender" Componist und zudem wegen rhythmischen Reformen gepriesen, und von Domenico möge erwähnt werden, dass er — der erste — das Schwellen und Abnehmen der Stimme mit dem Zeichen ⸺⸺ ausdrücklich vorschrieb. Ein Werk Domenico's im neuen Styl, welches durch den Vortrag des Sängers Vittorio Loreto in Rom ganz ausserordentlichen Eindruck machte, und dessen Gegenstand die reuige Magdalena war, kennen wir nur aus einem in Kircher's Musurgia erhaltenen Bruchstück, und aus der höchst enthusiastischen Schilderung des Erythräus, welche indessen vor Allem nur dem Sänger und seinem Vortrage gilt. Aus einem Briefe des Erythräus vom Jahre 1634 kommt hervor, dass er selbst der Verfasser dieser „geistlichen Tragödie" — wie er sie nennt — gewesen [1]). Es war ein in declamatorischem Gesang vorzutragendes Monodram, von der Art wie Monteverde's Pianto della Madonna.

Messen zu vier Chören componirte **Abundio Antonelli**, Capellmeister der Kathedrale in Benevent, von wo er 1608 die Berufung an die lateranische Basilica in Rom erhielt — ein tüchtiger Tonsetzer — der gelegentlich auch schon in der Weise Giov. Gabrieli's begleitende Instrumente heranzieht, so zu einem achtstimmigen „Abraham tolle filium tuum" und zu einem zwölfstimmigen „Dixerunt impii". Er hat aber auch Vieles für nur drei oder zwei Stimmen componirt — die Bibl. Altaemps in Coll. rom. besitzt viele Werke von ihm. [2])

Der letzte, späte Nachzügler dieser ganzen Richtung, der Römer **Gregorio Ballabene**, gehört erst der zweiten Hälfte

---

1) Jani Nicii Erythraei Pinacotheca (Victorius Loretus) und Epist. ad divers. IV. 16. Wir kommen auf das Werk späterhin zurück. Erythräus redet sogar in der vielfachen Zahl von „heiligen Tragödien", welche er gedichtet, Mazzocchi componirt habe.
2) Abraham tolle filium (a 8). Benedictus es Domine (a 3). Filiae Jerusalem (duo S. u. a.). Dixerunt impii (a 12). Gaude virgo (4 voci concert) in coelestibus regnis (2 A.) in velamento clamabant (S. u. 2 T.) justus si morto (5 v.). Lux perpetua (2 Stimmen — Echostück) o crucis victoria (3 S. u. T.) o gloriosa Domina (5 v.) o Jesu cordis mei thesaurus (4 v.) quem vidistis pastores (6 v.). Sancti tui Domine (2 S.). Spiritus et animae (2 T.).

des 18. Säculums an — ein 16stimmiges Dixit, eine Messe zu zwölf Chören mit 48 Stimmen — letztere wurde 1774 in Rom mit zweifelhaftem Erfolg aufgeführt (diese Arbeiten kamen später in Santini's Sammlung).

An diese colossale Art zu componiren hingen sich aber Consequenzen von grösster Wichtigkeit für die weitere Entwickelung der Tonkunst. Diese zweiunddreissigstimmigen u. s. w. Messen kamen und verschwanden, da sie dann am Ende doch nur unter ganz besondern Bedingungen und mit enormen Aufwand an Kräften (auch wohl an Geld!) aufzuführen waren. Für uns stehen sie wie Riesengebilde einer paläontologischen Epoche da. Aber aus ihnen zumeist oder wenigstens aus Compositionen ähnlichen Aufwandes gingen zwei Dinge hervor: der **Generalbass** und das **Princip der Verdoppelung einer Stimme durch die Octave**.

Wenn eine Anzahl von Chören zusammensang, deren jeder seinen eigenen stützenden Bass hatte, deren jeder so ziemlich nur sich, nicht aber die Nachbarchöre, zumal die nach Lokalbedürfnissen entfernter aufgestellten hörte, so war es, sollte nicht die Intonation binnen kurzem in ein förmliches Chaos hereingerathen, ganz unentbehrlich, dass ihnen allen ein unverrückbares Fundament als Stütze gegeben werde — ein „Bass für Alle" (Bassus generalis), ein Bass, der unausgesetzt fortging (Bassus continuus) und Rechenschaft von den letzten harmonischen Gründen des ungeheuren Ganzen gab. Dieser Bass durfte nicht einfach identisch mit den Singebass des ersten oder zweiten oder dritten Chores sein, wer ihn zu Papier brachte, musste alle einzelnen Bassparts der einzelnen Chöre vor Augen haben und seinen Generalbass nach deren jeweilig tiefsten Noten zusammenschreiben, ob nun diese im „Basso del coro primo" oder „del secondi" u. s. w. standen. Natürlich konnte dieser Haupt- und Grundbass nicht wieder Menschenstimmen anvertraut werden, welche die Gefahr der Intonationsschwankung mit den Uebrigen getheilt haben würden. Es musste ihn vielmehr ein Organ von unfehlbarer Tonsicherheit ausführen, ferner aber ein Organ, geeignet durch mächtige Klangstärke durch den ganzen Sturm von Menschenstimmen hindurchzutönen und von jedem einzelnen Chor deutlich gehört zu werden. — Das konnten Bassgeigen sein, Posaunen, — besser als alles andere die Orgel mit den Basstönen ihrer Manuale, mit ihren gewaltigen Pedaltönen.

Die ganze Masse der auf jedem Grundton aufgebauten Noten liess sich aber endlich bei dem ruhigen harmonischen Gange des in der Hauptsache noch immer wesentlich diatonischen Satzes auf eine durch wenige Intervalle zu bezeichnende Formel zurückführen, abkürzend statt der Terz die Ziffer 3, statt der Sexte die Ziffer 6 u. s. w. zu schreiben, konnte nur sehr bequem scheinen —

so drängte also jene Ueberfülle von Stimmen von der andern Seite her zu demselben Ziele, zu dem die Oeconomie, welche sich wie in Lodovico Viadana's Kirchenconcerten mit wenigen Stimmen, wohl gar mit einer einzigen Singstimme begnügen wollte, hinführte, und die Musik langte von zwei einander entgegengesetzten Seiten beim bezifferten Generalbasse an. Wirklich wird fortan auch den Compositionen im Capellenstyle ein „Basso per l'organo", eine bezifferte Orgelstimme beigegeben, selbst wenn sie nur drei- oder vierstimmig sind.[1]) Eine andere wichtige Erfahrung, welche man an den vielchörigen Compositionen machte, oder auch an anderen, wenn man die Singstimmen von Instrumenten begleiten liess, war, dass man eine Stimme in der Octave „verdoppeln" könne — z. B. die Flöte mit dem ersten Sopran um eine Octave höher mitgehen lassen — ohne sich damit fehlerhafter Octavparallelen schuldig gemacht zu haben. Der Gedanke, dass jede einzelne Stimme ihren eigenen Weg unabhängig von den übrigen gehen müsse, hatte sich unaustilgbar festgesetzt, die Furcht vor dem Octavenverbot war so gross, dass man anfangs dasjenige, was blosse Verdoppelung war, als parallele Octaven ansah, denen zu Liebe man aber einen Ausnahmsfall statuirte, und sie erlaubte. Im Syntagma des Prätorius findet sich aber schon ein bedeutender und treffender Ausspruch: „Octavae in omnibus vocibus tolerari possunt, quando una vox cantat, altera sonat."[2]) Hier ist der Unterschied zwischen der realen Octave, die singt, und der blos verdoppelnden, welche mitklingt, so deutlich als möglich ausgesprochen. Zuerst, scheint es, machte man an den Bässen die Erfahrung, dass es für die Gesammtwirkung äusserst vortheilhaft sei, bei jenen Stellen, wo die Chöre im Tutti zusammenkommen, die Bässe sämmtlich in ein Unisono zusammenzufassen, weil, hätte jeder Chor seinen selbständigen Bass, das eigentliche harmonische Fundament des ganzen Zusammenklanges an Deutlichkeit verlöre. Drei vierstimmige Chöre repräsentirten z. B. zwölf reale Stimmen, traten im Tutti die Bässe zusammen, so hörte

---

1) Prätorius (Syntagma III. S. 124) sagt: „Der Bassus generalis seu continuus wird daher also genennet, weil er sich vom Anfang bis zum Ende continuiret, und als eine General-Stimme, die ganze Motet oder Concert in sich begreiffet. Wie dann solches in Italia gar gemein und sonderlich jetzo von dem trefflichen Musico Ludovico Viadana, novae inventionis primario, als er die Art mit einer, zween, dreyen oder vier Stimmen allein in eine Orgel, Regal oder ander dergleichen Fundament-Instrument zu singen erfunden, an den Tag bracht und in Druck aussgangen ist; do dann nothwendig ein solcher Bassus generalis und continuus pro Organödo vel Cytharödo etc. tanquam fundamentum vorhanden sein muss. Von etlichen wird der Bassus continuus gar accomode GVIDA, hoc est Dux, ein Führer, Gleitsmann oder Wegweiser genennet."
2) Synt. III 92.

man thatsächlich um zwei weniger, nämlich zehn — dafür aber
die vereinigten drei Bässe um so kräftiger. Schon Artusi in
seiner „Arte del contrappunto" (1586 und zweiter Theil 1589)
spricht über diesen Punkt — „bassus alit voces, ingrassat, fundat
et auget" sagt er zum Schlusse. Auch Michael Prätorius bemerkt,
er habe in seinen Compositionen „aus hochbedenklichen Ursachen
und wichtigen Rationibus die Discant, sonderlichen aber die Bässe,
wenn die Chor zusammenkommen, in Unisono gesetzet." Die
„hochbedenklichen Ursachen" waren rücksichtlich der Bässe die
eben erwähnten, rücksichtlich der Soprane aber lagen sie in analoger Weise in der Wahrnehmung, dass die Discant, als Oberstimme zumeist sich dem Ohr bemerkbar machen, und bei Kreuzungen derselben der eigentliche melodische Ductus sich leicht
verwischt. Der Organist an der Kirche S. Maria delle Grazie in
Brescia, Giov. Francesco Capello, ein Venezianer, welchen wir
später als sehr talentvollen Componisten im neuen monodischen
Styl kennen lernen werden, räth sogar als vortreffliches Effektmittel an — alle vier Stimmen eines Chores durch einen zweiten,
in der Octave mitsingenden zu verdoppeln — also z. B. eine
Motette für zwei Tenore und zwei Bässe von zwei Sopranen und
zwei Altos in der höheren Octave mitsingen zu lassen, oder umgekehrt! — es gewinne dann Alles an Glanz und an Fülle —
man solle es nur versuchen „audite, probate, acquiescite". An
Stelle dieses höheren (oder tieferen) zweiten Chores konnten dann
auch Instrumente treten — denn nur allmälig emancipirte sich
das Orchester vom Singchore und von der Pflicht, blos zu „verdoppeln" oder zu ersetzen, wenn es an gehörigen Menschenstimmen für einen Part zufällig mangelte, wofür Prätorius Rathschläge und Schemata (Manieren) in grosser Ausführlichkeit giebt.

Als Verdoppelung ist es ferner zu verstehen, wenn in den
gleichzeitigen Anweisungen zum Generalbassspielen dem Spieler
erlaubt wird, „Octaven" anzubringen. Lodovico Viadana (der angebliche Erfinder des Generalbasses) warnt indessen vor der Verdoppelung einer Cadenz mit der Octave, der Organist solle sie
dort machen, wo sie in der Singstimme steht, im Tenore, Bass
u. s. w. Im übrigen hat er gegen „Octaven" nichts einzuwenden.

So hatte man wie im Traum abermals ein Gesetz gefunden,
dessen Werth und Wichtigkeit sich erst zeigen sollte, als die
Polyphonie aufhört, die Alleinherrscherin (gelegentlich auch wohl
Tyrannin) der Musik zu sein.

Lag nun damals in der römischen Schule eine entschiedene
Neigung zur Stimmenhäufung, und konnte das Combiniren einer
grossen Stimmenzahl die geschickte Handhabung der contrapunctischen Gesetze nur potenziren, so wurde jetzt auch wohl das
eigentliche blosse musikalische Kunststück in's Ungeheure, und
selbst bis in's Ungeheuerliche hinein getrieben — es tauchen Dinge

auf, gegen welche die Okeghem's und Josquin's mit allen ihren Canonwundern so zu sagen schüchterne Anfänger sind. Vor allen ist hier G. M. Nanini's Schüler, der Römer Pierfrancesco Valentini (st. 1654) zu nennen. Seine monströsen Canonstudien tragen zu dem neben ihrer ganzen, ungeheuerlichen Anlage in sehr charakteristischer Weise den Zug des damaligen Rom, welches durch forçirte Kirchlichkeit gegen das Zeitalter des Mediceers Leo reagirte, die Gelehrsamkeit, wie sie z. B. auch in Kircher's Musurgie sich breit macht und den Barockzug der Kunst, sie sind in ihrer ganzen Haltung wahre musikalische Berninismen und Borrominismen, würdig des Zeitalters, welches dem Pantheon Eselsohren aufsetzte, das eherne Tabernakel von St. Peter, oder Kirchen entstehen sah, wie S. Carlo alle quattro fontane — in einer Monographie über das Zeitalter Urban VIII. dürften diese Canons ja nicht vergessen werden. Ein Hauptwerk P. F. Valentini's (welches er der h. Maria dedizirte) wird schon durch den Titel charakterisirt, er lautet: „Sanctissimae virgini Dei matri Mariae, archiconfraternitatis suffragii Patronae: Petri Francisci Valentini, Romani, in animas purgatorii propriae et novae inventionis Canon, quatuor compositus subjectis et viginti vocibus, quinque Choris concinendus, qui ultra dictas viginti voces a pluribus etiam vocibus, choris et subjectis extendi et amplificari potest; Romae ex typographia Andreac Phaei 1645." [1]) Diesen Titel rahmen vier Notenzeilen ein, die vier Stimmen, jede kann als fünfstimmiger Chor, und diese vier Chöre können als zwanzigstimmiges Ganze gesungen werden, und damit ist es noch nicht zu Ende, durch Verkehrungen u. s. w. wachsen dieser musikalischen Hydra immer wieder ganz neue Köpfe. Wie das anzustellen, erklärt Valentini in dem weitläufigen Texte des Foliobandes. Ihn zu studieren, kann man wirklich nur den armen Seelen im Fegefeuer zumuthen, für welche der Canon, laut Titels, bestimmt ist, und hätte Dante das Buch gekannt, er würde sicher auf eine der Terrassen seines Purgatorioberges eine Gruppe büssender unnützer Zeitverschwender und Musiker, die keine sind, angebracht haben, welche Valentini's fünfchörigen Canon in allen möglichen Gestalten auflösen und absingen, wogegen aber sofort von den übrigen Terassen aus Einsprache erhoben wird, indem man dort gegen geschärfte Busse protestirt. Ein anderes Mirakel Valentini's ist ein Canon „sopra le parole del Salve regina: illos tuos misericordes oculos ad nos converte (Rom 1629) — er lässt mehr als 2000, sage zweitausend Auflösungen zu, Kircher theilt ihn

---

1) Fètis (Biogr. univ. Band 8 S. 293) gibt den Titel kurz und ungenau: Canone a 6, 10 e 20 voci, Roma 1645. Ich gebe ihn daher (er ist eine Merkwürdigkeit!) vollständig. Ein wohlerhaltenes Exemplar besitzt P. Franz Haberl.

nebst vier Hauptauflösungen in seiner Musurgie mit.[1] Ferner ein „Canone nel nodo di Salomone a 96 voci" (Rom 1631). Man sollte meinen, an 96 Stimmen sei eben genug, aber Athanasius Kircher bringt heraus, man könne diesen Canon sogar zu 144000 Stimmen singen (!!!) — dadurch werde er ein Gegenbild zu den 144000 Sängern, von denen in der Apokalypse die Rede ist. Diesen mag man denn auch getrost die Ausführung überlassen! Jene fromme Dedication Valentini's ist übrigens nicht das einzige Beispiel in jener Zeit. Der schon genannte Agostino Diruta dedizirte das zweite Buch seiner Vesperpsalmen seinem Schutzengel. Auch dass der Componist alle seine Aemter und Würden aufzählt, ist für die Zeit charakteristisch.

---

[1] 1. Theil S. 404.

III.

Der monodische Styl in Rom.

Der monodische Styl in Rom.

Einen wunderlichen, keineswegs sonderlich angenehmen Eindruck macht mitten in dieser römischen Musikwelt der „edle Deutsche" („nobilis Germanus"), wie er sich nannte: Johannes Hieronymus Kapsberger, Componist im „modernsten Styl", ein Mann nicht ohne mehrseitige, wissenschaftliche Bildung, berühmter Virtuose auf der Theorbe und der Laute, der Guitarre und der Trompete, aber auch der richtige grossprablerische Charlatan, welcher sich unter der Aegide seines Adelswappens, und durch dreistes, selbstbewusstes Auftreten an die Grossen drängte, und alles daransetzte, um als Factotum der Musik obenan zu sitzen. Anfangs hatte er in Venedig verweilt, wo auch seine ersten Compositionen (Libro primo d'intavolatura di Chitarrone — 1604) an's Licht traten. In der Stadt, wo Johannes Gabrieli, Giovanni Croce, vielleicht auch schon Monteverde glänzte, wollte es, wie es scheint, nicht recht gelingen, dieses Licht nach Wunsch leuchten zu lassen — Kapsberger begab sich nach Rom. Hier gewann er die Neigung, ja die Bewunderung des grundgelehrten P. Athanasius Kircher.[1] Mit Ostentation machte er hier den „nobilis" geltend; in jenen Tagen Rom's, wo das hochvornehme Wesen eben in vollster Blüte stand, war diese Taktik nicht eben ungeschickt. Seine brillanten „Galanterien" auf der Theorbe und Laute, seine Triller, Syncopen, Tremoti, seine effektvoll mit Piano und Forte abwechselnde Stellen u. dgl. mehr, fanden den vollsten Beifall der Monsignoren, der Principi, der vornehmen Damen, und alles dessen, was sonst in Rom obenauf war.[2] Kapsberger trat mit kluger Be-

---

[1] Hieronymus Kapsbergerus, Germanus, innumerabilium fore qua scriptorum, qua impressorum voluminum musicorum editione clarissionus, qui ingenio pollens maximo, ope aliarum scientiarum, quarum peritus est, musicae arcana feliciter penetravit. (Kircher, Musurg. VII. S. 586.)

[2] Pero, alcuni de più eccellenti moderni, che alle sottigliezze de contrappunti hanno saputo aggiungere, ne' loro suoni mille graziosi, trilli, di strascichi, di sincope, di tremoli, di finte, di piano e di forte e di simili altre galanterie, da quelli doll età passata poco praticale, come hanno fatto nella presente il Kapsberger nella Tiorba u. s. w. (Pietro della Valle, bei Doni II S. 254.)

rechnung als erzmoderner Componist auf. In der unendlichen
Reihe seiner Tonsätze treffen wir Schritt für Schritt Arien, Balli,
Gagliarde, Correnti, Passamezzi — musikalische leichte Mode-
waaren der Zeit — Unterhaltungsmusik. Er hing sich aber auch
an die Jesuiten und componirte für sie eine dramatische „Apotheose
des h. Ignaz von Loyola" und „des h. Franz Xaver". Er wusste
sich bei Urban VIII. Zutritt zu verschaffen. In der Sonnennähe
des Vaticans gerieth er denn endlich auch in die kirchliche Musik
hinein — 1631 wurde ein ganzes Buch vier-, fünf- und achtstimmiger Messen in Folio gedruckt — „Missarum Urbanarum
lib. I" nannte er sie, wie er denn überhaupt Urban VIII. gegenüber ein ganz eminentes Höflings- und Schmeichlertalent entwickelte. Den Urban's-Messen reihten sich vier-, fünf- und achtstimmige „Litaniae deiparae Virginis musicis modis aptatae" an,
denen freilich sechs Bücher Vilanellen für die spanische Guitarre
auf den Fersen folgten.

Trotz aller Erfolge war indessen Kapsberger, wie es die Art
solcher zugleich ehrgeiziger und gemeiner Naturen ist, wenn sie
nicht alles Gewünschte erreichen, voll melancholischer Misslaune
und that sich in heftigen Ausfällen gegen Leute und Dinge, die
er nicht leiden konnte, keinen Zwang an.[1] Sehr begreiflicher
Weise wurde ihm von der Gegenseite mit gleicher Münze gezahlt.[2]
„Capisbergius", wie ihn Doni nennt, lief auf die Gunst des Papstes
förmlich Sturm. Für's erste setzte er Urban's lateinische Poesieen,
welche dieser zu einer Zeit geschrieben, da er noch Cardinal
Maffio Barberini gewesen, in Musik. Es sind fast durchweg
religiöse, oder wenigstens ernste, religiös gefärbte Stoffe. Urban VIII.
ist der in's Barocco übersetzte Leo X., und es ist ein weiter Weg
von den lateinischen, wirklich virgilisch angehauchten Dichtungen
eines Sannazar oder Hieronymus Vida zu dieser barberinischen
— um nicht zu sagen: barbarischen Poesie voll Dunkelheit,
Schwulst, und Schwerfälligkeit. Kapsberger componirte diese
Dichtungen im modernsten florentinischen Stile recitativo — eine
Singstimme mit mässigst beziffertem Bass. Das Opus wurde 1624

---

[1] G. L. Doni, bei welchem allerdings eine ausgesprochene Antipathie
gegen Kapsberger wiederholt hervortritt, erzählt von einem Schüler, der
eine Zeitlang Hausgenosse Kapsberger's war: Romam se contulit, ubi cum
Capisbergium musicam cum citharistica profitentem, aliquamdiu fuerit in
contubernio, morositatem illius ac maledicentiam aversatus, cum
primum potuit, eo relicto, assectari coepit Philoponum nostrum et (de
praest. mus. vet. lib. I) Die starke Stelle weiterhin: „Choerili illius, quem
nostis, hominis andacissimi ac perfrictae frontis" u. s. w. scheint auch auf
Kapsberger zu zielen.

[2] — noverat porro magna se flagraro apud syntechnitas suos invidia,
quos etiam non cessabat tamquam rudes atque imperitos ubique acerbissime
insectari, quapropter tationem metuebat scilicet. (Doni a. a. O.)

Der monodische Styl in Rom.

gedruckt [1]) und die Dedicationsvorrede an Urban, welche Kapsberger voranschickte, wird für alle Zeiten als ein klassisches Muster colossaler Schmeichelei gelten dürfen, in welchem dünkelhafte Selbstüberhebung und niedrige Kriecherei zu einem ganz wunderbaren Gemische durcheinandergeknetet sind. [2])

---

[1]) Der Titel lautet: Poemata et Carmina, composita a Maffaeo Barberino olim S. R. E. Card. — Nunc autem Urbano Octavo P. O. M.. Musicis modis aptata a Po. Hieronymo Kapsberger, Nobili Germano. Romae, cum Privil. et Superior. permissu MDCXXIV. Zum Schlusse: Romae apud Lucam Antonium Soldum, anno 1624. Dazu der Permess: „Imprimatur si placet Reverendiss. P. Mag. S. P. Apost. A. Episc. Hieracen. Vicegerens. Imprimatur Fr. Andreas Biscionus Ord. Praedic. Socius Reverendiss. P. Fr. Nicolai Rodulfj Sacr. Patatij Apostolici Magistri." Dass sogar die Poesieen des Papstes die Censur passiren musston, ist für die Zeit charakteristisch.

[2]) Sanctissimo Patri ac Domino Urbano Octavo Pont. opt. max. — Artes, quibus publica felicitas curatur ita B. V. suspexit, Apostolicus Senatus, ut, tantarum virtutum admiratione imbutus, ei totius generis humani tutelam credendam esse censuerit. Nunc autem ex hoc libello discere potest Europa, quibus studiis otium oblectare Sacri antistites debeant. Mirabuntur sapientes ex ingenio, quod assiduis gravissima negotia exercuerunt, carmina effluxisse, vix ab otioso exspectanda et quae a nemine certe hactenus Italia habuit. Pindaricum enim spiritum, latino ore tonantem, neque ab ipso Lyricorum principe urbs olim potuit audire. Mihi, qui Davidis gloriam in Max. Pont. eruditione reflorescere video, curae fuit, musicis numeris ea carmina modulari, quae dignas Pontificia pietato sententias complectantur, semperque aut Sanctorum triumphos persequuntur aut humanae pandunt oracula sapientiae. Musicen iampridem imprudicis aut ludicris modis fractam tantae poesoos gravitate extollere conatus sum (!), ut jucunda quadam severitate incertos desipientis vulgi plausus aspernata graviorum principum aures teneret, neque tam saepe ex Antistitum cubiculis exturbaretur, tanquam ancilla libidinis et obstetrix vitiorum (!). Quicquid profeci, haberi malo observantiae monumentum, quam ingenii. Id autem ego ipse in scenam producere decrevi, neque Theatri judicium formidabo, cum volumen hoc ad studiorum decus et vitae felicitatem exornare mihi liceat augustissimo nomine B. V., quam religioso beatissimorum pedum osculo veneror, Deumque precor, ut quam diutissima sub tanti Pont. imperio Christianas virtutes et bonas artes triumphare velit. Romae die 5 Aprilis 1624. Sanctitatis Vestrae Beatissimos pedes osculatur Humillimus Servus Jo. Hieronymus Kapsberger. Ein Exemplar des sehr seltenen Druckes findet sich in der Musiksammlung der Chiesa nuova (S. Maria in Valicella) zu Rom. Allacci erwähnt eines Manuscript gebliebenen Bandes: „Carmina Cardinalis Darberini nunc Urbani VIII., musicis modis aptata." Also im Wesentlichen der gleiche Titel, wie bei dem gedruckten Band. Vielleicht trägt das Fiasco, welches Kapsberger mit seiner Invasion auf das Musikchor der sixtinischen Capelle macht, Schuld, dass wir diese Fortsetzung entbehren, an welcher wir indessen schwerlich viel verloren haben dürften. Der gedruckte Band enthält folgende Stücke: de S. Ludovico, Franciae Rego — Poenitens — Paraphrasis in canticum trium puerorum — de S. Laurentio; Ode — Jesu mox morituri cum beatissima Maria matre colloquium; Ode — Paraphrasis in canticum B. Virginis — in diem natalem Jesu Christi — in maledictum, qui in nomen Romae impie lusit — de nece Reginae Scotiae — Paraphrasis in canticum Simeonis.

Es fällt freilich nach der Magniloquenz der Vorrede schlimm ab, wenn wir Compositionen begegnen, wie folgende:

Paraphrasis in Canticum Simeonis.

Nunc tu-o jux-ta dic-ta tu-a ser-vo sol-ve vi-ta-les, pa-ter al-me ne-xus, cer-nit au-tho:rem me-a lux sa-lu-tis ex-ci-pit ul-na.

Quem tuo regem populo parasti
Gentium lumen, tenebris fugandis
Gloriam David, decus et perenne.
Isacidarum.

Paraphrasis in canticum B. Virginis (d. i. das Magnificat).

Ad as-tra Re-gem coe-li-tum tol - - [1]

---

[1] Man beachte die Tonmalerei auf das Wort tollit —!

— lit me-um cor lau-di-bus et in De-o qui
de-tu-lit mi-hi sa-lu-tem u. s. w.

Damit sollte die alte kirchliche Poesie, die alte kirchliche Singeweise in Schatten gestellt werden!!

Die Musik Kapsbergers, deren Charakter er selbst in eine „jucunda severitas" setzt, ist hier nicht schlechter und nicht besser, als im Durchschnitte die Arbeiten der geringeren Monodisten der Zeit — schwerfällig psalmodirende, hohl pathetisch declamirende Recitation, mit lastend herabziehenden, die Absätze plump markirenden Cadenzen. Der „Pontifex optimus maximus" — wie ihn Kapsberger nennt, scheint gegen die Gabe nicht unempfindlich geblieben zu sein — und nun konnte der „edle Deutsche" zu seinem Hauptschlage ausholen. Er hatte schon in seiner Dedicationsvorrede die Stirne gehabt, sich der „ausgearteten" Musik gegenüber als Reformator zu geriren, als zweiter Palestrina — natürlich ist es die erhabene Poesie Urban's, welche dieser Musik Kraft und Hoheit geliehen! Wie „klassisch" Urban gesinnt war, zeigen seine Poesieen sattsam [1]). Kapsberger lag nun seinem hohen Gönner in den Ohren — (mit kühner Stirne und beweglicher Zunge, wie Doni sagt): „Die Arbeiten Palestrina's seien

---

[1]) Doch sind sie gelegentlich mit Concetti im Geschmacke der Zeit aufgeputzt, z. B. das Gedicht „de nece Reginae Scotiae":

Tu quamquam immeritam ferit, ò Regina, securis
Regalique tuum funus honore caret
Sorte tua gaude, moerens neque Scotia ploret
En tibi pompa tuas, quae decet exequias
Nam tibi non paries atro velatur amictu
Sed terras circum nox tenebrosa tegit
Non tibi contextis lucent funeratia lignis
Sed coelo stellae — Nenia tristis abest
Sed canit ad pheretrum superum Chorus aliger
Et me coelesti incipiens voce silere jubet.

Der letzte Pentameter ist ein Meerwunder, das Ganze überhaupt ein Seitenstück zu dem berühmten Distichon von „Rom und Florenz" in den Münchner Arkaden.

in der That wohlklingend, aber in der Anwendung der (lateinischen) Textesworte roh, dergleichen dürfe man in dem so überaus feinen und gebildeten Jahrhundert („in politissimo hoc atque urbanissimo seculo" — das letztere Adjektiv war gut gewählt, im Säculum Urban's gleichsam!) am erhabensten Orte der Welt nicht hören" u. s. w. Also auch Palestrina ein unklassischer Barbar, wie vor ihm die Niederländer! Genug — Kapsberger bot seine Kompositionen in ihrer klassischen Tadellosigkeit zum Ersatz. Allein die Sänger der päpstlichen Capelle erklärten laut und öffentlich, diese Musik nicht singen zu wollen, und als sie solche dennoch singen mussten, sangen sie (absichtlich) so elend, dass Kapsberger kläglich durchfiel und ihm, wie Doni mit sichtlicher Schadenfreude bemerkt, nichts übrig blieb, als seine Päcke Musik zum Vergnügen der Mäuse und Motten in sein Haus zurückschaffen zu lassen.[1]) Diese von Baini und Fétis kritisch angefochtene Erzählung[2]) erhält einiges Gewicht durch die Missas Urbianas, welche augenscheinlich, wenn die ganze Sache wahr ist, bestimmt waren, die Messen Palestrina's aus dem Felde zu schlagen.[3]) Wie sich Kapsberger nach dieser vollständigen Niederlage weiter benahm, ob er in Rom blieb, wo er sein Leben endete — wir wissen es nicht.

Seine bombenfeste Eitelkeit dürfte ihm indessen hinübergeholfen haben. Es macht einen geradezu komischen Eindruck auf den Titelblättern seiner gestochenen Compositionen, meist Lautensachen, sein grossmächtiges Wappen prangen und ausserdem jedes Folium mit den Initialen seines Namens H. K. bezeichnet zu sehen. Ueberdies lässt er sich seine eigenen Sachen von seinen Schülern und Freunden mit den lächerlichsten Lobeserhebungen dediziren (!). Gleich in der Vorrede der ersten, 1604 in Venedig gedruckten Sammlung sagt der Herausgeber, sein

---

[1]) Doni's Erzählung sehe man in Opp. I, S. 98, 99.
[2]) Baini (Memorie della vita etc. di Palestrina II, S. 645) meint: man hätte die Compositionen Kapsberger's, wenn sie von den päpstlichen Sängern hätten gesungen werden sollen, in die grossen Chorbücher der Sixtina schreiben müssen, wo sie aber nicht zu finden seien. Es scheint dieses kein zwingender Schluss zu sein — es waren ja noch keine offiziell recipirten Tonsätze, und die vorgenommene Ausführung wohl nur eine vorläufige Probe. Allerdings sagt Doni: „quare brevi res exolevit", was anzudeuten scheint, als seien diese Gesänge eine Zeit lang im Gebrauch gewesen, ferner fällt auf, dass Urban VIII. — (princeps) bei dem Gesang anwesend gewesen sein soll.
[3]) Wie Fétis an die Gedichte Urban's denken mag, begreife wer kann! Monodieen mit Generalbass für den päpstlichen Sängerchor!! Und hätte Urban VIII. auch wirklich im Plane gehabt, Palestrina's Musik abzuschaffen, so konnte ihm, dem Oberhaupt der Kirche, doch nicht im Traume einfallen, an Stelle des Ritualtextes seine Dichtungen, an Stelle des „Magnificat anima mea Dominum" sein „ad astra Regem coelitum tollit meum cor" zu setzen.

Stiefbruder Jakob Anton Pfender: „la vaghezza et la novità di questa manièra d'intavolare, che tanto al mondo piace et in cui Vossignoria è ruiscita eccellente" u. s. w. Kapsberger brachte nämlich in der Intabulirung der Lauteninstrumente viele Modifikationen und manche dankenswerthe Verbesserungen an, welche dem P. Kircher wichtig genug erschienen, um in seiner Musurgie darauf einzugehen und dort verschiedene Proben Kapsberger'scher Kunst und Art aufzunehmen.

Man mag von letzterer denken, was man will, und in der That sehr wenig Gutes, man wird Kapsberger aber mindestens das Zeugniss nicht versagen dürfen, dass, wo er einmal seine Theorbe in den Winkel stellt und sich in höheren Gattungen der Musik, als in Passamezzen und Gagliarden versucht, er sich mindestens kein schlechtes Muster ausgesucht hat: Claudio di Monteverde, den und dessen Musik er vielleicht noch in Venedig kennen lernte. — Eines konnte er sich aber nicht geben, es nicht erstudieren und es nicht nachahmen: Monteverde's Genialität. Kapsberger ist ein aufmerksamer, sorgfältiger Nachtreter, er hat Formen, Styl, Wendungen seines Vorbildes mit offenen Augen angeschaut und ganz wohl verstanden, aber es fehlt bei ihm der belebende Funke, es fehlt Erfindung, es fehlt Sinn für Klangschönheit. Sein madrigalesker Styl ist allenfalls nicht ganz zu verachten und es gelingt ihm mitunter etwas Pikantes, wie die von Athanasius Kircher besprochenen (sehr unschuldigen) Quinten in dem Madrigal: „fra dolcezze di morte e di dolore" — durch welche das Concetto „der Süssigkeit des Todes und Schmerzes" musikalisch illustrirt werden soll. Wo sich aber Kapsberger vollends auf den neuen monodischen Styl verlegt, wird er meist unglaublich armselig. In seiner holprigen Deklamation geht sein Streben fast nur dahin, mit pedantisch ängstlicher Genauigkeit den Sylbenquantitäten seines lateinischen Textes gerecht zu werden, er trommelt seine Rhythmen völlig herunter, seine Gesänge sind dürre metrische Präparate. Die Melodie trägt den Charakter der damaligen, überhaupt wenig reizenden Melodik, ist aber vollends der Schönheit bar. Die Harmonie ist sehr dürftig, sie bewegt sich in wenigen Formeln und Accorden, und selbst innerhalb dieser bewegt sie sich oft unbeholfen, ungeschickt und sogar fehlerhaft. Von dem dramatischen Ausdruck Monteverde's findet sich bei Kapsberger keine Spur. Kapsberger war, wenn kein glücklicher, so doch ein fruchtbarer Componist. Leo Allacci bringt ein langes Verzeichniss seiner Arbeiten [1]); vieles ist gedruckt.

Wenn nicht das Hauptwerk, so doch sicher eines seiner Hauptwerke ist eben jene „Apotheose der Heiligen Ignatius von

---

1) Man findet es reproduzirt in Walther's Lexicon. Seite 335.

Loyola und Franz Xaver". Gregor XV. hatte 1622 den Stifter des Jesuitenordens unter die Zahl der Heiligen versetzt. Natürlich liessen sich die Jesuiten vor allem in Rom angelegen sein, diese Heiligsprechung mit gedenkbarster Pracht zu feiern. So fand denn auch im Collegio Romano eine theatralische Aufführung durch „die vornehmsten Jünglinge" und „besten Musiker" und zwar fünfmal nach einander statt, und „gefiel jedesmal"; eben jene von Kapsberger in Musik gesetzte „Apotheosis seu Consecratio SS. Ignatii et Francisci Xaverii". Es ist kein Drama, denn es fehlt darin an jeder Handlung — es ist vielmehr ein Prachtballet mit Gesang, dessen Inhalt, wie der Titel besagt, die „Apotheose" der beiden Ordensheiligen bildete, in Costümen, Aufzügen, Tänzen, Dekorationen und Maschinenwundern durchaus dem überschwenglichen Prachtstyl entsprechend, womit der Orden seine Kirchen und deren Ausstattung an Malereien und Sculpturen zu überladen liebte; in seiner Art völlig das, was das von Pater Pozzo gemalte spektakulös-brillante Deckenfresko der auch zum Andenken an die Canonisirung gegründeten Ignatiuskirche in Rom ist: „Der Triumpheinzug des heiligen Ignaz in's Paradies".

Es war der Stolz des Jesuitenordens, dass er über alle Welttheile seine Hand ausstreckte, dass er bei den Völkern der Erde den mächtigsten Einfluss übte [1]). Die Verherrlichung der beiden Heiligen durch die Nationen ist denn auch der Gegenstand der Festvorstellung.

Den Anfang bildet ein Prolog — „Scena Campum Martium Spectantibus offert, nube primum modica ac paulatim in immensum se pandente e coelo in Scenam demissa, Chorus Aligerum [2]) sapientiae comos ad modos (canis!)." Ein Maschineneffekt grossen Styls! Dazu Engelschor in den Wolken. Sofort erscheint die

---

1) Ein merkwürdiges Denkmal sind die zwei immensen Statuengruppen, welche die Jesuiten für die Prager von Ferdinand Brokoff machen liessen; St. Ignaz und ihm gegenüber S. Xaver. Der erstere steht auf einer Weltkugel, welche von den durch Gesichtsbildung, Tracht und begleitende Thiere charakterisirten Welttheilen in die Höhe gehoben wird u. s. w. — S. Xaver ist vorgestellt, wie er eben einen indischen Fürsten tauft, und dieser Taufakt wird hinwiederum von einer Gruppe von Chinesen, Japanesen, Hindostauern und Malayen wie von einem Piedestal gestützt und in die Lüfte emporgehalten. Die beiden grossprahlerischen Stücke sind übrigens von trefflicher Arbeit. Es gehörte zum Ordensgebrauch, dem h. Ignaz, wo es anging, als „zweiten" den S. Xaver entgegenzustellen, so in jenen Prager Brückenstatuen, so im Gesù in Rom, wo der Altar des h. Ignaz im Schiff der Kirche an der Evangelienseite, ihm gegenüber an der Epistelseite der des h. Xaver prangt. Für die Jesuitenkirche in Antwerpen malte Rubens die zwei kolossalen Altarbilder, deren eines Wunder des h. Ignaz, das andere Wunder des h. Xaver vorstellt und welche sich jetzt in der Gemäldegallerie des Wiener Belvedere befinden.

2) Geflügelte Engel.

Weisheit („Sapientia cum hasta et Clypeo Gregoriano" — also offenbar wie eine Minerva angethan) und spricht den Prolog — 74 Verse, lateinisch, wie der ganze übrige Text —

>   — — quidquid boni
>   Miratur orbis, exterae gentes colunt
>   Urbis saluti natus, atque orbis simul
>   Lojola peperit, inpigrae gentis parens
>   Franciscus auxit incliti proles patris.
>   His dum Quiritum rector et mundi arbiter
>   Gregorius aras destinat, non haec mihi
>   Lux segnis abeat, siquid in regno meo
>   Linguae beata copia atque artes valent
>   Amoeniores, exerceant vires suas
>   Magnosque dictis asserant coelo Deos u. s. w.

Die „Sapientia" endet ihren Prolog und wird von einer „aus der Erde hervorbrechenden Wolke" in den Himmel zurückgehoben [1]); die eigentliche, von hier an durchweg mit Gesang verbundene Darstellung besteht aus 5 Akten.

Ein kurzes, dreistimmiges Ritornell von Instrumenten, nichtssagend wie die Mehrzahl solcher Ritornelle, leitet ein. Auf einem von weissen Pferden gezogenen Wagen erscheint Roma (Sopran), ein Chor von 16 edlen Jünglingen folgt ihr, der Architekt Metagenes (Tenor) begleitet sie. Roma begrüsst den grauenden Morgen des festlichen Tages mit einem Recitativ — der Chor antwortet zwei- und vierstimmig. Dann gebietet Roma dem Metagenes, den Rogus für die Apotheose aufzurichten; der erste Ausruf „sat est!" möge als rarer Fall, dass eine Art Nachahmung des natürlichen Redetones versucht wird, nicht unbemerkt bleiben:

---

1) Hic nubes alia e terra erumpens sapientiam in coelum reducit.

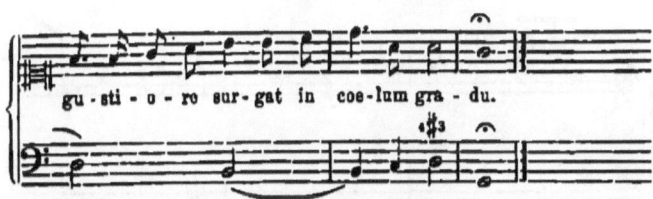

gu - sti - o - ro sur - gat in coe - lum gra - du.

Dies geschieht „mit grosser Schnelligkeit", während der Chor das Lob der Heiligen preist. Sofort erscheint personificirt Spanien (Sopran, wie alle übrigen Repräsentantinnen der einzelnen Länder), Portugal auf Wagen, eine jede begleitet von 17 Jünglingen. Die Spanier errichten dem h. Ignaz eine Trophäe von Kriegswaffen „wie er sie weiland als Ritter geführt". — Die Portugiesen bieten dem h. Xaver das Schiff an, welches ihn einst nach Indien getragen. Wechselnde Chöre der Spanier und Portugiesen und Waffentänze schliessen den Akt, für letztere haben die Chöre den Gagliarden - Rhythmus — Es ist aber zudem auch eine eigene, ziemlich ausführliche Balletmusik mit zahlreichen Wiederholungssätzchen zwischen die Chorgesänge eingefügt — armselig genug in Melodie und Harmonie:

Ballo.

Weder hier, noch weiterhin wird in den Chören auch nur die Andeutung eines Versuches gemacht (wie in jener Zeit auch ein Mirakel wäre), die einzelnen Nationen durch die Musik zu charakterisiren.

Der zweite Akt führt auf einem Prachtwagen Indien herein, begleitet von 17 Indianern, welche Bogen und Pfeile in Händen halten; auf dem Kopf tragen sie als Zierde „a l Indiana" einen purpurfarbigen Vogel („non finto ma vero e reale, venuto da quelle parti — cosa rara a vedere in tanto moltitudine" bemerkt das Programm). Sie bringen dem h. Xaver Perlen dar. Indien selbst erscheint, wie Papageno's Grossmutter, ganz in bunte Federn indischer Wundervögel gekleidet. Die Musik zu dieser Pracht und Herrlichkeit ist um so unscheinbarer — ein mageres Ritornell zur Einleitung, ein steifes Recitativ Indien's. Palästina mit 17 „alle Turchesca" gekleideten Begleitern opfert dem heiligen Ignaz Weihrauch (!). Indien und Palästina singen ziemlich lange in breiten Recitativen gegen einander, dann „Ritornelle" (Balletmusik) und Tanzchöre mit einem Scheinkampf der Bogenschützen — plötzlich bilden die Indier aus ihren Bogen „in un batter d'occhio" zu Ehren S. Xaver's eine Erdkugel, auf der alle Welttheile landkartenhaft abgemalt sich zeigen — „jeder Bogen war doppelt und fasste den sechsten Theil des Globus in sich".

Der monodische Styl in Rom.

In ähnlicher Weise bilden die Begleiter Palästina's aus ihren Bogen für Ignatius ein Schiff. Die Chöre wechseln hier mit ziemlich ausführlichen Balletstücken.

Die dritte Abtheilung führt Frankreich ein, welches dem h. Ignaz die „Seine" (!) darbringt, zur Erinnerung, dass sich der Heilige einmal, um einen Jüngling von einer tollen Liebe zu heilen, in den eiskalten Strom zur Winterzeit getaucht. Um seine Liebe zu symbolisiren, strömt aus der Urne der Flussnymphe „feuriges Wasser" (acque infocate). Japan, welches jetzt einzieht, opfert, auf die Menge seiner Märtyrer anspielend, dem h. Xaver Lorbeerkronen und Palmen. „Japonia" wird durch folgendes lahme Ritornell angekündigt:

Schwerttanz und Moreschen schliessen sich an.

Im vierten Akt erscheinen Italien und China. Italien bringt

Blumen, China Seidenstoffe. Abermals ein Waffentanz mit Speer und Schild. Die Schilde der Chinesen breiten sich aus und bilden Mauerwerk, aus dem ihre Träger sofort die berühmte chinesische Mauer erbauen. Die Chöre sind hier zum Theil einstimmig, dann zweistimmig, weiterhin aber sogar Doppelchöre zu acht Stimmen:

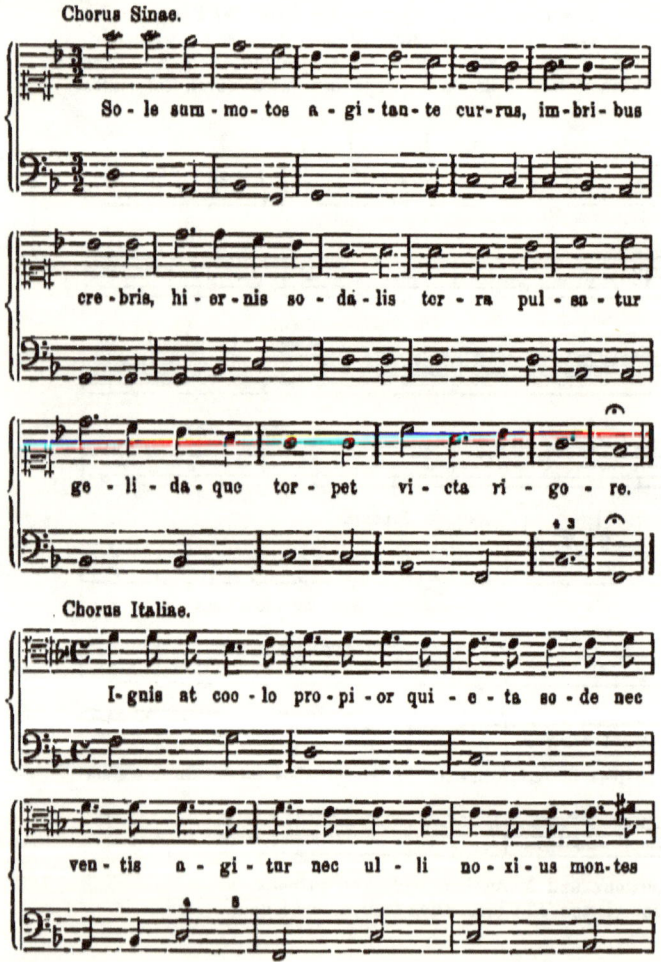

Der monodische Styl in Rom. 139

qua - tit aut ti - men - do lu - mi - ne ful - get.

Chorus Sinae a 2.

Sol u - bi ae - qua - tis ra - di - ans ha - be - nis u. s. w.

Hier ist wenigstens ein Versuch gemacht, Contraste fühlbar zu machen, und das Unisonsätzchen der Chinesen ist anhörbar. Zuletzt hebt eine Feuerwolke Italiener und Chinesen plötzlich in die Lüfte „rappresentando in quella fiamma la protezione d'Ignazio, che al cielo li guida".

Am brillantesten gestaltet sich, wie billig, der 5. und zugleich letzte Akt. Rom erscheint wieder, mit ihm Spanien, Portugal, Indien, Palestina, Frankreich, Japan, Italien, China. Es tritt der Bildhauer Pythis auf, ferner Gladiatoren (Secutor, Retiarius). Mehr als hundert Personen standen auf der Bühne — eine Fackel wurde vorangetragen, deren Flamme sich auf den Wink Roms loslöste und gegen den Himmel flog. Pythis, der Bildhauer, erhält von Roma den Auftrag, die Bilder der beiden Heiligen zu meisseln, was wiederum im Handumdrehen gethan ist — sie werden auf den Rogus gestellt. Rom — das, wie es scheint, selbst jetzt seine alten Passionen nicht vergessen kann, ordnet Gladiatorenspiele an:

> Nunc ubi contractas pulsat labor arduus auras
> Felicior moles sacris
> Altius imposita surgat geminata colossis —
> At vos, Quirites, interim
> Antiquum in morem festo celebrate theatro
> Pugnas duello ludicras
> Ille hostem laqueo captet vel retia fundat,
> Et lubricum piscem petat
> Aut ferus impacta simulet Thrax vulnera sica
> Dum se secutor subripit.

Unter Instrumentalmusik (Galliardenrhythmus) beginnt der Kampf. Der Retiar wird verwundet und geräth in Noth; der Secutor (Bass) frägt sein Publikum:

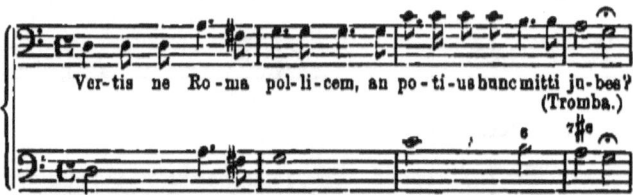

Das Publikum denkt menschlich:

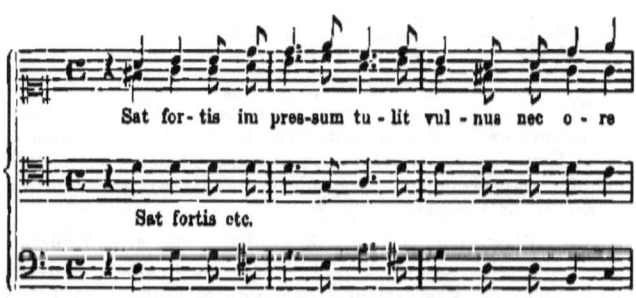

Der Kampf wird fortgesetzt; „quid mea", ruft der Retiar, „celero retia lapsu fallax secutor effugis?"

Der monodische Styl in Rom.

(Generalbass unison mit dem Chorbass.)

Der Rogus wird endlich angezündet — und jetzt entwickelt sich der höchste Glanzmoment der Darstellung: der Himmel öffnet sich, man sieht, während Roma und alle sie Umgebenden knieend verehren, die beiden Heiligen oben in Herrlichkeit und Verklärung, umgeben von den Heerscharen des Himmels. Die Heiligen (Tenor) verheissen ihren Schutz:

1) Ueber diesen Zuruf vergl. Ludwig Friedländer's „Darstellungen aus der Sittengeschichte Rom's", 2. Theil, S. 386 —: „vermuthlich ist dies unter entsprechender rhythmischer Bewegung und Musikbegleitung gesungen worden". Es ist in die Gladiatorenscene des S. Ignazio viel archäologische Gelehrsamkeit eingepackt.

Darnach Chor: „sic fides nostris, pietasque regnis" u. s. w. und: „Gregori servet geminata regnum, servet et magno similem parenti, vivat ut quondam simile senecta flamma nepotem".

S. Franciscus.

Der monodische Styl in Rom. 143

wird wiederholt und schliesst die Darstellung ab.

Die Zuscher, an die mageren Incunabeln der Monodie gewöhnt, scheinen es zum Glück nicht empfunden zu haben, wie unscheinbar sich Kapsberger's Musik neben der Pracht der Ausstattung ausgenommen haben muss.

In demselben Jahre 1622, wo die „Apotheose" aufgeführt wurde, trat Vittorio Loreto in das Collegium der päpstlichen Sänger ein. Auch er componirte für die Jesuiten einen „heil. Ignaz von Loyola", den wir indessen nur aus einem Briefe des Erythräus kennen [1]). Er erzählt über die Aufführung pikante Details. Es war diesmal kein allegorisches Spiel, sondern das dramatisirte Leben des Heiligen, was Manche tadelten, „weil dergleichen nicht auf's Theater gehöre, sondern besser den Predigern vorbehalten bleibe". Viele nahmen besonders an der öfteren Erscheinung Christi Anstoss. Erythräus selbst fand die Poesie mittelmässig, desto vortrefflicher die Musik seines vergötterten Loreto. Ein Beweis, wie sehr sich die Menge bei Schauspielen dieser Art bereits an Pracht und Glanz gewöhnt, ist, dass man, obwol die Jesuiten es schwerlich an dem ihnen gewohnten Prunk hatten fehlen lassen [2]), „die Ausstattung nicht reich genug finden wollte". „Christus", meinte man, „hätte in den getheilten Wolken, umglänzt von Licht, umgeben von Engelchören erscheinen, — die geöffnete Hölle hätte Flammen, Dämonen, Schlangen sehen lassen, die Personification der Gegend der Antipoden hätte als königliche Figur im Aufzuge eines Attalus mit einem Gefolge von Elephanten und Reitern auftreten sollen". Trotz solcher Ausstellungen nahm ganz Rom das lebhafteste Interesse. Der Generalprobe sollte nur eine Elite von Kennern und Kunstfreunden beiwohnen, „es drängten sich aber gewaltsam gegen zweitausend Personen hinein, welche von der Herrlichkeit des Geschauten und Gehörten nicht genug zu sagen wussten. Zur Aufführung strömte denn auch „fast die ganze Stadt herbei" — die Zuschauerplätze wurden mit Sturm genommen, in den für die Kardinäle vorbereiteten Sammetfauteuils räkelten sich grobfäustige Trasteveriner, die keine Gewalt hinauszuschaffen vermocht hätte — es war ein Lärm, „dass man von dem Werk nicht mehr hörte, als hätte die Vorstellung bei Stadisis stattgefunden, wo die Katarakte des Nil die Anwohner betäuben". Die nächste Aufführung fand denn mit bedeutenden Vorsichtsmassregeln statt, eine starke Abtheilung Schweizer bewachte den einzigen Eingang, der diesmal geöffnet war, man liess nicht mehr Zuseher ein, als Plätze zur Verfügung standen, man schloss endlich das Thor, vor dem die ausgesperrte Menge vergeblich tobte. Diesmal wurde Alles mit grösster Aufmerksamkeit angehört. Bemerkt mag werden, dass der Berichterstatter Erythräus das grösste Gewicht auf den moralisirenden Zweck der Vorstellung legt: „Bussgeist, Liebe zur Tugend, Abscheu vor der Sünde zu wecken".

---

1) Erythraei, Epp. ad diversos IV. Buch, Brief 37. S. auch Lindner's trefflichen Aufsatz „Ritter Vittorio Loreto" („zur Tonkunst", S. 51).
2) Erythräus bezeichnet die Szene als „magnificentissima".

IV.

Die Musikreform und der Kampf gegen den Contrapunkt.

Die Musikreform und der Kampf gegen den Contrapunkt.

Eine neue Zeit war herangekommen, und in der Entwickelungsgeschichte der Musik trat ein Umschwung ein, eine Opposition gegen das Bestehende und eine Reformbewegung, deren Ziel eine Tonkunst ganz neuer, auf ganz anderen Fundamenten, als den bisherigen beruhenden Art war. Sie beginnt, in runder Zahl ausgedrückt, mit dem Jahre 1600. Es ist eine Epoche, bei der man von vorne zu zählen anfangen muss. Dieser nicht ohne Leidenschaftlichkeit gegen den Contrapunkt im Namen einer nach antiken Autoritäten und antiken Kunstprincipien zurückgreifenden Tonkunst geführte Kampf ist das genaue Gegenbild der um zweihundert Jahre älteren Bewegung, welche man als die „Renaissance" bezeichnet. Wie immer kömmt auch diesmal die Musik als Nachzüglerin der anderen Künste. Die Renaissance beginnt in Italien (wieder in runder Zahl ausgedrückt) mit dem Jahre 1400, sie dringt ein Jahrhundert später siegreich in Frankreich und Deutschland ein; hier und dort, als die Ideen, welche die ausschliesslich bewegenden des Mittelalters gewesen waren, ihre beherrschende Kraft eingebüsst hatten. Die florentiner Reformatoren der bildenden und bauenden Künste von 1400 wären bei der allgemeinen Strömung, welche die Geister fortriss, sicher gleichzeitig als Musikreformatoren aufgetreten; hätte die Musik der Italiener nicht bis nach 1500 in den Windeln gelegen und wäre sie dann nicht von der hochausgebildeten niederländischen Tonkunst durchaus abhängig und bedingt gewesen. Als die Musik sich endlich aufmachte, um sich der Bewegung anzuschliessen, war die Jugendfrische, der erste Enthusiasmus der Renaissance lange vorbei, sie hatte ihren Höhepunkt lange hinter sich und hatte sich in der Bildnerei und Architektur bereits in's wildeste Barrocco verlaufen, das Leben hatte den freien, poetischen Hauch längst gegen schwülstige, selbst zum Theile ungeheuerliche Formen vertauscht. Es war für die Dichtkunst die Zeit der Marinismen, Gongorismen und Euphuismen, es war die Zeit der Borrominismen und Berninismen in der Architektur und Sculptur, der steif vornehmen ceremoniösen Etikette in der sogenannten guten

Gesellschaft, der tellergrossen spanischen Halskrägen, der „Gänsebäuche", der Guard'-Infantes und Flatterspitzen. Die neue Musik begann bald nach ihrem allerersten Anlauf, welcher mitten in jener seltsam unnatürlichen Welt durch seine reinen, edlen Ziele und sein Streben nach Einfachheit und Wahrheit überrascht, allerdings wenigstens einen Reflex vom „Geiste der Zeit" zu zeigen. Aber sie steht im Ganzen trotzdem den gemeisselten Virtuosenstücken, dem Spiel geschwungener Linien und den zuweilen geradezu tollen Phantasiespielen der Bau- und Decorirkunst massvoll gegenüber. Sie durfte auf dem ihr neuen Boden eben keine so kecken Sprünge machen, wie ihre Schwesterkünste auf dem ihnen längst gewohnten. Ihrer Mittel war sie nicht entfernt so sicher, wie jene, welche mit dem, was zwei Jahrhunderte einer hohen Kunstblüte für sie errungen, übermüthig verschwenderisch umgehen durften, während die Musik erst noch Alles mit Mühe und Arbeit für sich zu erwerben hatte.

Die bildenden Künste brauchten, sobald jene geistige Strömung eingetreten war, das ihnen vom Alterthume hinterlassene Erbe nur kurz und gut anzutreten — noch standen die Trümmer der einstigen Herrlichkeit Rom's mit ihren Formen und Verhältnissen der zeichnenden und messenden Hand des Architekten zur Verfügung; die Marmorgestalten der Antike feierten eine nach der andern ihre Auferstehung aus dem Trümmerschutt, in welchem die Verwüstungen, die über Rom hingegangen, sie begraben hatten. Die Dichter, die Geschichtschreiber, die Redner des Humanistenzeitalters fanden ihre Muster in den Dichtern, Geschichtschreibern und Rednern des Alterthums, deren Werke durch den Eifer eines Poggio und Anderer aus vergessenen Winkeln, aus düsteren Klosterbibliotheken und woher sonst gezogen worden und seit der Erfindung des Buchdrucks und besonders seit Aldo Manucci's rühmlicher Thätigkeit auf diesem Gebiete für Jedermann zugänglich geworden waren. Ganz anders die Musik. Die schwierigen Theorieen, welche sie bei völligem Mangel an wirklichen Musterwerken aus dem Alterthume überkam, waren weit eher geeignet, sie zu verwirren und in ihrer Entwickelung zu hemmen, als sie zu fördern.[1]) Der an die alten theoretischen Schriften sich anhängende

---

[1]) Die Vorkämpfer der musikalischen Bewegung dachten, wie natürlich, ganz anders. Die Parallele, welche G. B. Doni (de praest. mus. vet. S. 11 u. f. der Ausgabe von 1647, Seite 84 u. f. im 1. Bande der Gesammtausgabe von 1763) zwischen den noch vorhandenen Schriften antiker Autoren über Musik und den Schriftstellern des Mittelalters und weiter bis auf Glarean zieht, ist der stärkste Ausdruck dafür. Jene sind der Inbegriff aller Weisheit, die andern sind Barbaren „qui ne somniarunt quidem, quid esset eloquentia aut doctrina politior" und die vielleicht nur durch die „soculi illius, quo vixerunt, infolicitas" zu entschuldigen sind. Glarean, der doch täglich reine und elegante Schriftsteller zur Hand zu nehmen

Kram gelehrter archäologischer Notizen über Dinge, welche nur äusserlich auf Musik Beziehung haben, die immer wieder nacherzählten antiken Musikanekdoten und Musiklegenden, die gläubig hingenommenen Wundergeschichten machten die Sache um nichts besser, und was man bei Platon an legislatorischen Aussprüchen über die Tonkunst, deren Werth und Anwendung fand, wurde zwar mit unbedingtester ehrfurchtsvoller Zustimmung angehört, als Gesetz voll Gehorsam entgegengenommen, wollte aber in eine gänzlich veränderte Welt und Weltanschauung hinein doch nicht recht passen.

Zudem konnten aber die musikalisch-antikisirenden Reformideen erst dann Wurzel fassen, als die ältere Richtung der Musik, welche vor Jahrhunderten ihren ersten Anfang im Kirchengesange genommen, ihre höchste Entwickelung kurz vorher in Palestrina und der um ihn geschaarten römischen Schule gefunden hatte, über diesen letzteren Punkt hinaus war und anfing, nach neuen

---

gewohnt war, ist gar nicht genug zu schelten, weil er — Worte braucht wie: „Semiditas pro semissis ablatione, imperficere atque imperfici, ubi de notis perfectis atque imperfectis loquitur — prava haec scabies et inquinatum loquendi genus, quo recentiores musurgi fatali quadam vecordia utuntur; cujus contagione videlicet sua ipsius scripta, satis alioqui proba et casta, bonus ille Helvetius infici non animadvertit." Ueber Aristoxenus ist Doni ganz ausser sich: „ex posterioribus autem philosophis unus etiam Plutarchi de musica liber etiamnum fertur; sed adeo rerum cognitu dignissimarum refertus, ut eo majus tot in simili genere amissorum excitet desiderium. Aristoxeni vero, Deus bone, quanti, qualisque viri! non dico nunc Philosophi, aut Mathematici, aut vitarum scriptoris, sed Musici, immo Musicorum omnium quotquot unquam fuerunt sine controversia principis; quid nisi tres elementorum harmonicorum libelli, nec ii quidem satis integri et pauca quaedam fragmenta jam supersunt? in quibus tamen is ordo, eaque methodus ac proprietas, brevitas et perspicuitas sermonis elucet, ut Aristotelis discipulum facile agnoscas. — — — Suidas quinquaginta tres supra quadringentos libros ab eo conscriptos prodidit, quorum plerique ad rem musicam (cujus omnes partes solertissime pertractavit ac digessit) pertinuisse videntur. O jacturam deplorandam! o infelicem sortem tuam, Aristoxene!" — Die Kunstausdrücke der neuen Musik sucht Doni durch wahre Prachtausdrücke antiken Klanges zu ersetzen, denen er indessen nothgedrungen die herkömmlichen in Klammern beisetzt, weil sonst kein Mensch verstanden haben würde, was er meint. So wird das Clavier zum „Polyplectrum" — ein Ausdruck, welchen hernach auch Athanasius Kircher verwerthet — wir lesen: „Symphoniurgium seu Contrapunctum" — „Symphoniurgorum, sertinacia, quos Componistas Papius vocat" — „in vulgaris Pectidis chalcocordae (quam Citaram vocant) et in Chelonidis Hispanicae (quam Chitarram graeca paene pronuntiatione appellant) syncrusibus" — „homophoneseon (quas Fugas vocant) propinquitas" — eine Motette heisst „Prosodia" — ein Madrigal heisst „Scoliasma"; ein Ritornell „Mesocitharisma"; der Generalbass „Hypatodia organica"; die Cadenzen werden bezeichnet in clausulis, quas Syncatagogas graece rectius dixeris. (Die bezüglichen Stellen: Opp. 1 S. 90, 91, 98, 219, 233, 243 u. s. w.)

Ausdrucksmitteln zu suchen. Eine neue Entwickelung der Musik
that noth — das fühlte jedermann, aber auf den alten Wegen
war sie nicht zu finden, denn hier hatte die Musik ihr Höchstes
schon erreicht; was noch nachfolgte, war folgerichtig im besten
Falle Wiederholung, noch öfter aber Ausartung oder bedenkliche
äusserliche Potenzirung. Letztere bei allen Künsten war jederzeit ein sicheres Zeichen des nahe bevorstehenden Sturzes.

Die reformatorische Bewegung, welche 1600 zunächst in
Florenz unaufhaltsam losbrach, hatte sich in ihren ersten, einstweilen kaum merklichen Symptomen hundert Jahre früher in
Oberitalien angekündigt. Die ganze Richtung der „Frottole"
kann, trotz einzelner, an Niederländisches mahnender Züge, doch
kaum anders verstanden werden, denn als Opposition gegen die
nach Italien importirte, alle Kirchen, alle Fürstenhöfe beherrschende niederländische Musik. Gerade jene Stücke, die, ohne
Text, als Aer de Capitoli, Aer de Sonetti u. s. w. bezeichnet und
gleichsam musikalische Futterale sind, in welche man beliebige
Terzinen, Sonette u. s. w. einpacken kann, mögen wohl als erster,
leiser Versuch gelten, die Poesie aus den Banden des Contrapunktes zu befreien und ihr zu ihrem Rechte zu verhelfen. Wenn
Cyprian de Rore, Luca Marenzio u. A. Sonette im herkömmlichen
contrapunktischen Styl componirt hatten, gingen die Sonette mit
ihrem Versmaasse, dem melodischen Wechselspiel ihrer Reime
u. s. w. aus Rand und Band. Im „Aer de Sonetti" sollte Alles
dieses wieder merklich oder doch merklicher werden. Ueberhaupt zeigen die von den Bewunderern des Contrapunktes tief
verachteten Frottole in echt italienischer Weise, gegenüber dem
organischen Constructionsstyl der Niederländer, ein Streben nach
proportionirtem Raumstyl — erster Theil mit Wiederholung, zweiter
Theil u. s. w. Der Contrapunkt folgt seinem Cantus firmus
Schritt auf Schritt, gleichviel wohin der Weg führt; hier aber,
bei den Frottolen, kündigt sich musikalischer Periodenbau an, der
den Tonstoff nicht Schritt nach Schritt in Einzelheiten, sondern
nach ganzen Constructionsgruppen behandelt.

Aber um 1500 war der Kampf noch ein gar zu ungleicher!
Die niederländische Musik verscheuchte mit leichter Handbewegung den ganzen Insektenschwarm dieser Frottole, welcher ihr
um die Ohren summte. Die wirklichen Talente in Italien, wie
Costanzo Festa u. s. w., wurden gelehrige Schüler der Niederländer. Unter ihren Händen bekam die Musik allerdings allmählig
eine etwas andere Physiognomie. In einer neuen Redaction,
als „Palestrinastyl", beherrschte der niederländische Styl abermals
die gesammte Tonkunst. Im Madrigal begann sich aber jene,
wohl zurückzudrängende, aber nicht zu beseitigende Neigung des
Italieners für den „proportionirten Raumstyl" (die sich z. B. auch
in seiner Behandlung der Gothik so eigen und in so höchst

merkwürdiger Weise zeigt) wieder zu regen. Bei den späteren
Madrigalisten überrascht oft schon ein gewisser moderner Musikklang. Vollends liedhaft gestalteten sich die Vilanellen, die ihren
Ursprung aus dem Volksliede nicht hinter künstliche Construc-
tionen verstecken durften. Aber alles dieses stand noch unter
dem Regimente des Contrapunkts, der Polyphonie — mit letzteren aufzuräumen fiel noch Niemandem ein. Noch Franchinus
Gafor und seine ganze Zeit war ehrlich der Meinung gewesen,
dass die antike Musik der Griechen genau so ausgesehen und
geklungen habe, wie der allübliche neue Contrapunkt. Johannes Otto in Nürnberg beruft sich, in einer Vorrede zu einem
von ihm publizirten Buch niederländisch-contrapunktischer Messen
von den besten Meistern der Zeit, zu deren Lob, Preis und künstlerischer Rechtfertigung auf eben die Grundsätze Platon's, welche
die Florentiner zitirten, um dieselbe Musik als barbarische Verirrung anzuklagen und zu stürzen. Denn auf nichts Geringeres
war es abgesehen!

Aber statt der von den Florentiner Kunstfreunden gewünsch-
ten und gehofften Wiedergeburt der antiken Musik wurde die
ganze Reform eben nur der Ausgangspunkt einer neuen Entwickelung, durch welche die Tonkunst völlig neue, bisher nicht
einmal geahnte Gebiete erobern, neuer Mittel mächtig, neuen
Ausdruckes fähig, aber der antiken Musik womöglich noch un-
ähnlicher werden sollte, als sie bisher ohnehin schon gewesen.
Es ist eine merkwürdige Analogie zwischen der Art, wie sich
die neue Reform- oder Renaissancebewegung der Musik äussert,
und jener, wie sich die ähnliche Bewegung auf dem Gebiete der
Architektur und der bildenden Kunst ihrer Zeit geäussert hatte.
Die historischen Darlegungen, die ästhetischen Auseinandersetzungen, die Klagen und Anklagen, die Ausfälle gegen den „Contrapunkt" und dessen Pfleger und Vertreter sind ein völliges
Echo der leidenschaftlichen Angriffe Filarete's, Vasari's und Anderer gegen die Gothik, welche ja, gleich dem Contrapunkt, mit
welchem sie die gleiche Heimat hatte, eine „oltremontane", das
heisst, nach damaligen italienischen Kunstansichten, auch eine von
den Barbaren, welche in Italien von Norden her eindrangen, ein-
geschleppte, an Stelle der allein wahren und echten (das ist der
antiken) gesetzte Kunst war. Sei doch die Kunst des Contrapunktes in „rohesten Zeiten" entstanden und „unter Menschen,
welche aller gelehrten, aller feinen Bildung bar gewesen und
schon durch ihre entsetzlichen Namen Hobrecht, Okeghem u. s. w.
ihre Barbarei verriethen".[1]) Mit deutlichen Reminiscenzen an

---

[1]) „Essendo nata" (die Contrapunktik) „in tempi rozissimi, e fra
uomini d'ogni sorto di letteratura e gentilezza nudi, e che con li nomi
stessi dimostrano la loro barbarie Hebrecht (so!), Ogheghen." (G. B. Doni

Vasaris Proemio schildert Doni, wie einst alle Künste durch die Wuth der Italien überschwemmenden und verwüstenden Barbaren (bararorum furor ac rabies) untergegangen seien. An Stelle der schönen, edeln, wohlgeordneten Baukunst der Römer setzten sie (sagt Doni) ihre barbarische, bis Filippo Brunelesco statt dieser „dummen deutschen Manier" (goffa maniera tedesca) die „wahre und echte Art der Griechen und Römer zu bauen" einführte und Giotti die gleichfalls ganz verloren gewesene Malerei wieder erweckte — jetzt erlebe (führt Doni fort) die Musik eine ähnliche Wiedergeburt, aber allerdings erst spät! [1]) Oder vielmehr

---

Tratt. de la mus. scen. Band II. Appendice S. 8.) Niederländische Namen erregten durch ihren Klang auch sonst die Spottlust der Italiener. „Nomi da fare sbigottire un cane" sagt Francesco Benni in einem gegen Hadrian VI. gerichteten Spottgedicht (Op. burlesche I, 66).

1) Die Analogie zwischen Musik und Baukunst war den Italienern geläufig. Auch Zarlino bemerkt: „diro solamente, che se l'Architettore non havesse cognitione della Musica, come ben lo dimostro Vitravio, non saprebbe con ragione fare il temperamento delle machine, e ne i Theatri collocare i vasi et dispor bene et musicalmente gli edificij." (Instit. harm. I. cap. 2). Mehr als hundert Jahre früher hatte Leo Battista Alberti, der „Vater der Renaissance-Architektur", gesagt, man könne an seinen Entwürfen nichts ändern: „senza sconcertar tutta questa musica." Und so kömmt auch Doni darauf mehr als einmal zu sprechen. So sagt er (de praest. m. v. S. 43): „Quod si alio proposito meum urgeam argumento, ex comparatione scriptorum recentium, cum antiquis petito; an hic quoque παραλογίζεθαι videbor, atque nugari? Aio: quibus temporibus facultatis alicujus praecepta ac theoremata apte, diserte, copioseque tradita sunt, eam facultatem seu disciplinam in ipsemet opere ac praxi praestantem, consummatamque fuisse. Ecce enim Architecturam, quo tempore non defuerunt scriptores, qui commentariis suis eleganter copioseque explicarent, ut Augusti seculo fecit Vitruvius, proxime superiori Serlius, Palladius, Scamotius, aliique, opera quoque illius atque effectionem non disparem fuisse, ex ipsismet aedificiis satis apparet. Intermediis autem temporibus, hoc est post magnam illam mundi catastrophem, usque ad XV. Saeculum (quibus, si qui exstant architectonici libri, inconditi plane sunt atque impoliti) opera, quae videmus — Deus bone! — quam sunt absurde et ruditer aedificata! Hoc igitur posito, quod verissimum est, si veterum commentarii de rebus musicis, qui supersunt, posterioribus antecellunt, ordine, perspicuitate (!), brevitate (!), elegantia, doctrina; inficiari certe non possumus opera quoque ipsa, hoc est cantus, ac modulationes, recentioribus, quas quotidie audimus, praestitisse". Dies ist echt Doni'sche „Logik"!! — Und wieder an einer anderen Stelle (S. 75): „An tu quaeso defuisse credis post annum Christi millesimum, vel tribus aut quatuor ante hoc nostrum seculis, cum nondum vetus ac vera architectandi ratio restituta esset, qui cum Maurorum spatiosissima quaedam templa, aut nostrorum ingentes basilicas, plerasque Germanicis aut etiam Arabicis modulis exaedificari conspicerent, turresque etiam altissimas de industria sic inclinatas, ut jamjam casurae videantur (quales Pisis ac Bononiae supersunt) majorine audacia an solertia attolli; modica Graecorum ac Romanorum delubra non despicerent?" Mit diesem Argument will nämlich Doni die Bewunderer der neuen, reichen, vielkünstlichen Tonsätze gegenüber der (geträumten) einfach-edeln, antiken

es sei diese Wiedergeburt vorläufig leider mehr zu wünschen, als zu hoffen. Forschende Gelehrte und fürstliche Männer — seufzt Doni — müssten zu solchem Zwecke zusammenwirken. ¹)

Es scheint eine Eigenheit der Musikreformatoren aller Zeiten, dass sie ihren im Sinne der beabsichtigten Reform componirten Musikwerken förmliche Manifeste in Form von Vorreden voranstellen, wenn sie nicht gar ganze Bücher schreiben, worin sie über die leitenden Grundsätze ihrer künstlerischen Intention Rechenschaft ablegen. Anhänger finden sich, und bald häuft sich neben den Kunstwerken eine ganze commentirende, apologetische, panegyrische und polemische Literatur auf. ²)

Musik schlagen. Sich selbst übertrifft er aber (S. 33), wo er die Verwerflichkeit der neuen Musik von der Ursache herleitet, dass sie zugleich — — mit den Kanonen erfunden sei!! „Non dico inter horribiles bombardarum strepitus obsurdescere quodammodo atque hebetari Musicorum aures; quod ne frivolum et commentitium vobis videatur, scitote vehementiores ejusmodi sonos, expertorum sententia multum revera auribus officere, quorum sensus est delicatissimus, ac levioribus etiam ex causis debilitari solet. Adjicite nunc, si symbolismis uti libet, recentiorem hanc musicam eo subortam saeculo, quo ferale istud ac tartareum inventum prodiit" — u. s. w.

1) Einmal fährt Doni (a. a. O. S. 33) heftig genug gegen die Fürsten los: „cum tam ἄμουσοι sint qui sceptrum tenent διοτρεφέες βασιλεῖς." Und warum? Früher schon (S. 26) hat er gesagt: „Imme vel in hoc etiam demirari ac deplorare licet miseram hodiernae musicae conditionem, cujus nobilior ac certe dignior portio adeo paucos invenit amatores sui: cum longe ignobilior ac vulgatior ejus pars, quae vel nudam continet copularum consonantiarum rationem, vel meram praxin usumque canendi, a maximis quibusque ferme Christianae Reipublicae Principibus tanto in pretio nunc habeatur". Wenn Josquin, Mouton, Willaert u. A. nach Doni'schem Census eben nur für „Barbaren" galten, so konnten natürlich ihre fürstlichen Gönner und Beschützer auch nichts Besseres sein! — Auf diese Gönnerschaft der Grossen spielt Doni wiederholt an. Die Aristokraten der Geburt und des Reichthums sollten mit den Aristokraten des Geistes ein Bündniss schliessen. Es sollte eine Kunst der Optimaten entstehen; was wusste der grosse Haufe von Platon?

2) Die bedeutendsten gleichzeitigen Schriften über die Florentiner Musikreform sind:

a) Vorrede des Giulio Caccini zu seiner Oper Euridice. 1600.

b) Vorrede des Jacopo Peri zu seiner, nach demselben Texte componirten Euridice, 1600.

c) Vorrede zu Emilio del Cavaliere's musikalischem Drama „del anima e del corpo." 1600 (von Guidotti).

d) Vorrede des Giulio Caccini zu seiner Sammlung monodischer Gesänge „le nuove musiche" (1601, richtig 1602).

e) Dialogo di Vincentio Galilei nobile Fiorentino della musica antica e moderna, erste Ausgabe 1581, zweite vermehrte 1602.

f) Vorrede des Marco Gagliano zu seiner Oper „Dafne" (1609).

g) Die „Pinacotheca" und die Dialoge (dialogi septendecim, Köln 1645) des Janus Nicias Erythräus (Giov. Vitt. Rossi). Dazu noch manche Stellen seiner Briefe (Epist. ad diversos).

h) Jo. Bapt. Doni, patricii Florentini: de praestantia musicae veteris

154 Die Musikreform und der Kampf gegen den Contrapunkt.

Der Wunsch, welchen Baldassare Castiglione im ersten Drittel des 16. Jahrhunderts ausgesprochen, ein Edelmann (cortigiano) solle auch ein guter Musiker sein, hatte sich bald genug, schon im letzten Drittel des Jahrhunderts in Florenz in hohem Grade erfüllt. Es gab in der feinen Florentiner Gesellschaft und insbesondere auch am mediceischen Hofe eine Anzahl vornehmer Musikdilettanten, welche mit allgemeiner wissenschaftlicher und ästhetischer Bildung eine sehr bedeutende musikalische verbanden. Am Hofe Ferdinand's von Medici treffen wir als „Inspektor der Künste" den römischen, von G. B. Doni als „peritissimo in musica" gepriesenen Edelmann Emilio de' Cavalieri, welcher es ebenso gut verstand, ein glänzendes Ballet zu arrangiren, als Madrigale für irgend ein Fest am Hofe zu componiren, und Johannes Bardi Graf von Vernio, Mitglied der Crusca und der Akademie „degli Alterati" in Florenz [1]), dessen einzig erhaltene Composition, das fünfstimmige Madrigal „miseri abitator" ihn wirklich als geübten Tonsetzer erscheinen lässt. Piero

---

libri tres, totidem dialogis comprehensi, in quibus vetus ac recens Musica cum singulis earum partibus accurate inter se conferuntur. Adjecto ad finem onomastico selectorum vocabulorum ad hanc facultatem cum elegantia et proprietate tractandam pertinentium, ad Eminentissimum Cardinalem Mazarinum. (Florentiae typis Amatoris Massae Forolivien. MDCXLVII. — Quart. 266 Seiten.)

i) G. B. Doni's sämmtliche Schriften in zwei Foliobänden, herausgegeben von Ant. Francesco Gori. Florenz 1763. Dabei einzelnes von G. Bardi und Pietro della Valle.

1) Das Geschlecht der Vernio wird in der Florentinischen Geschichte seit dem 11. Jahrhunderte genannt. Die Via de Bardi zwischen dem Ponte vecchio und S. Maria delle Grazie in Florenz am linken Arnoufer erhält noch jetzt ihr Andenken. Sie waren ursprünglich eine Popolanenfamilie, wurden aber später zum Adel gerechnet. Ihr Schloss Vernio (in den Apenninen) hatten sie im 14. Jahrhundert von den Alberti erkauft; Karl IV. erkannte es als Reichslehen an. Sie betheiligten sich mit dem Volke an der Vertreibung des Herzogs von Athen; als aber ein Jahr später der Aufstand des Volkes gegen die Vornehmen ausbrach, zog sich Pietro Bardi auf Schloss Vernio zurück. Sein Sohn Sozzo wurde aus Feindseligkeit des Florentiner Volkes angeklagt, auf Castell Vernio Falschmünzerei getrieben zu haben. Als er auf erhobene Anklage nicht erschien, verurtheilten sie ihn in contumaciam zum Feuertode. Seine Enkelin Contessina de' Bardi (Contessina nicht Titel, sondern ein in Toskana zur Erinnerung an die Markgräfin Mathilde üblicher Frauenname), Tochter Graf Alessandro Bardi's, wurde 1413 Gemalin des Cosmus von Medicis. Sie war Mutter des 1416 geborenen Piero de Medici und Grossmutter Lorenzo Magnifico's und dessen beim Aufstande der Pazzi ermordeten Bruders Giuliano, und in weiterer Folge stammten Leo X, Katharina, die Gemalin Heinrich II. von Frankreich, und Alessandro (1510—1536) der erste Herzog von Florenz von ihr ab. Somit standen die Bardi zum regierenden Hause in naher Beziehung, obschon zur Zeit Johann Bardi's schon die andere, von Lorenzo, dem Bruder des Cosmus (1394—1440) abstammende Linie den Thron einnahm. (Vergl. A. v. Reumont „Lorenzo de' Medici" 1. Band, S. 104 u. ff.)

Strozzi — Bardi's Freund — war wenigstens ein eifriger Musikliebhaber, dem es um Erforschung der Tiefen der Kunst Ernst war. Ferner der Edelmann Vincenzo Galilei, der Vater Galileo Galilei's, in Sachen der Musik ein rüstiger Kämpfer für wissenschaftliche Wahrheit (wie später sein Sohn auf anderem Gebiete) und durch Umgang mit dem grundgelehrten Girolamo Mei voll der Grundsätze, welche dieser vertrat, d. i. der Bevorzugung antiker Musik — leidenschaftlich, hitzköpfig, als Schriftsteller eine scharfe Feder führend. Ferner Jacopo Corsi, Mäcen der Musik und selbst sich in Composition versuchend. Neben diesen Häuptern fanden sich zahlreiche jüngere Edle, welche ein gemeinsames Interesse an der Tonkunst mit Jenen zusammenführte — nur Emilio de' Cavalieri, welcher bei Hofe alle Hände voll zu thun hatte, scheint nicht mit in diese Kreise gezogen worden zu sein.

Schlimm ist es, dass unter diesen Herren eigentlich kein Einziger so dasteht, dass man an seiner Person näheren Antheil nehmen könnte. Vincenzo Galilei insbesondere wird durch die unedle Denkungsart, durch den Undank, welchen er gegen seinen Lehrer Zarlino bewies, in ein um so schlimmeres Licht gerückt, je edler und maassvoller sich Zarlino benahm, der die Schonung so weit trieb, Galilei nicht einmal zu nennen, sondern nur in einer des Gelehrten würdigen Weise seine Lehrsätze zu bekämpfen. So viel ist wohl sicher, dass Galilei und Genossen viel fanatische Unduldsamkeit gegen Alles, was nicht unbedingt auf ihre Lehrmeinungen schwor, entwickelten, dass sie am liebsten die Tonwerke der vorhergehenden Zeiten der Vernichtung geweiht hätten und, da dieses nicht anging, wenigstens nach Kräften schimpften. Deutlich erkennt man die Züge der weiland Humanisten wieder, obschon die Blütenzeit des Humanismus damals längst vorüber war. Wenn Burkhardt im Sündenregister der Humanisten des 15. Säculums Leidenschaftlichkeit, Eitelkeit, Starrsinn, Selbstvergötterung, Undank gegen Lehrer, kriechende Schmeichelei gegen Fürsten aufzählt [1], wenn Reumont von ihnen sagt: „am grössten ist das Missverhältniss des Geleisteten zu der Meinung, welche die Humanisten von sich selber hegten und ohne Scheu aussprachen" [2], so ist es völlig, als werde über die Schriften und Tonwerke der Florentiner Musikreformatoren Gericht gehalten, und insbesondere die Bücher Vincenz Galilei's und G. B. Doni's sind damit kurz und treffend geschildert. Es gehörte viel Verblendung dazu, Angesichts einer grossen und herrlichen Musikliteratur die Incunabeln der Monodie als Wunderwerke auszuschreien, und wenn man sieht, dass Männer,

---

1) Cultur der Renaissance in Italien, 2. Aufl., S. 216.
2) Rom. III. 1, 329.

welche Gelehrte vorstellten, in ihrem blinden Respekt vor den
Alten so weit gingen, sogar an die „Wunder der alten Musik"
alles Ernstes zu glauben, so bangt man wirklich für ihren Verstand.
Sie wähnten die Zeit zu machen — aber die Zeit machte sie. Dies
ist ihre relative Entschuldigung. Dies erklärt auch, dass Dilettanten
und Musiker untergeordneten Ranges gegen die bisherige Kunst
das Feld behaupteten. Der Genius der Musik wusste sehr gut,
was er wollte. Welcher Werkzeuge er sich dann bediente, war
für den Erfolg gleichgiltig — letzterer konnte nicht ausbleiben.

Der Unausstehlichste vielleicht ist G. B. Doni. Kleinlich,
klatschsüchtig, schadenfroh, von maasslosem Gelehrtendünkel aufgebläht, voll unnützer vielwisserischer Gelehrsamkeit, breitspurig, geziert und manierirt-klassisch in der Schreibart, erzheidnisch gesinnt, aber voll frömmelnder, christthümelnder Salbung,
wenn er es einmal mit einem Cardinal oder einem anderen hohen
Geistlichen zu thun hat, sich selber durch den Mund der fingirten
Interlocutoren seiner Dialoge als „Donius noster", als Autorität
zitiren, fanatisch intolerant, das Alterthum bis zur Lächerlichkeit
anbetend, schweifwedelnd vor den Grossen, vor Leuten, denen er
Eines anhängen möchte, erst maskirend, ehe er sie prügelt, nämlich mit heuchlerischer Schonung die Namen, statt sie zu nennen,
travestirend, sie aber in ein sehr durchsichtiges Incognito
hüllend (z. B. Psychogaurus für Frescobaldi) [1]) und dann mit
raffinirt boshaftem Behagen seine Klatschgeschichten auskramend
— so stellt sich uns der vielgepriesene „gelehrte" Florentiner in
seinen Schriften dar. Die guten und treffenden Bemerkungen,
welche seine Bücher hin und her — insbesondere über musikalische Declamation — enthalten, sind durch den werthlosen Ballast, den man mit hinnehmen muss, theuer erkauft. Als Quellen
für die gleichzeitige Musikgeschichte sind sie allerdings von
grösstem Werth — das ist aber ein von Doni gar nicht beabsichtigter Vorzug. Die Bücher sind durch das Alter besser geworden! —

Entschieden am sympathischesten sind die wirklichen Fachmusiker Giulio Caccini, Jacopo Peri, welche von den Reformatoren in ihre Kreise hineingezogen wurden. Es geschah nämlich,
dass sich um 1580 im Hause des Grafen Bardi eine Anzahl seiner Freunde und Bekannten zu geistreichem geselligem Verkehr
zu versammeln pflegte. Giulio Caccini erzählt in der Vorrede
seiner *Nuove musiche*, dass nicht allein ein grosser Theil des
Adels, sondern auch die ersten Musiker und die besten Köpfe,
die Poeten und die Philosophen der Stadt sich einzufinden pflegten. [2]) Als stets wiederkehrende Gäste finden wir nebst Giulio

---

1) ψυχεινός — frosco — frisch, kühl; γαῦρος — baldo, übermüthig.
2) Jo voramente ne i tempi, che floriva in Firenze la virtuosissima

Caccini insbesondere von den eben genannten Kunstfreunden Piero Strozzi, welchen Vincenzo Galilei in seinem Dialogo della musica antica e moderna (1581) mit dem Hausherrn Giovanni Bardi zum Interlocutor macht, und — Vincenzo Galilei selbst. Daneben noch andere, wie Gabriel Chiabrera, den Dichter vieler von Caccini in Musik gesetzter Poesieen. Die Seele der Zusammenkünfte war Bardi, sein vorzüglichster Berather allem Anschein nach Galilei. Man disputirte eifrig über Musik, übte sie auch praktisch. Auf Galilei's Anregung liess Bardi Bücher und Instrumente aus ganz Europa herbeiholen. Bardi erwähnt in seinem *Discorso mandato a Giulio Caccini* der „unendlichen Verhandlungen" (*infiniti ragionamenti avuti insieme in varj luoghi ed in varj tempi della musica*) und wie „der Umgang mit so viel edeln und trefflichen florentiner Akademikern, dessen Caccini von Jugend auf genoss, diesen zum ersten Musiker Italiens im neuen, echten Musikstyl gemacht habe" [1]). Musik scheint im Hause Bardi der Haupt-, ja der ausschliessliche Gegenstand der Verhandlungen gewesen zu sein.

Ueber den Hauptpunkt war man ganz einig: dass, gegenüber der antiken Musik der Griechen, die neue Musik nichts besseres als eine barbarische Verirrung und dass der Contrapunkt der modernen Musiker mit den einzig wahren, von Platon gelehrten Grundsätzen über Musik vollkommen unvereinbar sei.

---

camerata dell' illustrissimo Signor Giovanni Bardi de' conti de Vernio, ove concorreva non solo gran parte della nobiltà, ma ancora i primi musici et ingegnosi huomini e poeti o filosofi della città. Havendola frequentato anch' io, posso dire d'havere appresso (apreso) più da i loro dotti raggionari, che in più di trent' anni non ho fatto nel contrappunto. Imperò che questi intendentissimi gentiluomini mi hanno sempre confortato e con chiarissime ragioni convinto a non pregiare quella sorto di musica, che non lasciando bene intenderci le parole, guasta il concetto et il verso, ora allungando et ora scorciando le sillabe per accomodarsi al contrappunto, laceramento della poesia; ma ad attenermi a quella maniera cottanto lodata da Platone et altri Filosofi, che affermarono la musica altro non essere, che la favella e l'rhitmo et il suono per ultimo, e non per lo contrario, à volere, che ella possa penetrare nell' altrui inteletto e fare quei mirabili effetti, che ammirano gli scrittori, e che non potevano farsi per il contrappunto nelle moderne musiche, e particolarmente cantando un solo sopra qualunque stromento di corde, che non sene intendeva parola per la moltitudine de i passaggi tanto nelle sillabe brevi, quanto lunghe, et in ogni qualità di musiche, più che per mezzo di essi fussero dal plebe esaltati e gridati per solenni cantori. (Giulio Caccini, Vorrede der „Nuove musiche.")

[1] — — quegli, che avendo praticato fino da giovanetto, con tanti nobili e virtuosi Accademici Fiorentini, vi siete condotto a termine, non solo per mio parere, ma per quello degl' intendenti della vera e perfetta musica, che non solamente non avete in Italia uomo, che vi trapassi, ma pochi o nessuno forse, che vi pareggi: parlo di quella sorte di musica, che cantando o accompagnato o solo oggi in su gli strumenti si mette in atto (bei Doni Opp. II, S. 233).

Doch scheint man einstweilen die bestehenden Verhältnisse noch mit einer Art von Schonung respectirt zu haben, wogegen G. B. Doni, der allerdings kein Theilnehmer an den Zusammenkünften war und einer etwas späteren Zeit angehört, dessen Schriften aber des Geistes aus dem Hause Bardi voll sind, an mehr als einer Stelle ohne weiteres zu verstehen giebt, dass Derjenige Mangel an Beurtheilungskraft, wenn nicht Aergeres verrathe, welcher sich etwa einfallen lässt, die neue, d. h. die contrapunktische Musik der antiken vorzuziehen. Ausdrücke wie „nescio quis hodiernae musicae impudens admirator" [1]) sind für Doni keineswegs zu stark. Es sei übrigens kein Wunder, meint Doni, wenn die vielchörigen, von Menschenstimmen und Instrumenten prächtig genug tönenden Kirchenmusiken nicht blos den Pöbel (communem vulgi consensum) bezaubern, sondern selbst auch Leute von Bildung gefangen nehmen, denn nur sehr wenige (perpauci) seien es, und Leute, die von Jupiter mit gesundem Sinne begnadigt sind (quos aequus amavit Jupiter), welche hier Einsicht und richtiges Urtheil genug haben, um den Unterschied des Werthes der antiken Musik zu würdigen. So habe es ja auch und in ähnlicher Weise vor drei oder vier Jahrhunderten, „als noch nicht die alte, echte Art zu bauen wieder hergestellt war (restituta)", nicht an Leuten gefehlt, welche, wenn sie die grossräumigen maurischen Tempel oder die einheimischen ungeheuren Basiliken nach deutschem oder auch nach arabischem Style erbauen sahen, oder auch absichtlich schief hingestellte hohe Thürme, wie man in Pisa und Bologna findet, und bei denen man nicht weiss, ob Kühnheit oder Sorgfalt grösser gewesen, die mässig grossen Tempel der Griechen und Römer (nachdem die grösseren bei Abschaffung des antiken Cultus unter Theodosius zerstört worden) verachteten und die antike Baukunst, wenn sie solche mit der eben üblichen verglichen, nur auslachten. [2])

Mehrere Jahre vorher hatte der genialste Theoretiker, Zarlino, zwar den Einwurf hören lassen: „ma se la musica antica haveva in se tale imperfettione, non par credibile, che i musici potessero produrre ne gli animi humani tanti varij effetti, come nelle Historie si raccontano" [3]); aber auch er vertheidigt die antike Musik, indem er auf die Verschiedenheit der von der modernen ganz verschiedenen Aufgaben hinweist, welche der antiken Tonkunst gestellt waren, auf die nicht minder gründliche Ver-

---

1) de praest. mus. vet. S. 33.
2) a. a. O. S. 75. Mit den „arabischen" Basiliken meint Doni wohl Bauwerke wie den Dom, die Cappella palatina, die Martorana in Palermo und ähnliches, wo maurischer Einfluss sichtbar wird.
3) Istit. harm. I. 4 (p. 75).

schiedenheit, wie die Musik bei den Griechen und Römern betrieben worden und wie die Neuzeit sie betreibt. Er schilt die Componisten seiner Zeit, welche, wenn sie drei bis vier Stimmen regelrecht zu combiniren wissen, sich hoch über die Alten erhaben wähnen. Eine Umstaltung der Musik nach antiken Musikprincipien lag sozusagen schon in der Luft, wenn ein Mann des Contrapunkts, wie Zarlino, als ihr Anwalt auftrat!

Den eigentlichen Anstoss zur Musikreform gab in Florenz zunächst und zuerst die Vorliebe für platonische Philosophie und das Studium derselben. Seit der Grieche Gemistos Plethon in dem älteren Cosmus von Medicis die Idee einer „platonischen Akademie" angeregt und seit diese Akademie zur Zeit Lorenzo's des Erlauchten und des Marsilio Ficino glänzend in's Leben getreten, waren die Gebildeten in Florenz eifrige Anhänger Platon's und Leser seiner Schriften. Die „Camerata" Bardi's machte davon, wie natürlich, keine Ausnahme. Wenn sie nun in Platon's Schriften eingehende Auseinandersetzungen über die Tonkunst fanden, so ist es sehr begreiflich, dass sie die Musik, wie solche täglich geübt und gehört wurde, nach Platon's Grundsätzen prüften und verwarfen. In den von diesem Kreise aus veröffentlichten Schriften wird sich überall, wo nöthig, auf Platon's unbedingte und unantastbare Autorität berufen. „Il divino Platone commandà nelle leggi espressamente, che" u. s. w. — das war der Ton, in welchem man im Hause Bardi redete. Der offizielle Musiker des Hauses war Giulio Caccini, dessen musikalisch-ästhetische Bekehrung vom Contrapunkt zur antiken Musik nach platonischen Prinzipien sich alle die gelehrten und geistreichen Herren sehr angelegen sein liessen. Er war kein eingeborener Florentiner, sondern ein Römer, daher er auch, wie jener berühmte Maler und Schüler Raphael's, Giulio Romano genannt wurde. Besonders als angenehmer und feingebildeter Sänger wurde er hochgeschätzt, sein Lehrer im Gesange war Scipione del Palla gewesen. Er selbst erwähnt aber auch seiner langjährigen contrapunktischen Studien, doch nicht ohne begeisterten Dank gegen jene „Camerata" Giovanni Bardi's, wo er „durch die gelehrten Gespräche der Herren mehr gelernt habe, als dreissig Jahre Arbeit im Contrapunkt ihm hatten einbringen wollen". Compositionen von ihm im herkömmlichen, d. h. polyphon-madrigalesken Styl erwähnt der römische Musikfreund Pietro della Valle, sprechend: sie seien nicht so gut, als seine späteren, im neuen florentinischen Musikstyl componirten. [1] Caccini stand damals

---

[1] Le prime composizioni buone, che si siano sentite in questa forma sono state la Dafne, l'Arianna, l'Euridice, e le altre cose di Firenze e di Mantova. I primi che in Italia abbian seguitato lodevolmente questa strada, come dissi a V. S., sono stati il Principe di Venosa, che diede forse luce a tutti gli altri del cantare affettuoso, Claudio Monteverde e

als Sänger in den Diensten des mediceischen Hofes [1]). Seine Gesänge neuen Styles fanden ausserordentlichen Beifall und machten ihn durch ganz Italien berühmt; überall von den ersten Sängern und Sängerinnen und den vornehmsten Liebhabern der Musik gesungen [2]), haben sie, ehe noch Caccini die Sammlung seiner sogenannten Nuove musiche 1602 im Druck herausgab, sicher sehr viel dazu beigetragen, überall in Italien dem neuen Musikstyl den Boden zu bereiten. Auch in Deutschland blieben sie nicht unbekannt. [3]) Unter den florentinischen Kunstfreunden scheint sich Bardi persönlich die grösste Mühe um Caccini's musikalische Bildung oder vielmehr Umbildung gegeben zu haben. Er hat in einem später an Giulio Caccini gerichteten Sendschreiben die Summe des aus all' diesen Verhandlungen und Gesprächen Gewonnenen kurz zusammengestellt, „damit es mit einem Blicke überschaut werden könne" („che quasi unito e ben proporzionato corpo in un' occhiata possano essere da voi compresi"). Das Schreiben Bardi's ist gleichsam der Lehrbrief, den Caccini aus dem Hause Bardi mitbekam.

„Musik", lehrt Graf Bardi, „ist nach dem dritten Buche von Platon's Republik (Comune) eine Verbindung von Wort, Harmonie und Rhythmus. Die Harmonie bestimmt das Verhältniss hoher und tiefer Töne und der Worte zum Rhythmus, das ist der wohlgeordneten Reihe von Längen und Kürzen. Die Musik ist nichts anderes, als die Art und Kunst, den Worten ihr richtiges Zeitmaass zu geben, indem solche nach Länge und Kürze, schnell

---

Jacopo Peri nelle opere soprannominate; ma però indirizzati dal Rinuccini, autore delle poesie, dal Bardi intendentissimo delle antichita musicali, dal Corsi peritissimo nella pratica e gran Mecenate e benefattore de' professori di essa, e da quegli altri gentiluomini eruditi di Toscana, che assistevano con sopraintendenza alle loro composizioni, e che bene spesso gli facevano fare a modo loro: onde si vede, quanto l'istesso Monteverde ne migliorasse nelle ultime sue cose, che sono assai differenti dalle prime; Giulio Caccini, egli ancora, detto Giulio Romano; ma dopo che si fu esercitato nelle musiche di Firenze; perchè nelle altre innanzi, con buona pace di lui, non ci trovo tanto di buono. (Pietro della Valle, della Mus. dell' età nostra, gedr. in G. B. Doni, Opp. II. S. 251.)

1) In den „Feste nelle nozze del Serenissimo D. Franc. Medicis" (Florenz 1579, Seite 40) wird erzählt, dass Caccini in einem zu dieser Vermälung des Grossherzogs mit Bianca Capello gedichteten Festspiele von Pietro Strozzi die „Nacht" sang — und zwar mit Begleitung von Violen. Es war natürlich ein Gesang derselben Art, wie wir ihn bei ähnlichen Gelegenheiten fanden — Solopart aus einem mehrstimmigen Madrigal gezogen.

2) Caccini selbst erzählt im Vorberichte zu den nuove musiche: „madrigali et arie — — veggendole continuamente esercitate da i più famosi cantori e cantatrici d'Italia et altri nobili amatori di questa professione." Sie müssen also in Abschriften cursirt haben.

3) Prätorius im „Syntagma" nennt Caccini mit unter den vorzüglichsten Musikern der Zeit.

und langsam gesungen werden; und praktische Musik ist eine Anordnung der vom Dichter in Versen verschiedener Maasse nach Länge und Kürze zusammengestellten Worte, dass sie, gesungen von der Menschenstimme, sich jetzt rasch und jetzt langsam, jetzt in tiefen, jetzt in hohen und jetzt in mittleren Tönen bewegen, wobei der Gesang entweder der menschlichen Stimme allein anvertraut ist, oder aber von einem Instrumente accompagnirt wird, welches selbst wieder die Worte mit langen und kurzen, in rascher oder langsamer Bewegung, mit tiefen, mittleren oder hohen Tönen begleitet — dies ist Platon's Definition, mit welcher auch Aristoteles und andere Weise zusammenstimmen."[1]) Bardi setzt nun die Natur des diatonischen, chromatischen und enharmonischen Geschlechts nach antiker Weise auseinander, lehrt die sieben Octavengattungen, „welche jene grossen Weisen mit dem Namen von Harmonieen bezeichneten", und giebt sofort Notirungen der Tonarten Ipodorio, Ipofrigio, Ipolidio, Dorio, Frigio, Lidio, Missolidio. Der Ipodorio beginnt auf Alamire u. s. w. Den Dorio führt Bardi seinem Scholar mit den Worten vor: „dies ist der so gepriesene dorische Ton", der, wie ihr seht, in der Mitte der übrigen seinen Sitz hat. Von diesem dorischen Ton, fährt Bardi fort, wissen die grossen Weisen nicht genug Gutes zu sagen; er ist männlich, prächtig, göttlich, ernst, voll Ehre, bescheiden, gemässigt, schicklich (virile, magnifico, divino, grave, onorato, modesto, temperato, convenevole). — „Ist es denn also ein Wunder, wenn diese göttlichen antiken Musiker, mit tiefem Verständniss der Natur, und Alles und Jedes wohl zusammengestimmt, die Geister ihrer Hörer leiteten, wohin sie wollten? Erlaubt mir hier das Kunstfeuer als Gleichniss herbeizuholen, welches, aus schweren Geschützen hervor-

---

[1]) Also Platon's und Aristoteles' Autorität war hier der Punkt, von dem die Sache ihren Ausgang nahm! Winterfeld motivirt aber so, dass gewisse Sonette bei der Hochzeit der Bianca Capello dadurch allen Wohllaut, ja allen auf feine Wortklänge und Wortspiele basirten Sinn verloren, dass sie, im gewöhnlichen Madrigalstyle componirt, gesungen wurden. Dadurch sei man aufmerksam geworden, wie durch die herkömmliche Art zu componiren die Poesie vernichtet werde. Die Hauptquellen für die Geschichte der Zeit enthalten aber auch nicht die leiseste Andeutung davon. Dass Galilei, Bardi u. s. w. ein so wichtiges Factum mit Stillschweigen übergangen haben sollten, ist völlig unglaublich. Die Vermälung Bianca's fand im October 1579 statt — Galilei's Dialog war war Ende Mai 1581 druckfertig und ist, wie Galilei selbst sagt, die Frucht langen Umganges mit Giovanni Bardi und Girolamo Mei — er müsste statt dessen geradezu eine Improvisation gewesen sein, wenn Winterfeld's Angabe richtig wäre. Die Wahrnehmung, die angeblich an jenen Sonetten gemacht wurde, konnte man an jedem anderen beliebigen Madrigal auch machen. Und wie konnten denn die artigen Anspielungen so ganz unhörbar werden, wenn die Madrigale gar nicht chormässig, sondern solo in der schon oben beschriebenen Zwitterart vorgetragen wurden?

brechend, Alles niederwirft, was ihm im Wege ist, und in einer Mine entzündet, nicht blos einen Berg, sondern, wenn man bis zum Mittelpunkt der Erde dringen könnte, den Erdball auseinandersprengen würde, und doch würden seine Bestandtheile, Schwefel, Salpeter, Kohle, ein jedes für sich allein eine solche Wirkung in keiner Weise hervorzubringen vermögen." Und mit grössester Gläubigkeit wiederholt nun Bardi die lange Reihe von Erzählungen über die von der alten Musik bewirkten Wunder — Thaletas von Milet hatte eine so süsse Art zu singen (ebbe si dolce maniera di cantare), dass er Kranke genesen machte und die Pest vertrieb, Pythagoras brachte Trunkene, Empedokles Tollwüthige durch Musik zurecht, Gicht und Vipernbiss heilte die Musik — und so weiter. „Unsere Musik aber scheidet sich heutzutage in zwei grosse Theile; die eine gehört dem sogenannten Contrapunkt, die andere soll bei uns heissen: die Kunst gut zu singen." [1] Diese wenigen Worte Bardi's sind so viel wie eine förmliche Kriegserklärung gegen den Contrapunkt und die bisherige Musik im Namen der neuen oder vielmehr der restaurirten antiken. Die contrapunktische Musik (erklärt Bardi) ist nichts als eine gleichzeitige Zusammenfügung mehrerer Melodieen und mehrerer Tonarten, Tiefes, Hohes, Mittleres gleichzeitig gesungen und überdies in verschiedenem Rhythmus. „Nehmen wir an", sagt der Graf, „es gelte ein Madrigal in vier Stimmen zu componiren, so singt davon der Bass eine, der Tenor die andere, und Sopran und Alt werden wieder andere, auch wiederum von einander verschiedene Arien anstimmen, und zwar in von einander verschiedenen Tonarten, wie wir sie vorhin erläutert haben, denn in jeder Musik unserer Zeit werden sich zweierlei Octavengattungen nachweisen lassen, und ganz verschiedene Rhythmen in der tiefen, mittleren und hohen Stimme, und während Seiner Ehrwürden Herr Bass mit Würd' und Hoheit angethan (messer lo basso, di gravità vestito) im Erdgeschosse seines Palastes zum Beispiel in Semibreven und Minimen herumspaziert, tummelt sich raschen Schrittes der Sopran in Minimen und Semiminimen auf der obersten Terasse, und die Herren Alt und Tenor traben in verschiedenem Putz und Anzug in den Zimmern der mittleren Geschosse herum. Denn unsere Contrapunktisten würden es für eine Todsünde halten, wenn sie die Stimmen gleichzeitig auf denselben Textessylben und in denselben Notengeltungen zu hören bekämen, sie halten sich vielmehr um desto geschickter (tanto più scaltri), je mehr sie die Stimmen in Bewegung bringen." Das passe allenfalls für die In-

---

[1] Dico adunque, che in due parti la musica usata a questi tempi si divide: una, che è quella, che contrappunto s' appella; l'altra arte di ben cantare sarà da noi nominata (a. a. O. S. 241). Woraus also folgt, dass der Contrapunkt keine „arte di ben cantare" ist! —

strumentalmusik, meint Bardi, sei aber allerdings auch jene Gattung von Musik, welche die Philosophen so sehr tadeln, vor allen Aristoteles, indem er sie als verkünstelt (artificiosa) bezeichnet. „Und da wir nun", fährt Bardi fort, „in so tiefer Finsterniss sitzen, so wollen wir mindestens trachten, der armen Musik ein wenig Licht zu verschaffen, da sie seit ihrem Verfall (dalla declinazione sua) bis jetzt, in so vielen Jahrhunderten, keinen Künstler gefunden, der über ihre Bedürfnisse nachdachte, der sie vielmehr auf die Bahnen des Contrapunktes, ihres Todfeindes (contrappunto a essa musica nemico) drängte". Das nöthige Licht, versichert Bardi, werde man der Musik nur nach und nach geben dürfen: „gleichsam wie man einen durch irgend eine überaus schwere Krankheit heruntergekommenen Menschen nur vorsichtig, anfänglich mit weniger und leicht verdaulicher Speise nach und nach wieder zu Kräften bringen kann." Und den Anfang der Kur solle man mit dem Grundsatze machen, den Vers nicht zu verderben (di non guastare il verso) und nicht „die Musiker von heute nachzuahmen, welche ihren Erfindungen zu lieb den Vers zu Grunde richten und in Stücken reissen", Bass und Sopran gleichzeitig andere Worte singen lassen, und so das Concept durch einander wirren zum Untergange und Tod der armen, preisgegebenen (abbandonata) Musik.[1]) Die „grossen Weisen" und besonders Platon sagen, der Gesang müsse dem Verse des Dichters folgen und ihn durch die Singstimme versüssen (addolcendolo con la voce), gerade so wie ein geschickter Koch zu irgend einem wohlgewählten Nahrungsmittel nur ein wenig Brühe (qualche poco d' intingoletto) hinzuthut, damit es seinem Gebieter desto besser munde. „Wenn ihr also componirt, so sorgt, dass der Vers wohlgeregelt bleibe, das Wort so deutlich wie möglich verstanden werde, und lasst euch nicht vom Contrapunkt, dem schlechten Schwimmer, fortreissen, den der Strom widerstandlos mit sich führt und der ganz wo anders ankömmt, als wo er hin gewollt. Denn so viel der Geist edler ist, als der Körper, um so viel sind die Worte edler, als der Contrapunkt, und so wie die Seele den Körper leiten muss, so muss der Contrapunkt von den Worten Regel und Gesetz annehmen. Wäre es nicht lächerlich, auf offener Strasse den Herrn hinter dem Diener einherschreiten zu sehen und sich vom Diener befehlen zu lassen, oder ein Kind zu sehen, das sich um die Erziehung seines Vaters oder Lehrers bemüht?" Den schweren Irrthum, der die Musik beherrsche,

---

[1]) Sogar Zarlino steht schon einigermassen unter der Herrschaft solcher Anschauungen: „Et se pur molti cantando insieme muovono l'animo, non è dubio, che universalmente con maggior piacere s' ascoltano quelle canzoni, le cui parole sono da i cantori insieme pronunciate, che le dotte compositioni, nelle quali si odono le parole interrotte da molte parte." (Istit. harm. I. 9.)

habe, erzählt Bardi, der göttliche Cipriano (de Rore) gegen das
Ende seines Lebens wohl eingesehen, und in Venedig habe der
grosse Mann bei Gelegenheit einiger in diesem Sinne von ihm
componirten Madrigale ihm (Bardi) selbst gesagt, das sei die
wahre Art des Tonsatzes, und hätte ihn der Tod nicht weggerafft, würde er sicherlich die Musik in mehreren gleichzeitigen
Arien (d. h. die contrapunktische) auf einen hohen Punkt gebracht
haben, von wo aus Andere sie nach und nach zu der wahren,
vollkommenen und von den Alten so sehr gelobten Weise hätten
zurückleiten können. „Wollt ihr ein Madrigal, eine Canzone in
Musik setzen, so sehet euch die Sache vorher gut an, ob der Inhalt z. B. grossartig oder lamentabel sei; ist er grossartig, so
nehmt den dorischen Ton, der auf e la mi anfängt, seine Mitte
in A la mire hat, gebt die ganze Arie dem Tenor und kehrt so
oft ihr könnt zum Mitteltone zurück, denn von grossen und wichtigen Dingen redet man gerne in mittlerer Stimmlage; ist der
Sinn lamentabel, so nehmt den mixolydischen Ton und gebt die
Hauptarie (l' aria più principale) dem Sopran — und vergesst
nicht ein passendes Maass der Bewegung, ahmt die Redeweise
eines vornehmen (magnifico) ernsten Mannes nach — folgt den
wenigen Edlen, nicht dem grossen, gemeinen Haufen, singt Musik,
die prächtig, gross und aller Ehre voll ist, und drückt ja, so gut
es nur geht, Länge, Kürze und den Rhythmus des ganzen Verses
aus, und wenn ihr Ehre beim Singen einlegen wollt, so lasst das
Wort ja gut verständlich werden, das ist bei unserem Gesange
die Hauptsache — seid ihr doch bei vornehmen und trefflichen
Personen (persone nobili e virtuose) in Florenz erzogen, wo man
gut zu reden weiss und die Aussprache vortrefflich ist. Und verderbt nicht mit eurem aus Rand und Band gehenden Passagenwerk (sgangherati passaggi) das Madrigal, dass sein Componist am
Ende seine Schöpfung gar nicht wieder erkennt." Bardi schliesst
damit, dass er zuletzt lieblichen Vortrag (suavità) und Süssigkeit
des Gesanges verlangt. Er zitirt Petrarca und den „göttlichen
Dante", welche wiederholt von süssem Gesange sprechen. „Und
daraus folgt, dass die Musik nichts anderes ist, als Süssigkeit,
und dass wer singen will, allersüsseste Musik und allersüsseste
wohlgeordnete Weisen auf das allersüsseste singen soll — und
lasst eure Erscheinung beim Gesange zierlich sein (in modo
acconcio), behaltet euer gewöhnliches Gesicht, so dass der Hörer
kaum weiss, ob der Gesang aus euerem oder aus eines Anderen
Mund kömmt, und seid nicht wie Andere, welche sich, ehe es an's
Singen geht, beklagen und entschuldigen, sie seien erkältet, sie
hätten die letzte Nacht nicht gut geschlafen — und was der
widerwärtigen Ausreden mehr sind." Caccini nahm das alles mit
rührender Gläubigkeit wie höhere Offenbarungen hin. „Diese
höchst einsichtsvollen Edelleute", sagt Caccini in der Vorrede

seiner nuove musiche, „haben mich immer versichert und es mir mit den klarsten Gründen dargethan, dass ich jene Musik in keiner Weise schätzen solle, welche, indem sie die Worte nicht gut verstehen lässt, Concept und Verse verdirbt, die Sylben jetzt verlängert und jetzt verkürzt, damit sie sich dem Contrapunkt anpassen, die eine Zerfleischung der Poesie (laceramento della poesia) ist, mich vielmehr jener von Plato und anderen Philosophen so sehr gelobten Manier zuzuwenden, die da bekräftigen, Musik sei nichts als Sprache und Rhythmus und erst zuletzt der Ton, und nicht umgekehrt, solle sie anders bei Andern Verständniss finden und jene Wunderwirkungen hervorrufen, welche die Schriftsteller bewundern, Dinge, welche der Contrapunkt der modernen Musik nicht vermag; und wenn Einer allein zu einem Instrumente singt, so sollen die Worte nicht etwa durch die Menge von auf kurzen wie auf langen Sylben angebrachter Passagen unverständlich werden." Caccini wiederholt, wie man sieht, die erhaltenen Lehren in gedrängter Kürze, aber Punkt für Punkt.

Wurde nun aber in der Gesangmusik, d. h. nach damaligen Begriffen in der eigentlichen und wahren Musik, das Wort und dessen richtige Betonung (und zwar vor allem in prosodischer, dann aber auch in dramatischer Beziehung) für das allererste, allerwichtigste erklärt, für den Schwerpunkt der Sache, neben welchem das Uebrige kaum noch in Betrachtung kommt und es keinerlei Werth hat, wenn „der Zusammenklang der Töne dem Ohre wunderbar schmeichelt", galten Textwiederholungen („Palilogiae ac Polylogiae", wie sie Doni nennt) für das letzte Ziel alles Unsinnes und der äussersten Verkehrtheit: so war damit aller bisherigen Musik ihr Urtheil gesprochen — Palestrina war dann so gut wie die Andern ein „Barbar" — was Doni auch so ziemlich ohne Winkelzüge zu verstehen giebt — und die ganze „modulandi ratio Symphonistica" verdiente ganz und gar barbarisch und völlig übel gefügt genannt zu werden und war daher eben nur einfach über Bord zu werfen.[1]

Das offizielle, an die Oeffentlichkeit geschickte Kriegsmanifest gegen den Contrapunkt und die moderne Musik überhaupt

---

[1] — — tota haec modulandi ratio, quam Symphoniasticam ipse (Donius) vocat, quae palylogiis ac polylogiis passim exuberat barbara prorsus planeque incondita censenda est, quae nullo modo repurgari possit, nisi ad vivum resecetur. (Doni Opp. I. S. 98.) Da unmittelbar vorher von Palestrina, aber auch von seinen „barbaris prolationibus" die Rede war, so sieht man, dass auch er unter die „Barbaren" geworfen wird. Josquin, Mouton u. a. sind es natürlich vollends: „in iis deprehenditur consummata quaedam ars in concinnandis, digerendisque consonantiis, quae auribus quidem mire placet, ceterum elocutio valde barbara est atque inconcinna. De affectibus autem movendis ne per somnium quidem tum cogitabant. (l. c. S. 101.)

und das offizielle Programm für die Wiedereinführung der antiken
Musik war der Dialog Vincenzo Galilei's — dessen Vorrede aus
Florenz 1. Juni 1581 datirt ist.[1]) Nach G. B. Doni's (bestimmter)
Versicherung haben Bardi und Mei auf die Zustandebringung
dieser Schrift grossen Einfluss gehabt.[2]) Des grundgelehrten
Girolamo Mei, des Verfassers eines ganz im Sinne antiker Musik
geschriebenen, an seinen Lehrer Pier Vittorio gerichteten Traktates „de modis", gedenkt Galilei in Worten voll Verehrung.
Die Form des platonischen Dialogs war für den platonisirenden
Kreis im Hause Bardi wie natürlich die mustergiltige, so unzweckmässig und unbeholfen sie sich auch erwies, wo es sich um gelehrte
Darstellung der antiken Musiklehre handelte. Aber auch noch
andere Dinge werden abgehandelt, über welche sich eben so
schlecht dialogisiren lässt, richtige Stimmung, Werth und Beschaffenheit der Instrumente u. s. w. Das Ganze macht einen nicht
eben angenehmen Eindruck. In dem augenscheinlich sorgsam
nachgeahmten, feingedrechselten florentiner Conversationston der
Dialogisirenden nehmen sich die weitläufigen Auseinandersetzungen
über Limma und Apotome, über Netehyperbolaeon und Netediazeugmenon ganz ungeheuerlich aus; endlose Ziffernreihen, Rechnungen
und Notentabellen sind für einen Dialog wunderliche Einschiebsel. Signor Bardi redet und dozirt seitenlang und Signor
Strozzi äussert nur gelegentlich seine Zustimmung oder thut mit
Schülerwissbegierde eine schüchterne Frage. Indessen dürfen wir
nicht verkennen, dass die hier zum erstenmale in solcher Vollständigkeit gegebene Darstellung über das Wesen und die Theorie
griechischer Musik für die Zeit ihren Werth hatte. Alles das soll
nun aber wieder in's Leben eingeführt und ihm zu Liebe das
durch Jahrhunderte lange Arbeit Gewonnene kurz und gut als
werthlos bei Seite geworfen werden! Man ahnt, was Bardi mit
seinem „vorsichtigen Anfang der Kur" meinte und wohin die

---

1) Dialogo di Vincentio Galilei nobile Fiorentino, della musica antica
et della moderna. In Fiorenza MDLXXXI. Appresso Giorgio Marescotti.
Das Buch ist dem Grafen Giovanni Bardi gewidmet. Das Initial-T der
Dedicationsvorrede zeigt einen artigen Holzschnitt: ein gebundener Missethäter wird vor den Richter geführt — vielleicht ein „Contrappuntista",
der seine „Impertinenzie" büssen soll. Eine zweite Auflage erschien 1602
bei Filippo Giunti in Florenz mit dem Titelzusatze „in sua difesa contra
Joseffo Zarlino". Der berühmte Venezianer hatte nämlich auf einige
gegen ihn und seine Dimostrazioni armoniche gerichtete Stellen des
Dialogo in seinen „Sopplimenti musicali" (1588) geantwortet. Galilei gab
in Folge dessen seinem Dialog einen gegen Zarlino gerichteten Anhang.

2) Il Galileo nel suo erudito Dialogo della musica antica e moderna
u. s. w. — fra i moderni prattici nessuno ha compreso meglio questa
verità di lui, mercè della lunga pratica e familiarità, che egli ebbe col
Sig. Giovanni Bardi e col Sig. Girolamo Mei — — onde di grande aiuto
gli furono amendue a comporre quel opera. (G. B. Doni Tratt. della Mus.
Scen. Cap. XVI. Band II. S. 41.)

Sache weiter gehen sollte. Wie die Dichter Sannazar, Vida u. a. zu Anfang des Jahrhunderts vollständig im Geiste, in der Sprache und Ausdrucksweise Virgil's gedichtet hatten, so hätte man am liebsten endlich die Musik ganz rein und vollständig auf antiken Fuss gesetzt und z. B. die modernen, reich ausgebildeten Instrumente von der Orgel bis zur Laute gegen die antiken Magadis, Sciudapsis u. s. w. vertauscht — Galilei kramt nicht umsonst gelegentlich ein wenig in der Rumpelkammer des griechischen Orchesters — Giov. Batt. Doni geht hernach mit der von ihm erfundenen und Urban VIII. dedizirten „Lyra Barberina" [1]) noch weit resoluter auf die Sache los. Er beklagt es geradezu, dass der Musik es durch ein unglückliches Schicksal noch nicht, gleich den übrigen Künsten, gelungen, „ihre frühere Würde wiederzuerlangen", er habe daher darüber nachgedacht, ob es nicht möglich wäre, auch hier (d. i. auf dem Gebiete der Instrumentalmusik) ihr den alten Glanz wiederzugeben. Deutlicher ist der innere Zusammenhang dieser ganzen Reformbewegung mit der Renaissance und dem Humanismus (welche eben so auch von Florenz ihren Ausgangspunkt nahmen) nicht auszudrücken. Die Musik trieb, wie wir nochmals hervorheben müssen, auch diesmal in der ganzen geistigen Strömung die letztesten Wellenkreise. [2]) Galilei und was sonst noch im Hause Bardi Zutritt hatte, glaubte, wie schon erwähnt, felsenfest an die Wunder „der griechischen Musik"; beginnt doch selbst Mei's Traktat mit der Erwägung *come potesse tanto la musica appresso gli antichi*. Bei der Geschichte von Arion's Rettung ist Galilei's Interlocutor Strozzi noch Rationalist genug, um die Meinung zu äussern, der Sänger habe etwa durch seine Musik die Schiffer besänftigt, [3]) aber Bardi weist ihn mit einem mächtigen „Anzi" zurecht: „Anzi per mag-

---

[1] G. B. Doni schrieb darüber einen ganzen Traktat: Lyra Barberina *ΑΜΦΙΧΟΡΔΟΣ* a' Joanne Baptista Donio patricio Florentino inventa et sanctissimo D. N. Urbano VIII. Pont. max. dicata. Der Traktat ist gedruckt in Doni Op. Tom. I. S. 3—70 (Folioformat) und mit Kupfern nach antiken Bildwerken, wo Kithara und Lyren vorkommen, reich ausgestattet. Doni's Lyra gleicht in ihrem Aussehen weit weniger den antiken Saiteninstrumenten als einer dickbäuchigen, langhalsigen Weinflasche. Die Abhandlung Doni's beschränkt sich keineswegs auf die Beschreibung seiner „barberinischen Lyra", sondern geht höchst gründlich auf die ganze Heerschaar der antiken Saiteninstrumente ein. Höchst charakteristisch ist die Vorrede: „Etsi nemo vel mediocriter eruditus de veterum Graecorum praesertim in rebus musicis praestantia atque opulentia dubitare potest, non desunt tamen qui sine judicii defectu (!), dum omnia metiuntur ex iis, quae vident, atque assidue tangunt.

[2] Eben darum, scheint es, hat noch niemand den Zusammenhang der Florentiner Musikreform mit der Renaissance und dem Humanismus auch nur bemerkt.

[3] So erklärt auch Zacconi das Wunder (Pratt. di Mus. II. Lib. 1. cap. 2.)

giormente mostrare l' eccellenza della sua gran virtù si precipitò
(Arione) in mare" — Delphine (mehrere!) trugen ihn abwechselnd
(a gara) auf ihrem Rücken an's Vorgebirge Tänarus u. s. w.
Galilei's Arion wechselt Delphine wie Postpferde! Und endlich:
„hora considerate, qual sia maggior maraviglia, ò il piacere gli
animali ragionevoli, overamente i bruti, ò pur le cose insensate"(!). [1])
Ja, Galilei verhöhnt die Musiker, welche er „roh und dumm"
(rozzi et idioti) schilt, dass sie an diese Wunder der griechischen
Musik nicht unbedingt glauben: „sie wollen jene vollkommene
und tiefgebildete Kunst nach ihrer confusen Ignoranz bemessen". [2])
Mit was für überschwenglichen Träumen von der Herrlichkeit
griechischer Musik man sich und Andere täuschte, davon geben
gleich die ersten Worte von G. B. Doni's Schrift „de praestantia
musicae veteris" eine merkwürdige Probe. Er bewundert die
Griechen in Allem, aber „beinahe göttlich" erscheinen sie ihm,
wenn er erwägt, was sie in der Musik geleistet. — Die Anklagen
Galilei's gegen die moderne Musik laufen so ziemlich auf dasselbe
hinaus, was wir in Bardi's Sendschreiben gefunden, nur dass Bardi
im Vergleiche zu dem hitzköpfigen, unhöflichen, leidenschaftlichen
Galilei beinahe liebenswürdig erscheint. Wie alle anderen Künste
und Wissenschaften, lehrt Galilei, ist in den Kriegsstürmen und
durch andere unglückliche Ereignisse auch die antike Musik zu
Grunde gegangen, und so wenig Licht ist davon übrig geblieben,
dass Viele ihre ehemalige Vortrefflichkeit für Traum und Fabel
halten. [3]) Als nun die Kunst der Töne verloren war, fing man
an, Regel und Gesetz für das Componiren und Singen von den
Instrumenten, insbesondere von der Orgel herzuholen, insbesondere
das Zusammenfügen und Zusammensingen mehrerer Arien zugleich,
wie sie's der Orgel spielten, daher sie auch dafür von den
Citharisten und Organisten die Gesetze entlehnten, ausgenommen,
dass wenn vier oder noch mehr Stimmen mit einander sangen,
eine Folge gleichartiger vollkommener Consonanzen verboten
wurde, vielleicht um die Sache schwieriger zu machen (!), vielleicht um zu beweisen, man habe feinere und zartere Ohren als
die Anderen. Die Neuheit der Sache gefiel den Unwissenden;
zudem konnte man auf diesem Wege sehr rasch und leicht ein
Musiker werden. Folgerichtig aber erlaubten sie dann die Folge
von unvollkommenen Consonanzen oder den Uebergang von der

---

[1]) Dialogo S. 86.
[2]) Maravigliandosi anzi ridendosi del sapere degli antichi Musici et
degli effetti maravigliosi, che egli operarono in diversi soggetti, volendo
misurare la perfetta et dotta scienza di quelli con la confusa ignoranza
loro. (S. 82.) Natürlich ist das „acacciava la peste" (S. 86) nicht vergessen! Wie soll man zweifeln, es sind ja „libri d'autorita", die es
melden! —
[3]) S. 84.

unvollkommenen Consonanz zur vollkommenen — sie vermieden Tritonus und Semidiapente, sie verlangten bei vier oder mehr Stimmen, dass dem Basse die Terz und Quinte oder an Stelle der letzteren die Sexte nicht fehle. Das ist sehr gut, wenn es auf weiter nichts ankömmt, als dem Gehör durch Accorde zu schmeicheln (per il semplice diletto, che prende l'udito degli accordi), aber für den Sinn und Ausdruck (l'espressione de concetti) ist es tödtlich (pestifero), denn es dient nur dazu, den Gesang mannigfaltig und volltönig (vario e pieno) zu machen, was nicht nur nicht immer, sondern gar nie dem Ausdrucke nach Absicht des Dichters oder Redners angemessen ist. So wurde allmählig die Vernunft dem sinnlichen Wohlklang, die Form der Materie, das Wahre dem Falschen untergeordnet. Ganz anders ist Sinn und Ausdruck der hohen und jener der tiefen Töne — die moderne Composition mischt sie zu Consonanzen, welche eine Ungehörigkeit (impertinenza) sind — denn es entsteht ein Mischton, der das Gehör auf das allerangenehmste berührt (soavissimamente ferisce l'udito), — aber, will Galilei sagen, eben dadurch die Eigenheit des hohen und des tiefen Klanges neutralisirt. Dazu fügen die Contrapunktisten gar noch die mannigfache Schnelligkeit der Bewegung in den einzelnen Stimmen¹); ist also auch die Bewegung in der einen Stimme den Worten angemessen, so ist sie's in der andern nicht, eine hebt die Wirkung der andern auf, als wie wenn zwei am Capitäl einer Säule, welche gestürzt werden soll, ein Seil rechts und eines links befestigen und aus Leibeskräften jeder nach seiner Seite ziehen wollten, wo die Säule freilich stehen bliebe. ²) Das Verbot der Folge gleichartiger vollkommener Consonanzen ist verhängnissvoll (fatale) geworden; um dieses Gesetz beobachten zu können, haben sie ohne Sinn und Verstand und der natürlichen Bewegung der Stimme straks zuwider mehrere Notengattungen erfunden. Da singt nun einer die erste Sylbe eines Wortes und ein anderer die letzte, sie wiederholen Worte und Sylben vier- bis sechsmal, einer im Himmel, der andere auf der Erde, und, wenn es ihrer mehrere sind, im Abgrund. Sie schleppen eine einzige Sylbe durch zwanzig und noch mehr verschiedene Noten, wobei sie bald das Zwitschern der Vögel, bald das Heulen der Hunde nachahmen. Und so ist die Musik unserer Zeit eine leichtsinnige, um nicht zu sagen freche Buhlerin geworden (una lasciva per non dire sfacciata meretrice).

---

1) S. 62 „Moto contrario" — hier nicht im Sinne dessen, was wir „Gegenbewegung" nennen.
2) (a. a. O.) G. B. Doni vergleicht seinerseits: perinde ac si in unum ferculum, quale erat olim Laustarocaccabus, aut hodie olla Hispanica, omnia pene edulia inferciantur; quae separatim propriis in lancibus patinisque apposita, et peculiaribus condimentis instructa, gratiora essent; et lautiores epulas efficerent. (de praest. m. v. S. 71.)

170 Die Musikreform und der Kampf gegen den Contrapunkt.

Daher wird die heutige Musik von den Verständigen verschmähet und verachtet, vom unverständigen Haufen aber höchlich bewundert. Hat nicht der göttliche Platon ausdrücklich befohlen, man solle „Proschorda" und nicht „Simfone" spielen, das heisst im Einklange und nicht in Consonanzen? Es ist nöthig, dass der Mensch die Gabon der Musen mit dem Verstande und nicht nach dem sinnlichen Wohlgefallen geniesse (wie es nämlich Consonanzen erregen). Aber unsere Praktiker sind nicht einmal mit der Menge von Intervallen zufrieden, welche sie innerhalb des grossen Pythagoräischen Systems finden, sie gehen darüber hinaus bis zur „Vigesimasecunda" (dritten Octave) und bis zu den Antipoden — wahrlich gegen allen Sinn des Affektes! Denn der Klagende wird sich nicht aus den höchsten, der Betrübte nicht aus den Mitteltönen entfernen. Unsere Contrapunktisten aber sündigen dagegen nicht blos in ihren durch einander gemengten Arien, sondern lassen sogar den Tenor oder den Sopran allein schon jetzt innerhalb eilf bis zwölf Tönen hinauf- und herabsteigen oder springen — ohne Rücksicht auf das, was Plato und auch Aristoteles lehrt: dass eine Musik, welche nicht den Bewegungen der Seele dienstbar ist, wahrlich nur Verachtung verdient. Diese ganze leidige Art, mehrere Arien zusammen zu singen, ist übrigens keine hundertundfünfzig Jahre alt, sie hat also nicht einmal die Autorität des Althergebrachten für sich, wie weiland die antike. Bei den Griechen waren die Musiker die gelehrtesten, feinsten und angesehensten Leute, die unseren sind unwissend und verachtet. Vollends unsinnig und lächerlich ist die Art, mit welcher sie den Worten der Dichtung nach ihrer Behauptung gerecht werden; sie malen es in kindischer Weise z. B. durch punktirte und syncopirte Noten (als ob sie das Schluchzen hätten), wenn es im Texte heisst „et col bue zoppo andra cacciando Laura" — das Getöse der Trommeln, den Trompetenton ahmen sie nach; heisst es: „er stieg zu Pluto hinab", so brummen die Sänger, als wollten sie kleine Kinder in Furcht setzen; heisst es: „er erhob sich zu den Sternen", so kreischen sie, als litten sie an Leibschmerzen — für Worte, wie „Weinen, Lachen, Singen, Schreien, Lärmen, falscher Trug, harte Ketten, strenge Bande, rauher Berg, schroffe Klippe, grausame Schöne" und so weiter, haben sie ihre malenden Phrasen. Hätte Isokrates oder ein anderer grosser Redner irgend ein einzelnes Wort in ähnlicher Weise betonen wollen, so würde ihn das Gelächter und der Unwille seiner Zuhörer unterbrochen haben.[1]) Wie man Seelenbewegungen richtig und wahr ausspricht, brauchen sie nicht einmal von so grossen Rednern zu lernen, sie können es in der ersten besten Tragödie oder Komödie, welche von Schauspielern dargestellt wird. Sie

---

1) S. 80.

sollen da auf die Betonung des Einzelnen achten, wie die Stimme hoch oder tief, die Rede langsam oder schnell ist, wie die Worte accentuirt werden — sie sollen acht geben, wie der Fürst mit den Vasallen oder mit den ihn Anflehenden, wie der Zornige, wie der Eilfertige, wie die Matrone, wie das Mädchen redet, wie der einfältige Knabe spricht, wie die schlaue Buhlerin, wie der Liebende zur Geliebten, um ihr Herz zu rühren, wie der Klagende, der Schreier, der Furchtsame, der Lustige, und so weiter. Hat doch selbst das Thier seine Stimme, um auszudrücken, ob ihm wohl oder wehe ist!" [1])

Diese letzterwähnten Bemerkungen sind das Interessanteste, Wichtigste, Wahrste und Fruchtbarste im ganzen Dialog; sie sind der direct nach der dramatischen Musik deutende Wegweiser. Es ist nicht schwer einzusehen, dass die weitaus grössere Mehrzahl der Anklagen, welche Galilei erhebt, auf einer gründlich falschen Auffassung, ja auf einem totalen Missverstehen der Sache beruht. Eben so ist gewiss, dass die Chimäre, die er an Stelle der hochausgebildeten, unter ganz anderen Bedingungen und zu völlig anderen Zwecken als die antike entstandenen Musik (zu deren Vertretern z. B. auch Meister wie Palestrina, Vittoria, Luca Marenzio u. a. gehören) setzen will, weit entfernt, die von ihm geträumte Herrlichkeit der Kunst herbeizuführen, der Tod der Musik gewesen wäre. Aber mit jenen, fast nur beiher gesagten Worten sprach Galilei, ohne es selbst zu ahnen, die Zauberformel zur Erlösung der Musik aus den bisherigen Banden aus, das Signal zu einer mächtigen Entwickelung, deren Grösse Galilei nicht entfernt ahnen, deren Tragweite er nicht absehen konnte.

Was man im Palaste Bardi zunächst und vorläufig wollte, war vorerst noch nicht die musikalische Wiederbelebung der antiken Tragödie, sondern nur, an Stelle des blossen Loslösens einer einzelnen Stimme aus dem contrapunktischen Zusammenhange, welche als Nothbehelf dem Solisten zugewiesen worden war, während Lauten oder Violen oder andere geeignete Instrumente die übrigen Stimmen ausführten, wirklich als Soloparte gemeinte Gesänge, an Stelle der musikalischen Polyphonie wirkliches und echtes Sologesang zu setzen, und zwar einen Sologesang, in dessen musikalischer Führung das Wort und der Vers seine richtige Betonung, sowohl in der metrischen, als in der den natürlichen Gang und Ausdruck der Rede bezeichnenden Accentuirung erhalten, die Musik nicht die Zwecke ihres eigenthümlichen Wohlklanges einseitig verfolgen, sondern Nachahmung der Gemüthsbewegungen sein sollte. Das Ungenügende jenes Nothbehelfes einzusehen, hatte man bei Gelegenheit solcher Vorträge der Signora Vittoria Archilei vollauf Gelegenheit, deren gepriesene Gesangskunst und

---

1) S. 89.

brillante Coloratur, mit welcher sie die Parte so überreich ausstattete, jene Grundübel nicht verdecken konnte, welche Lodovico Viadana in der Vorrede seiner 1609 gedruckten *Concerti ecclesiastici* treffend hervorhebt: „solche herausgerissene Einzelstimmen machen eine schlechte Wirkung, da sie auf den Zusammenhang im Ganzen berechnet sind, insofern sie nämlich als Bestandtheile von Fugen, Cadenzen und Contrapunkten erscheinen; sie sind daher auch voll langer und wiederholter Pausen, haben keine rechten Schlusscadenzen, keinen fliessenden Gesang (senz' aria), statt dessen vielmehr eine sehr unschöne Führung (con pochissima et insipida sequenza), dazu sind auch die Textworte übel eingetheilt, zerrissen, zusammengeflickt, was alles den Gesang sehr unangenehm erscheinen lässt." Zu diesen sehr richtigen Bemerkungen wäre auch noch die weitere zu machen: dass die auf Instrumenten gespielten, selbständig und contrapunctisch geführten, vom Componisten ursprünglich der Menschenstimme zugewiesenen, mit dem nunmehrigen Hauptparte ursprünglich gleichberechtigten Parte, statt eine wirkliche, den Sologesang hebende Begleitung zu bilden, für ihn vielmehr zu einer hemmenden und störenden Belastung wurden. Man muss diese Punkte wohl im Auge behalten, um zu begreifen, wie und inwieweit die Reformbestrebungen im Hause Bardi ihre Berechtigung hatten. Sie haben sich darum nicht nur als lebensfähig, sondern auch als höchst folgenreich erwiesen, während das Nichtlebensfähige dabei, nämlich die einseitige und rückhaltlose Wiedereinführung der antiken Musik von selbst, wie Schlacke, ausgeschieden wurde. —

Der erste im Hause Bardi, welcher mit einem praktischen Versuche hervortrat, war wiederum Vincenzo Galilei. G. B. Doni — allerdings kein unmittelbarer Zeuge, aber durch Piero Bardi, den Sohn Giovanni's, wohl unterrichtet — erzählt: „Galilei fand in diesem Kreise Aufmunterung, neue Dinge zu versuchen, und setzte, vorzüglich mit Beihilfe des Herrn Giovanni (Bardi), der erste Melodieen für eine Stimme (melodie à voce sola), indem er jene ergreifende Klage des Grafen Ugolino, wie Dante sie geschrieben, componirte, welche er auch selbst sehr ansprechend zu einem Concert von Violen (sopra un concerto di Viole) sang". Es war also keine Improvisation, sondern eine ausgearbeitete Composition, und die begleitenden Violen (nicht „die Laute", wie man wohl zu lesen bekömmt) hatten ihr „Concerto" mit der Singstimme, das heisst ihren selbstständigen Part. In demselben Style componirte, nach Doni's weiterem Bericht, Galilei einen Theil der Lamentationen des Propheten Jeremias, welche (von ihm selbst?) in einer frommen Versammlung gesungen wurden. Es war ein Angriff auf die ältere (oder nach der Terminologie im Hause Bardi „moderne") Musik in ihrem eigenen Lager. Auch mag nicht unbemerkt bleiben, dass Galilei beidemale nach hochpathetischen, den stärksten Ausdruck erheischenden Texten griff. Schon Ugolino hatte im Allgemeinen gefallen, obwol es nicht an Neidern fehlte, die über den neuen Styl lachten — was Galilei zunächst bewog, dem Ugolino jene Lamentationen folgen zu lassen. Wir können nicht mehr bestimmen, wie viel bei diesen Compositionen Galilei selbst angehörte, und wie viel dem Grafen Bardi, der ein im madrigalesken Musikstyl nicht ungeübter Tonsetzer war. Bardi hatte 1589 zu den „Intermedii e Concerti fatti per la Comedia rappresentata in Firenze nelle nozze del Sereniss. Don Ferdinando Medici e Madama Cristiana di Loreno, Gran Duchi di Toscana" (gedruckt 1591 in Venedig bei Giacomo Vincenti) [1]) Madrigale nebst Luca Marenzio, Emilio del Cavaliere, Jacopo Peri und Cristofano Malvezzio geliefert. Wir dürfen indessen von dem Ugolino und den Lamentationen keine zu hohe Idee fassen, wenn wir bei Doni lesen: Caccini habe in Nachahmung des Galilei, aber in einem weit schönern und angenehmen Styl (ad imitazione del Galilei, ma con stile più vago e leggiadro) einige Sonette und Canzonetten in Musik gesetzt.[2]) Nicht der Dilettant Galilei hat die neue Monodie geschaffen [3]), sondern der gebildete, talentvolle Künstler Giulio Caccini.

„Da ich nun wohl einsah", erzählt Caccini in der Vorrede seiner *nuove musiche,* „dass Musik und Musiker dieser Art" (nämlich der bisherigen contrapunktischen Richtung) „kein anderes Vergnügen gewähren können, als welches das Ohr durch das Zusammenklingen der Harmonie empfängt, indem sie den verständigen Sinn (l'inteletto) nicht bewegen konnten, wenn die Worte unverständlich blieben" (man sieht hier abermals wie gut sich Caccini die erhaltenen Lehren gemerkt), „so fiel mir ein, eine Art von Musik einzuführen, die eine Art von harmonischer Sprache vorstellte, wobei ich eine gewisse edle Nichtachtung des Gesanges (nobile sprezzatura del canto) anwendete, indem ich, während es durch einige falsche Noten ging" (er meint durchgehende und Wechselnoten), „den Bass festhielt, ausser wo ich mich nach gewöhnlicher Art der vom Instrumente anzuschlagenden Mittelstimmen bediente, um irgend einen Affekt auszudrücken". Die neuen Madrigale wurden in Florenz (natürlich wohl im Hause Bardi) gesungen, mit liebevollem Beifalle (con amorevole applauso) begrüsst und Caccini aufgemuntert, weiter zu streben. Er begab sich nach Rom, um auch dort eine Probe abzulegen (a Roma,

---

1) Exemplar in der k. k. Hofbibliothek zu Wien.
2) a. a. O. S. 24.
3) J. L. Klein in seiner bände- und noch mehr wortreichen Geschichte des Drama (Das ital. Drama, 2. Band, S. 522) hält, missverstehend, Galilei für den Erfinder der Melodie und daher für einen staunenswerthen Epochenmann — !

per daruc saggio anche quivi). Im Hause des edlen Nero Neri pflegten sich, wie bei Bardi in Florenz, viele Edelleute zu versammeln, unter ihnen, als eine der Hauptpersonen, Lione Strozzi.[1] Als sie Caccini's Madrigale und Arien gehört, „gaben sie alle gutes Zeugniss und ermunterten zum Fortschreiten auf dem betretenen Wege; sie hätten, sagten sie, noch nie den Gesang einer Stimme allein zu einem Saiteninstrument gehört, welcher in gleichem Maasse wie diese Madrigale geeignet gewesen wäre, das Gemüth zu bewegen" (che havesse tanta forza di movere l'affetto del animo). Der berühmte Verfasser der mehrmal componirten „Affetti pietosi", P. Angelo Grillo, begrüsste ihn als den „Vater der neuen Musik".[2]) Dieser seiner ersten Madrigale erwähnt Caccini auch in der Vorrede seiner „Euridice". So habe er Sannazar's Ekloge componirt: *Iten' all' ombra de gli ameni faggi*, die Madrigale: *perfidissimo volto; Vedro 'l mio sol; Dovro dunque morire* und ähnliche. Die Ekloge nach Sannazar ist verloren; die drei andern sind in der Sammlung monodischer Compositionen enthalten, welche Caccini 1601 (florentiner Styl — richtig 1602) bei den Erben Giorgio Marescotti's in Florenz erscheinen liess, Lorenzo Salviati widmete, und denen er den fast stolz klingenden kurzen Titel gab: *le nuove musiche di Giulio Caccini detto Romano*[3]). Dieser Titel soll nicht etwa nur einfach die eben auf

---

1) Er gehörte zur römischen Linie des Hauses.
2) Er schreibt an ihn: „Ihr seid der Vater der neuen Musik, oder eines Gesanges vielmehr, der kein Gesang, sondern eine singende Recitation ist, edel und weitaus höher als die Volksgesänge; der die Worte nicht verstümmelt, noch entstellt, noch ihnen Leben und Sinn benimmt, der sie vielmehr erst recht belebt und ihnen mehr eindringliche Kraft verleiht" (Lettere dell' abbate Angelo Grillo, Venedig 1609, 1. Theil, S. 435).
3) Der vollständige Titel ist:

LE NVOVE
MVSICHE
DI GIVLIO CACCINI
DETTO ROMANO
IN FIRENZE
APPRESSO I MARESCOTTI
MDCI. (Vignette: ein Seeschiff auf unruhigem Meere mit der Umschrift: et vult et potest.)

Das Format ist ein mässiges Folio — 26 Blätter, der Druck ist weder schön, noch correct. Der musikalische Inhalt ist folgender. Als illustrirende Exempel zu der von Caccini vorangestellten Gesanglehre: drei kleine Madrigale: „Cor mio deh non languire"; Aria di Romanesca: „ahi dispietato amore" (Violinschlüssel); „Deh, dove son fugitti" (Sopr.). Sodann folgende Madrigale für eine Singstimme: „Movete pietà; Queste lagrim' amare; Dolcissimo sospiro (sämmtlich im Sopranschlüssel); Amor, io parto (Alto); Non piu guerra; Perfidissimo volto (beide im Tenorschlüssel); Vedro 'l mio Sole (Sopran); Amarilli bella; Sfogava con stelle (beide im Violinschlüssel); Fortunato angellino (Sopran); Dovro dunque morire (Violinschlüssel); Filli mirando il cielo (Sopran) — (il fine dei

dem Musikmarkte neben anderen Novitäten erschienene Neuigkeit bezeichnen, sondern eine neue Zeit, einen neuen Musikstyl ankündigen. — „Die neue Musik", die Madrigale, deren Textanfänge Caccini zitirt, waren damals, wie er ausdrücklich erwähnt, schon vor vielen Jahren componirt. [1])

In der That wirkte diese Sammlung epochemachend, die „neue Musik" hielt ihren Siegeszug durch Italien — und eine Sammlung von Gesängen folgte der andern, in welcher der Styl von Caccini's „Nuove musiche" bis in die Einzelheiten hinein gewirkt hat — so folgt schon 1606 Domenico Brunetti von Bologna mit seiner von ihm „Euterpe" betitelten Sammlung, 1610 Jacob Peri (Caccini's Kunstgenosse und Rival) 1610 mit den „Varie musiche", Antonio Brunelli in Pisa 1616 mit seinen zwei Büchern „Scherzi, Arie, Canzonette e Madrigali", in demselben Jahre Radesca da Foggia in Turin mit fünf Büchern „Canzonette, Madrigali, Arie". Girolamo Fornaci brachte in Venedig „amorosi respiri". Dann ist Francesco Capello in Venedig zu nennen. Ottaviano Durante in Rom wendete 1608 den neuen Styl in seinen „Arie divote"

Madrigali). Hierauf zwei Chöre und drei Arien aus il rapimento di Cefalo. Aria prima: io parto amati lumi; Aria seconda: ardi, ardi cor mio (beide im Sopranschlüssel); Aria terza: ard' il petto mio (Violinschlüssel); Aria quarta: fere selvaggie; Aria quinta: Fillide mia; Aria sesta: dite udite amanti; Aria settima: Occhi inamorati; Aria ottava: Odi Euterpe; Aria nona: Nelle rose purpurine (sämmtlich Sopran); Aria ultima: Chi mi conforta oime (Bass). Somit 15 Madrigale, 13 Arien und zwei Chöre. Zum Schlusse: apresso li heredi di Giorgio Marescotti MDCII, cum licentia superiorum. Der Unterschied in der Jahreszahl erklärt sich dadurch, dass die Florentiner ihr Neujahr mit dem Frühlings-Aequinoctium im März feierten. Caccini's Vorrede ist datirt: di casa in Firenzo il di primo di Febbraio 1601. Das Werk erschien aber erst im Juli — Dank der geist- und weltlichen Censur, die es passiren musste. Marescotti Sohn entschuldigt ausdrücklich damit und mit dem mittlerweile erfolgten Tode seines Vaters Giorgio die Verspätung. Die beigesetzten Permesse der Censur sind lesenswerth:

„Jo Fra Francesco Tibaldi Fiorentino de Minori Conventuali hò letto questi Madrigali in Musica del Sig. Giulio Caccini Romano, e dall' esser composti in materia d'amor mondano in poi, non vi ho trovato cosa repugnante alla cattolica fede, ne tan poco contro prelati di Santa Chiesa (!) Republiche ò prencipi et in fede di cio ho scritto questi quattro versi di propria mano in S. Croce di Firenze, l'ultimo di Giugno 1602, con la lettera dedicatoria al Signor Lorenzo Salviati et un altra a lettori. — Concedesi la stampa col consenso del Padre Inquisitor il di di 1 Luglio 1602. Cos. Vicario di Fiorenza. — Si concede licenza di stamparsi in Fiorenza, die 1 Junii (so!) 1602, l'Inquisitor di Fiorenza."

1) Vorrede der Euridice: „In essa (nämlich in der Euridice) ella (Bardi) riconoscera quello stile usato da me altre volte, molti anni sono, come sa V. S. Ill. nell' egloga del Sannazaro „Iten all' ombra de gli ameni faggi" ed in altri miei madrigali di quei tempi: „Perfidissimo volto", „Vedro 'l mio sole", „Dovro dunque morire" e simili.

auf kirchliche Gesänge an; auch Serafino Patta Aquilano componirte geistliche Singestücke in dieser Art, wozu P. Angelo Grillo's „pietosi affetti" die Worttexte lieferten; Girolamo Marinoni componirte offenbar zu eigenem Gebrauch (er war Sänger in S. Marco in Venedig) geistliche Arien nach Antiphon- und Hymnentexten, Hieronymus Kapsberger in Rom setzte 1624 lateinische Gedichte Urban's VIII. in Musik.[1])

Diese monodischen Arbeiten riefen, wie man sieht, sofort eine neue Tonsetzerschule in's Leben. Ein neuer Styl, welcher dem Geschmacke, den Wünschen der Zeit, der Nation so völlig entsprach, war gefunden — begreiflich, dass er in ganz Italien den lebhaftesten Anklang fand. In diesem Sinne wurden Caccini's „Nuove musiche" ein epochemachendes Werk. Das Wort Castiglione's von dem Werthe des Einzelgesanges erhielt erst jetzt seine rechte Bedeutung; was der geistvolle Mann hundert Jahre vorher nur erst geahnt hatte, erfüllte sich jetzt. Auch der deutsche Michael Prätorius nennt in der 1619 geschriebenen Vorrede des dritten, ganz eigens die (damals) moderne Musik behandelnden Theiles seines Syntagma den „Giulio Romano", sonsten Giulio Caccini di Roma genannt[2]), und wundert sich, wie „sonderlich jetziger Zeit, da die Musik so hoch gestiegen, das fast nicht zu glauben, dieselbe nunmehr höher werde kommen können". Was uns dürftige Anfänge, die ersten, unsicheren, oft unbeholfenen Schritte auf einer neuen Bahn scheinen, erschien der erstaunten Welt als Vollendung, eine Steigerung gar nicht mehr möglich! Prätorius weiset auf Italien, die dortige musikalische Bewegung und den neuen Musikstyl ganz ausdrücklich hin. „**Weil aber jetzo**" fährt er fort, „**sonderlich in Italia, auss dermassen viel musicalische Compositiones und Gesänge, so gar uff ein andere Art, Manier und Weise, als vor der zeit, auffgesetzet und mit ihren Applicationibus an Tag kommen und zum Truck verfertigt sein und noch werden**, darinnen so mancherley unbekannte Italianische Vocabula, Termini und Modi begriffen und vorhanden, da sich ein jeder Musicus darin nicht wohl richten und schicken kann — — so hab Ich in diesen Tertium Tomum erstlich die Namen aller Italianischen, Französischen, Englischen und jetzo in Teutschland üblichen Gesängen, deroselben Signification, Distribution und De-

---

[1] Von Peri's „varie musiche" besitzt die Marcusbibliothek in Venedig ein Exemplar, Ottavian Durante's „Arie divote" die Musiksammlung der Chiesa nuova in Rom und Kiesewetter's Sammlung in Wien, die „Euterpe" die Chiesa nuova, ebenso die Gesänge von Kapsberger — die Prager Universitätsbibliothek aber bewahrt als eine für die Geschichte der Monodie geradezu **unschätzbare Sammlung** die eben genannten Arbeiten von Radesca, Brunelli, Fornaci, Marinoni, Capello und Patta.

[2] S. 230.

scription: zum andern von etlichen andern unterschiedenen Sachen, so nicht allein gemeinen, sondern auch den vornehmen Musicis theoricis und practicis zu wissen nicht undienlich, richtige und verständliche Erklehrung gethan, und dann wie zum dritten die Italianische und andere Termini musici und Vocabula zu verstehen, die Instrumenta musicalia in Italianischer Sprach zu nennen und abzutheilen: Der Generalbass (welches gar eine neue Italianische Invention, aus der massen herrlich, nützlich Werck vor Capellmeister, Directores, Cantores, Organisten und Lautenisten, und bei uns in Teutschland sich aller erst beginnet herfür zu thun und in gebrauch zu kommen) zu tractiren und recht zu gebrauchen; desgleichen wie man ein Concert, Teutsch- oder lateinische Motetam, so vff viel unterschiedene Chor gesetzet, mit guter bequemligkeit disponiren und anordnen könne, und was sonsten andre mehr Sachen darinnen begriffen, welches alles meistentheils vff jetzige neue Art der Music accomodiret und gerichtet, so ich zum Theil aus etlicher Italianischer Musicorum Praefationibus, zum Theil aus etlicher Italorum und derer, so in Italia versiret, mündlichem Bericht, zum Theil auch aus meinen selbst eigenen Gedanken und geringen Invention verfasset, conscribiret und zusammen bracht."

Prätorius wünscht „damit nach Exempel der Italorum auch in Germania nostra patria die Musica gleich als andere Scientiae und Disciplinae nicht allein excoliret, besonders auch propagiret und zu Gottes einigem Lob und Preiss, auch Gottfürchtigen Herzen seliger Recreation und Ergötzlichkeit weit aussgebreitet werden möge" [1]) — er wünscht, dass „die Knaben, so vor andern sonderbare Lust und Liebe zum Singen tragen, uff jetzige Italianische Manier zu informiren und zu unterrichten seyn" [2]) — er spricht von den „praestantissimorum musicorum Scholis, welche andern löblichen Nationen hiermit nichts benommen jederzeit in Italia gefunden und anjetzo noch zu finden." [3])

Es gab aber, dem allgemeinen Enthusiasmus zum Trotz, auch Kenner und Freunde des früheren Musikstyls, welche in der geänderten Kunstweise eine nichts weniger als erfreuliche Wendung der Dinge erblickten. Sie blieben indessen in verschwindend kleiner Minorität. Der distinguirte Kunstfreund in Rom Lelio Guidiccioni dankt es aber gerade seiner conservativen Gesinnung, zu deren Bekämpfung Pietro della Valle sein bekanntes Sendschreiben an ihn richtete, dass sein Name unvergessen geblieben

---

1) Einleitung zum 3. Theil des Syntagma.
2) S. 229.
3) Einleitung.

ist. Sehr scharf spricht sich 1622 gegen das neue Musikwesen Lodovico Zacconi aus: „was würden die alten Meister zu dieser Wirthschaft sagen — was Josquin, Mouton, wenn sie in's Leben zurückkehrten? Sähen wir die ernste Arbeit, welche sie an die Sache wendeten, so hätten wir alle Ursache zu staunen. Ich könnte blutige Thränen weinen, wenn ich wahrnehmen muss, wie unsere neuen Sänger (deren Gebiet überdies die modernen Alltagsgesänge sind) die alten edeln Meisterwerke nicht mehr anerkennen wollen — aber auch gar nicht mehr im Stande sind, sie zu singen. Wahrlich, ich kann im Namen unserer modernen Componisten nur schamvoll erröthen!" [1])

Der neue Musikstyl bewirkte auf musikalischem Gebiet, was die Renaissance auf allen anderen Gebieten schon früher längst siegreich durchgeführt hatte: die Emancipation des Individuums. Im Mittelalter hatte sich jeder Einzelne darein eingelebt, sich als integrirender Bestandtheil irgend einer Corporation, als Mitglied eines grösseren Ganzen anzusehen und zu empfinden. Und zwar nicht blos innerhalb der zwei grossen Grundmächte und Wahrer der Ordnung auf Erden, Kirche und Staat, sondern innerhalb dieser beiden wiederum in irgend einer kleineren Corporation, aus der und ihresgleichen sich jene grösseren zusammensetzten; der Staatsangehörige war zunächst etwa erbeingesessener Bürger einer Stadt und innerhalb der Bürgerschaft erst wieder Mitglied einer Zunft als Handwerker, einer Facultät als Mann der Wissenschaft, und so weiter; der Geistliche mochte als Canonicus einem Domstift, oder als Ordensmann einem Kloster angehören; und, als genüge das Alles nicht, bildete sich noch eine Menge von Confraternitäten, Bündnissen u. s. w. Ueberall fühlte sich der Einzelne von seiner Zunft, seinem Orden, seiner „Bruderschaft" getragen und beschützt, aber allerdings auch von ihren Gesetzen überall und so ziemlich in Allem bedingt und abhängig. Der Einzelne stand so zu sagen nie für sich ein, er war gleichsam nur die einzelne Figur einer Gruppe, eines Chores, einer Gesammtperson. Im Mittelalter erkannte sich der Mensch (wie Burkhardt [2]) sehr schön sagt) „nur als Race, Volk, Partei, Corpo-

---

1) Prattica di Mus. Lib. I. Cap. LXIII. Der Originaltext lautet: „Se no fosse lecito e concesso di vedere lo studio, che faceano gl' antichi intorno a questa particolare scienza della musica, non ho dubbio alcuno, che non havessimo ad inarcar le ciglia o non ci havessimo grandemento ad istupire o maravigliare; — — — — questo io dico, perchè piango e sospiro in vedere, che i Cantori moderni (da i canti ordinarij in poi) non riconoscano più le pretiosio bello cantilene antiche, e non le sanno più cantare, — — se tornassero in vita Jusquino, Gio. Motone e gl' altri, che di questo sapeano pur assai, trasecolarobbono in vedere si poca cognitione, e quanto malamente hoggidi i compositori se ne sappino servire — — cose, che mi fanno per loro arrossire e vergognare."

2) Die Cultur der Renaissance in Italien S. 104.

ration, Familie, oder sonst in irgend einer Form des Allgemeinen. In Italien erwacht zuerst eine objektive Betrachtung und Behandlung des Staates und der sämmtlichen Dinge dieser Welt überhaupt, daneben erhebt sich aber mit voller Macht das Subjektive, der Mensch wird geistiges Individuum und erkennt sich als solches. Mit dem Ausgang des 13. Jahrhunderts beginnt Italien von Persönlichkeiten zu wimmeln; der Bann, in welchem der Individualismus gelegen, ist hier völlig gebrochen, schrankenlos spezialisiren sich tausend einzelne Gesichter". In Italien vollendet das 15. Säculum diese Emancipation endgültig — Individuen, die in sich allein eine ganze Körperschaft vereinter und höchst mannigfaltiger Kräfte und Fähigkeiten repräsentiren, treten auf. Man denke z B. unter den Künstlern an Leo Battista Alberti, an Leonardo da Vinci. Oder man erinnere sich auch nur, was z. B. Baldassare Castiglione von einem vollkommenen Edelmann alles verlangt. Aber während dieser Periode und noch drei Viertel des sechzehnten Jahrhunderts hindurch hatte, durch die Uebermacht und den bildenden Einfluss der niederländischen Musiker, die Musik die wesentlich mittelalterliche Form des Polyphonen, Contrapunktischen, Chormässigen festgehalten — die Musiker bildeten eine zusammensingende Körperschaft, selbst wo sie höchst Subjektives musikalisch auszusprechen, z. B. ein Liebeslied vorzutragen hatten, wie es in Petrucci's Sammlungen zu Hunderten vorkommt. Orazio Vecchi's „Anfiparnasso" ist wohl das allerauffallendste Denkmal dieser ganzen Richtung. Die Renaissance und ihr Geist durchdrang diese Formen verklärend und erwärmend wie Sonnenlicht (Palestrina, Marenzio, die beiden Gabrieli u. s. w.) — die Form selbst vermochte sie einstweilen nicht zu brechen. Aber wie stark der Drang nach der Emanzipation des Individuums allgemach auch hier wurde, zeigt die Flucht des einzelnen Sängers mitten aus dem Chore der singenden Collegen — er nimmt sich seinen contrapunktisch gesetzten Part mit, und singt ihn, so gut oder so schlecht es gehen will, für sich allein, und lässt die Parte der von ihm im Stiche gelassenen Collegen, die er des Gesammteindruckes wegen doch am Ende nicht entbehren kann, von musikalischen Instrumenten als Begleitung seines Gesanges spielen. Von Ausdruck, Leben, Empfindung kann in seinem Vortrage natürlich keine Rede sein, er kann da nichts herausholen und nichts hineinlegen, er mag höchstens seinen Part mit allerlei Brillantschnörkeleien bestens aufputzen. Und nun aber tritt durch Caccini und in dessen „Nuove musiche" der Sänger zum erstenmale wirklich als Solist auf; er trägt vor, er detaillirt und nüancirt, sein Gesang ist nicht mehr herausgerissenes Bruchstück eines eigentlich untrennbaren Ganzen, er ist selber ein Ganzes, belebt von Ausdruck, von Empfindung — er wird individuelle Gefühlssprache. Die Poesie, welche im Gewebe der Contrapunktik verschwunden war, tritt wieder hervor; sie wird wahrnehmbar; die Musik wird zwar zur Dienerin der Poesie und muss sie schmücken, aber dafür erklärt das wieder hör- und vernehmbar gewordene Wort der Poesie, was die Musik in ihrer Weise ausdrücken will. Takt, Tempus und Prolation hören auf, den Sänger in Banden zu halten; sie ordnen und gruppiren wohl die Noten und regeln deren Bewegung, aber statt der Hand des Taktschlägers folgen zu müssen, darf jetzt der Sänger den Bewegungen seines erregten Gemüthes folgen; streng im Takte melodisch fortschreitender Gesang darf mit freiem Vortrag, mit beschleunigter, mit zurückgehaltener Recitation (der „nobile sprezzatura del Canto" Caccini's) wechseln. Caccini leitet seine nuove musiche mit einer höchst merkwürdigen Anweisung zu deren richtigem und insbesondere ausdrucksvollem Vortrage ein. Zur Illustrirung seiner Lehren schaltet er drei seiner Monodieen ein, und bei einer derselben, „deh dove son fuggiti", finden sich nicht weniger als folgende Bezeichnungen [1]) für den ausdrucksvollen Vortrag: scemar di voce, escla (— mazione) spiritosa, escla. — più viva, escla.-escla.-escla (trillo), escla.-senza misura quasi favellando in armonia con suddetta sprezzatura (trillo)-escla. escla. con misura più larga, (trillo) escla. escla. escla. rinforzata. trillo peruna mezza battuta. Eine kurze, treffende Beurtheilung der Gesänge Caccini's hat Kiesewetter seiner „Gallerie alter Contrapunktisten" als Randbemerkung beigesetzt: „Diesen Gesängen, wie sie auch seien, kann das Prädicat wirklicher Monodie nicht abgesprochen werden; das Streben nach Ausdruck ist sichtbar; der Sänger mochte nachhelfen." Und in der That ist die Tiefe des Ausdrucks in Caccini's „nuove musiche" zuweilen überraschend. Durch alle Befangenheit, welche diesen Erstlingsversuchen anklebt, durch die knappe, magere Form bricht sie an mehr als einer Stelle siegreich durch, selbst die Coloraturschnörkel vermögen sie nicht überall zu überwuchern. Ihr declamatorisches Pathos vollends und die Flebile dolcezza (wie Graf Castiglione bei anderer Gelegenheit sagte) trafen so ganz, was die Zeit haben wollte, und diese erkannte in ihnen mit freudigem Antheil das längst Ersehnte. Die blosse Autorität Platon's hätte es nicht vermocht, dieser Musik einen gleichen Erfolg zu sichern. Die Reformatoren durften sich Glück wünschen, einen talentvollen, gebildeten Musiker wie Caccini überzeugt und gewonnen zu haben; die dilettantenhaften Versuche Galilei's u. A. hätten schwerlich ausgereicht. Vergleicht man diese Compositionen mit den von Galilei, Bardi u. s. w. ertheilten Lehren, so darf man sich nun allerdings fragen, ob die Herren eben grosse Ursache hatten, hier eine vollständige und rückhaltlose Verwirk-

---

[1]) „Buchbindernachrichten an den Sänger", würde Jean Paul sagen.

lichung ihres Programms zu erkennen. Es fehlt nicht an Texteswiederholungen, welche nicht durch den poetischen Inhalt, sondern durch den musikalischen Aufbau geboten sind, und die zahlreichen Coloraturen hätte Plato auch schwerlich gut geheissen; ferner sind die Tonarten nichts weniger als die antiken, vielmehr tritt die moderne Tonalität hervor, mit Ausweichungen in Nebentonarten, mit entschiedenem Gefühl für die Bedeutung der Dominante und so weiter. So viel aber war erreicht, dass der Sologesang und im Gesange der Ausdruck des Affektes das Wesentliche und das Singen eine Nachahmung des Redens wurde; damit aber war die Tonkunst auf dem geraden Wege zum musikalischen Drama. Die Epoche hätte ohnehin am liebsten alle Künste dramatisch oder, besser gesagt, theatralisch beschäftigt. Wurde damals doch selbst die Plastik aus der edeln Ruhe der Antike, aus der stillen Innigkeit der mittelalterlichen Sculptur herausgejagt und musste sich gefallen lassen, Komödie zu spielen. Erinnere man sich an des gleichzeitigen Bernini und seiner Kunstgenossen Heiligengruppen, an seine Papstgräber u. s. w., wo sich Engel, Dämonen, Tugenden und allegorische Figuren jeder Art „an dem allgemeinen Komödienspiel betheiligen und irgend eine Szene möglichst gewaltsam aufführen müssen."[1]) Wir werden eben diese Engel, Dämonen, Tugenden und sonstigen allegorischen Figuren auch auf der Opernbühne antreffen — agirend, singend und tanzend!

Den Weg zum Dramatischen schlug jedoch die Musik bewusst und absichtlich erst ein, als der vorzüglichste Förderer der ganzen Reformbewegung, Bardi, schon aus Florenz geschieden war. Papst Clemens VIII. (1592—1605) hatte ihn als „Maestro di camera" nach Rom berufen, vermuthlich gleich oder bald nach der Thronbesteigung des Papstes, denn schon 1594 finden wir in Florenz statt des Hauses Bardi das Haus Corsi als Asyl der Tonkunst. Die musikalisch-philosophischen Reunionen in Florenz gingen jetzt in das Haus des edeln Jacopo Corsi, eines grossen Gönners der Musik und der Musiker, über. Sein Haus, sagt Doni, war eine beständige Herberge der Musen (un continuo albergo delle muse), und wer ihnen diente, fremd oder einheimisch, fand dort die zuvorkommendste Aufnahme.[2]) Die Tonkünstler nannten Corsi den „Vater der Musik".[3]) Wie bei Bardi es Giulio Caccini gewesen, welcher die reformatorischen Ideen künstlerisch zur Geltung brachte, so war es im Hause Corsi der tüchtige Componist

---

1) Lübcke, Gesch. der Plastik II. S. 76.
2) G. B. Doni Op. II. S. 24.
3) — il Sign. Jacopo Corsi d'onorata memoria amatore d'ogni dottrina o della musica particolarmente in maniera, che da tutti i musici con gran ragione no vien detto il padre. (Marco Gagliano's Vorrede zu seiner „Dafne").

und hochgeschätzte Sänger Jacopo Peri, „il Zazzerino" (der Lockenkopf — so genannt von der reichen Fülle seines röthlichen Haares). Und zwar nahm die Sache hier sogleich die Wendung zum Dramatischen.

Zu dem Kreise im Hause Corsi gehörte auch der Dichter Ottaviano (Ottavio) Rinuccini. Sein Biograph Janus Nicius Erythräus (Rossi) [1]) schildert ihn als eine glänzende, ritterliche Persönlichkeit, erregbar, leidenschaftlich und besonders von schönen Frauen leicht in Flammen gesetzt. Für die Prinzessin Maria von Medicis, nachmals Gemalin Heinrich des Vierten, fasste er eine heisse Neigung, er folgte ihr nach Frankreich [2]), von dort kehrte er nach Florenz zurück, um sich mit nicht geringerer leidenschaftlicher Glut der Frömmigkeit zuzuwenden. Er starb 1621. Er ist eine Art von zweitem, geringerem Tasso, mit dessen Dichtertalente er ebenfalls eine innere Verwandtschaft erkennen lässt. Seine für musikalische Compositionen bestimmten Dramen Dafne, Euridice, Aretusa und Arianna haben auch als Dichtungen bedeutenden und selbständigen Werth, die Sprache ist edler Wohllaut, Gang und Anordnung der Handlung sind klar und verständig, der Ausdruck ist gewählt und natürlich, was man in einer Zeit, wo der Schwulst und Bombast Marini's die italienische Poesie zu beherrschen anfing, doppelt hoch schätzen muss. „Obwol", sagt Doni, „Rinuccini selbst die Musik nicht verstand, so half ihm doch sein feines Urtheil und sein gebildetes Ohr." Doni sagt geradezu, dass Rinuccini und Corsi es gewesen, welche durch die Rathschläge und Belehrungen, welche sie den Musikern gaben, das musikalische Drama in's Leben gerufen. [3])

Rinuccini's Dafne kam nach einer Composition Peri's (Doni fügt bei: „und Caccini's", augenscheinlich irrig), welche nicht mehr vorhanden ist, im Hause Corsi zur Aufführung, „zum unaussprechlichen Genusse der ganzen Stadt". [4]) Peri erzählt in der Vorrede seiner Euridice selbst: „Obwol Signor Emilio del Cavaliere, so viel ich weiss, eher als jeder Andere unsere Musik in bewundernswerther Weise auf der Scene hören liess, so gefiel es doch 1594 den Herren Jacopo Corsi und Ottavio Rinuccini, dass ich, die Musik in anderer Weise behandelnd (adoperandola in altra guisa), die Noten zur von Herrn Ottavio Rinuccini gedichteten Dafne setzen möge, um einfach eine Probe zu machen, wie viel der Gesang unseres Zeitalters vermöge." Diese „andere

---

[1]) S. dessen Pinacotheca.
[2]) Mariam Medicaeam, Galliae Reginam, non majori aemulatione quam vanitate adamavit, quam etiam honoris gratia prosecutus est euntem in Galliam. (Erythräus a. a. O.)
[3]) Doni Op. II. S. 25.
[4]) „con gusto indicibile della città tutta." (Doni Op. II. S. 24.)

Weise" ist augenscheinlich der neue florentinische, monodisch-declamatorische Musikstyl — und mit den Werken, welche Emilio del Cavaliere schon vorher auf die Bühne gebracht, können nur dessen noch madrigaleske Compositionen il Satiro und la disperazione di Fileno [1]) gemeint sein, welche beide schon 1590 mit grossem Erfolg in Florenz aufgeführt worden waren, während Dafne erst 1594 entstand. Jacopo Corsi selbst hatte sich vorläufig in der Composition einiger Arien aus dieser Dichtung versucht — welche Peri, vielleicht aus Höflichkeit, als „sehr schön" bezeichnet. Begierig den Erfolg auf der Bühne selbst zu sehen, habe er — erzählt hinwiederum Marco da Gagliano — gemeinschaftlich mit Rinuccini den Jacopo Peri „den höchst bewunderten Contrapunktisten und auf's allerfeinste gebildeten Sänger" um die Composition der Dafne angegangen, welche dieser auch sofort übernahm, und einige der von Corsi bereits in Musik gesetzten Arien sogar beibehielt. [2]) Dass jene früheren Werke Emilio's noch völlig madrigalesk componirt waren, zeigt die Schilderung, welche Doni [4]) davon giebt, deutlich genug; die Gäste im Hause Corsi hätten sonst auch keinen Anlass gehabt, über die „Neuheit des Schauspiels" bei der Aufführung der Dafne zu erstaunen. [5]) Erst 1600 kam Emilio's geistliches oder allegorisches Musikdrama „dell' anima e del corpo" in Rom zur Aufführung, welches Doni, der nur die Compositionen aus Emilio's florentiner Zeit gekannt haben mag, augenscheinlich unbekannt geblieben, denn dieses ist allerdings auch schon im neuen Musikstyl componirt. Peri, der den Satiro, den Fileno in frischer Erinnerung hatte, nennt, da es sich doch um Musik auf dem Theater handelt, wahrheitsliebender und bescheidener Weise den Emilio del Cavaliere. So lösen sich die scheinbaren Widersprüche leicht und völlig. [6]) Emilio wird unter den Besuchern der Häuser Bardi und Corsi nirgends genannt, hat auch sicher nicht dazu gehört. Doni würde ihm sonst nicht vorwerfen: Signor Emilio habe in Sachen der guten und wahren dramatischen Musik kein Licht haben können, weil ihm jene Kenntnisse fehlten, welche aus den alten Schriftstellern geschöpft

---

1) Nicht „Sileno", wie man immer wieder liest.
2) Signore Jacopo, il quale avea di già composte arie bellissime per questa favola (Vorrede zur Euridice).
3) Siehe die Vorrede (a Lettori) der Dafne Marco Gagliano's, gedr. 1608.
4) Op. II. S. 22.
5) Marco da Gagliano giebt als Zeit der Aufführung der Dafne den Carneval 1597 an. Der anscheinende Widerspruch löst sich durch eine Mittheilung Peri's in der Vorrede der Euridice: „per tre anni continui, che nel Carnovale si rappresentò, fu udito con sommo diletto". Gagliano bekam, wie man sieht, das Werk erst im dritten Jahre zu hören.
6) Kiesewetter's Misstrauen gegen Doni's Zeugniss (Schicksal und Beschaffenheit des weltlichen Gesanges S. 39) vermag ich aus den oben im Texte entwickelten Gründen nicht zu theilen.

werden müssen. An der Mittheilung dieser Notizen liessen es aber die Mitglieder der Gesellschaften Bardi und Corsi wahrlich nicht fehlen. Es wäre bei dieser Lage der Dinge kaum zu erklären, wie schon 1600 (also gleichzeitig mit der Euridice in Florenz) Emilio's dramatisch-allegorisches Oratorium im neuen Musikstyl aufgeführt werden konnte, wenn nicht die Erklärung nahe läge, dass die Dafne in Florenz, welche er als Musiker und Intendant der grossherzoglichen Hofmusik sicher gehört, auf ihn, wie auf alle Welt, einen gewaltigen Eindruck gemacht und ihn bewog, als er, vermuthlich sehr bald darnach, seinen Wohnsitz in Rom aufschlug, den neuen Styl, dessen Nachahmung, was seine Aeusserlichkeiten betrifft, nichts weniger als schwierig war, für sein Oratorium anzuwenden. Uebrigens erlebte Emilio nicht einmal jene erste Aufführung. Seine Musik sieht aus, als habe er sie seinem Vorbilde eben nur abgehorcht und sie, so gut er konnte, nachgeahmt. Sie hat, gleichwie Emilio's Madrigal-Styl in sehr bedenklicher Weise an die weiland Frottole erinnert und nicht eben einen Meister verräth, einen erstaunlich dilettantenhaften Zug, während man es den Arbeiten Peri's und Caccini's sehr wohl ansieht, dass sie von Musikern herrühren, welche ihre ordentliche Schule durchgemacht, mochten sie die platonisirenden Berather dieser Schule auch noch so sehr verlästern, ja die Tonsetzer selbst sich dagegen erklären.

Insgemein wird behauptet: es sei die Absicht geradezu darauf gerichtet gewesen, die antike Tragödie mit ihrer eigenthümlichen Musik wieder aufleben zu machen. So ganz und völlig richtig ist das nicht, wie schon aus dem Umstande erhellet, dass zu den ersten Versuchen auf dem dramatisch-musikalischen Gebiete nicht nach irgend einem der antiken Tragödienstoffe gegriffen wurde, sondern dass das musikalische Drama aus der eigenthümlichen favola boschareccia der italienischen Poesie hervorging. Rinuccini's „Dafne" und „Euridice" sind Schäferspiele auf mythologischer Basis. Aber ganz und völlig unrichtig ist die Sache doch nicht. Vielmehr ist es so ziemlich klar, dass die Absicht, wenn nicht der Componisten, so doch ihrer Berather insgeheim doch kein anderes letztes Ziel hatte, und dass sie jene musikalischen Schäferspiele mit der obligat eingewebten Mythe der Dafne und des Orpheus nur als Etappen auf dem Wege zu jenem letzten und höchsten Ziele betrachteten. Wenn Peri in der Vorrede der Euridice zweifelnd sagt: „ich will zwar nicht zu behaupten wagen, es sei dieses die Art des Gesanges der griechischen und römischen Schauspiele", so spricht Caccini in der Vorrede seiner Composition desselben dramatischen Gedichtes sehr viel bestimmter: „Ihr (nämlich Bardi, an den die Vorrede gerichtet ist) sagtet mir übereinstimmend mit vielen anderen edeln Kennern (nobili virtuosi), dieses sei die Art des Gesanges, welche die antiken Griechen bei der

Aufführung ihrer Tragödieen und anderer Schauspiele anwendeten". Und wenige Jahre später (1608) schreibt Marco da Gagliano in der Vorrede seiner „Dafne", nachdem er über den ersten Anfang der Musikdramen in Florenz gesprochen und wie solche schon beim ersten Versuche mit grösstestem Beifalle aufgenommen worden: „man dürfe hoffen, sie noch zu weit grösserer Vollkommenheit gebracht zu sehen, so dass sie sich eines Tages der so sehr gepriesenen Tragödieen der antiken Griechen und Lateiner nähern könnten".[1]) Ja weiterhin sagt Marco da Gagliano sogar ausdrücklich von Claudio Monteverde's „Arianna", es habe sich darin die Herrlichkeit antiker Musik erneuert. Doni wurde gar nicht müde, „Lezioni" und „Discorsi" zu schreiben und nach Umständen in gelehrten Versammlungen vorzutragen, deren Zweck auf eine vollständige Restaurirung der antiken Tonkunst, besonders für das Drama, ausging. Das ganze Wesen des antiken Theaters wird da abgehandelt — sogar die zur Verstärkung des Schalles eingemauerten Töpfe[2]) — und dabei, wo es geht und passt, auf die neue und neu entstandene dramatische Musik Beziehung genommen, und oft genug werden praktische Winke und Lehren gegeben. Die ersten florentinischen Musikdramen bezeichnet Doni geradezu als „nach antiker Art componirt".[3]) Aber das Ziel wurde auch hier nicht erreicht. Statt des wiederzubelebenden antiken Drama mit Gesang entstand die Oper.

Corsi, Rinuccini, Doni und wer sonst zur hellenistischen Partei gehörte, hatten bei ihren Planen zur Restaurirung des antiken Drama einige sehr wesentliche Factoren nicht in Anschlag gebracht. Erstlich, dass das Zeitalter Paul des Fünften und Urban des Achten, das heisst das Zeitalter des geziertesten und ver-

---

1) Diese Hoffnung wurde 1779 erfüllt durch Gluck's „Iphigenia in Tauris"!

2) Band II. Tratt. della mus. scen. Cap. XLVII, XLVIII, XLIX. S. 135—144. Offenbar denkt Doni an eben diese Schalltöpfe, wenn er (II. S. 22), gegen Einzelnes in der Vorrede von Emilio del Cavaliere's „l'anima e 'l corpo" polemisirend, unter Anderm sagt: „Non vorebbe anco, che la sala fosse capace, che di mille persone al più; perchè i cantori non avessero a sforzare troppo la voce: cose tutte, che si pottrebbono dare per legge ad una commedia di monache o da giovani studenti, e non per azioni rappresentate con reale apparato, che tra le altre condizioni richiedono un sito di competente grandezza e Cantori eletti: potendosi anco trovare rimedj per ingagliardare la voce degli attori, come più abasso si dirà."

3) Quo magis non tolerabile tantum, sed et laudabile mihi videtur juvenum illorum institutum, qui theatralem ac scenicam artem musicae illecebris atque ornamentis gratiorem officere nunc Venetiis studento animati credo eorum dramatum exemplo, quae a principibus viris cum modulatione et cantu ad modum veterum magnifice exhibita, Florentiae primum, mox Mantuae, Parmae, atque in hac ipsa urbe (Roma) incredibili plausu excepta sunt. (G. B. Doni, de praest. m. v. S. 126.)

schraubtesten Barocco, noch weniger für das den nöthigen Sinn und
Geschmack haben konnte, was nicht einmal dem Zeitalter Nicolaus
des Fünften und Leo des Zehnten so ganz und völlig genehm
gewesen wäre — nämlich für die einfache Grossheit der Antike.
Was Winkelmann für die antike Plastik als Kennzeichen vindizirt: „edle Einfalt, stille Grösse", ist auch das Kennzeichen der
antiken dramatischen Dichtung des Sophokles — aber mit edler
Einfalt, stiller Grösse durfte man der Zeit des Bernini, Borromini,
Marini ja nicht kommen. Zweitens hatten sie nicht auf die Prunksucht und Schaulust der Grossen und eigentlich der Italiener überhaupt gerechnet. Von jeher hatte man in Italien es meisterlich
verstanden, Festspiele, Festzüge, Prozessionen, Maskeraden mit
eben so viel Geschmack als Pracht, mit augenblendendem Costümluxus und mit Maschinenwundern jeder Art auszustatten.¹) Natürlich also, dass die Grossen (und gerade diesen bindet ja Doni das
neugeborene Musikdrama auf die Seele) in einem Schauspiel, wo
die Götter Griechenlands leibhaft auftraten und sangen und agirten, die gewohnte Augenlust am allerwenigsten entbehren mochten.
Eine fabelhaft glänzende Ausstattung wurde bald genug auch
hier ein unentbehrliches Erforderniss. Die Arbeit des Theatermalers, Theatermaschinisten, ja des Theaterschneiders hatte bald
eben so viel Werth, als die Partitur des Musikers — sie werden
mit ganz gleicher Wichtigkeit behandelt. Das Gedicht bildete den
Kernpunkt, an den alles übrige gleichsam krystallisirend anschoss —
alles zusammen war ein Prachtstück zur Verherrlichung irgend
eines Hoffestes bei einem feierlichen Anlass, so gut wie die andern
daneben auf dem Festprogramme stehenden Belustigungen — einer
stattet es mit Anzügen für die Darsteller, der andere mit Musik
aus — der Unterschied war nicht von Belang. Uebrigens liessen
sich selbst namhafte Künstler für die Ausstattung thätig finden.
Schon zur Zeit Leo's X. hatte es Baldassare Peruzzi nicht verschmäht, für die Komödienaufführungen im Vatican Decorationsprospekte zu malen,²) und 1519 malte für eine von Leo X. ver-

---

1) Ich verweise statt alles Anderen auf die treffliche Darstellung in
Burckhardt's „Cultur der Renaissance in Italien". Was man zur Zeit
Urban VIII. in diesem Capitol leistete, zeigt ein Gemälde im grossen
Saale des barberinischen Palastes in Rom, welches den festlichen Aufzug
bei Gelegenheit der Vermälung einer Nichte des Papstes vorstellt —
phantastisch-prächtig gekleidete Reiter mit fabelhaften ungeheuren bunten
Federbüschen auf den Helmen, colossale Wagen mit Gottheiten, ein riesenhafter Drache, auf den ein Hercules steht u. s. w.

2) Fast sah man dergleichen als Gelegenheits-Prunkstück an, für einmal und nicht wieder, gerade wie die architektonisch-prächtigen Verkleidungen von Holz und Pappe an einstweilen noch nackten Domfaçaden,
die Triumphthore u. s. w. für den Einzugs- oder Hochzeitstag des Fürsten
u. dgl. Lübcke in seiner Geschichte der Plastik (II. S. 702) sagt von
dem Bildhauer Tribolo: „in seiner späteren Lebenszeit war er für Cosmus

anstaltete Aufführung der „Suppositi" des Ariost kein Geringerer die Szene als Raphael Sanzio![1]) Auf optische und mechanische Kunststücke verstand man sich längst, und auch hier waren es keine geringen Leute, welche sich mit dergleichen abgaben. Lionardo da Vinci's Maschinerien beim Einzug Karl VIII. von Frankreich in Mailand sind ein Beispiel und schon früher Leo Battista Alberti's berühmter Guckkasten, „in welchem er bald die Gestirne und den nächtlichen Mondaufgang über Felsengebirgen erscheinen liess, bald weite Landschaften mit Meeresbuchten bis in duftige Fernen hinein, mit heraufahrenden Flotten, im Sonnenglanz wie im Wolkenschatten".[2]) Die Schilderungen, welche Erythräus von der Ausstattung der ersten musikalischen Dramen giebt, klingen fast ebenso. Er ist ganz entzückt über ein solches Schauspiel im Palast Barberini in Rom, wo eine untergehende Sonne alles in Erstaunen setzte — was gab es aber ausserdem alles zu sehen! Die Schauspieler fast alle in Gold- und Silberstoff gekleidet, beinahe königlich — und dann die Verwandlungen, die Prospecte, man sah Marktplätze, Paläste, Gärten, Haine von Wässern durchrieselt, wo reizende Nymphen Blumen pflückten u. s. w.[3]) Auch die Darsteller bekommen ihr Lob, „jeder schien ein Roscius". Nur den Titel, den Dichter und den Componisten vergisst Erythräus zu nennen. Doch rühmt er von der Musik: „wie lieblich und gesangvoll sie gewesen, wie sie den Ohren schmeichelte, die Worte, die Sätze lebendig ausdrückte". An einer andern Stelle (im Leben Rinuccini's) erzählt Erythräus: „Die Verwandlungen der Szene liessen bald grüne Auen sehen, bald das weite Meer, bald reizende Gärten, bald furchtbare Wolken, welche den Himmel bedeckten und sich in plötzlichem Gewittersturm entluden, bald die glückseligen Wohnsitze der Seligen, bald die Schrecken der Unterwelt; man sah Bäume, deren Rinde sich spaltete und schöne Mädchen hervortreten liess, Wälder, die plötzlich entstanden und sich mit Faunen und Satyrn bevölkerten, Dryaden, Nymphen, welche Quellen und Flüsse hervorströmen liessen — und vieles andere noch Bewundernswürdi-

---

in Florenz als Architekt und Bildner hauptsächlich bei der Errichtung von Festdecorationen beschäftigt. Es war die Zeit gekommen, wo die neue Fürstenmacht in prunkvollen Schaustellungen von meist sehr vergänglichem Charakter sich zu verherrlichen begann." Die Analogie ist nicht zu verkennen. Dass eine Oper „unsterblich" werden könne, liess sich niemand träumen. Wir selbst spüren noch etwas davon!

1) Lettere di Lod. Ariosto, Bologna 1866. Doc. XVI. Paoluzzo berichtet es dem Herzoge von Ferrara in einem aus Rom vom 8. März 1519 geschriebenen Briefe.
2) Burckhardt „Cultur der Renaissance in Italien". S. 111.
3) Man sehe, was z. B. Paul Jovius im Leben Leo X. von dem 1513 auf dem Capitol errichteten Theater erzählt, wo Giuliano Medicis den „Pönulus" des Plautus aufführen liess. Auch hier war Peruzzi der Maler gewesen.

gere, wie es früher kein Auge zu sehen bekommen." Selbst die
Theater setzten durch verschwenderische Pracht in Erstaunen.[1])
 Hätte sich schon jene edle Einfalt und stille Grösse der antiken Tragödie mit solchem balletmässigen Ausstattungspomp in keiner Weise vertragen können, so ist auch der ganze Ton, die ganze Farbe des Dialogs, ja der Handlung so ungriechisch wie möglich. Selbst bei Rinuccini verräth die Poesie ihre Abstammung von der romantisch-italienischen Dichtung Tasso's, Guarini's u. s. w. deutlich genug. Vollends die venezianischen Textdichter Orazio Persiani, Giacomo Andrea Cicognini, Giov. Batt. Faustini u. s. w. färben die ganze Mythologie und antike Heldensage in's Moderne und lokal Venezianische um — oft werden die Elemente der behandelten Mythe ganz wunderlich umgedeutet und durch einander geworfen, um irgend eine, eigentlich vom Poeten erfundene Handlung unter antikem Namen in die Welt zu schicken. So ist für Cicognini, den Dichter des von Francesco Cavalli in Musik gesetzten „Giasone" (1649), der Argonautenzug eben nur das Motiv, um Jason, einen echt venezianischen Roué, nachdem er die „Prinzessin" Hypsipyle von Lemnos verlassen, nach Kolchis zu bringen, wo er mit Prinzessin Medea eine Liebschaft anfängt. Die Erwerbung des goldenen Vliesses bleibt durchaus Nebensache. Hinwiederum führt König Egeo von Athen (Aegeus, der Vater des Theseus), Medea's „Liebhaber", auf einem leichten Nachen (!) dem Schiff Argo heimlich nach, um zu rech-

---

[1] Doni (Opp. II. S. 29) hält sich über die in Goldstoff gekleideten Hirten auf. Die Vorliebe für Maschinenwunder blieb der italienischen Oper. Noch 1702 erzählt Abbé Raguenet in seinem Schriftchen: *Paralelle des Italiens et des Francois en ce qui regarde la musique et l'opera* von Dingen dieser Art, welche er in Italien gesehen: „Quant aux machines, je ne crois pas, que l'ésprit humain en puisse porter l'invention plus loin qu'elle est poussée en Italie. J'ay vû a Turin en 1697 Orphée, qui dans un Opéra enchantait par sa belle voix les animaux; il y en avait de toutes les sortes, des sangliers, des lions, des ours; rien ne saurait être plus naturel et mieux controfait; un singe qui y étoit, y fit cent badineries les plus jolies du monde, montant sur le dos des autres animaux, leur grattant la tête avec sa main et faisant toutes les autres singeries propres à cette espèce. Un jour à Venise on vit paroitre un Eléphant sur le théatre; en un instant cette grosse machine se dépeça et une armée se trouva sur la scène en sa place; tous les Soldats par le seul arrangement de leurs boucliers, formaient cet Eléphant d'une manière aussi parfaite que si ç'avait été un Eléphant naturel et veritable. J'ai vû à Rome en 1698 un phantôme de femme entouré de Gardes entrer sur le théatro de Capranica; ce phantôme étendant les bras et developpant ses habits, il s'en forma un palais entier avec sa façade, ses ailes, ses corps et ses avant-corps de bâtiment, le tout d'une architecture enchantée; les gardes ne firent, que piquer leurs hallebardes sur le théatre et elles furent aussitôt changées en jets d'eau, en cascades et en arbres, qui firont paroitre un jardin charmant au devant de ce palais. On ne saurait rien voir de plus subit que ces changements, rien de plus ingenieux et de plus merveilleux."

ter Zeit in Kolchis den Desperaten spielen zu können; zuletzt heiratet er Medea, während Jason reuig der Hypsipyle, welche sich gleichfalls eingefunden hat, die Hand reicht. Völlig im Sinn einer Parodie würfelt der Dichter die Einzelheiten der Argonautensage, der Beziehungen Medea's zu Aegeus u. s. w. durcheinander! Noch Benedetto Marcello in seinem „Teatro alla moda" spottet über diese Art, antike Stoffe zu behandeln.¹)

Die Naivetät der Poeten geht zuweilen in's Unglaubliche. So schreibt das Scenarium der von Monteverde componirten Oper Badoar's „il ritorno d'Ulisse" bei der Landung des Helden in Ithaka vor: „Coro de Naiadi; Najadi a due, mentre l'altre Ninfe portano nell' antro il bagaglio." G. B. Faustini eröffnet seinen von Cavalli componirten „Alcibiade" (1667) mit einer „fiera solenne" in Athen — natürlich stellt er es sich ganz wie Venedig vor, mit den Hallen von S. Giacometto al Rialto, der Rialtobrücke, der langen Merceria, und alles voll Kaufladen und Kaufbuden mit Juwelierarbeiten, kostbaren Stoffen, Gewürzen und Wohlgerüchen u. s. w. — Praxiteles, der Bildhauer, macht die schöne Phryne auf die Herrlichkeiten aufmerksam: „miri quivi raccolto quanto san dar, con istupor profondo, Asia, America, Europa, Africa e 'l mondo — del India Amfitrite vuoi perle più fine, vuoi de l'Arabe vallii purpurei coralli"²) u. s. w. Phryne, — ganz venezianische „benemerita" — wünscht ein Geschenk — Praxiteles eilt hin und kauft für sie eine — Taschenuhr; „prendi, bella vezzosa, con quest' aureo orologio numerar tu potrai l'hore de mie sospiri" sagt er galant.

Aber auch abgesehen von derlei groben anachronistischen Verstössen, ist die Poesie, welche die Dichter den Componisten entgegenbringen, von Klang und Geist antiker Dichtung weit entfernt. Vor allem ist es in den Madrigalen, welche zuerst als poetisches Substrat der neuen deklamatorisch-monodischen Musik dienen müssen, der herkömmliche Liebesjammer in Phrasen voll falschen tragischen Pathos oder in witzigen Concetti mit getreuer

---

1) Apparticn l'inventare una favola, fingendosi nella medesima risposte d'Oracoli, naufragi reali, mali augurj di bovi arrostiti etc. e bastando solamente che sia alla notizia del popolo qualche nome istorico delle persone. (Teatro alla moda, S. 8.)

2) Was wohl „il mondo" noch sagen will, nachdem alle vier Welttheile genannt worden. Auch ist es recht hübsch, dass Faustini sich einbildet, die Corallen wachsen wie Salatstauden in den „Thälern Arabien's". Eine anachronistische Erwähnung Amerika's in ganz ähnlicher Art wie in obiger Stelle — ja noch ärger — kommt übrigens auch bei Calderon vor. In dessen Schauspiel „la Virgen del sagrario", dessen Handlung im siebenten Jahrhundert spielt, heisst es:
„Africa, América y Asia
Son las tres, de que no tengo
Necesidad; Herodoto
Las describe con su ingenio."

Wiederholung der in der italienischen Poesie seit Jahrhunderten stereotyp gewordenen Redensarten, ganz zierlich gereimt, ganz artig ausgedrückt, aber auch von unaussprechlicher Langweiligkeit. Ob der Liebende jammert, weil er von der Geliebten scheiden muss oder weil sie ihm unerbittlich bleibt — es kommen immer dieselben wohltönenden Apostrophen an den unerhört schönen und unerhört grausamen Gegenstand der Herzensflammen, immer dieselben Ausrufungen und edel stylisirten Schmerzensschreie, immer das „io moro" oder „moriro" als letztes Mittel gegen die endlose Pein — der stets gleiche Ausdruck der Leidenschaft, an deren Wahrheit niemand glaubt und der im Namen des Liebenden sprechende Dichter am allerwenigsten. Wenn man bei Bardi und Corsi nun aber Musik in platonischem Sinne haben wollte, so hätte man billig vorher für Poesie sorgen müssen, welche nicht in Platon's Republik Gefahr gelaufen wäre, über die Grenze geschafft zu werden. Aber wie bei den Nationalökonomen gemünztes Gold das Acquivalent aller Dinge vorstellt, so ist auf dem Gebiete der musikalischen Poesie dem Italiener die Liebe, die er recht bezeichnend im Allgemeinen affetto nennt — das Acquivalent für alle edleren und höheren Seelen- und Gemüthsregungen. Von weiland Francesco Landino's „Non avra pietà questa mia donna" im 14. Jahrhundert angefangen, durch die ganz unübersehbare Literatur des musikalischen Madrigals und weiter bis zu den Kammercantaten Alessandro Scarlatti's im 18. Jahrhundert, wo die „Lumi dolenti" auch nicht aufhören wollen zu weinen und „crudel' idolo mio" die etikettemässige Anrede an die Geliebte ist, hört dieser Ton gar nicht auf; höchstens dass gelegentlich dazwischen ein Pastorale das Glück des Schäferlebens malt und einen Moment der Ruhe bringt, wo sich das liebende Herz von seinen Strapazen erholen mag.[1])

Scherzhaft-Anakreontisches wird der „Aria", d. h. dem Strophenliede zugewiesen, welches wohl auch unter dem früheren Namen der Villota und Villanella, Canzone alle Napoletana u. s. w. wiedererscheint, jetzt aber monodisch. Und hier tritt in der Poesie auch wohl einmal der vom Madrigalisten, welcher „ausgezogen ganz den Erdensohn" sich in lauter sublimen Empfindungen ergeht, hinter sublime Redensarten maskirte innerste Kern der ganzen „hohen Intuition" zu Tage: die blanke, triviale, allerdings aber versifizirte Sinnlichkeit (sehr gemein einmal in Versen,

---

1) Schon G. B. Doni empfindet es, wie gross der Einfluss dieser unaufhörlichen Liebesgedichte auf die Musik sei und wie verweichlichend er wirke: — „facile tibi concesserim in mollioribus affectibus, maximeque amatoriis argumentis exprimendis, Neotericos insigniter excellere; ubi autem sublime quidpiam atque heroicum modulandum (quod non sane frequenter hodie accidit) longe illos intra famam suam subsistere" (de praest. mus. vet. S. 68).

welche Radesca da Foggia componirte: „ahi, traditore" u. s. w.).
Die ganze Poesie und Musik arbeitete „in materia d'amor mondano", wie schon der Pater Censor und Inquisitor in Florenz von Caccini's „Nuove musiche" gesagt hat. Das unaufhörliche Liebesseufzen und die unausgesetzte Anbetung der Geliebten wirkt denn also auch bis in die Texte der musikalischen Dramen hinein, wo man die hergebrachten Betheuerungen, Ausrufungen und hyperbolischen Phrasen der Madrigale wiederfindet, aber dialogisirt und durch die Handlung motivirt, oder aber auch wohl ihr eigenes ein- und beigemischt, ja ihr die Färbung gebend, selbst wenn diese Handlung mythologisch oder heroisch-historisch ist. Ein auffallendes Beispiel bietet der Text von Cavalli's „Giasone", wo es mit Kreuz- und Querneigungen und Abneigungen fast wie im Sommernachtstraum zugeht, und von Medea bis herab zur königlich kolchischen Hofgärtnerin Rosmina alles am Liebesfieber leidet. Oder was soll man dazu sagen, wenn in einer anderen Oper Cavalli's, Königin Artemisia, die Musterwittwe, welche das Andenken ihres Gemals durch jenes Weltwunder von Mausoleum ehrte und, wie es heisst, die Asche desselben mit Wein gemischt zu sich nahm, neben eben jenem Marmorgrabe des Königs Mausolus mit den Worten beginnt: „dure salci, freddi marmi, memorie del mio ben, — oh Dio — forza non ho per sostrarmi a fiamma ignobile, per fuggir novello ardor, come voi la fede immobile, come voi lieto il cor; deh, potessi in voi cangiarmi, dure salci, freddi marmi — !"

Im harten Gegensatz zu dem phrasenreichen tragischen Pathos mischen sich aber oft genug noch allerlei komische Nebenfiguren in die mythologische und heroische Handlung ein und bieten Gelegenheit zu mitunter etwas bedenklichen Spässen. So kommt im Giasone ein Diener des Königs Aegeus von Athen vor, namens Demo ($\delta\tilde{\eta}\mu o\varsigma$, das „Volk"!), höckerig, stotternd — letzteren Umstand benutzt der Componist Cavalli zu einigen in der That komischen Effekten. Auch in Badoar's Ritorno d'Ulisse ist der Bettler Irus vom Dichter als groteske Karikatur als die „lustige Person" des Stückes angelegt; der Componist Monteverde hat es indessen verstanden, gerade diesen Zug zu einer gewissermassen grandiosen Komik zu verwerthen. In Orazio Persiani's, von Francesco Cavalli componirter Oper „le nozze di Tetide e di Peleo" stellt Momus eine Art von lustigem Rath am Hofe Jupiter's vor und würzt seine Bemerkungen mit satirischen Ausfällen. [1] Als

[1] So sagt er (Akt 1, Szene 4) zu Jupiter: Taci, che per gl'amanti hor soverchio è mutarsi in Cigno o in Toro; senza che mugli ò canti, basta cangiarsi un altra volta in oro; Trovo hoggidì nell' arte dell' amare rettorica miglior del dire il dare." Und gleich darauf: „Giove ho gia detto, se tu vuoi donzelle senza tante novelle di sospiri e di pianti metti mano a contanti". Ein hübsches Compliment für die damaligen venezianischen Damen!

die Oper nach Deutschland wanderte, wurde vollends sehr grobkörnig gesalzenen Spässen ein weites Feld eingeräumt. In einer 1672 am churfürstlich sächsischen Hofe aufgeführten, von Joseph Peranda und Giov. Andr. Bontempi componirten „Dafne", für welche der Text Rinuccini's in der Opitz'schen Uebersetzung theilweise beibehalten war, wurden zwei ganz roh und pöbelhaftkomische Gestalten — der „Sackpfeifer Jäckel" und seine „Geliebte Käthe" — ohne weiteres in die Gesellschaft der olympischen Götter gebracht. Bei der seit 1678 bestehenden deutschen Oper in Hamburg, für welche hernach Meister wie Reinhard Kaiser und Händel thätig waren, ist vollends der Einfluss der „Haupt- und Staatsactionen" nebst dem obligaten, beständig mit Possen, Zoten und Albernheiten jeder Art zwischen die hochgestellte Tragik hineinfahrenden Hanswurst sehr stark fühlbar. [1] Man muss Rinuccini das Zeugniss geben, dass er in seinen Dichtungen ganz unvergleichlich reiner, höher und würdiger dasteht, als die Generation von Poeten, welche unmittelbar nach ihm in massenhafter Production für das Bedürfniss der Operncomponisten sorgten. Rinuccini zeigt zudem einen sehr feinen Sinn für das, was der Tonsetzer für seine Zwecke brauchen kann. Alles bewegt sich bei ihm mit einer gewissen vornehmen Ruhe, mit edlem Maass — Handlung sowohl als Sprache. Wo es sich in der italienischen Poesie um wirkliche Tragödiendichtung handelte, lagen die manierirten Trauerspiele des Seneca dem Sinne der Zeit bei Weitem näher als die Werke der attischen Tragiker. Die Nachahmung dieser Vorbilder „überwucherte die Bühne mit thyestischen Gräueln" [2], wovon Cinzio Giraldi's „Orbecche" und Luigi Groto's „Dalida" die vielleicht grellsten Beispiele sind. G. B. Doni beruft sich in seinen musikalisch-dramaturgischen Abhandlungen wiederholt auf Beispiele aus den Seneca-Trauerspielen. Die Tragiker suchten ihr Vorbild zu überbieten, „die Grässlichkeit des Stoffes ertränkte das Gefühl in Schauder: so barbarisch wie die Tragödie ward auch die Märtyrer-Malerei Italiens seit dem Ende des 16. Jahrhunderts." [3] Für die dramatische Musik war es unter diesen Umständen eine glückliche Fügung zu nennen, dass ihre Wiege in den arkadischen Hirtengefilden der favola boschareccia [4] stand. Mit deutlichem Seitenblick auf die gewohn-

---

1) Vergl. „die erste stehende deutsche Oper" von E. O. Lindner (Berlin 1855) — und „die Wiener Haupt- und Staatsactionen" von Karl Weiss (Wien 1854).
2) Gregorovius, Geschichte der Stadt Rom, 8. Band, S. 352.
3) Gregorovius a. a. O. Man sehe auch was J. L. Klein (Gesch. des Drama V. S. 321) über die italienische „Melpomene, welche als Metzgerweib handtirt" sagt.
4) Charakteristisch ist eine Aeusserung G. B. Doni's: „Ne alcuno mi opponga, che l'introdurre pastori cosi leggiadri, come se fussero allevati in Corte, ed esercitati di continuo nel ballo, e nella palestra, sia con-

ten blutigen Schrecken der Trauerspiele lässt Rinuccini die als Prolog seiner „Euridice" auftretende personifizirte Tragödie (la tragedia) sagen: „sie werde hier nicht von vergossenem schuldlosem Blut und drohender Stirne unsinniger Tyrannen auf trauervoller, thränenreicher Szene singen, sondern in den Herzen sanftere Gefühle wecken".[1]

Der neue Musikstyl durfte sich in seinen frühesten Versuchen mindestens nicht bis zum Zerbersten anstrengen, um ungeheuerliche Charaktere und Situationen zu illustriren — er war vorläufig auf Edles und Massvolles angewiesen, und dieses Verdienst gebührt vor allem dem Dichter Ottavian Rinuccini.

Die gelehrten vornehmen Kenner und Gönner gingen aber gelegentlich mit den Wiederbelebungsversuchen der antiken Tragödie noch viel resoluter in's Zeug und griffen kurz und gut nach irgend einem der beliebten Trauerspiele von Seneca, dessen Chöre dann irgend ein Componist mit der entsprechenden Musik ausstatten musste. So liess Cardinal Francesco Barberini, der gelehrte Neffe des gelehrten Urban des achten, in Rom während eines Carnevals die „Trojanerinnen des Seneca" aufführen, „grösstentheils nach antiker Art" wie der über diese Unternehmung natürlicher Weise entzückte Doni bemerkt. Die Musik für die Chöre besorgte, wie es scheint, der Capellmeister der Peterskirche Virgilio Mazzocchi, also, wie wir bereits wissen, einer der tüchtigsten Musiker der Zeit. Auch diesen trefflichen Mann nahmen die gelehrten Herren musikalisch in Zucht und Unterricht, und er war, wie Doni wohlgefällig rühmt, ein aufmerksamer Schüler.[2]

---

tro il verisimile; perchè, oltrechè la verisimiglianza non si cerca, se non quando è congiunta col ragionevole, e perfetto di quest' arte, che ricerca il diletto, e la maraviglia del Teatro (e altrimenti non si adoprerebbe il verso, nè la magnificenza degli abiti) non debbiamo immaginarci, che i Pastori, che s'introducono, siano di questi sordidi, e volgari, che oggi guardano il bestiame; ma quelli del secolo antico, nel quale i più nobili esercitavano quest' arte; e tanto più, che vi si accompagnano anco Ninfe, credute dalla semplice Gentilità più rilevate dell' umana condizione. (Della mus. scen. Cap. VI, Opp. II. S. 16.) Ueber diese felsenfeste Gläubigkeit an die Ueberlieferungen des Alterthums mag man wohl erstaunen. Doni zweifelt keinen Augenblick, dass es Nymphen gegeben, nur freilich sei es verkehrt gewesen, diese vorzüglichen Frauenzimmer für etwas mehr als Menschliches zu halten.

1) Non sangue sparso d'innocenti vene,
   Non ciglia aponte di Tiranno insano,
   Spettacolo infelice al guardo umano
   Canto su mesto, e lagrimose scene.
   Lungi via lungi pur da regii tetti
   Simulacri funesti ombre d'affanni
   E co i mesti coturni, e i foschi panni
   Cangio e desto nei cor più dolci affetti.

2) Doni Opp. II. S. 203. Im Verlaufe desselben Discorso giebt Doni für den ersten Chor der Troaden (S. 218) folgendes Schema:

Der neue Musikstyl wollte, zum Unterschied vom früheren contrapunktischen, seinen Namen haben. Man nannte ihn Stile recitativo oder Stile rappresentativo. Doni erklärt beides und auch den Unterschied zwischen beiden Bezeichnungen. „Man versteht unter Stile recitativo jene Gattung von Melodie, welche anmuthend und zierlich von einem Einzigen in solcher Weise gesungen werden kann, dass die Worte wohl verstanden werden, es geschehe solches auf der Szene des Theaters, oder in der Kirche, oder beim Wechselgesange im Betsaale, oder aber im Privathause, oder wo sonst; und endlich bezeichnet dieser Name jede Art von Musik, welche ein Solosänger zu dem Klange irgend eines Musikinstrumentes singt, mit geringer Dehnung der einzelnen Noten, so dass sich der Gesang der gewöhnlichen Sprache nähert, doch aber affektvoll ist; in welche Art von Gesang dann jegliche Zier- und Accentuirungsweise herübergenommen wird, und so auch langes Passagenwerk, nicht als ob dieses geeignet wäre Affekte auszudrücken (da vielmehr, wie sich Giulio Caccini ausdrückt, nichts in der Musik dem in gleicher Weise entgegensteht), sondern um Leute von geringerem Verständniss zu ergötzen, oder weil die Sänger ihr Wissen und Können zeigen oder, wie man zu sagen pflegt, ein Uebriges thun wollen (straffare). Daher werden auch nach der Eigenthümlichkeit unserer Sprache viele Wiederholungen zugelassen, wenngleich um Vieles sparsamer und passender als im Style der Madrigale und Motetten. Unter Stile rappresentativo verstehen wir aber jede Art von Melodie, welche der (theatralischen) Szene angepasst ist, das heisst jeder Gattung von dramatischer Action, welche mit Musik dargestellt werden will. [1]

non ru - do vul - gus la - chry- mis - que no - vum
o pure così con qualche legatura, e mutazione di tempi:

Lugere jubes u. s. w.

Doni fasst die Geltung der Note in Länge und Kürze ganz abstrakt; dass ihr ausserdem die Stellung im Takt Gewicht gebe und nehme, ahnt er nicht. Armer Mazzocchi, wenn er etwa die Seneca-Chöre nach Vorlagen solcher ihm octroyirten rhythmischen Monstra componiren musste! Doni konnte bei solchen Gelegenheiten vorkommenden Falles auch wohl grob werden. Als ein „Contrappuntista a dozzina" (wie er ihn nennt) einmal declamirt hatte: mčäs — riss ihm Doni das Notenblatt aus den Händen und schrie ihn an: mē-āsino!"

[1] G. B. Doni Opp. II. S. 28—30 de mus. scen. Cap. XI. In cho differisca lo stile Recitativo dal Rappresentativo. Auch Agazzari vergleicht den neuen Gesang mit einer Rede und nach ihm redet auch Prätorius von „der jetzigen gewohnheit und Styli im singen, da man componiret und singet, gleichsam als wenn einer eine Ovation daher recitirte". (Syntagma III. S. 149.)

Die langen Passagen (Coloratur) und die Textwiederholungen, welche die florentiner musikalische Kritik und Aesthetik, wie man aus vorstehender Erklärung Doni's sieht, im recitativischen Style mit einer Art von Indulgenz für Sänger und Zuhörer gestattete, bleiben sonach vom repräsentativen Style ausgeschlossen, da sie sich mit der dramatischen Wahrheit nicht wohl vertragen. Vergleicht man die dramatisch componirte Euridice Caccini's mit seinen „Nuove musiche", so findet man die volle Bestätigung des eben Bemerkten Doch nahm Caccini keinen Anstand, die von ihm componirten Arien des im gleichen Jahre mit Euridice, nemlich im Jahre 1600 aufgeführten Rapimento di Cefalo reichlichst mit Coloraturen zu verschnörkeln, augenscheinlich, damit die grossherzoglichen Hof- und Kammersänger, welchen die Ausführung oblag, der Bassist Melchior Palontrotti und die Tenore Jacob Peri und Franz Rasi „ein übriges thun konnten."

Eine besondere Abzweigung des repräsentativen Styles bezeichnet Doni gelegentlich als den „Erzählungsstyl" (stile narrativo) — er führt die Erzählung der Daphne vom Tode Euridice's in Peri's Musikdrama als gelungenes Muster an.[1]) Diese Gesangweise verwendet gern kleine, rasche Noten syllabisch und öfters eine grössere Anzahl davon auf demselben Tone verweilend — eine Nachahmung des Erzählertones. Die langen erzählenden Berichte sind — nicht ohne sichtliche Beziehung auf den Angelos und Exangelos der griechischen Bühne — häufig. In diesem Style wird Euridice's Tod nicht nur bei Peri, sondern auch bei Caccini und später bei Monteverde, so bei Marco da Gagliano die Flucht und Verwandlung Daphne's erzählt. Auch Monteverde lässt den heimkehrenden Odysseus seine Lügen der Athene in ähnlicher Weise aufbinden — Cavalli's „Egistho" erzählt seine Schicksale, wie ihn Corsaren geraubt u. s. w. Natürlich aber bildet Doni's sogenannter Stile narrativo keine eigentlich vom dramatisch-recitativischen Style verschiedene Gattung.[2])

Das erste Werk dieses neuen Styles und zugleich Musterwerk für die neue Künstlergeneration waren, wie erwähnt, Caccini's „Nuove musiche". Er theilt sie in zwei Hauptabtheilungen: in Madrigale und in Arien. Erstere sind durchcomponirte Gedichte, letztere dagegen Strophenlieder, wo also das Wort Aria im Sinne des deutschen Wortes „Weise" (Liedweise, Liedmelodie, Art ein Lied zu singen) gebraucht ist. Noch lange Zeit — selbst noch bis einschliesslich auf Alessandro Stradella u. s. w. — wird auch die Arie in der Oper fast durchweg als liedhafter Strophengesang

---

[1]) Opp. II. S. 33 u. 34.
[2]) Das Höchste im Stile narrativo hat wohl Gluck in der Traumerzählung der taurischen Iphigenia und Mozart in Donna Anna's Erzählung geleistet. Wie denn diese Heroen überhaupt erst erfüllten, was die Florentiner einstweilen ahnten.

behandelt. Unter Caccini's „Arien" nehmen einige jedoch eine
Art Mittelstellung zwischen Madrigal und Strophenlied ein — wo
nämlich, sei es um der Declamation willen oder sonst, die zweite,
dritte u. s. w. Textstrophe, statt sie einfach beizuschreiben, ihre
eigene Musik hat. Gleich die erste Arie „io parto amati lumi"
bringt jede ihrer fünf Strophen nach unter sich wesentlich verschiedener Composition. Bei andern ist der Unterschied gering
und liegt eigentlich nur in der vom Text bedingten Anordnung
der Noten. Die Sätze sind in den Arien ziemlich knapp, aber
auch in den Madrigalen von nur mässiger Ausdehnung. (Die Gelehrten tolerirten die „Arie", obwol sie, wie Doni bemerkt, weder
im Lateinischen, noch im Griechischen ein dieser Bezeichnung genau
entsprechendes Wort fanden — denn es liege darin, nebst dem,
was die Lateiner „Modus", die Griechen „Melos" nannten, auch
noch Numerus d. i. Rhythmus. Doni übersetzt den Vers Virgil's
„Numeros memini si verba tenerem" mit den Worten „mi ricordo ben dell' aria, ma non delle parole".) [1]) Declamatorischer Vortrag ist in beiden, nämlich in den Madrigalen und Arien, das charakteristische Merkmal. Dasselbe Merkmal ist auch den liedhaften
Arien eigen, wo die dem Liedgesange seinem innersten Wesen
nach gehörige cantable, periodisch gegliederte Melodiebildung,
wie sie das Volkslied, die Trouvères u. s. w. längst gefunden
hatten, unter dem Zwange des stile recitativo, in dem ein für
allemal für die ganze Musik das Heil zu finden sein sollte, nicht
aufkommen kann, gleichwohl aber, da sie zu sehr in der Natur
der Sache begründet ist, immer doch wieder durchbrechen möchte.
Das declamirte Wort greift störend in den Entwicklungsprocess der Melodie und übertönt den Liedgesang freiströmender
Melodie mit seiner recitativischen Halbsprache — ein leidiges Zwitterwesen ist das Resultat. Die Abtheilung „Arie" enthält fast durchweg recht unerquickliche und unerfreuliche Musik; am schlimmsten,
wenn Caccini einmal eine Anwandlung fühlt, leicht und graziös
sein zu wollen, wie in der Aria sesta „Udite, udite amanti".
Weit besser gelingt ihm das Pathos, die affektvolle Declamation
der Madrigale, wo durch alle stellenweise fühlbare Unbeholfenheit
wie sie dergleichen Anfängen eigen ist, nicht blos ein bedeutendes Talent des Componisten kenntlich ist, sondern auch Töne
wahrer Empfindung hörbar werden und einzelne wirkliche schöne
Züge hervortreten. Die Madrigale „Dolcissimo sospiro", „Amor
io parto", „Perfidissimo volto", „Deh, dove son fuggiti" und besonders das mit der innig-empfindungsvollen Frage „Dovro dunque morire" beginnende wird man bei gutem ausdrucksvoll detaillirendem
Vortrag, zu welchem dem Sänger vollauf Gelegenheit geboten ist,
schwerlich ohne Interesse und Wohlgefallen hören können.

---

1) Doni Opp. II, S. 204.

Schon Caccini, der Sänger, selbst mag „nachgeholfen" haben, und wir begreifen, dass diese Musik den Zeitgenossen wie eine neue Offenbarung vorkommen musste.

Der Grundfehler des Ganzen liegt weniger in der Unbeholfenheit mancher Wendungen, denen andere glückliche gegenüberstehen, weniger im Mangel fliessender Melodie, welche beständig durch den declamatorischen Accent perturbirt und höchstens in einzelnen cantabeln Melodiegliedern, die sich aber zu keinem Ganzen runden und schliessen wollen, fühlbar wird, weniger in den schwerlastenden Tonschlüssen, wo sich ganze Anhalt-Takte auf einer einzigen Note dem Gange des Tonstückes bleischwer an die Füsse hängen, und zu denen sich der Componist verpflichtet glaubt, so oft er in seinem Texte einen Schlusspunkt oder einen Strichpunkt erblickt (sogar dem „Beistrich" wird seine Beachtung zu Theil!) — der Grundfehler liegt in dem monotonen Pathos, kraft dessen die einzelnen Madrigale alle dieselbe Färbung haben und daher immerfort die gleichartigen Exclamationen, Suspensionen, Phrasen, Cadenzen hören lassen, nur ganz äusserlich sich von einander unterscheiden, im Charakter aber eines so ziemlich das Spiegelbild des andern ist. Drei bis vier dieser Gesänge nach einander gehört würden den Eindruck nojoser Eintönigkeit machen.

Diesen neuen florentiner Styl möchte man vielleicht am richtigsten bezeichnen, wenn man sagt, er sei Gefäss, aber nicht Speise. So wie die Worte eines Gedichtes dieselben bleiben, ob sie ein guter oder ein schlechter Declamator spricht, im ersten Falle aber die Wirkung eine ganz andere sein wird als im zweiten, und wie ohne die Worte auch der gute Declamator keinen Anhaltspunkt fände, seine Kunst zu bethätigen, so sind diese Compositionen gleichsam Gefässe, weit genug, durch die Kunst des Sängers bedeutenderen Inhalt aufzunehmen. Durch geschickte Abstufung des Ausdruckes wird sogar jene Monotonie einigermassen verschwinden, Licht und Schatten wird in die Sache kommen. Es ist bei einer völlig neuen Art von Musik schon Verdienst genug, wenn sie es dem Sänger auch nur möglich macht, dergleichen durch sie leisten zu können. Caccini lässt dem Sänger in der That Spielraum genug. Nach Caccini's Versicherung ist es eine edle (nobile) Singweise, wenn der Sänger sich nicht zu strenge an den Takt (misura) bindet. Ein frei declamatorischer Vortrag ist es, was ihm als Ideal vorschwebt („la nobile sprezzatura del canto"). [1]) Die Declamation ist höchst sorgsam, man darf sagen meisterhaft. Kommt einmal im Texte ein zweifelndes „ma" vor,

---

[1]) Fink und G. Schilling (par nobile fratrum!) reden mit gewohnter Oberflächlichkeit und anmasslicher Ignoranz von einer „Psalmodie" und finden Aehnlichkeit mit dem Style Lully's —! — worüber sie Fétis nach Verdienst zurecht weist.

so ermangelt Caccini in seiner Beobachtung des Angemessenen nicht, vorher in Gesang und Begleitung eine kurze Pause eintreten zu lassen.

Eigenthümlich ist die Anwendung der Coloraturen, mit denen Caccini nichts weniger als sparsam ist. Die declamatorischen und einfacheren melodischen Stellen laufen, besonders gegen die einzelnen Abschnitte der musikalischen Periode hin und vollends gegen den letzten Schluss des Gesanges, in Ornamente aus, oft so, dass die in ihrer ersten Hälfte einfache Melodie-Periode in der zweiten sich in Passagenwerk auflöst, durch welche indessen die einfachere melodische Führung des Motivs meist deutlich genug zu erkennen ist, etwa wie aus einer Variation das Thema zu errathen wäre. Die Coloraturen Caccini's sind eigenthümlich, aber wirksam und sogar geschmackvoll. Eine Art kurzen Vorschlages  nach seiner Schreibweise), punktirte Noten u. s. w. wendet er mit Vorliebe an.

Seine Coloraturen sind übrigens keineswegs langathmig. Verspottet er doch selbst die lunghi giri di voce und sagt geradezu, sie seien zur richtigen Weise zu singen ganz und gar nicht nöthig, sondern nur ein Nothbehelf für diejenigen, welche den ausdrucksvollen Vortrag nicht recht verstehen — „verständen sie es, so würden sie das Passagenwerk verabscheuen, denn nichts in der Welt streitet im gleichem Maasse gegen ausdrucksvollen Gesang".[1]) Solche Zuthaten sind nur bei minder affektvollen Stücken passend und vorzüglich auf langen Noten anzubringen. Der Triller (trillo) ist nach seiner Anweisung auf einem einzigen, rasch vibrirenden Tone auszuführen; kömmt eine Hilfsnote dazu, so heisst die Manier „Gruppo". Obwol Caccini dem declamatorischen Princip zu Liebe beim Componiren dem Texte Satz nach Satz, Wort nach Wort nachgeht, so ist er doch Musiker genug, um die Nothwendigkeit einer musikalischen Architektonik, eines gegliederten Baues des Tonstückes denn doch zuweilen zu empfinden. Er wiederholt daher im Verlaufe mancher Gesänge einzelne Stellen nach Note und Texteswort, was nach den ästhetischen Vorschriften im Hause Bardi eigentlich unzulässig wäre. (Sogleich in der Aria trima.) Aber diese willkürlich eingeschobenen Wiederholungsstellen bringen dennoch keine rechte Symmetrie zu wege. Die

---

1) — „che i passaggi non sono stati ritrovati perchè siano necessarii alla buona maniera di cantare, ma credo io più tosto per una certa titillatione à gli orecchi di quelli, che meno intendono, che cosa sia cantare con affetto; che, se ciò sapessero indubitamente i passaggi sarebbero abboriti, non essendo cosa più contraria di loro all' affetto" (Vorrede).

Singstimme notirt Caccini meist mit dem Sopran-, weniger mit dem Alt- oder Tenorschlüssel; ist die Singstimme im Violinschlüssel geschrieben, so wendet Caccini für den Generalbass den Barytonschlüssel an. Gesänge für eine Bassstimme kommen im Buche nur zwei vor — eine Arie aus il Rapimento di Cefalo und die letzte Arie „Chi mi conforta, oimè". Fast alle Gesänge sind im Allabrevetakt geschrieben; doch kömmt auch ₵3 vor, als Nachzügler aus der Zeit der mensurirten Musik. Als Vorzeichnung kommt nur

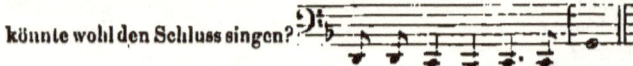

vor. Die Diesis ♯ ist als Vorzeichnung nirgends angewendet[1]). Dass nicht gemeint ist, als sollten die Gesänge genau in der Tonlage gesungen werden, wie sie geschrieben sind, dass Caccini vielmehr Transpositionen gestattet, beweist die letzte Bassarie, wo er sogar darauf rechnet — denn welches Organ könnte wohl den Schluss singen?

In der Höhe geht dagegen dieser Gesang nur bis

Zufällige Erhöhungen und Erniedrigungen werden ausdrücklich beigesetzt, ausgenommen, wo sie sich „von selbst verstehen";[2]) abermals eine Reminiscenz an die frühere Praxis der Musiker. Zur Begleitung erklärt Caccini in der Vorrede ausdrücklich eine Theorbe (Chitarrone) als das angemessenste Instrument; doch auch sonst ein Saiteninstrument ist geeignet.[3]) Er schreibt einen einfachen Bass. (Die Gelehrten veredeln und habilitiren ihn für die antike Musik neuen Styles durch das klangvolle Wort „Hypatodia organica").[4]) Diesen Basso continuo versieht Caccini mit weit reicherer und sorgsamerer Bezifferung, als seine Nachfolger zu thun pflegen durch die Ziffern entsteht oft eine ganz interessant geführte

---

1) Kiesewetter hat daher Unrecht, dem „Deh dove son fuggiti" die Vorzeichnung eines ♭ zu geben. In Caccini's Original erscheinen die nöthigen ♭ im Contexte. Ueberhaupt ist Kiesewetter's Mittheilung voll grober Fehler. Reissmann, Schlecht u. s. w. haben es ihm natürlich treu nachgeschrieben. Was soll man vollends sagen, wenn in Schlecht's „Geschichte der Kirchenmusik", Seite 417, der Gesang „dalle celesti sfere" (siehe Kiesewetter „Schicks. und Beschaffenheit des weltl. Ges." S. 70) als Stück aus den Nuove musiche (!) von Caccini (!) mitgetheilt wird!! Nicht einmal richtig abzuschreiben sind die Herren im Stande!!
2) Kiesewetter, der sonst mit ♯ und ♭ sehr freigebig ist, hat es unterlassen, im Madrigal „cor mio" im siebenten Takt ein höchst nöthiges ♭ beizuschreiben.
3) — „cantare solo sopra l'armonia di Chitarrone ò di altro Strumento di corde" (Vorrede).
4) G. B. Doni Progymnasmata mus. partis vet. rest. (Opp. I, S. 233).

Mittelstimme („parte di mezzo" nennt sie Caccini). Er schreibt ganz ausdrücklich 10, 11 und bis 14 vor.[1] Häufig erscheinen liegende Bassnoten, die durch Bindebogen vereinigt sind, von denen aber jede ihre eigene Bezifferung hat. Nach Caccini's Erklärung soll in solchen Fällen der Basston nicht nochmals angeschlagen werden, sondern nur in den höheren Stimmen die geänderte Harmonie. Meist wendet er die Grundtöne der Stammaccorde an, dazwischen den Sextaccord (den er nicht einmal immer ausdrücklich vorschreibt, wo er aus der Singstimme zu erkennen ist); Quarten, Septimen, Nonen, Undezimen erscheinen im Durchgang und werden insgemein den kurzen Sylben zugewiesen, während die langen Sylben Consonanzen erhalten.[2] Die Harmonie hat wohl einzelne nicht recht geschickte Wendungen (auch der Zug aus früheren Zeiten 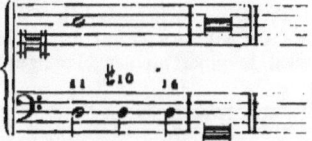 erscheint zuweilen — gleich im ersten Madrigal —), aber im Ganzen ist sie glücklich und hat insbesondere eine in der That erstaunlich moderne Färbung. Die Bedeutung der fünften Klangstufe, der Dominant- und Parallel-Tonarten empfindet Caccini durch eine Art von Divination, denn Theorie und Lehre wussten einstweilen davon kein Wort. Längere Ausweichungen in entferntere Tonarten sind dem Tonsetzer noch etwas Unbekanntes. Die Grundtonart des Stückes bleibt durchaus fühlbar. Die Molltonart hat noch nirgends eigens den Zweck, Trauer und Schmerz ausdrücken zu helfen; sie ist für den Componisten, wo sie vorkommt, nichts weiter als die Tonalität, in welcher er sich eben bewegt.

Die Cadenz mit wendet Caccini an — auch eine complicirtere

und zwar letztere so ungemein oft, dass sie fast zur stehenden Manier wird — oder, noch complicirter:

---

[1] Es ist eine grobe Unterlassungssünde, wenn Burney (Hist. of mus., Band IV, S. 200) bei dem schönen Madrigal „Dolcissimi sospiri" Caccini's treffliche Bezifferung kurz und gut weggelassen hat.

[2] „Havendo posato le consonanze alle sillabe lunghe" (Vorrede).

(Aria de Romanesca) pag. 25.

auch wohl einen feierlichen Kirchenschluss:

(pag. 3)

Doch hat Caccini, der Harmoniker, gelegentlich auch recht schwache Momente; seine Arie „Udite amanti" ist in dieser Beziehung ein wahrhaft erschreckliches Stück, in dem die Harmoniefolgen entweder leer und langweilig sind oder ganz unglaublich ungeschickt auf einander platzen — man fühlt sich an Emilio del Cavaliere erinnert. Im Ganzen erhält man bei Caccini aber doch den Eindruck, dass man es mit einem wirklichen, gebildeten, geistvollen Künstler zu thun hat. Billig erwogen gehören die Unvollkommenheiten endlich doch nur seiner Zeit, der Incunabelzeit der Monodie. Da nun aber Caccini mit seinen „Nuove musiche" so viel Sensation gemacht, so konnte Peri nichts Geringeres thun, als 1609 eine ähnliche Sammlung herauszugeben unter dem Titel: „Le varie musiche del Signor Jacopo Peri a una, due e tre voci con alcune spirituali in ultimo, per cantare nel Clavicembalo e Chitarrone e ancora maggior parte di esse per sonare semplicemente nel Organo. In Firenze, appresso Cristofano Marescotti MDCIX."[1]) Die Gesänge haben entschiedene Stylverwandtschaft mit denen von Caccini; doch treten sie etwas minder solenn auf, was die Deklamation, und etwas minder geschmückt, was die Passagen betrifft. Auch ist der Bass noch einfacher, als bei Caccini, und die Bezifferung des Generalbasses ist auf das Nöthigste beschränkt. Zuweilen liegt selbst in einer kleinen Tonfigur Ausdruck, wie:

mi duo - - - le

Der deklamatorische Ton ist leichter, natürlicher, anspruchsloser, als bei Caccini, wie in folgendem Sätzchen, dessen Text aus den florentiner Kreisen herrühren mag und wo platonische Ideen zu einer galanten Wendung gegen die angesungene Schöne benutzt sind.

---

1) Ein Exemplar in der Marcusbibliothek zu Venedig.

pag. 3.

Das Liedmässige gelingt Peri wenigstens so weit, dass er den singbaren Gang der Melodie nicht völlig der Deklamation opfert. Sein kleines Duett „al prato, al fonte" hat mit Caccini's „Udite amanti" entschieden Aehnlichkeit; wenn beide ärmlich und im Ausdrucke nichtsbedeutend erscheinen, so ist Peri's Stück wenigstens doch anhörbar, was man jenem Caccini's leider nicht nachrühmen kann. Muntere Sätzchen, wie das Duett, welche dann bei den Nachfolgern gar nicht selten vorkommen (Radesca da Foggia hat sogar dasselbe „al prato" u. s. w. componirt), sind entschieden ein Nachklang jener fa-la, jener Tanzgesänge, wie Gastoldi's *a lieta vita*, dessen Melodie in der Oberstimme übrigens auch nicht von Gastoldi frei erfunden, sondern einem Volksliede und Volkstanze entnommen scheint, denn sie kommt auch unter den Tanzstücken in Cesare Negri's „Nuove invenzioni de balli" vor. Bemerkenswerth ist in Peri's Duo, dass der Begleitungsbass zugleich der Singbass ist; auch bei Radesca da Foggia ist dergleichen sehr häufig. Dass aber der Singbass vom Begleitungsbass verschieden sein könne, wusste man schon, wie ja jene oben erwähnten Bassarien von Caccini beweisen.

Die Emancipation von den Kirchentönen ist schon in diesen Gesängen vollendet. Durtonart und Molltonart sind die beiden Grundskalen der Harmonie. Erstere heisst jedoch in der Theorie noch lange (sogar noch bei Mattheson in der ersten Hälfte des 18. Säculums) Modus jonicus, die andere Modus aeolius. Die Tonart F-dur mit ihrem b heisst jonius transpositus u. s. w. Den Gegensatz des Hellen, Kräftigen im Dur, des Trüben, Verdüsterten im Moll begreift man erst in der nächsten Generation von Künstlern und Kunstwerken. Erst Carissimi ist es, der in einem kleinen Duo den lachenden Demokrit und den weinenden Heraklit — einer kleinen musikalischen Studie — beide dieselben Motive singen lässt, aber den ersten in Dur, den andern in Moll.[1]) Monteverde in seiner Oper „il ritorno d'Ulisse" (1641) lässt nach einer „*Sinfonia in tempo allegro*", welche in D-dur schliesst, den Eintritt der trauernden Penelope durch eine *Sinfonia mesta* ankündigen; letztere geht in C-moll. Mochten die Compositionen selbst wie immer aussehen und noch viel geringer sein, als sie wirklich sind, so ist es schon Verdienstes genug, solche neue Pfade überhaupt betreten zu haben. Man darf übrigens ohne weiteres sagen, dass die Nuove musiche Caccini's und die Varie musiche Peri's ganz entschieden erfreulicher sind, als jene ihnen unmittelbar vorhergegangenen völlig leeren und öden florentinischen Hof- und Festmadrigale, welche nur noch die Ausgelobtheit eines weiland edel und bedeutend gewesenen Styls zeigen. Wie berühmt und beliebt übrigens Caccini und Peri, die beiden Vorkämpfer des neuen Florentinerstyles waren, deutet auch der kleine Umstand an, dass Antonio Brunelli Stücke von ihnen, deren er irgendwo habhaft geworden, seinen eigenen „Scherzi, Arie, Canzonette e Madrigali" (Venedig, 1618) beigiebt; übrigens sind es nicht eben ihre besten Arbeiten, welche ihm in die Hände gekommen.

Die Tonsetzer hatten in der That Ursache, dankbar zu sein. Denn sobald es bei einer Musik, um sie als werthvoll und bedeutend gelten zu lassen, auf weiter nichts ankam, als darin das ästhetische Programm derselben aus dem Hause Bardi-Corsi einzuhalten, so war es eine erstaunlich leichte Sache geworden, Componist zu sein. Sieben Achtel der Regeln, mit denen sich die Contrapunktisten schleppten, konnten getrost über Bord ge-

---

1) Diese interessante Kleinigkeit ist in Athanasius Kircher's Musurgie mitgetheilt, und von daher entlehnt, auch bei Burney Hist. of mus. Band IV, S. 210.

worfen werden, sie waren unnöthig geworden, obwol noch Caccini nicht ohne einige Ostentation sich auf die Regole del contrappunto beruft.¹) Es genügte, einige harmonische Formeln und deren Ziffern in den Fingern zu haben; für den Gesangpart gab der natürliche Accent der Rede sichere Anhaltspunkte; auf wirkliche musikalische Erfindung kam es dabei kaum noch an. Dass bei Caccini und Peri noch immer wirklicher Musikklang heraustönt und selbst manche an sich ganz öde scheinende Stellen dennoch uns, die wir bereits auch die ganze spätere Entwicklung der Tonkunst kennen und bewusst oder unbewusst mit in Anschlag bringen, gleichsam latente Musik, welche sich aus den unscheinbaren Keimen entwickeln soll, erkennen lassen, hebt jene beiden Tonsetzer hoch über ihre ersten Nachahmer und Nachfolger, welche sich fast nur begnügen, die Gesangphrasen und Begleitungs-Schablonen ihrer Vorbilder so gut sie's können auf neue Worttexte anzuwenden. Allenfalls wird bei den besseren, eine mässige Fortentwicklung oder doch ein Streben darnach kenntlich. Fast so arm und kahl, wie einst die ersten Anfänge der Contrapunktik gewesen, sind auch die Anfänge der „Musica nuova", der monodischen, deklamatorischen, den Gesang nicht mehr contrapunktirenden, sondern harmonisirenden Musik. Wie dort bedurfte es auch hier langer und eifriger Arbeit der Besten und Begabtesten, um auf dem neuen Wege zu finden und zu gewinnen, was darauf zu finden und zu gewinnen war.

„So unbedeutend war das Senfkörnlein, das später zu jenem Baume heranwuchs, der das Feld überschattete", ruft Kiesewetter aus.²)

---

1) In den dem Fragmente aus „il Rapimento di Cefalo" vorangesendeten Bemerkungen.
2) Gesch. der europ.-abendl. Musik, S. 75.

V.
Zeiten des Ueberganges.

Die Zeit des Ueberganges.

Die grosse Vorliebe der antiken Welt für Theater und dramatische Vorstellungen vererbte sich auf Italien, oder lebte dort wenigstens früher wieder auf, als anderwärts. Zur Zeit, da sich Frankreich, Deutschland und England noch an Mysterien und Moralitäten erbaute, begann in Italien die Kunstdichtung nach der höheren dramatischen Form der Tragödie, des Hirtenspieles zu greifen. In Rom zur Zeit Leo des zehnten, bei der glänzenden Hofhaltung der Ercole und Alfonso von Ferrara u. s. w. kannte man kaum ein grösseres Vergnügen, als theatralische Aufführungen. Und zwar mit fabelhaftem Prunk an Ausstattung. „Man erfährt mit Staunen", sagt Burckhardt in seinem trefflichen Buche über die Cultur der Renaissance in Italien, „wie reich und bunt die Decoration der Szene in Italien war, zu einer Zeit, da man sich im Norden noch mit der einfachsten Andeutung der Oertlichkeit begnügte — allein selbst dies wäre vielleicht noch von keinem entscheidenden Gewicht gewesen, wenn nicht die Aufführung selbst theils durch Pracht der Costüme, **theils und hauptsächlich durch bunte Intermezzi** den Sinn von dem poetischen Gehalt des Stückes abgelenkt hätte". [1] Derselbe Autor erzählt, wie während der dramatischen Aufführungen, welche Herzog Ercole von Ferrara zur Feier der Vermälung seines Sohnes Alfonso mit Lucrezia Borgia veranstaltete, „jedermann sich während des Dramas nach den Zwischenakten sehnte", deren bunte, wechselnde Schaustellungen die eigentliche Aufführung des geregelten Theaterstückes überglänzten. „Da gab es Kämpfe römischer Krieger, welche ihre antiken Waffen kunstgerecht zum Takte der Musik bewegten, einen Tanz von wilden Männern mit Füllhörnern, aus welchen flüssiges Feuer sprühte; sie bildeten das Ballet zu einer Pantomime, welches die Rettung eines Mädchens von einem Drachen darstellte; dann tanzten Narren in Pulcinelltracht und schlugen einander mit Schweinsblasen u. dgl. m." [2] Lauter

---

1) S. 250.
2) a. a. O. S. 251.

Dinge also, bei welchen Musik nicht zu entbehren war. Diese bunten Intermezzi, diese singenden Maskenzüge, diese costümirten Tänze bei Hoffesten nehmen hier unsere Aufmerksamkeit besonders in Anspruch. In ihnen lag der Keim zu dem wirklichen musikalischen Drama, wie es sich gegen Ende des 16. Jahrhunderts entwickelte. Das Intermezzo mit seiner Musik und seiner Prachtausstattung dehnte sich aus, wurde zur geregelten dramatischen Handlung und drängte das recitirende Drama aus dem Rahmen seiner Akte heraus, um sich an dessen Stelle zu setzen und schuf sich einen neuen, eigenen, seinen künstlerischen Zwecken angemessenen Musikstyl. Einen interessanten Beleg dafür bietet das dritte Intermezzo bei der Hochzeit Ferdinand's von Medici und Christiana's von Lothringen 1589. Es behandelt den Kampf Apollo's mit dem Pythondrachen — kurz und skizzenhaft — die Verse sind von Ottavio Rinuccini, die Musik ist von Luca Marenzio: erst ein Hirtenchor „qui si sfama", der die Angst vor dem Ungeheuer ausdrückt, dann eine „Symphonie", welche ohne Zweifel die Pantomime des kämpfend-bogenschiessenden Gottes begleitete, dann ein Chor der Hirten, der den Tod des Drachen verkündigt „o valoroso dio" — und zum Schlusse ein Freudenchor mit Tanz „o mille volte". Ein Dialog war augenscheinlich nicht dabei. Diese balletartige Szene eines Zwischenspieles erweiterte sich unter des Dichters Rinuccini Händen zur musikalisch-dramatischen Dichtung „Dafne", welche von Jacob Peri, später noch einmal von Marco da Gagliano und in der deutschen Uebersetzung des Martin Opitz von Heinrich Schütz ein drittes Mal in Musik gesetzt wird.

Um jedoch diesen erweiterten und erhöheten Anforderungen zu genügen, musste die Musik eine völlig andere Gestalt annehmen, als ihre bisherige, und dazu wusste sie sich vorläufig keinen Rath. Der allbeherrschende Madrigalstyl musste einstweilen dem Bedürfnisse genügen. Wir haben daher diese Intermedien, die Hoffeste mit singenden und tanzenden Maskenzügen u. s. w. nicht als die Anfänge, sondern nur als die Vorstufen der dramatischen Musik anzusehen. Sie lassen eben nur erkennen, was man gerne gehabt hätte, aber einstweilen noch nicht hatte.

Die Monodie löste sich vor ihrem selbstständigen Auftreten vom Contrapunkt los — sie wuchs so zu sagen aus dem Contrapunkt heraus, wie man in alten Bilderbibeln aus der Seite des schlafenden Adam die Gestalt Eva's herauswachsen sieht.

Wir haben es schon früher [1]) erzählt, auf welche Art man vierstimmig componirte Sätze für den Vortrag eines Solosängers zurechtmachte und wie wir uns etwa den längst verschollenen Gesang der „Cantori a liuto" zu denken haben. Bis zur Ent-

---

1) Band 2, S. 489 u. s.

stehung der eigentlichen Monodie gegen das Jahr 1600 hin repräsentirte das mehrstimmige Madrigal die höhere weltliche Kunstmusik. Dass ein für vier, fünf, sechs u. s. w. Stimmen componirtes Stück dieser Art insgemein auch wirklich von vier, fünf, sechs Sängern vorgetragen wurde, denen sich allenfalls eine Laute oder ein ähnliches Instrument zugesellte, um sie im Ton zu erhalten, ist ausser Zweifel; „cantare in compagnia" nennt es Pietro della Valle [1]), und Antonio Francesco Doni in seinem „Dialogo della musica" schildert höchst anschaulich das Vertheilen der vier Parte unter vier sangeskundige Musikdilettanten. [2])

Wir lassen jenes oft und zuerst von Tristano Chalco beschriebene Fest bei Seite, womit 1488 [3]) in Mailand die Vermälung Galeazzo Sforza's mit Isabella von Aragon gefeiert wurde. Statt die Speisen einfach auf die Hochzeitstafel zu setzen, wurden sie unter irgend einem mythologischen Prätext von Göttern, Nymphen, Satyrn u. s. w. aufgetragen, wobei denn auch nach Herzenslust recitirt, gesungen, getanzt wurde. Es waren Aufzüge, Divertimenti bei Tafel (dergleichen man in Frankreich „Entremets" nannte). Wollte man, wie Arteaga thut, darin den ersten Grundstein der Oper erblicken, so hätte z. B. das berühmte Tendenzbankett (zur Wiedergewinnung Constantinopels) beim Herzoge von Burgund 1454 gleiche Ansprüche; nur dass im Italien der Renaissance die ganze Erfindung (sie gehörte einem Edelmanne Bergonzo Botta an) noch sehr viel mehr antikisirte. Man war in Italien gewöhnt, kirchliche und weltliche Feste, Processionen, fürstliche Hochzeiten, Carnevalsaufzüge u. s. w. mit derlei Erfindungen reichlichst auszustatten; [4]) und Bergonzo Botta's Invention darf in dieser Beziehung nicht einmal etwas Ungewöhnliches oder Besonderes heissen. [5])

Mehr schon einer musikalisch-dramatischen Aufführung nähert

---

1) Sendschreiben „della musica dell' età nostra" (bei Doni II. S. 250).

2) Bargo, einer von ihnen, holt aus dem Musikalienvorrath ein Madrigal „Donna per acquetar vostro desire" von Claudio Veggio — er selbst behält den Tenor und sagt: „Grullone pigliati il vostro basso, Micchele l'alto et l'Hoste il canto". Dieser Doni ist mit G. B. Doni nicht zu verwechseln; sein Dialog erschien 1544 in Venedig bei Girolamo Scotto. Dem Exemplar der Bibliothek der Ges. d. Musikfreunde in Wien ist von Kiesewetter's Hand beigeschrieben: „nichtswürdiges Geschwätz über allerhand, nur nicht über Musik".

3) Nicht: 1388, wie es durch einen Druckfehler in der deutschen Uebersetzung von Arteaga's Buch, S. 211, und so auch bei Kiesewetter (Schicksale und Beschaff. des weltl. Gesanges, S. 26) heisst.

4) Ich verweise auf Burckhardt's „Cultur der Renaissance in Italien" 2. Aufl., S. 320—340.

5) Wen es etwa interessirt, eine Beschreibung davon zu lesen, möge sie bei Kiesewetter a. a. O. aufsuchen.

sich die von Filippo Beroaldo geschilderte Vorstellung bei der Hochzeit des Annibale Beutivoglio mit Lucrezia von Este in Bologna. Hier gab es schon eine förmliche, einen Hain mit Naturwahrheit darstellende Szene; Venus, einen von ihr gezähmten Löwen (das heisst wohl: einen Menschen in Löwenmaske) führend, erschien in einem Ballette von wilden Männern, Diana trat mit ihren Nymphen auf, deren schönste von ihr weg und zur Juno Pronuba floh u. s. w. — alles augenscheinlich allegorische Anspielungen auf das fürstliche Brautpaar. Zu diesem Ballet wurden Chöre (d. i. „Madrigale" und „Balli") gesungen.

Chöre in Madrigalform in den Zwischenakten von Tragödie-Aufführungen singen zu lassen, wie in Lodovico Dolce's „Trojanerinnen", welcher die Texte dafür eigens gedichtet hatte, oder in die Handlung selbst Chöre einzuflechten — und zwar aus keinem andern Grunde, als weil die antike Tragödie Chöre gehabt, wie denn in Cinzio Giraldi's „Orbeccho" ein Chor der Frauen von Susa vorkömmt, wozu für die Aufführung in Ferrara Alfonso della Viola die Musik setzte [1]) (Guarini's Pastor Fido, mit seinen Chören der Hirten, Priester u. s. w. erhielt Musik von Luzzascho Luzzaschi u. s. w.) — war etwas Gewöhnliches. Diese Tonwerke sind verloren — aus Luca Marenzio's Combattimento d'Apolline col serpente können wir indessen eine deutliche Vorstellung davon gewinnen — es waren Madrigale im gewohnten Styl. In Ferrara schloss jede Komödie mit einem Maurentanz (Ballo alla moresca) [2]).

---

[1]) Wir wissen es nur aus der Didaskalie, welche, dem Druck dieser grässlich-blutigen Tragödie beigegeben, also lautet: „Questa tragedia fu rappresentata in Ferrara in casa del autore MDXLI prima all' Illustrissimo Signore il Signor Erole II da Este duca IV di Ferrara; dopo agl' Illustrissimi Signori, il Signor Cardinale Salviati, la rappresentò M. Sebastiano Clarignano da Montefalco, fece la Musica M. Alfonso della Viuola, fu Architetto et il Dipintore della Scena M. Girolamo Carpi da Ferrara". C. F. Becker hat sich dadurch irre leiten lassen und in seinem Buche „Tonwerke des XVI. und XVII. Jahrhunderts", S. 301, die Orbecche mit der Musik Alfonso's fälschlich unter den Musikdrucken aufgeführt. Tausendmal eher zu verzeihen, als wenn Berlioz daraus eine Kunstnovelle „le premier opera" zusammenfaselt, Alfonso zum Erfinder der Oper macht, ihn mit Benvenuto Cellini in Correspondenz treten lässt u. s. w. — alles eigentlich nur um einer Kritik, oder vielmehr einem Ausbruch leidenschaftlichen Hasses gegen den Palestrinastyl Luft zu machen — einem Styl, dem jener des Berlioz allerdings diametral entgegengesetzt ist. Natürlich hat man nicht ermangelt, die Novelle zur Belehrung Deutschlands zu übersetzen!!! Es ist kaum ein Ausdruck des Unwillens stark genug dafür. Ueber das Drama selbst s. Klein. Gesch. d. Drama.

[2]) Diario Ferrarese — bei Muratori XXIV. Col. 404. Man möge sich erinnern, dass in Shakespeare's Sommernachtstraum Zettel nach Aufführung der „Tragödie von Pyramus und Thisbe" den Herzog fragt: ob er einen Epilog als Schluss oder einen Bergamaskertanz vorziehe? —

Diese Zugab-Chöre, Tänze u. s. w., obwohl zu dramatischen Zwecken dienend, haben mit der eigentlichen, dramatisch angelegten, recitirenden Musik der Florentiner um 1600 nichts zu schaffen — eben so wenig wie Orazio Vecchi's seltsamer, aber origineller, geistreicher und sogar dramatisch-ausdrucksvoller „Anfiparnasso". [1])

Die vielfachen Verbindungen und der Verkehr mit Italien, welches damals die Spitze der Cultur und Civilisation bildete, die Züge der fremden Fürsten durch das schöne Land, bei welchen die durch feine Sitte und den Glanz der Künste veredelten Höfe den Wunsch anregen mussten, sich daheim eine ähnliche Umgebung zu schaffen, trugen sicherlich wesentlich dazu bei, dass jene schimmernden Hoffeste ihre Widerscheine auch in die Länder jenseits der Alpen warfen, und wir erkennen in dem Ludus Dianae, welcher zu Linz zur Feier der Vermälung Kaiser Maximilian I. mit Maria Blanca Sforza (1594) in Gegenwart des erlauchten Paares, des Herzogs von Mailand (des Vaters der Braut) und anderer Herrschaften, von Conrad Celtes und verschiedenen kaiserlichen Secretären und anderen Respectspersonen aufgeführt wurde, ein völliges, aber gerade in seinen Abweichungen charakteristisches Gegenbild jener halbdramatischen Hofmaskeraden in Italien — es ist eine in fünf Akte getheilte, verschiedenen Göttern und Halbgöttern in den Mund gelegte Gratulation, womit die Hofceremonie einer Dichterkrönung von kaiserlicher Hand und sogar ein Hofbankett in Verbindung gesetzt wurde.[2]) Der musikalische Theil ist allerdings äusserst dürftig, aber eben in seiner Dürftigkeit bemerkenswerth. Nachdem Mercur als Abgesandter Diana's einen Prolog ad Spectatores gesprochen, trat Diana mit ihren Nymphen auf und begrüsste lobpreisend den kühnen Jäger Max, mit dem sich weder Meleager noch Hercules messen dürfe (Calidonius heros jam nihil est). Die Nymphen umtanzten sie und sangen das Lob des Brautpaares in einer Art Fauxbourdon, welcher die Distichen des Textes mit genauer Markirung des Metrums und sogar auch der Cäsur abtrommelte:

---

1) S. 3. Band, S. 545. 562.
2) Das Festspiel ist 1501 zu Nürnberg bei Hieronymus Hölzel unter dem Titel gedruckt worden: Ludus Dianae in modum Comediae, coram Maximiliano Rhomanorum rege Calendis Martiis ludis Saturnalibus in arce Linsiana Danubii actus, Clementissimo Rege et Regina, Ducibus illustribus Mediolani, totaque regia curia spectatoribus — per Petrum Bonomum. Reg. Cancel. Joseph. Grumpekium, Reg. Secret. Conradum Celten (so!), Poe. Ulsenium Phrisium, Vincentium Longinum, in hoc ludo laurea donatum, feliciter et jucundissime repraesentatus. (MCCCCC et primo novi Seculi, Idibus Maji.) Es sind fünf Blätter in klein Quart. Die prager Universitätsbibliothek besitzt ein Exemplar (Sign. VI. H. 60).

Ende des ersten Aktes. Im zweiten trat Silvanus mit Gefolge auf, pries den Kaiser als Beschützer der Christen (der „Schäflein Christi", wie sich der wackere Heidengott ausdrückte) und feuerte ihn zum Türkenkriege an [1]) — wonach im dritten Akt Bacchus den Rheinwein belobte (sic Rhenana mihi culta fuit plaga) und sonst Angemessenes sprach, plötzlich aber aus der Rolle und dem Kaiser zu Füssen fiel, und indem er sich als Herr Vincens Longinus zu erkennen gab, sich die Krönung mit dem poetischen Lorbeer erbat:

> Siqua mihi est virtus doctrinaque, maxime Caesar,
> Imponas capiti laurea serta meo
> Per Superos ego juro tibi et per sceptra tonantis
> Cantabo laudes hic et ubique tuas.

---

[1]) Eine sinnreiche Spielerei, welche dabei angebracht ist, mag hier erwähnt werden. Silvanus spricht:

> Rex cui Maximum praestant pia sidora nome   N
> Verus ab aethero missus mortalibus orb   E
> Cultor olympiaci , justique aequitonanti   S
> Juris amator oves Christi tua sceptra gubernan T
> Mens vigil ut coelo populus turbatus apert   O
> Vivida ad aeterni tandem pius ora trahatu   R
> Serva commissum tibi ne lupus intret ovil   E
> Justitiam superos obeuntem, hoc orbe relict O
> Nobis qui Austriaco fruimur pastore remitta S

Und so weiter. Die ersten Worte bilden selbst wieder lobpreisende Hexameter:

> Rex verus cultor juris, mens vivida serva
> Justitiam nobis u. s. w.

Die Endbuchstaben aber bilden den glückwünschenden Vers: Nestoreos utinam vigeat feliciter annos. Eine wahre Plethora von Gratulationen! Zugleich sieht man, dass es nicht die Tonsetzer allein waren, welche in ihre Kunstwerke nebenbei sonderbare Kunststücke hineinbrachten. Es lag eben im Geiste der Zeit.

Für die vollzogene Krönung dankte der Chor, abermals das Metrum (hier das sapphische) genau markirend, doch in einem schon etwas mehr motettenartigen Tonsatze:

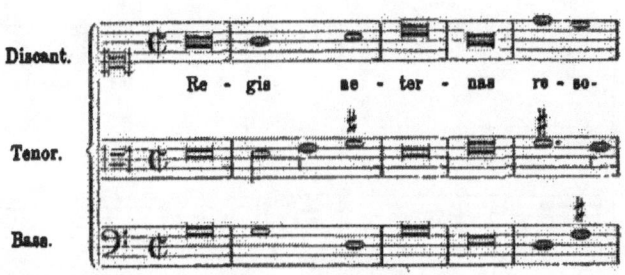

Im vierten Akt introduzirte sich Silenus zu Esel und äusserte sich als Trunkener, aber durchaus höchst schmeichelhaft. Jene wackere Ritterzeit liebte das Pokuliren zu sehr, als dass ihr durch den Anblick des Zechers hätten Tantalusqualen bereitet werden dürfen; es wurde also zum Schlusse des Aktes durch die Mundschenken des Kaisers Wein herumgereicht, und bei Trompeten- und Paukenschall wurde gezecht.[1]) Im fünften Akt verabschiedeten sich alle Personen. Diana sprach glückwünschende Verse, deren jeden der Chor in vierstimmigem Gesange wiederholte — Wünsche, deren Erfüllung das Geschick versagte:

> Multiplicem variet sobolem tibi Blanca Maria
> Et ducibus terras impleat austriacas
> — — Maximiliane vale, valeas jam Blanca Maria
> Jam repeto silvas ipsa Diana meas.

Der Kaiser belohnte Tages darauf die 24 Darsteller auf das Freigebigste.

Ein ähnliches, mit drei Chören zu vier Stimmen ausgestattetes Festspiel von Benedictus. Chelidonius wurde 1515 zu Wien in

---

1) — hinc rursus silentium, et pocula aurea et paterae per regios pincernas circumlatae et inter pocula pulsata tympana et cornua. Finis actus quarti — das Pokuliren gehörte also mit zum vierten Akt!

Gegenwart der Königin von Ungarn aufgeführt.¹) Die Gesänge sind insofern bemerkenswerth, als sie der von Conrad Celtes und seiner „docta Sodalitas" eifrig vertretenen Richtung angehört, antike Metra ganz genau durch Takt und Bewegung des Gesanges einzuhalten.

Dagegen sind die der erwähnten, 1497 aufgeführten Comödie Reuchlin's²) eingeschalteten Melodien eines gewissen Daniel Megel wahre Bänkelsängerstücklein, für die musikalische Fassungskraft der agirenden Schuljungen berechnet, z. B. nach dem zweiten Akte:

(Es sind dieselben Verse, die Hans Holbein d. j. seinem für den Stahlhof in London gemalten „Triumph der Armuth" als Denkspruch beigeschrieben hat.)³)

Nach dem dritten Akt wird folgendes Lied gesungen:

---

¹) Das Werk wurde in demselben Jahre zu Wien bei Johann Singryner gedruckt. Die Wiener Hofbibliothek besitzt ein Exemplar.
²) Das erwähnte Werk ist betitelt: „Joannis Reuchlin Phorcensis scaenica progymnasmata, hoc est ludicra praeexercitamenta. — (Viennae — Joannis Singronij Anno M.D.XXIII").
³) Vergl. „Holbein und seine Zeit" von D. Alfred Woltmann, 2. Th. S. 224.

sce - ni - cos os- ten - di - mus fa - ce - te.

In einem ganz antik zugeschnittenen Spiele müssen die Reime in diesen Gesängen überraschen.

Am französischen Königshofe, wo es längst nicht mehr so hausväterlich tugendhaft zuging wie einst unter Ludwig XII. und Anna von Bretagne, hätte man sich mit so einfachen Schauspielen nicht begnügt; man liebte Glanz und Pracht.

Am 15. Oktober 1581 wurde im Schlosse zu Moutiers die Vermälung Margarethe's von Lothringen, der Stiefschwester des Königs Heinrich III. mit dem Herzoge von Joyeuse gefeiert. Den glänzendsten Theil der Feste bildete nun jenes „ballet comique de la Royne, faict aux nopces de Monsieur le Duc de Joyeuse et Madamoyselle de Vaudemont sa soeur par Baltasar de Beaujoyeulx valet de chambre du Roy et de la Royne sa mère", durch dessen plumpe Pracht man den Glanz der mediceischen Hoffeste, wie Katharina von Medicis in ihrer Jugend sie zu Florenz gesehen, zu überbieten suchte. Baltazar, genannt Baltazarini aus Piemont, der auf dem Titel als Autor genannt ist, war als vorzüglicher Geigenspieler durch den Marschall von Brissac an Katharina von Medicis empfohlen und nach Paris geschickt worden, wo er als valet de chambre und Intendant der königlichen Musik in Dienste trat. Wegen seiner „artigen" Entwürfe bekam er den Beinamen „Beaujoyeulx"; und wie artig diese vielbelobten Entwürfe waren, davon gibt uns dieses Ballet eine Vorstellung, das in seiner Ausstattung so unsinnig verschwenderisch, als in seiner dramatischen Zusammenstellung eigentlich ein mythologisch aufgeputzter Hofball, eine Hochzeitsgratulation, und in letzter Instanz eine colossale Schmeichelei für Heinrich III. war — so colossal, dass sie nicht einmal durch das überboten wird, was Ludwig XIV. Aehnliches geboten wurde. Der Plan des Ganzen war von Baltazarini; die Dichtung der Verse aber gehörte dem M. de la Chesnaye, Almosenier des Königs, an; die Musik war ein Werk der königlichen Musiker Beaulieu und Salmon. Die Aufführung dauerte von 10 Uhr Abends bis 4 Uhr Morgens.

Die Handlung dieses „ballet comique" (welches aber nicht das mindeste Komische enthält) dreht sich um die Zaubereien Circe's, welche ihre Gefangenen in Thiere verwandelt (eigentlich die bitterste Satyre auf diesen König und seinen Hof, ohne dass es der gute Kammerdiener merkte). Ein Edelmann (un gentilhomme), welcher die Zahl dieser Unglücklichen nicht vermehren mag, flüchtet sich unter den Schutz des Königs:

> Ne veux tu pas grand roi, tant de dieux secourir?
> Tu le feras, Henri, plus valeureux qu'Alcide
> Ou celui qui tua la chimère homicide:
> Et pour tant de mortels et dieux que tireras
> Des liens de la fée, immortel te feras.

Circe klagt heftig über den Undankbaren, dem sie seine frühere Gestalt wiedergegeben habe und der solches nur benützt habe, um ihr auf Nimmerwiedersehen zu entfliehen. Circe zieht sich zürnend in ihren Hain zurück. Tritonen und Nereiden nähern sich, um das Lob der Königin Louise zu singen. Die Najaden und zwölf Pagen, welche sich zu ihnen gesellen, tanzen ein Ballet. Da erscheint nach einem muntern Stück, „le son de la clochette" betitelt, Circe, berührt die Nymphen, die Pagen, ja sogar zehn begleitende Geigenspieler mit ihrem Stab und verwandelt sie in unbewegliche Statuen. Nach vollbrachtem Zauberwerke zieht sie sich in ihren Hain zurück, als unter dem erschütternden Getöse eines furchtbaren Donnerschlags Mercur von der Decke des Saales herabgeflogen kommt. Entzauberung durch das Kraut Moly — Tanz — neuer Zauber — Illumination — Dryaden — Pan u. s. w. Man kann sich von dem Geiste dieser Poesie eine Vorstellung machen, wenn Circe erklärt, zwar nicht der Macht Jupiters, wohl aber der Macht des Königs von Frankreich weichen zu wollen:

> „Je vous resisterai: que si la destinée
> à de ma verge d'or la force terminée,
> ce n'est en ta faveur, Jupiter, ne le croy,
> et si quelqu'un bien tost doit triompher de moy
> c'est le Roy des François — et faut, que tu luy cedes
> ainsi que ie luy fais, le ciel que tu possedes".

Jupiter, in dessen Maske ein Sieur Savornin steckte („tres excellent en chant et en la composition des airs de musique"), stellte seine Kinder Mercur und Minerva (eine Mademoiselle de Chaumont) förmlich nach Hofsitte dem Könige vor („et apres Jupiter presenta au Roy ses deux enfants Mercure et Minerve, qui s'allerent se jetter aux pieds de Sa. Majesté, faisans paroistre qu'ils cedoyent à ce grand Roy"). Die ganze Vorstellung fand nämlich keineswegs auf einer von dem Zuschauerraum strenge geschiedenen Bühne statt. Die im Kupferstiche dargestellte „Figure de la Salle" zeigt einen prächtigen Ballsaal, in dessen Hintergrunde eine Vorstellung von Circe's Garten decorationsmässig angebracht ist; seitwärts im Saale steht eine Baumgruppe mit einem flötenden Satyr. Die edelsten Damen des Hofes wirkten mit. Die Königin (la quelle ressembloit plustot a quelque chose divine) kam mit den als „Najaden" prächtig in Silberstoff gekleideten Edeldamen (la princesse de Lorraine, la duchesse de Mercueil, de Guise, de Nèvers, d'Aumale, de Joyeuse, la marechalle de Retz u. s. w.) auf einem riesigen, von drei Seepferden gezogenen Wagen, dessen Obertheil von einer Fontaine wohlriechenden Wassers (eau de senteur) gebildet wurde. Zwei Musikanten mit Laute und Gambe sassen gleich hinter den Seepferden. Vier Edelfräulein traten als die vier Cardinaltugenden auf, und zwar mit den herkömmlichen Emblemen der Schlange, Wage u. s. w., sonst aber in der schwerfälligen, bis an den Hals zugeknöpften damaligen Hof- und Damenpracht; sie trugen Kleider „bleu celeste" mit Sternen „d'or bruny"; als Haarputz trugen sie „arcades d'or et de soye". Zwei sangen, zwei schlugen Laute, und es sieht seltsam genug aus, wie z. B. die Stärke ihre Noth damit hat, neben der emblematischen Säule auch noch eine Laute schleppen zu müssen. Wir lassen hier die Wunder bei Seite, welche der königliche Maler Jacques Patin als Decorateur und als Maschinist wirkte, wie Götteraufzüge zu Wasser und zu Lande in fabelhafter Pracht das Auge blendeten, wie Ungeheuer und Blitze und Donner schreckten, wie Najaden, Nymphen und Satyre Ballet tanzten, wobei sie vierzig geometrische Figuren auf das künstlichste ausführten. — „de maniere, que chacun creut, qu' Archimede de n' eust peu mieux entendre les proportions geometriques, que ces princesses et dames les pratiquoyent en ce ballet" — wir wollen hier nur noch von dem reden, was für uns die Hauptsache ist, von der Musik. Auch hier hatte man den gedenkbarsten Luxus in den verwendeten Mitteln entwickelt, und in der Kuppel des Ballsaales nicht weniger als zehn Musikbanden (dix concerts de musique) mit Instrumenten verschiedener Art, „die den Sängern als Echo dienten" aufgestellt: Hautbois, Cornetti, Posaunen, Gamben, Lauten, Harfen, Flöten. Ein Sieur Juvigny, Stallmeister des Königs, der zugleich die Rolle des Pan innehatte, spielte auf das zierlichste ein Flageolet von eigener Erfindung. Zum ersten Eintritte des Ballettes zogen zehn costümirte Violinisten auf, fünf von jeder Seite; sie wurden von Circe in Stein verwandelt, wieder entzaubert u. s. w. Eine Schaar Tritone schwamm herein mit Neptunsdreizacken und Instrumenten in Händen — lyres, luths, harpes, flustes, et autres instruments — es sieht in der Illustration abermals höchst sonderbar aus, besonders wie der eine Triton seine Gambe violoncellmässig streicht. Als Jupiter aus der goldenen Kuppel, wo vierzig Musiker ihre Stelle hatten, mittelst eines Flugwerkes herabstieg, ertönte eine Musik „avec nouveaux instruments et differents de precedens"; es war, führt der Bericht des Textbuches fort, „la plus docte et excellente musique qui jusqu' alors eust été chantée et onye come se cognoistra par la note suyvante". Folgt diese als Wunderwerk belobte Musik in Noten. Die Musik der Ballette gehört dem schwerfälligen Style der Tanzmusik des 16. Säculum's an.

Le son du premier ballet.

Und weiterhin:

La petite entrée du grand ballet a 5 parties.

Die Zeit des Ueberganges.

Nicht ohne Munterkeit ist die (allerdings trivial genug klingende) Melodie, bei welcher Circe hervortrat. Baltazarini belobt sie „un son fort gay, nommé la clochette" — übrigens verdirbt die ungeschickte Belastung mit Begleitungsstimmen selbst den leidlichen Zug der Melodie:

Le son de la clochette, auquel Circé sortit de son jardin,

Die Chöre sind verkümmerte Madrigale, und für eine Zeit, wo gerade in dieser Gattung die italienischen und niederländischen Meister das Herrlichste leisteten, unbegreiflich gering. Der Gesang, womit die Sirenen (Chant des Soreines) sich vom Vater Oceanus die Erlaubniss erbitten, ausgehen oder eigentlich ausschwimmen zu dürfen, ist so nichtsbedeutend, wie die Antwort aus der goldenen Kuppel herab, in welcher in fünfstimmigem Gesange die erbetene Erlaubniss ertheilt wird; doch sollen sie bei dieser Gelegenheit „das Lob eines grossen Monarchen singen". —

Le Chant des Soreines a 4 parties.

Die Zeit des Ueberganges.

Reponse de la voute dorée aux Sereines à 5 parties.

Die Zeit des Ueberganges.

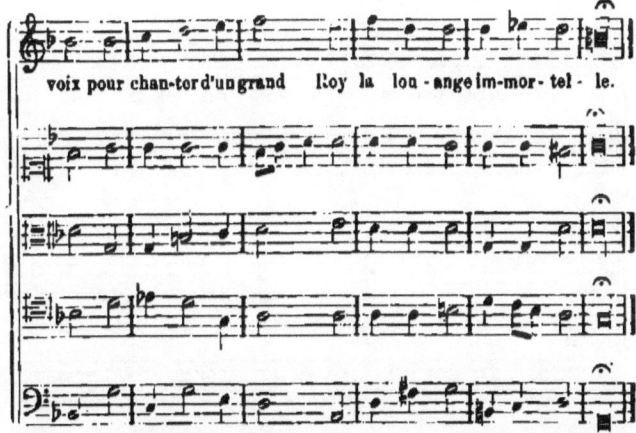

Es tönt aus diesen Gesängen etwas wie ein Nachhall des altfranzösischen Déchantirens und Fauxbourdonnirens (wie ähnlich aus den Noëls von Eustache de Caurroy oder dem Requiem Mauduit's), gleichsam als hätten Déchanteurs das neue Madrigalwesen studirt und sich manches daraus gemerkt.

Neben diesen Ensembles finden sich liedartige Sätze mit Lautenbegleitung, wie nachstehender Gesang, womit sich die vier Tugenden einführten. Nach jeder Strophe antwortete ein Ritornell von zwölf Instrumenten aus der Goldkuppel; es ist jenes „Echo der Sänger", wie das Textprogramm es nennt. Der stammelnde Versuch einer Monodie, das tappende Suchen nach liedmässigem Periodenbau in dem Gesange der Tugenden, der begleitende Bass, der einen Ansatz dazu nimmt, ein Generalbass zu werden, sind, so gering und unbehilflich das Ganze herauskommt, bemerkenswerth.

Chant des quatre vertus — deux jouient de luths et les deux autres chantoyent.

Die Zeit des Ueberganges. 227

Responce de la voute dorée aux vertus à chaque couplet. C'estoit une musique de douze instruments sans voix.

15*

Augenscheinlich grössere Verlegenheit als die mehrstimmigen Sätze bereiteten den Componisten die Dialoge, welche in Musik gesetzt werden sollten, wie z. B. die Szene zwischen Glaucus und Thetis (Sieur und Madame Beaulieu). Thetis trat mit einer Laute in der Hand auf — ohne Zweifel diente dieses unmythologische Attribut dazu, die Singenden durch zeitweises Anschlagen der entscheidenden Töne auf der richtigen Bahn zu erhalten. Glaucus hat eine Nymphe von wunderbar bezaubernder Schönheit gesehen, die sein Herz zur Liebe entflammt. Er holt Thetis über sie aus, wo denn zuletzt alles auf eine überschwengliche Verherrlichung der Königin Louise hinausläuft. Dieses taschenspielerhafte, plötzliche Unterschieben der Darstellerin für die dargestellte Person ist sonderbar genug. Die Göttin demaskirt sich und steht als Königin von Frankreich da:

Chant de Glauque.

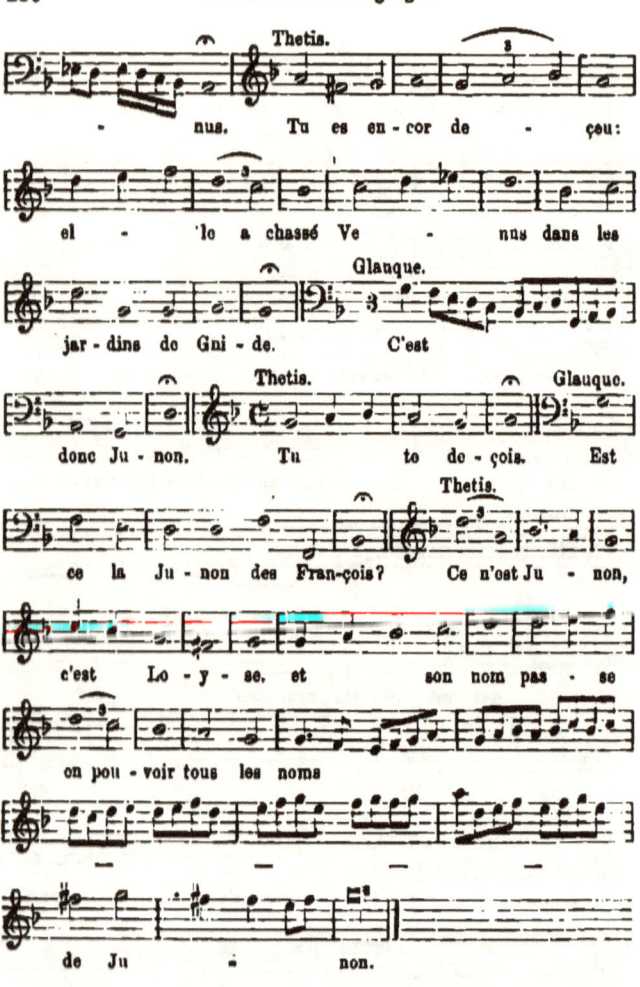

In den ersten, längeren Sologesängen ist etwas zu spüren wie eine dunkle Ahnung der Opernarie, und zwar der Opernarie im Sinne und Geschmacke der französisch-heroischen Oper. Gibt man sich die Mühe, den Gesang des Glaucus als Grundstimme generalbassmässig mit Dreiklängen nach der Weise Lulli's zu überbauen und den Gesang der Thetis mit dem natürlichen Grundbasse zu begleiten, so tritt dieser Zug überraschend hervor; man wird finden, dass diese Gesänge nicht allein instinctmässig nach einer geordneten, latenten, esoterischen Harmonie, die der Componist exoterisch hinzustellen vermuthlich gar nicht im Stande gewesen wäre, durchgeführt sind, sondern man wird sich auch unwillkürlich an Lulli's Opernmusik erinnert fühlen. Es muss in dieser letzteren etwas sehr dem französischen Sinne und Geschmacke Entsprechendes gelegen haben; dasselbe Volk, das Cavalli's treffliche Opernmusik kalt und gleichgiltig ablehnte, schwärmte für Lulli's schwerfälligen heroischen Kothurngang. Das Recitativ, oder wie man es nennen soll, womit Glaucus und Thetis die Szene schliessen, mit seinen langathmigen, verwunderlichen Coloraturen, scheint eine Art Nachklang der Singweise in den Mysterienspielen zu sein, wo ähnliches Passagenwerk hinwiederum auf den Kirchengesang zurückwies. Jedenfalls scheint darin der Ausdruck des Feierlichen und Würdigen gesucht worden zu sein. Als specifisch französisches Musikwerk, in dem sich die spätere französische grosse Oper mit ihren Chören, Tänzen und Arien wie in einer ersten Andeutung ankündigt, ist das Werk äusserst interessant, so wenig auch seine Musik an sich genommen bedeutet. In der Vorrede an den König spricht übrigens Beaujoyeulx schon vom „vray gout", [1]) und dem Werke selbst prophezeit ein Poet die Unsterblichkeit:

> Le temps, qui gaste et brise tout
> sur un si riche et docte ouvrage
> ne pourra gagner avantage. —

Zu den mannigfachen Bewegungen, welche sich in der Tonkunst als Vorboten einer neuen Zeit fühlbar zu machen begannen, kam jetzt noch ein Neues, das wahrhaft zersetzend wirkte. Denken wir uns einen Chemicus, der einer Flüssigkeit ein neues Agens beischüttet, welches die Elemente entmischt und neu mischt, sie brausend gähren macht, Wolken und Präcipitationen hervorruft, bis endlich ein ganz neues Resultat gewonnen ist. So ungefähr wirkte die Einmischung der Chromatik, mit welcher die

---

[1]) Im echten Kammerdienerstyl fängt er an: „Sans toutefois que jamays le vray gout puisse parvenir à d'autres, qui ont considéré par effet la splendeur de Vostre Majesté, presidente au milieu de tant de raritez, de tant de somptuositez, et sans que l'on se puisse imaginer le bel ordre d'un si grand nombre de diversitez, de tant de differentes excellentes, neantmoins et vivantes beautez et tant d'admirables voix" u. s. w. Sein Collego Laborde schrieb 1780 ebenfalls im richtigen Kammerdienerstyl: voila un échantillon du gout, qui regnait alors, et de plaisirs, que le roi procurait à la cour la plus élégante, qui, dit on, eut jamais existée. On pretende, que cette fête conta près de cinq millions, qui en valaient vingt de nôtre temps (!).

Tonsetzer jetzt gelegentlich zu experimentiren anfingen, auf das alte diatonische Wesen. Der Kirchengesang war auf der rein diatonischen Basis der Kirchentöne entstanden. Eine chromatische Tonfolge war hier eine völlige Unmöglichkeit; denn wenn auch die im Systeme vorkommenden Stufen b, $\frac{1}{2}$ h, $\frac{1}{2}$ c an sich eine Progression von zwei halben Tönen darstellen, so sorgte die Solmisation doch unerbittlich dafür, dass diese Fortschreitung eine völlige Unmöglichkeit blieb — b konnte nur b-mi oder b-fa, nie aber zugleich b-mi-fa sein. Bei einer Tonfolge wie z. B. a b h c wäre aber b mit Rücksicht auf das vorhergehende a so viel gewesen als fa, mit Rücksicht auf das nachfolgende h so viel als mi, und h wäre eben so nach b gleich fa, vor c gleich mi gewesen — „quod esset absurdum". So lange man im einfachen Einklange ohne harmonische Combinationen sang, konnte die Diatonik der Kirchentöne in ihrer ganzen Strenge festgehalten werden. Sobald aber der eigentliche Contrapunkt anfing, Form und Gestalt zu gewinnen, machte das Ohr die unabweisbare Forderung des zufällig zu erhöhenden Leitetons vor dem Schlusse geltend, wo er nicht, wie bei b | c̄ oder c | f schon im System fertig zu finden war. Die „Musica ficta" musste aushelfen — durch sie wurde man aber mit den zwischen den diatonischen Ganztonschritten befindlichen, für das Ohr leicht fasslichen, der Stimme leicht darstellbaren Halbtonstufen vertraut. Eine andere und schwierigere Frage war, ob und wie man diese sich zur Verfügung stellenden Klänge verwenden solle und könne.

Wie in die Fugen einer scheinbar für die Ewigkeit gefügten Quaderwand der Epheu leise und unbemerkt seine Wurzelfasern eindringen lässt und endlich wohl gar das Steingefüge lockert, so lockerte die Musica ficta die alte starre Diatonik — und die Theoretiker meinten endlich den Satz aufstellen zu dürfen: die Musik, wie sie geworden, sei keine diatonische mehr, sondern eine Mischung diatonischer und chromatischer und sogar enharmonischer Elemente. „Il comporre d'hoggi è una mescolanza". Diesen Satz stellt Artusi auf und führt ihn durch. [1]) Die vielen ♯ und ♭ in den „modernen" Compositionen, meint Artusi, sehen, so bunt wie sie da stehen, auf dem Papier sehr hübsch aus, aber wehe den Sängern! [2]) „Die Praktiker setzen, wo es ihnen beliebt, solche Zeichen", [3]) das heisst: ohne Rücksicht auf die an-

---

1) Delle imperf. della moderna mus. (Venedig. 1600). S. 37.
2) — — cosa, così variata, meglio et più vaga appare alla vista; si come fanno molti compositori moderni, che empiono le carte di ♯ diesis, b molli, segni, contrasegni, che niente altro apportano alla vista, che vaghezza, ma difficoltà al cantore (a. a. O. S. 17).
3) — li pratici si servono di tutte indifferentemente et in tutte pongono ♯ diesis, ♭ quadri, et b molli (a. a. O. S. 16).

tike Chromatik mit ihren Tetrachorden und ob ein solcher erhöheter oder erniedrigter in deren System vorkomme oder nicht. Den Gang [musical notation] in einem Madrigal von Andrea Gabrieli findet Artusi unbegreiflich — denn dieses ♭c ist es chromatisch? nein! — ist es enharmonisch? — nein! Es hat also gar kein Recht zu existiren: warum wenden also die modernen Tonsetzer dergleichen an?! [1])
Um Artusi's Bedenken zu verstehen, muss man sich erinnern, dass im chromatischen System der Griechen das Tetrachordon meson (c—a) sich also gestaltet [musical notation] wo kein ♭c zu finden ist. Es kann daher dieser Ton nur als fa fictum vorkommen (und kommt zahllos oft vor). Dann aber gehört er nicht in die Chromatik, sondern in eine transponirte Diatonik.[2]) — Die Theorie und die Praxis gingen hier, wie man sieht, weit auseinander. Die Theoretiker kannten und beurtheilten die Chromatik nur, wie sie solche in ihren griechischen Lehrmeistern geregelt und geordnet fanden; die Tonsetzer, für welche die griechischen Tetrachorde ein längst überwundener Standpunkt waren, kümmerten sich wenig, ob der Ton, dem sie ♯ oder ♭ beischrieben im chromatischen System der Griechen Bürgerrecht genossen oder nicht.[3]) Genug, dass er gesungen und auf Instrumenten, wie Geige, Posaune u. s. w., wo der Spieler sehr gut ♯d und ♭e unterscheiden kann, angegeben werden konnte. Orgel und Clavier mochten dem für sie Unmöglichen ausweichen.[4])

Die ganze chromatische Bewegung war aber trotzdem zum ersten Anfang nur durch das beginnende Studium griechischer Musiktheorie angeregt worden. Schon Spataro in Bologna wendete der Sache seine Aufmerksamkeit zu. Das „Genus chromaticum" fängt an bei den Theoretikern als Revenant griechischer Musik zu spuken — sie wissen leider keine Zauberformel, den

---

1) — se non sono (queste corde) nè comuni, nè particolari, perchè le usano? (a. a. O. S. 16.)
2) Artusi bekämpft S. 16, 17, die Ansicht Bonelli's, als seien die Obertasten der Orgel oder des Klaviers „chromatisch" (und daher rühre, weil sie schwarz gefärbt sind, der Name —!), die Untertasten „diatonisch"; — „io dico", schliesst er, „che quei tasti neri non servono semplicemente al genere cromatico, ma al diatonico ancora".
3) Artusi predigt: Questi pensieri de gli Antichi oltramodo mi piacciono, et tanto più che s'affrontano con l'opinione de' Moderni, ò, per meglio dire, li Moderni s'adheriscono et osservano le cose de gli Antichi: non essendo bene il destruggere la memoria loro, anzi conservarla et imitarla, poi che da loro è venuto il buono e'l bello della Musica e di tutte l'altre scienze (S. 17 f. v.).
4) Z. B. dem ♯d — „la qual corda non si può sonare nel clavacembalo ordinario, nè sopra l'organo (a. a. O. S. 15 f. v.).

Geist dienstbar zu machen. Entschlossener ging die nächste Generation in's Zeug — die Chromatik sollte eine Wahrheit werden. Aber auch die eigentlichen musikalischen Gräcomanen, wie G. B. Doni, Artusi u. a., machte das chromatische und das enharmonische Geschlecht weidlich schwitzen. Don Nicola Vicentino, ein Priester aus Vicenza, Schüler Adrian Willaert's, in Rom als Hausgenosse und Schützling des Cardinals Hippolyt von Este lebend und dort die Musikgelehrsamkeit ex professo nicht ohne Geräusch betreibend [1]), hatte schon 1546 es mit einer Anzahl fünfstimmiger Madrigale versucht, die in Venedig gedruckt wurden, dem neuen System Bahn zu brechen. Er gab ihnen den seltsam verschraubten Titel: „dell' unico Adriano Villaert discepolo D. Nicola Vicentino: Madrigali a cinque voci per teorica e per pratica da' lui composti al nuovo modo del celeberrimo suo maestro ritrovati." Man sieht, dass er es einstweilen noch für nöthig hielt, den Namen seines berühmten Lehrers zum Aushängeschilde zu machen.

Die grosse, kaum lösbare Schwierigkeit bei einem Unternehmen dieser Art war, dass die Praxis des mehrstimmigen Tonsatzes, wie sie sich auf ganz anderen Fundamenten Jahrhunderte lang ausgebildet, jetzt mit den chromatischen und enharmonischen Tetrachorden der weiland griechischen Musik in Einklang gesetzt werden sollte. Artusi bemerkt bei einem kleinen Sätzchen eines tüchtigen Componisten (valent' huomo),

dass der Alt das vollkommene chromatische Tetrachord der Griechen (H c ♯c e) hören lasse. Was sich daraus etwa machen lasse, hat späterhin Frescobaldi in einem wunderwürdigen Ricercar cromatico gezeigt. [2])

---

[1]) Pietro Aron: de harmon. instit. IV. 3.

[2]) Artusi erstaunt (a. a. O. S. 15 f. v.), in den Compositionen Cyprian de Rore's, Andrea Gabrieli's ♭e und ♭a zu finden: „ne Madrigali di Cipriano di Roro, di Andrea Gabrieli vidi già il ♭ molle nella corda di Alamire et Elami, cose che mi vanno confermando, che queste cantilene non siano puro diatoniche, ma una terza cosa mista, et ecco lo essempio:

Don Nicola's nach neuem System componirte Madrigale
scheinen ziemlich kühle Aufnahme gefunden zu haben — in Rom
war das Glanzgestirn Palestrina's im Aufsteigen, in Venedig Cyprian's de Rore — die wirklich musikalische Welt hatte wenig
Lust, sich neben herrlichen Tonsätzen, die in Fülle zur Verfügung standen, im Namen der Griechen Ungeniessbares und
kaum Ausführbares bieten zu lassen. Don Nicola schlug jetzt
einen andern Weg ein — mysteriös feierlich, wie in heilige Geheimnisse wurden sechs Schüler unter Angelobung strengen Stillschweigens unter seiner, des musikalischen Mystagoges, Leitung
in die Labyrinthe griechischer Chromatik und Enharmonik eingeführt. Veröffentlichen, erklärte Don Nicola, werde er seine
Mysterien nur, wenn man ihm in Rom eine bedeutende Stellung
sichere, als Sänger, noch besser als Kapellmeister der päpstlichen
Kapelle. Dies geschah nicht, wohl aber geschah, was zu erwarten war: dass der Gelehrtenehrgeiz und die Sucht Aufsehen
zu machen, Don Nicola über kurz oder lang dahin bringen werde,
seine musikalischen Geheimnisse an's Licht treten zu lassen.

Zunächst liess er ein klavierartiges Instrument bauen, das
er „Arcicembalo" nannte; es hatte mehrere Manuale, mit deren
Hilfe man das diatonische, chromatische und enharmonische Geschlecht vollkommen mit Unterscheidung von ♯c ♭d ♮d ♯d ♭e ♮e
u. s. w. hören lassen konnte. Er hat das Instrument sehr ausführlich im Anhange seines Buches beschrieben: „l'antica musica,
ridotta alla moderna prattica".

Schon Zarlino in Venedig hatte etwas Aehnliches wie Vicentino's „Archicymbal" von einem venezianischen Instrumentenmacher Namens Domenico Pesaro verfertigen lassen — hier war
der Ton in vier Theile getheilt. Karl Luython, der Organist
Rudolf des zweiten, besass auch ein ähnlich gemeintes Klavier,
dessen Obertasten gespalten waren, um die Intervalle ganz streng
(nicht temperirt) anzugeben. Prätorius hat es gesehen und versucht — es war die Folterbank der Klavierstimmer. Vicentino's
„Erzklavier" ging dann in den Besitz eines jungen, eifrigen Musikliebhabers in Rom, Antonio Goretti, über.[1])

Die Componisten begannen mit der Chromatik, ja mit der
Enharmonik praktische Versuche zu machen. Schon bei Orlando Lasso kündigt sich diese Bewegung — vorläufig nur in
vereinzelten Versuchen — an. Cyprian de Rore macht gelegentlich, wie er denn ein unruhig und unbefriedigt nach Neuem
strebender Geist ist, kühne Experimente. Adriano Banchieri
sucht auf den Orgeltasten umher, ohne zu finden. Sein „organo
suonarino" enthält eine sogenannte „Fuga cromatica", welcher wir,
mit Hinblick was wir heutzutage so nennen würden, beide Be-

---

1) Artusi, delle imperf. S. 15 f. v.

zeichnungen bestreiten müssen — dazu ein „Concerto enarmonico", voll horribler Combinationen.

Sicherlich boten die zu musikalisch-wissenschaftlichen Zwecken construirten Tasteninstrumente manche Belehrung, und überhaupt wurde die Claviatur jetzt, wie es scheint, der Tummelplatz „experimentirender" Componisten. Man konnte dort Versuche über Dinge machen und Dinge wagen, an denen selbst geübte Sängerchöre gescheitert wären. Auf jede dieser schwarzen und weissen Claven liess sich terzenweise eine Accordsäule aufbauen. Hier lag nun die Frage nahe, ob es denn nicht möglich wäre, statt sich, wie bisher geschehen, in leitereigenen Harmonieen zu bewegen, durch vermittelnde Zwischenharmonieen in sehr entfernte Tonregionen überzugehen. Der erste, welcher sich diese Frage gestellt zu haben scheint und der sie auch sofort in praktischer Ausführung beantwortete, war der kühne, geniale Don Carlo Gesualdo, Principe di Venosa, dessen Musik beinahe so klingt, wie die Pracht und Herrlichkeit dieses seines fürstlich-vornehmen Namens. Als Fürst und als Neffe des Erzbischofs von Neapel, Alfonso Gesualdo, gehörte er den „hohen" Kreisen der Gesellschaft an — auch sein Lehrer in der Musik Pomponio Nenna aus Bari nannte sich auf dem Titel seiner Madrigale „il Cavaliere Cesareo", weil er „Ritter des goldenen Sporns" war. Pomponio Nenna's fürstlicher Eleve, als dessen Todesjahr Joseph Blancanus 1614 angiebt, erlebte es noch, dass sein alter Lehrer 1613 zu Neapel die feierliche Lorbeerkrönung erhielt. Nenna zeigt sich in jenen Madrigalen als der Mann kühner Fortschritte; die harmonischen Wagestücke Monteverde's, welche den conservativen Artusi so sehr in Harnisch brachten, überbot Nenna noch wo möglich und gefiel sich in Intervallschritten schwieriger und ungewöhnlicher Art. Sein Schüler Gesualdo ging auf der betretenen Bahn vorwärts und noch sehr viel weiter; man könnte diesen fürstlichen Musiker füglich „den im Irrgarten der Modulation herumtaumelnden Cavalier" nennen. Gesualdo's Madrigale sind auf keinen Fall das Ergebniss blosser Speculation über mögliche musikalische Combinationen, sondern das Resultat praktischer Versuche auf dem Clavier oder der Orgel. Sagt doch Cerreto, ein Zeitgenosse Gesualdo's, er habe mehrere Instrumente meisterlich zu spielen verstanden und auf der Laute nicht seines Gleichen gehabt. Und gleichsam als solle die äusserste Sparsamkeit der früheren Epoche mit accidentellen ♯ und ♭ jetzt ausgeglichen werden, wimmeln Gesualdo's Tonsätze von diesen verschwenderisch angebrachten Zeichen. Unerwartet und blitzschnell vermitteln sie die Ausweichung in irgend eine Tonart fernster Lage, und meist, ehe noch der Hörer Zeit gehabt hat, sich dort zurecht zu finden, findet er sich wieder in die frühere Tonart, öfter noch in eine andere, ganz entlegene versetzt. Ein modula-

torisches Gesetz, das diese Irrfahrten irgendwie regelte, ist nicht
zu entdecken. Dem Tonsetzer genügt es schon, wenn ein Accord
mit einer ganz unerwarteten Wendung in einen anderen austönt,
und zwar nicht selten, wie man zugeben muss, mit frappant schöner Wirkung. Eine neu eintretende Stimme gegen die andern
in herber, wenn gleich schnell gelöster Dissonanz eintreten zu
lassen, durch Vorhalte, durch sprungweise auf einen starken Takttheil fallende dissonirende Hilfsnoten, denen die harmonische
Hauptnote im schwachen Takttheile folgt und ähnliche Dinge,
die Harmonie ganz eigen und besonders zu färben, sind oft an-
gewendete Mittel. Die Stimmen treten bald in vollen Accorden,
bald einzeln einander nachahmend ein; falsobordonartige Stellen
in grösseren Notengeltungen, wo meist die frappanten Ausweichungen und Uebergänge ihre Stelle finden, wechseln mit spitzfindigem contrapunktischem Häckelwerk in kleinen Noten ab.
In den scharf ausgeprägten, oft figurirten Themen, erkennen wir
abermals den virtuosen Instrumentalmusiker — es sind entschiedene Instrumentalpassagen — für die Singstimme indessen immer
noch möglich. In den Harmoniewendungen Gesualdo's kommen
mitunter Dinge vor, welche man wahre musikalische Inspirationen nennen muss, Combinationen, Ausweichungen, welche durch
Kühnheit und Neuheit überraschen; gleich daneben aber steht
wieder Unleidliches, ja völlig Unmögliches, unrichtige Modulationen, unschöne Tonschritte, Querstände, verdeckte aber gräulich
klingende Quinten und Octaven — Dinge, gegen welche die
Tonsatzregeln der Zeit vorläufig nichts einzuwenden hatten, die
indessen ein gesund organisirtes Ohr zu keiner Zeit hätte über-
hören sollen. Wohlklänge von bezaubernder Schönheit und un-
ausstehliche Härten stehen oft dicht neben einander.

So ist Gesualdo der Harmoniker, der Accorden-Combinator.
— Der Contrapunktist Gesualdo, welcher es liebt, seine meist
scharf ausgeprägten, bunten, aber gut und mit Geschmack erfundenen, aus kleineren und kleinsten Notengeltungen bestehenden
Themen in kunstvollen Beantwortungen und Nachahmungen mit
einer Art brillanter contrapunktischer Virtuosität zu verflechten,
vermeidet es, in solchen polyphonen Stellen seines „contrapunctus
floridissimus" (wie man ihn wohl nennen könnte) seine kühnen
Versuche anzustellen. Er hält in seinen Madrigalen diese beiden
Elemente — die Accordstellen und die Contrapunktstellen —
meist streng gesondert — er bringt dadurch oft eine Modification
in der Bewegung hervor, wie wenn etwa Andante und Allegro
mit einander abwechseln — eine Anordnung, welche in solcher
Art den Zeitgenossen eben auch wieder als etwas völlig Neues
imponirt haben muss. Seine breit austönenden Accorde und das
bunte, zierliche Notengewimmel seiner Contrapunktik könnte (wenn
es erlaubt wäre, Vergleichungen zu machen) an die gleichzeitigen

Prachtbauten mit ihren mächtigen Säulen und mit dem überfüllten, aber brillanten Stucco-Ornament der Gesimse und Gewölbe erinnern — fürstliche Räume, in denen der Fürst von Venosa sich zu bewegen ja gewohnt war.

Dass aber Gesualdo nicht etwa blos ein grosser Herr war, den es dilettirte, als Tonsetzer aufzutreten, sondern dass er ganz gründliche Studien gemacht, wie nur irgend ein musikalischer „Fachmann" seiner Zeit, verrathen seine Compositionen auf jeder Seite. [1]) Wo er sich auf gewohntem Boden hält, erscheint er als trefflich geschulter Musiker — wo er neues, vor ihm von Keinem betretenes Gebiet sucht, ist er durchaus Empiriker, Experimentator — hier hat augenscheinlich Theorie und Speculation Nichts, der praktische Versuch Alles gethan. Gesualdo mag hinterdrein über die Ausbeute, welche er auf diesem Wege gewann, selbst gestaunt haben. Er findet auf seinen Entdeckungsreisen in den unbekannten Gegenden, in welche er geräth, gelegentlich einen Zusammenklang, welchen weder er noch irgend einer von seinen Zeitgenossen theoretisch zu deuten und zu rechtfertigen im Stande gewesen wäre und dessen Art und Wesen die Musiklehre erst lange nachher erkannte. Ein solcher Accord freut ihn dann, wie sich ein Kind freut, welches auf den Tasten eines Claviers Töne zusammensucht und nach manchem Fehlgriff den Zufallstreffer eines Wohlklanges macht. — Gesualdo ahmt dann auch wohl den Fund einige Takte später auf einer andern Klangstufe nach.

Aus dem Madrigal: *Ancor per amar te.*

e non a me rimisi tu, tu bramata cagion etc.

---

[1]) Auch Padre Martini, der strenge und gründliche Kenner, sagt von Gesualdo's Styl: „sopprabonda in esso la finezza dell' arte". (Saggio di Contrapp. II. S. 203.)

Zweimal wird in dem vorstehenden Fragment mit grosser Wirkung ein damals völlig unerhörtes Tongebilde, ein Terzquartsextaccord seltsamster Provenienz angewendet, welcher nämlich — mit dem modernen Harmoniker zu sprechen — die zweite Umkehrung eines hartverminderten Dreiklanges mit Septime darstellt

Was hilft es aber dem Tonsetzer, dieses Wunderthier gefangen zu haben? Es fehlt ihm das richtige

Verständniss der Deutung. Zuweilen glückt ihm eine wahrhaft schöne Modulation: (Aus dem Madrigal: *Tu m'uccidi o crudele* Lib. V, 173):

d'amor empia etc.

Was hilft es? Gesualdo erinnert hier und noch oft an einen naiven Wilden, der eine köstliche Frucht, welche ihm zufällig vom Baume herab in den Weg rollt, mit Entzücken schmaust, aber um den Baum selbst sich nicht weiter kümmert, geschweige denn um eine rationelle Pflege desselben, damit er seinem Herrn mehr solcher Früchte bringe. Wusste er doch in keiner Weise, wie das anzufangen ist!

Sehr liebt es Gesualdo, durch eine Steigerung um einen Halbton den Ausdruck zu steigern — er wendet dieses Kunstmittel öfter an, als ein anderes.

Dergleichen geräth zuweilen — wie hier — in schöner Weise; — ein andermal missräth es gründlich:

Gesualdo malt in Stellen, wie die voranstehende, mit einem Miniaturpinsel — die „Sospiri", das „precipitar", der „volo" werden so anschaulich wie möglich versinnlicht! — Auch chromatische Fortschreitungen müssen ihm dazu dienen, theils den Tonsatz pikant zu würzen, theils den richtigen Ausdruck bis zur Handgreiflichkeit zu vermitteln:

(Schluss des Madrigals: Dolcissima mia vita).

Lamentabler lässt sich der Jammer des bittern Liebestodes doch wohl schwerlich ausdrücken! Was aber einer der alten Meister aus früherer Epoche, wo man die Schlüsse gar nicht bestimmt genug und breit und gewichtig austönend machen konnte, zu dieser Art zu schliessen gesagt haben würde?! Bei Worten, wie „piangere" — „dolor" — „moriro" u. s. w., widersteht Gesualdo selten der Versuchung, sie durch irgend eine harmonische Gewaltthat möglichst zu markiren, wie man in der Schrift ein besonders wichtiges Wort unterstreicht:

So wunderlich dergleichen sich nun auch ausnimmt — Gesualdo ist wirklich eine vornehme Natur — ein fürstlicher Musiker — aber wie in der Technik des Tonsatzes ist seine Musik auch im Ausdruck eine seltsame Mischung: tiefe Empfindung wechselt mit carrikirt gesteigertem Ausdruck, edle Sprache mit Galimathias. Mitunter taucht aber etwas unübertrefflich Schönes auf. Es dürfte kaum möglich sein, in eine musikalisch ausgedrückte Frage mehr rührende Innigkeit und zarte Theilnahme zu legen, als folgender wunderschöne Anfang eines Madrigals zeigt:

(weiterhin wiederholt sich die Frage mit gesteigerter Dringlichkeit — gesteigert durch das einfache Mittel, dass sie um eine Quinte höher gelegt ist.) Gesualdo strebt überall, und fast zu viel, nach Ausdruck — aber man wird ihn auch von dem Vorwurf nicht freisprechen können, dass das Moduliren ihm so sehr zur zweiten Natur wird, dass er es nicht einmal abwartet, bis ihm der Text einen plausibeln Anhaltspunkt dafür bietet — er wendet seine harmonischen Kühnheiten nur zu oft um ihrer selbst willen als Effektmittel an. So halten sich bei ihm grosse Vorzüge und grosse Mängel die Wage — einen ganz reinen, ungetrübten Eindruck macht er selten. „Zum Massstab eines Genies", sagt Schopenhauer, „soll man nicht die Fehler in seinen Productionen, oder die schwächern seiner Werke nehmen, sondern bloss sein Vortrefflichstes". [1]) Die Richtigkeit dessen zugegeben, wollen wir Gesualdo und seine Werke in keiner Weise so verächtlich behandeln, wie Burney und nach ihm Kiesewetter gethan hat. Gesualdo war ein Genie. Ein solches sucht und findet neue Bahnen, wo das mittlere Talent behaglich in ausgefahrenen Geleisen ohne Gefahr des Halsbrechens seinen Weg zum Ziele zurücklegt, welch' letzteres freilich kaum je Unsterblichkeit sein

---

1) Parerga 2. Band, S. 377.

wird. Regelrichtige Madrigale mittelmässigen Werthes wurden damals zu Hunderten und zu Tausenden componirt — sie sind, so weit die Zeit sie nicht verschlungen hat, des Ansehens nicht werth, während Gesualdo unser lebhaftes Interesse erregt und wir ihm unsere Theilnahme nicht versagen können. Madrigale wie *Frenò, Tirsi, il desio* (1. Buch), *Donna se m'ancidete* (3. Buch), *Jo tacerò* (4. Buch), *Moro mentre sospiro* (6. Buch) und andere sind Kunstwerke von bleibendem Gehalt und Werth. Den Grundzug der Madrigale Gesualdo's könnte man vielleicht am besten und am kürzesten als „Wonne der Wehmuth" bezeichnen; eine weiche träumerische Stimmung schwebt darüber, oder aber sie nehmen den Ausdruck einer heiss leidenschaftlichen, grenzenlosen, unbefriedigten Sehnsucht an. Es wäre übrigens der Mühe werth, zu zählen, wie oft in den von Gesualdo in Musik gesetzten Poesieen die Worte „io moro, morire, la morte" u. s. w. vorkommen. Man kann darüber lächeln — die Musik Gesualdo's hat doch etwas eigen Ergreifendes. Die Madrigale wurden wiederholt gedruckt, fünf Bücher erschienen 1585 in Genua — also zu einer Zeit, wo es in Sachen der Musik bereits zu gähren anfing — 1613 gab sie Simon Molinaro in sechs Büchern — und zwar in Partitur heraus. Der letztere Umstand ist charakteristisch — er kennzeichnet sie als Gegenstand des Studiums für die Musiker.

Die Zeitgenossen staunten Gesualdo's Compositionen wie Wunderwerke an. — Blancanus, auch ein Zeitgenosse, nennt Gesualdo geradezu „den Fürsten der Musiker seiner Zeit, welchem sie gerne die Oberstelle einräumen und dessen Compositionen sie, anderweitige dagegen zurücksetzend, überall mit Begierde suchen". [1] Einiges mag dabei denn doch auch auf Rechnung des Fürstensohnes gekommen sein. Doni macht die — auch ihn selber charakterisirende — Aeusserung, Gesualdo's Musik sei nach Vieler Meinung deswegen so vorzüglich, weil sie die Arbeit eines **Fürsten** ist. [2]

[1] „Nobilissimus Carolus Gesualdus, Princeps Venusinus, nostrae tempestatis musicorum ac melopoeorum princeps. Hic enim rhythmis in Musicam revocatis, eos, tum ad cantum, tum ad sonum, modulos adhibuit, ut ceteri omnes musici ei primas libenter detulerint, ejusque modos cantores ac fidicines omnes, reliquis posthabitis, ubique avide complectuntur. (Chronolog. Mathematicorum ad Saec. Chr. XVII.) Die hier von Blancanus erwähnten Instrumentalcompositionen Gesualdo's sind nicht näher bekannt.

[2] Ceterum non est quod quisquam causetur parum referre, qualinam ortus sit genere, qui musicam artem exercet, aut quibus moribus praeditus: nam primum, etsi multos videmus obscuro loco natos in musica ac poesia mirifice excellere, quod animum sortiti fuerint nobilem ac liberalem, ideoque sublimes ac splendidas quoque cogitationes parturiant, haud parvum tamen afferre cumulum posse videtur ad animi praestantiam atque indolem claritudo generis atque natalium ac nobilis liberalisque educatio.

Doni überhört willig Dinge, welche er anderswo auf Leib und Leben bekämpft: die Textwiederholungen, das gleichzeitige Aussprechen verschiedener Worte des Textes in den einzelnen Stimmen, die Contrapunktik von der stacheligen Sorte, die nicht überall musterhafte Declamation. Gesualdo's Musik hat mit dem florentiner Reformstyl, welcher an Doni einen so begeisterten Vorkämpfer fand, gar nichts gemein, als höchstens, dass sie dem bis dahin herrschenden Musikstyl, wenn auch nicht direkt, wie die Florentiner thaten, so doch indirekt den Krieg erklärt. Das allein ist für Doni schon genug, um in Gesualdo einen Bundesgenossen zu begrüssen. Der einzige Kummer Doni's ist die Schwierigkeit, die einzelnen Compositionen des Fürsten von Venosa dieser oder jener antiken griechischen Tonart zuweisen zu können und dabei gehörig zu solmisiren.¹) Pietro della Valle stellt Gesualdo mit Peri und Monteverde zusammen — sie seien es, welche zuerst in der Musik einen neuen und besseren Weg

---

Quam ob causam audivi, qui dicerent, cur in Venusini Principis atque Thomae Peccii, Patricii Senensis, canticis nescio quid non vulgaris ac plebeji saporis, sed elegans ac magnificum audiatur. (De praest. mus. vet. Opp. I S. 109.)

¹) — difficultas tunc incidit, cum totum melos in alium modum seu harmoniam longe diversam immutatur. Exemplum esse poterit παντηςικώτατος illud Scoliasma Principis Venusini „Mercè grido piangendo". In iis verbis „morrò dunque tacendo" ubi in diversam plane speciem melos mutatur, videlicet in harmoniam Lydiam (siquidem tonus hypothematicus seu fundamentalis Dorius sit) quae omnibus Chordis signum ♯ usurpat, quam partem si quis vulgaribus syllabis ut re mi fa etc. recte enuntiare potuerit — nisi novam clavem seu systema adhibeat — nae ille magnam rem praestabit. Ultimo loco, cum miscellae usurpantur modulationis, hoc est diversarum harmoniarum voces mixtim confuseque assumuntur, quibus passim signa elationis ♯ et depressionis ♭ incurrunt, tantum magis arduum est vulgares syllabas iis accomodare, quanto magis ea intervalla sunt peregrina, insolita ac δυςεκφώνητα, ipsaeque harmoniae perturbate sunt, invicemque commixtae. (Progymnastica musicae pars veterum restituta et ad hodiernam praxim redacta. Lib. II. Opp. I. S. 243, 244.) Das von Doni erwähnte Madrigal steht im fünften Buch, und die hervorgehobene Stelle sieht also aus:

betraten, und vielleicht sei es der Fürst von Venosa, welcher allen Uebrigen ein Licht über die Art effektvollen Gesanges gegeben.¹) Merkwürdig bleiben solche Urtheile immer, weil auch sie selbst, so gut wie die beurtheilten Kunstwerke, Zeichen der Zeit sind.

Trotz alles Lobes und aller Bewunderung hat Gesualdo keine Nachahmer gefunden und ist eine vereinzelte Erscheinung geblieben. Aber er hat seine musikalischen Zeitgenossen durch die That gelehrt, dass es in Sachen der Musik zwischen Himmel und Erde viele Dinge giebt, von denen sich die Schulweisheit der damaligen Theoretiker nichts träumen liess. Wenn Gesualdo zwar unter den Musikern Aufsehen erregte, aber ohne epochemachend und ohne in seinem Wirken für die Kunst folgenreich zu werden, so wurde sein Zeitgenosse Lodovico Viadana beides in hohem Grade. Sein Name ist einer der wenigen in der Musikgeschichte, welche sich auch die grosse Menge gemerkt hat, welche es liebt, die Bedeutung ganzer grosser Geschichtsabschnitte in einem einzigen Repräsentanten zusammenzudrängen, so dass ein Einzelner Träger alles dessen wird, was seine Zeit charakterisirt. So ist Guido von Arezzo noch jetzt für Viele der alleinige Repräsentant jener mühsamen Arbeit des frühen Mittelalters, für die Musik in Notenschrift, Scala, Erkenntniss der Gesetze des Consonirenden und Dissonirenden u. s. w. einen festen Boden zu schaffen; — so concentrirt sich der hohe Styl der Kirchenmusik in dem einen Namen Palestrina, so die Katastase der Musik um das Jahr 1600 in dem Namen Viadana. Wer seine musikhistorischen Kenntnisse in drei Namen zusammenpackt, braucht sein Gedächtniss allerdings nicht sehr zu beschweren. So wie der ehrwürdige Guido ewig den Irrthum auf dem Rücken mit sich herumschleppen muss: er sei „der Erfinder der musikalischen Noten", so hiess Viadana und heisst gelegentlich: „Erfinder des Generalbasses". Er hat aber den Generalbass so wenig erfunden, als Guido die Notenschrift — und seine Bedeutung ist ganz wo anders zu suchen. Der Irrthum reicht in Deutschland in eine Zeit zurück, wo Viadana noch lebte. Prätorius sagt: „Der Bassus generalis seu continuus wird daher also genennet, weil er sich vom Anfang bis zum Ende continuiret, und als eine Generalstimme die gantze Musik oder Concert in sich begreiffet, wie solches dann in Italia gemein, und sonderlich jetzo von dem trefflichen Musico Lodovico Viadana, novae inventionis primario, als

---

1) I primi, che in Italia abbian seguitato lodevolmente questa strada, come dissi a V. S. sono stati il Principe di Venosa, che diede forse luce a tutti gli altri del cantare affettuoso, Claudio Monteverde e Jacopo Peri. (Della musica dell' età nostra al Sign. Lelio Guidiccioni. Discorso di Pietro della Valle. — Bei Doni Opp. II. S. 251.)

er die Art mit einer, zween, dreien oder vier Stimmen allein in
ein Orgel, Regal, oder ander dergleichen Fundamental-Instrument
zu singen, erfunden, an Tag bracht und in Druck ausgangen
ist, da denn nothwendig ein solcher Bassus generalis und Continuus pro Organoedo vel Cytharoedo tanquam fundamentum vorhanden sein muss". [1])

Recht besehen sagt die citirte Stelle aber nicht einmal, dass
Viadana den Generalbass erfunden, sondern dass er „in der Erfindung der Vorzüglichste" sei, und die folgenden Worte beweisen,
dass Prätorius die „Concerti" des Viadana gut gekannt — was
sich übrigens auch daraus ergiebt, dass er an anderen Stellen
des Syntagma einzelne Partieen aus Viadana's Vorrede in deutscher Uebersetzung mittheilt. Ein anderer Zeitgenosse — Johann Cruger — spricht bestimmter; in seiner 1624 erschienenen
„Synopsis musica" heisst es: „Bassus generalis seu continuus, so
vom fürtrefflichen italienischen Musico Lodovico Viadana erstlich
erfunden" u. s. w. — und in der Vorrede des „Promptuarium
musicum" (1611) sagt Abraham Schadäus von Viadana: „peritissimus hujus scientiae artifex primusque hujus tabulaturae autor". Walther sagt: „Viadana (Lodovico) hat um's Jahr 1605 die
Monodien, Concerten und den Generalbass durch diese Gelegenheit
erfunden" (folgt eine kurze Darstellung der Sache). So ist es
fortgegangen bis auf Abbé Vogler, welcher noch deutlicher die
Behauptung hinstellt: „Ludwig Viadana schlug endlich (!) vor,
den Bass zu beziffern und dadurch die Accorde, die zum Grundton und zur ganzen Harmonie gegriffen werden sollten, anzumerken." [2]) Man bemerke wohl: Die alten Autoren schreiben
Lodovico Viadana wohl die Erfindung des „fortgehenden Basses"
(Basso continuo) zu — von der Bezifferung aber sagen sie kein
Wort. —

Kiesewetter bestreitet die Erfindung — giebt aber Viadana
das belobende Zeugniss — „dass in seinen Kirchenconcerten zum
erstenmal wirkliche Melodie erscheine", d. h. eine in sich geschlossene, periodisch gegliederte — denn Melodie hatten sogar
schon die alten Niederländer, aber als contrapunktisch-constructives Element. Aber auch hierüber wäre zu streiten — die
Concerti erschienen 1604, Peri's Favola in musica „Euridice"
schon 1600 — und man wird dem Gesange, mit welchem Orfeo
an der Seite seiner wieder errungenen Euridice unter den Hirten
erscheint, den Namen einer Melodie und zwar einer schönen, fein
empfundenen Melodie nicht abstreiten können. Auch ist Viada-

---

1) Syntagma, III. Cap. 6 de Basso generali seu Continuo.
2) Handbuch zur Harmonielehre, S. 129.

na's „Melodie" einstweilen noch weit davon entfernt, sich frei und leicht zu bewegen — sie verläugnet ihre Abstammung aus der Polyphonie durchaus nicht und trägt gleichsam die Spuren der kaum abgestreiften contrapunktischen Fesseln noch an Händen und Füssen. Den Singbass versteht Viadana, selbst wo er solo auftritt, noch so sehr als Grundstimme, dass wir in den Concerten Stücke finden, wo ihn der Orgelbass einfach im Unisono verdoppelt.

VI.

Die Zeit der ersten dramatischen Musikwerke.

Die Zeit der ersten musikalisch-dramatischen Werke.

Die Reform der Musik war erzaristokratischen Ursprungs — die Aristokratie der Geburt und die Aristokratie der Bildung war es, von welcher sie im gräflichen Hause Bardi ausgegangen war. Ihre glänzendste That — die Schöpfung des musikalischen Drama, konnte diesen Ursprung nicht verläugnen. Die „Favola in Musica" — die Oper, wie man später sagte — war ein Schauspiel von und für Aristokraten. Fürstenhöfe waren es, wo sie zuerst erschien, und fast schien es, als sei sie ein Reservatrecht für Fürsten. Fürstliche Hochzeiten wusste man durch kein glänzenderes Schauspiel zu verherrlichen, als durch ein musikalisch-dramatisches. Von einem „Opernhaus", wo Jeder, der seinen Thaler für's Billet hinlegte, Eintritt hatte, war jetzt und noch lange keine Rede. An den fürstlichen Höfen (auch in Deutschland) war eine glänzende Hofoper ein wesentliches Erforderniss des Glanzes. Zutritt hatte, wen Serenissimus lud, oder wer kraft seiner geselligen Stellung — als Ordensritter u. dgl. — Anspruch darauf machen konnte.

Die Aufführung der „Dafne" des Jacopo Peri, im Hause Corsi, hatte als erster Versuch, den neuen Musikstyl vor einer Versammlung gebildeter Kunstfreunde hören zu lassen, einen mehr nur privaten Charakter gehabt.¹) Erst mit dem Jahre 1600 feierte der neue Stile rappresentativo im musikalischen Drama seinen offiziellen, feierlichen Eintritt in die Welt. Die Vermälung Heinrich IV. von Frankreich mit Maria von Medicis, welche in diesem Jahre in Florenz glänzend gefeiert wurde, gab Anlass, den Neuvermählten und den Gästen des Hochzeitsfestes in dem so eben erst geschaffenen musikalischen Schauspiele etwas völlig Neues zu bieten, und Ottaviano Rinuccini hatte seine „Euridice"

---

1) Rinuccini sagt in der Vorrede der Euridice von der Dafne: „che incredibilmente piacque a que pochi che l'udirono" und bemerkt, es sei eine „semplice prova di quello, che potesse il canto dell' età nostra" gewesen. Indessen erfahren wir von Peri, dass Dafne drei Carnevale nach einander mit Beifall gehört wurde; es können also doch nicht so gar wenige gewesen sein, welche sie kennen lernten.

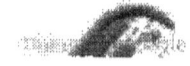

sogar eigens als Festspiel für die Gelegenheit gedichtet. Denn die Beziehung auf das fürstliche Brautpaar ist deutlich genug, wenn gleich zu Anfang die Hirten zum Preise des Brautpaares Orpheus und Euridice singen: „non vede un simil par d'amanti il sole". Klüglich liessen die Componisten — sowohl Peri als Caccini — diese Worte von mehreren Solisten nach einander singen und dann erst noch vom ganzen Chor wiederholen, damit sie ja nur an die richtige Adresse gelangen und nicht etwa überhört werden mögen. Eben wegen dieser Beziehung auf das erfreuliche Ereigniss musste sich aber auch die Mythe einen geänderten Ausgang gefallen lassen. — Von dem Verbote, sich nach der wiedererlangten Euridice umzusehen, ist keine Rede — Orpheus bittet sie von den sonst unerbittlichen Mächten des Orcus los, führt sie zur Oberwelt zurück und damit ist es gut und aus.

Sowohl Peri als Caccini haben jeder für sich die ganze Dichtung in Musik gesetzt. — Bei der festlichen Aufführung wurde theils Peri's, theils Caccini's Composition gesungen — was sehr wohl anging; denn abgesehen von dem Umstande, dass Caccini, wie es seine Art ist, etwas mehr Coloratur und Passagenwerk einmischt, als der dem schlichteren Tonsatze mehr geneigte Peri, haben beide Partituren eine fast doppelgängerische Aehnlichkeit. Da beide Tonsetzer sicherlich ganz unabhängig von einander arbeiteten, so ist dieser Umstand zugleich eine ganz interessante Probe, wie die gewissenhafte Befolgung des florentiner Musikprogramms bei gleicher Vorlage jedesmal unter einander fast identische Resultate geben musste. Die Componisten waren aus dem Zwange und Bann des Contrapunktes unter den Zwang und Bann des Wortes gekommen — wie viel sie bei dem Tausche an künstlerischer Freiheit gewannen, wäre zu erörtern.

Peri erzählt in der Vorrede seiner Euridice: „e benchè fin allora l'avessi fatta nel modo appunte, che ora viene in luce: nondimeno Giulio Caccini, detto Romano, il cui sommo valore è noto al mondo, fece l'arie d'Euridice, e alcune del Pastore e Ninfa del Coro e dei Cori „al canto al ballo", „sospirate" e „poiche gl' eterni imperi" — e questo perche dovevano esser cantate da persone dependenti da lui, le quali arie si leggono nella sua composta e stampata pur dopo, che questa mia fu rappresentata a Sua Maesta Cristianissima." Aus diesen schlichten Worten geht deutlich genug hervor, dass Peri, welcher schon von der Dafne her als dramatischer Tonsetzer die gute Meinung für sich gehabt, als eigentlicher Componist der Euridice gemeint und dass sein Werk schon in allen Theilen, wie es gedruckt vorliegt, vollendet war, als Caccini den Einfall hatte, seinerseits jene Nummern auch zu componiren, welche Sängern zufallen sollten, „die von ihm abhingen" — und zwar, wie man aus Peri's Aufzählung sieht, nicht eben ganz wenige Nummern. Die vollständige Partitur Caccini's scheint also erst nach der Hand entstanden zu sein. Ob Caccini bei jenem Stratagem von der Rücksicht auf die ihm vielleicht genauer bekannten Fähigkeiten seiner Sänger geleitet wurde [1]), oder ob es eine durch künstlerische Eifersucht veranlasste Intrigue gegen Peri war [2]), bleibt jedenfalls zweifelhaft. Gegen letztere Annahme spricht indessen der beachtenswerthe Umstand, dass Peri die Sache ohne irgend eine Spur von Bitterkeit und Verdruss, ja mit einem warmen Lobspruch für Caccini erzählt, während Caccini seinerseits bei Gelegenheit einer Arie aus seinem „Rapimento di Cefalo", welche Peri „nach seiner eigenthümlichen Vortragweise" (secondo il suo stile) sang, seinen Rival als „musico eccellente" belobt. Caccini hatte endlich auch gar nicht nöthig, sich zur Composition eines Theiles der Euridice zu drängen, denn er war auf ausdrücklichen Befehl des Grossherzogs für eben dieselbe Hochzeitsfeier mit der Composition einer anderen Favola in musica, eben jenes „Rapimento di Cefalo" betraut worden. Es scheint hiernach, als habe man dem Könige von Frankreich beide Vertreter des neuen Styls eigens vorführen wollen. Caccini selbst erzählt: „il mio Rapimento di Cefalo, composto in musica da per me per commandamento del Serenissimo Gran Duca mio Signore e rappresentato nelle Sposalizie della Cristianissima Maria Medici, Regina di Francia e di Navarra." [3]) Aber — seltsames Geschick — obwohl vorstehende Worte so klingen, als habe Caccini das ganze Werk in Musik gesetzt, musste auch er sich fremde Eindringlinge gefallen lassen; ein Theil der Chöre rührte von Stefano Venturi del Nibbio, von Piero Strozzi und von dem Canonicus Luca Bati, Kapellmeister am florentiner Dom St. Maria del Fiore, her.

Rinuccini's Dichtung der Euridice ist eine in ihren Grundzügen überaus einfache. Nach einem Prolog von sieben Strophen, welcher der personifizirten „Tragedia" in den Mund gelegt ist, beginnt die eigentliche Handlung mit einer Hirtenscene in einem Hain — Nymphen und Hirten, unter letzteren Aminta (Tenor) und Arcetro (Alt) preisen das Glück des eben verbundenen Brautpaares Orfeo und Euridice. Die ganze Szene ist eine feine Schmeichelei für das fürstliche Brautpaar und eine Art von Gratulation. Euridice fordert die Nymphen auf, ihr in den Schatten des nahen Hain's zu folgen, wo sie in „frohem Reigen" tanzen wollen. „Itene liete pur", ruft der Chor, „noi qui fratanto che sopragiunga Orfeo l'ore trapasseremo con lieto canto". Euridice

---

[1]) Die Art, wie Caccini an Stelle des trefflichen kleinen Trio „Ben nochier" von Peri ein herzlich flaches, aber mit Brillantpassagen aufgeputztes Sopranduett zu setzen für gut findet, lässt so etwas vermuthen.
[2]) Wie F. O. Lindner will — siehe dessen „Zur Tonkunst".
[3]) Einleitende Worte zu den mitgetheilten Stücken aus dem „Rapimento di Cefalo", welche den „nuove musiche" eingeschaltet sind.

entfernt sich, begleitet von der Nymphe Dafne und einigen anderen Nymphen. Die Zurückgebliebenen ergötzen sich mit Wechselgesängen, in welche immer wieder refrainartig der Tanzchor einfällt: „al canto, al ballo" u. s. w. Orpheus erscheint, er spricht sein Glück aus, Wechselgespräch zwischen ihm und seinem Freund Arcetro. Ein Hirte Tirsis zieht mit Flötenspiel und Gesang vorüber, er bringt den Vermälten seinen Glückwunsch dar. Diese Szenen schuldlosen Glückes werden von der voll Schreck und Schmerz herbeieilenden „Botin" Dafne (Dafne, nunzia) unterbrochen: Euridice ist, während sie im Hain Blumen pflückte, von einer giftigen Schlange gestochen worden — sie ist todt. Orpheus scheidet mit Worten, welche auf seinen Entschluss deuten, der Geliebten zu folgen; besorgt eilt ihm Arcetro nach. Jetzt kehren die übrigen Begleiterinnen Euridice's zurück — ohne sie. Klagegesänge mit dem Chorrefrain „Sospirate aure celesti, lagrimato selve e boschi" ertönen. Nun kömmt auch Arcetro zurück: eine göttlich schöne Frau, deren Wagen zwei schneeweisse Tauben zogen, erzählt er, senkte sich vom Himmel zu dem verzweifelnden Orpheus herab, sie richtete ihn auf, sie sprach ihm Trost zu. „Welche der Göttlichen es auch gewesen sei", ruft der eine Hirt, „lasst uns ihr Weihrauch zünden, lasset uns ihr Lob singen". Dankchöre beschliessen die Szene. Verwandlung: die Unterwelt. (Rinuccini hält es für nöthig, sich in der Vorrede darüber zu entschuldigen: „ho seguito l'autorita del Sofocle nel Aiace in far rivolger la Scena, non potendosi rappresentar altrimente le preghiere e i lamenti d'Orfeo".) Von der Schützerin Venus geleitet, tritt Orpheus in dem öden, nächtlichen Reiche auf. Sie ermahnt ihn:

> Del Rè, che sovra l'ombre ha scettro e regno
> Sciogli il tuo nobil canto
> Al suon del aureo legno.
> Quanto morte t'ha tolto ivi dimora
> Prega, sospira e plora
> Forse avverrà, che quel soave pianto
> Che mosse il ciel, preghi l'inferno ancora.

Orpheus bleibt allein zurück; er lässt laute Klagen ertönen, er bittet die Schatten der Unterwelt, mit ihm zu weinen. „Welche Kühnheit", ruft Pluto, „ein Sterblicher betritt mein nächtliches Reich!" Orpheus richtet jetzt seine Bitten an den Gott. — „Du rührst mich", antwortet Pluto, „aber das Gesetz meines Reiches ist eisern". Orpheus erinnert ihn, wie auch er einst von Liebe ergriffen worden — Proserpina vereint ihre Bitten mit Orpheus, und Charon meint: wenn Zeus im Himmel, Neptun im Meere frei und ohne Beschränkung herrsche, so sei es nicht wohlgethan, wenn Pluto durch Gesetze seinem Willen Schranken setzen lasse. Da giebt Pluto nach — zwei Wechsel-

Die Zeit der ersten musikalisch-dramatischen Werke. 257

chöre von Geistern der Unterwelt und der Richter Rhadamanthus drücken ihr Staunen über das Unerhörte aus. Wiederum die frühere Szene: Arcetro ist wegen des Ausbleibens des Freundes besorgt — „siehe", ruft der Chor, „da kommt Aminta mit heitrer Miene, er bringt wohl gute Nachricht von Orpheus!" Und so ist es wirklich: Euridice lebt, „più che mai bell' e viva". Während die Andern im Tempel der unbekannten Göttin Weihrauch streuten, habe er, Aminta, sich voll Bekümmerniss aufgemacht, Orfeo zu suchen — da plötzlich „wie ein Blitz" standen die Liebenden vor ihm. Orpheus kommt jetzt selbst mit seiner wiedergewonnenen Euridice; Staunen, Freude der Hirten: wer vollbrachte das Wunder? Euridice antwortet:

Freudengesänge und Tänze beschliessen das Ganze.

Auch über die eigenmächtig geänderte Mythe entschuldigt sich Rinuccini. Das Beispiel der griechischen Dichter in anderen ähnlichen Fällen möge ihn rechtfertigen, und Dante lasse den Ulysses ertrinken, obwol Homer das Gegentheil sagt.

Sowohl Peri's als Caccini's Partitur wurde 1600 in Florenz gedruckt, die Composition Peri's sogar 1608 ein zweites Mal in Venedig.[1]

---

[1] Caccini's Composition ist betitelt:
L'EVRIDICE
COMPOSTA IN
MVSICA
in Stile rappresentativo da
GIVLIO CACCINI
detto Romano
IN FIRENZE
APPRESSO GIORGIO MARESCOTTI
MDC.
Hochfolio. Die Widmung ist an Giovanni Bardi gerichtet. Die Compo-

Wie sehr verwandt beide Compositionen unter einander auch sind, man wird kaum zögern dürfen, Peri den Preis zuzuerkennen. Es liegt ein weit feinerer Duft von Empfindung über seiner Musik. Zuweilen ist es, als wolle sich bei ihm durch die unaufhörliche Recitation der Wohllaut echter, richtiger Musik hörbar machen; leider übertönt ihn, kaum dass er sich gezeigt, das Geklapper des Stilo rappresentativo. Einen Moment bei Peri hat aber nicht einmal der Stilo rappresentativo zu erquetschen vermocht. Es ist der still in sich selige, wonneathmende Gesang, mit welchem der aus dem Orcus mit Euridice zurückkehrende Orfeo Luft und Licht und Sonne begrüsst: „Gioite al mio canto" — wie ein Märzveilchen, das mitten in weiter und broiter Oede aufgeblüht, duftet uns die schlichte, anmuthige, wenn auch ihren declamatorischen Ursprung nicht ganz verläugnende Melodie an. Caccini bringt die Stelle zum Erstaunen ähnlich — aber es fehlt ihr die zarte Anmuth, welche sie bei Peri besitzt. Letzterer lässt gelegentlich in kleinen mehrstimmigen, geistreich behandelten Sätzchen auch den wohlgeschulten Tonsetzer erkennen. Im Ganzen macht sowohl Peri's als Caccini's Composition den Eindruck ermüdender Monotonie, wozu insbesondere die stockenden Versabsätze und die bleischwer nachschleppenden Cadenzen mit der letzten Haltenote bei Redeschlüssen das Meiste beitragen. Diese ausgehaltene Schlussnote galt aber so sehr für das Richtige und Angemessene, dass Doni sie nur bei Fragen durch eine kurze (schwarze) Note ersetzt wissen will. Weit entfernt, durch diese ängstliche Beobachtung der Interpunktion den Charakter einer lebendig fliessenden Rede zu erhalten, bekommt der Vortrag etwas eintönig Psalmodirendes, so verschieden er sonst auch von der kirchlichen Psalmodie ist:

sition Peri's führt den Titel: „Le musiche di Jacopo Peri nobil Fiorentino sopra l'Euridice del Sign. Ottavio Rinuccini, Rappresentate nello Sposalizio della Cristianissima Maria Medici Regina di Francia e di Navarra. In Fiorenza, appresso Giorgio Marescotti MDC." Die Widmung, datirt vom 6. Februar 1600, ist überschrieben: Alla Cristianissima Maria di Medici u. s. w. Man bemerke: Peri widmet sein Werk der Königin und erwähnt sowol in der Dedication als auf dem Titelblatte der Hochzeitsfeier. Caccini schweigt von letzterer und dedizirt seine Composition dem Grafen Bardi. Ein schlagender Beweis, dass die Composition der Festoper nicht Caccini, sondern Peri zugedacht gewesen. Die venezianische Ausgabe der Oper Peri's erschien bei Alessandro Raverii.

Diese Schwerfälligkeit der Recitation steckt der italienisch-dramatischen Musik noch lange in den Gliedern. Die Empfindung des Lastenden wird durch die unbelebten liegenden Bässe gesteigert. Meist sind es die Grundtöne der Dreiklänge, — es ist völlig eine Erquickung, wenn man zwischendurch einmal einen Sextaccord zu hören bekommt. In ganz engem Kreise leitereigener Harmonie (zumeist Tonica, vierte und fünfte Klangstufe) wird Ohr und Sinn des Hörers in einem fast ängstigend beengten Bezirk festgehalten, aus welchem ihn keine Ausweichung in irgend eine andere Tonregion befreit. Der Gesang bewegt sich innerhalb der liegenden Harmonie wie in einem Käfig herum, und insgemein ist es dann erst der Redeschluss, welcher ihn aus dem Banne für einen Moment erlöst. Hat eine Person ihre Rede geendet, so beginnt die folgende des andern Interlocutors allenfalls ganz ohne Rücksicht auf die Tonalität, in welcher jene schloss:

Die Bezifferung, welcher Caccini in seinen „Nuove musiche" so viele Sorgfalt zuwendet, ist in der Euridice — sowohl in seiner als in jener Peri's — auf die nöthigsten Andeutungen beschränkt.[1]) Aus der eigentlichen dialogisirenden Recitation, welche, wie Kiesewetter richtig bemerkt, „von einem Scarlatti'schen Recitativ noch himmelweit verschieden ist"[2]), heben sich indessen einzelne ariose Stellen — zuweilen nur kurze Phrasen, welche allenfalls refrainartig wiederkehren, wie der einigemale wiederkehrende Ausruf des Orfeo im Orcus:

Die „Arie" erscheint ausdrücklich unter diesem Namen („si ripete sopra la medesima aria" heisst es bei der zweiten Strophe des Hirtengesanges des Tirsis bei Peri, und der Schlussgesang bei Caccini trägt die Ueberschrift: Aria a cinque), aber in der Weise, wie die Arien in den „Nuove musiche" Caccini's, das heisst als Singen mehrerer Strophen nach denselben Noten. Letzteres ist sowohl bei Sologesängen, als bei Chören der Fall. Wie in jenem Werke Caccini's wird der eigentliche Charakter der

---

1) Die ziemlich reiche Bezifferung der in Kiesewetter's „Schicks. u. Beschaffenheit des weltl. Ges." mitgetheilten Proben ist Zuthat. So beziffert z. B. Kiesewetter einmal (S. 85) wo es in Peri's Original bloss heisst

2) G. d. M. S. 75.

Arie auch hier von der Deklamation erdrückt. Wo man einfache cantable Melodie, Liedmässiges erwarten sollte, wie bei dem Hirtenliede des Tirsis, bekommt man wieder Deklamation zu hören, hinter welcher die liedmässige Melodie wie hinter einem Eisengitter gleichsam hervorlugt. Statt die Mächte der Unterwelt durch die Macht süssen Gesanges, durch Wohllaut der Melodie zu rühren (wie Gluck's Orfeo thut — Monteverde's Orfeo trägt dagegen wieder eine höchst abenteuerliche Coloraturarie vor), lamentirt Peri's und Caccini's Orfeo im herkömmlichen Stile recitativo e rappresentativo, wie er die allgemeine Sprache der Oper ist, wie ihn auch Pluto, Proserpina, Charon u. s. w. singen. Wenn nun auch Caccini und Peri wirklich bemüht gewesen sind, ihrem flehenden Orfeo Töne leidenschaftlicher Klage, leidenschaftlichen Schmerzes, leidenschaftlicher Bitte, dringenden Flehens in den Mund zu legen — so ist es doch nur Rede im Sinne des musikalischen Drama, nicht Gesang, der den Mächten des Orcus als etwas ihnen Ungewohntes entgegenträte. Orpheus bewegt sie als Redner, nicht als Sänger. Man begreift nicht, warum sie an dem, was Orpheus sie hören lässt, etwas Besonderes finden, gerührt werden und warum Pluto meint: „Si dolci preghi e si soavi accenti non spargeresti in van" u. s. w. Nur jenes „gioite" u. s. w. des Orpheus nach seiner Wiederkehr aus dem Orcus hebt sich wirklich als geschlossener arioser Satz aus seiner Umgebung. Wie im Traume ahnen zuweilen die Tonsetzer, wo etwa eine Arie (im späteren Sinne des Wortes) an rechter Stelle wäre, und da erscheint insgemein ein verkümmerter, oder vielmehr unentwickelter Ansatz, wie eine ferne Andeutung; so gleich in der ersten Szene bei Peri:

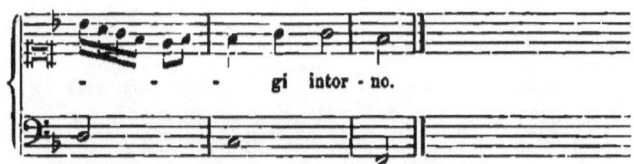

Caccini bringt die Stelle ungleich trockener und vollends zur Recitation verholzt:

Manches bei Caccini sieht wiederum aus, wie der allererste Keim zu den künftigen Bravour- und Coloraturarien:

Da haben wir wieder den wohlbekannten Coloraturstyl der „nuove musiche"! Ganz irrig aber wäre es, wegen solch' vereinzelter Stellen, welche in Caccini's dramatischer Musik doch eben auch nur ausnahmsweise vorkommen, behaupten zu wollen, in ihm kündige sich der reichverzierte, wie in Peri der dramatisch-deklamatorische Styl der späteren italienischen Musik an.[1]) Peri und Caccini verfolgen beide dasselbe Ziel: den ihnen von Bardi-Corsi's wegen anbefohlenen „Stile rappresentativo"; und ganze grosse Partieen beider Partituren sehen geradezu aus, als habe einer den andern abgeschrieben und nur hin und her kleine Abänderungen gemacht, — so ist z. B. in der Klage der Nymphen und Hirten um Euridice diese Aehnlichkeit im höchsten Grade auffallend. Sieht man aber in diesen letzteren Gesängen näher

---

[1]) Wie E. O. Lindner thut, den ich hier von dem Vorwurf der Gesichtspunktsucherei und Unterschiedmacherei keineswegs freizusprechen vermag.

zu, wird man bekennen müssen, dass Peri hier in scheinbar kleinen Zügen ganz andere und tiefere Gefühlssaiten anschlägt, als es Caccini hat gelingen wollen.

Man muss Caccini und Peri das Zeugniss geben, dass sie die natürliche Betonung der gewöhnlichen Rede zum Besten ihres Stile rappresentativo mit fein hörendem Ohr behorcht haben. In diesem Sinne sind sie echte „Nachahmer der Natur" und so realistisch wie möglich. Es ist dieses kein Widerspruch gegen die obige Bemerkung, der Ton habe etwas Psalmodirendes. Denn sobald die einfache Redeweise aus ihrer nicht bestimmbaren Tonhöhe, in eine bestimmbare hineingerückt, das heisst, sobald sie zum Gesange wird, muss sie sich irgendwie künstlerisch stylisiren, als Psalmodie, als „Stile rappresentativo" oder als Recitativ im neueren Sinn. Innerhalb jeder dieser Kunstformen ist es möglich, der natürlichen Betonung, dem natürlichen Redeaccent gerecht zu werden. Der sonst so besonnene und durchaus wohlmeinende Kiesewetter charakterisirt den Styl der Florentiner dramatischen Musik mit den Worten: „Die Recitation, mit einem Basso continuo begleitet, ist eben so kläglich als steif und jedes Ausdruckes bar". Vielmehr ist aber durchweg ein sehr ernstliches, sehr ehrliches Streben nach Ausdruck wahrnehmbar, und oft genug ist auch der richtige Ton getroffen, besonders in Momenten des Schmerzes und der Klage. Sogar wir empfinden es noch durch alle Monotonie und schleppende Schwerfälligkeit der psalmodirenden, für uns (an Gluck'sche, Mozart'sche Recitative Gewöhnte) fremdartig klingenden Recitation hindurch. Auch hier „mochte (und musste) der Sänger nachhelfen". Manches, das, in den Notenzeichen angeschaut, eben nach gar nichts aussieht und, gleichgiltig abgesungen, nach gar nichts klingt, gewinnt, wenn es gut und mit Ausdruck vorgetragen wird, Leben und Ausdruck. Das ehrliche Streben der Tonsetzer nach Wahrheit ist kein fruchtloses geblieben.[1]) Im gesteigerten Ausruf des Orfeo

---

[1]) Ich habe die erwähnte Szene der Klage um Euridice nach Peri's Composition von der Stelle: „Dunqu'è pur ver" an wiederholt öffentlich aufführen lassen. Die Sänger (Solisten und Chor) gewannen die Sache mit jeder Probe lieber, und die Wirkung auf die Zuhörer war jedesmal eine grosse. Der einigemal wiederholte Zug, den man in der Aufzeichnung kaum beachtet, wie auf das „Sospirate" der Nymphe der volle Chor, wie

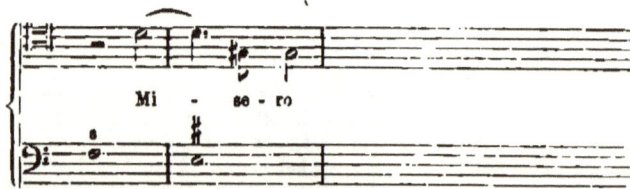

gebraucht Peri, um der Wahrheit des Ausdrucks willen, in wirksamer Weise die Fortschreitungen in verminderter Quinte (c-fis und d-gis), welche nach contrapunktischen Prinzipien unter die verbotenen, ja unter die „unmöglichen" gehören. Schon Doni hebt diese Stelle beifällig hervor und bemerkt dazu: „Si esprimono ancora bene questi lamenti interrotti, come: ohimè, ahi lasso, oh, ah, con intervalli duri e straordinarj, e diversi dove si reiterano".[1]) In stufenweisen Fortschreitungen findet Doni hinwiederum den Ausdruck des Grossartigen: „il procedere di salti non solo verso l'acuto, ma anco verso il grave esprime il costume grande e magnifico; il che è stato ottimamente osservato dal Peri, dove introduce Plutone che risponde ad Orfeo, che lo supplicava a rendergli Euridice con magnanimo costume quelle belle parole:

Caccini bringt diese Stellen minder kühn und viel gleichgiltiger:

auf ein Stichwort antwortend, einfällt — der Gegensatz des Unisono-Chores „cruda morte" zu dem in seiner Einfachheit so volltönigen fünfstimmigen „Sospirate" u. s. w. wirkt zauberhaft. Von reizendstem Wohlklang ist das kleine, auch contrapunktisch treffliche Trio „ben nocchier". Caccini hat das Alles ähnlich, sehr ähnlich, aber viel geringer. Und doch wurde gerade diese Stelle 1600 in Florenz nach seiner, nicht nach Peri's Composition gesungen.

1) Della mus. scen. Parte I: alcune altre osservazioni per le musiche sceniche (Opp. II. Band, Anhang S. 35).

Es ist bemerkenswerth, dass Doni von Caccini's Euridice, welche er doch gekannt haben muss, völlig schweigt, dagegen aus Peri's Composition (und aus Monteverde's „Arianna") mehr als ein lehrreiches Beispiel dramatisch wahren Ausdrucks herbeiholt. So bemerkt er: „che questi omei, o interiezioni dolenti fanno buonissimo effetto proferite in sincopa, come qui si vede nell' Euridice:

So findet Doni in der Betonung der Worte, welche die wiederkehrende Euridice an den Chor richtet:

den Fragetou meisterlich getroffen. „Nell' interrogazioni", sagt er, „non bisogna, che l'ultima nota sia bianca; ma piuttosto nera e veloce, come ha osservato bene il Peri, dove Euridice parla così alle Ninfe del coro" u. s. w.

Es ist merkwürdig hier zu sehen, wie die Geistreichen und die Kenner die Leistungen der Tonsetzer neuen Styles entgegennahmen und beurtheilten. Zur vollen Würdigung der Arbeiten Peri's (und Caccini's) sind jene überhaupt viel Treffendes und Lehrreiches enthaltenden Tractate Doni's von grosser Wichtigkeit — man muss auch die Zeitgenossen hören und thut den Meistern Unrecht, wenn man an sie ganz unbedingt allein nur den Massstab anlegt, den wir Späteren uns nach den Leistungen einer hoch ausgebildeten Tonkunst zurecht gemacht haben, — einer

Kunst, für welche Peri und Caccini vorläufig doch nur erst die Grundzüge suchten und fanden.

Von grosser Wichtigkeit für die dramatische Gestaltung sind endlich die Chöre. Sie, welche in der späteren italienischen Oper mehr und mehr in den Hintergrund gedrängt werden und endlich so gut wie verschwinden, spielen einstweilen eine sehr wichtige Rolle, wenn auch (nach Art der griechischen Chöre) mehr nur Antheil an den Hauptpersonen nehmend, reflektirend, jubelnd, klagend, als thätig in die Handlung eingreifend.

Dass man im Hause Corsi überhaupt Chöre für zulässig erklärte — denn in der That ist es nichts weniger als natürlich, dass eine ganze Volksmenge gleichzeitig bis auf's Wort dasselbe sagt — wird dadurch begreiflich, dass es bei der Reform der Musik nicht sowohl auf die einfache Naturnachahmung (den Popanz der späteren italienischen Aesthetiker) ankam, als auf eine Wiedergeburt der Musik in antikem Geiste. Die Griechen aber hatten, wie bekannt, den Chören grosse Wichtigkeit beigelegt. Die Naturnachahmung des Redetones im Stile rappresentativo u. s. w. sollte eben nur ein Mittel zum Zwecke jener Wiedergeburt, nicht selbst der Zweck sein.

Wäre es streng nach den Grundsätzen der ästhetisch-musikalischen Coterie im Hause Bardi gegangen, so mussten die Chöre das Aussehen haben, wie etwa die älteren Versuche Paul Hoffhaimer's, Ludwig Senfl's u. A., Verse der römisch-klassischen Dichter metrumgerecht in Musik zu setzen, volle Accorde in einfachsten Harmoniewendungen, welche das Versmass abtrommeln und wobei natürlich Sopran, Alt, Tenor und Bass in der Textlegung immer alle mit einander genau dieselbe Sylbe auszusprechen haben — daher auch Nachahmungen u. dgl. unmöglich bleiben. Diese Art von Chorgesang kommt in der Euridice beider Tonsetzer in der That auch vor, doch nicht ausschliesslich. Sie erinnern sich in den mehrstimmigen Sätzchen und Sätzen denn zwischendurch doch auch, dass sie ihren contrapunktischen Cursus gehörig absolvirt, dass sie früher als Madrigalisten im polyphonen Tonsatze geschrieben haben. Gleich der erste Chor bei Peri „al canto, al ballo" lässt sich sogar an, als wolle er auf gut altniederländisch eine „fuga ad minimam" werden,

was freilich nicht lange dauert. Caccini führt in demselben Chore seiner Oper die beiden Soprane gleichfalls imitatorisch ein. So schliesst Peri die erste Hirtenscene (vor der Orcusscene) mit einem kurzen fünfstimmigen, ganz entschieden polyphon gehaltenen Chor; wobei nur der ruhigere, aber kräftige und lebendige Gang der tiefsten Stimme an den Grundbass der harmonischen Homophonie in etwas anklingt:

1) Dieser Passus und ein ähnlicher im Chor „al canto al ballo" ist sehr merkwürdig und wichtig, weil er klar zeigt, dass Stellen dieser Art nicht streng diatonisch gesungen wurden, sondern dass der Sänger z. B. hier fis statt f sang, als Hülfsnote, — der Componist aber aus guter alter Gewohnheit das ♯ nicht hinschrieb, weil „es sich ja von selbst verstand". (Im Chor „al canto" steht übrigens vollends

Sang der Sänger f, so entstanden Quintparallelen, welche nicht nur nach damaliger Lehre streng verpönt waren, sondern auch das Ohr beleidigen und abscheulich klingen, während die verminderte Quinte $\tfrac{c}{f}$ jeden Anstoss behebt. Peri und Caccini aber hatten ein feingebildetes Ohr!

Aehnlich im Schlusschor: „Biondo arcier" — wiederum mit leichten Nachahmungen u. s. w.

Den homophonen Chören darf man nachrühmen, dass sie wohltönige Harmonie, mitunter sogar eine durch kräftigen Charakter recht wohlgefällige haben, wenn man gleich eben so wenig in Abrede stellen darf, was Kiesewetter sagt, dass sich in ihnen „die Urheber des dramatischen Styles weder als grosse Contrapunktisten noch als erfinderische Köpfe zeigen". Wie die Recitation der einzelnen Interlocutoren etwas Psalmodicartiges hat, so haben diese Chöre einen gewissen Anklang an die falsi bordoni des Kirchengesanges. Dramatischen Charakter, charakteristische Färbung als Hirtenchöre und Chöre der Gottheiten des Orcus zeigen sie auch nicht entfernt. Erst Monteverde hat in seinem „Orfeo" den glücklichen Griff gethan, durch die Form des Siciliano, die ihm wie zufällig in die Finger läuft, den richtigen Pastoralstyl angedeutet zu haben, und erst Cavalli's Geister des Orcus (in „le nozze di Peleo e di Tetide" und noch besser im „Giasone") singen so, dass wir sie als Bewohner des Reiches der Unterwelt erkennen. Wenn aber nicht in den Hirtenchören, so hat doch einmal auch Peri den Eklogencharakter richtig getroffen, und zwar auch nur durch Anlehnung an Volksmusik. Das von drei Flöten auszuführende Ritornell des Liedes seines Tirsis ist die treue Nachahmung der Musik der römischen Pifferari.[1]) (Francesca Caccini, Giulio's Tochter, hat hernach in ihrer liberazione di Ruggiero Peri's Dreiflötenstück so gut wie copirt.) Bemerkenswerth ist ferner, dass Peri und Caccini manche Chorsätzchen im Unison singen lassen, — etwas ganz Neues, wovon sich die contrapunktische Zeit nichts hatte träumen lassen. Sonst sind die Chöre fünfstimmig — nur jene im Orcus machen eine Ausnahme und sind zu vier Stimmen geschrieben. In den polyphon gehaltenen Chören macht sich melodische Erfindung geltend, wie es auch bei Sätzen, in denen Nachahmungen u. s. w. vorkommen sollen, unentbehrlich ist. In den homophonen klingt der Gang der Oberstimme beinahe wie das zufällige Resultat der vom Componisten beliebten Harmoniefolgen — zum erstenmale wird hier mit Accordsäulen gearbeitet, mit wirklichen „Folgen von Dreiklängen", während noch bei Palestrina die Harmonie das Resultat der polyphon neben einander hingehenden Stimmen ist. In dieser Beziehung sind die homophon gehaltenen Chöre der Euridice eine merkwürdige Ankündigung der neuen, gründlich veränderten und verändernden Zeit. Als ausdrucks- und empfindungsvoll kann man unter den Chören nur den Chorrefrain nennen: „Sospirate aure celesti, lagrimate selve e campi", der wiederum bei Caccini und bei Peri genau dieselbe Färbung hat; es ist ein kurzer Klageruf, der gerade durch seine Einfachheit und schlichte Wahrheit ergreift. Die Tanzchöre haben den Charakter der gesungenen „Balli", wie wir sie bei Monteverde u. A. finden, den eigenthümlichen Charakter der Tanzmusik jener Zeiten überhaupt, welche, wo sie sich nicht an's Volkslied und den Volkstanz lehnt, sondern vornehm und distinguirt sein will, eine seltsame halbkomische Grandezza annimmt und sich etwas steifbeinig anlässt. Bei Peri gestaltet sich der Schlusschor zu einem in seiner Art brillanten Schlussballet: erst Tanzchor zu fünf Stimmen, darnach, als Episode, ein ganz anmuthiges kleines Terzett ohne Tanz („questo a tre senza ballare" steht dabei) und dann ein „Ritornello" von Instrumenten, als Balletmusik für zwei Solotänzer:

Questo Ritornello va replicato più volte, e ballato da due soli del Coro.

---

[1]) Oulibicheff verhöhnt das „Dudelsackstück". Doch was verhöhnt er nicht, wo es sich um Verherrlichung seines Mozart handelt? Natür-

Diese Sätze werden strophenweise und abwechselnd wiederholt. Caccini begnügt sich mit einem strophenweise zu singenden Schlusschor. Dass von Duetten, Trio's u. s. w. im Sinn der späteren Oper keine Rede sein könne, ist eine consequente Folge des für die Musik festgestellten Prinzips. Doch treten an Stelle des vollen Chores zuweilen Sätzchen zu zwei oder drei Solostimmen — so ist bei Caccini das „ben nocchier" als Duett zweier Nymphen behandelt. Die Hauptpersonen aber singen immer nur dialogisirend. Für die künstlerische Disposition und Wirkung des Ganzen sind die Chöre von grösster Bedeutung. Das unaufhörliche recitativische Pathos des Dialogs müsste endlich geradehin unausstehlich werden, man würde sich wie in einer Wüste fühlen, deren Ende nicht abzusehen ist, träten nicht immer, wie eintheilende Marksteine, wie erfrischende Oasen, die Chöre ein. Sie werden in den grösseren Szenen refrainartig wiederholt und bringen dadurch eine Art glücklicher architektonischer Disposition, eine Art von Symmetrie hinein. Die Klagescene der Hirten verdankt ihre bedeutende Wirkung zum guten Theil dem immer wieder einfallenden Chore: Sospirate u. s. w.

Die Begleitung ist ein einfacher bezifferter Bass. Jeder Strophe des Prologs folgt ein kurzes zweistimmig geschriebenes Ritornell; ausserdem bringt Peri jenes Ritornello des Tirsis für drei Flöten und das oben erwähnte Tanzritornell. Sonst ist von Vor- oder Nachspielen oder von selbstständiger Instrumentalmusik

---

lich kennt er, was er weiss, nur aus den Probefetzen, die Burney für seine hist. of mus. aus den Werken herausgerissen hat. Dass man erst dann ein Recht habe, mit dareinzureden, wenn man die Sachen gut und gründlich kennt, fällt einem vornehmen Dilettanten, wie dieser Russe war, nie ein.

keine Rede. Selbst wo sich das Hirtengefilde in den Orcus verwandelt, beginnt unmittelbar nach dem letzten Takt des Hirtenchores das Recitativ der Venus. Aus Peri's Vorrede erfahren wir, wie das Orchester besetzt war — vornehme Herren [1]) wirkten mit: Jacopo Corsi sass am Clavier (Gravicembano), Don Grazia Montalvo spielte eine grosse Basslaute (Chitarrone), Messer Giovan Lapi eine grosse Tenorlaute (Liuto grosso) und der gepriesene Geiger Michel Angelo, genannt Dal Violino, eine Lira grande, d. h. einen Contrabass. Die generalbassmässige Ausführung der Bezifferung lag also vor Allen dem Herrn Jacob Corsi und allenfalls dem Messer Lapi ob, welche dabei in der That Geschicklichkeit zu beweisen hatten. Sie blieben den Zuhörern unsichtbar — nemlich hinter der Szene. Für Tirsis' Ritornell müssen sich ihnen drei Flötenbläser gesellt haben, denn das von Peri zur Entschuldigung und Motivirung dem Tirsis in die Hand gegebene „Triflauto" ist ein blosses Phantasieinstrument. Francesca Caccini hält im Ruggiero eine solche Entschuldigung nicht mehr für nöthig, sie sagt offenherzig: „Ritornello, quale va sonato con tre Flauti". Die Sänger der dramatischen Rollen lernen wir aus Peri's Vorrede so weit kennen, dass wir erfahren: Aminta, Signor Francesco Rasi von Arezzo; [2]) Arcetro, Signor Antonio Brandi; Pluto, Signore Melchior Palontrotti — „i più eccellenti musici de nostri tempi" bemerkt Peri. Die Daphne sang ein Knabe aus Lucia, Jacopo Giusti, „con molta grazia". Die Rolle der Euridice war, wie Caccini seinerseits berichtet, Vittoria Archilei anvertraut, der „cantatrice di quella eccellenza, che mostro il grido della sua fama" (die Rolle des Orfeo war wohl Peri selbst zugetheilt?).

Der Chor bestand aus 57 Personen. Caccini erwähnt es zwar nicht bei Gelegenheit der Euridice, sondern des Rapimento di Cefalo; da aber diese letztere Vorstellung auch bei der Hochzeitsfeier der Maria von Medicis stattfand, so waren sicher dieselben Sänger auch in der Euridice beschäftigt. Unter den Zuhörern befand sich, wie Peri erzählt, auch Orazio Vecchi. Was wohl der Componist des Amfiparnasso zu dem neuen Musikstyl gesagt haben mag?

Von dem dramatischen Zuge der Euridice ist in den Stücken aus „Il rapimento di Cefalo", welche Caccini den „Nuove musiche" beigegeben hat, so gut wie nichts zu finden. — Trotz der wirklichen Darstellung auf dem Theater (wobei jener Chor von 57 Personen, wie Caccini ausdrücklich zu bemerken der Mühe werth findet, „in mezza luna" aufgestellt war) ist es vielmehr Hof-,

---

1) — — dentro la Scena fù sonata da Signori, per nobiltà di sangue o per eccellenza di musica illustri.
2) Caccini gedenkt seiner in den „nuove musiche" mit den Worten: „il famoso Francesco Rasi, nobile Aretino, molto grato servitore all' Altezza Serenissima di Mantova".

Fest- und Concertmusik — zwar im neuen Stile recitativo, trotzdem aber jenen älteren Festmusiken der Uebergangszeit verwandt, — wenigstens begegnen wir in den Soli eben den langen und langathmigen Coloraturen, wie Signora Archilei mit ähnlichen so überaus freigebig war, und das Ganze hat den gleichen vornehmen und prunkhaften, gleichsam „hoffähigen" Charakter, wie jene älteren mediceischen Festmusiken. Erst ein kurzer sechsstimmiger Chor „ineffabil' ardore" — der Exposition eines Madrigals im Monteverde-Styl gleichend; dann eine „Aria" für Bass, gesungen von Palontrotti, der Chor da Capo, Arie für Tenor, gesungen von Peri, nochmals der Chor, Arie für Tenor, gesungen von Rasi, und zuletzt ein Schlusschor „quand il bell' anno". Die sogenannten Arien sind mässig lange Soli, in den Grundzügen den Madrigalen der „nuove musiche" gleichend — alle diese Sätzchen aber bilden erst zusammen ein Ganzes, dessen Disposition übrigens keineswegs unwirksam ist. Die beiden Chöre sind harmonisch sogar von bedeutendem Interesse, denn der erste schlägt in der verschiedenen Harmonisirung desselben Motives wiederum eine ganz neue, wichtige Bahn ein, wenn auch vorläufig nur in leichter Andeutung und wie halb unbewusst; der andere (in G-moll zeigt eine so bestimmte Empfindung für Paralleltonart (B-dur) und Dominanttonart (D-dur), nach welchen beiden in wohlmotivirter Weise ausgewichen wird, dass sich auch hier die neue Zeit bedeutend ankündigt.

Auch die sichere und ungezwungene Behandlung des sechsstimmigen Tonsatzes lässt die wohlgeübte Hand eines sehr tüchtig geschulten Musikers erkennen, der in der That zu nichts in der Welt weniger Ursache hatte, als dem Contrapunkt so viel Schlimmes nachzusagen, als er seinen vornehmen florentinischen Freunden zu Liebe gethan hat. Wenigstens ist so viel sicher, dass Galilei, Mei, Corsi u. s. w. mit ihrer ganzen griechischen Gelehrsamkeit dergleichen nicht entfernt zu Stande gebracht haben würden, und dass es nicht ihre Schuld, wohl aber Caccini's und Peri's Verdienst ist, wenn sich die Musik nicht sofort im Namen Platon's in die flachste, naturalistischeste, dilettantenhafteste Deklamir-Singerei und Klimperei verlief. In diesem Sinne verdienen die beiden Tonsetzer gewissermassen den gewöhnlich Palestrina gegebenen Titel von „Rettern der Musik."

Noch aber verdient eigens hervorgehoben zu werden, was bisher kaum Jemand zu bemerken der Mühe werth geachtet hat: dass wir nämlich in Peri's und Caccini's Compositionen Werke echt florentinischen Geistes anzuerkennen haben. Suchen wir, zur Vergleichung, diesen Geist vor Allem auf dem Gebiete der bildenden Künste. Jeder mit deren Geschichte Vertraute kennt den Charakter der Florentiner Malerschule von Giotto bis auf Domenico Ghirlandajo und selbst weiter bis auf Lionardo da Vinci

und Andrea del Sarto. Sie ist die schärfste Beobachterin der
Natur, der Wirklichkeit; aus diesen ihren Beobachtungen holt sie
ihre Motive im Grossen wie im Einzelnen. Sie müsste realistisch
heissen, läge in diesem Worte nicht ein gewisser Nebenbegriff des
Gemeinen, der blossen Naturnachahmung nach der äusserlichen
Erscheinung der Dinge. Aber die Werke jener Florentiner haben
höheren Charakter, eine eigene Noblesse, sie haben Styl, und
kraft dessen überglänzt und adelt ihren Realismus ein idealer
Zug. — Die Personen in den Gemälden Masaccio's, Ghirlandajo's
u. s. w. sehen zugleich aus, wie scharf nach dem Leben erfasste
und gemalte Bildnisse (was sie auch wirklich sind!) und wie all-
gemeingiltige Repräsentanten menschlicher Typen für alle Zeiten.
Dazu sind die Florentiner, als die Ersten der Renaissance, wie
natürlich auch die eifrigsten Bewunderer der Antike, ohne sich
doch von ihr unbedingt beherrschen zu lassen. Diese Züge
wiederholt genau der Florentiner Opernstyl: die ganz eigene Verbindung, ja Verschmelzung von Naturbeobachtung bis zur realistischen Naturnachahmung mit jenem höheren Styl, welcher die
Dinge aus der niederen Sphäre des Alltäglichen in die Regionen
des Idealen emporhebt und sie eben dadurch adelt; der feine
Duft von Bildung, der sich überall fühlbar macht; die eigenthümliche Florentiner Noblesse; die Einwirkung der Antike (hier: der
Tradition über antike Musik), ohne dass diese zur Despotin
werden darf, da die Künstler vielmehr in Vielem freie Hand behalten. An technischer Vollendung, an Schönheit stehen die
Werke der bildenden Kunst freilich auf einer ganz anderen
Stufe — der Geist aber, der jene wie diese belebt, ist derselbe,
der specifisch Florentinische Kunstgeist. Es wird erst recht klar,
wenn man den um nur wenige Jahre jüngeren „Orfeo" des Monteverde mit der „Euridice" der beiden Florentiner vergleicht —
der oberitalienische, später in Rom sesshafte Meister zeigt ganz
den verschwenderischen Luxus, die Prachtliebe, die Freude am
reich Geschmückten, Farbigen, Glänzenden, die den Venezianern
in den Künsten von jeher eigen gewesen.

Nicht blos Florenz sah im Jahre 1600 den neuen Musikstyl
ins Leben treten, auch Rom wurde durch die Aufführung eines
der neuen Richtung angehörigen Werkes mit den Florentiner
musikalischen Reformideen bekannt gemacht. Dort nahm, wie
es bei der damaligen Stimmung Roms zu erwarten stand, die
Sache sofort die Richtung ins Didaktische und Religiös-Erbauliche.
Im Betsaale (Oratorio) des Klosters zu S. Maria in Vallicella, der
Stiftung des h. Philipp Neri [1]) wurde das musikalische Drama

---

1) Der Betsaal existirt noch. Am 17. Dezember 1865 hörte ich dort
das Oratorium S. Giovanni Battista von einem modernen römischen Componisten Gaetano Capocci — ein Donizettisirendes Machwerk.

„la rappresentazione di anima e di corpo" aufgeführt, Musik von Emilio de' Cavalieri. Die Poesie war von Laura Guidiccioni, die wir mit ihren Dichtungen jederzeit als treue Gehilfin Emilio's antreffen. Der Componist erlebte diese Aufführung nicht mehr. — Das Werk selbst wurde von Alessandro Guidotti herausgegeben, dem Cardinal Aldobrandini gewidmet und mit einer sehr umständlichen Vorrede ausgestattet. Der Text ist eine Allegorie, in welcher lauter personifizirte Begriffe, lauter Abstractionen die Bühne beschreiten, tanzen, dazu im Stile recitativo singen und sich selbst auf Instrumenten begleiten, welche sie auf's Theater mitbringen. Da ist die „Zeit" (il tempo), das Leben (la vita), die Welt (il mondo), das Vergnügen (il piacere), das richtige Verständniss (l' intelletto), der Körper (il corpo) u. s. w. Das Ganze ist ein merkwürdiges Zurückgreifen auf die Moralitäten, wie sie im 14. und 15. Jahrhundert in Italien gebräuchlich waren. Schon der Titel: „Rappresentazione dell' anima e del corpo" ist bemerkenswerth, denn die gewöhnliche Bezeichnung für das italienische geistliche Drama war eben *Rappresentazione*, sonst auch wohl, und zwar ganz synonym: *Storia, Esempio, Misterio*[1]). Schon in diesen alten Repräsentazionen wurden Gesänge eingemischt, Schlusschöre nach den Akten, auch wohl ein sprechender — nicht singender — Chor (coro parlante). So finden wir denn im 15. Jahrhundert eine „Rappresentazione e festa d' Abraam" von dem Florentiner Maffeo Belcari, eine „Rappresentazione di S. Giovanni e Paolo" von Lorenzo Magnifico von Medicis, deren musikalischen Theil Heinrich Isaak besorgte, eine „Rappresentazione di S. Panuzio" u. s. w., ja 1575 eine „Commedia spirituale dell' anima" von dem Augustiner Valerio da Bologna. Wir begegnen in dem „Spiel von der Seele" ebenfalls personifizirten Begriffen, wie: la memoria, l'intelletto, la volonta, l'odio, la fede, la sensualità, la carità, la pazienza, l'umiltà, u. s. w.; dazu einen Chor von Engeln und Dämonen, welche um die Seele streiten. Das Werk Laura Guidiccioni's und Emilio's erscheint in einem anderen Lichte, wenn man sich dieser Antecedentien erinnert — und wird, als Versuch den neuen Stile rappresentativo auf diese Form des mittelalterlichen geistlichen Schauspiels anzuwenden, doppelt merkwürdig. Die Gattung behauptete sich zu Rom dann sogar noch bis tief ins 17. Jahrhundert hinein. — Kapsberger's „Apoteosi di S. Ignazio", Stefano Landi's „S. Alessio", Marco Marazzoli's „vita umana" u. s. w. gehören derselben Dichtung an, bis endlich in Carissimi's Oratorien die Darstellungsweise eine neue Form an-

---

1) J. L. Klein, Gesch. des Drama's. IV. Das ital. Drama, 1. Band, S. 157, 188.
2) a. a. O. S. 189.

nimmt, insofern an Stelle der wirklichen Aktion ein erzählungsweise vermittelnder „Historicus" tritt, und auf der Schaubühne auch in Rom die Götter und Helden der alten Welt die Heiligen der Kirche und die personifizirten Tugenden u. s. w. verdrängen.

Laura Guidiccioni's Dichtung ist also ein richtiges Mysterium alten Styls, und die Grundidee, wie natürlich, im Sinne der strengsten Ascese durchgeführt. Welt, Leben, Körper, Vergnügen werden so anschaulich und eindringlich wie möglich in ihrer Nichtigkeit und Werthlosigkeit dargestellt „— che questa vita è un vento, che vola in un momento" wie es im Texte heisst —; nach den Erläuterungen Guidotti's sollen z. B. „il mondo" und „la vita humana" anfangs prächtig geputzt in reichen Kleidern auftreten, als ihnen aber letztere abgestreift werden, erscheinen sie elend und armselig, zuletzt gar wie Todtengerippe. Die Vorschriften, welche Guidotti giebt, sind mitunter erstaunlich naiv und lassen das ganze Schauspiel im Vergleiche zu dem tüchtigen Anlauf, welchen man gleichzeitig in Florenz nahm, kindisch genug erscheinen. So soll „il corpo" bei den Worten „Se hormai alma mia" etwas von seinem Schmuck wegwerfen — die goldene Halskette etwa, oder die bunten Federn von seinem Hut u. s. w., die handelnden Personen sollen musikalische Instrumente in Händen halten und sie spielen oder doch dergleichen thun, als ob sie spielten — „ma questo è una mera chimera" ruft Doni aus.[1]) Emilio dachte anders: dies werde der Täuschung besser dienen, als ein den Zuschauern sichtbares Orchester („Concerto") — insbesondere vom „Vergnügen" sagt Guidotti (es ist der Mühe werth, wörtlich zu zitiren) folgendes: „il piacere con li due compagni sarà bene, che abbiano stromenti in mano et si suonino i loro ritornelli; uno potrà avere un chitarrone, l'altro una chitarrina alla Spagnuola et l'altro un cimbaletto con sonaglino alla Spagnuola, che facci poco rumore, partendosi poi sonnerano l'ultimo ritornello". Man sieht, wie lebhaft in Emilio die Reminiscenzen an seine Festmusik von 1591 waren, wo die Damen Vittoria, Lucia und Margherita nicht blos sangen und tanzten, sondern ihren Gesang und Tanz auch mit Guitarre und Glockenspiel accompagnirten. Dem Chor wurden die Plätze auf der Bühne (palco) selbst angewiesen, theils zum Sitzen, theils Stehplätze, angesichts der handelnden Hauptpersonen — die Sitzenden haben „beim Singen aufzustehen und dabei entsprechend zu gesticuliren". (Welch seltsames Zwitterding von concertmässiger und dramatischer Aufführung.) Das eigentliche Orchester ist hinter der

---

1) Tratt. della mus. scen. Cap. XL „Che è cosa ridicola, che gli attori cantino o insieme ballino e suonino". Doni erwähnt ausdrücklich Emilio's (Opp. II, S. 115).

Bühne aufgestellt und bleibt den Zuhörern unsichtbar. Es beschränkt sich auf eine Lira doppia (Gambe), ein Clavicembalo eine grosse Basslaute (Chittarrone) und zwei Flöten „overo Tibie all' antica". Dazu will die Vorschrift Guidotti's nicht passen: die Symphonien und Ritornelle seien von Instrumenten in grosser Zahl auszuführen. „Un violino suonando il soprano per l'appunto fara buonissimo effetto". Zur Einleitung ist ein Madrigal mit doppelt besetzten Stimmen und vielen Instrumenten vorzutragen. Dann hebt sich der Vorhang, zwei Jünglinge treten als Prologus auf, ihnen folgt der Zeitgott (il tempo), die Instrumente deuten ihm den Ton an u. s. w. Das Schlussballet bei dem Chor „Chiostri altissimi e stellati" soll ernst, würdig und feierlich sein; der Chor dazu soll mit doppelter Stimmen- und Instrumentenzahl ausgeführt werden. Während der Ritornelle tanzen vier Solotänzer „con capriole" (!) und wenden nach Ermessen bald die Pas der „Gagliarde", bald jene des „Canario", bald jene der „Corrente" an. Wir erkennen den Arrangeur des Ballettes, welches 1589 so grossen Enthusiasmus erregte! — Das Werk mag wohl unter dem unmittelbaren Eindrucke der „Dafne" Peri's und in Florenz entstanden sein, war aber ganz sicher für Rom, Emilio's Vaterstadt, bestimmt — die Florentiner Kunstfreunde würden an der darin dargelegten Lebensauffassung schwerlich viel Geschmack gefunden haben. Die Schreibart, die Anordnung, die Declamation ist wesentlich Florentinischer Reformstyl, aber weit geringer und befangener, als wir ihn bei Peri und Caccini finden. Erinnert man sich jener Florentinischen Festmusik Emilio's mit ihren Nachahmungen, ihren Mensuralbäkeleien u. s. w., so macht die Musik der Rappresentazione geradezu den Eindruck einer sehr absichtlichen Simplizität, welche hier freilich zur armseligsten Kahlheit wird. Emilio geht Allem, was an den geächteten Contrapunkt erinnern könnte, ängstlich aus dem Wege. In den Chören, wie in den Solopartien ist recitirende Deklamation das einzig Bestimmende für die Composition — von cantabeln Stellen, wie sie doch bei Peri, bei Caccini vorkommen, ist so gut wie keine Rede. Die Melodiebildung, wenn man dieses Wort überhaupt hier anwenden darf, ist kaum mehr als das halb zufällige Resultat der Declamation, steif, herb und reizlos, ja als wirkliche Melodie kaum kenntlich. Die Harmonie bewegt sich im engen Umkreis weniger Formeln und zeigt stellenweise grosse Unbeholfenheit, ja in den Accordfolgen zuweilen wahre Atrocitäten, die man nicht einmal mit der „Kindheit der Kunst" entschuldigen kann, weil einfach ein unverbildetes Gehör genügt haben würde, sie zu vermeiden. Der Pathos der Rede hat etwas von der Emphase eines schlechten Predigers, ja gelegentlich etwas an Nachtwächtergesang Mahnendes. Weder Erfindung, noch Schönheit. Es ist ein unaufhörliches hölzernes Sylbengeklapper. Die Chöre sehen aus wie Falsibordoni; Dreiklang nach Dreiklang, meist Stammaccorde, allenfalls dazwischen ein Sext- oder Quartsextaccord, bei Cadenzen auch wohl die Septime als Vorhalt auf dem Dreiklang der zweiten Stufe vor dem Subsemitonium, wo dann der Quintsextaccord des Dominantseptimenaccordes den Schluss vorbereitet (z. B.). Die Accorde sind oft übel verbunden —

z. B. . Für unleidliche Stellen dieser Art und für die gräulichsten Querstände hat Emilio kein Ohr. Offenbare Octav- und Quintparallelen vermeidet er indessen. Die Deklamation folgt auch in den Chören auf das Genaueste den Textworten. Dem Chore „fate festa al Signore" hat sich indessen Emilio bemüht, festlichen Glanz und freudigen Schwung zu geben; freilich ist es aber auch hier beim guten Willen geblieben. Im ganzen Werke taucht ein einziges Mal etwas auf, was einer Arie, einer cantabel gemeinten Melodie wie von Weitem ähnlich sieht — aber auch hier ohne Gestalt noch Schöne, ungeschickt in der Harmonie wie in der Melodie steif und leblos. Dass Emilio die schlechte Wirkung der wiederholt vorkommenden verdeckten Quinten nicht hört, kann nicht Wunder nehmen; überhört er doch sonst oft genug noch Schlimmeres. Dem Worte wird aber wiederum so kleinlich genau Rechnung getragen, dass z. B. das im Texte vorkommende Wort „Sospiri" eigens illustrirt wird; von wirklichem Ausdruck aber hat Emilio so wenig eine Idee, dass er gerade dort, wo vom „Riso lieto" die Rede ist, eine verdüsternde Wendung nach Moll macht.

Ist nun aber das Werk auch trostlos wie eine dürre Haide, wo keine Blume blüht, kein Baum Schatten giebt, kein erfrischender Quell sprudelt, so darf man dennoch einen wichtigen Umstand ja nicht übersehen: während Peri und Caccini den Text eines wirklichen und echten Dichters zu componiren hatten, welcher zugleich mit seinem edlen Wohllaut auch die Sprache der Empfindung bis zur leidenschaftlichsten Erregung redet — lag Emilio ob, die versifizirte Prosa (denn „Poesie" darf man hier nicht sagen), die moralisirenden Sentenzen, die erbaulichen Reflexionen der Signora Laura in Musik zu setzen. Daran wäre wohl auch ein ungleich grösseres Talent, als Emilio, und eine ausgebildetere Kunst, als die seine, gescheitert! An die Euridice der beiden Florentiner darf man denn also doch noch immer die Forderung als an ein wirkliches Kunstwerk stellen, an Emilio's l'anima e'l corpo aber nicht. Den Werth, den letzteres Werk beanspruchen darf, giebt ihm blos die Stelle, welche es in der Geschichte der dramatischen Musik einnimmt. Wäre Emilio wirklich das, was er nicht war, gewesen, hätte er zuerst die Idee eines recitirenden Musikstyls gefasst: dann dürften wir ihn, sein Werk möchte aussehen, wie es wollte, als den „homme de génie" begrüssen, als welchen ihn der für ihn ganz ungewöhnlich begeisterte Fétis bezeichnet. Wie aber die Sachen stehen, müssen wir Bedenken tragen, ihm selbst auch nur ein glückliches Talent zuzugestehen. Er war ein geistreicher Kopf, fein gebildet, er hatte sogar seine eingehenden musikalischen Studien gemacht, aber er war und blieb der vornehme Herr am Hofe, den es so gut wie den Grafen Bardi dilettirte, auch Musik zu componiren. Er nahm die Sache übrigens nichts weniger als flüchtig oder obenhin, vielmehr nahm er sich, wenn er einmal an's Componiren ging, zusammen, sein Bestes zu geben, es so gut und besser zu machen, als die Andern. Aber das Genre, an das sich Emilio gewiesen sah, war zuerst ein ausgearteter, verflachter Madrigalstyl, Decorationsmusik für Hoffeste, und später der neu auftauchende, in seinen Mitteln noch unsichere und unbeholfene recitirende Musikstyl. Hätte Emilio hundert Jahre früher oder hundert Jahre später gelebt, so hätte für ihn eine eben in Blüte stehende Kunst, die Meisterwerk nach Meisterwerk brachte, gethan, was sie sonst für so viele begabte Dilettanten seiner Art that: sie hätte „für ihn gedichtet und gedacht" und ihm wäre vielleicht Manches gelungen, was an sich erfreulich zu wirken vermocht hätte. Jedenfalls aber hatte er die Freude, glänzende Erfolge zu erleben, und auch die „Rappresentazione dell' anima et di corpo" muss in Rom (schon um der Neuheit der Sache willen) einen bedeutenden Eindruck zurückgelassen haben. Denn schon sechs Jahre später sehen wir dort Agostino Agazzari mit einem Werke hervortreten, welches ein Nachhall jenes früheren, nur in seinem Umfang und seinen Mitteln sehr viel bescheidener ist. Genau genommen stellt es eine Art Transaction zwischen dem florentiner antikisirenden Götter- und Schäferspiel und der römischen theologisirend-moralisirenden allegorischen Rappresentazione vor. Es ist ein Schuldrama mit pädagogischer Endabsicht. Man kann Agazzari nichts weniger als den Vorwurf machen, er sei etwa kein durch und durch gebildeter Musiker gewesen. Aber die Wahrheit zwingt uns zu gestehen, dass er auf dem Boden des neuen Stile rappresentativo seine Sache ganz und gar nicht besser gemacht hat, als Emilio — oder vielmehr, dass Emilio's „l'anima e 'l corpo" neben Agazzari's „Eumelio" beinahe noch das Aussehen eines Werkes von Bedeutung annimmt.

Der vollständige Titel lautet: *Eumelio, dramma pastorale recitato in Roma nel seminario romano ne i giorni del carnovale, con le musiche dell' Armonico intronato; L'anno 1606. Novamente posto in luce. In Venezia, appresso Ricciardo Amadino MDCVI.* [1]

---

[1] Folio. 36 Seiten. Ein Exemplar in der Musiksammlung der Chiesa nuova (S. Maria in Vallicella) zu Rom. Fétis (ad v. Agazzari) kennt das Werk nicht. Eben so wenig Becker. In der Dedicationsvorrede widmete er (Agazzari) es dem „illustrissimo Signore e padron, mio colendissimo il Signor Don Pedro d'Arragona.

Agazzari bezeichnet es ausdrücklich als ein *dramma pastorale*, das er über Aufforderung des Don Pedro d'Arragona und anderer vornehmer Kunstfreunde binnen der kurzen Frist von nur fünfzehn Tagen componirt habe.¹) Die Handlung ist, trotz des ziemlich zahlreichen Personals,²) eine sehr einfache, die Musik ist es nicht minder, ihr Styl erinnert an Emilio del Cavaliere's Drama. Nur dass, noch viel ärmlicher, die Chöre bloss im Unisono gesetzt sind. Vermuthlich war den Zöglingen im Seminario Romano ein Mehreres nicht zuzumuthen.

Aus den einzelnen „Arien" ist etwas wie die richtige Ahnung einer ordentlichen, liedmässigen, wohlgegliederten, harmonisch wohl geleiteten Melodie herauszufühlen, aber allerdings einstweilen nur ungefähr so, wie aus einem vom Bildhauer erst aus dem Gröbsten bearbeiteten Steinblock, der sich weiterhin zur Gestalt runden und formen soll, die Figur nur erst roh und kaum errathbar herausblickt. Die Begleitung des Gesanges ist ein einfacher Bass. Die Deklamation ist bis in's Kleinste hinein sorgsam, aber höchst steif und monoton. Die Handlung wird von Apoll eröffnet, der seinen Sohn Eumelio (den „Schönsingenden") in die idyllische Einsamkeit eines arkadischen Haines einführt; da solle er bleiben und aus der Natur Ruhe und Freude schöpfen. Eu-

---

1) Was er in der Vorrede darüber sagt, ist zu bezeichnend für die Zeit, um es hier nicht mit Agazzari's eigenen Worten wiederzugeben; er wolle, sagt er, „rispondere brevemente a qualche oppositione, che tal volta vien fatta da qualche critico otioso, e da quelli, che per saper meno degl' altrui, più parlano, e sempre senza addurre ragioni, la qual cosa da Aristotele è detta stolta. Dico adunque, ch' io ritrovandomi in Roma nel seminario fui persuaso un mese avanti il carnovale per trattenimento privato di quella nobilissima gioventù metter in musica questo dramma, quale, se non per altro, mi piacque per la bella et utile Allegoria, ch' io vi scorgeva. — — in spatio di quindici giorni per la brevità del tempo composi, come qui apparisce, e nel medesimo tempo fù imparato e recitato più volte nello stesso seminario alla presenza di molti Illustrissimi. — — Et se ad alcun paresse stranio il non haver io variato tutte l'arie di tutte le parole, questo ho fatto, e per brevità e per maggior commodità di chi altrove lo volesse recitare, et anco per non haver io trovato ragione alcuna, perchè si debbi variar sempre l'are d'uno stesso personaggio, non mutando egli le rime, eccettuata però l'occasione della diversità de motivi et affetti contrarî, dovendosi allora accomodar il compositor all' affetto. Soviemmi anchora, che non credo che gl' antichi Musici nelle Commedie et Tragedie loro facesser questo, nè che Omero, cantando il suo poema nella lira cambiasse sempre diverse arie" u. s. w. Die Berufung auf Aristoteles und Homer ist so charakteristisch, wie die Hinweisung auf das Vorbild der antiken Comödie und Tragödie und wie die kleinen Auseinandersetzungen über die wahre Art musikalische Dramen zu componiren.

2) Die Interlocutori sind: Apolline, Mercurio, Eumelio, Plutone, Caronte, Eaco, Minos, Radamanto, Corbante nunzio, Mansilo pastore, Coro de vitij, Coro de pastori.

282 Die Zeit der ersten musikalisch-dramatischen Werke.

melio besingt die Wälder, die er nicht um goldene Paläste tauschen möchte:

(2) Qui non pinte colonne o aureo solo
    Ma in lor vece un abete et un cipresso,
    Un antro fresco, e la chiar'onda appresso,
    Donde in Parnasso poetando volo.
(3) Se giova il crin' haver di gemme adorno
    E palagi habitar fregiati d'oro
    E la materia vinca il bel lavoro
    E servi e fanti rimirar d'intorno.

(4) S'egli poi servo di più vil catena
De suoi vani pensier fatto soggetto
E di furie infernal sozzo ricetto
L'impura vita miserabil mena.

Bei der fünften Strophe mischt sich das Echo ein, — die beliebte Spielerei der Echoantworten, wobei Ruf und antwortende Schlusssilben je eine andere Bedeutung haben.

(5) Fiamma del ciel pria m'arda ch'io consonti
La cetra serva ad dio, privo di lume
Ch' il cieco volgo inganna col suo

Eumelio redet die Nymphe Echo an, welche ihn fortwährend mit Antworten neckt, deren bedenklicher Sinn zu der idealen Weltanschauung des jungen Poeten gar nicht passen will; ja, das Gespräch wird beinahe zum Wortstreit:

Die Zeit der ersten musikalisch-dramatischen Werke.

Das Echo-Orakel erweist sich mit seinem Schlussworte so zweideutig und trüglich, wie alle Orakel — „Ora" kann eine Ermahnung an Eumelio sein, im Gebete Hilfe zu suchen — („ora", von „orare", beten); oder es kann auch heissen, die von der Nymphe prophezeite Aenderung werde sofort eintreten — („ora" „jetzt"). Die nächste Szene zeigt, dass Echo das letztere meint und nur zu wahr gesprochen hat. Ein Doppelchor von Lastern, Sopranstimmen der eine, Tenore der andere, tritt auf und liest dem jungen, unpraktischen Schwärmer den Text:

Coro primo

Gio-va-net-to a che con-cor-de l'aureo corde la tua man dolce per-cote sogni sono e fan-ta-sie et ombre rie, quel che

Coro secondo

canti in dolci note le virtu son ite in ban-do van-no erran-do nu-de e sen-za com-pa-

gni - a; em-pi il cor d'un bel di - let - to, gio-va-net - to, que-sto è più si - cu - ra vi - a.

2.

I. Hor che sei ne più verd'anni
Ahi, t'inganni
Se l' eta non godi intera
Mentre son nel' prato odori
Cogli fiori
Godi lieta primavera.

II. Lasci pur folle garzone
Secca tenzone
Quel ch' Apollo insegna in vano
Canta pur diletti e gioie
Via le noie
Stendi a me amica mano.

3.

I. Se sapesti, che piacere
E godero
Giorno e notte in festa e giuoco
Certo, certo, che direste:
Gioe e feste
Fan beato in ogni loco.

II. Canti solo in queste selve
Canti a belve
Ne si stima il tuo valore;
Meglio vieni, ove fra linfe
Dive Ninfe
Ti faranno eterno honore.

4.

I. O, se vuoi ricchi palagi
Con mill' agi
Non ti mancherann' altrove
Lascia gl' antri, lascia i boschi
Neri e foschi
Credi a Febo men ch' a Giove.

II. Giove gode e vuol godere
   Suo piacere
   Onde è prencipe del cielo,
   Febo spesso in rozzi panni
   Prova i danni
   Che li fa la neve e'l gelo.

Der satirische Ausfall des zweiten Chores auf die Bettelpoeten fällt zwar aus dem mythologischen Tone des Ganzen, ist aber sonst lustig genug; die Laster schliessen ihren Gesang mit folgender Nutzanwendung:

   Lascia dunque, s'hai cervello,
   Lascia quello
   Che ti toglie un bel diletto;
   Vieni in nostra compagnia
   Hor t' invia,
   Vieni, e godi a suo dispetto.

Der verblendete Eumelio lässt sich das nicht vergebens gesagt sein, er ruft:

Sen-to al cor un dol-ce fò-co a po-co a po-co chem'in-fiam-ma tut-to il pet-to ma pur sen-to in mez-zo al co-re, ahi, do-lo-re ch'a-ma-reg-gia o-gni di-let-to. Coro. Paz-za-rel-lo u. s. w.

Aber die Sache bekommt ihm sehr übel. Er wird auf Strafstation zu Pluto in den Orcus gesteckt. Aus diesem Carcer wird der junge Student endlich auf Fürbitte und durch Verwendung seines Vaters Apoll erlöst, gelobt Besserung, und alles nimmt ein fröhliches Ende.

Unvergleichlich bedeutender als Agazzari's Schuldrama, ja selbst gegen Peri und Caccini ein nicht zu verkennender Fortschritt, ist die Composition Marco's da Gagliano zur „Dafne" des Rinuccini. Abermals war es eine fürstliche Hochzeit, welche den Anlass bot — der Sohn Vincenzo Gonzaga's, des Herzogs von Mantua, vermälte sich 1607 mit der Infantin von Savoyen. Rinuccini hatte sein Gedicht für die festliche Gelegenheit sogar theilweise umgearbeitet, und Marco da Gagliano war aufgefordert worden, es in Musik zu setzen. [1])

Der Tonsetzer, mit seinem vollen Namen Marco di Zanobi da Gagliano, gehörte einer vornehmen florentinischen Familie an — als Mitglied der Accademia degl' elevati in Florenz führte er den Namen: „l'affannato", auf den er Werth gelegt zu haben scheint, da er ihn auf dem Titelblatte seiner Dafne eigens nennt. Er war Canonicus von S. Lorenzo; sein Musiklehrer war ein anderer Canonicus dieser Kirche und grossherzoglicher Kapellmeister, Luca Bati, seinerseits Schüler des Francesco Corteccia. Luca Bati hat unter Anderm die (nicht mehr vorhandene) Musik zu einem echt Florentinischen Spectakel componirt — am 26. Februar 1595 erschien ein prächtiger Maskenzug von 18 berittenen Paaren, ein jedes von vier Stallmeistern begleitet, in den Strassen von Florenz unter dem Programm-Titel „le fiamme di amore" — dabei ein Wagen mit Sängern und Instrumentalisten. [2]) Im Jahre 1602 ernannte das Domcapitel von S. Lorenzo den Marco da Gagliano zu seinem Kapellmeister. Marco's Compositionen fingen an, entschiedenen Beifall zu finden — besonders erfreuten sich zwei Gesangstücke grosser Gunst: „bel pastor del cui bel guardo" und „ecco solinga delle selve amica". [3]) Auch als Kirchencomponist war Marco thätig; 1579 erschien bei Angelo Gardano in Venedig ein Buch fünfstimmiger Messen, im folgenden Jahre

---

1) Ritrovandomi il carnoval passato in Mantova, chiamato da quella Altezza per onorarmi, servendosi di me nelle musiche da farsi per le reali nozze del Serenissimo Principe suo figliuolo e della Serenissima Infanta di Savoia — — u. s. w., la Dafne del Sign. Ottavio Rinuccini da lui con tale occasione accresciuta ed abbelita, fui impieghato a metterla in musica, il che io feci u. s. w. (Vorrede der Dafne.)

2) Vergl. die Mittheilung darüber, welche Adrian de la Fage nach einem Manuscript des 17. Jahrhunderts in der Magliabecchiana gemacht hat: Gazetta musicale di Milano, Jahrgang 6, Nr. 22.

3) So erzählt der Florentiner Arzt Lorenzo Parisi, ein Zeitgenosse Marco's, in einem seiner Dialoge. Wir verdanken diese Notizen den Mittheilungen Luigi Picchianti's (Gaz. mus. di Mil., Jahrgang 1844. Nr. 1)

ebenda: „Responsorij della settimana santa a quattro voci" — und
eben so auch 1630 bei Bartolomeo Magni in Venedig Responsorien, welche sich lange in Ansehen erhielten, — sie wurden, wie
Luigi Picchianti mittheilt, noch zu Anfang dieses Jahrhunderts
in St. Lorenzo zu Florenz gesungen.

Dafne trug dem Tonsetzer wohl den reichsten Beifall ein —
denn er selbst erzählt vom „inestimabil diletto, che ne prese non
pure il popolo ma i Principi e Cavalieri e i più elevati ingegni",
was er indessen bescheidener Weise vorzugsweise der vortrefflichen Inscenirung und Aufführung zuschreibt. Er erlebte jedoch
auch den Verdruss, von Muzio d'Effrem (seit 1622 Kapellmeister
des Herzogs von Mantua) allerlei versteckte Angriffe zu erfahren,
über die er sich in einem offenen Briefe „ai lettori" beklagte,
welchen er seinem sechsten Buche (fünfstimmiger Madrigale (1617)
voranstellte. Muzio d'Effrem antwortete erst volle fünf Jahre
später, da aber sehr gründlich. Er gab 1622 ein Werk unter
dem Titel heraus: Censure di Mutio Effrem sopra il sesto libro
de Madrigali di Messere Marco da Gagliano, maestro di Cappella
della cattedrale di Fiorenza. Das erste Blatt bringt einen Wiederabdruck jenes Briefes, welchem Effrem ein höchst nachdrückliches Antwortschreiben folgen lässt: er werde die Unwissenheit
seines Gegners aller Welt vor Augen legen. Und nun folgen
die Madrigale Gagliano's, aber von Effrem mit Commentaren und
Randanmerkungen ausgestattet, worin er die Verstösse gegen
Rhythmus, Harmonie u. s. w. rügt. Gagliano überlebte diesen
Verdruss lange genug — er starb am 24. Februar 1642; die
Todtenfeier des Capitels für ihn fand zwei Tage später statt. [1]

Das Interessanteste ist für uns unter den Werken Gagliano's
unbedingt seine „Dafne". [2]) Die ungemein lange Vorrede insbesondere enthält eine Menge höchst anziehender Notizen und
Bemerkungen. [3])

Gagliano hatte eine gefährliche Concurrenz zu bestehen —
die andere Fest- und Vermälungsoper war „Arianna", welche
der vom Herzoge eigens nach Mantua eingeladene Rinuccini für
die Feier gedichtet, welche der herzogliche Kapellmeister Claudio
Monteverde in Musik gesetzt und welche in ihren rührenden
Szenen die Zuhörer zu Thränen bewegt hatte. [4]) Unter den

---

1) Picchianti a. a. O.
2) Ein Exemplar (welches ich benutzt habe) besitzt das Musikarchiv
der „Chiesa nuova" in Rom — ein zweites die k. Bibliothek in Berlin.
3) F. O. Lindner hat in seinem Buche „Zur Tonkunst" übersetzungsweise sehr bedeutende Auszüge gebracht. Eben so J. L. Klein, Gesch.
des Drama's V, S. 533. Die Vorrede enthält sehr eingehende Vorschriften für die Scenirung, für die Art, wie der Chor sich aufzustellen, wie
er zu agiren hat u. s. w.
4) Tra molte ammirabili feste, che da Sua Altezza furon ordinate
nelle superbe nozze del Serenissimo Principe suo figliuolo e della Sereni-

Mitwirkenden in Gagliano's Oper treffen wir unsere alten Bekannten, den Aretiner Francesco Rasi (mantuanischen Hofsänger) als Apollo und Signora Caterina Martinelli, von welcher Gagliano nicht genug Gutes zu sagen weiss, als Dafne.

Gagliano ist nicht blos der Geburt nach Florentiner, er ist es auch als Musiker. Als entschiedener Fortschritt ist aber vor allem die geregeltere, freier entwickelte Melodiebildung anzuerkennen — Gagliano empfindet schon ganz richtig die Nothwendigkeit, eine Melodie regelmässig und symmetrisch als Periode mit Vordersatz und einem diesem Vordersatze entsprechenden Nachsatz zu bilden. So darf von diesem Standpunkt aus folgendes Sätzchen aus der Szene, wo die Hirten um Schutz gegen den Drachen flehen, ganz tadellos heissen; man erkennt ein bestimmtes, dem Ganzen zu Grunde liegendes Motiv u. s. w.

sima Infanta di Savoia, volle che si rappresentasse una favola in musica, e questa fu l'Arianna, composta per tale occasione dal Signor Ottavio Rinuccini, che il Signor Duca a quello fine fece venire in Mantova, il Sign. Claudio Monteverde, Musico celebratissimo, capo della musica di Sua Altezza, compose l'Arie in modo si esquisito, che si può con verità affermare, che si rinovasse il pregio dell' antica musica, perciochè visibilmente mosse tutto il teatro a lagrime (Vorrede der Dafne). Man sieht beiläufig, wie weit sich der Ruhm der Florentiner bereits verbreitet hatte.

Der würdige Ausdruck dieses Gebetes, die einfach schöne Wirkung des antwortenden vollen Chores (die nur leider im zweiten Takt durch den äusserst herben Querstand arg leidet) ist für jene Frühzeiten bemerkenswerth. Von dem Gesange der Daphne: „Chi da lacci d'amore vive disciolto" bemerkt Fétis: „j'ai été frappé de la mélodie naïve et pleine d'expression". Diese Melodie rührt jedoch nicht von Gagliano her, sie ist Composition eines nicht genannten Akademikers, von dem auch die Gesänge Apollon's „Pur giace estinta fera al fine", „un guardo, un guardo appena" und „non chiami mille volte il tuo nome" componirt sind. Gagliano bemerkt es („per non usurpare le lodi dovute ad altri e arricchirmi quasi cornacchia d'altrui penne") in der Vorrede ausdrücklich und fügt bescheiden hinzu: „le quali arie lampeggiano tra l'altre mie come stelle; sono composizione d'uno de nostri principali accademici, gran protettore della musica e grande d'intenditore d'essa". (Also wiederum ein distinguirter Dilettant, der seine Compositionen unter fremder Firma in die Welt schickt, wie früher Jacopo Corsi seine Arien in eben dieser Daphne-Dichtung unter Peri's Namen! Erwägt man aber, wie ganz arglos es die Componisten gelten lassen, so erscheint auch Caccini's Eingreifen in die Euridice seines Kunstgenossen Peri in einem milden Licht.) Im Ganzen kann man von Gagliano's Dafne sagen, dass ihr zwar die Schwere der ersten Versuche noch recht fühlbar in den Gliedern liegt, trotzdem aber die Bewegung zuweilen merkwürdig frei wird. Jedenfalls ist sie für die Beurtheilung der raschen Entwickelung der dramatischen Musik ein wichtiges und interessantes Denkmal.

Gegen den Aufputz durch Coloraturen u. s. w. von Seiten der Sänger verwahrt sich Gagliano lebhaft. Er wolle solche Zierden zwar keineswegs entbehren, aber nur an rechter Stelle

292 Die Zeit der ersten musikalisch-dramatischen Werke.

sie angebracht wissen, wie in Apollo's Terzinen, wo der gute Sänger vollauf Gelegenheit habe, sich zu zeigen:

Da wäre nun wieder der wohlbekannte Florentinische Coloraturzopf! Die drei Accorde, welche eine Art kurzen Ritornells vorstellen, geben zu einer artigen Täuschung der Zuhörer Anlass. Gagliano möge es selbst erzählen: „Non voglio anche tacere, che dovendo Apollo nel canto de terzetti: non curi la mia pianta o fiamma o gelo, recasi la lira al petto (il che debbe fare un bell' attitudine) è necessario far apparire al teatro che dalla lira d'Apollo esca melodia più che ordinaria; però pongansi quattro suonatori de Viola (a braccio o gamba — poco rilieva) in una delle strade più vicina in luogo dove non veduti dal popolo veggano Apollo e secondo che egli pone l'arco su la lira suonino le tre note scritte, avvertendo di tirare l'arcati pari, acciò appariscano un arco solo; questo inganno non può essere conosciuto, se non per imaginazione da qualche intendente e reca non poco diletto."

Gagliano's Recitativ ist auch schon viel beweglicher als das seiner Vorgänger, es ist gut deklamirt und dem Ausdruck der Rede angemessen, in einzelnen Wendungen sogar entschieden glücklich. Die Erzählung des Hirten (oder Boten: „nunzio" — dieses natürlich im Sinne des griechischen ἄγγελος) Tirsis von der Verwandlung Daphne's in einen Lorbeerbaum, ist von überraschender Wahrheit des Ausdruckes — und jedenfalls ist in diesem echt dramatischen Stücke das Vorbild (der Botin Daphne in der Euridice Erzählung vom Tode der letzteren) weit übertroffen. Der Schrecken, der Schmerz, die Verwirrung, das Staunen über das Unerhörte ist in den ersten Ausrufungen des Tirsis: „qual nuova maraviglia han veduto quegl' occhi — o sempiterni Dei!" u. s. w. trefflich ausgedrückt; die Stelle: „non senza trar del core lagrime" u. s. w. ist voll zarter Empfindung — höchst wirksam weiterhin der wohlmotivirte Gebrauch einer chromatischen Fortschreitung. Gagliano redet mit Begeisterung von der Art, wie der Contralto Anton Brandi diese Erzählung vortrug. Wie viel bei dieser Art Musik auf den Vortrag ankommt, erkennt Gagliano an dieser Stelle ausdrücklich an.[1]) Neben so ausgezeichneten Zügen läuft freilich Gleichgiltiges und Unbedeutendes nebenher mit.

In Bologna treffen wir den neuen Styl schon 1610. Hieronymus Giacobbi, in Bologna geboren, seit 1604 Vicekapellmeister, später erster Kapellmeister bei St. Petronius, wo er bis zu seinem am 30. November 1630 erfolgten Tode thätig war, brachte 1610 eine „favola in musica" auf die Bühne, unter dem Titel „Andromeda" — deren (wie es scheint gänzlicher) Verlust um so mehr zu beklagen ist, als eine Arie des Perseus in Italien grosse Berühmtheit erlangte und lange Zeit berühmt blieb. Es war die Stelle, wo Perseus das Seeungethüm, von welchem Andromeda verschlungen werden soll, mit den Worten anruft: „io ti sfido, o mostro infame". — Die energische Kraft in Rhythmus und Melodie, welche hier den Helden charakterisirte, riss die Zeitgenossen zur Bewunderung hin.

Giacobbi ist nicht nur derjenige, welcher die neue Monodie sofort mit Glück und Erfolg in Bologna einführte, sondern auch der Ahnherr der nachmals so geachteten Bologner Musikgelehrten und der eben so gepriesenen Bologner Gesangslehrer. Er gründete 1622 die „Accademia de filomusi", welcher er zum Wahlspruch den Hexameterschluss gab: *„vocis dulcedine captant"*. Leider war ihr eine Dauer von nur acht Jahren beschieden — die fürchterliche Pest von 1630, an welche in Venedig die Kirche della Salute, in der Pinakothek zu Bologna das schöne Votivbild der fürbittenden Patrone der Stadt von Guido Reni mahnt, nahm den verdienstvollen Stifter weg und lichtete die Reihen der Akademiker. Als Kapellmeister von S. Petronio war Giacobbi vorwiegend doch Kirchencomponist; viele seiner Compositionen dieser Richtung gingen aus P. Martini's Nachlass in den Besitz der Bibliothek von S. Francesco in Bologna über.

Venedig erhielt den „neuen Styl" erst durch Claudio di Monteverde.

Florenz aber konnte auf seine Musikschöpfung stolz sein. Wirklich wurde der neue monodische Styl, die dramatische Musik von den Florentinern nicht ohne ein Selbstbewusstsein als „Florentinischer Musikstyl" in Anspruch genommen; seine Vertreter

---

[1]) Qui vorrei poter ritrarre al vivo come fu cantata dal Sign. Antonio Brandi, altrimente il Brandino, chiamato più da quella Serenissima Altezza nell' occasione delle nozze, senza dirne altri avvertimenti, per ciò ch'egli la cantò talmente, ch'io non credo, che si possa desiderar più, la voce è di contralto esquisitissimo, la pronunzia e la grazia del cantare maravigliosa: ne solo vi fa intendere le parole, ma co' gesti e co' movimenti par che v'imprima nell' animo un non sò che d'avantaggio.

bildeten die „Florentiner Musikschule", für welche G. B. Doni sogar auch Monteverde, der mit Florenz nichts zu schaffen hatte, in Anspruch nimmt.¹) Dass in Florenz die Aufführung der Dafne und der Euridice nicht vereinzelte Experimente blieben, sondern nachhaltig wirkten, zeigt eine gelegentliche Aeusserung des Erythräus, — er spricht in seiner Pinakothek bei Gelegenheit der Biographie des Sängers Vittorio Loreto von den „Theatervorstellungen", welche in Florenz oft mit grosser Pracht veranstaltet wurden, wobei Loreto als jedesmaliger Darsteller der Hauptrollen bei allen Leuten, welche Musik schätzen, den grössten Beifall errang.²) Unter den dramatischen Musikwerken, welche man in Florenz mit so grosser Pracht aufführte, befanden sich ganz zuverlässig Monteverde's „Orfeo" und „Arianna", denn Doni kennt beide ganz genau und bringt auch wohl Notenexempel aus der ungedruckt gebliebenen „Arianna". Dass er sie blos etwa in Mantua bei jener fürstlichen Hochzeit gehört haben sollte, ist nicht wahrscheinlich. Eben so aber ist das bemerkenswerth, dass jene beiden Werke Monteverde's auf die einheimisch-florentinische Theatermusik in sehr bedeutender Weise bildend und fortbildend einwirkten, wie ein 1625 aufgeführtes Werk „la liberazione di Ruggiero da l'isola d'Alcina" zeigt. Die Composition dieser Ballet-Oper ist von Giulio Caccini's Tochter Francesca Caccini — oder wie sie mit ihrem vollen Namen hiess Francesca Caccini ne' Signorini Malaspina — von den Florentinern aber auch wohl kurz „la Cecchina" genannt.

Francesca war ein Genie, sie hatte unverkennbar mehr „Musik in sich selbst" als selbst ihr berühmter Vater. Sie gehörte übrigens auch zu den ersten Sängerinnen ihrer Zeit. Schülerin ihres Vaters, der sie in einer seiner Vorreden mit Stolz nennt, erregte sie die Bewunderung ihrer Zeitgenossen, wie G. B. Doni, Pietro della Valle.³) Neben ihrem Gesangs- und Compositionstalent war sie auch Dichterin in toscanischer und lateinischer Sprache.

---

1) Quod si stylum, quem vocant Recitativum, ac Monodicum potius vocandum censes, ad examen revocemus, quid, quaeso, in Julio Caccinio, in Jacobo Perio, in Claudio de Monteviridi (quos a politissima illa Florentiae schola prodiisse constat) tibi displicet? (G. B. Doni. de praest. mus. vet. II. S. 57.) Auch Pietro della Valle nennt den neuen Musikstyl: „musiche di Firenzo" (s. G. B. Doni, Opp. II. S. 351).

2) — a Cosmo, magno Etruriae duce simul auditus et probatus est, et ab Octavio Donio, Florentino, qui illuc eum perduxerat, acceptus. magno in pretio habitus, ac domi suae innutritus, ubi deinde, tum sua, tum magistrorum diligentia, tantos profectus fecit, ut scenicis in ludis, qui saepe Florentiae magnificentissime dabantur, in scenam productus primarum semper partium actor, tantum commendationis habuit, ut apud omnes gentes, ubi aliquis musicae arti honor habetur, celebre ejus nomen et clarum exstiteret. (J. W. Erythraeus. Pinacoth. in vita Victorii Loreti.)

3) Sin autem ad canendi peritiam atque suavitatem gradum facia-

Wenn „Ruggiero's Befreiung" einerseits als die glückliche Fortsetzung der Erstlingsversuche Peri's und Caccini's gelten kann, so lässt sie andererseits aber auch schon erkennen, welcher Umschwung bereits in der ganzen Bewegung eingetreten. Statt eines antik-mythischen Stoffes ein romantischer, dem Ariost entnommener, Verzauberungen, Entzauberungen. Die eingefügten Ballette zu Fuss und zu Pferde behaupten gleiche, wenn nicht grössere Wichtigkeit, wie Poesie und Composition. Die Dichtung war von Ferdinand Saracinelli.[1]) Die Aufführung fand in dem Lustschlosse Poggio imperiale (vor der Porta romana) zur Feier der Anwesenheit des polnischen Fürsten Ladislaw Sigismund statt; der Prolog ist sogar auf letztere eigens als Gelegenheitsstück berechnet. Während in der Euridice, dem Orfeo, der Dafne u. s. w. der Prolog nicht mehr ist als eine versifizirte, von irgend einer würdigen Maske (Musik, Tragödie, Ovid) musikalisch gesungene Vorrede, erweitert er sich hier schon zu einer Art allegorischen Festspieles mit verschiedenen (singenden) Interlocutoren. Nach einer „Sinfonia" erscheint Neptun (Tenor) in Begleitung von Flussgöttern und Göttinnen, unter ihnen Vistola (die

---

mus, quem tu veterum illorum, istis qui nunc Romae vel maxime florent (ne de prioribus loquar) aequaveris? Loreto, Malagigio, Niccolinio, Mario? Et si forte mulieres etiam in hanc contentionem vocas, quaenam invidia erit, vel Hadrianam, vel ipsius filiam Leonoram cum prisca illa Sappho conferre? vel si praeter bene canendi laudem, insignem quoque musicae peritiam ad rem quoque pertinere putas, Franciscam, paulo ante a me laudati Caccinii filiam? (G. B. Doni, De praest. mus. vet. II, S. 57.) Auch Pietro della Valle spricht in seinem Sendschreiben von Francesca mit grösster Bewunderung: Taccio similmente della sorella della Signor Adriana da me non conosciuta, la quale intendo che in Germania, dove fu chiamata a' Servizi dell Imperatore, fa grande onore a questa nostra età, e cosi anche della Signora Francesca Caccini, figliuola dall' nostro Romano, detta in Toscana la Cecchina, che in Firenze dove pure io in mia gioventù la sentii, e per la musica tanto in cantare, quanto in comporre, e per la poesia non meno latina, che toscana è stata molti anni in grande ammirazione u. s. w.

1) Der Titel der Partitur lautet: „la liberazione di Ruggiero dall' isola d'Alcina, Balletto, composto in musica dalla Francesca Caccini ne' Signorini Malaspina, rappresentata nel Poggio imperiale, villa della Serenissima Arciduchessa d'Austria, gra(n) Duchessa di Toscana al Serenissimo Ladislao Sigismondo, Principe di Polonia e di Suezia. In Firenze p. Pietro Cecconelli, 1625." — Die vom 4. Februar 1625 datirte Vorrede ist als Dedikation an die Grossherzogin Maria Magdalena gerichtet. Hier wird auch der Dichter Ferdinand Saracinelli genannt. Er war Bailli von Volterra (balli di Volterra) und Chef der grossherzoglichen Musik. Ferner wird bemerkt: „la Scena e le macchine furono del Signor Giulio Parigi, il ballo a piedi e a cavalli del Signor Agnolo Ricci. — Das äusserst seltene Werk ist in Rom in zwei Exemplaren zu finden — eines besitzt die Bibliothek in S. Maria sopra Minerva (Casanatensis), das andere ist in der Musiksammlung der Chiesa nuova.

Weichsel), welche, wie natürlich, den Mund mit Schmeicheleien für den vornehmen polnischen Gast vollnimmt. Ein sechsstimmiger Chor der Wassergötter „biondo Dio" wird von einem Duo für zwei Soprane abgelöst, die dann bei Hinzutritt eines Tenors ein Trio singen; dann Duo zweier Tenore; zum Schlusse abermals Chor der Wassergötter. Das sind also schon reiche Formen und eine Abwechslung, gegen welche die ursprünglichen, strophenweise und solo gesungenen Prologe gänzlich zurücktreten. Nach einer zweiten „Sinfonia", welche in der gedruckten Partitur nicht weniger als 14 Seiten klein Folio füllt, beginnt die eigentliche Handlung, deren Stoff Ariost's „Orlando furioso" (VII. 39 — und VIII. 14 —) entnommen ist. Wie Rinald in Armiden's Gärten, weilt Held Ruggiero (Tenor) auf Alcinen's Zauberinsel, als in schmachtende Liebe versunkener Weichling, und wird durch Melissa (Alt) befreit — eben so werden die zu Pflanzen u. s. w. verzauberten Damen und Ritter erlöst; das ist die ganze Handlung, die an dramatischem Interesse nur äusserst wenig, desto mehr aber der Schaulust bot. Melissa kündigt sich gleich in der ersten Szene als Gegnerin der „perfida Alcina" an — Alcina (Sopran) selbst introduzirt sich an der Spitze eines Chores von sechs Fräuleins (sei damigelle). Drei davon begrüssen im Trio Ruggiero als „servo d'amore". Szenen verlockenden Zaubers folgen. Ein vorüberziehender Hirte, den ein Ritornell von drei Flöten ankündigt (der Doppelgänger jenes früheren in der Euridice), rührt durch seinen Gesang, in welchem er das Glück der Liebe preist, Ruggiero's Herz: „o felice pastore, chi non sente al tuo canto rinovellar al sen fiamma d'amore, ben ha di ghiaccio e di macigno il core!" Eine Sirene singt strophenweise ein Lied: „chi nell fior di giovinezza vuol gioir d'alma dolcezza" u. s. w. Ruggiero fühlt sich jetzt vollends berückt und bestrickt: „ó monti, ó piaggie, ó selve, augei volanti e belve udite dolci accenti, tacete fonti, e voi tacete ó venti!" Aber schon naht in der Maske des Zauberers Atlas, der einst Ruggiero zum Helden gebildet, Melissa. „Ecco" ruft sie, „l'ora, ecco 'l punto, da trar di servitù l'alto guerriero". Ruggiero ist über die Begegnung nicht sonderlich erfreut: „qual importuna voce" u. s. w. Melissa hält ihm, wie bei Ariost, eine lange Strafpredigt; er ist beschämt. Ein kurzes, ernstes Ritornell, ausgeführt von 4 Violen, 4 Posaunen (Monteverde'sche Orchestrirung!), einem Organo di legno und einem Instrumento di tasti, kündigt seine Sinnesänderung an: „o miserabil vita!" ruft er. Jetzt fleht auch der Chor der bezauberten Pflanzen um Rettung: „O quanto merto, quanta lode havrai, se acqueti il nostro pianto". Da ruft eine der bezauberten Pflanzen: „lasso, qual visto atroce si mostra" — Alcina eilt nämlich herbei, begleitet von ihren sechs Damen. Ruggiero weist sie zurück, sie wüthet, sie ruft Ungeheuer (mostri) zur Rache auf.

Wirklich erscheinen diese; ein Ungeheuer commandirt: „fieri mostri dell' empia Dite, assalite, dimostrate, come punir san' le vostre ire, chi fè non ha". Fünfstimmiger Chor der Ungeheuer, begleitet von einem Basso continuo. Aber schon tritt Melissa in ihrer eigenen Gestalt auf, begleitet von Astolf von England, der auf Alcinen's Insel (wie wir aus Ariost wissen) in eine Myrthe verzaubert gewesen. „Infernal mostri itene a neri chiostri!" Alcina ist überwunden und flieht. Die „Damen", die sich bisher als Ziergewächse im Zaubergarten nicht zum besten befanden, werden entzaubert und tanzen („qui viene il ballo di otto dame della Seren. Arciduchessa con otto Cavalieri principali, e fanno un ballo nobilissimo"). Eine „dama disincantata" bittet um Erlösung auch der gefangenen Ritter. Melissa ruft: „su dunque, alti guerrieri, uscite a consolar le belle amate, lieti seco danzate, poi, quando tempo fia, al suon d'alta armonia sopra i destri cavalli rinovate i balli" (qui si libcranno i Cavalieri, riconoscono le dame loro, e seguitano il ballo). Nach einem sechsstimmigen Chor folgte ein glänzendes Ballet, dann ritten 24 vornehme Herren vom Hof ein Ballet zu Pferde (ein im 17. Jahrhundert bei den Höfen sehr beliebtes Spektakel), ein achtstimmiges Madrigal „Tosche, del sol più belle" u. s. w. schloss das Ganze.[1]

---

[1] Le dame del ballotto furono: la Signora Eleonora Strozzi ne' Corboli, Lisabetta Giraldi ne' Pazzi, Lesa Deri ne' Castelli, Sofia ne' Castiglioni, Costanza Nerli ne' Ridolfi, la Marchesa Margherita Malaspina Dama di S. A. S., Ilaria di Videna Dama di S. A. S., Isabella Minucci Dama di S. A. S. I Cavalieri che ballorno colle Dame: Il Sig. Marchese Francesco Coppoli, il S. M. Gio. Lorenzo Malaspina, il Sig. Cosimo Bargellini, il Barone Monsu Enrigo Montichier, il Sg. Cav. Ascanio della Penna, il Sig. Luigi Antinori, Tommaso Guidoni, Enrigo Concini. Cavalieri che fecero il ballo a Cavallo: il Sg. Marchese Bartolomeo dal Monte, il Sg. Barone Giulio Vitelli, il Sg. Bali Niccolo Giugni, il Sg. Tommaso de Medici, Francesco Nasi, Tommaso Capponi, il Sg. Marchese Ruberto Capponi, il Sg. Marchese Francesco Coppoli, il Sg. Cav. Camillo de Marchesi dal Monte, il Sg. Carlo Rinuccini, il Signor Barone Monsu Enricho Montichier (auch zu Pferde? — Dieser „Signor Monsu" war augenscheinlich ein französischer Gast am Hofe und hiess wohl Montiquier), il Sg. Enrico Concini (war auch unter den Tänzern „zu Fuss"), Alessandro Pucci, il Sg. Bar. Filippo del Nero, il Sg. Orazio de Marchesi dal Monte, il Signor Gio. Corsi, il Signor Capitano Pietro Brancadoro, il Sg. Barone Niccolo Orlich (auch ein Fremder; Ungar etwa?), il Sg. Girolamo Gori Panellini, il Sg. Cav. Bartolomeo Consacchi, il Sg. Ugo Rinaldi, il Sg. Barone Alessandro del Nero, il Sg. Cosimo Riccardi, il Sg. Cavalier Franc. Maria Guicciardini". Wie ein solches „Rossballett" aussah, davon giebt ein Kupferstich eine Vorstellung, auf dem man ein solches am 24. Januar 1667 auf dem Burgplatze in Wien zur Feier der Vermälung Leopold I. mit der Infantin Margaretha gegebenes Schauspiel in seiner ganzen Pracht, mit allen Schaugerüsten, riesigen Triumphwagen u. s. w. abgebildet sieht. Dieses Festspiel hatte Francesco Sbarra angegeben, die Musik dazu Anton Bertali componirt. Ein ähnliches Ballet mit Reitern, Götter tragenden Triumphwagen, wie es zu Rom bei Ver-

Francesca aber hat mit der Composition, so sehr diese auch die Physiognomie der Zeit trägt, ihrem ganz ungewöhnlichen Talent ein wahrhaft glänzendes Denkmal gesetzt. Man erkennt musikalisch ganz deutlich noch die Familienzüge ihres Vaters Giulio, aber Francesca hat auch Monteverde sehr wohl und mit grossem Nutzen studiert, ja sie repräsentirt sogar auch, wenigstens gegen den „Orfeo" ihres Vorbildes, schon wieder einen fühlbar entwickelteren Standpunkt. Das Hirtenlied hat, trotz einiger harmonischer Härten und jener eigenthümlichen Phrasirung, wie sie den Melodieen des 17. Säculums eigen ist, doch ganz guten Fluss, ist wirklich ein melodiöser Gesang. Die Arie der Sirene zeigt ein glückliches Streben nach melodischem Reiz und dazu den guten Einfall, Strophe nach Strophe immer reicher und recht elegant die Grundmelodie zu variren. Die Recitative haben Bewegung, stellenweise sogar viel Ausdruck und sind bei weitem nicht mehr so steif, wie die ersten Versuche vor einem Vierteljahrhundert gewesen. Die Stelle, wo Ruggiero sein Entzücken über den Gesang der Sirene ausdrückt, zeigt in den Anrufungen der Wälder, Auen u. s. w. Wahrheit des Tones und eine sehr wirksame Steigerung des Affektes. Francesca, die firme Contrapunktistin, wagt es mit Glück, ein anmuthiges kleines Duo zweier Soprane „aure volanti" zum Canon in der Quinte zu gestalten, eine Form, welche ihr Vater für seine dramatische Musik um keinen Preis angewendet haben würde — aus Grundsatz! Die Ritornelle sind so gut wie irgendwelche von Monteverde, gleichen ihnen auch im Styl. Das Dreiflötenstück hat den richtigen idyllischen Klang und übertrifft das ähnliche von Peri. Auch dass Francesca sich auf ein achtstimmiges Madrigal einlassen durfte, dessen Tonsatz alles Lob verdient, ist ein Beweis ungewöhnlicher musikalischer Bildung. An Stelle der end- und zielosen Declamation, wie sie bei Peri und bei Caccini, Vater, finden, treten bei Caccini's Tochter schon musikalisch bestimmte, geschlossene Formen in entschieden plastischer Ausprägung hervor; ihre Arien haben eine schon ganz ansprechend entwickelte Liedform, wir finden Duos, Trios u. s. w. Auch der instrumentale Theil ist nicht mehr blos den Begleitern überlassen, vielmehr nach Bedürfniss sorgsam, im Sinne und Geschmack Monteverde's ausgeführt. Die Balletmusik war indessen nicht von ihr, sondern eingelegt. Francesca hat ausserdem 1618 ein

---

mälung einer Nichte Urban VIII. zur Aufführung kam, zeigt ein Oelgemälde im Palast Barberini. Die Ritter sind höchst abenteuerlich herausgeputzt und tragen insbesondere auf den Helmen wahrhaft enorme Federbüsche, die wie Cedern oder andere Riesenbäume, von Straussfedern nachgeahmt, aussehen. Noch in Alessandro Scarlatti's Oper „Pompeo magno" verherrlicht ein Pferdeballet den Triumph des Pompejus.

Buch Gesänge für eine und zwei Stimmen herausgegeben [1]), — auch hier ist sie die treue, liebevolle, talentbegabte Nachfolgerin ihres Vaters und seiner „Nuove musiche".

Die Zumuthung, einer ernsten Handlung und ernsten Musik mit Antheil und Aufmerksamkeit zu folgen, mochte den hohen Herrschaften, welche vor allen Dingen amüsirt sein wollten, mitunter nicht behagen — man fing also da und dort an, die in Musik gesetzte Mythologie in Intermedien, wie in kleinen Confectschüsselchen, zu serviren oder, völlig guckkastenartig, in dem bunten Szenenwechsel von Quodlibets, in welche man am liebsten die ganzen Metamorphosen des Ovid eingepackt hätte. So fand in Mailand zu Ehren der Anwesenheit des Erzherzogs Albert von Oesterreich und seiner Gemalin, der Infantin Donna Isabella, eine solche Aufführung statt, bei welcher auch der Cardinallegat Diatristano und der ganze Mailänder Adel als Publikum zugegen war und welche der Tanzmeister Cesare Negri, genannt il Trombone, in seinem Buche „Nuove invenzioni de balli" umständlich beschreibt. Den Kern des Ganzen bildete ein Pastorale „Armenia" — eine Dichtung des Giov. Batt. Visconti. Uns gehen hier nur die Intermedien an, welche Camillo Schiafenati, ein Doctor des Mailänder Collegiums, angegeben. Nachdem „la discordia amorosa" aus einer Wolke getreten war und den Prolog recitirt hatte und nachdem der erste Akt des Pastorals zu Ende war, begann das erste Intermezzo, die vielbeliebte Geschichte des Orpheus. Er trat singend auf, wilde Thiere, Bäume, Felsen folgten ihm, angelockt von der Süssigkeit seines Gesanges. Indem er Euridicens Tod beklagte, liess ihn das Echo Antworten hören, die ihn ermuntern sollten, die Verlorene aus dem Hades zu holen. Jetzt erblickte man Pluto und Proserpina auf den Thron, die drei Höllenrichter, die Furien, Sisyphus, Tantalus, Ixion ihre Strafen leiden, an der Pforte Cerberus. Man sah die eliseischen Felder, wohin Charon den Schatten der Euridice schiffte. „In summa", sagt unser Tanzmeister, „tutte quelle cose rappresentate, che si leggono nella descriptione dell' inferno fatta da Virgilio, da Ovidio e da altri poeti". Als Orpheus sich dem Verbot zuwider nach der wiedergewonnenen Euridice umsah, „venne" (wie es im Berichte sehr naiv heisst) „di traverso 'l fato in habito di diavolo e la riportò donde era partita". Orpheus stimmte einen Klaggesang (miserabil canto) an; Instrumentalmusik folgte, welche den Uebergang zum zweiten Akt des Pastorale bildete. Das zweite und dritte Intermedio behandelte die Abenteuer der Argonauten. Die Sirenen auf ihrem Felsen sangen einige Madri-

---

1) Il primo libro delle musiche a una e duo voci. Di Francesca Caccini ne' Signorini. Dedicate all' Illmo e Reverendmo Cardinale de Medici. In Fiorenza nella Stamperia di Zanobi Pignoni, 1618. — Das einzige noch vorhandene Exemplar besitzt die Bibliothek in Modena.

gale, als sich die Schiffer näherten, suchten sie sie durch „Canzonetten voll süsser Melodie" (suavissima melodia) zu locken — aber Orpheus stimmte im Schiffe ein Madrigal an, und die Sirenen entflohen beschämt. Es folgte die Gewinnung des goldenen Vliesses, die Saat der Drachenzähne, das Aufspriessen bewaffneter Männer, ihr Wechselmord u. s. w. Trompetenfanfaren und eine Instrumentalsymphonie feierten das Gelingen des Abenteuers. Das nächste Intermezzo schilderte den Streit Minerva's mit Neptun — Musik begleitete das Erscheinen beider Gottheiten — Neptun im Muschelwagen von Seerossen gezogen, Minerva von den allegorischen Figuren des Webens, Nähens und Stickens, von Bellona, Victoria und der Gelehrsamkeit (dottrina) begleitet — sämmtlich Sängerinnen. Beim Beginne des Wettstreites (in recitirten Versen) öffnete sich der Himmel, man sah Jupiter als Schiedsrichter thronen, neben ihm die andern Götter. Minerva schlug den Erdboden und ein schöner Oelbaum sprosste auf. Neptun liess ein Ross hervorspringen. Mercur (qual era eccellente musico) brachte das Urtheil Jupiter's, welches für Minerva entschied. Neptun recitirte Verse, welche seinen Unmuth ausdrückten, Minerva und ihre Begleiterinnen liessen einen Siegesgesang hören. Zuletzt senkte sich eine Wolke nach der Breite der Bühne herab, voll Musiker, welche auf Instrumenten spielten und das Lob des Erzherzogs und der Infantin sangen — zugleich öffnete sich der Himmel; man sah nochmals die olympischen Götter, aber diesmal mit Instrumenten in der Hand, und es entwickelte sich im Orchester des Olymps und im Orchester unten in der Wolke eine Doppelsymphonie, welche allgemeine Bewunderung erregte. Den Beschluss machte ein Tanz (un bellissimo brando, der dann in eine Gagliarda überging), ausgeführt von vier Hirten und vier Nymphen. Negri hält es nicht der Mühe werth, zu sagen, von wem die Musik zu all' dem componirt worden — so sehr war sie Nebensache bei all' dem Schaugepränge geworden.

Aehnliche Aufführungen fanden auch an andern Orten statt. So am 14. Februar 1616 zu Viterbo bei dem Markgrafen Andrea Maidalchini (Bruder jener Olympia Maidalchini, welche später Schwägerin Innocenz X. wurde und als Donna Olimpia Pamfili in Rom .....) eine Aufführung von Intermedien unter dem Titel: „Strali d'Amore" — eine Reihe von Scenen im Style des neuen Musikdrama — die Liebesgeschichte der Venus und des Mars und wie Vulcan beide im goldenen Netze fängt. Die Musik ist das Werk eines sonst nicht weiter bekannten Giovanni Boschetto-Boschetti (im Druck erschien das Werk 1618 bei Giacomo Vincenti in Venedig) [1]. Die Musik, ganz im neuen Floren-

---

[1] Dieses Werk war bisher völlig unbekannt, ja auch dessen Componist. Die Prager Universitätsbibliothek besitzt ein Exemplar. Signatur XI. D. 41.

tiner Styl, aber ganz unbedeutend, besteht aus lauter kleinen Fragmentchen. Recht interessant ist das beigegebene ausführliche Szenarium und die genaue, bis in's Einzelne gehende Beschreibung der Decorationen und Costüme, welche eine klare Anschauung über die Ausstattung solcher Aufführungen gibt. Die Götter Griechenlands traten mit allen gehörigen Emblemen und möglichst nackt, oder umgekehrt im brillantesten Costüme auf, aber was sie redeten waren wohlgereimte Concetti, was sie sangen war die steife Recitation des Stile rappresentativo oder falsobordonartiger Chor, was sie tanzten waren Pas im Geschmacke Cesare Negri's, genannt il Trombone. Zwischen den Göttern trieben sich abstrakte Begriffe, zu allegorischen Gestalten verkörpert, herum und sangen und agirten nach Kräften mit — Alles im Geschmacke der Zeit.

Das erste Intermedio dieser „Liebespfeile" versetzt uns in Vulcan's Schmiede (la fucina di Vulcano) im Aetna. Weitläufige, labyrinthische Felsenhöhlen, von vielfachen Feuern seltsam beleuchtet, durchzogen von Rauchwolken, durchtönt vom Klirren und Schwirren der Hämmer, vom Sausen und Brausen der Blasbälge. Die Cyclopen, nackt, mit einem Fell gegürtet, drücken (ohne Zweifel unter Begleitung rhythmischer Hammerschläge) in einem Chore ihre Freude aus, dass Vulcan zum Götterschmiede ernannt worden („essendo destinato Vulcano fabro delli dei").

Die Zeit der ersten musikalisch-dramatischen Werke. 303

Plötzlich nimmt die Sache eine unerwartet schlimme Wendung. Die der Musik vorangedruckte Favola erzählt: „essendo destinato fabro delli dei et insuperbiato d' esser tenuto il primo di quei tempi, anzi d' esser ammesso nel numero de li dei, il che sentendo Giove con gran sdegno lo scaccia del cielo". Der neuernannte olympische Hof- und Hufschmied, der Plebejer, der Roturier, der hier gar nicht Jupiter's und Juno's legitimer Sohn ist, nicht einmal ein natürlicher Sohn des „Vaters der Götter und Menschen" und der sich, ohne hoffähig zu sein, unter die olympischen Götter mischt, wird auf allerhöchsten Befehl Jovis zum Palaste hinausgeworfen. Wetterstrahlen zucken, Donner rollt, der vom Olymp gejagte Vulcan erscheint. Er ist gleich den Cyclopen nackt, doch ist sein Ueberwurf von Silberstoff (cinto de pelli argentati). Er spricht seinen Unmuth in einem Sologesange aus:

Vulcano.

Amor soll ihn rächen, er wird ihm Pfeile geben, welche selbst den Göttern furchtbar werden sollen. Jetzt senkt sich nämlich eine Wolke herab, sie öffnet sich und zeigt die zauberhafte Erscheinung Amor's. Ein herrliches Gewand schürzt ihn, an einem reich mit Perlen gestickten himmelblauen Bande hängt an seiner Seite ein von Juwelen funkelnder Köcher, seinen Hals umgibt ein Halsband von Edelsteinen, seine Augen eine kostbare Binde, an seine in hellen Farben bunt schimmernden Flügel sind kostbare Steine wie Pfauenaugen befestigt, sein Lockenkopf (zazzerata artifiziosamente inanellata) scheint aus lauterem Golde zu bestehen. Seine Linke führt einen goldenen Bogen; sogar seine Fussbekleidung ist herrlich: er trägt silberne Sandalen, in der Hälfte des Beines zeigen sich kleine goldene Masken, von denen purpurne Draperien ausgehen und das Bein umgeben. Er tritt aus der Wolke und wendet sich zu seinem Vater Vulcan:

Vulcan händigt dem geflügelten Sohne die Pfeile ein, dass er ihn räche, wonach Amor unter „Instrumentalmusik" (sie ist nicht beigesetzt) entschwebt. Der arme Vulcan ahnt nicht, welche schlimmen Folgen die Sache für ihn haben werde. Zunächst schweben zwei Wolken von entgegengesetzten Seiten herein, die eine davon bringt Venus mit den Grazien, auf der anderen zeigt sich Mars, der Kriegsgott. (Auch das ist charakteristisch, dass möglichst vermieden wird, die Personen einfach auftreten zu lassen, sie kommen auf Flugwerken, steigen aus Versenkungen u. s. w.). Venus, von blendender Schönheit, trägt ein lichtrothes Oberkleid von Brokat, das nur bis zu den Knieen reicht, darunter einen bis zu den Füssen reichenden Rock von geblümtem Silberstoff mit Goldbesatz. Von ihrem herrlich gelockten Haupte, das einen aus Rosen und Seidenschleifen geflochtenen Kranz trägt, wallt ein rosenfarbener Schleier auf ihren azurnen Mantel herab; die blossen, von einigen Armbändern umwundenen Arme umhüllt ein dünner Flor wie eine leichte Nebelwolke; Edelsteinschmuck bedeckt die Brust, von Edelsteinen schimmert der Gürtel. Sehr mythologisch ist das Costüme nicht, aber desto malerischer und mit entschiedenem Farbensinne zusammengestellt. Ganz polizeiwidrig „mythologisch" zeigen sich dagegen die Grazien — es sind drei reizende junge Mädchen, nur von dünnen Schleiern bedeckt. Mars ist furchtbar-prächtig anzusehen, ein glänzender Helm mit hellrothem Federbusch deckt sein Haupt, sein Panzer scheint von Rubin gemacht (rothe Folie!), perlenbesetzte Scharlachstreifen ziehen sich über seinen Schurz von Silberstoff herab, in Händen führt er Speer und Schild. Die Grazien begrüssen ihre Göttin mit einem Terzett:

Dafür bedankt sich Venus mit einem Wortspiele: „Grazie del ciel divine, che grazie altrui voi date — grazie vi rendo, o grazie tanto amate". Jetzt tritt Amor herein, oder vielmehr er kommt auf seiner Leibwolke hereingeschwebt, und eingedenk der väterlichen Weisung, seine Pfeile nur auf die „celesti cori" zu richten, ersieht er sich den trotzigen Kriegsgott zum

306 Die Zeit der ersten musikalisch-dramatischen Werke.

Opfer, nachdem er folgendes Sätzchen gesungen, aus dem fast etwas wie die Disposition einer regelmässigen Melodie herausklingt:

„Wehe mir", ruft Mars, „wer hat mir das Herz durchbohrt?"

Die Wirkung zeigt sich, das Verständniss zwischen Mars und Venus ist schnell getroffen, sie beschliessen das dritte Intermezzo mit dem kürzesten aller Duette.

Das vierte Intermezzo beginnt. Durch eine „wunderbare Einrichtung" (maravigliosamente) steigt aus der Erde die Nacht, mohnbekränzt, im Sternenmantel, mit bräunlichen Flügeln, ein schwarzes und ein weisses Kind in den Armen. Neben ihr die Ruhe (il riposo) als graugekleideter, langhaariger, langbärtiger, auf einen Stab gestützter Greis, einen im Neste stehenden Storch auf dem Kopfe — das Vergessen (l'obblio) als nackter, geflügelter, augenloser Jüngling mit einem Kukuk auf dem Kopfe — das Schweigen (il silenzio) als in ein Wolfsfell gehüllter Alter, dessen nackter Körper, wo er sichtbar wird, mit Augen bemalt ist, endlich der Schlaf, in ein Dachsfell gekleidet, Trauben in den Locken, Mohnköpfe in der Hand. Die Nacht kündigt sich singend an und schliesst mit den Worten:

> perchè ogni mortal posi beato
> tuffando in Lete ogn' angoscia e cura
> onde la vita e dura.

Diese düster anzusehende Gruppe weicht endlich einer höchst glänzenden Erscheinung: aus der Höhe senkt sich Aurora im scharlachnen Oberkleid, in goldstoffenem Untergewand, mit Rosen bekränzt, eine leuchtende Fackel in der Hand, je näher sie sich herabsenkt, desto tiefer sinkt die Nacht mit ihrem unfreundlichen Gefolge in die Erde und verschwindet endlich. Aurora singt, ihr folgt Apoll, der dem betrogenen Ehemann Vulkan ein unwillkommenes Licht aufsteckt:

> Fabro delli dei non arossire
> Che il mal non vien da te, ma da tua diva
> E cio per esser tanto lasciva
> Che richiesta acconsente al primo dire.

Vulkan versichert, er wolle ein goldenes Netz verfertigen, welches die Schuldigen unlösbar umstricken werde. Im fünften und letzten Zwischenspiele tritt das Gerücht (la fama) auf, oder zeigt sich vielmehr in einer über die Bühne hinschwebenden, halbgeöffneten Wolke. Es ist mit Augen und Ohren bemalt (statt, wie bei Shakespeare, mit Zungen) und hat eine Trompete in der Hand. In einer Art (ungeschickten) Strophenliedes verkündet es, wie Vulkan seinen listigen Anschlag ausgeführt habe. Den Beschluss macht, nach all' den brillanten Schaustellungen etwas ärmlich, Mercur; er singt ein Madrigal a voce sola, worin er den Vulkan scharf tadelt: solche Scandalgeschichten müsse ein kluger Ehemann hübsch geheim halten:

> Per vendicarlo insano chiama a veder i rei
> dalla legge del ciel tutti i dei
> Cosi talhor lo stolto per fuggire lieve colpa
> d'un altra grave se stesso incolpa.

Sehr rasch hatte die Oper, wie man sieht, welche sich Anfangs so hohe Ziele gesteckt, die Signatur erhalten, welche ihr auf lange hin, mehr oder minder scharf ausgeprägt, verblieb, die noch in unseren Tagen durchaus nicht verwischt ist, und die man am kürzesten und besten in die Worte des Apostels zusammenfassen kann: Hoffahrt der Welt, Augenlust (und Ohrenlust obendrein) und Begehrlichkeit des Fleisches.

Es war ein Glück, dass in den zwei musikalischen Hauptstädten Italiens, in Rom und in Venedig, eine hoheitsvolle Kirchenmusik, in welcher Generationen edler Meister ihr Edelstes geleistet, diesem neuen musikalischen Genusstaumel, diesem Rausch des Enthusiasmus, einen festen Damm entgegensetzte. Aber gerade Rom und Venedig feierten das neue Bacchanal orgiastischer mit, als sonst irgendwo geschehen mochte. Wer Sympathieen für Palestrina und seine Zeit behalten hatte, war ein Reactionär, ein Sonderling, wo nicht gar ein Barbar. Das lange Sendschreiben, womit Pietro della Valle in diesem Sinne seinen conservativen Freund Lelio Guidiccioni zu bekehren sucht — dieses Sendschreiben voll Wärme, voll Ausdrucks innigster Ueberzeugung ist ein merkwürdiges Denkmal dieser Bewegung. Die ersten „Fortschrittmänner", wie Vicenzo Galilei, hatten Palestrina noch mit Achtung, wenn auch mit sehr gemessener Achtung behandelt. Pietro della Valle ist schon naiv und aufrichtig genug, um Palestrina's Musik für eine „sehr schöne Anticaglie" zu erklären, für die nur noch in einem Museum der richtige Platz ist.[1]) Doni fährt einmal, wie unwillkürlich, mit seiner innersten Herzensmeinung heraus: der Palestrinastyl sei eine Barbarei.[2]) Beide schrieben diese Machtsprüche

---

[1]) ammiro anch' io quella famosa musica del Palestrina, che tanto piace a V. S. e che fu cagione, che il Concilio di Trento non bandisse la musica dalle chiese, però queste cose si hanno ora in pregio, non per servirsene, ma per conservarle e tenerle riposte in un museo, come bellissime anticaglie.

[2]) Doni erzählt in „De praest. mus. vet." Buch 1 — welches Werk bekanntlich in Dialogform verfasst ist, — von Kapsberger's (angeblichem) Reformversuch. Und da heisst es nun: „Qui factum est, subdit Eumolpus, ut consultissimus Princeps tam facile Citharoedi unius suggestioni annueret, ac nihilominus res in irritum caderet? Cui Polyanus: adjuvabat illum, ut sis nescius, in primis nonnulla eruditionis opinio, quam simul duritia frontis et volubilitate linguae subnixus, apud eum sibi paraverat, deinde Compali in paucis tunc gratiosi favor; hominis, ut vere dicam, aliquanto magis eloquentis quam docti. Hujus igitur fretus auxilio, cum Pontifici ostendisset perindignum esse politissimo hoc atque urbanissimo seculo, sacros concentus, suaves illos quidem, sed ob verborum inconditam texturam, inconcinnasque ecphoneses, confusionemque sensuum, subrusticos (!) atque inurbanos, in augustissimo orbis terrarum loco exaudiri; facile ab illo extorsit, ut pro iis cantica a se modificate concinerentur: in quibus, etsi verba clarius paullo intelliguntur quam in Praenestinis, propter homophoneseon (quas fugas vocant) propinquitatem, barbaraeque (!) quaedam prolationes non tam frequenter audiuntur, aliquanto plus tamen suavitatis ammittunt, quam venustatis atque decoris acquirant. Nam si Donium nostrum audimus, tota haec modulandi ratio, quam Symphoniasticam ipse vocat, quae Palilogiis ac Polylogiis passim exuberat barbara prorsus (!) planeque incondita censenda est, quaeque nullo modo repurgari possit, nisi ad vivum resecetur. Quod si Capispergius tuus intellexisset, nec talem suscepisset.

in Rom — als Palestrina kaum erst ein Jahrfünfzig vom Leben
geschieden war. Doni hat nun freilich im Grunde für nichts Sinn,
als für seine geträumte antike Musik — ohne Zweifel ein Mann
von grossem Wissen, von scharfem Denken, geistreich, stylgewandt, eine echt Florentinische „böse Zunge", wenn er auf Leute
oder Dinge geräth, die ihm missbehagen, wird er vollkommen
unzurechnungsfähig, wenn er auf die antike Musik zu sprechen
kommt — und er kommt beständig darauf. Vertieft man sich
in seine Schriften, so erhält man zuletzt den Eindruck einer
krankhaften Monomanie, und hart neben treffenden Bemerkungen,
neben geistvollen Ausblicken begegnet man unglaublichen Lächerlichkeiten, förmlichen Albernheiten. Doni's ganze literarische
Thätigkeit hatte den — esoterischen — Zweck, alle Musik, wie
sie eben war, allgemach zu beseitigen, um endlich der einen,
reinen antiken Musik als der allein schönen, allein giltigen, die
Herrschaft zu verschaffen — nach dieser Götterkönigin breitet
er, ein sehnsuchtsvoller Ixion, die Arme aus, und es ist tragikomisch zu sehen, wie er unaufhörlich Nebelwolken umarmt. Die
erste Hekatombe, die er seiner Göttin schlachtet, sind die Niederländer — dann führt er jenen raschen, tödtlich sein sollenden
Hieb nach Palestrina oder vielmehr nach dem Palestrinastyl, und
deutlich fühlt man, dass er die Meister des neuen Styls einstweilen nur schont, weil er ihren Styl als Etappe zum antiken
ansieht, und dass er es vorhat, sie, dankbar wie Polyphem, die
letzten zu fressen, wenn der richtige Moment da sein wird.
Dieser Moment wollte aber nicht kommen.

Aber Palestrina und seine Genossen waren von dem Enthusiasten della Valle und dem Fanatiker Doni nicht mit einem
Hauche des Mundes wegzublasen, zumal ihre Musik für die
päpstliche Capellmusik der offiziell anerkannte Styl war und in
Rom die einfache Klugheit gebot, daran nicht allzustark zu rütteln. Hieronymus Kapsberger soll später unter Urban's VIII. stillschweigender Gutheissung einen ungeschickten Versuch dazu gemacht haben, bei welchem er sich kläglichst blamirte. Der Damm
stand noch immer fest. Aber eben so natürlich ist es, dass die
hochgehenden Wellen der neuen Bewegung gelegentlich über
diesen Damm flutheten, dass der neue, von den Musikenthusiasten
vergötterte Styl Versuche machte, sich in die Kirche einzudrängen, dass er, wo es einmal gelang, dort sein verweichlichendes
Spiel, seinen Ohrenschmaus, seine Virtuosenkünste und Effektstücke in Szene setzte, und dass der Effekt nicht ausblieb. Die

---

provinciam, nec se Cantoribus deridendum praebuisset" u. s. w. Der „Consultissimus Princeps" ist Urban VIII. Ganz allerliebst nimmt es sich aus,
wie hier „Donius noster" sich selber als Autorität zitirt!! Sein Hass gegen
Kapsberger tritt in dem Passus „Cytharoedi unius" grell zu Tage.

Kirche begann der Concertsaal für Gesangsgrössen zu werden, welche sich hören lassen wollten — sogar die Nonnen in Rom fingen an mit Primadonnen gelegentlich eine sehr bedenkliche Aehnlichkeit anzunehmen.

Selbst wo der Zuhörer ehrlich genug bei der Sache war, um religiöse Erhebung zu suchen, lief am Ende Alles auf überreizte, allenfalls religiös gefärbte Gefühlsschwelgerei hinaus — himmelweit entfernt von wahrer Andacht — es genügt, sich des bei Loreto's Magdalene in Thränen zerfliessenden Auditoriums zu erinnern. An Stelle der hohen Gesänge Palestrina's traten bald vor Empfindung schmelzende, bald mit Brillantcoloratur überladene Arien — bald Herzenskitzel, bald Ohrenkitzel — ein sehr zweifelhaftes Appelliren an die höhere Natur des Menschen durch die Zwischenstation der niederen, sinnlichen hindurch.

Nicht allein die kirchlichen Ritualtexte wurden jetzt im „neuen Styl" componirt, sondern auch Monodieen mit frei gedichteten, d. h. nicht rituellen Texten fanden jetzt grosse Beliebtheit und Verbreitung. Radesca da Foggia räumt ihnen das ganze fünfte Buch seiner gesammelten Gesänge neuen Styls ein, ermangelt aber nicht, sich zur Einleitung von einem poetischen Freunde Giov. Batt. Fcis „Dottor di leggi e lettore nell' universita di Torino" mit gereimten, sehr exaltirten Lobsprüchen andichten zu lassen.[1]) Ein interessantes Stück darin ist eine Marienklage „Anima cara e pia", welche in Ton und Haltung der berühmten, nachmals auch zum Klaggesang der Mater dolorosa zurechtgemachten Ariadnenklage Monteverde's so ähnlich klingt, dass die Aehnlichkeit eine wohl nicht blos zufällige ist. Die schon früher gelegentlich in Form mehrstimmiger geistlicher Madrigale componirten „Pietosi affetti" von Pater Angelo Grillo wurden von dem Mönch von Montecassino und Organisten von S. Pietro in Mailand P. Serafin Patta im neuen monodischen Styl componirt, darunter auch das „anima cara e pia".[2]) Dass es zwischen geistlicher und weltlicher Musik einen Unterschied des Styls gebe und geben müsse, fiel den von ihrem neuen decla-

---

1) „Fan celesti concenti, Radesca le tue note, onde l'alme divote, rapite dagl' accenti, s'inalzan co'l pensier sin'a le sfere, de l' angeliche schiere" u. s. w. Ein Zweites schliesst mit dem Wortspiele: „ah. che questi non son atti di canto, ma di celeste incanto".

2) Der Titel lautet: „Motetti e Madrigali cavati dalle poesie sacre del Reverendo Padre D. Angelo Grillo Abbate, composti in musica dal Padre D. Serafino Patta, Monaco Casinense per cantare solo nel organo, clavicordo, chitarrone et altri istromenti. Stampato del Gardano in Venetia MDCXIV. Appresso Bartolomeo Magni." (Hochfolio.) Enthält 28 Nummern. Die Dedicationsvorrede ist an den Dichter gerichtet, und datirt: „di S. Salvatore in Pavia, il di primo Novembre MDCIX". Weder Fétis noch Becker kennen dieses Werk, von dem die Prager Universitätsbibliothek ein Exemplar — Sign. XI. B. 41 — besitzt.

matorisch-melodisch-monodischen Styl begeisterten Leuten nicht im Traume ein — Monteverde's zur Mater dolorosa gewordene Ariadne ist wohl das stärkste Beispiel — um so stärker, als der Gesang wirklich tief empfunden und ausdrucksvoll ist. Die Musik der meisten kleineren Componisten der Zeit passt in ihrer Ausdruckslosigkeit allerdings gleichgut oder vielmehr gleichschlecht auf Geistliches und Weltliches.

Von im Styl der neuen Musik componirten Ritualtexten dagegen gab Ottavio Durante schon 1608 in Rom eine ganze Sammlung „Arie divote" heraus [1]). Die Schreibart erinnert in sehr merkwürdiger Weise auf Stärkste an Caccini's „Nuove musiche" — in den Melodiefragmenten sowohl, als in den Phrasen, in den declamatorischen und in den colorirten Stellen — und auch die Art, wie sich hier wirkliche Empfindung ausspricht, zeigt die grösste Verwandtschaft mit jenen Compositionen des Florentiners. Es ist wie ein letzter Scheideblick auf den alten Ritualgesang, wenn Ottavio Durante gelegentlich ein gregorianisches Motiv in seine Monodie herübernimmt — z. B. beim Magnificat. Coloraturen sind in reichstem Masse angewandt. Nach der Zeit Weise ist die Vorrede, wiederum ähnlich den Vorreden Caccini's, eine kleine lehrhafte Abhandlung über Composition und Gesangskunst. Auf den „Affekt" wird schon ausdrückliches und besonderes Gewicht gelegt.

In Venedig, wo seit 1613 ohnehin Monteverde's persönliche Anwesenheit und sein Vorbild mächtig einwirken musste, dachten einzelne Sänger von S. Marco eben auch daran, sich durch glänzende Solovorträge den ohnehin für Musik leidenschaftlich begeisterten Venezianern bemerkbar zu machen und zu empfehlen. So Girolamo Marinoni, dessen 1614 erschienene Motetten für eine Stimme [2]) kirchliche Ritualtexte in arioser Weise und

---

1) „Arie divote, le quali contengono in se la maniera di Cantar con gratia, l'imitation delle parole, et il modo di scriver passaggi et altri affetti. Nuovamente composti da Ottavio Durante, Romano, appresso Simone Verovio 1608. Con Licenza de Superiori". — Wie auch sonst Verovio's musikalische Publikationen, ist das Heft nicht gedruckt, sondern gestochen. Klein-Folio, 31 Seiten. Den Inhalt bilden nach einer Vorrede „a Lettori" folgende Gesänge: „Angelus ad pastores; Aspice Domine; Beata es; Estote fortes; Filiae Jerusalem; Gaudent in coelis; Hei mihi; Jam quod quaesivi; Magnificat tertii toni; Magnificat octavi toni; Miserere mei Deus; O Domine Jesu; O Rex gloriae; O Sacrum convivium; Regina coeli; Si bona suscepimus; Verbum caro; Verba mea". Lauter Kirchentexte wie man sieht. Dazu aber auch zwei italienische: „Scorga Signor" und „Signor, che del peccato".

2) „Il primo libro de Motetti a una voce; et in fine un Salve Regina a doi. Posti in musica per Alfabeto da D. Girolamo Marinoni da Fossambrone, musico della Serenissima Signoria da Fossambrone in S. Marco. Stampa del Gardano in Venetia, aere Bartholomei Magni. 1614." — Die Prager Universitätsbibliothek besitzt ein schönes Exemplar.

auch wieder mit nicht sparsam angewandtem Zier- und Coloraturgesang behandeln. So wie Ottavio Durante der Schreibart Caccini's folgt, so fand Marinoni sein Muster in Monteverde's Compositionen, deren genialen Zug er zwar nicht erreicht, dem man aber endlich doch das Zeugniss geben darf, dass seine Gesänge eine gewisse feierlich-festliche Stimmung und einen lebendigen Zug, auch zum Theile recht interessante Themen haben. Gleich Ottavio Durante beginnt er auch wohl (z. B. im Assumpta est) mit einer Reminiscenz an den bezüglichen gregorianischen Gesang, welcher sich freilich kaum nur zeigt, um sogleich wieder hinter moderner Declamation, Phrasirung und Colorirung zu verschwinden. Die venezianischen Druckereien liessen jetzt mehr ähnlicher Sammlungen erscheinen, so 1613 Luigi Simonetto's „Ghirlanda sacra de motetti a voce sola", 1615 Bonini's „Serena celeste" (worin auch Duos und Trios) und Anderes mehr. Die „geistliche" Dichtung und Musik treibt jetzt mitunter verwunderliche Blüten.

Jener Abbate P. Angelo Grillo hat eine ganze Reihe von Gedichten „über das Angesicht des todten Heilands" geschrieben, welche „da diversi autori" in Musik gesetzt und von D. Angelico Patto 1613 herausgegeben wurden.[1])

Hier finden wir nun Gesänge „sopra la fronte, sopra gl' occhi, sopra il naso (!), sopra la barba" u. s. w. Ein vom Herausgeber beigefügter Dialog zwischen Christo und dem Sünder „ferma ferma o Signore" — Musik von Bartolomeo Pesarino (eigentlich Bartolomeo Barbarino aus Fabriano) ist ein ursprünglich weltliches Stück, „ferma ferma o Caronte", welchem Angelico Patto den geistlichen Text unterlegte [2]):

Peccatore pentito e Christo.

Peccatore. Christo.
Fer-ma, fer-ma, Sig-no-re! Chi è co-lui che

---

1) Canoro pianto di Maria vergine sopra la faccia di Cristo estinto. Poesia del Rever. P. Abbate Grillo, raccolta per D. Angelico Patto, Academico Giustiniano, e posta in musica da diversi autori. Con un dialogo et madrigali, tramutati da l' istesso a una voce da Cantar nel Chitarone o altri instromenti simili. In Venetia Aere Bartholomei Magni MDCXIII. Die Prager Universitätsbibliothek besitzt ein Exemplar (Sign. XI. B. 4).

2) Der Text bildet eine Art Seitenstück zu der zweistimmigen geistlichen Cantate „Christus und die Samaritanerin", welche Goethe in den Anhängen seiner italienischen Reise mittheilt, und welcher noch immer

Die Zeit der ersten musikalisch-dramatischen Werke.

[Notenbeispiel mit Text:]

gri - da? la più a-ni-ma infi-da e'l più ri-tror-so co-re trai ru-bel-li d'a-mo-re che cer - chi? il pas - so al a-mor tuo su-per-no quant-unque deg-no di sup-pli-cio e-ter - no
u. s. w.

in Italien populär ist — ich kaufte ein „in Lucca con permesso" gedrucktes Exemplar neuer Provenienz „Dialogo tra Gesù e la Samaritana", dessen Inhalt wörtlich der von Goethe mitgetheilte ist, 1866 bei der Engelsbrücke zu Rom von einem Verkäufer ähnlicher Produkte der Presse. Als Seitenstück zu Patto's, beziehungsweise Pesarino's Duo, mag das in J. S. Bach's Cantate „Ich hatte viel Bekümmerniss" gelten.

314 Die Zeit der ersten musikalisch-dramatischen Werke.

Wie die bewunderten Nonnengesänge in Rom aussahen, davon ist uns in den Hymnen [1]) einer römischen Nonne vom Orden der h. Clara eine Probe erhalten. Jeder gesunde religiöse Sinn wird sich aber angewidert fühlen, wenn er z. B. gleich die erste Hymne der „aus Demuth ungenannt gebliebenen" Nonne und Componistin „O Jesu meus amor" und darin folgende Stelle hört:

[1]) Diese Hymnen kamen 1688 in Venedig heraus unter dem Titel „Philomela angelica Cantionum sacrarum, quas Romae virgo quaedam DEO dicata ordinis S. Clarae voce sola cum Basso continuo haud multis ab hinc annis concinasse, auctorque ipsamet suavitate ac dulcedine supra quam humana ad cultum sacrum decantasse traditur — nunc vero ad majorem gratiam eisdem conciliandam divinumque honorem ulterius promovendum Violae quatuor addisce, atque opusculum ad justam excrescat magnitudinem Duodecim Ecce a tribus vocibus A. T. B. cum duobus Violinis et continuo Basso duplicatae adjecta publicique juris facta sunt. Authore Ἀναγραμματικῶς denominato: Res plena Dei. Venetiis MDCLXXXVIII."

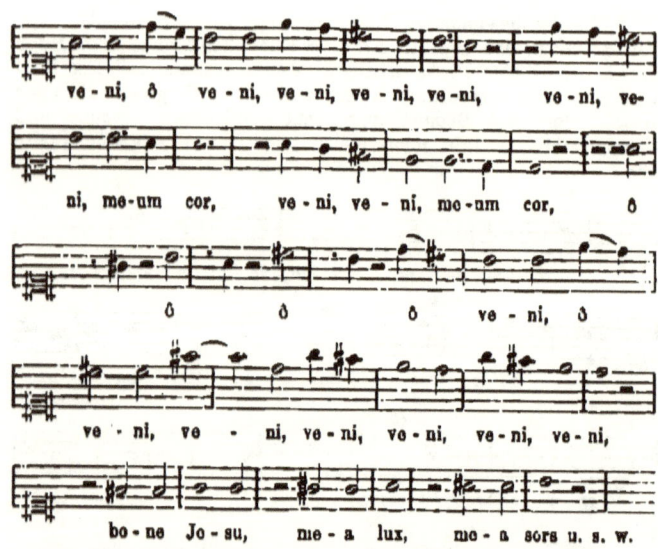

Bis zum höchst Dramatischen, aber auch bis zum höchst Bedenklichen steigert sich hier die Leidenschaft. Welche trüben Flammen lodern aus diesem unaufhörlichen heiss-sehnsüchtigen „veni, veni", aus diesen aufstöhnenden Oh-Rufen!! Wenn Bernini's berühmteste und berüchtigtste Theresia singen könnte, sie würde ähnliche Töne hören lassen. Es war die Zeit der gemalten und gemeisselten Exaltationen, Visionen, Verzuckungen, heiligen Lipothymien u. s. w.[2]) Die Musik durfte da nicht zurückbleiben! Den Ton hatte im Grunde Monteverde mit seinem zweistimmigen Salve Regina angegeben — aber denn doch gemässigter; ganz abgesehen davon, dass der Athem des Genies hier belebend wirkt und dem Stücke seine bedeutende und echte Wirkung sichert. Nichts natürlicher, als dass der Palestrinastyl den Gönnern der neuen Musik kalt und seelenlos erscheinen musste.

---

1) Die obige kleine Probe wird genügen zu zeigen, dass die musikalische Nonne in der That ein ausserordentliches Talent war. Die Steigerung des Affektes von Takt zu Takt ist höchst merkwürdig, es ist wie eine zunehmende Feuersbrunst. Desto schlimmer! Die „göttliche Liebe" ist hier Maske einer sehr ungöttlichen, der „himmlische" Affekt der Prätext einem sehr irdischen Luft zu machen. Die Analogieen dazu fänden sich auch in den übrigen Künsten der Zeit.

2) Die meisterhafte Schilderung sehe man in Burkhardt's „Cicerone" 2. Aufl. Bd. 1, S. 697—699.

316 Die Zeit der ersten musikalisch-dramatischen Werke.

Das gedenkbar Seltsamste dieser Gattung vielleicht ist ein von Radesca da Foggia componirtes Duett[1]), dessen Text, von Lodovico Caligaris, Canonicus der Metropolitane zu Turin, eine Art spielender Umschreibung des Grundgedankens der alten Sequenz „Mater patris, nata nati", und durch den gezierten Hof- und Conversationston jener Zeiten ein verwunderliches Stück Poesie ist. Der den Dialog beginnende Interlocutor sieht eine wunderschöne Dame mit einem wunderschönen Knäblein, die er höflichst anredet. Sie neckt ihn eine Weile mit Räthseln herum, bis sie sich zu erkennen giebt: „egli o Gesù — Maria son io" — wornach mit Hinzutritt einer dritten Stimme das Stück mit einem kurzen Lobgesange schliesst:

1) Libro V, N. 9.
2) Wie bei Radesca auch sonst, ist der Bass unbeziffert. Ich habe zur Erleichterung die Ziffern beigesetzt.

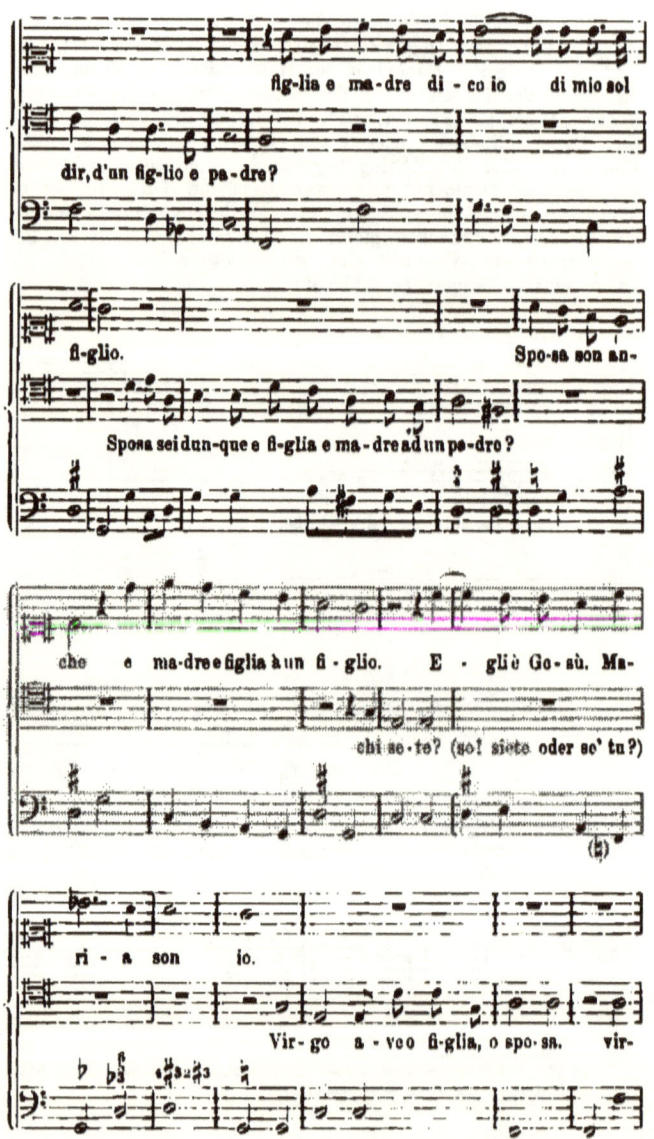

318 Die Zeit der ersten musikalisch-dramatischen Werke.

Durch alle Befangenheit in der Form und Führung dieses seltsamen Tonstückes brechen ganz merkwürdige Züge hindurch — Züge einer tief dramatisch zu nennenden Auffassung. Der Frager beginnt mit kühler Höflichkeit, mit dem Ausdruck einer halb gleichgiltigen Neugierde, der an der Antwort eigentlich wenig gelegen ist. Schon die ersten Worte Maria's haben etwas Feierliches. Der Fragende wird aufmerksamer, dringender — höchst gespannt ruft er zuletzt „wer seid ihr!?" — und nun antwortet Maria mit wirklich majestätischer Erhabenheit, worauf der überraschte Frager sie mit sich steigernder Innigkeit begrüsst.

Das kleine Trio zum Schlusse wiederholt die Begrüssung — aus welcher wirklich eine andachtsvolle Wärme fühlbar wird. So hat die Musik dem kleinen Stücke Farbe, Ausdruck und Leben verliehen — und der platte Einfall des Poeten wird durch sie rührend.

Aufgeregter Affekt war das Kennzeichen der Kunst jener Zeiten — nicht blos der Tonkunst. Wo die Malermeister vor Raphael himmlisch schöne Gestalten in seliger Ruhe hingestellt, stellten jetzt die Bologner Eklektiker, die Neapolitaner Naturalisten am liebsten die gedenkbarste Aufregung dar — ein Gegenstand, der in der älteren Kunst so gut wie gar nicht vorkommt; das dornengekrönte Eccehomo-Haupt, mit leidenschaftlich zum Himmel emporflammendem Blick, die reuige Magdalena, welcher erbsengrosse Thränen über die Wangen rollen, sind Lieblingsgegenstände; Maria wird am liebsten als Mater dolorosa gemalt. Sehr begreiflich, dass die Musik den analogen Weg zu wandeln begann! Um solchen Aufgaben zu genügen, musste die Musik, die bisher wie eine keusche Priesterin am Altar gestanden, jetzt die leidenschaftlichsten Töne anschlagen — selbst wenn sie betete. Von Domenico Mazzocchi's „büssender Magdalena" hat Athanasius Kircher mindestens ein Fragment überliefert, welches genügt, um einen Schluss auf das Uebrige machen zu können, und welches für das eben Gesagte sehr kennzeichnend ist:

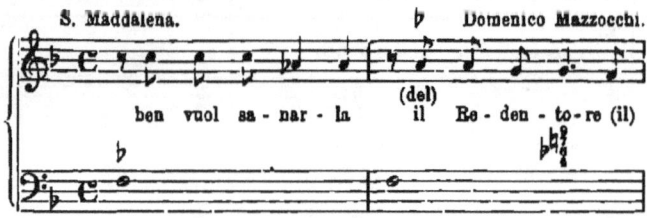

(NB. Das Original ist unbeziffert.)

320 Die Zeit der ersten musikalisch-dramatischen Werke.

Wir erkennen hier denselben hochpathetischen Declamationsstyl, dieselbe Glut, wie wir sie bei Monteverde im Klaggesange seiner verlassenen Ariadne, im ersten Monolog seiner Penelope (in der Oper: il ritorno d'Ulisse) wieder finden werden. Auch bei Ariadneus Gesang hatten die Zuhörer Thränen vergossen. Dom. Mazzocchi schildert in obigem Fragment das schluchzende Weinen vollends mit sehr intensiver Kraft und mit beinahe all-

Die Zeit der ersten musikalisch-dramatischen Werke. 321

zuviel Naturnachahmung. Denkt man nun aber diese der damaligen Welt bis dahin ganz unbekannt gewesenen Töne mit allem Wohllaut einer edel gebildeten Stimme, mit leidenschaftlicher Aufregung vorgetragen, so begreift man, dass Loreto und, wie P. Kircher bemerkt, eben so die Sänger Bonaventura und Marcantonio damit alle Welt hinrissen.[1]) Und dass an Stelle des ritu-

---

[1]) Will man hier an passender Stelle mit Deutlichkeit sehen, welche rasche Fortschritte die Tonkunst machte, so vergleiche man mit Mazzocchi's Magdalena jene von Francesco Antonio Pistocchi (geb. 1659 zu Palermo), wie er sie in seiner Cantate „S. Marie vergine addolorata" (1698) malt. Während der ältere Meister die Deklamation vorwalten lässt, ist hier schon der „bel canto" in voller Entwickelung da:

322 Die Zeit der ersten musikalisch-dramatischen Werke.

ellen Latein die vertraute Muttersprache getreten, trug zur Wirkung wesentlich bei.

Neben den geistlichen monodischen Gesängen wurden zahlreiche weltliche componirt, deren erster Keim in Caccini's „nuove musiche" liegt, die aber allgemach Form, Gestalt, in glücklichen Fällen sogar melodischen Reiz und charakteristischen Ausdruck annehmen, die es versuchen, wehmüthig zu sein oder zu scherzen und die den Uebergang zur Kammercantate vermitteln, welche, ein Menschenalter später, in Giacomo Carissimi, dann in Stradella und weiterhin in Alessandro Scarlatti glänzende Vertreter findet. Es war hauptsächlich Oberitalien, und hier vor allem wieder Venedig, wo in dieser neuen Gattung von Musik überaus fleissig gearbeitet wurde und die Presse thätig war. Componisten, welche im herkömmlichen mehrstimmigen contrapunktischen Satz erzogen waren und der Welt ein oder einige Bücher Madrigale zu drei, vier und mehr Stimmen geschenkt hatten, griffen mit lebhaftem Interesse nach dem neuen Musikstyl. Von dem bedeutendsten dieser Ueberläufer, Claudio di Monteverde, wird späterhin zu sprechen sein. Einer der Eifrigsten war jedenfalls jener schon genannte Radesca da Foggia, welcher in einer Sammlung achtstimmiger Messen und Motetten, die 1620 in Venedig gedruckt wurde,[1]) dem älteren Styl sein Opfer brachte, dessen Hauptwerk aber fünf Bücher Monodieen sind, welche 1616 bei Giacomo Vincenti in Venedig gedruckt-wurden. Auf dem Titel nennt sich Radesca „Organista della Metropolitana di Torino et musico di Camera dell' Illustrissimo et Eccellentissimo Signore Don Amadeo di Savoia" — die Dedicationsvorrede des fünften Buches unterschreibt er als „Cittadino di Torino." Das erste Buch wird durch eine nichtssagende, schwülstige Dedicationsvorrede an Margarita Lignana Tizzona, Marchesa di Moncrivello eingeleitet.[2]) Die Gesänge selbst sind so gesetzt, dass der Grund-

---

[1]) Sie scheinen nirgends mehr vorhanden, werden aber in Walther's Lexikon, S. 252, erwähnt. Von dort hat es Gerber (unter ausdrücklicher Berufung auf Walther) in sein Lexikon herübergenommen. — Fétis und Becker („Tonwerke des XVI. und XVII. Jahrh.") wiederholen einfach die Angabe.

[2]) Der Titel lautet: „Il primo (secondo u. s. w.) libro delle Canzonette, Madrigali et Arie alla Romana a due voci, per cantare et sonare con la spineta, chitarrone et altri simili stromenti, del Radesca da Foggia, Organista della metropolitana di Torino et musico di Camera dell' Illustrissimo et Eccellentissimo Sig. Don Amadeo di Savoia. Nuovamente con ogni diligenza corrette e ristampate. Con Privilegio. In Venetia appresso Giacomo Vincenti MDCXVI". (Folio — enthält 17 Gesänge.) Das „corrette e ristampate" lässt schliessen, dass schon eine frühere Auflage vorhergegangen sein muss. Als vielleicht „Exemplar unicum" besitzt die Prager Universitätsbibliothek diese für die Geschichte der Monodie so überaus wichtige Sammlung von Gesängen. (Sig. XI, B. 41.) In demselben Bande finden sich die Gesänge von Brunelli, Capello, Marinoni, Fornaci, die „Strali d'amore" und andere wichtige Denkmale aus der Incunabelzeit der Monodie. Ein kunstsinniger, hochgebildeter Rath

bass in den Duetten zugleich als zweite Stimme dient, wodurch
er, als Gesangspart betrachtet, keine glückliche Gestalt erhält —
eine Bezifferung fehlt gänzlich, der Begleitende mochte zusehen.
Die Tonarten sind C-dur, F-dur, G-dur, G-moll, beim ersten
Liede im dritten Buche „dopo che tu mi vuol tradire" B-dur mit
zwei ♭ Vorzeichnung, dagegen kommt ♯ als Vorzeichnung nicht
vor. Bei den Cadenzen sind die Accidentalen beigesetzt. Die
Ausweichungen nach der Dominanten- oder Paralleltonart sind
wie instinctmässig gefunden — wo ein Lied einen zu wieder-
holenden ersten Theil hat, endet er, gleich dem zweiten, auf der
Tonica, wodurch Monotonie entsteht. Die weiblichen Versausgänge schleppen in der Musik schwerfällig nach (wie bei Caccini).
In dem Duo „non ha'l ciel cotanti lumi" kommt gleich anfangs
eine hübsche Steigerung nach der zweiten Klangstufe vor:

In dem Liede „Ohime, se tanto amate" im zweiten Buch („il
favorito del Eccellentissimo Don Amadeo" steht dabei) kommt
die Sequenz vor

Ob das Stück deswegen dem Herzoge so gefiel?

Eine bedeutende Anzahl der Gesänge sind als Strophenlieder behandelt. Ueberall zeigt sich liedmässig-periodische Form,
obwohl vielfach noch unbeholfen und im Bau zuweilen fehlerhaft.
Im Ganzen sehen die Lieder einander bedenklich ähnlich —

Rudolph II., Namens Troilus a Lessoth, der das Buch autographisch mit
seinem Namen bezeichnet hat, liess um 1616 „Das Neueste aus Italia"
für sich nach Prag bringen und die Sendung in einen dicken Folioband
zusammenbinden. Ich mache musikalische Geschichtsforscher auf den
Schatz dringend aufmerksam!

Streben nach charakteristischem Ausdruck wird indessen trotzdem fühlbar. Die Spuren des rein declamatorischen Florentinerstyls schlagen noch oft entschieden durch, zum Nachtheil des cantabeln Melodieflusses, der sich aber in einstweilen schüchternen Zügen doch auch einzustellen beginnt, ja auch wohl siegreich durchbricht. Das Lied „Ahi, ch'io mi sveglio" (das auch in harmonischer Beziehung durchweg gelungen ist) erinnert noch mit seinen leichten Imitationen an den älteren Madrigalstyl — auch die classische alte Cadenzform erscheint hier:

Die im Bass erscheinende Ligatur „cum opposita proprietate" ist im ganzen ersten Buche die einzige Reminiscenz an die alte Notirungsweise, sonst kommen nur die Notengeltungen:

○ ╒ ╓ ╙ vor — für die Schlusse nach alter Art ╡. Ein ganz artiger Scherz sind die „Esequie amorose" im dritten Buch — „gia si veder il cielo", wo nach Art eines Falso bordone auf eine Note ≡ viele Sylben declamirt werden mit ³/₂ a Tempo wechselnd. Auch drei spanische Gesänge (die Nähe von Mailand!) finden sich; im zweiten Buch eine „Canzonetta' Spagnuola, scritta a gusto d'un Cavaliere: Sy vos pretendeys querermé" — eine allerliebste graziöse Kleinigkeit —; im dritten Buch „que sean les mugeres" —; im vierten eine „Canzonetta Spagnuola" „si de los ojos"; in demselben Buche eine artige „Napolitana a 3" — „qui scritta a gusto d'una Dama" bemerkt der Componist, der mit dergleichen kleinen musikalischen Cadeaus gerne diesen jenen Cavalier, diese jene Dame erfreute.

Neben diesen Zierlichkeiten kommen auch Tänze vor — ohne Text, als Tanzmusik: so eine „Corrente di Radesca" und eine zweite „di G. Batt. Muti Violino di S. A. S. et musico di Camera dell Ecc. Don Amadeo di Savoia" ferner eine „Nizzarda francese per ballare", die Radesca seinem Freunde Don Alaramo Picco zu Liebe schrieb — die Corrcnten sind von spanisch-feierlicher Grandezza, die Nizzarda hüpft wie ein Scherzino, treibt allerlei rhythmische Pikanterien und verräth nur durch einige kleine Unbeholfenheiten in der Harmonieführung ihre Entstehungszeit.[1]) Daneben Singetänze, wie das Balletto „per voler d'amore"

---

[1]) Man sehe diese Tonsätze in den Anhängen des ersten Theiles meiner „Bunten Blätter".

und eine „Volta per ballare": „Filli gentile perchè fuggi", einzelne, nicht als Tänze bezeichnete, aber ganz an Gastoldi's „Fa la" mahnende Kleinigkeiten, welche munter genug vorbeihüpfen:

(NB. Die Mittelstimme ist hier zu besserem Verständniss beigefügt, das Original ist zweistimmig.)

Lib. I. N. 13. Amare in fin ch' è tempo.

Die Texte haben Ueberschriften, welche den Inhalt kurz andeuten. Fast durchweg ist es die bekannte italienische Liebespoesie — ein Lied im ersten Buch „ahi traditor" streift hart an die Grenze des Anständigen. Einzelnes ist für Hofbälle und Hoffeste gedichtet und componirt, so eines für einen Maskenzug „Apollo introduttore delle muse in un ballo" — im Texte „hor che l'Italia altiere" heisst es weiterhin: „godete o regj sposi" — also ein Hochzeitsgesang. Ein anderes Stück, wo sich die Flüsse Po, Sturna und Dora mit den Worten einführen: „Regia infante gloriosa" ist laut Ueberschrift gerichtet „alla Serenissima Infante Margarita di Savoia, navigando il Po." Zwischen vielen Phrasen und Gemeinplätzen tauchen gelegentlich auch gute Verse auf. So lautet in dem bereits erwähnten „non ha 'l ciel" eine Strophe:

Penar longo e gioir corto
Morir vivo e viver morto
Spem' incerta e van desire
Mercè poca e gran languire
Falsi risi e veri pianti
E la vita de gl' amante

was nach Inhalt und Wohlklang allenfalls Ariost geschrieben haben könnte. Ein Stück „Partenza" im zweiten Buch „Mi parto ohime" ist wie die Ahnfrau der zahllosen späteren Abschiedsgesänge, die Musik dazu ist innig empfunden. Das fünfte Buch enthält, wie schon vorhin erwähnt, geistliche Gesänge — allerlei weibliche Heilige — S. Orsola u. a. — haben hier Artigkeiten entgegenzunehmen, wie in den vier früheren Büchern irdische Damen, die noch keine Heiligen sind.

Zu einem hübschen Doppeldialog gestaltet sich „Mirtillo ed Amarilli, Dialogo a 4 voci" (Buch IV, No. 16) — es ist wie eine erste Ahnung der einstweilen noch vollständig unbekannten Conversationsoper, auch das schnippisch abweisende Wesen der beiden Mädchen ist bezeichnend wiedergegeben; der canonische Anfang ist wiederum ein Rückblick:

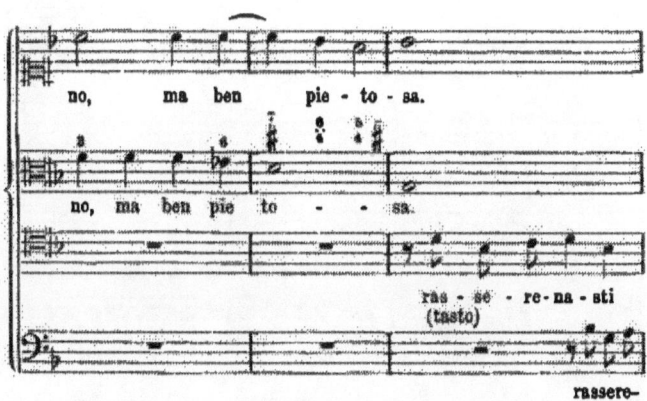

330 Die Zeit der ersten musikalisch-dramatischen Werke.

Ausserordentlich wichtig ist bei all' diesen Compositionen die Generalbassbegleitung. Wie die Sachen auf dem Papier dastehen, gleichen sie magern Umrisszeichnungen — den Generalbass mitgespielt, und sie beleben sich, wie sich jene Contouren durch eine gelungene Modellirung in Licht und Schatten beleben würden. Der Componist giebt gleichsam die Skizze und überlässt die rundende detaillirende Ausführung den Sängern und Generalbassspielern. In Italien galt dies schlagfertige Improvisiren von je als die Meisterprobe des Künstlers!

Radesca's Zeitgenosse ist Antonio Brunelli, Kapellmeister des Grossherzogs von Toskana. Von ihm erschienen 1614—1616 bei G. Vincenti in Venedig drei Bücher monodischer Gesänge,[2])

---

[1]) Nach löblicher Gewohnheit hat Radesca keine Bezifferung angebracht, welche ich hier beigegeben habe. Die Sorglosigkeit der alten Meister in diesem Capitel (und in ♭ und ♯!) ist unbegreiflich. Ein schlechter Generalbassspieler konnte Alles gründlich verderben!

[2]) „Scherzi, Arie, Canzonette e Madrigali a una, due e tre voci per suonare e cantare con ogni sorte di stromenti. Da Antonio Brunelli, maestro di Cappella di Sua Altezza Serenissima nell' Illustrissima e Sacra Religione de' Cavallieri di Santo Steffano in Pisa. Libro secondo. Opera decima. In Venetia, appresso Giacomo Vincenti 1614." —
„Scherzi, Arie, Canzonette e Madrigali a una, due e tre voci. Per cantare sul Chitarrone e Stromenti simili, di Antonio Brunelli, maestro di Cappella del Serenissimo Gran Duca di Toscana nell' Illustrissima e Sacra Religione de Cavalieri di S. Steffano in Pisa. Libro terzo. Opera duodecima. In Venetia appresso Giacomo Vincenti 1616." Ueber das erste Buch vermag ich keine Nachweisung zu geben. Bemerkenswerth ist die Angabe der Opuszahl — es ist vielleicht das früheste Beispiel.

welche im Grundzug durchaus jenen Radesca's verwandt sind, d. h. den gemeinsamen Charakter der Zeit haben, aber durch allerlei sonderbare und mitunter kühne, wenn auch nicht immer glückliche Einfälle überraschen.

Ein durch einzelne ganz gelungene Stücke und durch allerlei interessante harmonische und anderweitige Experimente merkwürdiges Werk sind die Madrigale a voce sola von Giov. Francesco Capello, einem gebornen Venezianer und Organisten der Kirche Madonna delle grazie in Brescia.[1]) In folgendem kurzen Stück könnte man glauben, einen der edel-, sentimental-melancholischen Sätze zu hören, wie sie Allessandro Stradella in seinen Cantaten zuweilen anbringt.

[1]) Madrigali et Arie a voce sola di Giovanni Francesco Capello da Venetia Organista nelle gratie di Brescia. Opera duodecima. Nuovamente composta et data in luce. Con Privilegio. All' Illustrissimo Signor Francesco Morosini, Podestà di Brescia. In Venetia appresso Giacomo Vincenti MDCXVII. Die Dedicationsvorrede ist datirt: „Brescia li 28 di Ottobre 1617". M. Prätorius zitirt „des Gio. Franc. Capell. Venetiani verba" so ihm „neulich in einer Präfation zu Handen kommen" als Autorität (Syntagma III, S. 241). Die Stelle betrifft die Verdoppelung der Singchöre in Octaven.

332 Die Zeit der ersten musikalisch-dramatischen Werke.

---

1) Diese Art Textlegung für den Ausgang der Wortsätze kommt mit der Monodie auf, und bleibt noch lange in Uebung — so dass die Schlusssylbe vor der eigentlichen Schlussnote, die auf den guten Takttheil fällt, wie ein langer Vorschlag schon auf die letzte Note des vorletzten Taktes fällt.

2) Diese Art Beantwortung des Motivs in der Dominantentonart ist ganz im Sinne Stradella's; man sehe dessen Cantate: „Piangete, occhi, piangete".

Die Zeit der ersten musikalisch-dramatischen Werke.

Man mag bei Compositionen, wie die vorstehenden, wohl erstaunen, dass eine Musik, die sich von den alten Banden der Contrapunktik emanzipirt hatte und als deren oberste Kunstregel so ziemlich der Spruch gelten darf: „erlaubt ist, was gefällt", sich so edel und massvoll nahm, in einer Zeit, wo man z. B. in Deutschland Gedichte in Form von Palmenbäumen, Pokalen u. s. w. druckte, „durch Letterwechsel" seltsame Anagramme herausbrachte, zu monumentalen Inschriften „höckerige" Chronogramme (wie sie Jean Paul nennt) dem einfachen Lapidarstyl vorzog und wo Schwulst und Unnatur in Sprache, Dichtung, Tracht und allem Möglichen herrschte. Aber gelegentlich zahlte die Musik dem Zeitgeiste doch auch ihren Zoll, und gerieth auf die krausesten Einfälle. Ein Madrigal von Capello, wo augenscheinlich Poet und Musikus im Einverständniss gearbeitet haben (wie weiland bei Josquin's Marien-Motette mit ut re mi fa sol la), enthält im Text eine Menge Worte, die zugleich auch als musikalisch-technische Ausdrücke verstanden werden können. Capello hat sie in der dazu componirten Musik getreulichst illustrirt — das Resultat war, dass ein tolles Stück höchst barocker Musik dasteht — eine wahre musikalische Missgeburt — und das ist nun derselbe Capello, der für den „palidetto sole" so edel empfundene einfache Töne zu finden gewusst! Die Vorwürfe, welche V. Galilei der kleinlichen Wortmalerei der Contrapunktisten macht, wären hier gesteigert anwendbar.

334 Die Zeit der ersten musikalisch-dramatischen Werke.

„Strana armonia — cantar — chiavi (♭) — note (schwarze Noten, um sie vor den anderen auszuzeichnen, vielleicht auch mit einem Seitenblick auf das ähnlich klingende „notte"!!) accenti — sospiri (≡≡) acuti — gravi — sol" (c nach dem hex. molle) — pose" (Pausen) — das alles wird lebhaft hingestellt — es erinnert an den gezeichneten Scherz eines Mädchenbildes mit Sternenaugen, Rosenwangen, Schwanenhals u. s. w. — wo das figürlich Gemeinte nach dem Wortlaut hingezeichnet ist — jedenfalls kommen Vincenzo Galilei's (geträumte) grüne, blaue u. s. w. Noten, welche, wie Galilei wähnte, Wald, Himmel u. s. w. versinnlichen sollten, gegen das, was hier wirklich und wahrhaftig dasteht, kaum in Betracht. Auch wie die „lamenti" durch eine lange Meckerpassage, und wie die „tormenti" durch wirklich peinlich klingende Fortschreitungen und Zusammenklänge versinnlicht werden, übersehe man nicht!

Den bisher genannten Meistern der musikalischen Kleinkunst schliesst sich Giacomo Fornaci aus Chieti mit seinen 1617 erschienenen „Amorosi respiri musicali" [1]) an — es findet sich darin ein Gedicht „tornato o cari baci", welches auch Capello componirt hat — die Vergleichung beider ist nicht ohne Interesse.

---

1) Amorosi Respiri musicali di Don Giacomo Fornaci di civita di Chieti. In quali si contengono Scherzi, Arie, Canzoni, Sonetti e Madrigali per cantare nel Chitarrone, Clavicembalo o altri instromenti simili, a una, due e tre voci. Novamente composti e dati in luce. Libro primo. Opera seconda. In Venetia appresso Giacomo Vincenti MDCXVII.

Die Zeit der ersten musikalisch-dramatischen Werke.

Capello trifft den Ausdruck der Sehnsucht, während der Andere nur ein kleinliches, seelenloses Häkelwerk von Noten zusammenklittert.

Der ähnlichen Richtung gehören an: der Sizilianer Sigismondo d'India, welcher, ein geschätzter Motetten- und Madrigalcomponist, sich auch in zwei Büchern Monodieen versuchte; Luigi Rossi, von dessen Canzonette „or che la notte del silenzio amica" Pietro della Valle lobende Erwähnung macht [1]), von welchem das britische Museum eine Sammlung von Monodieen besitzt [2]) und in dessen Compositionen stellenweise das Lauf- und Schnör-

---

[1]) „chi puo sentire cose — più delicate?" ruft der Enthusiast aus (bei Doni Opp. II, S. 258).
[2]) Bibl. Harley. 1265, 1273.

kelwerk zu überwuchern beginnt¹) — endlich, und zwar als
einer der Begabtesten allerdings aber schon in die nächste Künstlergeneration hinübergreifenden, Salvator Rosa, der berühmte
Maler (1615—1673), dessen Gemälde in Historie und Landschaft
eine demokratisch-trotzige, vulkanisch-heisse, nächtlich-düstere
Natur verrathen, dessen Haus in Rom (in der via Gregoriana)
die steinernen Thür- und Fenstergesimse zu monströsen Riesenlarven ausgearbeitet zeigt, dessen Gedichte der bittersalzigste
Humor gewürzt hat, der aber als Musiker, völlig anders, Gesänge voll eines gleichsam tagheilen Wohllautes, voll harmonischen Masses schafft, welche man nicht etwa als blosse Dilettantenarbeiten eines nebenher musizirenden Malers ansehen darf,
sondern die den fertigen Meister der Tonkunst im Sinne seiner
Zeit verrathen. Natürliche Führung, liebliche, ganz ausgebildete
Melodie, Reichthum der Phantasie, Feuer, Geist, edler Ausdruck
zeichnen diese kleinen Stücke in hohem Grade aus. — In wiefern Salvator genügt haben würde, hätte er sich an Grösseres
gewagt, bleibt eine Frage. Er fühlte, scheint es, wie weit seine
Kräfte reichen, und richtete sich darnach. Unter dieser Generation kleiner Meister behauptet er eine sehr ehrenvolle Stelle, ja
seine überaus reizenden Kleinigkeiten machen nicht mehr den
Eindruck eines nur bedingt Gelungenen, wie die Arbeiten Radesca's u. A. — sie sind in sich geschlossene, ganz schön durchgeführte kleine Kunstwerke von unvergänglicher Frische und
Anmuth.²) Man wird jedoch nicht vergessen dürfen, dass Salvator
bereits unter der Einwirkung der Zeit und Kunst Carissimi's und
Cavalli's stand, wie ihm denn die Form der gearbeiteten Kammercantate schon ganz geläufig ist.

---

¹) Burney (III, S. 157) giebt allerlei Bruchstückchen als „Proben"
— auch merkwürdige harmonische Schritte — aufwärts aufgelöste Septimen (wohl mehr Ungeschicklichkeit als Kunst), den mehrfach vorkommenden Gebrauch des übermässigen Quintsextaccordes u. s. w.

²) Ein Band, der ihm selbst gehört hatte, stammt aus Burney's
Nachlass, der das merkwürdige Buch in Rom erwarb. Proben sehe man
bei Burney III, S. 165—168. Leider zum Theil wieder herausgerissene
Brocken, mit angehängtem „et cetera". Merkwürdig ist es, dass man
zweimal an Beethoven gemahnt wird. Nummer III erinnert im Charakter sehr an das wunderbare „Andante con moto, quasi Allegretto" im
Quartett Op. 59 N. 3. Um das leidige „et cetera" Burney's auszugleichen, füge ich bei der Ausführung an Burney's letzten Takt den

Akkord [musical notation] und dann da Capo bis zur seconda volta.

Nummer VI und VII lasse ich zusammen wie parte prima, parte seconda,
parte prima da Capo singen — es passt zusammen. In N VII erinnern
die Takte 10—13 auf's stärkste an das Menuett-Trio in Beethoven's oben
genanntem Quartett — dasselbe Motiv, dieselbe Steigerung! Nummer
VIII beginnt à la Mozart, endet à la Händel.

Sieht man die Hunderte von Kleinigkeiten und Niedlichkeiten durch (mit denen besonders der Verlag Giacomo Vincenti in Venedig die Liebhaber reichlich versorgte), bei welchen (wie Rossini einmal schelmisch gegen einen befreundeten Romanzencomponisten äusserte) der Tonsetzer glücklich zu preisen war, weil er das Blatt, auf das er seine Composition niederschrieb, nicht umzuwenden brauchte (indem er es schon auf Pagina Eins zum Schlusstakt brachte), so bekommt man eben so ein lebendiges Bild vom Geschmack und den Wünschen der damaligen musikalischen guten Gesellschaft in Italien, wie es ein Jahrhundert vorher Petrucci's neun Bücher Frottole gewähren. Man könnte diesen Liederfrühling mit den Schneeglöckchen, Crocus und Leberblümchen vergleichen, die sich, unter unserem Himmel die ersten, arm an Farbe, klein an Gestalt aus der Erde hervorwagen und, so unbedeutend sie sein mögen, als erste Zeichen einer neu erwachten Schöpfungskraft, als erste Verheissung einer künftigen reichen Blüte erfreuen. Die Zeitgenossen vollends geberdeten sich, als sei die goldene Zeit der Musik gekommen, und warfen die älteren Sachen verächtlich bei Seite.[1])

Wie schon Peri und Caccini liess auch diese neue Generation der kleinen Meister dem Sänger sehr viel zu thun übrig. Er musste Farbe, Leben, Ausdruck geben, wo jene nur andeuteten. Wie sich nun aber bei der neuen Musik der Sänger, ganz zum Gegentheil der früheren Epochen — als **Individuum** geltend machte, wie er mit seiner Virtuosität glänzend hervortrat, begann folgerichtig auch die Aera des „Sänger- und Sängerinnencultus". Auf diesem Gebiete ist die vielleicht eigenthümlichste und merkwürdigste Erscheinung in dieser gährenden Zeit der Castrat[2]) **Vittorio Loreto**. Er stammte aus Spoleto, errang durch sein Talent die Gunst des Herzogs Cosmus von Medici, wurde von Ottavio Doni nach Florenz gebracht und dessen Hausgenoss; später wurde er Hausgenoss des Niccolo Doni. Dieser

---

1) Della Valle, der freilich immer lichterloh brennt, sagt: „Chi canterebbe oggi quell' altre Vilanelle, note a V. S. (Guidiccioni) e familiari a Lodovico Falsetto, — — oltrechè avevano parole goffissime, ne parova a i musici, che per cantar potessero esser altriinenti — sono d'altro garbo, non solo quanto alla poesia, ma anche quanto alla musica le Canzonette, che si cantano oggi" u. s. w. (S. 258.)

2) Dies hinderte nicht, dass Loreto eine Frau entführte, freilich aber nur, „um sie ihren harten Verwandten und den Nachstellungen eines jungen Mannes zu entziehen". (Erythr. Dial. I. S. 7.)

In den Briefen (Epist. ad div. V. 15) sagt Erythräus: „De equite Loreto nihil est quod vereamur, nam quidquid de illo narravimus, incredibili ejus voluntate fecimus, qui summa ambitione a me postulavit, ut adversum ejus casum (ita enim aiebat) meis literis posteritati mandarem. Ipse aliud sibi nomen finxit, et Olertum pro Loreto indidit, ipse epistolam totidem paene verbis, quibus eam scripsit, a me latino sermone re-

liess ihn mehrere Jahre lang zum vollendeten Sänger ausbilden. Jetzt glänzte er auf dem Theater, ja G. B. Doni schreibt ihm den Verdienst zu, der Erste gewesen zu sein, der eine höhere Singmanier in Florenz einführte.¹) Sein Ruf drang nach Rom, Cardinal Lodovico Ludovisi, der Neffe Gregor XV., ruhte nicht eher, bis er ihn vom Grossherzog losgebeten. So nahm Loreto seinen Wohnsitz in Rom, als Sänger des genannten Cardinals. Hier befreundete er sich mit Erythräus, welcher ihm und insbesondere seinem Vortrag der „büssenden Magdalena" von Domenico Mazzocchi in der Pinakothek ein Denkmal gesetzt hat²), dem einzigen noch lebenden Zeitgenossen, worüber sich Erythräus in den Einleitungsworten der Biographie ausdrücklich entschuldigt. An Ueberschwenglichkeit leistet die Schilderung das Gedenkbarste.

Cardinal Ludovisi legte förmlich Beschlag auf dieses Wunder von Sänger. Aus der gelegentlichen Aeusserung Pietro's della Valle „la Signora Lucrezia Moretti del Cardinal Borghese

---

citatam, composuit, ejusdemque exemplum ejus chirographo scriptum, salvum habeo domi." Loreto suchte sich, wie man sieht, weiss zu waschen!

1) — — academicorum Florentinorum opera monodici cantus quodammodo revixerunt, atque explanata vocum expressio et elegantior intervallorum ecphonesis sive prolatio haberi coepit in pretio: quam in hanc urbem intulit Loretus; quem domi suae aliquot annos familiaris illius, noster consanguineus, ac musicis studiis diligentissime institui curavit. (G. B. Doni, de praest. mus. vet. Opp. I. S. 137.)

2) — sed interdum Romae, per hiemem, in Sacello patrum Congregationis Oratorii exaudiebatur. Ubi cum ego, nocte quadam, Magdalenae, sua deflentis crimina, seque ad Christi pedes abjicientis, querimoniam canentem audivi; qui, eo ardore animi, ea vi vocis, iis tam mollibus tamque delicatis in cantu flexionibus, Magdalenam nostris pene oculis subjiciebat, ut si revixisset, in illa ejus poenitentiae ipsius imitatione suos veros luctus doloresque agnovisset atque admirata esset. At neminem eorum, qui aderant, arbitror fuisse tam leni animo tamque remisso, qui non ad eos motus se perduci sentiret, ad quos ab illo impellebatur; nimirum ad fletum, ad iram, ad odium peccatorum — nescio alios; me quidem scio acriter vehementerque in delicta mea exarsisse, cum illo Magdalenae personae actor praeteritae illius vitae crimina exsecraretur, propter quae in tantam Dei atque hominum offensionem incurrisset; sensi mihi ubertim lacrimas ab oculis ire, cum ille flentis peccatricis gemitus, voce ad miserabilem sonum inflexa repraesentaret; sensi me ad incredibilem admirationem efferri, cum vocem a gravissimo ad acutissimum sonum gradatim impellens, eandemque ab acutissimo ad gravissimum, per varios anfractus, volubilitate incredibile colligens, se posse eam ostenderet sicut molissimam ceram quocunque vellet contorquere ac flectere. Quid opus est verbis? Nullus erat animi motus, ad quem ab illo, ut ita dicam, abreptus non continuo formarer et fingerer. At quo artificio, qua venustate, quo lepore id totum ab illo fiebat? Profecto ars certare cum natura videbatur, utra majorem in eo vim ac dominationem haberet. (Jan. Nic. Erythraei, Pinacotheca altera. LXVIII. Loretus Victorius.)

— l'Ippolita del Cardinale Montalto" sieht man, dass es bei den Kirchenfürsten in Rom Sitte und Ton war, solche glänzende Talente in Dienste und ihre Leistungen gleichsam als Monopol in Anspruch zu nehmen. Das Aeusserste in letzterer Beziehung leistete nun wohl Cardinal Ludovisi. Nur sehr vornehme Personen bekamen mit seiner Bewilligung den Loreto zu hören — das sei kein Schmaus für plebejische Ohren, meinte Seine Eminenz.[1]) Dieser eine kleine Zug malt die Zeit und ihr hochmüthig-vornehmes Wesen, wie es sich auch in den gleichzeitigen Werken bildender Kunst ausspricht.

Rom brachte es denn mit seinem fast wahnwitzigen Sänger- und Sängerinnenenthusiasmus, an welchem lebhaften Antheil zu nehmen selbst Cardinäle sich nicht schämten, so weit, dass es uns im Jahre 1626 das erste Schauspiel leidenschaftlichen Parteihaders für und gegen zwei grosse Sängerinnen bietet. Jene schon genannte Margherita Costa aus Ferrara wurde von ihren Anhängern, die man „Costisten" nannte und an deren Spitze Mario Chigi, Bruder des (nachmaligen) Papstes Alexander VII., stand, so sehr in den Himmel erhoben, als die Venezianerin Cecca (Francisca) della Laguna von den „Cecchisten", als deren erklärtes Haupt Fürst Aldobrandini galt. Endlich kam man auf das Auskunftsmittel, in der Oper „la catena d'Adone" von Ottavio Tronsarelli[2]) beiden Rivalinnen Partieen von gleicher Bedeutung zuzutheilen. Jede Partei versprach sich einen vollständigen Triumph. Aber eben so war ein colossaler Theaterscandal in ziemlich sicherer Aussicht. Um diesen zu verhüten, setzte es die in Rom damals fast allmächtige Fürstin Aldobrandini durch, dass beiden Sängerinnen das Auftreten verboten wurde — zwei Castraten sangen die ihnen zugetheilt gewesenen Rollen. Was wohl Paul IV. zu diesen Geschichten gesagt haben würde?! —

Die Römer hatten einen völligen Heisshunger nach Ohrenschmaus. Auch die Kirche selbst musste sich's gefallen lassen, zum Concertsaale degradirt zu werden. Wo eine Nonne als Solosängerin glänzte, drängte sich, wie schon vorher erwähnt worden, alle Welt hin. Eine gewisse Verovia im Kloster „dello Spirito Santo" setzte die Welt mehrere Jahre lang in Staunen, eine andere Nonne bei S. Lucia in Selce war ihres Gesanges

---

1) — sed Ludovisius tam alte hominis pretium extulerat, ut non cuivis ejus audiendi faceret potestatem, sed iis tantum, qui aequabilitatem communis conditionis praestantia dignitatis aut fortunae suae transirent, quod eam vocis cantusque suavitatem vulgarium non esse aurium pabulum existimaret. (Erythraeus a. a. O.)

2) Leone Allacci's Dramaturgie enthält darüber folgende Angabe: „Catena d'Adone, favola boschareccia — in Viterbo per il Discepolo 1626 in 12 — ed in Roma per Francesco Corbelletti 1626 in 12 — di Ottavio Tronsarelli, e recitata l'anno 1648 in Bologna nella Sala Malvezzi.

wegen berühmt.¹) Die feinen Kenner und Kunstfreunde begrüssten die Sache als erstaunlichen Fortschritt!

Neben Vittorio Loreto blühten die Sänger Nicolini, Bianchi, Mario, Lorenzino, Malagigio. Die grosse Schönheit der Sängerin Adriana gab ihrer Kunst noch einen neuen Glanz und um so mehr, als die berühmte Vittoria Archilei nach Pietro della Valle's Versicherung nichts weniger als schön war. Adriana's Tochter Leonora versetzte vollends alles in einen Taumel von Entzücken, gleichviel ob sie ihren Gesang in kunstvoller und origineller Weise mit der Laute begleitete (welche sie, gleich der Viole, meisterlich spielte), oder ob sie auf dem Theater sang. Leonora Baroni (wie ihr voller Name lautete) brachte den Cardinal Vincenzo Costaguti dahin, zu ihren Ehren 1639 einen ganzen Band Gedichte — griechische (!), lateinische, italienische, französische und spanische — unter dem Titel „applausi poetici alle glorie della Signora Leonora Baroni" herauszugeben, — die Sammlung erlebte 1641 eine neue Ausgabe. Erythräus nennt ihren Gesang „beinahe göttlich". G. B. Doni preist sowohl sie als ihre Mutter Adriana als „neue Sappho". Auch ihre Schwester Caterina wird von Pietro della Valle als Sängerin rühmlich genannt. Pietro denkt mit Entzücken an die Zeiten, wo er die schöne Adriana mit der Goldharfe in der Hand den Posilipp umschiffen sah. „Noch giebt es also", ruft er, „dort Sirenen, aber wohlthätige, von Tugend und Schönheit gleich geschmückte Sirenen, und nicht arge und todbringende, wie die antiken gewesen". Pietro nennt ferner eine Signora Maddalena mit ihrer Schwester, welche beide man die „Lolle" nannte, eine Cammiluccia nebst Schwestern und Töchtern, „welche ihr Haus zu einem Parnass mit Musen machten", eine Sofonisba, Lucrezia Moretti, Laudomia del Muti, eine vortreffliche Contraaltistin Santa und Andere mehr. Man begann ausgezeichnete italienische Sängerinnen an fremde Höfe zu berufen, so kam Adriana's Schwester an den Hof des deutschen Kaisers, Leonora Baroni und die Ferraresin Margherita Costa an den französischen Hof, als Cardinal Mazarin den (einstweilen verunglückten) Versuch machte, die italienische Oper nach Frankreich zu verpflanzen.

Neben den Sängern und Sängerinnen begannen, ganz con-

---

1) Ma dove ho lasciato le monache, che per onorevolezza doveva prima nominare? La Verovia nello Spirito Santo ha fatto più anni stupire il mondo, nè gli è andata di molti passi addietro quell' altra Monaca, o quella Donzella, allieve, come io penso di lei, che nel medesimo Monastero cantano amendue di buonissima grazia. La Monaca di S. Lucia in Silice ognun sà di quanta fama sia; quelle di S. Silvestro già, quelle di Monte Magnanapoli ora, quelle di S. Chiara si vanno sentir per maraviglia. L'età passata non fu mai ricca, nè di tanti soggetti, nè di così buoni in un tempo" (Pietro della Valle's Sendschreiben).

sequenter Weise, auch Virtuosen auf diesem, jenem Instrumente zu glänzen. Michel Angelo Rossi war als Geiger berühmt, Orazio Napoletano als Harfenspieler. Das Cornet hatte seine Meister, wie Missilius (Missilium nostrum), den Doni preist, am Kaiserhofe einen gewissen Samson.

Dass man in Italien den Sänger, die Sängerin (ähnlich dem Verhältnisse in unseren Tagen) als durch ihr Talent nobilitirt behandelte, dass sich ihnen die Thüren der Grossen öffneten und sie sich unter Cardinälen und Principi u. s. w. wie Ebenbürtige frei bewegen durften, war der Musik zum Heil, mochte auch der Enthusiasmus der Mäcene mit seinem „Cult" gelegentlich in's Ueberschwengliche, in Lächerlichkeiten hineingerathen. Die Musik war in der häuslichen „Accademie", im Salon der Vornehmen wie in der Kirche ein Gegenstand feinsten, geistigen Genusses. Das Andenken der musikalischen Akademien im Hause des genialen Malers Tintoretto zu Venedig, deren Seele die geistvolle, früh ihren Freunden und Bewunderern durch den Tod entrissene Tochter Tintoretto's, Marietta, war, hat sich bis heute erhalten. Die Musik wurde allerdings dadurch in Italien durch und durch aristokratisch — die Volksmusik, der Volksgesang wurde allgemach zu völliger Unbedeutenheit herabgedrückt, wie er denn heutzutage in Italien fast erloschen ist.

Das von politischen und confessionellen Wirren zerrissene, bald vom dreissigjährigen Kriege in ein Blutmeer getauchte Deutschland erscheint in Sachen der Musikpflege gegen das gleichzeitige Italien fast barbarisch. Eine Stelle bei Prätorius (Synt. III, S. 132, richtig 112) spricht von Musik „in Kirchen" und „vor der Tafel", als gäbe es keine andere. Die Tonkunst muss, wenn sie nicht der Andacht dient (oder dienen soll), Pasteten und Braten accompagniren — auch sie eine Dienerin gemeinsinnlichen Genusses! Erinnert man sich, wie G. Forster über das „viehische Vollsaufen" klagt, erinnert man sich der „fürstlichen Gasterei" im „Simplicissimus" (Buch I, Cap. 29 u. f.), für welche jener grobe Ausdruck keine zu harte Bezeichnung ist, des ambraser Willkommbechers, den der Gast auf einen Zug leeren musste und dessen Dimensionen Entsetzen einflössen, selbst wenn man kein Mitglied eines Mässigkeitsvereines ist, und ähnlicher Dinge, so kann es kaum eine ärgere Herabwürdigung der Tonkunst geben, als einen Froberger etwa auf einem Regal zu den Tafelfreuden aufspielen zu sehen, wobei der Musikus freilich neben Phantasieen und Recercars hauptsächlich Passamezzen, Gagliarden und Sarabanden zum Ergötzen der hohen, höheren und allerhöchsten Ohren zum Besten geben musste, wie bei Prätorius als guter Rath ausdrücklich gesagt wird.[1] Die Tafel-

---

[1] Syntagma III ad voc. Ritornello.

musiken, welche an deutschen Höfen, in deutschen Palästen noch im vorigen Jahrhundert etwas ganz Gewöhnliches waren, die „blasenden Harmonieen", welche namentlich in Oesterreich und vor allem in Böhmen grosse Kavaliere unter ihren „Domestiken" unterhielten, „so bei Tafel mit beliebten Opernstücken aufwarteten" und deren Andenken Mozart im zweiten Finale seines „Don Giovanni" erhalten hat, dürfen bei gänzlich veränderter Zeit und anderem Zeitgeist als Nachklang jener früheren grobsinnlichen Auffassung gelten. [1]) Der grosse Tonsetzer, der edelste Musiker wurde kaum noch vom herumstrolchenden Musikanten unterschieden — im glücklichsten Falle war er „Hausoffizier" eines Grossen oder Kirchendiener. Noch Joseph Haydn und Mozart litten unter diesen Verhältnissen.

In Frankreich dachte man etwas geistreicher, und Gluck konnte sich auf den Parketten Maria Antoinetten's frei und unbefangen bewegen, ja gelegentlich selbst Künstlerstolz fühlen lassen. Ludwig XIV. hatte aber so gut wie ein deutscher Fürst seine Tafelmusik, seine „vingt quatre Violons du Roy", von denen sich dann unter Lully's Leitung die sogenannten „petits Violons" abzweigten, und seinen gepriesenen Lautenschläger und Theorbenspieler de St. Luc, der bei Tafel seine virtuosen Künste zum besten gab. [2])

In den Niederlanden, welche wenigstens ihren grossen musikalischen Weltruf jetzt verloren, wurde die Musik, statt wie in Italien zur vornehmen „Accademia", zum gemüthlichen Familienconcert. Die Bilder der vortrefflichen Genremaler David Teniers d. j., Netscher u. A. erzählen davon in sehr anziehender Weise.

Dass die italienischen Solosänger allmählich eine Menge der feinsten Vortragmanieren zur Geltung brachten, versteht sich von selbst, welche dann mannigfach in der Instrumentalmusik Nachahmung fanden. In Deutschland interessirten sich Männer des musikalischen Fortschrittes, wie Michael Prätorius, lebhaft dafür

---

1) Eine charakteristische Schilderung aus Herrn von Besser's Schriften S. 378 möge hier eine Stelle finden. Der Autor beschreibt die Vermälung „des Casselischen Erbprintzens mit der Churbrandenburgischen Princessin" zu Berlin im Jahre 1700: „Den 6. Junii zu Mittage ward die Tafel in dem Oraniensaale gedecket, und bei derselben nur mit einer stillen Music aufgewartet; nemlich mit der Theorbe, Laute und Guitarre, die der frantzösische grosse Künstler de St. Luc mit einer fast entzückenden Lieblichkeit rührte, und sich dadurch den Glauben gar leicht zu wege brachte, dass S. Königliche Majestät von Frankreich, wie das Gerüchte von ihm gehet, ihn vor andern würdig befunden, Sie bissweilen mit dem Klange seiner Saiten bey Ihren Mahlzeiten zu ergetzen".

2) Siehe die vorstehende Anmerkung. De St. Luc trat dann in die Dienste des Prinzen Eugen von Savoyen und lebte in Wien. Ich besitze von ihm handschriftlich ein Buch voll Lautenstücke — in ihrer Art an die niedlichen Kleinigkeiten Couperin's mahnend, aber als Composition den letzteren nicht entfernt an Werth gleich.

— Andere, die mehr conservativ dachten, schüttelten bedenklich den Kopf.¹) Italien begann seine musikalisch weltbeherrschende Stellung einzunehmen. Heinrich Albert in seinem fernen Königsberg verwundert sich, „was für herrliche, lebhafte und geistreiche Compositionen aus Italia (welches billig die Mutter der edlen Music zu nennen) zu uns gelangen". ²)

Den charakteristischen Klang der verschiedenen Stimmengattungen begann man in Italien vom dramatischen Standpunkte aus zu würdigen — auch die Bassstimme war einstweilen noch nicht in dem Misscredit, in welchen sie in Italien später gerieth. ³)

---

1) „Forte, Pian: Praesto; Adagio Lento. Diese Wörter werden bisweilen von den Italis gebraucht, und in den Concerten an vielen unterschiedenen Oertern, wegen Abwechslung beydes der Stimmen und Choren, darbey oder drunter gezeichnet, welches ich mir dann nicht missfallen lasse. Ob zwar etliche, dz sich dessen, sonderlich in Kirchen zu gebrauchen nicht gut sei, vermeinen: so deuchtet mir doch solche Variation und Umbwechselung, wenn sie fein moderate und mit einer guten gratia die Affectus zu exprimiren und in den Menschen zu moviren, vorgenommen und zu werck gerichtet wird, nicht allein nicht unlieblich oder Unrecht seyn, sondern vielmehr die aures et animos auditorum afficere und dem Concert ein sonderliche Art und gratiam conciliire. Es erfordert aber solches offtermals die Composition, sowol der Text und Verstand der Wörter an ihm selbsten: dass man bisweilen, nicht aber zu offt und gar zu viel, den Tact bald geschwind, bald wiederumb langsam führe, auch den Chor bald stille und sanfft, bald stark und frisch resoniren lasse. Wiewol in solchen und dergleichen umbwechslungen in Kirchen viel mehr, alss vor der Taffel eine Moderation zu gebrauchen vonnöthen sein wil. So Weis nun aber ein jeder selbsten, was solche Wörter bedeuten, alss: Forte, elate, clare, id est summa, seu intenta voce, wenn die Instrument und Vocalisten zugleich starck: Pian, submisse, wenn sie die Stimme moderiren und zugleich gar stille intoniren und musiciren sollen. Sonsten ist Pian so viel alss placide, pedetentim, lento gradu: dass man die Stimmen nicht allein messigen, sondern auch langsamer singen solle". (Syntagma III, 3. Abth., Cap. I, S. 112.)

2) Vorrede des poet.-mus. Lustwäldleins.

3) G. B. Doni's Tratt. della mus. Scen. cap. XXIX „dell' assegnare a ciascun personaggio convenevole voce o tuono" (Opp. II, S. 86) enthält über diesen Gegenstand interessante Bemerkungen: „ — — dove parlassero tre pastori giovani, si potrebbe ad uno assegnare la voce di un Baritono, al secondo di un Tenore e al terzo di un Contralto, allontanando i sistemi almeno per terze: o parimente, se fossero due Ninfe, all' una assegnare il soprano più acuto, all' altra il più grave. Si può dubitare quello, che convenga fare, dove entrano Deità, Spiriti celesti o infernali, Virtù, Vizj etc. Ne accenneremo dunque qualche cosa, prima parlando delle cose vere, poi delle finte e favolose. Introducendosi Gesù nostro Signore (prima che patisse, o poi che resuscitò glorioso; perchè in ciò non farei differenza) pare, che convenga darli l'istessa voce, cioè un bel Tenore (il quale vorebbe essere soave e chiaro, come è quello del Sig. Francesco Bianchi) di Tuono ordinario, poiché questa voce più dell' altre conviene ad un corpo ben temperato e perfettamente organizato. A Iddio Padre, che si rappresenta sempre in forma di vecchio, meglio al parer mio conviene un Baritono che ogni altra voce. Agli angeli, che

Besonders wichtig erwies sich das Heranziehen von Sängerinnen, das „ewig Weibliche" milderte, veredelte, verklärte auch hier. Die vorübergegangenen niederländischen Zeiten und selbst die Epoche Palestrina's hatten fast nur von **Sängern** zu sprechen gewusst — war doch der Kirchenchor damals die eigentliche Stätte des Kunstgesanges, und das Wort: „taceat mulier in ecclesia" hatte volle Geltung auch in der Kirchenmusik. Die

---

sempre si figurano in forma di giovanetti, secondo l'età, che mostreranno, se li darà un Soprano, più o meno acuto, o pure un Contralto, poichè gli Spiriti celesti e anco infernali (che per se stessi non hanno voce alcuna) quando si vestono di corpo aereo, o altrimenti, prendendo l'effigie umana, ricevono parimente le medesime qualità ed operazioni. Il principe de' Demonj, perchè si suol figurare in forma grande, grossa e barbuta, ottimamente se gli suole assegnare un Basso profondo, che tanto meglio gli starà, quando sarà più grave del corista; cantando anco sopra qualche instrumento di Tuono inferiore, o di suono stravagante. Agli altri Demonj, secondo la forma, sesso, o età che rappresentano, se gli possono assegnare differenti tuoni; ma non mai soprani, o pure qualche falsetto solo. Si deve avvertire anco, che dove sarà copia di voci, le più chiare, belle e nette si assegnino alli Spiriti buoni e Deità celesti, e le fosche, aspre, fesse, e insoavi alli Spiriti maligni e Deità infernali. A Saturno, Giove, Nettuno, Vulcano, Giano, Ercole, e simili Dei favolosi, si devono attribuire le voci gravi, cioè Bassi o Baritoni, ne' tuoni eziandio inferiori al Corista, quando si potrà; come facevano gli Antichi, che agli Eroi solevano assegnare il Tuono Ipodorio o Ipofrigio: il primo de' quali era inferiore del Corista una quarta, e il secondo un Semiditono. A Marte parimente si potrà dare un Basso, o pure un Tenore gagliardo e pieno. A Mercurio, Apolline, Bacco, e simili, che in età giovenile si figurano. qualche Tenore o Contralto; se non volessimo più presto a Mercurio assegnare un Falsetto, per meglio esprimere un costume vario e fraudolente; e così rappresentandosi un Proteo, da' Latini detto Vertunno, sarà grande artifizio, farli usare diverse voci, quando si potrà. Nelle Dee gentili parimente si può fare qualche differenza, come sarebbe a quelle, che si figurano più attempate, o più virili, il Tuono più grave, come a Cibele, Maestra degl' Iddei; ed a Bellona, Dea della guerra il Contralto, a Giunone, Cerere, Minerva e Venere il Soprano più grave, a Diana e Proserpina più acuto".

Bis hierher ist alles gut und schön, und recht fein beobachtet — man höre aber weiter:

„E perchè questi vani Iddei gentileschi si credevano nati chi in un paese, chi in un altro, dove erano anco più ostinatamente riveriti, secondo che quelle nazioni avevano questo o quel Tuono, sarebbe convenevole, assegnarli a quegl' istessi Dei: come per esempio il Tuono Dorio o Ipodorio a Giove di nascita Cretense, provincia della nazione Dorica; ma a Bacco il Frigio, benchè nato in Tebe, citta della Beozia de' medesimi Doriesi, almeno ne' tempi più bassi; perchè da Frigj massimamente era venerato, e da Greci in quel tuono si cantavano le musiche de' sagrifizj di Bacco. A Minerva il tuono Jastio o Jonico, per essere stati di quella schiatta gl' Ateniesi, che appresso di loro la tenevano nata. Ma molto più si dovrebbe avere riguardo alla qualità e proprj uffizi di ciascuno — a Venere il Lidio, a Saturno l'Ipodorio, a Nettuno anco Ipofrigio, e respettivamente agli altri, che si lasciano ad arbitrio dell' erudito poeta e giudizioso musico, massime di quelli, a' quali non si assegnano proprj

musikalische „Emancipation des Weibes" erfolgte erst durch die neue Zeit der Monodie, der dramatischen Musik. Bis dahin hatte man für den Sopran entweder die Singknaben (putti) oder auch Falsettisten angewendet, wie denn in der päpstlichen Kapelle die Spanier in dieser Beziehung berühmt waren. Sogar Coloratursänger gab es unter den Falsett-Sopranen, die enorm hoch singen konnten. [1]) Giovanni de Sanctos, der 1625 starb, war der letzte Falsett-Sopran dieser Art in der päpstlichen Kapelle. [2]) Die älteren

---

natali, come la Fortuna, Nemesi etc. Si più dubitare quello, che convenga fare nell' Ombre o anime de passati, che secondo le favole sogliono essere da' Poeti introdotte in Scena. Di qualunque luogo, che si fingano venire, o sia da' Campi Elisei, o dall' Inferno, se si rappresenteranno nella loro solita forma umana, quell' istessa voce se gli darà, come se fossero vivi; ma se s'introdurranno solo i loro simulacri coperti con un velo, o altrimenti, non averei per inconveniente, che si facessero parlare con una voce più sottile della loro naturale, e che con qualche artifizio si alterasse in guisa, che non paresse voce di uomo vivente; con questa differenza, che l'anime beate usassero (per esempio) il Contralto, e le dannate un Tenore forzato o simile altra voce; ancorche l'ombra fosse di qualche personaggio antico, di statura eroica e grande, come di Polydoro nell' Ecuba di Euripide, o di Tantalo nel Tieste di Seneca. Alle Furie infernali alcuni assegnano il Soprano naturale; ma non molto a proposito a giudizio mio; perchè più presto gli converrebbe un Falsetto, o anco un Contralto. Sarebbe anco convenevole, che i Tritoni, Nereide e simile Deità o Mostri marini cantassero con certe voci strane e insolite: e così le Arpie e simili con voce aridula: e proporzionatamente le altre figure chimeriche e fantastiche degli Antichi. Dovrebbesi anco per certi personaggi usare qualche particolar foggia di melodia; verbi grazia: far cantar le Sirene con spessi piegamenti di voce, o strascini, trilli, tremoli, passaggetti, e altri ornamenti più affettati, massimamente nel genere diatonico, inspessato dalle corde cromatiche." Doni hat, wie man sieht, an alles Mögliche gedacht, an Götter und Helden, an allegorische Figuren und Schatten der Unterwelt, an den leibhaften Satan und sogar an Meerungeheuer — nur die Menschen hat er vergessen; für die damalige Oper waren sie aber auch ein entbehrliches Contingent! Sein Einfall, die Götter nach ihren mythologischen Geburtsorten durch die entsprechenden antiken Tonarten zu charakterisiren ist erz-donisch, jedenfalls über die Massen ergötzlich! —

1) Della Valle spricht von einem Giovanni Luca „gran cantore di gorge e di passaggi, che andava alto alle stelle" — und das war, wie della Valle ausdrücklich bemerkt, ein „Falsetto!" Von Lodovico Falsetto sagt er: „Vossignoria mi lodò de' tempi addietro Lodovico Falsetto, da me ben conosciuto, benchè nella mia età puerile — dicendo che una nota lunga, ben cantata da lui, come quasi sempre egli soleva fare, gli piaceva assai più, che tutti i passaggi dei moderni; io le risposi, che Lodovico cantava con giudizio, perchè avendo egli dolcissima voce di falsetto, ma non sapendo molto dell' arte, non usava quasi mai nè passaggi, nè altre grazie del cantare, che solo un bel mettere del voce, e un finir con grazia con quelle sue note lunghe, che per la dolcezza della sua voce piacevano assai.

2) (Giovanni de Sanctos, Spagnuolo) quale mori in Roma nell' anno 1625, e fu sepolto nella Chiesa di S. Giovanni in Campo Marzo. E stato l'ultimo soprano di voce di falsetto, che abbia servito la cappella ponteficia. (Matteo Fornari, Notizie storiche della C. P.)

Meister hüten sich daher, in ihren Compositionen den Sopran in die Höhen emporzuführen, wo er seinen grössten Glanz entwickelt — die Werke haben eher einen tiefen Gesammtton. Die Falsett-Soprane klangen am Ende doch gequetscht und gewaltsam — obschon della Valle die süsse Stimme eines Lodovico Falsetto rühmt; die krystallharten Knabenstimmen ermangelten der Feinheit und Seele — zudem kam die Zeit des Mutirens schnell heran, ehe der Knabe ganz perfekt musikalisch werden konnte. Welche feinen Nüancen, welchen weichen Wohllaut bot dagegen die Frauenstimme! Pietro della Valle redet mit Entzücken davon. [1]) Bald sollten aber die Vittoria Archilei, die Leonora Baroni, die Lolle und die Cecchinas Concurrenten bekommen, mit denen sie die Gunst des Publikums theilen mussten — ja deren Stimmen die eigentlichen musikalischen Feinschmecker, die „Orecchianti", dem natürlichen Frauensopran noch vorzogen. Im Jahre 1601 wurde ein gewisser Pater Girolamo Rossini aus Perugia in die päpstliche Singkapelle aufgenommen — er war, wie Adami von Bolsena sagt, der erste „Evirato", der dort Zutritt fand.[2]) Das wurde für die ganze folgende Musikzeit in Italien höchst verhängnissvoll!

In den ersten dramatischen Musikwerken Italiens waren naturgemäss die Männerrollen den Tenor- und Bassstimmen zugetheilt, den Sopran sangen Frauen, es wurde auch wohl eine Frauenrolle einem Singknaben anvertraut, wie die Partie der Dafne (in „Euridice") dem „fanciuletto Lucchese" Jacopo Giusti. Der Alt war eine Art Gemeingut. Wie Peri, Caccini, Gagliano u. s. w. hält sich auch Monteverde in seinen Opern an Natur und Wahrheit — sein Schüler Cavalli folgt wenigstens in seinen älteren Opern („le nozze di Peleo e di Tetide", „la Didone" u. s. w.) dem Beispiele — dagegen ist sein Prinz Paris, sein Alcibiade schon Sopran, Xerxes der Perserkönig eine Altpartie. Bei Alessandro Scarlatti (s. dessen „trionfo d'onore" 1718) kommt es endlich so weit, dass die Geliebte, Dank dem sonoren Alt der Italienerinnen, Altistin, ihr Anbeter Sopran ist und daher in Duos die Oberstimme erhält! — In Rom singen, wie wir schon erwähnten, zur Zeit des Streites der Costisten und Cecchisten zwei Castraten die Frauenrollen in der „Catena d'Adone".

---

1) Er redet von „rallegrar la voce, o immalinconarla, farla pietosa, o ardita, quando bisogni" (bei Doni Opp. II. S. 255). Die Stelle ist sehr merkwürdig.

2) „Padre Girolamo Rossini da Perugia, prete della congregazione dell' oratorio, fiorì nel Secolo XVII. In eccellente cantore della parte di Soprano, e fu il primo evirato, che avesse luogo nella Cappella Pontificia, avendo fin d'allora servito la cappella in qualità di Soprani i nazionali Spagnuoli con voce di falsetto. Il prelodato padre fù ammesso tra cantori Pontificj nell' 1601, e mori nell' 1644 addi 23 di Decembre" (Adami, osserv. per ben regolare il Coro della Capp. Pont.).

Als vollends Clemens XII. (1730—1740) das Auftreten von Frauenspersonen auf dem Theater in Rom verbietet, fallen dort die Frauenrollen sämmtlich den Sängern „generis neutrius" zu, nachdem das „genus femininum" von den weltbedeutenden Brettern verbannt ist. Noch zur Zeit Caccini's wird die Bezeichnung „Musico" im natürlichen, unverfänglichen Sinn zur Bezeichnung eines Musikers gebraucht, später wurde das Wort ein Euphemismus für „Kastrat". [1])

Wenn wir über das Auftauchen dieser Menschenklasse in Italien erst seit 1600 bestimmte, und selbst da anfangs nur spärliche Nachrichten haben, so finden sich anderwärts allerdings schon Andeutungen, dass man auch sogar schon vor 1600 derlei Sänger in den fürstlichen Kapellen unterhielt. In Emilio de' Cavalieri's Madrigal „godi turba mortal", welches 1589 bei dem grossherzoglichen Hochzeitsfeste gesungen wurde, ist die verschnörkelte Oberstimme, wie Onofrio Galfreducci sie vortrug, im Sopranschlüssel notirt und nach der ganzen Anlage des Tonstückes nur in dieser Lage möglich. In dem Madrigal „dunque fra torbide onde", welches Jacopo Peri vortrug, ist dagegen der Tenorpart colorirt, weil Peri Tenorsänger war. M. Prätorius zählt den Stand der Kapelle „am Fürstlichen Durchleuchtigkeit zu Bayern Hoff" auf, wie solcher „zu des fürtrefflichen weitberümbten Musici Orlandi de Lasso zeiten gewesen" — Orlando starb 1594 und zwar geistig gebrochen — die „Zeiten" müssen also wesentlich früher gewesen sein. Da heisst es nun: „Do die Music daselbst von 12 Bassisten, 15 Tenoristen, 13 Altisten, 16 Capellknaben, 5 oder 6 Capunern oder Eunuchis, 30 Instrumentalisten und also in die 90 Personen starck bestellt gewesen seyn sol." [2])

Lichtscheu und heimlich liegen die Anfänge des Verbrechens in geheimnissvolle Nacht begraben. Hat vielleicht eine Anregung vom Orient her stattgefunden, wo besonders die Venezianer so gut zu Hause waren? Im Orient sangen die Eunuchen allerdings nicht, aber ihr heller Sprachton kann auf sie aufmerksam gemacht haben. Sobald man in Italien einmal so weit war, dass man dem Ohrenschmaus zu Liebe die Gesetze der Humanität mit Füssen trat, sobald man sich an die unglücklichen Geschöpfe so gewöhnt hatte, dass man sie als etwas Selbstverständliches ansah, dass an ihnen schon 1640, wie Pietro della Valle sagt, „ein grosser Ueberfluss (tanta abbondanza) war", kam man bald so weit, dass man das Uebergewicht italienischer Musik, wenigstens

---

1) „Non sono musico", sagte einmal ein deutscher Reisender zu einer Römerin — das sollte heissen „ich bin nicht musikalisch". Die Dame fiel vor Lachen fast vom Stuhle und rief immerfort: „beato lei! beato lei". Der Fremde konnte nicht begreifen warum.
2) Synt. II, S. 17.

348   Die Zeit der ersten musikalisch-dramatischen Werke.

das Uebergewicht italienischer Gesangskunst, wesentlich auf ihre
Rechnung schrieb, wie sogar ein Franzose, Abbé Raquenet,
thut.[1]) Schon Pietro della Valle kann über den Vorzug dieser

---

[1] „J'ai dit au commencement de ce paralele que nous avions un
grand avantage sur les Italiens par les basses-contres, qui sont si com-
munes parmi nous et qui sont si rares en Italie. Mais quels avantages
n'ont ils pas sur nous, pour les opéra, par leurs Castrati, qui sont
sans nombre et dont nous n'en avons pas un seul en France. Les voix
de femme sont à la verité aussi douces et aussi agréables chez nous que
celles de ces sortes d'hommes; mais il en faut bien qu'elles soient aussi
fortes et aussi perçantes, il n'y a point de voix, ni d'homme, ni de femme
au monde si flexibles que celles de ces castrati, elles sont nettes, elles
sont touchantes, elles pénétrent jusqu'à l'ame. — Ce sont des gosiers et
des sons de voix de rossignol; ce sont des haleines à faire perdre terre
et à vous ôter presque la respiration, des haleines infinies par le moyen
desquelles ils exécutent des passages de je ne sais combien de mesures,
ils font des échos de ces mêmes passages, ils soutiennent des tenuës
d'une longueur prodigieuse, au bout desquelles, par un coup de gorge,
semblable à ceux des rossignols, ils font encore des cadences de la même
durée. Au reste: ces voix douces et rossignolantes, sont enchantées
dans la bouche des acteurs, qui font le personnage d'amant; rien n'est
plus touchant que l'expression de leurs peines formée avec ces sons de
voix si tendres et si passionez, et les Italiens ont, en cela, un grand
avantage sur les amans de nos théatres, dont la voix grosse et mâle est
constamment moins propre aux douceurs qu'ils disent à leurs maitresses.
— Mais le plus grand avantage, que les Italiens ont sur les François par
le moyen de leurs Castrati, du côté des voix, c'est que ces voix leur durent
des trente et quarante années; au lieu, que celles de nos femmes ne con-
servent guéres plus de dix ou douze ans leur force et leur beauté. —
D'ailleurs les Italiens ont encore un grand avantage sur nous par le
moyen de leurs Castrati en ce qu'ils en font le personnage, qu'ils veulent,
une femme aussi bien, qu'un homme, selon qu'ils en ont besoin; car ces
Castrati sont tellement accoûtumez à faire des rôles de femme, que les
meilleures actrices du monde ne les font point mieux qu'eux; ils ont la
voix aussi douce qu'elles, et l'ont avec cela beaucoup plus forte; ils sont
plus grands que le commun des femmes et ont par la plus de majesté
qu'elles, ils sont mêmes ordinairement plus beaux en femme, que les femmes mêmes. Ferini par exemple, qui en 1698 faisait à Rome le personnage de Sibaris à l'opéra de Themistocle est plus grand et plus beau que
ne le sont communément les femmes, il a je ne sais quoi de noble et
de modeste dans la physionomie; habillé en Princesse Persanne, comme
il était, avec le Turban et l'aigrette, il avoit un air de reine et d'impé-
ratrice; et l'on n'a peut-être jamais vû un plus belle femme au monde,
qu'il le paroissoit sous cet habit." (Paralele des Italiens et des François
en ce qui regarde la musique et les opera — Paris, 1702. S. 75 bis 83 und
S. 98). Man sieht hieraus zugleich, dass schon vor dem Verbote Clemens XII.
Castratenfrauenrollen etwas sehr Gewöhnliches waren. Man sieht ferner,
dass die Sache als etwas, das sich von selbst verstand, angesehen wurde.
Heutzutage ist es fast ein Verstoss gegen die Schicklichkeit, davon auch
nur zu sprechen. Kotzebue erwähnt in seiner „Reise nach Rom und
Neapel" (1804) unter andern charakteristischen Figuren, welche man zu
Neapel in den Strassen findet: „dann sieht man viele Jünglinge in langen
Talaren, bald weiss, bald blau oder schwarz, sie gehören zu den verschie-
denen Conservatorien, in welchen Musik gelehrt wird, und manche ver-

Soprane nicht genug Gutes sagen. „Wer sang in jenen früheren Zeiten", ruft er, „wie ein Guidobaldo, ein Cavalier Loreto, ein Gregorio, ein Angeluccio, ein Marc Antonio, und so viele andere, welche ich nennen könnte?" [1]) Man machte ihnen denn auch förmlich den Hof, sie hielten Levers wie gekrönte Häupter. Geputzt wie Weiber und mit Brillanten beladen (man lese wie ergötzlich Benedetto Marcello sie in seinem „Teatro alla moda" schildert, man sehe des vergötterten Carestini kapaunfette Gestalt, wie sie Hogarth's Grabstichel für die Nachwelt bewahrt hat) [2]) gingen diese Zwitterdinge einher — welche Rolle Farinelli am spanischen Hofe spielte, ist allbekannt — in London rief eine Dame bei seinem Gesange laut zur Loge heraus: „one God, one Farinelli" (!). Erst seit Gluck's Opernreform verschwinden die Halbmänner nach und nach, obwol noch im „Orfeo" die Hauptrolle für den „Musico" Guadagni geschrieben war. Die französische Oper hatte dergleichen von je verschmäht, dafür galt es selbst unter den französischen, nicht vom Nationalgefühle verblendeten Kennern für eine ausgemachte Sache, dass man in Paris schreie, nicht singe. Das Verbrechen an der Menschheit aber, durch welches die italienische Musik der „schönen Periode" ihren Glanz und ihren Ruhm zum grossen Theil erkaufte, scheint auf ihr wie ein Fluch zu lasten, und ist jedenfalls ein unvertilgbarer Flecken in ihrer Geschichte.

---

rathen leider sogleich durch ihren ungeschickten Wuchs, dass sie zu den Unglücklichen gehören, welche das verwöhnte Ohr der Italiener am liebsten singen hört".

1) „per dire un poco de' Soprani, che sono il maggiore ornamento della musica, Vossignoria vuol paragonare i Falsetti di quei tempi co i Soprani naturali (!) de' Castrati, che ora abbiamo in tanta abbondanza. Chi canto mai in quei tempi come un Guidobaldo, un cavalier Loreto, un Gregorio, un Angeluccio, un Marc Antonio, e tant altri che potrei nominare?" Marc Antonio ist wohl ohne Zweifel derselbe, welchen Kircher wegen seines Vortrags von D. Mazzocchi's Magdalena rühmt. Da er und Loreto Castraten waren, so werden es die „tant altri" wohl auch gewesen sein.

2) im 4. Blatt von Hogarth's „Mariage à la mode."

VII.

Claudio di Monteverde.

Claudio Monteverde.

Die Florentiner hatten Raum für Neues geschaffen. Wäre es auf G. B. Doni und seinesgleichen angekommen, so würden diese Anfänge sofort wieder im Keime erstickt worden sein. Caccini und Peri waren allerdings feine Talente gewesen — geistvoll, wissenschaftlich gebildet, musikalisch wohlgeschult. — Marco da Gagliano, ihr nächster Nachfolger, mag mit ihnen den Dritten im Bunde vorstellen; es bedurfte aber, um dem neuen Style Dauer zu sichern — denn der blosse Reiz der Neuheit würde sich ohne wirklichen Fortschritt bald vernutzt haben — und um seine Ausbildung mächtiger zu fördern, noch eines Mehreren — eines genialen Künstlers, welcher jenes von seinen Vorgängern geschaffene Vacuum mit positivem Inhalt fülle, dem zugleich Kühnheit genug innewohnte, um Dinge auf dem musikalischen Gebiete, welche durch langjährige Lehre und Uebung fast unantastbar geworden waren, welche sich aber als mit der neuen Ordnung unvereinbar erwiesen, einfach über Bord zu werfen und dafür neue Combinationen zu neuen und eigenen Kunstzwecken hinzustellen. Dieser Künstler kam in Claudio Monteverde.

Wie Peri und Caccini stammte auch Monteverde aus der Schule der Contrapunktisten strenger Observanz. Der Sohn unbemittelter Eltern aus Cremona, und nach der gewöhnlichen Annahme um 1568 geboren[1]), wurde er ursprünglich zum Violaspieler gebildet, und trat als solcher bei dem Mantuaner Gonzaga in Dienste. Er blieb dem Hause stets treu anhänglich. Als er schon die Grosswürde eines Kapellmeisters von S. Marco in Venedig bekleidete, widmete er das siebente Buch seiner Madrigale (1619) der Herzogin Caterina Medici-Gonzaga von Mantua — „questi miei componimenti quali si sieno, faranno pubblico ad autentico testimonio del mio divota affetto verso la Serenissima casa Gonzaga, da me servita con ogni fedeltà per decine d'anni",

---

[1]) Caffi I. Band S. 215. Da Arrisi (Cremona litterata) sagt: Monteverde sei im 75. Lebensjahre gestorben, sein Tod aber 1643 erfolgt; so ergiebt sich obiges Jahr als Geburtsjahr.

und als Eleonora Gonzaga Gemalin Kaiser Leopold I. geworden und längst im fernen Wien weilte, widmete er ihr seine „Selva morale et spirituale", in deren aus Venedig 1. Mai 1641 datirter Vorrede er sagt: „havendo io cominciato a consecrare alle glorie della Serenissima casa Gonzaga la mia riverente servitù, a l'hora quando compiacquesi il Serenissimo Sig. Duca Vincenzo, genitor della Sacra Maesta vostra (felice ricord.) di ricevere gli effetti della mia osservanza, quali nella mia verde età cercai con ogni diligenza et col mio talento della musica per lo spatio de anni ventidue continui di mostrarli affettuosi, non ha mai potuto l'interpositione della terra et del tempo ecclisare pure un minimo raggio del mio ossequio" u. s. w. Monteverde hatte am Hofe zu Mantua alle Hände voll zu thun. Sein Bruder Giulio Cesare Monteverde schildert den Vielgeschäftigen und Vielbeschäftigten: „mio fratello non solo per il carico de la musica tanto da Chiesa quanto da camera, che tiene, ma per altri servizj non ordinarj, essendo che servendo il gran principe la maggior parte del tempo si trova occupato, hora in tornei, hora in balletti, hora in commedie et in varj concerti et finalmente nello concertar le due viole". [1]) Sein Talent zur Composition mag sich bald gezeigt haben, und bei des Herzogs damaligem Kapellmeister Marcanton Ingegneri, seinem Lehrer, war er jedenfalls in einer guten Schule. Er hat sich indessen im eigentlichen strengen Contrapunkt alten Styls, obwohl er ihn gründlich erlernte, nie recht behaglich gefühlt — sein unruhiger Genius konnte sich in solchen Fesseln nicht so frei bewegen, als es für ihn Lebensbedingung war. Claudio's erste gedruckte Composition waren Canzonetten, welche 1584 bei Amadino in Venedig erschienen — er war damals also erst 16 Jahre alt — für einen Tonsetzer jener Zeiten eine ungewöhnliche Frühreife. Aus einer Mittheilung seines Bruders erfahren wir, dass er 1599 die Bäder von Spaa besuchte und dort den „französischen Musikstyl nach Italien mitbrachte". [2]) Was mit diesem französischen Styl gemeint sei, lehrt ein „Confitebor tibi Domine" in der „Selva", welches Monteverde ausdrücklich als im „Stile alla francese" geschrieben bezeichnet — liedhafte,

---

1) Schlussbrief der „Scherzi musicali a tre voci di Claudio Monteverde, raccolti da Giulio Cesare Monteverde, suo fratello". Venedig bei Ricciardo Amadino 1609.

2) — haverebbe non pochi argomenti in suo favore mio fratello, in particolare per il canto alla francese in questo modo moderno, che per le stampe da tre o quattro anni in qua si va mirando, hor sotto a parole de motetti, hor de madrigali, hor di canzonette et d'arie, chi fu il primo di lui, che lo riportasse in Italia, di quando venne da li bagni di Spà l'anno 1599 et chi incomminciò a porle sotto ad orationi latine et a volgari nella nostra lingua prima di lui? Non fece questi scherzi alhora? (a. a. O.) Weder Caffi, noch Fétis, noch Winterfeld weiss etwas von dieser Reise nach Spaa.

um nicht zu sagen vaudeville-artige Melodie, aus kleinen, in kleinen Notengeltungen (Vierteln, Achteln) geschriebenen Motiven zusammengesetzt. Denselben Styl zeigen auch die nach seiner Heimkehr componirten dreistimmigen Scherzi, welche sein Bruder Giulio Cesare 1609 herausgab. Monteverde hat von diesem „französischen Styl" auch noch in seinen Opern gelegentlich Gebrauch gemacht — im „Orfeo" in zweistimmigen Hirtengesängen, im „Ulisse" im Solo und Chor der phäakischen Schiffer.

Im Jahre 1587 — seinem 19. Lebensjahre — liess Claudio sein erstes Buch fünfstimmiger Madrigale erscheinen, dem 1593, 1594, 1597, 1599 und endlich 1614 noch fünf andere Bücher folgten. Die Kühnheiten der Harmonie, welche Monteverde an einigen Stellen der Madrigale des dritten Buches in einer Weise hören liess, wie vor ihm kein Anderer gethan, weckten den Widerspruch der Kritik — der Canonicus Giov. Maria Artusi von Bologna griff ihn in seinem 1600 bei Giacomo Vincenti erschienenen Buche: „L'Artusi, overo delle imperfettioni della moderna musica, Ragionamenti dui" im zweiten Ragionamento lebhaft an — indem er Notenbeispiele aus dem Madrigal „Cruda Amarilli" brachte, welche er kritisch zergliederte.[1]) Claudio antwortete in einem offenen Briefe „ai studiosi lettori", den er dem fünften Buch seiner Madrigale beigab und den sein Bruder Giulio Cesare den dreistimmigen Scherzi nochmals beidrucken liess — er beschuldigt Artusi, die Musik aber nicht den Worttext, den Körper aber nicht die Seele gebracht zu haben, was doch für eine gerechte Beurtheilung das Wichtigste sei. „Die Harmonie ist die Gebieterin der Worte" (Signora del orazione). Claudio scheint auch noch von andern Anhängern des alten Musikstyls allerlei Angriffe erfahren zu haben. Als er eine seiner geistlichen Compositionen dem Papste Clemens VIII. widmete, erging er sich in Wortspielen und Anspielungen, welche wohl nicht auf Artusi allein zielen mögen — er bittet um des Papstes Segen „ut mons exiguus ingenii mei magis ac magis virescat in dies et claudantur ora in Claudium loquentium inique". Solche Concetti waren im Zeitgeschmack. Auch Artusi's, des Gegners, Name wurde mit Wortspielen förmlich todtgehetzt — aber in lobpreisendem Sinne. Ein gewisser Muzio Maufredi ruft:

> l'arte, ch'anco nel ciel si stima et usa
> De l' artotice eterno a gloria eterna,
> E da noi detta qui sara Artusa u. s. w.

ein Doctor Vincenzo Maria Sandri singt Artusi an:

> Qual altro Arturo nel Settentrione
> Conduce Artusi il carro trionfale
> Di celeste armonia, che senza eguale
> Vince d'Orfeo la lira e d'Anfione u. s. w.

---

1) Fol. 40 u. ff.

und sogar Ericeus Puteanus, der wackere Verfasser der „Pallas modulata" lässt sich vernehmen:

> Quid Artusius? ille et arte et usu
> Pollens, flos hominum eruditiorum? u. s. w.

Artusi hat nach der Zeit Weise diese dampfenden Weihrauchkessel seinem Buche vorangestellt — es war eben Sitte, die Reclame in dieser Art in Bewegung zu setzen und solche versifizirte Empfehlungsschreiben dem Buche (oder den Compositionen, wie z. B. Radesca da Foggia that) auf den Weg mitzugeben.

Die beste Antwort, welche Monteverde geben konnte, war, dass er rüstig und freudig weiter schuf. Er hat sich allerdings, wenn er das prometheische Feuer vom Himmel holte, zuweilen die Finger verbrannt, aber glücklich heruntergebracht hat er das Feuer doch!

Dem rastlos auf Neues sinnenden Geiste Monteverde's musste die Florentinische Musikreform wie ein heller Lichtstrahl vom Himmel vorkommen, welcher dem Suchenden den rechten Weg, den er zu wandeln hat, plötzlich erhellt. Die Madrigale, die Kirchenstücke — so Treffliches sie enthalten — sind es doch kaum, welche Monteverde unsterblich gemacht haben würden — er ist es als dramatischer Componist geworden. Von seinen dramatischen Compositionen aus griff er dann auch reformatorisch in die Kirchenmusik, in's Madrigal ein — wie insbesondere seine „Selva" zeigt. Er ist eine der grossen epochemachenden Erscheinungen in der Geschichte der Musik. Vieles, worin unsere neue Musik ihre tiefsten und grössten Wirkungen findet, lässt sich in den ersten, oft sogar schon merkwürdig entwickelten Keimen in Monteverde nachweisen.

Als Monteverde's Lehrer Ingegneri starb, konnte er keinen würdigeren Nachfolger finden als eben ihn. Auf dem Titel der 1604 in Venedig erschienenen neuen Ausgabe des fünften Buches der fünfstimmigen Madrigale, wird er zum erstenmale in seiner neuen Würde genannt. Monteverde war schon damals ein Musiker von grossem Ruf, die Neuauflagen seiner Madrigale beschäftigen unausgesetzt die venezianischen Pressen — was nicht ohne Einfluss auf Monteverde's späteres Lebensgeschick blieb — auch Peter Phalesius in Antwerpen druckte 1615 alle fünf Bücher Madrigale nach.

Monteverde's glorreichste Zeit sollte aber erst beginnen, als er im neuen „Stile rappresentativo" zu componiren begann.[1]

Im Jahre 1607 feierte (wie wir schon bei Marco da Gagliano's „Dafne" erwähnten) der Herzog Vincenzo Gonzaga von Mantua die Vermälung seines Sohnes mit der Infantin von Sa-

---

[1] Darüber zu vergleichen: Kircher's Musurgie, Lib. VII, S. 594.

voyen. Vermuthlich war der Herzog sieben Jahre früher Gast bei der Hochzeit Heinrich's IV. und Maria's von Medicis in Florenz gewesen und hatte die „Euridice" und das „Rapimento di Cefalo", wo sein eigener Hofsänger Rasi mitgewirkt, mit Bewunderung gehört. Kein Wunder, dass er für sein Fest etwas Aehnliches wünschte. Er lud den Dichter der Dafne und der Euridice nach Mantus ein — Rinuccini kam und arbeitete nicht blos das Buch der „Dafne" für Marco da Gagliano theilweise um, sondern dichtete auch für Monteverde ganz neu die „Arianna" (Ariadne). Also eine Fürstentochter, welche zuletzt durch Vermählung mit Bacchus, dem Gotte, zur Göttin erhoben wird. Man sieht, dass Rinuccini die Kunst noch trefflich verstand.

Monteverde's Composition erregte Sensation; Marco da Gagliano, welcher seine „Dafne" gleichzeitig auf die Bühne brachte, redet mit Bewunderung davon. Bei dem Gesang der verlassenen Ariadne „lasciatemi morire" brachen die Zuhörer in Thränen aus — und G. B. Doni reiht in seinen Abhandlungen die Arianna unter die Meisterwerke ein. Ganz interessant ist es, wie sich Doni das Verhältniss Monteverde's zu Peri und zu Caccini in einer Parallele klar zu machen sucht — „il Monteverde", sagt er, „cerca più le dissonanze e il Peri poco si disparte dalle regole communi — in Giulio Romano vi si scorge maggior varietà de pensieri, ma nel Peri più nobili e uno stile direi più tragico, siccome quell' altro ha più di comico, essendo quello più ornato e questo più semplice e maestoso — quanto al Monteverde pare che più di amendue cerchi le durezze nel contrappunto e le sue modulationi vadano cantate con quei tempi che sono segnate: ma quelle del Peri con la misura più veloce perché per lo più si serve di note bianche".[1]) Monteverde hat nachmals den unglücklichen Einfall gehabt, aus dem Klaggesang Ariadne's eine Marienklage zu machen. „Pianto della madonna a voce sola sopra il lamento d'Arianna" — in dieser Gestalt bildet die Composition den Schluss der „Selva". Der lateinische Text folgt dem italienischen Schritt für Schritt und nimmt sich, wenn man beide neben einander hält, seltsam genug aus. Klagt Ariadne „Lasciate mi morire, e che volete voi che mi conforte in cosi dura sorte in cosi gran martire? ò Teseo, Teseo mio! si che mio ti vo dir, che mio pur sei, benche t'involi, ahi crudo! volgiti Teseo mio" u. s. w., so heisst es dort: „Jam moriar mi fili, quisnam poterit mater consolari in hoc fero dolore, in hoc tam duro tormento? mi Jesu, o Jesu, mi sponse, sponse mi dilecte, mea spes, mea vita, me descrias, heu vulnus cordis mei, respice Jesu mi" u. s. w. Je besser Monteverde in seiner Musik den Ton für Ariadne getroffen, desto weniger will er für die „Mater dolorosa" passen.

---

1) G. B. Doni Tratt. della mus. scen. XLIV.

Dieser Gesang Ariadne's ist von Monteverde's Arianna das einzig erhaltene Stück (denn die kleinen Deklamationsproben in wenigen Noten, welche Doni zitirt, lassen zu wenig entnehmen). Aber diese eine Nummer genügt, um schon hier einen mächtigen Fortschritt über die Florentiner wahrnehmen zu lassen. Der pathetische Zug, der grosse Wurf; der leidenschaftliche und dabei edle Schmerz, der echt tragische Zug dieses wirklich auch schon ariosen Gesanges, lässt die ersten Florentiner Versuche weit hinter sich zurück. Wir begreifen, dass die Hörer in Mantua hingerissen waren — werden wir uns doch selbst einer ähnlichen Empfindung nicht erwehren können. Ja, wer nur dieses Stück, beziehungsweise die erste Strophe kennt, wird sogar geneigt sein, Monteverde auf eine Höhe zu stellen, welche er wohl sicher erreicht haben würde, wäre er etwa Zeitgenosse Gluck's gewesen, welche aber in seiner Zeit zu erreichen nicht einmal die Flügel seines Genius stark genug waren. Der Gesang selbst schon zeigt es in seinem Verlaufe — denn auch er verfällt endlich dem Grundübel dieser ersten dramatischen Versuche — er wird monoton. Ariadne erschien noch 1640 auf dem Teatro S. Mose in Venedig.

Im folgenden Jahre 1608 folgte die Oper „Orfeo" nach der Dichtung eines Ungenannten (nicht Rinuccini's) und der sogenannte „Ballo delle Ingrate" — eine Composition, wo die Musik trotz der antiken Götter, die im Textbuche erscheinen, zum erstenmale im vollen Zauberschimmer des Romantischen steht.

In Venedig war im Juli 1613 der Capellmeister von S. Marco, Giulio Cesare Martinengo, gestorben. Jetzt trugen die häufigen Venetianischen Editionen der Werke Monteverde's und der Ruhm, der von Mantua herüberscholl, ihre Frucht. Die Procuratoren liessen probeweise Compositionen Monteverde's in S. Marco aufführen, holten über ihn durch ihre Gesandten Informationen ein und ernannten, mit Dekret vom 19. August 1613, Monteverde zu Martinengo's Nachfolger, wobei sie ihm sofort 50 Dukaten Reisegeld anwiesen.[1]) Monteverde hatte ein vielbeneidetes Ziel des Ehrgeizes erreicht.

Seine offizielle Stellung war nunmehr die eines Kirchencomponisten; Venedig besass zur Zeit seiner Berufung noch kein Operntheater. Wenn man erwägt, dass dort vom Jahre 1637 an

---

1) Der Wortlaut des Dekrets bei Caffi I, S. 222. Die Procuratoren hatten über Monteverde auf echt venezianische Weise Informationen eingeholt: „Ricercati gli Ambasciatori e Residenti Veneti" u. s. w.; ferner heisst es: „— delle qualità e virtù del quale si sono Sue Signorie Illustrissime maggiormente confermate in questa opinione, cosi dalle sue opere, che si trovano alle stampe, come da quelle, che oggidi S. S. Ill. hanno ricercato di sentir per total sua saddisfazione in chiesa di S. Marco con li musici di questa" u. s. w.

binnen kurzer Zeit eine ganze Reihe von Bühnen entstand, auf denen Hunderte von Opern aufgeführt wurden, dass also, wie man hieraus schliessen mag, sich die Venezianer als höchst leidenschaftliche Opernfreunde zeigten, so mag es seltsam scheinen, dass die Oper so verhältnissmässig spät ihren Einzug hielt. Die Erklärung liegt wohl darin, dass das musikalische Schauspiel anfangs eine Art Reservatgenusses für die Fürstenhöfe war, in der misstrauischen Republik Venedig aber ein Grosser es nicht wohl wagen durfte, durch ein prunkendes Hoffest dieser Art sich über Seinesgleichen zu erheben und gewissermassen den Souverain zu spielen. Die erste Opernbühne in Venedig 1637 war Privatunternehmung und Spekulationssache. Es war nur wie ein schüchterner erster Versuch, wenn 1624 der Senator Girolamo Mocenigo, Monteverde's besonderer Gönner, die Erzählung vom Zweikampf Tancred's und Clorinda's aus Tasso's befreitem Jerusalem, von Monteverde im Stile rappresentativo componirt, in seinem Palast nicht nur singen, sondern auch, wie aus der Vorrede des Werkes hervorgeht, mit dramatischer Aktion darstellen liess — in dieser Gestalt ein seltsames Zwitterding, da ausser dem heldenmüthigen Paare auch noch ein Erzähler (Testo) einen Part zu singen hat, und dessen mitten in den Dialog der Hauptpersonen hineingesungenes „rispose" und „disse" sich wunderlich ausgenommen haben muss. Aber die Kraft und der Ausdruck der Musik Monteverde's, dazu ganz neue Effekte in der Begleitung, rissen das Auditorium hin — das sei ein Gesang, urtheilte der versammelte Adel Venedigs, wie man früher noch nie gehört, und Clorindens Tod, Tancred's verzweifelter Schmerz, in Monteverde's ergreifenden Tönen gemalt, entlockte auch hier den Zuhörern Thränen.[1]

Die Venezianer wussten, wie sie an Monteverde besassen. Sein Jahresgehalt als Kapellmeister von S. Marco war sogleich von den 200 Dukaten, welche sein Vorgänger Martinengo bezogen hatte, auf 300 Dukaten, vom 24. August 1616 an sogar auf 400 Dukaten erhöht worden: „perchè abbi occasione di fermar l'animo suo di viver e morire in questo servizio". Diese Vortheile fesselten ihn ohne Zweifel an Venedig, aber eben so auch wohl die Versorgung, welche seine Söhne dort fanden. Monteverde war verheiratet gewesen; als er die Berufung nach Venedig erhielt, war er aber schon Wittwer. Von seinen beiden Söhnen war der ältere, Francesco, geistlich, dazu ein tüchtiger Tenorsänger, als welcher er am 1. Juli 1623 in den Sängerchor von S. Marco eintrat; Maximilian, der jüngere Sohn, war Arzt.

Eine ganz besondere Genugthuung für die aus Bologna aus-

---

[1] — — „alla presenza di tutta la nobiltà, la quale restò mossa dall' affetto di compassione, in maniera, che quasi fû per gettar lagrime. et ne diede applauso, per essere canto di genere, non più visto nè udito".

gegangenen Angriffe sollte Monteverde in eben dieser gelehrten Stadt erhalten. Er reiste 1620 hin und wurde bei S. Micchele in Bosco von einer grossen Anzahl der angesehensten Bürger und der vorzüglichsten Musiker aus Bologna festlich begrüsst, mit Musik und Anreden gefeiert. Am 13. Juni (nel giorno di S. Antonio) nahm ihn die dortige „Accademia florida" feierlich unter ihre Mitglieder auf.[1]) Monteverde's Ansehen stieg von Tag zu Tag. Die in Venedig ansässigen Florentiner wendeten sich an ihn, als nach dem Tode Cosmus II. ein Requiem zur Todtenfeier in der Kirche S. Giovanni e Paolo abgehalten werden sollte. Dieses Werk, dessen Aufführung am 25. Mai 1621 stattfand, kennen wir leider nur aus Giulio Strozzi's, des Operndichters, begeisterter Schilderung. Er lobt „die trauervolle, zu Thränen rührende Symphonie der Instrumente, welche den antiken mixolydischen Ton, Sappho's Erfindung, nachahmt, das Dies irae, das herrlich-wohllautende De profundis, das einen Dialog gleichsam der Seelen im Fegefeuer mit den sie besuchenden und tröstenden Engeln vorstellt — Compositionen, welche durch Neuheit und Trefflichkeit die grösste Bewunderung erregten". Also, wie man selbst aus dieser kurzen Schilderung deutlich entnimmt, wiederum der Ton leidenschaftlichen Affektes und eine ganz dramatische Anlage. Im Jahre 1627 componirte Monteverde für den Hof von Parma über erhaltene Aufforderung fünf Intermezzi, zu denen die Geschichte Bradamante's (nach Ariost) und Dido's den Stoff gegeben. Im Jahre 1629 componirte er zum Geburtsfeste des Sohnes des Gouverneurs von Rovigo, Vito Morosini, eine Cantate „il Rosajo fiorito" — (bekanntlich lieben die Einwohner von Rovigo — „Rosarum vicus" — noch heute die Anspielung auf „Rosen"); die Aufführung geschah durch die dortige „Accademia de' concordi".

Der ausserordentliche Erfolg des Tancredi und der Umstand, dass der ganze Adel dessen Aufführung im Palast Mocenigo so überaus gut aufgenommen hatte, mag es veranlasst haben, dass Girolamo Mocenigo, als 1630 seine Tochter den Lorenzo Giustiniani heiraten sollte, es so gut wie irgend ein Fürst der Terra ferma wagte, das Hochzeitsfest durch ein musikalisches Drama zu verherrlichen. Giulio Strozzi dichtete eine *Proserpina rapita*, Monteverde setzte sie in Musik. Der Enthusiasmus war unbeschreiblich; das Zusammenwirken von Schauspiel und Gesang, von Chören und Tänzen und Orchestersätzen bezauberte. Aber im Jahre 1630 sollten die Kunstgenüsse durch eine furchtbare Heimsuchung unterbrochen werden — durch jene schreckliche Pest, von deren Wüthen in Mailand Manzoni in seinen „Promessi sposi" nach den Berichten der Zeitgenossen Tadino, Ripamonti u. s. w.

---

1) Masini, Bologna perlustrata III, S. 15.

ein so ergreifendes Gemälde zu geben gewusst hat und welche eben so auch in Venedig entsetzliche Verheerungen anrichtete. Die prachtvolle Votivkirche, welche am Eingang des Canal grande mit ihren Kuppeln in ihrer weissen Marmorpracht herleuchtet, S. Maria della Salute, deren plastische Altargruppe Maria vorstellt, wie sie die als grauenhaftes altes Weib gebildete Pest [1] verscheucht, ruft noch heute die Erinnerung an die Schreckenszeit jener Seuche zurück, deren gänzliches Erlöschen der Doge erst am 28. November 1631 feierlich verkündigen konnte. An demselben Tage fand ein feierliches Dankhochamt in S. Marco statt — die Composition war von Monteverde; grossen Effekt machten die im Gloria und im Credo ertönenden Posaunen.

Vielleicht war es die Nachwirkung jenes in alle Klassen der Gesellschaft verderblich eingreifenden öffentlichen Unglücks, wenn der grosse Eindruck, den „la Proserpina rapita" hervorgerufen hatte, verwischt und vergessen schien, und erst 1637 erfolgte, was unter anderen Verhältnissen wohl schon früher geschehen wäre — die Eröffnung des ersten Operntheaters in Venedig, genannt: bei S. Cassiano (il Teatro di S. Cassiano) — denn in Venedig wurde es Sitte, den Theatern ihre Namen nach den ihnen zunächst gelegenen Kirchen zu geben. Die Unternehmer des Theaters S. Cassiano waren Benedetto Ferrari, nach seiner Virtuosität auf der Theorbe auch Benedetto della Tiorba genannt (geb. 1597, starb am 22. Oct. 1681), auch als Poet von Opernbüchern, die als „Poesie drammatiche di Benedetto Ferrari" gesammelt 1644 in Mailand gedruckt erschienen, und Francesco Manelli da Tivoli. Sie erscheinen recht eigentlich als die ersten Impresarios, welche sich, wie auch nachmals Gebrauch blieb, ihre Gesellschaft aus ganz Italien zusammensuchten — und zwar, wie das gedruckte Textbuch ihrer ersten, von Ferrari gedichteten, von Manelli componirten Oper „l'Andromeda" versichert, „una compagnia de più scelti cantanti d'Italia" — es waren, nebst der Römerin Maddalena Manelli, der Gattin des Componisten, Felicita Uga aus Rom, Francesco Angelletti von Assisi, Antonio Panni von Reggio, Giambattista Bifarci von Bologna, und der Venezianer Francesco Pesarini. Unter den begleitenden Instrumentalisten wirkte Ferrari mit, „colla sua miraculosa Tiorba", wie das 1637 in Venedig gedruckte Textbüchlein sagt, dessen Titelkupfer den Künstler vorstellt mit der Unterschrift: „Benedictus Ferraris, aetatis ann. XXX." Da die Sache ein Compagniegeschäft bekannter und geschätzter Künstler war, so erklärt sich ein Umstand, welcher sonst auffallen müsste: dass man nicht vor allen den berühmten Monteverde um die Composition einer Oper anging. Für diesmal begnügte man sich mit der einen Oper; im

---

[1] Burckhardt im „Cicerone" sagt irrig „die Zwietracht".

Jahre 1638 folgte „la maga fulminata" derselben Autoren — prächtig ausgestattet — und 1639 „l'Armida", Text und Musik von Ferrari, neben letzterer aber auch „la Delia ossia la Sposa del Sole", Text von Giulio Strozzi, Musik von Manelli (oder von Paolo Sacrati), „le nozze di Peleo e di Tetide" von Francesco Cavalli, Monteverde's trefflichem Schüler und Nachfolger, und endlich von Monteverde selbst: „l'Adone" — Dichtung von Paolo Vendramin.

Schon 1639 entstand ein zweites Theater bei S. Giovanni e S. Paolo, welches mit „la Delia, la Sposa del Sole" begann (bestand bis 1715) und 1641 ein drittes bei S. Mosè, welches zunächst nach Monteverde's „Arianna" griff. Schnell nach einander wurden nun in Venedig folgende Opernbühnen gegründet:

Il Teatro nuovo, 1641 eröffnet mit Strozzi's „finta pazza", Musik von Strozzi — dieses Theater, welches sich, wie man sieht, unter keines Heiligen Schutz gestellt, ging nach sechs Jahren wieder ein.

Teatro SS. Apostoli 1649, die erste Oper war „Orontea", Text von Giac. Andrea Cicognini, Musik von Marcanton Cesti.

Teatro S. Aponal (Apollinaris), eröffnet 1651 mit „l'Oristeo", Text von Faustini, Musik von Cavalli.

Teatro S. Luca oder S. Salvatore, eigentlich schon seit lange bestehend, aber seit 1661 Operntheater; den Anfang machte „la Pasife" von Gius. Artale, Musik von Castrovillari.

Teatro S. Gregorio, 1670, mit der Oper „Adelaida, Regia Principessa di Susa", Text von G. B. Rodoteo, die Musik ein Pasticcio.

Teatro S. Angelo, 1677; Aureli's „Elena rapita da Paride", componirt von Domenico Freschi, machte den Anfang.

Teatro S. Giovanni Grisostomo, 1678, erste Oper: „Vespasiano" von Corradi, Musik von Pallavicini.

Teatro S. Fantin, im Jahre 1699 nach Schliessung des Teatro al Canareggio mit der Oper „Paolo Emilio" von Francesco Rossi, Musik von Pignatta, eröffnet.

Somit von 1637 bis 1699 eilf Operntheater, denen 1710 sich das Teatro S. Samuele mit der Oper „l'ingannator ingannato", Text von Marchi, Musik von Ruggiero, anschloss.

Monteverde's „Adone" erschien auf dem hernach berühmten Teatro S. Giovanni e Paolo und wurde von der Herbst-Stagione 1639 zum Carneval 1640 immer wieder gegeben. Im Jahre 1641 folgte die Oper „Le nozze di Enea con Lavinia" und „il ritorno d'Ulisse in patria", die Dichtung beider von Giacomo Badoar. Im Jahre 1642 beschloss die Oper „l'Incoronazione di Poppea", Text von Giovanni Businello, Monteverde's langes und glorreiches Wirken. Von diesen Spätlings-Opern ist nur der Ulisses durch einen glücklichen Zufall erhalten. In demselben Jahre 1641 hatte Monteverde seine „Selva morale e spirituale" der Kaiserin Eleonora in Wien gewidmet; es scheint, dass er dem Dedicationsexemplar seine neueste Oper beilegte, welche der Musik liebende Leopold I. sofort als besondere Kostbarkeit seiner Sammlung einreihete; der Deckel ist mit dem in Gold eingepressten Bilde des Kaisers bezeichnet, eine Ehre, welche diese Partitur z. B. mit Cavalli's Autograph des „Egisto" theilt. Von anderer Hand, als der des Copisten, sind Aenderungen in der ursprünglichen Eintheilung der Akte beigeschrieben, und bei der weggelassenen zweiten Scene des dritten Aktes, welche vermuthlich den Selbstmord des Bettlers Irus enthielt, steht die seltsame Bemerkung: „Scene 2da la si lascia fuora per essere maninconica"; diese Zusätze können schwerlich von einer andern Hand sein, als von jener Monteverde's selbst. Wir müssen die glückliche Rettung doppelt preisen, da durch sie die bisherige Lücke zwischen „il combattimento di Trancredi" und zwischen Cavalli's „Peleus und Thetis" in der Geschichte der Oper vollständig ausgefüllt wird. Die Entwickelung, welche Monteverde in sich erlebte, tritt hier in der merkwürdigsten Weise hervor — die Anknüpfungspunkte an „Orfeo" und den „Tancred" sind hier ebenso deutlich, als uns andrerseits Cavalli, dessen „Peleus" sonst eine geradehin unbegreifliche Erscheinung wäre, plötzlich erklärlich wird.[1])

Die Absicht der Procuratoren, Monteverde, den Cremonesen, ganz und gar für Venedig zu gewinnen, war vollständigst erreicht — auf den gedruckten Textbüchern seiner Opern nennt er sich: „Claudio Monteverde Veneziano." In S. Marco war er nicht blos Kapellmeister, sondern zuletzt auch Mitglied des Priestercollegiums. Er trat mit 65 Jahren in den geistlichen Stand und legte nicht geringen Werth darauf. „Ich schreibe hier nicht als Priester, sondern als Kapellmeister", sagt er in einer Klage an die Vorgesetzten, zu welcher ihn eine Beleidigung veranlasste, die ihm ein Sänger von S. Marco öffentlich auf dem Marcusplatz angethan. Seine Geistesfrische behielt er bis ins hohe Alter. Als er seine „Poppea" componirte, war er 75 Jahre alt. Plötzlich aber, — er war von Venedig gerade abwesend — fühlte er seine Kräfte schwinden, er kehrte eilends nach Venedig zurück, um dort zu sterben — „a guisa di cigno, che presentendo l'ora

---

[1]) Der Schatz lag lange unbeachtet in der kais. Bibliothek, da das Titelblatt fehlt und die Partitur ursprünglich als „unbekannte Oper" catalogisirt war. Kiesewetter sah sie, erkannte sie ganz richtig als Werk Monteverde's — seine Erklärung wurde im Katalog beigesetzt — er selbst aber machte, was nur bei der an Phlegma streifenden Gelassenheit meines Oheims Kiesewetter erklärlich wird, von dem kostbaren Funde keine weitere Erwähnung, keinen weiteren Gebrauch! Ich habe die Partitur, obschon ich sie in Wien täglich sehen kann, für mich eigenhändig copirt, damit doch noch ein zweites Exemplar in der Welt sei.

fatale de suoi giorni s'avvicina alle acque, ritorno volando a Venezia, regina dell' acque" sagt sein Zeitgenosse und bombastischer Lobredner, Matteo Caburlotto, Pfarrer von S. Tommaso in Venedig. [1]) Nach kurzer Krankheit starb Monteverde. Eine Todtenfeier in S. Marco unter Giovanni Rovetta's Leitung ehrte sein Andenken; eine zweite veranstaltete sein Schüler Giambattista Marinoni genannt Giove, Kapellmeister am Dom zu Padua, am 15. Dezember 1643 in der Frarikirche, wo Monteverde in jener Kapelle links vom Chor begraben liegt, welche als Altarbild das berühmte von Luigi Vivarini angefangene, von Marco Basaiti vollendete Gemälde bewahrt. Keine Inschrift nennt den Namen des Meisters; die in den Boden eingefügte Steinplatte der Gruft trägt die allgemeine Bezeichnung: „Cadaveribus Insubrium hujusce collegii sarcophagus dicatus MDXX consule Jo. Bapt. Cuchetto instauratus anno Dom. MDVIIC." Es ist also noch derselbe Stein, der sich über Monteverde's sterblicher Hülle schloss. Sein der Schrift Caburlotto's im Kupferstiche beigegebenes Bildniss zeigt ein geistreiches, energisches, doch keineswegs schönes Gesicht — hohe Stirne, etwas schräg gestellte Augen, kräftig gebogene Nase, Lippen und Kinn von einem ziemlich starken Bart bedeckt, die Kopfbildung länglich, nach der Haltung von Hals und Schultern offenbar das Bild eines langen hagern Mannes — das Gesicht könnte gleicherweise an den Herzog von Alba und an — Mephistopheles erinnern, sähe nicht aus den Augen grosse Treuherzigkeit und eine gewisse gutmüthige, halb schalkhafte Herzlichkeit, welche die, wenn auch bedeutende, doch eigentlich sehr unschöne Bildung des Ganzen vergessen machen und den Mann völlig liebenswürdig erscheinen lassen.

Die Erscheinung Claudio Monteverde's ist eine so ausserordentliche, dass an folgenreicher Bedeutsamkeit aus früherer Zeit eine einzige gleich wichtige namhaft gemacht werden kann: Josquin de Près — in allen folgenden Epochen aber keine ähnliche wieder auftritt. Durchaus nicht so, als ob Monteverde's Compositionen an Schönheit der Form und idealem Gehalt, an meisterlicher Textur und Grösse der Wirkung alles Sonstige überträfen: oft genug tritt das Unentwickelte, Halbfertige, glücklich Gedachte aber ungenügend Ausgeführte zu Tage; sie haben noch etwas Hartes, Herbes. Die Eroberungen Claudio's auf musikalischem Gebiete, Dinge, welche er wie durch Intuition findet und einfach hinstellt, ohne deren enorme Tragweite einstweilen zu ahnen, haben Folgen gehabt, über welche Monteverde selbst erstaunen müsste — wir dürfen ihn als den Vater unserer ganzen heutigen Musik begrüssen. Der geistige Stammbaum unserer

---

[1]) „Laconismo delle alte qualita di Claudio Monteverde" lautet der seltsame Titel der keineswegs „lakonischen" Schrift.

grossen Meister wird zuletzt immer auf Monteverde zurückgehen müssen.

Wenn wir von Josquin an seiner Stelle sagen mussten, dass er der Musik eine neue Welt öffnete, als er die Wahrnehmung machte, es sei, wenn es nur (wie bei seinen Vorgängern) gut und würdig zusammenklingt und die kunstvoll verschränkten Nachahmungen der Stimmen unter sich logischen Zusammenhang, architektonisch bedeutende Construction in den Tonsatz bringen, mit der Sache noch lange nicht aus, — die Musik besitze auch Sprache und Ausdrucksfähigkeit für Lust und Leid der Menschenbrust, könne ein Spiegel des menschlichen Seelenlebens in seinen hellen und dunkeln Phasen sein, und da er nun nicht blos aus dem okeghemisch-geschulten Tonsetzer sofort Tondichter und Tonmaler wird — bis zur Tonmalerei im engeren Sinne, welche er der erste anwendet —: so fällt nicht weniger in's Gewicht, was Monteverde mit dem Instinkt des Genies fand: er emancipirt die Dissonanz von ihrer bisherigen strengen Gebundenheit; die Septime, die None lehrt er frei eintreten, ja beide, als Doppeldissonanz verbinden; er begreift der erste die grosse und eigenthümliche Wirkung dreier auf einen Grundton aufgebauter kleiner Terzen, d. i. des verminderten Septimenaccordes. Die heilige Priesterjungfrau Musik musste noch bei Palestrina züchtig, ernst, einfach einhergehen, die Dissonanz durfte hier nur eine gemässigte, strenge geregelte Anwendung finden; jetzt aber sollte die Musik die Sprache des Affektes, die Sprache der Leidenschaft sprechen, sie sollte es lernen „sich in die Welt zu wagen, der Erde Weh, der Erde Glück zu tragen, mit Stürmen sich herumzuschlagen, und in des Schiffbruchs Knirschen nicht zu zagen" — dazu hiess es die Dissonanz von den bisherigen Banden befreien. Monteverde kennt und beachtet den Unterschied sehr wohl. Seine Kirchenstücke sehen in diesem Punkt ganz anders aus, als seine dramatische Musik, als seine Madrigale. Er ist es ferner, bei dem sich die ewige musikalische Rezitation der Florentiner an gehöriger Stelle zu ariosen Bildungen zu formen beginnt, als ob sich aus dem unendlichen Gewoge eines weiten Meeres grünende Inseln zu heben begännen. Er wirft mit fester Hand den Grundriss, den Bauplan der Arie, des wirklich liedmässigen Liedes hin. So bringt er in seinem „Orfeo" das erste „Siciliano" — ohne es contrapunktisch durch einander zu wirren, wie seine Vorgänger ihre Villanellen alla Napoletana u. s. w., bei welchen sie wohl etwas Aehnliches — wie im Traume — wollten, es aber nicht erreichten. Sieht man diese Villoten auf einer den Kirchentönen entstammenden Harmonie wie auf einem holperigen Steinweg herumtaumeln, so staunt man, wenn man sieht, wie das neue (unser) Harmoniesystem bei Monteverde, wenn auch noch nicht entfernt fertig und voll ausgebildet, doch schon in seinen richtigen, fundamentalen Grundzügen ganz bestimmt zur Geltung gebracht ist. Monteverde ist ferner der Erste, der es begreift, dass die Klangfarbe der Instrumente ihre grosse ästhetische Bedeutung habe, ein Ausdrucksmittel unschätzbaren Werthes sei — dass der Wechsel dieser Klangfarben noch eine ganz andere Bedeutung haben könne, als nur dem Ohr mit abwechselnden Klängen zu schmeicheln, wie etwa abwechselnde Speisen den Gaumen ergötzen, während noch Doni eben weit genug ist, um in der Orchesterbegleitung des dramatischen Gesangs nur ein nothwendiges und auf das möglichst geringe Mass zu reduzirendes Uebel erblickt; „tengasi per fermo", sagt er, „che quanto minore numero d'instrumenti si metterà in opera, tanto meno diffettosi saranno i concenti". [1]) Die Instrumentirung im „Orfeo", welche den mannigfachsten Wechsel nach der wechselnden dramatischen Situation [2]) anwendet, ist der erste Wurf dieser Art — Monteverde ist also auch der Ahnherr der „Kunst der Instrumentation". Ja, er erfindet für die bekannten Instrumente ganz neue, bis dahin unerhörte Effekte, das Pizzicato, das Tremolo der Geigen (im „combattimento di Tancredi e di Clorinda"). Er wendet Tonmalereien an, zuweilen ganz in unserem modernen Sinne; Menschenstimmen müssen dazu so gut dienen, wie Orchesterinstrumente. Mit all' diesem ist aber auch der von Doni und Consorten erseufzten Regeneration der antiken Musik ganz gründlich der Abschied gegeben. Wir dürfen Monteverde den ersten modernen Musiker nennen.

Allerdings ist Monteverde mit diesen Schätzen, die er wie über Nacht gefunden, ziemlich in der Lage eines Menschen, der, plötzlich immens reich geworden, nun gar nicht recht weiss, was er, der in beschränkter Existenz Geborene und Erzogene, mit diesen seinen Mitteln nur in aller Welt anfangen solle — der bald unpraktisch verschwendet, bald wieder aus alter Gewohnheit ängstlich sparsam wirthschaftet. In manchen Werken, wie im „Orfeo", bildet an vielen Stellen der luxuriöse, geradezu zweckwidrige Aufwand äusserlicher Mittel mit der musikalischen Befangenheit des Inhalts einen seltsamen, nicht eben günstig wirkenden Contrast. Monteverde ist hier schon ganz ein echter Venezianer. Er gleicht beinahe den älteren venezianischen Malern, welche ihre mageren, nicht gut gezeichneten, oft byzantinisch verdriesslichen Heiligen in glänzenden Prachtfarben malten, mit Gold überluden und in überprächtig geschnitzte Goldrahmen einfassten. Monteverde war, wie damals jeder Tonsetzer, Kirchencomponist, und zwar sehr fleissiger Kirchencomponist — er hat

---

[1]) Opp. II. S. 111.
[2]) Nicht aber: dass jede Person ihre eigenen Instrumente habe, wie Hawkin's durch einen groben Missverstand behauptet und noch heut' ihm nachgesprochen wird! —

Vieles auf diesem Gebiete noch im strengen Capella-Styl geschrieben. Aber seiner eigensten Natur nach war er ein geborener Dramatiker. Die von Florenz überkommene Form des musikalischen Drama genügt ihm nicht; er fühlt sehr wohl, dass das Wesen der dramatischen Musik nicht auf die blosse Nachahmung der gesprochenen Rede in unaufhörlicher Rezitation zu beschränken sei. Seine Musik wird mannigfaltig, farbenreich, malerisch. Der dramatische Ausdruck ist in voller Stärke da, auch wo er nicht blos recitirt, sondern cantabel singt. Er begnügt sich nicht damit, Wort nach Wort des Textes mit der angemessenen Musik zu illustriren, er versucht es, und zwar mit Glück, dramatische Charaktere zu zeichnen; während Peri's und Caccini's Figuren noch ein allgemeines Idealgesicht haben, tritt an jenen Monteverde's eine bestimmte, sie individualisirende Physiognomie hervor. Tancred und Clorinde, die edle Penelope und die zweideutige Magd Melanto, Ulyss und der Bettler Irus sind Charakterfiguren, wie sie in der Auffassung kein anderer Dramatiker besser hätte hinstellen können. Monteverde empfindet tief und der Ausdruck der Leidenschaft, das Pathos, welches bei den Florentinern noch etwas Rhetorisches hat, nimmt bei ihm eine ergreifende Gewalt an. Die Bitte der sterbenden Clorinde um die Taufe, der Klaggesang der verlassenen Ariadne, die erste Scene der Penelope, in welcher sie den abwesenden Gemal mit leidenschaftlicher Sehnsucht, mit schmerzlicher Ungeduld herbeiruft, während über das Ganze etwas wie ein dunkler Schleier lange erduldeten Wehes gebreitet ist, bleiben Momente, welche mindestens an Wahrheit und ergreifender Macht des Ausdruckes schwerlich zu überbieten sein möchten. So bleibt ihm ferner auch das Orchester nicht blos jener Nothbehelf, wie es bei den Florentinern ist, sondern er versteht und benutzt es als ein bedeutendes Mittel des Ausdrucks. Im „Zweikampf Tancred's und Clorinda's" wird das begleitende Orchester in diesem Sinne trefflich verwendet, und der Tanz im sogenannten *ballo delle ingrate* verdient ein bewunderungswerthes Charakterstück zu heissen, ein Tonbild ganz eigener Färbung, zu welchem sich kaum ein Seitenstück wird finden lassen. Wenn wir Monteverde vorhin den Vater der modernen Musik nannten, so dürfen wir ihn insbesondere auch den Vater der dramatischen Musik nennen. Wir zehren noch an dem Erbe, welches er uns hinterlassen.

Dinge, welche also tief in das Wesen der Kunst, das Bisherige ändernd, eingreifen, pflegen eben so leidenschaftliche Bewunderung als erbitterten Widerspruch zu finden.

Artusi hat seinen Nachruhm (wenn man es so nennen darf) eigentlich doch nur seiner Opposition gegen Monteverde zu danken. Wer sich einem hellbrennenden Feuer, das bestimmt ist, weithin Licht und Wärme zu verbreiten, in der vorsichtig-löblichen

Absicht nähert, es mit kaltem Wasser auszugiessen, damit „der Stadt kein Schaden g'schicht", hat davon mindestens den Vortheil, dass das Feuer auch ihn beleuchtet und dass auch seine Gestalt weithin sichtbar wird. Ob er sich dabei sonderlich gut ausnimmt, ist allerdings eine andere Frage. Artusi fingirt, als habe er die harmoniegefährlichen Madrigale Monteverde's zuerst als „Madrigali nuovi" gehört, ohne den Namen des Componisten zu wissen. „Era la tessitura non ingrata" sagt er, „sebbene introduce nuove regole, nuovi modi et nuova frase del dire, sono però aspri et all' udito poco piacecevoli, nè possono essere altrimenti; perche mentre che si trasgrediscono le buone regole, parte fondate nella esperienza, madre di tutte le cose, parte speculate dalla natura et parte dalla dimostrazione dimostrate, bisogna credere, che siano cose diformi dalla natura et proprietà dell' harmonia propria et lontane dal fine del musico, ch'è la dilettatione." Das sei der Weg zur Barbarei.[1]) Sie wollen diese Missgriffe (impertinentie) als neuen, höchst wirksamen Styl entschuldigen, der da Effekte hervorbringe, deren der gewohnte Musikstyl unfähig sei, sie wollen den Sinn, indem er ihre Herbigkeiten (asprezze) vernimmt, wunderbar bewegen. „Ist das Spass oder Ernst?" frägt verwundert der andere Interlocutor (Artusi's Buch ist in der damals herkömmlichen Dialogform verfasst). Die Combination von Sopran und Bass, die frei einsetzende None, die in eine eben so frei eintretende Septime herabsteigt, erregt Artusi's höchsten Unwillen. Wolle man lernen, auf welche Art den Dissonanzen ihre das Ohr beleidigende Wirkung zu benehmen sei, so solle man sich bei den Meistern Adriano (Willaert), Cipriano (de Rore), Palestrina,[2]) Porta, Claudio (Goudimel), Gabrieli, Gastoldi, Nanino, Giovanelli und so vielen Anderen Belehrung holen. Wer die Dissonanz anders behandle, als ob sie eine Consonanz wäre, da sie doch von Natur das Gegentheil einer Consonanz ist, wolle das Unmögliche; vielleicht aber dass diese Genies (ingegni elevati) ein Mittel finden werden, aus der Dissonanz eine Consonanz und aus der Consonanz eine Dissonanz zu machen. Allerdings sei das Feld weit, und es sei

---

1) — apportano confusione et imperfettione di non poca importanza, e in voce d'arrichirla, accrescerla e nobilitarla (nämlich die Musik) con varij e diverse cose, come fatto hanno tanti nobili spiriti, la vogliono indure à tale, che non si discernerà il bello e purgato stile dal barbaro. (Delle imperf., Ragg. II, Fol. 40).
2) Artusi schreibt: Palestina.

nicht blos gestattet, sondern sogar nöthig, Neues zu suchen, aber so wenig ein Dichter z. B. statt einer langen Sylbe eine kurze anwenden, so wenig ein Mathematiker die Fundamentalsätze seiner Wissenschaft umstossen dürfe, so wenig könne es dem Musiker erlaubt sein, den guten von den Theoretikern festgestellten, von allen Praktikern beobachteten Regeln eigenmächtig Hohn zu sprechen.[1]) Die Art, die Dissonanzen anzuwenden, haben sie den Instrumenten abgehorcht, was nach Aristoxenos der gedenkbar grösste Missgriff sei; ihr ganzes Streben gehe nur dahin, den Sinn (das Ohr) zufrieden zu stellen, sie täuschen durch die Schnelligkeit der Bewegung — dass aber auch der Verstand in Frage komme, welcher ihre Cantilenen beurtheilt, kümmere sie wenig. Hätten sie Boetius Buch eins, Capitel neun und Buch fünf, Capitel eins und Ptolemäus Buch eins, Capitel eins gelesen, sie wären anderer Meinung! Doch was kümmert sie Boetius! Es genügt ihnen, ihre Combinationen nach ihrer Art zu machen und die Sänger zu lehren, den Gesang mit vielen Körperbewegungen zu begleiten, so dass es zuletzt den Anschein hat, als verführen sie Todes — und das ist die Vollkommenheit ihres Gesanges. Sie sind Ignoranten, welche nicht wissen, was wählen, was zurückweisen — es genügt ihnen, Tongeräusch gemacht, einen Wirrwar unpassender Dinge, ein Haufwerk von Unvollkommenheiten — Frucht ihrer Unwissenheit.[2]) Ist aber vollends Ignoranz mit Eigenliebe gepaart, dann wird sie Anlass alles möglichen Uebeln — sie meint dann, was sie thut, sei wohlgethan, und gleicht jenem Trunkenen, welcher sich für nüchtern, die Nüchternen aber für trunken hält. Unnütz aber, mit einem Ignoranten wissenschaftliche Dinge verhandeln zu wollen! Ein Bauer, der einen Acker voll Dornen und Unkraut mit dem Pfluge bearbeiten

---

1) Se con l'osservatione de precetti et delle buone regole lasciate da Theorici et osservate da tutti li Pratici si puote havere l'intento che proposito è volere fuori delli termini cercare delle stravaganterie? Non sapete, che tutte le scienze et tutte le arti sono state da sapienti regolate et di ciascuno ci sono stati lasciati i primi elementi, le regole et li precetti, sopra lo quali son fondate, affin che non deviando da i principij et dalle buone regole, possi uno intendere quello, che dice ò fa l'altro? e si come non è lecito per vietare la confusione delle scienze et delle arti, ad ogni semplice Pedante immutare le regole, lasciate da Guarino, nè ad ogni poeta ponere una sillaba longa in veco di una breve nel verso, nè ad ogni Arithmetico depravare quegl' atti, e quelle demonstrationi, che sono proprie di quell' arte, così non è lecito ad ogni infilza solfe depravare, corrompere et volere con nuovi principij fondati nell' arena, introdurre nuovo modo di componere, però benissimo disse Oratio: „est modus in rebus, sunt certi denique fines, quos ultra citraque nequit consistere rectum (a. a. O. f. 42. p. v).

2) — basta di fare un rumore di suoni, una confusione d'impertinenze, una congregatione d'imperfettioni, et il tutto nasce da questa ignoranza, dalla quale sono offuscati (a. a. O. Fol. 43 p. v.).

wollte, wäre ungefähr in der nämlichen Lage. Man sehe nun aber den rauhen wüsten Passus (passaggio aspro et inculto) im dritten Takt (casella), auf den sie sich obendrein was zu Gute thun

Nach einer Pause setzt der Bass mit einem Semidiapente gegen die Oberstimme ein! (Es wird keiner besonderen Erwähnung bedürfen, dass dieses „Semidiapente", über welches Artusi ausser Fassung geräth, die frei einsetzende Dominantseptime und der ganze Zusammenklang, wie wir sagen müssten, ein unvollständiger Quintsextakkord ist). Andere Tonsetzer haben dieses Intervall auch, aber anders gebraucht — nie nach einer Pause! Es muss eine Sexte vorangehen oder eine andere Consonanz — wie man in Artusi's „Arte del Contrappunto" nachgewiesen finde (Artusi lässt sich, wie man sieht, durch seinen Interlocutor Vario als Autorität zitiren!). Wenn diese und jene (questi tali) die vorhergehende Pause für so gut als eine Consonanz nehmen, so vergessen sie, dass das Ohr etwas nicht Gehörtes auch nicht in Anschlag bringen kann. Meister, wie Cipriano in dem Madrigal „Non gemme", wie Morales im Magnificat des fünften Tones beim Vers „Sicut locutus est", haben mustergiltig gezeigt, wie man von diesem Intervall Gebrauch machen könne und solle.[1]) Erfahrung hat die Alten gelehrt, wie man Dissonanzen behandeln müsse — nicht etwa, dass sie Consonanzen werden, wohl aber, dass sie ihre Herb-

[1]) Die Stelle von Morales, welche Artusi meint, ist folgende:

Das bezügliche f ist beidemale vorbereitet, einmal im Sinne des Dreiklangs der siebenten Stufe aufwärts, das zweitemal gleich der Dominantseptime abwärts aufgelöst.

heit verlieren und wohlklingend werden — sie können unmöglich von guter Wirkung sein, wenn man sich von dieser erprobten Art sie dienstbar zu machen entfernt. „Unsere Alten" — schliesst Artusi seinen Anklageakt gegen Monteverde — „haben nie gelehrt, dass man Septimen so geradehin und offen hinschreibe, wie wir es in dem zweiten, dritten, vierten, fünften, sechsten und siebenten Takt (des Notenbeispiels) sehen, denn sie geben dem Gesange keine Anmuth und es hat die hohe Stimme keinen Zusammenhang mit dem Ganzen, mit ihrem Ausgangspunkte und Fundamente (nämlich dem Basse — Artusi stellt vorher die höheren Stimmen als durch Aliquottheilung der tiefen Monochordsaite entstanden dar). Das Madrigal, aus welchem Artusi sein Exempel nimmt, ist zunächst das fünfstimmige im fünften Buche „Cruda Amarilli" [1]), dem sich Fragmente desselben Madrigals so anschliessen, als ob diese Trümmerstücke in der Composition unmittelbar auf einander folgten — eine Ungenauigkeit oder Unredlichkeit, für welche Artusi die schärfste Rüge verdient.

Francesco Cavalli ist für die Entwickelung der dramatischen Musik eine epochemachende Erscheinung, nicht minder Carissimi. Der Schüler Monteverde's fängt dort an, wo sein Meister aufgehört.

Der Name Cavalli ist nur ein angenommener. Eigentlich hiess er Pier-Francesco Caletti-Bruni und war der Sohn des Giambattista Caletti detto Bruni, Kapellmeisters der Kirche S. Maria in Crema, eines wie es scheint nicht ungeschickten Musikers, von dem im Jahre 1604 bei Ricciardo Amadino ein Buch fünfstimmiger Madrigale gedruckt wurde. Pier-Francesco war entweder 1599 oder 1600 geboren, seine Mutter hiess Vittoria mit dem Zunamen Barbazza oder Bertolotta. [2]) Während der Jahre 1614 und 1615 war in Crema, welches damals der Republik

---

1) Man sehe es in Martini's „Saggio di Contrapp.", Band 2, S. 191. Die von Artusi angegriffenen Stellen findet man Seite 192, Takt 2 und 3; Seite 194, Takt 2 und 3; S. 195, T. 5, 6, 7 und 10, 11; S. 196 letzter Takt und der erste der folgenden Seite 197. Artusi rückt zudem alles um eine Quarte höher als es im Original geschrieben! Daran flickt er noch ein anderes Exempel:

2) Die Pfarrbücher von S. Maria in Crema zeigen die Namen mehrerer Mitglieder der Familie Caletti, aber gerade das Blatt (1599, 1600), wo Pier-Francesco's Name sich finden müsste, fehlt. Nähere Nachweisungen über Cavalli's Familienverhältnisse und Lebensschicksale bei Caffi „Storia della musica sacra nella cappella ducale di S. Marco" 1. Band, S. 269 u. f.

Venedig gehörte, Federigo aus der venezianischen Familie der Cavalli (deren schöner, venezianisch-gothischer Palast unfern dem Eingang des Canal grande und der Kirche della Salute steht) Podesta und Capitanio der Provinz. Im März 1616 kehrte Federigo Cavalli nach Venedig zurück, und nahm den jungen Caletti-Bruni mit, dessen grosses musikalisches Talent sich schon damals gezeigt haben muss, da dieses Talent in Venedig unter der Leitung berühmter Meister, vor allem Monteverde's, eine ganz andere Entwickelung versprach, als in der Provinzstadt möglich gewesen wäre. In Venedig hiess der junge Mensch „il Checco de Cà-Cavalli (Fränzchen aus dem Hause Cavalli). Darüber gerieth sein wahrer Name allmählich in Vergessenheit. Noch 1617 ist er als Pietro Francesco Bruni Cremasco mit einem Gehalt von jährlich 50 Ducaten unter den Sängern von S. Marco eingeschrieben, 1628 erscheint er als Francesco Caletto unter den Tenoren. Als er 1640 die Stelle des zweiten Organisten von S. Marco erhielt, bezeichneten ihn die mit der Besetzung dieses Postens betrauten Preisrichter als Francesco Caletti detto Cavalli. Fortan heisst er Francesco Cavalli Viniziano. Am 11. Januar 1665 wurde ihm die Stelle des ersten Organisten — am 20. November 1668 endlich die Grosswürde des Kapellmeisters von S. Marco verliehen. Am 14. Januar 1676 schied er aus dem Leben — die Capelle von S. Marco ehrte ihn durch die Aufführung seines Requiem a due cori, das er nicht lange vorher componirt hatte — „für sich selbst".

Cavalli's musikalisches Erstlingsdrama „le nozze di Peleo e di Tetide" (1639, Text von Orazio Persiani) erinnert noch an die Weise seines Lehrers Monteverde.

Der Poet suchte die Handlung möglichst interessant und bis zur Buntheit reich zu gestalten, er wendet Intriguen, allerlei Verkleidungen u. s. w. als dramatische Hebel an, er sinnt auf Gelegenheiten zu glänzenden Ausstattungseffekten, er rückt contrastirende Szenen hart neben einander. Seine Versifikation steht an feinem Klang und an Noblesse tief unter den Dichtungen Rinuccini's, obschon der Poet auch an die Diction sichtlich nicht wenig Sorgfalt gewendet, sogar seinen Witz in Contribution gesetzt hat, wie er denn z. B. dem unter den Personen vorkommenden Momus allerlei satirische, direkt auf sein modernes Publikum zielende Einfälle in den Mund legt oder sich gelegentlich in den (damals beliebten) Spielereien von allerlei Concetti ergeht.[1]

---

[1] Momus stellt hier eine Art von Hofnarren Jupiters vor. Zeus, von Liebe gegen Thetis entbrannt, beklagt sich über Amor: „io, che pure atterai colla mia man fulminante gl' Enceladi ed i Tifei, vincer non posso, ahi, Amor, contra di me vero gigante". Er tröstet sich: „che sciagura puote intravenir a Giove? non dipende di me la sorte ed il fato?

Der Prolog (das Drama beginnt ohne Instrumentalmusik mit einem solchen) gestaltet sich zu einem kleinen Duodram, einer im Grunde bedenklich frostigen und nüchternen Allegorie, welche aber zuletzt in einen grandiosen Schlusseffekt ausläuft. Das „Gerücht" (Fama), geflügelt und das Gewand ganz mit Augen bemalt, tritt auf, stösst in die Trompete und verkündigt als Neuigkeit (der Einfall ist wirklich gut) das gerade Gegentheil dessen, was die nachfolgende Handlung zeigt: „Der Avernus habe gegen den Olymp gesiegt, vereitelt sei Jovis Plan, Peleus und Thetis zu vermälen". Der solenn recitirende Ton der Prologstrophen, das kurze, pomphafte Ritornell, das nach jeder Strophe wiederkehrt, mahnt noch sehr bedeutend an den Monteverdestyl.[1] Die „Zeit" (il tempo, Tenorpart), deren Amt es ist, das falsche Ge-

[1] La fama suona la tromba, di poi da principio al canto:

rückt als lügenhaft zu entlarven, tritt scheltend entgegen. Fama
antwortet nicht ohne Ereiferung, der Zeitgott ruft ihr zu:

> Vedrai due nobil alme
> in un sol laccio avvolte
> crescer al greco mar trionfi e palme —
> Jo così giuro! o di mia fede impegno
> darò non basso segno;

questo, che fu teatro ampio e famoso,
hoggi, dal corso mio consunto ed arso,
resti fra le ruine a terra sparso,
e sia da denti miei lacero e roso.

Fama erschrickt: wer solche Denkmale zu stürzen im Stande
sei, meint sie, könne wohl auch die Lüge zerstören (Veglio!
mentii, non ti più sfido a guerra, ma dico humil china, che, chi
le pompe altissime ruina)

Der Zeitgott winkt, und das Theater stürzt zusammen; hinter den Trümmern aber zeigt sich den Zuschauern, während das
Orchester eine „Sinfonia infernale", einen ahnungsvoll-düstern
Andantesatz anstimmt, das nächtliche Schreckensreich des Tar-
tarus.

Pluto (Bass), mit seinen Dienern Cacus und Minos (Tenore)
will Rath halten, wie man die Absicht Jupiters, des Feindes,
welcher sie alle in ewige Nacht gebannt hat, Peleus und Thetis
zu vereinigen, vereiteln könne. Er schilt, dass die Götter der
Unterwelt zu kommen zögern — düster klagende Fanfaren der
„schwarzen Herolde" rufen auf Pluto's Wink die „verschlaf'nen
Götter" zur höllischen Rathsversammlung (concilio infernale). Sie
kommen alle: Megera, Tisiphone (Sopran), Alecto (Alt), Rhada-
mant (Tenor), Asmodeus (Bass). Dem Dichter schwebte augenscheinlich als Vorbild die Szene aus dem Canto IV. der „Geru-
salemme liberata" vor, selbst bis in einzelne Züge hinein, wie es
denn z. B. ohne Zweifel die Verse Tasso's sind:

„chiama gl' abitator de l'ombro eterno
il rauco suon della tartarea trombe,

welche den Einfall mit den trompetenden Höllenherolden veranlasst haben. Die Vasallen Pluton's sagen nach einander ihre Meinung; meisterlich zeichnet Cavalli insbesondere die Tisiphone in
der mächtigen Steigerung ihrer Rede (ira, scempio, furor, fierezza
e morte). Die Furie steht leibhaft vor uns. Da tritt die Zwietracht (la Discordia) mitten unter die Rath haltenden Dämonen:
„schweigt ihr andern, ich, ich allein will es vollbringen!" Allgemeine Zustimmung; „geh' hin", ruft Pluto, „und zerreisse das
unwürdige Band, das Zeus uns zur Schmach knüpfen will". Ein
Ensemble der Höllengötter (Megera, Tisiphone, Alecto, Rhada-
mant, Minos und Pluto) beschliesst (während die Zwietracht etwa
auf einem geflügelten Drachen zur Oberwelt eilt) die Szene.

Wir sind wirklich in dem Reich der ewigen Nacht, in der „citta del pianto" (wie Discordia sich ausdrückt), und Cavalli versteht es, die Geister der Unterwelt schon eine ganz andere Sprache reden zu lassen, als es Monteverde, M. A. Rossi und Landi (im Orfeo, in der Erminia und im St. Alessio) vermocht. Das düstere E-moll, durch welches diese ganze infernalische Szene gleichsam grundirt ist, giebt ihr die entsprechende Färbung; auf diesem dunkeln Hintergrund sind die einzelnen Gestalten in charakteristischen Zügen gemalt, die finstere Majestät des Höllengottes, die mühsam gezügelte Wuth der Furien. Der Tondichter begnügt sich nicht mehr, dem Texte eben nur Wort nach Wort gerecht zu werden; er rechnet schon mit grösseren Factoren, er gruppirt sein Gemälde und rückt seine Gruppen in die richtige Beleuchtung. Ein einfach grossartiger Zug geht durch das Ganze.

Verwandlung: eine taghelle, weite Gegend, mit Fels und Wald und weitem Ausblick auf's Meer. Eine fröhliche Jagdfanfare (in C-dur — ganz augenscheinlich als Gegenstück der Chiamata der höllischen Herolde gemeint) deutet die Nähe rüstiger Jäger an; sie erscheinen; ihr Chor „alla caccia, alla preda" ist ein wirklicher Jägerchor, der Ahnherr zahlreicher späterer, während der Chor der Jäger in M. A. Rossi's „Erminia" noch aller Charakteristik bar ist. Peleus (Tenor) und Meleager (Alt) treten auf, dieser voll Jagdlust, sein Freund, ob er gleich so eben den wilden Eber mit Heldenkraft gefällt, voll Schwermuth; er hat Thetis gesehen: „wie junges Morgenroth, das aus dem Meere steigt" (come spunta dal mar alba novella). Während er mit den Jägern in den Wald zurückkehrt, bleibt Meleager zurück, und jetzt taucht Thetis in einer Muschel (in conca piscando) auf, sie singt ein Strophenliedchen, eine Art Barcarole; der Ton ist auch hier recht gut getroffen und die Melodie, bei noch sehr geringer Entwickelung, doch nicht ganz ohne Anmuth.[1]) Meleager lauscht und stimmt endlich mit der Meeresgöttin ein kleines Duett an, welches zeigt, dass die verpönte „Imitation" glücklich wieder den Weg auch in die dramatische Musik zurückgefunden:

1)

1. Go - din gio - co - si ne re - gni on - do - si u. s. w.
2. A bei sem - bian - ti pe - scan gl'a - man - ti

Die tiefe Stimmlage (der Verlauf der Melodie führt bis a herab) ist auffallend. Nach jeder Strophe spielen die Instrumente ein nach dem gleichen Motiv gebildetes Ritornell.

Darüber erwacht Triton's Eifersucht. Er repräsentirt den rohen Plebejer, die gemeine Hässlichkeit, die es wagt, um die adlige Schönheit zu werben; Peleus eilt mit seinen Rittern herbei und verjagt ihn; das Orchester begleitet den Ritterchor mit Motiven, die Trompetengeschmetter und Trommelwirbel nachahmen. Abermals Verwandlung: Halle in Jupiters Götterburg. (Die Scrupel, welche Rinuccini wegen Aenderung der Szene gehabt, sind, wie man sieht, verschwunden.) Zeus liebt Thetis; halb ironisch von Momus berathen, weiss er nicht recht, was er thun soll, als Mercur die drohende Verkündigung des Orakels bringt: „Thetis werde Mutter eines Sohnes werden, der seinen Vater an Herrlichkeit und Ruhm zu übertreffen bestimmt ist".

Der Orakelspruch ist musikalisch merkwürdig gefasst; es sind wiederum die Grundstriche für ähnliches bei Gluck (Alceste) und Mozart (Idomeneo und Don Giovanni).

Zeus erschrickt; er beschliesst, die schöne Thetis mit Peleus zu vermälen (dass von diesem jetzt erst gefassten Plan schon in den früheren Szenen als von einer bereits beschlossenen Sache die Rede war, scheint den Dichter nicht anzufechten). Alle Götter sollen die Hochzeit feiern helfen; Mercur wird zur Vollziehung des Befehles abgesendet, Momus begleitet ihn. Wieder am Meeresstrande: Peleus hört von Mercur, welches Glück ihm beschieden sei. „Se per troppo diletto or potessi morire, faria quest' alma!" ruft er. Freudenchor und Tanz (Ciaconna) der Waldnymphen, der Beschützerinnen des rüstigen Jägers. Aber auch Triton hat die Nachricht vernommen, er eilt herbei um Einsprache zu erheben. Thetis, welche gleichfalls herbeikommt, ist von der Begegnung des „Seetrompeters", wie sie ihn verächtlich nennt, unangenehm überrascht. Sie beschliesst ihn zu necken und spielt die Verliebte. Als Triton, plump und zutäppisch, der Sache gleich weitere Consequenzen geben will, weist ihn Thetis schroff ab, und als er die Göttin gewaltsam wegzuschleppen Miene macht, tauchen auf ihren Wink drei Nereïden auf und peitschen den Frechen fort — ihr graziöses Terzett mildert das Widrige der Szene. Die Art, wie die vornehme Dame mit dem Meerplebejer umspringt, ist für die Zeit bezeichnend. Ein Tanz (Corrente) beschliesst den Akt.

„Soccorso, ô cielo, ô Dei! dunque di tanta gloria il mar fia tomba? dunque fra l'onde, ô miserabil caso, dovra lassare il misero la vita? pietà padre Nereo, Nettuno pietà!" Dieses Hilfs- und Jammergeschrei, womit Meleager den zweiten Akt einleitet, gilt dem Peleus. Thetis hat sich der erhaltenen olympischen Cabinetsordre nicht fügen wollen, sie spielt gegen ihn die Spröde — und Liebe, Sehnsucht, Verzweiflung treiben ihn in's Meer, das Element der Geliebten. Diese taucht empor und bringt ihn an's Land. Aber er scheint leblos; dieser Anblick bewegt ihr Herz: „hor, ch' io rimiro il misero giacente, un incognito ardore di non intesa face commincia a riscaldarmi il cor dolente — Peleo! — sorgi Peleo! — ma, lassa, ei tace!" Jetzt klagt sie sich an:

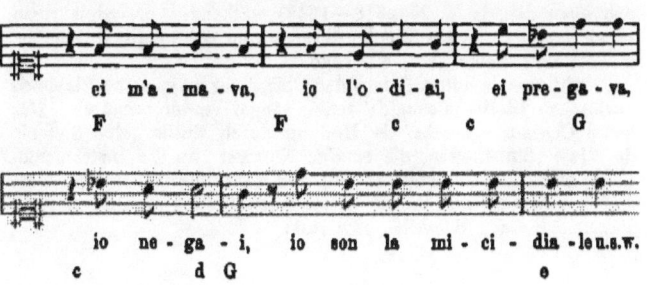

Die richtige Ingrata! Sie entfernt sich, hilfesuchend — zu Chiron, dem Weisen, dem Arzt.

Peleus erwacht:

dor - mo? so - gno? o son do - sto? che fan - tas - me, che spet - tri, oi - mè, che lar - ve veg - gio con l'oc - chio ò con la men - te pen - so? ma, veg - gio pur, quest' oc - chi son pur a - per - ti u. s. w.

Er nennt Thetis grausam, dass sie ihn gerettet. Er will Chiron aufsuchen, dass er ihm Trost gebe.

Jetzt tritt Discordia auf. Ihr Erscheinen auf Erden hat die Länder bereits mit Blut überschwemmt. Mit einem Seitenblick auf den eben damals (d. h. 1618—1648) wüthenden dreissigjährigen Krieg sagt sie: „e gia fatt' ho di sangue un nobil lago, il Danubio, il Tessin, la Scena (so!) e'l Tago."

Mittlerweile bittet Peleus den Chiron, er möge seine Flammen auslöschen (delle mie calde vene, spegni l'ardor cocente). Der weise Centaur versucht die Heilung durch Musik; eine Sinfonia de Viole (fünfstimmig, die einzige Nummer, wo die Instrumentation ausdrücklich angegeben ist), ein sanft melancholischer Satz soll den Liebesgram heilen. Jetzt kommt auch Thetis; sie hält Peleus für einen Schatten. Er ruft:

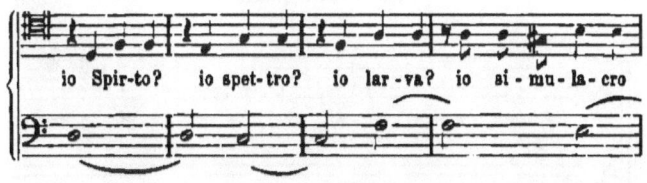

Freude, Jubel, Tanz der Nymphen. Chiron kündigt sich schon als künftiger Erzieher des Sohnes Achill an:

„io vado, col favor della fortuna,
per figlio eccelso a preparar la cuna".

Die Liebenden trennen sich jetzt, sie gehen verschiedene Wege, Thetis durch's Meer, er durch den Wald. (Thetis sagt: „per diversi sentieri, io del mar, tu del bosco, pudicizia e modestia a gir m'invita; io da te, tu da me, farem' partita." Die Hinweisung auf das etikettenmässig Schickliche ist abermals für die Zeit bezeichnend. Aber dieses Gebot der Decenz fällt den Liebenden schwer genug! Thetis versichert sogar: „vedova, griderò del mar si forte, che le grida di morte, tu stesso dal tuo bosco udir potrai"!) Ein Duo — das Prototyp und der Vorläufer zahlloser Abschiedsduette — schliesst die Scene. Der Ton der Leidenschaft giebt ihm, bei aller (noch sehr bedeutenden) Befangenheit der Form, einen dramatischen Zug. Uebrigens aber in dem pathetisch Declamirenden und in der unbehilflichen Harmonie noch der reine Monteverde.

Mercur und Momus holen die Liebenden zum Hochzeitsfeste ab. Den beiden lustigen Agenten des Olymp kommt die überschwengliche Zärtlichkeit des Paares lächerlich genug vor, und Momus warnt mit schalkhafter Offenherzigkeit das schöne Geschlecht, ihm für seine Person ja nicht zu trauen. Seine Arie lässt erkennen, dass Cavalli den richtigen Ton dafür wenigstens geahnt und gesucht hat; hier stecken wiederum die nachmaligen Buffoarien — einstweilen allerdings nur im allerersten Keim:

Ein grosses Götterfest vereinigt die Olympier. Silen und Bacchus singen einen Dithyrambus, wozu Frauen und Bacchanten tanzen (die zahllosen Trinklieder späterer Opern sind hier vorgedeutet, die rüstige Fröhlichkeit, der derbe Uebermuth dieses Stückes ist bemerkenswerth — aber freilich: wozu hätten denn die Maler des Cinquecento so viel Göttermale und Götterbacchanale als Deckenstücke in den Sälen der Grossen gemalt?). Silen bringt ein Hoch auf Bacchus aus, in welches die Götter begeistert einstimmen. Peleus fühlt sich glücklich, nach so viel Unglück, der Zwietracht zum Trotz, Thetis sein zu nennen. Zeus freut sich des herrlichen Festes:

l'o-no-ra - - - to fo-ste.

Da erscheint mitten unter den Göttern Discordia und wirft ihren Apfel. Mercur ergreift den rollenden und ruft: qual s'offre a gli occhi miei luce novella? ascoltate o voi, che di beltà superbe andate: „donisci questo pomo a più bella". Zeus entscheidet den sich erhebenden Streit der drei Göttinnen: „al mio giovinetto d'Ida hor tu, mio nunzio, porta il pomo, ond' oggi è sorta fra le belle del ciel l'alta disfidia; a lui tu lo consegna, ed egli lo presenti alla più degna". Der Akt endet abermals mit einem Tanz (Corrente). Im dritten Akt tritt Discordia in Meleagers Gestalt auf: „chi non dirà, che Meleagro io sia?!" Sie spielt mit Peleus eine Scene, ungefähr wie Jago mit Othello. Thetis habe hier einem früheren Liebhaber ein Stelldichein gegeben. Peleus zieht sich zurück um zu lauschen, und als nun Thetis kommt, tritt ihr Discordia in Gestalt ihres Vaters Nereus entgegen. Sie begrüsst ihn voll Freude und küsst ihn, wodurch der lauschende Peleus in seinem eifersüchtigen Argwohn bestärkt wird. Der falsche Nereus tadelt die Heirath seiner Tochter, welche ohne seine Zustimmung geschlossen worden sei.[1]) Peleus sei ein Ungetreuer, er heuchle gegen Thetis Liebe und brenne für die Nymphe Mergellina. „Mergellina, mia ancella?" ruft Thetis empört. Jetzt bricht Peleus hervor und überhäuft Thetis mit Vorwürfen, er hasse sie so sehr, als er sie früher geliebt. Der herbeikommenden Mergellina erklärt er sofort seine Liebe.

---

1) „No dei", sagt er, „senza il consenso mio legar te stessa. Vani son gl' imenei, inonesta è la figlia, che si sottragge alla paterna briglia".

Ein langes, höchst leidenschaftliches Recitativ der allein zurückbleibenden Thetis schliesst die Scene. Hier erreicht der Tonsetzer eine Macht der Leidenschaft, eine Grösse des tragischen Ausdruckes, an welche keiner seiner Vorgänger auch nur entfernt heranreicht. Der refrainartig wiederkehrende Aufschrei: „pietà chiedo, mercede, amor, amor terribile!" wirkt erschütternd. Gluck hat in der letzten Scene seiner Armida ähnliche Töne, allerdings noch weit voller und mächtiger angeschlagen.

Wie eine Oper in der Oper spielt sich nun als Episode in einer sehr langen Scene das Urtheil des Paris ab. Der Poet, welcher schon mit der Einheit des Ortes gebrochen, berücksichtigt nun ebenso wenig die Einheit des Interesse. Er hätte am liebsten auch noch den ganzen trojanischen Krieg in sein Libretto eingepackt! Vom Ida geht es zurück an den Meeresstrand, wo Peleus einst seine nun von ihm getrennte Thetis gefunden. Discordia triumphirt laut, ihre Mission ist glänzend erfüllt. Peleus erscheint klagend, er kann die Ungetreue nicht vergessen. Jetzt tritt ihm ein gewaffneter Ritter entgegen, für die Ehre der schwer beleidigten Thetis fordert er ihn zum Zweikampf; Peleus nimmt ihn an, „Teti è tradidrice" das will er verfechten. (Es bedarf keines Nachweises, dass auch dieser Zug sich nicht aus der antiken Göttersage, sondern aus den romantischen Rittergedichten herschreibt.) Schon zücken sie die Schwerter, Discordia hält ihr Spiel für gewonnen, da erscheint hinter ihr Hymen. Peleus solle erst sehen, wen er bekämpfe; der Helm entfällt dem Gegner, es ist — Thetis, die für ihre Ehre selbst einstehen wollte. Hymen wendet sich mit zürnenden Worten gegen Discordia, diese stürzt zur Hölle (qui precipita la discordia). Die Liebenden aber feiern von Neuem ihre Vereinigung, von Hymen, Mercur und Momus in einem frohen Schlussterzett gepriesen.

Das nächste Jahr 1640 brachte zwei Opern Cavalli's: „Gli amori d'Apolline e di Dafne" und „La Didone". Der Fortschritt gegen den Peleus ist in der Dido, was die Composition betrifft, ein entschiedener.[1]) Auch der Poet hat nicht so tief in den Farbentopf gegriffen; die einfache Handlung ist dem vierten Buche der Aeneide nachgebildet. Während Peleus noch ein Tenorpart war, werden hier die Rivale Aeneas und Jarbas dem Sopran und Alt zugetheilt; die leidige Gewohnheit, singende Halbmänner in Liebhaber- und Heldenrollen zu beschäftigen, bürgerte sich also damals in Venedig ein. Diesmal prologisirt die Götterbotin Iris; nach einem unbedeutenden Instrumentalsatz beginnt sie im musikalisch gut wiedergegebenen ruhigen Erzählerton:

---

1) „Apoll und Daphne" kenne ich nicht.

Dann wieder Symphonie und eine „Arietta" der Iris.

Der erste Akt beginnt mit einem in der Bewegung lebhaften, aber im Ausdrucke nicht besonders lebendigen Chor (auf G liegenbleibender Bass!), worin die Trojaner Aeneas zu den Waffen rufen. Die Chöre werden schon Nebensache; desto mehr Gewicht wird auf die Arien gelegt, unter denen manche melodisch schon sehr ansprechend sind. Die leidenschaftliche Rede Dido's gegen Aeneas, der sein Scheiden mit dem ihm kund gewordenen Götterwillen entschuldigt („Scelerato Trojan" u. s. w.), erinnert im Ausdruck an jenes grosse Recitativ der Thetis; schmerzlichstes Zürnen spricht aus diesen Ergüssen einer auf's tiefste gekränkten Frauenseele. Starke dramatische Effekte dieser Art liegen einstweilen im Recitativ, welches noch nicht zum blossen Füllstück zwischen einer Arie und der folgenden degradirt ist. Die Arien selbst, in ihrer fast epigrammatisch knappen Fassung, sind in dieser Beziehung das gerade Gegentheil der späteren, breit auseinander fluthenden Arienform mit *parte seconda* und *da Capo*. Selbst in dieser auf verhältnissmässig wenige Takte beschränkten Entwickelung der Melodie kann es aber Cavalli schon nicht mehr vermeiden, einzelne Worte und Textesphrasen zu wiederholen, was sich die Florentiner nach ihrem musikalisch-ästhetischen Grundgesetz um keinen Preis erlaubt haben würden. In diesem einen Punkte zeigt es sich klar, wie jetzt, bei Cavalli, die Musik bescheiden genug, aber auch bestimmt anfängt, innerhalb der dramatischen Schranken ihre eigenen, spezifisch musikalischen Zwecke zu verfolgen.

Grossen Erfolg hatte „Giasone" (1649 im Theater S. Cassiano zu Venedig, 1651 in Florenz aufgeführt u. s. w.). Eine Symphonie leitet zu einem Ritornell und dieses zum Prolog. Diesmal prologisirt die Sonne. — Der Sonnengott (il Sole, eigentlich Apollo, Sopran) uud Amor (Sopran). Apoll, welcher, wie eine Stelle des Prologtextes andeutet, auf seinem prachtvollen Sonnenwagen erschien, kündigt sofort in einem ziemlich monotonen recitativischen, zuletzt in Glanzcoloraturen auslaufenden Satz den Kern der Handlung an; der vornehme Ton, in welchem er sich gleich irgend einer damaligen irdischen „Durchlauchtigkeit" ausdrückt, ist für die Zeit bezeichnend:

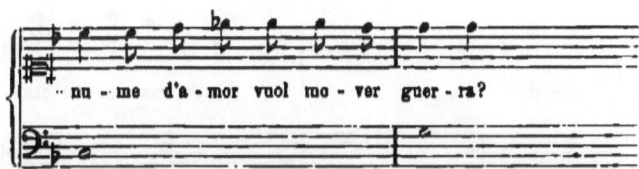

Der Sonnengott beruft sich auf den Beschluss des Fatums. Das ist für Amor kein Grund. Der Streit wird lebhafter. Da sagt endlich Amor gerade heraus: er habe mit seinen Pfeilen, denen weder Götter noch Menschen widerstehen, Jason und Hypsipile verwundet — „d'Issifile Giason sara il marito". Ein kleines, frisch-lebendiges Zankduett der beiden Gottheiten — etwa einem von Cavalli belauschten Wortstreit zweier venezianischer Fischerjungen abgehorcht — schliesst den Prolog. (Den zugleich mit der Steigerung des Gezänkes lebhafter werdenden Bass möge man beachten!)

Die Symphonie wird wiederholt und leitet in den ersten Akt hinüber; Hercules (Bass) spricht seinen Unmuth über den „Weichling Jason" aus, der beim Morgenroth noch in den Federn (tra lascive piume) liege — wie wolle ein solcher den Lockungen schöner Frauen entgehen? „Was können", ruft Hercules in demüthiger Selbsterkenntniss, „nicht die Weiber Alles mit ihren Reizen!"

> voi fabbricate nei crini laberinti a gl' eroi,
> una lagrimetta, che da magiche stelle esca di fuore,
> fassi un Ecco crucioso che sommerge l'ardir, l'alma e'l valore,
> e'l vento d'un sospiro esalato da labbri ingannatori
> dai campi della gloria spiantò le palme e disseccò l'allori!

Besso, Jason's Capitän („Capitano della guardia di Giasone" — ebenfalls Basspartie) tritt hinzu. Jeder Mensch, meint er, folge seinem Stern, der Thor und der Kluge, der Geizige und der Verschwender — Jason, scheine es, sei unter einem verliebten Stern geboren und verdiene also Entschuldigung; er könne eben nicht anders. „Il saggio può dominar le stelle", wirft Hercules ein. Besso fährt in seiner Apologie fort, sie scheint ganz direct auf die jungen Herren und Damen in Venedig gemünzt: „Giason è bello, ha senza pelo la guancia, è bizarro e robusto, di donar non si stanca, onde per possederlo ogni dama le porte apre e spalanca — bellezza, gioventù, oro, occasione, come può contro tanti fortissimi guerrier contrastar il voler e la ragione?" Herkules wird hitzig, Besso zieht kläglich ab — an seiner Stelle erscheint Jason (Alt). Er introduzirt sich mit einer Arie, d. h. mit einem Strophenliede, begleitet von zwei Violinen und einem Bass:

Das wird dem Sohne Alkmenens am Ende zu viel: „e cosi ti prepari alla pugna, Giasone?!" Jason verantwortet sich, wobei er höchst leichtfertige Grundsätze verräth — lange Strafpredigt des Herkules (recitativisch, der Ton der Ereiferung und sittlichen Entrüstung ist recht gut getroffen). „Consigliar amanti è gran folia" erwidert kaltblütig Jason — er habe, fügt er hinzu, Hypsipile verlassen, weil eine andere Liebe ihn ganz beherrscht u. s. w. Herkules macht ihn aufmerksam, dass nach Eroberung des goldenen Vliesses er sofort werde abreisen müssen — Jason erschrickt und spricht seine Betrübniss (fast zu edel dafür, wie er im Texte geschildert ist) in einer jener Duodez-Arien aus, wie sie in jener Periode des Schaffens bei Cavalli häufig sind:

Beide ab — an ihrer Stelle tritt Rosmina Giardiniera (Sopran) auf und schaut den Abgehenden verwundert nach.[1]) Arie von drei Strophen — dem Texte nach im Kammermädchenstyl — sie will auch lieben u. s. w. — von Cavalli zu einem Stück von naiver Anmuth veredelt. Medea kommt — ihre Arie klingt wie die vornehmere Antistrophe zu dem Gesange Rosmina's — sie

---

   [1]) Sie fragt: Huomini in sù quest' hora scampan fuor del giardino? quanto sospetto, che le donne di corte non faccian di questi orti un bordelletto (!).

liebt nicht minder, der Gegenstand ihrer Neigung ist Jason. —
Dagegen erweist sie sich gegen König Egeo von Athen, welcher
sie mit Liebesbitten und Liebesklagen bestürmt, höchst herb und
spröde, als er verzweifelnd ausruft:

Sie nimmt ihn beim Worte — er ist zu sterben bereit; sie
zückt den Dolch, er wankt nicht, da wendet sie sich lachend
um, lässt ihn stehen und geht mit dem Ausruf „resti pazzo!" ab.

Orest (Bass) introduzirt sich mit einer Bassarie von zwei
Strophen: „Fier' amor l'alma tormenta gran martire da gelosia"
— die Singstimme (wie in den Bassgesängen Viadana's) im Einklange mit dem Bass. Er ist Weiberfeind:

> ben si scorge ogni istante
> cangiar forma in ciel la luna,
> ò leggier piuma e'l vento
> sempre varia la fortuna,
> ma più lieve e più incostante
> è'l cervell' di Donna amante!

guer - cio, e zop - po, e gob - bo!

Demo (stotternd und höckerig), Diener des athenischen Königs Egeo, meldet sich:

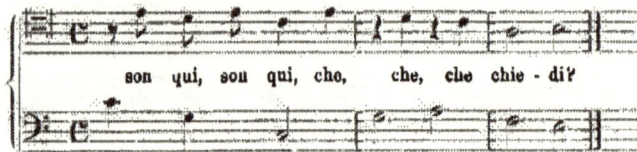
son qui, son qui, che, che, che chie - di?

Wirklich tritt sofort eine Person auf, Orest fragt verwundert wer er sei? Demo antwortet:

ah ah non m'in - to te te te te te te te
te ah non m'in - ten - di.

Das letzte rasche Herausstossen des lange mit Anstrengung gesuchten Wortes ist ein der Natur abgelauschter Zug. In einer ganz trefflichen Buffo- und Plapper-Arie giebt Demo kund, wer und was er sei — er habe, sagt er, Glück bei den Damen: „ogni dama per me arde e

so - so - so   so - so - so   so - so - so

(Der Zug, dass Orest dem Stotternden, wie unwillkührlich, einhilft, ist von glücklicher Komik.)

Medea beschwört die Geister des Orcus; sie sollen dem Jason gegen die furchtbaren Hüter des Vliesses beistehen. Die Geister zögern zu erscheinen, Medea zürnt und ruft lauter — da stürmen sie herauf, und einer von ihnen übergiebt der Beschwörerin einen Zauberring, durch den Jason die Ungeheuer bezwingen werde. Und hier verschwindet uns die Principessa Medea des Librettisten und die kolchische Zauberjungfrau richtet sich in einfacher, beinahe antiker Grossheit vor uns auf — mit geradezu ärmlichen Mitteln erreicht Cavalli hier eine Erhabenheit, welche die Scene ganz ebenbürtig neben ähnliche von Gluck stellt.[1] Declamation und Ausdruck sind bei schlichtester Einfachheit von bewundernswerther Wahrheit und echt dramatischer Kraft; — meisterhaft ist die Steigerung von den anfangs feierlichen zu den weiterhin dringender und zürnender werdenden Beschwörungen Medea's. Wir begegnen Zügen und Motiven aus der Orcusscene der „Nozze di Peleo"[2] — aber mächtig und bis zum Erschütternden gesteigert. In wenigen Takten und einfachen Harmonieen ist durch den genial erfundenen Rhythmus der zerstörungslustige Grimm der Dämonen, ihre furchtbare, kaum gezügelte Wuth fast erschreckend gemalt — diese Färbung des kurzen Dämonenchores rückt ihn wieder in's Romantische; es sind keine antiken Hadesbewohner, sondern Höllengeister, die wir hören. Medea erwähnt in ihrer Beschwörung einmal sogar ausdrücklich der Dantesken Höllenstadt Dis. Sie selbst aber behält ihre antike Haltung. Ein „Ballo de' Spiriti" (nach nicht beigegebener Musik) schliesst den Akt.

---

[1] Die Aehnlichkeit mit den berühmten Chören im „Orfeo" ist höchst überraschend. Hat Gluck Cavalli's „Giasone"-Partitur etwa in Wien oder in Venedig zu sehen bekommen? Sein Verdienst würde dadurch um nichts kleiner.

[2] Auch hier die Tonart E-moll, die langsam aufsteigenden Dreiklänge, die daktylischen Rhythmen u. s. w. Von grössester Wirkung ist einigemale die plötzliche Ausweichung nach C-dur. Auch die Rede des Geistes an Medea, so ganz einfach abgefertigt sie scheint, hat etwas Nächtliches, Düsteres, Drohendes. Und das erreicht Cavalli mit der blanken, vom allersimpelsten bezifferten Bass begleiteten Singstimme!

Wenn man die Mannigfaltigkeit und die glückliche Zeichnung der Charaktere in's Auge fasst, die meist ganz vortreffliche Declamation, die Wahrheit des Ausdruckes vom Tragischen, vom Heroischen bis zum sentimental Schmachtenden, zur koketten oder naiven Anmuth, ja bis herab zur burlesken Komik; wenn man dabei ferner erwägt, wie Cavalli für alles dieses, ohne dafür ein rechtes Vorbild zu haben, den rechten Ton aus sich selbst finden musste, und ihn dabei nur sein auf die Wirklichkeit gerichteter, fein beobachtender Blick unterstützen mochte; wenn man sieht, wie die Herbheit und Starrheit der primitiven Melodie aus den ersten Zeiten der monodischen Musik, die kaum nur erst vorüber waren, sich bei ihm mehr und mehr mildert, wie die knappen, magern Formen sich zu erweitern und zu runden anfangen, wie sich der Gesang belebt und erwärmt, wie die Recitative aus dem monotonen „Gänsegeschnatter" des anfänglichen „Stile rappresentativo" mehr und mehr zum lebendigen, schwungvollen Redesang werden, wie er (und der Römer Carissimi, einer unabhängig vom andern) die Phraseologie des Recitativs, welche fortan für alle Folgezeiten Geltung behält, wenn nicht schafft, so doch bedeutend ausbildet, wie Cavalli insbesondere die weiblichen Versausgänge, welche bei seinen Vorgängern so unleidlich schleppende Tonschlüsse veranlassen, unmerklich zu machen versteht, und endlich wie er seine dramatischen Werke auch in den grossen Dimensionen durch Licht und Schatten, durch glücklich contrastirende Partieen, durch Steigerungen, durch aufregende und durch calmirende Momente nach einem Plane zu disponiren versteht, der ein überschauendes Auge verräth und eine Hand, welche nicht etwa kleinlich von Zeile zu Zeile, von Vers zu Vers vorrückt, sondern die Massen zu gruppiren und zu ordnen weiss: so wird man nicht umhin können, über die geniale Begabung des ausserordentlichen Künstlers zu staunen — er nimmt für die neuere Musik eine sehr analoge Stellung ein, wie einst für die ältere Musik Josquin eingenommen.[1])

---

[1]) Die Reihenfolge der in Venedig aufgeführten Opern Cavalli's ist folgende:
*1639 le Nozze di Tetide o di Peleo.
  1640 gl' amori di Apolline e di Dafne.
*1641 la Didone.
  1642 l'amore inamorato.
* -   la virtù de' strali d'amore.
    -   Narcisso ed Ecco immortalati (inamorati).
  1643 l'Egisto.
  1644 la Deidamia.
* -   l'Ormindo (favola regia).
*1645 la Doriclea.
    -   il Titone.
    -   il Romolo ed il Remo.

Ein in seiner Art merkwürdiges Werk, da es seinem Stoffe nach in die Weise der heroisch-historischen Oper hinübergreift, ist das Oratorium „*Santa Francesca Romana*" [1]) von Giulio d'Alessandri. Dieser Componist (von dem die k. k. Hofbibliothek in Wien ausserdem ein grosses Te Deum für zehn Stimmen mit Instrumenten besitzt) war Canonicus in Ferrara, wie Fétis angiebt, in der ersten Hälfte des 18. Jahrhunderts. Für diese Zeit ist das Oratorium, was dessen Musik betrifft, verhältnissmässig noch sehr unentwickelt; nach dem Vorbilde der Cavalli-Oper, doch mit sehr viel geringerem Talent, stellenweise allerdings mit ganz deutlich fühlbaren dramatischen Intentionen geschaffen, möchte es jedenfalls in die Periode zu setzen sein, ehe Alessandro Scarlatti der dramatischen Musik reichere Formen gab. Der Text behandelt einen der (wiederholten) kriegerischen

1646 la prosperità infelice di Giulio Cesare dittatore.
1648 la Torilda.
*1649 il Giasone.
 - l'Euripo.
*1650 l'Orimonte.
*1651 l'Oristeo.
 - Alessandro vincitore di se stesso.
 - l'Armidoro.
* - la Rosinda.
* - la Calisto.
*1652 l'Eritrea.
 - Veremonda l'amazone d'Aragona.
*1653 l'Elena rapita da Teseo.
*1654 il Serse (Xerse).
*1655 la Statira, principessa di Persia.
* - l'Erismena.
*1656 l'Artemisia.
1658 Antioco.
*1659 Elena rapita di Paride.
*1664 Scipione Africano.
* - Muzio Scevola.
*1665 il Ciro.

Die vorstehende Aufzählung ist einem Büchlein (264 Seiten Duodez) entnommen: „le Glorie della poesia e della musica, contenute nell' esatta notizia de Teatri della città di Venezia e nel catalogo purgatissimo de drami musicali, quivi sin' hora rappresentati". Die Aufzählung geht bis zum Jahre 1730. Marpurg hat davon in den „historisch-kritischen Beyträgen", zweiter Band, S. 425 u. f., einen Auszug gegeben. — Die oben mit * bezeichneten Opern befinden sich aus dem Contarinischen Nachlass in der Marcusbibliothek zu Venedig. Xerxes und Artemisia sind Autographe. Vom Egisto befindet sich das Autograph in der k. k. Hofbibliothek zu Wien.

1) Ein altes Exemplar in der Bibliothek zu Berlin; eine zweite, ebenfalls ältere Abschrift, ging aus Kiesewetter's Nachlass in die k. k. Hofbibliothek in Wien über.

Züge des Königs Ladislaus von Neapel gegen Rom [1]), also Begebenheiten der Jahre 1404 bis 1413. „Ladislao re di Napoli" (Altpartie) steht in Begleitung des „Pierino Conte di Troja, generale dell' armi del re" (Tenor) siegreich vor Rom. Ein lebhaftes Vorspiel von Instrumenten, fanfarenhaft und durch eine eingreifende Trompete (allerdings sehr bescheiden) kriegerisch gefärbt, leitet die Handlung ein; der König spricht in einem aus dem Motiv des Vorspieles gebildeten Gesange „a battaglia" seinen kriegerischen Muth aus; ein neunstimmiger Soldatenchor über dasselbe Motiv antwortet. Eine Arie des Königs folgt: „biondo dio, che l'etra indori". Wir erfahren, dass die zwei edeln römischen Brüder Ponziani dem Könige bisher den tapfersten Widerstand geleistet haben. Ein Bote (Nunzio, Basspartie) meldet deren Besiegung: „gia caddero i Ponziani, ed entrambi i germani, langue l'uno, quasi estinto, e l'altro geme avvinto" — darnach Arie des Boten in zwei liedhaften Strophen „la vittoria per te scende". Rom öffnet die Thore; auch Francisca, die Gemalin des gefangenen Helden geräth in Gefangenschaft und wird dem Grafen von Troja vorgeführt.

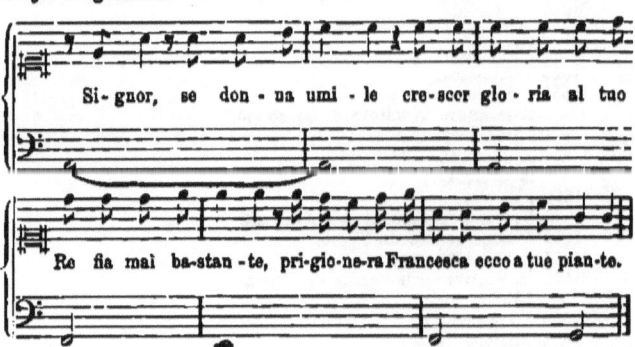

Si-gnor, se don-na umi-le cre-scer glo-ria al tuo

Re fia mai ba-stan-te, pri-gio-ne-ra Francesca ecco a tue pian-te.

Der König verlangt die Auslieferung des Sohnes Battista als Geisel, widrigens werde den gefangenen Gatten der Tod, die Paläste der Ponzier Verwüstung treffen. Jetzt eilt Battista (Sopran) selbst herbei und will sich für den Vater opfern. Szenen der Mutterliebe und des Mutterschmerzes Francisca's — der Graf

---

[1]) Theodorich von Niem und Lionardo Aretino sind die glaubwürdigen und gewissenhaften Historiker dieser Epoche. Eine treffliche Darstellung auch bei Gregorovius: „Geschichte der Stadt Rom im Mittelalter", 6. Band, S. 528—540. Die von Paul V. (1605—1621) der canonisirten Francisca Ponziani gewidmete, früher St. Maria nuova geheissene Kirche in Rom steht bekanntlich auf der Stätte des alten Templum urbis, zwischen dem Titusbogen und dem Coliseum.

von Troja setzt ihrem Flehen harte Unerbittlichkeit entgegen — ein Gespräch in Form von Stichomythien und nicht ohne einen dramatischen Zug:

Eine der Arien beginnt im Texte mit einem der nachmals bei den italienischen Textdichtern so beliebten Gleichnisse: „Scoglio in mar sempre più immobile" u. s. w. Die Musik der Arien aber hat noch den älteren Zuschnitt und einen steifen, altväterischen Gang, doch macht sich auch wohl eine eigene modulatorische Unruhe fühlbar:

---

1) Diese eigenthümliche Textlegung soll ohne Zweifel Francesca's athemlose Angst malen.

Das Glück wendet sich von Ladislaus, die Nachbarrepubliken (!?) eilen Rom zu Hilfe, der König entschliesst sich zum Abzuge (alles unhistorisch) — er will Battista, trotz Francisca's Widerspruch und Flehen, mitschleppen. Sie betet, da bringt der Nunzio die Nachricht: Battista's Pferd stehe wie eingewurzelt und sei nicht von der Stelle zu bringen. Dieses bescheidene Mirakel erschüttert den König so, dass er der Mutter den Sohn zurückgiebt. — Diese Azione sacra war, wie der ganze Zuschnitt zeigt, wiederum auf die szenische Aufführung berechnet. Wann und wo diese stattgefunden, darüber fehlen die Nachrichten. Vielleicht als halbkirchliches dramatisches Festspiel, wie Landi's S. Alessio, zu dem das Werk überhaupt eine Art Pendant bildet — nur dass jenes ältere sehr viel mehr Talent verräth und sich überhaupt mit seinen Chören, Instrumentalsätzen und Tänzen neben dieser etwas dürftigen „S. Francesca Romana" völlig wie ein grosses, glänzendes Prachtstück ausnimmt, so dass wir auf diesem Umwege wieder etwas von dem Eindruck erhalten, den Landi's musikalische „sacra Azione" auf den vornehmen Zuhörerkreis im Palast Barberini hervorgebracht haben mag.

VIII.
Theoretiker und Lehrer.

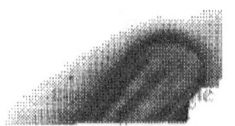

Die Theoretiker und Lehrer Gioseffo Zarlino, Zacconi, Artusi u. s. w.

So sicher es auch heissen muss, dass bisher noch keine „Theorie der schönen Künste" auch wirklich „schöne Künste" hervorzurufen vermocht hat, eine so wichtige Stelle nehmen gleichwol die Theoretiker in der Geschichte der Kunst ein. Das wirkliche Kunstgesetz geht, wie das Kunstwerk selbst, letzterem immanent, immer nur aus dem Geiste des schaffenden Künstlers hervor; der Theoretiker mag sich auch wohl in abstrakte Speculationen und, wenn es sich um Musik handelt, in physikalische und akustische Untersuchungen, in Zifferwesen und Rechnerei vertiefen — den Künstlern und dem Verständniss ihrer Schöpfungen nützt er am meisten, wenn er den Kunstwerken die Kunstgesetze abfrägt, wenn er, nach des Dichters Wort, „suchet den ruhenden Pol in der Erscheinungen Flucht" — und aus der Mannigfaltigkeit der ihm in Menge entgegentretenden Kunstwerke das eine Gesetz aufzuspüren trachtet, welches gemeinsam ihnen zu Grunde liegt. Hat er es gefunden, dann ist sein Fund jedenfalls ein sehr werthvoller. Dann mag auch die Künstlerschaft, insbesondere die heranblühende neue Generation an ihn herantreten, Belehrung suchen und finden — und zwar eine Belehrung, welche jetzt hinwiederum dem eigentlichen Kunstschaffen zum Nutzen gedeiht.

In Johannes Tinctoris sehen wir zuerst den Musiklehrer, welcher in solchem Sinne die grossen Meister seiner Zeit — vor allen Okeghem und Busnois studirt — ihm reiht sich Pietro Aron an — und in Deutschland Heinrich Glarean, dessen Fundgrube hauptsächlich die Werke Josquin's werden. Tinctoris repräsentirt recht eigentlich die incarnirte Musiktheorie des 15. Jahrhunderts — auch Aron und Glarean müssen wir demselben Säculum nach Geist und Inhalt ihrer Schriften zuweisen — mögen letztere auch erst nach dem Jahre 1500 an's Licht getreten sein. Wie Tinctoris in dem genannten Jahrhundert, so steht im folgenden, dem sechzehnten, als Epochenmann Gioseffo Zarlino da. Sein Geburtsort war die Fischer- und Schifferstadt Chioggia

— das „plebejische Venedig", wie man zum Unterschied des eigentlichen aristokratischen sagen könnte. Sein Vater Giovanni Zarlino (von welchem übrigens nichts Näheres bekannt ist) bestimmte ihn zum geistlichen Stande. Gioseffo erhielt die „niederen Weihen" am 3. April 1537 und am 22. März 1539, woraus geschlossen worden, dass er, da die Weihen nicht vor dem zwei und zwanzigsten Lebensjahre ertheilt wurden, nicht später als am 22. März 1517 geboren worden sei.[1]) Zum Diacon 1541 geweiht, nahm er, wie er selbst erzählt, seinen Aufenthalt in Venedig.[2]) Er zeichnete sich nicht nur in seinen theologischen Studien aus, sondern auch im Studium der Philosophie, Mathematik, Chemie, Astronomie — in der griechischen und hebräischen Sprache. Alles überwog aber seine Neigung zur Musik — „fino da i teneri anni hò sempre havuto naturale inchinazione alla musica", sagt er selbst in der Dedication seiner „Istituzioni armoniche". Er wurde Schüler Adrian Willaert's. Mit Begeisterung hing er an dem alten Lehrer. Er nennt ihn nie anders als „Eccellentissimo" oder auch wohl gar „divino" — ein Epitheton übrigens, womit das 16. Jahrhundert ungemein freigebig war. Als Cyprian de Rore, seit 18. October 1563 Willaert's Nachfolger in der Stelle des Kapellmeisters von S. Marco, gestorben, wurde am 5. Juli 1565 Zarlino dessen Nachfolger. Während er diese Würde bekleidete, sassen an den Marcusorgeln keine geringeren Männer als Annibale Padovano, Claudio Merulo und die beiden Gabrieli. Und nun heisst es im Anstellungsdekret Zarlino's: „Desiderando li Clarissimi Signori Procuratori de Supra provvedere d'un maestro per la Cappella de S. Marco che sia non solamente dotto e prattico della musica, ma come quello che ha da essere superiore agli altri musici, sia anche prudente e modesto di far il suo offitio, havendo avuta ottima informatione della sufficientia e della modestia del miss. Pre Iseppo Zarlino et havendone voluto Sue Signorie haver soprà ciò participatione con Sua Serenità, lo hanno elletto per maestro della suddetta cappella". So gross also war sein Ansehen. Sein theoretisches Hauptwerk, die „Istitutioni Harmoniche", hatte er allerdings schon mehrere Jahre vor dieser Erwählung, nämlich 1557, an's Licht treten lassen — er widmete sie dem Patriarchen von Venedig,

---

1) So von Abbé Ravagnan und von Caffi. Letzterer sagt (Stor. della Mus. Sacra nella già Cappella Ducale di S. Marco in Venezia, 1. Band, S. 129) ganz bestimmt: „Egli nacque nell' anno 1517" — fügt aber wenige Zeilen später hinzu: „non trovossi l'atto finora, che direttamente provi e con procisione l'epoca del di lui nascimento". Burney datirt Zarlino's Geburtsjahr mit 1540! (Hist. of M. III, S. 162.) Zarlino selbst sagt: er sei im Juli 1521 zwei Jahre alt gewesen (s. seine Schrift „della Origine dei R. F. Cappucini", im vierten Band seiner Werke, S. 96). Er irrte sich selbst in der Berechnung seines Alters!

2) Sopplim. mus. VIII, 131.

Vincenzo Diedo — und 1562 war sogar schon eine zweite Auflage erschienen. Die Gelehrsamkeit, Gründlichkeit, der Ideenreichthum und die ruhig-ernste, man könnte sagen „venezianisch-vornehme" Sprache dieses Werkes mussten imponiren. Diesem Buche folgten 1562 die fünf Bücher „Dimostrationi harmoniche" — dem Dogen Luigi Mocenigo gewidmet. Stolz-bescheiden sagt Zarlino von diesem Werke: „es habe in der Musiktheorie arge Unordnung geherrscht und Unverständlichkeit überdies; durch Ausdauer und Arbeit, meine er, sei es ihm mit Gottes Hilfe gelungen, dass die ihrer alten Würde lange beraubt gewesene Musik jetzt mit Majestät und Zier sich als eine der edelsten und wichtigsten unter den Wissenschaften zeigen dürfe" („con maesta e decoro come nobilissima et come una delle principali tra le altre scienze"). Im Jahre 1588 folgten acht Bücher „Sopplimenti musicali" — gewidmet dem Papste Pius V. Neben diesen musikalischen Schriften verfasste Zarlino auch eine moralische: „un trattato della pazienza, utilissimo ad ognuno, che vuole vivere christianamente, 1579" (also eine neue Behandlung des einst schon von Tertullian in 16 Capiteln behandelten Gegenstandes — „de patientia" — Zarlino schrieb sein Buch für Eleonora von Este, welche ihre Mutter verloren hatte). Ferner: „un discorso sopra il vero anno et giorno della morte di Gesu Christo nostro Signore" —, „un informatione della origine dei R. P. Capuccini (1579)", „le Risolutioni d'alcuni dubij mossi sopra la correttione fatta dell' anno di Giulio Cesaro" (1583). Die Kapellmeisterstelle von S. Marco hatten bis dahin hochgebildete Männer innegehabt, treffliche Musiker — (Cypriano de Rore hatte auch „il divino" geheissen) aber noch kein so vielseitiger Gelehrter, kein Schriftsteller wie Zarlino. Dieser Umstand war sicher für die Wahl der entscheidende. Noch in dem am 13. Juli 1603 ausgestellten Dekret für Giovanni Croce (Zarlino's zweiten Nachfolger — der erste war Baldassare Donati) heisst es: „il dottissimo Zarlino, così scientifico in questa professione, che ha composto opere profondissime nella theorica". Von musikalischen Compositionen wird nichts gesagt; sie verstanden sich von selbst.

In die Zeit, während welcher Zarlino sein Amt bei S. Marco bekleidete, fielen einige wichtige Ereignisse: — am 7. October 1571 der Seesieg gegen die Türken bei Lepanto, an welchem der Doge Sebastian Venier so ruhmvollen Antheil hatte — und 1574 der Besuch König Heinrich III. von Valois auf seiner Reise von Polen nach Frankreich, dessen Andenken eine grosse, reichgezierte Inschrifttafel im Corridor des Dogenpalastes oberhalb der Riesentreppe und in der Sala di quattro porte A. Vicentino's gewaltig grosses, figurenreiches Gemälde mit vielen Portraitköpfen von Zeitgenossen bewahrt — ein ähnliches Bild malte der jüngere Palma, welches dann nach Prag kam und sich jetzt in der Dresdoner Gallerie befindet. Die Republik Venedig legte auf den Seesieg wie auf den Besuch des königlichen Gastes überaus grosses Gewicht — und so wurden denn beide Ereignisse Anlass zu glänzenden Festen — wobei Musik einen sehr wesentlichen Bestandtheil bildete und zwar Musik von Zarlino's Composition. Insbesondere wurde König Heinrich auf dem Bucintoro mit einem Gesange begrüsst — „musiche bellissime in versi latini" — wie die Zeitgenossen Rocco Benedetti und Cornelio Frangipani berichten — die Musik zum feierlichen Gottesdienst in S. Marco war gleichfalls Zarlino's Arbeit, nicht minder die Musik zu einer dramatischen Darstellung „Orfeo" — Dichtung von dem genannten Frangipani, — die Aufführung fand im grossen Saal (Sala del maggior Consiglio) im Dogenpalaste statt. An eine Oper, wie Caffi zur Ungebühr thut,[1]) darf man in keiner Weise denken — es können nur Gesänge in Madrigalform gewesen sein, wie sie anderwärts bei ähnlichen Gelegenheiten das Gewöhnliche waren.

Aber auch die grosse Pest von 1577 (an welcher auch der fast hundertjährige Tizian starb) fällt in Zarlino's Tage. Als nach dem Erlöschen der Seuche die Fundamente der Votivkirche S. Maria della Salute am 21. Juli 1577 unter grossen Feierlichkeiten gelegt wurden, sang man dazu eine von Zarlino für die Gelegenheit componirte Messe.

Im Jahre 1582 wurde Zarlino in das Domcapitel von Chioggia gewählt, und als im folgenden Jahre der dortige Bischof Marco Medici starb, schickte im August die Einwohnerschaft einen eigenen Abgesandten nach dem Dogen Niccolo da Ponte und den Senat und erbat sich in einer Bittschrift Zarlino als Bischof —: „che si habbi per Vescovo il Reverendissimo Padre Gioseffo Zarlino, suo compatriota, perchè si tien per certo, che havendo un tal huomo virtuoso et pieno di bontà et affettuosissimo alla sua patria, sarà di grandissimo giovamento spirituale a tutto il popolo". Aber der Senat und der Doge da Ponte, ein erklärter Musikfreund, mochten den berühmten Meister so wenig entbehren, als er selbst, der in erster Reihe Musiker war, geneigt sein

---

1) l. l. I. Band, S. 140—141. Caffi war ein sehr guter Archivstöberer, in Sachen der Musik dagegen total unwissend. Unter Triumphgeschrei bestreitet er den Florentinern — insbesondere Peri und Caccini den Ruhm, die Begründer der Oper zu sein; ja das musikalische Drama, welches Cardinal Mazarin in Paris am 5. März 1647 durch italienische Sänger aufführen liess, war nach Caffi's felsenfester Meinung „l'Orfeo di Zarlino, il capo d'opera, che volle (Mazarin) principalmente". Ein „Meisterstück" — das versteht sich! Die „partitura" sei in Philidor's Hände gekommen. Die Pariser waren von dem neuen Schauspiel wenig erbaut — wie der gleichzeitige Vers bezeugt:
Ce beau, mais malheureux Orphée
Ou, pour mieux parler, ce Morphée,
Puisque tout le monde y dormit.

mochte, seine Stelle in S. Marco gegen den Bischofssitz von
Chioggia zu vertauschen. Er blieb bis an seinen Tod, am 4.
Februar 1590, Kapellmeister von S. Marco; „è morto il R⁰ M. S.
p. Isepo Zarlin capelan di S. Severo de etta d'anni 69 amalato
di mal de gotte et cattaro di mesi tre; M⁰ de Cap. de S. Marco"
lautet die Bescheinigung seines Todes. Nach venezianischer Chronologie, die ihr Neujahr mit dem März anfing, war die Jahreszahl
1589. Beerdigt wurde er in der Gruft der Kapläne von S. Severo in der Kirche S. Lorenzo (nicht weit von S. Giorgio de'
Greci, bekannt durch Girolamo Campagna's grosses Prachtstück
von Hochaltar). Aber kein Stein, keine Inschrift ehrt dort Zarlino's Andenken. In neuester Zeit hat man seine Büste in den
Corridor des Dogenpalastes gestellt. Eine Medaille zu seiner
Ehre wurde schon bei seinen Lebzeiten geschlagen — der Avers
zeigt sein Brustbild im Profil mit der Umschrift „Joseph Zarli-
nus" — der Revers eine Orgel mit einigen daneben liegenden
Büchern — darunter „Op. F. de L." — Umschrift: „Laudate eum
in chordis".

In die Zeit der Amtsthätigkeit Zarlino's fällt auch die vom
Dogen Niccolo da Ponte mit Dekret vom 4. April 1579 verfügte
Regulirung des Sängerchors von S. Marco, wobei natürlich Zar-
lino wesentlich in Anspruch genommen worden sein wird.

Zarlino's persönlicher Charakter zeigt sich als ein edler und
liebenswürdiger. Die Bücher seiner Bibliothek bezeichnete z. B.
Zarlino mit der Beischrift: „Hic liber est presbyteri Josephi
Zarlini, amicorumque", und als ihn 1579 sein gelehrter Freund
Giov. Vincenzo Pinelli in Padua um eine werthvolle Handschrift
der Werke des Guido von Arezzo ersucht, bethätigt er jenen
Zusatz — schreibend: „se ne servira al suo commodo, — dispona
delle cose mie come se fussero sue" — und bedauert, den „Ottone"
(Oddo's Dialog?) nicht mitsenden zu können: „mi scappò dalle
mani per haver havuto a fare con persone di poca fede". Auch
jene Supplik der Bürger von Chioggia ist ein schönes Zeugniss
für Zarlino. Und selbst Vincenzo Galilei, welcher als Gegner
Zarlino's auftritt, nennt ihn: „huomo essemplare di costumi, di
vita et di dottrina". [1])

Wenn die Zeitgenossen, wie Francesco Sansovino, voll des
Lobes sind: „Zarlino — il quale nella teoria e nella composizione
è senza pari" (obschon gleichzeitig in Rom Palestrina lebte!),
wenn ihn Bettinelli im überschwänglichen Elogio-Styl „einen Tizian, einen Ariost" nennt, und noch der gelehrte Doge Marco
Foscarini (1762—1768) — um nichts richtiger — meint: „il
nostro Gioseffo Zarlino, famoso restauratore della musica
in tutta Italia" — so muss es auffallen, dass wir von seinen

---

1) Zarlino selbst beruft sich auf diesen Ausspruch (Sopplim. mus. III, 2).

bewunderten Compositionen so äusserst wenig besitzen. Die längst ausgeplünderten Musikschränke von S. Marco enthalten von ihm keine Note. Was in seinen theoretischen Werken als Beispiel eingeschaltet ist, dient Lehrzwecken und gewährt keinen Massstab.¹) Das Liceo filarmonico in Bologna besitzt handschriftlich eine vierstimmige Messe. Im Druck gab sein Schüler Philipp Usberti 1566 bei Fr. Rampazotto in Venedig „Modulationes sex vocum" heraus. Eine Antiphone daraus „Virgo prudentissima" nahm Paolucci in seine Prattica di Contrappunto auf — in Kiesewetter's Sammlung findet sich deren Partitur. Hier zeigt sich der würdige Schüler Willaert's in sehr bedeutender Weise — das Kirchenmotiv des Magnificat liegt zu Grunde, zum dreistimmigen Canon, in gerader und verkehrter Bewegung entwickelt, wozu die drei andern Stimmen sinnreich und elegant contrapunktiren. Der Styl ist überall im Wesen der niederländische, wie ihn Zarlino von seinem Lehrer Willaert übernommen. Eines Magnificat „a tre Chori spezzati" — also niederländisch-venezianischen Styls im Sinne Willaert's — gedenkt Zarlino in den Istit. harmoniche.

Von der Existenz der gleichzeitigen römischen Schule scheint Zarlino gar nichts zu wissen; von den Musikern in Rom erwähnt er blos „Morale Spagnuolo" gelegentlich. Die Meister, welche er zitirt, sind (nebst seinem Lehrer Willaert) Ocheghen (sic), Josquin, Isaak, Pierre de la Rue, Cyprian de Rore, Johannes Motone (Mouton), Jacchet, Verdelot, Lupus, Gombert. Man sieht, welche Tonsetzer für ihn von „classischem Ansehen und Gehalt" waren. Im Vergleiche zu dem, was gleichzeitig in Rom, ja was in Venedig selbst durch Andreas Gabrieli, dem ersten echt-venezianischen Meister, geleistet wurde, erscheint Zarlino als ein Zurückgebliebener.²) Entschieden wichtiger als die Reste von Compositionen Zarlino's, welche wir noch besitzen, sind für uns seine musikalischen Schriften. Als die Elemente, aus welchen sie zusammengesetzt sind, kann man bezeichnen: antiquarisch-gelehrte, physikalische, akustische und mathematische, historisirend-theoretische, philosophisch-ästhetische und endlich specifisch musikalisch auf den Tonsatz abzielende. Die antiquarisch-gelehrten befassen sich, wie natürlich, vor Allem mit der antiken Musik und dem, was im Alterthum mit ihr in irgend einer Verbindung stehen mochte. Zarlino's gründliche Kenntniss der lateinischen und griechischen Sprache gestattete ihm eingehende Quellenstudien; allüberall zeigen sich die Spuren vielseitiger, gründlicher Gelehr-

---

1) Ein kurzes, sehr kunstvolles, übrigens ziemlich steifleinenes Exempel aus den Istit. harm. III, 66 hat P. Martini in den Saggio di Contr., Band I, S. 45—46, aufgenommen und erläutert.
2) Der Enthusiasmus Caffi's für ihn hat andere Gründe, als musikalische. Ohnedies fehlte es Caffi dafür an jedem Urtheil.

samkeit¹) und einer wahrhaft imponirenden Belesenheit — wohlgewählte Stellen aus lateinischen und griechischen Dichtern, Philosophen und Historikern zitirt Zarlino am liebsten im Original — sie sind der kostbare Schmuck seines Buches, denn er versteht den überreichen gelehrten Apparat sehr geschmackvoll zu ordnen und schreibt selbst den eleganten Styl eines fein gebildeten Mannes — ohne Phrasenwerk, ohne gewaltsame Effektstellen, — ruhig, klar, verständig. Seine zahllosen Zitate machen nicht den Eindruck schulmeisterhafter Pedanterie — sie fügen sich in den Redefluss des Uebrigen einfach und ungezwungen ein — zudem war man es vom 15. Jahrhundert her, in Italien gewohnt, bei jeder passenden und nicht passenden Gelegenheit Aussprüche alter Autoren auszukramen und Mythologisches ohne Ende so ohneweiteres als „beweiswirkend" einzumischen wie das hart daneben stehende Biblische. Als guter Theolog kennt Zarlino seinen Hieronymus, Augustinus, Origenes u. s. w. so gut, wie seine klassischen Autoren und nimmt sie gleichfalls in reichem Masse in Anspruch — als Italiener hat er Dante, Petrarca und Ariost eben so genau inne, und so auch Sannazar und andere Autoren — er rühmt an entsprechender Stelle ihre Verdienste als tüchtiger Literaturhistoriker und entlehnt ihren Versen manche Glanzstelle.²) So nimmt sich denn sein Buch aus, wie einer der Prachtpaläste seiner Vaterstadt, wo farbenprangende Gemälde, Seltenheiten und Kostbarkeiten aller Länder und alle gedenkbaren Herrlichkeiten von dem Reichthume des Besitzers Zeugniss geben.³) Glarean's „Dodekachordon" mit seiner antiquarischen und sonstigen Gelehrsamkeit nimmt sich dagegen völlig wie eine nordische Schulstube aus, „wo selbst das gold'ne Himmelslicht trüb durch gemalte Scheiben bricht" — und doch ist auch Glarean ein im Sinne des Humanismus sehr gebildeter Mann und ein tüchtiger Lateiner und Grieche. Mit den mittelalterlichen Musikscribenten theilt Zarlino die Freude an geometrisch-regelmässigen Aufrissen zur Erläuterung der musikalischen Intervalle und Zahlenproportionen, welche, meist sehr zierlich erfunden,

---

1) Bemerkenswerth ist, was Zarlino (Istit. harm. I, 4) selbst sagt: „Essendo nato l'huomo a cose molto più eccellenti, che non è il cantare ò sonare di Lira ò altre sorte d'istrumenti per satisfar solamente al Senso dell' udito, usa male la sua natura et devia del proprio fine, poco curandosi di dare il cibo conveniente all' inteletto.

2) Z. B. Istit. harm. IV, 1. Selbst neugriechische Literatur kennt Zarlino. In dem eben erwähnten Capitel zitirt er Verse von Konstantin Mannasi.

3) Noch passender vielleicht wäre der Vergleich mit dem berühmten Cabinet jenes holländischen Anatomen, wo Skelette, Präparate und andere nicht eben angenehme Dinge zwischen funkelnden Erzstufen, künstlichen Blumen, ausgestopften Vögeln u. dgl. in zierlichster Gruppirung aufgestellt waren.

bald an Blumensterne, bald an das Masswerk gothischer Fenster
erinnern. Wo die Lehre vom eigentlichen Tonsatze beginnt, verschwinden Citate und Zeichnungen oder erscheinen doch nur ausnahmsweise — desto reichlicher treten jetzt die Notenbeispiele auf. Die ganze Literatur musikalischer Lehrschriften hatte bis dahin nichts aufzuweisen, was sich mit Zarlino's Büchern hätte messen können. Neben der musikalischen und anderweitigen Gelehrsamkeit zeigen sich auch wohl Stellen, welche den wohldenkenden, Welt und Menschen kennenden, man möchte sagen: den weisen Mann erkennen lassen. Die „harmonischen Institutionen" schliessen mit Worten, welche die „Beurtheiler" und die Künstler aller Zeiten beherzigen sollten: „il giudicare è cosa molto difficile e pericolosa, tanto più, che si trovano diversi appetiti — — nè anco per udir simili giudicij i musici debbono disperare, se bene anco udissero costoro biasimare et dire ogni male delle loro compositioni ma debbono pigliar animo et confortarsi; poichè il numero de quelli, che non hanno giudizio è quasi infinito et pochi si ritrovano esser quelli, i quali non si giudichino esser degni da esser connumerati tra gli huomini prudenti et giudiziosi".

Auch an ergötzlichen Zügen fehlt es nicht; Zarlino schildert nicht ohne humoristischen Aerger die Unarten der Sänger, wie sie statt „aspro coro e selvaggio e cruda voglia" hören lassen: „aspra cara e salvaggia e crada vaglia" — und wie manche Instrumentalisten ihren Vortrag mit Gesten begleiten, als tanzten sie zugleich nach ihrer eigenen Musik.[1]

Für die „Dimostrazioni harmoniche" hat Zarlino die Eintheilungen in „Ragionamenti" statt in Bücher, und in „Proposte" statt in Capitel gewählt. Es bedeutet mehr als eine blosse Aenderung der Bezeichnung und steht mit der Dialogform in Zusammenhang, welche Zarlino diesem Buche zu geben für zweckmässig erachtete, obschon für eine Schrift, welche mit Rechnereien über die Tonverhältnisse, mit Tabellen und Aufrissen angefüllt ist, schwerlich eine minder geeignete zu denken ist, zudem das stellenweise in den Text eingeflickte „disse M. Adriano — aggiunse M. Claudio" — „dimandò di poi M. Desiderio"[2] die Darstellung keineswegs belebt und über die unvermeidliche Trocken-

---

[1] Istit. harm. III, 46.
[2] Zarlino fingirt das Jahr 1562 als dasjenige, wo das angebliche Gespräch gehalten worden. Alfonso von Este kommt nach Venedig, begleitet von seinem Capellmeister Francesco Viola. In der Marcuskirche trifft der Autor mit letzterem und mit dem Organisten Claudio Merulo zusammen. Alle drei machen einen Besuch bei Adrian Willaert, wo sich das Gespräch entspinnt, welchem sich ein hinzukommender Freund Adrian's, Namens Desiderio aus Pavia, gesellt.

heit des Gegenstandes nicht hinüberhilft, obschon gerade letzteres
Zarlino's Absicht gewesen zu sein scheint.

Das dritte Hauptwerk Zarlino's sind die 1588 erschienenen
„Sopplimenti musicali — nei quali si dichiarano molte cose contenute ne i due primi volumi delle Istitutioni et Dimostrationi, per
essere state mal intese da molti, et si risponde insieme alle loro
calonnie". Diese „molti", deren der Titel gedenkt, bedeuten
aber einen Einzigen — nämlich Zarlino's ehemaligen Schüler
Vincenzo Galilei, welcher nachmals bei der sich in Florenz
vollziehenden Musikreform eine grosse Rolle spielte. Zarlino fühlte
sich durch Galilei's 1581 in Florenz erschienenen „Dialogo della
Musica antica et della moderna" verletzt, obschon der Autor
gleich auf der ersten Pagina ihm und Glarean das Compliment
macht: „principi veramente in questa moderna prattica". Aber
Galilei bekämpft Zarlino's musikalisches Lieblingsdogma — „che",
um Galilei's eigene Worte zu brauchen, „il Diatonico, nel quale
si compone et canta hoggi, sia il Syntono del Tolomeo" — und
er greift diesfalls Zarlino ausdrücklich unter Nennung des Namens
und Zitirung des 2. Buches, 16. Capitels der „Istitutioni harmoniche" an.[1]) Im Buche selbst erkennen wir an der gediegenen,
klaren Darlegung den Verfasser der Institutionen wieder. Galilei,
hitzig und rechthaberisch, machte seiner Galle sofort in einem „Discorso intorno alle opere di Messer Gioseffo Zarlino di Chioggia (1589)"
Luft; er nimmt keinen Anstand, sich in Hohn und Schimpfreden
auszulassen. Zarlino hatte jetzt Grund, seinen zehn Jahre früher
geschriebenen Tractat „von der Geduld" zur Hand zu nehmen.

Zarlino wandelte nicht mehr unter den Lebenden, als ihm
an Giovanni Maria Artusi ein zweiter Gegner erwuchs. Dieser Kampfhahn, der sich in Alles mengte und es liebte, zu lö-
schen wo es ihn nicht brannte, gab 1604 bei G. B. Bellagamba
in Bologna eine Schrift gegen Zarlino unter dem Titel heraus:
„Impresa del R. P. Gioseffo Zarlino da Chioggia, già Maestro di
Capella dell' Illustrissima Signoria di Venezia, dichiarata da"
u. s. w. Hatte Artusi doch für nöthig erachtet, den verschollenen Streit Nicola Vicentino's wieder an Licht zu ziehen und das
Urtheil der damaligen Richter Ghiselin Dankert's und Bartolomeo
Escobedo „in höherer Instanz" zu bestätigen.

Zarlino kennt vollständig und genau, was das Alterthum,
was das Mittelalter über Musik gedacht und gesagt, und ist in
dem Sinne conservativ, dass er diese Lehren einer ernsten Betrachtung werth hält, aber er ist auch der Mann mächtigen Fortschrittes. Liest man seine „harmonischen Institutionen", so ist
es fast, als durchwandere man eine der Städte Italiens, wo Rui-
nen antiker Prachtgebäude neben dem mittelalterlichen Dom,

---

1) S. 6.

dem gothischen Palast stehen und all' diesem die Renaissance, als Trägerin neuer Zeiten und Ideen, ihre glänzenden Bauwerke eingefügt hat.

Die Musik gründet sich auf Zahl und Verhältniss wie der ganze Weltbau.[1]) Wunderbare Beziehungen enthält besonders die Sechszahl $(1 + 2 + 3 = 6)$, sie birgt das Mysterium der Consonanzen in bewunderswerther Ordnung, wie nachfolgender Aufriss sofort klar zu machen geeignet ist, der die Zahlenverhältnisse der grossen Terz, der Quarte, grossen Sext, Octave, grossen Decime, der Duodecime, Doppeloctave, der grossen Septdecime und der Quinte über der Doppeloctave versinnlicht[2]):

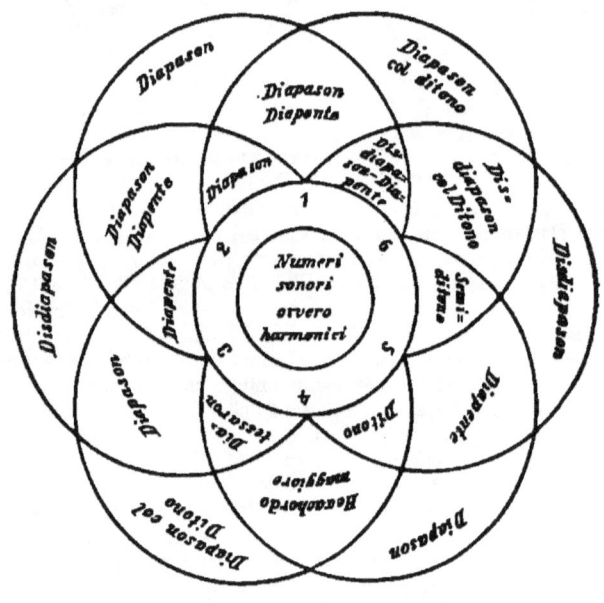

---

1) Istit. harm. I. 12. „Musica è Scienza, che considera i numeri et le proportioni — dalla prima origine del mondo tutte le cose create da Dio furono da Lui col numero ordinate".

2) Zum Verständniss dieses von Zarlino entworfenen Schema halte man sich folgende Intervalle und Zahlen gegenwärtig:

Ueberall hin deuten die geheimnissvollen Beziehungen der Sechszahl; im Zodiacus sind je sechs Himmelszeichen über dem Horizont und sechs unter dem Horizont — sechsfach ist die Richtung des Raumes: oben, unten, vorne, hinten, rechts, links — man zählt sechs Weltalter, und sechs Alter hat auch der Mensch (Infantia, Pueritia, Adolescentia, Giovinezza, Vecchiezza, Decrepità) u. s. w. — mit Recht nennen Manche die Sechs die Signatur der Welt (Segnacolo del mondo) — sechs Tonarten kannten die Alten: Dorisch, Phrygisch, Lydisch, Mixolydisch, Aeolisch, Jonisch — sechs authentische Töne giebt es und sechs Plagaltöne. Die alten mystischen Spielereien mit der Zahlensymbolik sind also noch nicht vergessen; während sie aber, wie wir sahen, im Mittelalter bei Aribo Scholasticus, Marchettus de Padua, Johannes de Muris[1]) eine theologische Färbung hatten, erscheinen sie bei Zarlino in philosophischer.

Die Töne entstehen durch Schwingungen; schlägt man eine tiefe und eine hochklingende Saite mit gleicher Stärke an, so sieht man deutlich, dass die tiefe langsamer, die hohe schneller schwingt — der tiefe Ton schwingt, was die Dauer betrifft, länger, der hohe kürzer aus, — die Schwingungen der Saite treffen die Luft, entweder mit einer „tardità de movimenti" oder „gagliardamente e con prestezza" — ersteres bringt den tieferen, letzteres den höheren Ton hervor. Gewicht, Spannung, Länge der Saite sind für die grössere oder kleinere Zahl der Schwingungen entscheidend.[2])

Die Intervalle werden einseitig und in allen Fällen rücksichtlich ihres Consonirens und Dissonirens in voller harmonischer Geltung in Anschlag gebracht — die Quinte darf daher — den nach wie vor streng verpönten Fall der Parallelquinten ausgenommen — eintreten, wo sie mag — die widrige Wirkung verdeckter Quinten wird überhört, weil thatsächlich keine Parallelen sichtbar werden. Verminderte Quinte, übermässige Quarte bleiben gefährliche Ungeheuer, bei denen es grosser Vorsicht bedarf. Tigrini bringt folgende Beispiele als „verwerflich":

Tristo procedere.   Peggior procedere.

---

1) Vergl. 2. Band, S. 212.
2) Istit. harm. II. 11.

Das Verwerfliche liegt darin, dass in den beiden ersten Exempeln die Mittelstimme, während sie gegen den Bass eine Sexte bildet, gleichzeitig zur Oberstimme in der Relation einer verminderten Quinte (Quinta minore, cioè falsa) steht — nämlich[1]) $\frac{\flat}{e}$ und $\frac{\natural\ \overline{g}}{\sharp\ c}$. Dass in beiden Beispielen der getadelte Zusammenhang ein richtig vorbereiteter, richtig aufgelöster Terzquartaccord ist, weiss weder Tigrini noch Zacconi, welcher dieselben Beispiele in sein Buch herübergenommen, weil weder sie noch jemand Anderer wussten, dass es etwas gebe, was man einen Terzquartaccord nennt — die verminderte Quinte blickt mitten aus der Notengruppe heraus, basiliskenhaft, und da ist es denn „contro ogni regola e dovere, ma anco cantandole fa brutissimo sentire." Die „modernen" Componisten lassen sich, leider! aus eitler Sucht nach Neuem zu solchen Extravaganzen und groben Fehlern verleiten[1]); nur wo die Textworte eine besondere Härte der Musik fordern, wie in einem vierstimmigen Madrigal von Rocco Rodio, wo es heisst „molto amaro appaga", möchte dergleichen tolerabel sein. Tigrini corrigirt das „peggior procedere", dessen noch grössere Verwerflichkeit er in der Combination von verminderter Quint und kleiner Sexte findet, in folgender Art, welche man unbedenklich eine „Verschlimmbesserung" nennen kann:

Dass der zweite terzenlose Accord sehr elend, leer und matt

---

1) Zacconi wird in seinem Zorne gegen die Neuerer ordentlich witzig. Dem 42. Capitel seines dritten Buches giebt er die Ueberschrift: „dell' uso tristo, ò tristo abuso d'alcuni Musici, che per mostrar al mondo novella musica, usano le Quinte, e Seste minori in modo che non si debbono usare".

klingt, bleibt unbemerkt. Und derselbe Meister Orazio Tigrini, welcher hier Mücken sieht, verschluckt ohne Arg nachfolgendes Kamel (und Zacconi mit ihm):

Die gräuliche Wirkung, das wirkliche „brutissimo sentire" der Fortschreitung von der Octave zur reinen Quinte hören sie gar nicht — die Quinte ist ja „rein" — eine „Quinta pura e naturale"[1]), eine „consonanza perfetta", warum soll sie nicht frei eintreten dürfen? Dass in der vorhergehenden Octave eine versteckte Schwester-Quinte, eine wahre „anguis in herba" lauert, (während doch schon Zarlino über diesen Punkt richtig dachte[2])) ist ihnen ganz gleichgiltig, weil sie ihre Existenz gar nicht ahnen.

Für einen Passus wie folgenden aus der Motette „O altitudo divitiarum" von Cyprian de Rore hält Zacconi (Lib. II. c. 10) eine eingehende musikalische und ästhetische Rechtfertigung nöthig! — „toccandosi per affetto come cattiva, facci poi riuscir tanto più buona la Seconda, della quale la melodia si attende".

Das alte Misstrauen gegen die grosse Sext ist noch immer nicht überwunden; eine Fortschreitung in der Gegenbewegung vom Einklange zur grossen Sexte dünkt Artusi unleidlich, eher ist die Fortschreitung zur kleinen Sexte zu dulden. Er sagt: „che non si movino le parti nel moto contrario dell' unisono alla sesta maggiore, per la molta asprezza, che in tal consonanza si ritrova; ma dall' unisono alla sesta minore pare che manco offesa si senta, massime rincontrandosi le parti in terza maggiore."

---
1) Zacc. II. I. 40.
2) Instit. harm. III, Cap. 36. Man sehe die dort angesetzten „Movimenti vietati":

Eben so fehlerhaft ist es, auf eine Quinte die Sexte in gerader Bewegung folgen zu lassen, wenn die eine Stimme stufenweise um einen Halbton, die andere um eine kleine Terz fortschreitet:

Wohl nur des mi contra fa wegen! Schon früher lehrt nämlich Artusi: „proibiscono a due voci i buoni prattici moderni, che si facci il mi avanti o dopo il fa per quinta, quarta et ottava, et ciò perchò fra le parti non si ritrova relatione, che sia harmonica:

non si debbe ponere assolutamente la voce ò figura cantabile del mi contra quella del fa in ottava, in quinta, in quarta, nè a due nè a più voci."

Eine Parallelfortschreitung vollkommener Consonanzen zu verbessern, genügt schon „ponervi di mezzo una pausa ovvero una dissonanza" — eine Auskunft, welche die spätere Musiklehre bekanntlich verworfen hat, von der aber wiederum auch schon Zarlino nichts wissen will.

Syncopationen verbessern verbotene Parallelen, wie denn Girolamo Diruta in seinem „Transsilvano" folgendes Exempel bringt:

---

1) Artusi, Contrapp. S. 33.

Die Bewegung der Stimmen ist nach Artusi eine gerade (moto retto), eine Gegenbewegung (m. contrario), eine Seitenbewegung (moto obliquo) — also ganz wie in unserer modernen Musiklehre.

Der **Contrapunkt** ist einfach oder doppelt. Tigrini giebt über letzteren eine Erklärung, welche noch heut Giltigkeit hat [1] — auch schon Zarlino giebt eine ähnliche, aber minder präcis zusammengefasste, mehr ins Detail hinein erläuternde. [2]

Von einer eigentlichen Accordenlehre kann nach dem ganzen Stande der Wissenschaft einstweilen keine Rede sein, obschon man Accorde selbst gar wohl kennt und ganz richtig zu behandeln weiss. Dass aber zwischen Tongruppen, wie z. B. $\begin{smallmatrix}g&\overline{c}&\overline{e}\\e&g&c\\c&e&g\end{smallmatrix}$ irgend ein inneres, sie als zusammengehörig kennzeichnendes Band bestehe, weiss und ahnt Niemand, oder es wird doch der Schwerpunkt irgendwohin anders gelegt, als wo er wirklich ist. Es werden nämlich immer die Intervalle einzeln und selbständig in Anschlag gebracht. Aus dem Terzsextaccord und Quartsextaccord hebt z. B. Zarlino speciell die Quarte heraus ; sie also ist hier das Gemeinsame, nicht aber die gemeinschaftliche Abkunft beider Zusammenklänge vom Dreiklang durch Umkehrung, was selbst Zarlino's Scharfblick gar nicht bemerkt. Die Quarte von der kleinen Terz begleitet (ein Sextaccord von einem Durdreiklang, wie wir sagen) klingt trefflich — weniger ist die Begleitung mit einer grossen Terz zu empfehlen (also der Sextaccord von einem Molldreiklang! — z. B.)

Buona / Men buona. Das Umgekehrte gilt, wenn die begleitende Terz der Quarte oben aufgesetzt wird Buona / Migliore . Ist aber die oben aufgesetzte Terz eine kleine, „sempre s'udirà qualche effetto tristo" — (also z. B.). Warum klingt aber die kleine

---

[1] un rimesso, ovver ridetto di quello che fu detto prima nell' acuto over nel grave, col cambiar le parti, e far che quello, che già disse il gravo dichi l'acuto — e quello che disse l'acuto dichi il grave.
[2] Instit. harm. III. cap. 56 „dei Contrapunti doppij".

Terz unter der Quarte besser als die grosse? Antwort: weil in den natürlichen Zahlenproportionen der Intervalle dieselbe Ordnung ersichtlich wird. (Nämlich so:

Das ♭ auf 7 ist bekanntlich nicht ganz rein und kommt nicht in Anschlag.) — „Si vede", lehrt Zarlino,[1]) „che dopo il semidituono, contenuto tra questi termini 6 et 5 segue immediatamente la Diatessaron, posta tra questi termini 8 et 6." Ganz anders bei der grossen Terz! „Ma", fährt Zarlino fort, „quando è accomodata col ditono, non puo far quello effetto, perchè non sono poste insieme secondo l'ordine naturale de cotali consonanze; anzi sono aggiunte insieme in un ordine accidentale; perchè non si trova nell' ordine nominato, che'l Ditono sia posto senz' alcun mezzo avanti la Diatessaron; la onde essendo queste due consonanze accomodate l'una dopo l'altra contra la loro natura, essendo posta nell' acuto quella, che doverebbe esser collocata nel grave et nel grave quella, che doverebbe tener l'acuto; de qui viene, che i suoni, che nascono dalle corde ordinate in tal maniera sono men grati all' udito de quelli, che nascono dalle corde tese secondo i lor gradi naturali." —

Als gegen das Jahr 1600 hin in Florenz die grosse Wendung der Dinge eintrat und ein ganz neuer Musikstyl, auf antike Anschauungen basirt, ins Leben gerufen werden sollte, war im Hause Bardi, von wo aus die Reformbewegung ihren Anfang nahm, Jedermann Theoretiker und fast Niemand schaffender Musiker. All' den gelehrten Herren, welche in Sendschreiben, Dialogen und Raggionamenti ihren Ideen über Musik Ausdruck gaben, standen vorläufig eigentlich nur Jacopo Peri und Giulio Caccini als Leibcomponisten zur Seite, welche den ästhetischen Ideen der gelehrten „Camerata" eine praktische Nutzanwendung abgewinnen mussten. Die eigentlichen Kunstregeln und Formen des Tonsatzes wurden dabei kaum berührt, oder vielmehr sie wurden einfach durch ein Machtgebot ausser Kurs und durch Schmähungen und Missreden ausser Credit gesetzt — so weit sie aber unentbehrlich blieben, als etwas beinahe Selbstverständliches angesehen und obendrein in den antik-griechischen Talar gesteckt. Musikalische Declamation, Verhältniss des Worttextes zur Musik — das war der eigentliche Gegenstand, mit dem sich die Theorie befasste. Sich dabei auf mustergiltige Werke zu berufen, wie weiland Tinctoris, Glarean, Aron u. s. w. gethan, war unthun-

---

1) Istit. harm. III. 60. In qual maniera la quarta si possa porre nelle Compositioni.

lich, weil die mustergiltigen Werke einstweilen noch gar nicht
existirten. Erst nachdem Caccini, Peri und Monteverde eine
Anzahl von Compositionen neuen Styls geliefert, trat G. B. Doni
als theoretischer Schriftsteller im grossen Style auf — nicht nur,
dass er das Programm aus dem Hause Bardi weitläufig in zahlreichen, zum Theil umfangreichen Tractaten behandelte, er that
es auch unter Berufung auf Caccini, Peri, Monteverde und
unter Anführung passender Notenbeispiele aus ihren Tonwerken.
Was dem neuen Styl theoretisch im höchsten Grade Noth gethan
hätte: eine gut entwickelte Accordlehre, eine Lehre vom musikalischen Periodenbau, eine Modulationslehre, eine Lehre über Begleitungsformen — das alles fiel weder Doni noch einem Andern
auch nur im Traume ein. Erst lange nachher, als die Praktiker
alle diese Dinge gefunden, stellte sich (wie gewöhnlich) die
Theorie ein, prüfte, forschte, begründete — und gewann aus
der ihr fertig vorliegenden Anwendung die von ihr zu schaffende
Regel, damit künftig diese letztere die Anwendung regle und
leite. Wie bei allen Reformen, welche sich nicht friedlich im
Wege allmählicher Umstaltung, sondern in Folge einer plötzlichen
Kriegserklärung gegen festbegründete, scheinbar unerschütterliche
Zustände vollziehen, war die Thätigkeit der Florentiner anfangs
mehr negirend, ihr Styl polemisch — was sie aber an Stelle des
Zerstörten setzen sollten und wollten, das schwebte ihnen einstweilen als Ideal in noch sehr vagen, unbestimmten Umrissen vor
— der positive Punkt darin war blos die Sehnsucht nach einer
Wiedergeburt der Musik im antiken Sinn und womöglich in antiken Formen, über welch' letztere die gründlichsten Forschungen
angestellt wurden, ohne viel andere Ausbeute zu gewähren, als
gelehrt-antiquarische, aus welcher für die Hauptsache, für die
Musik, so gut wie nichts zu gewinnen war.

Gleichzeitig aber traten Theoretiker auf, welche, unbeirrt von
den Florentiner Musikmandaten, dort weiter bauten, wo Zarlino
aufgehört: der Bologner Giovan Maria Artusi, Orazio Tigrini
aus Arezzo, Scipione Cerretto aus Neapel, Fra Lodovico
Zacconi aus Pesaro u. A. Ihre Arbeiten sind meist sehr tüchtig.
Zacconi's „Prattica di musica" (erster Theil 1592, zweiter 1622) ist
sogar ein ganz ausgezeichnetes Buch. Grundgelehrt sind sie
alle, dazu conservativ. Der Contrapunkt, welchen die Florentiner kaum nennen können, ohne in erbitterte Aufregung zu gerathen, bildet für sie den Hauptgegenstand. „Man wird nur dann
ein tüchtiger Componist, wenn man seinen tüchtigen Contrapunkt
versteht", meint Zacconi. [1])

---

1) — quei volonterosi giovieni, che praticando la Musica, et in cantarla ne pigliano gran gusto e piacere, bramano di scolari diventar perfetti compositori; e perchè questo non si fa, se non per via di contrapunto sodo e buono u. s. w. (Prattica di mus. Parte II. Lib. 1, cap. 1.)

Der Contrapunkt bildete aber eine Art von Geheimlehre, welche von den Componisten bewahrt, geübt, auch in mündlichem Unterricht einigen bevorzugten Schülern mehr oder minder vollständig mitgetheilt, in keiner Weise aber in Lehrbüchern für alle Welt ohne des Meisters persönliche Dazwischenkunft zugänglich gemacht wurde.[1] Als Costanzo Porta 1595 zu l'adua in einem Buchladen den ersten Theil von Zacconi's „Prattica di musica" sah, sagte er zu seinen anwesenden Schülern: „nicht für tausend Ducaten hätte ich alle die Geheimnisse an die Oeffentlichkeit gebracht, welche dieser Frate da preisgiebt".[2] Was verspricht aber Zacconi nicht gleich auf dem Titelblatt: „Contrapunti semplici et artificiosi da farsi in cartella et alla mente sopra canti fermi, e poi mostrandosi come si faccino contrapunti doppij d'obligo e con conseguenti; si mostra finalmente come si contessino più fughe sopra i predetti canti fermi et ordischino cantilene a due, tre, quattro e più voci". Die Lehre soll so deutlich, klar und leicht fasslich gemacht werden, als nur immer möglich ist — ja Zacconi wünscht durchaus, die Lehrmeister überflüssig zu machen; der Schüler soll, wo nöthig, durch das Studium der Bücher allein schon, ein tüchtiger Tonsetzer werden können.[3] Aber lesen soll er, Belehrung in den Büchern suchen — viele gute Bücher soll er anschaffen und oft soll er sie lesen, und zwar nicht obenhin, nicht flüchtig, sondern mit aller Aufmerksamkeit und mit dem festen Vorsatze, sich das volle Verständniss derselben zu erringen; die Notenbeispiele soll er in Partitur setzen und dann genau studieren. Er soll fremde, tüchtige Compositionen in ein Notenbuch auf solche Art eintragen und oft zur Hand nehmen, dabei aber nicht das erste beste aufgreifen, sondern Compositionen wählen, die etwas besonderes enthalten („che sono fatti con qualche particolar segreto") — freilich sei es an-

---

[1] — — „fin qui molti Musici, più ch'eccellenti, morendo quel tanto che sapeano, più tosto si sono voluto portarlo in sepoltura, che lasciarlo in scrittura ad ognuno che ne l'havesse voluto havere. Et i vivi, ch'ancor frà di noi dimorano, altresi tenendosi in ciò il meglio in saccoccia per ancor loro forsi far il simile, se ne servano solamente in alcune occasioni, senza che la communanza de scolari ne habbino punto da participare". (Zacconi a. a. O.) Also nicht einmal alle Schüler wurden eingeweiht! Und kaum Einer vollständig — Zacconi sagt: „a niuno però gl' hanno dati integralmente, come poteano per servarsi appo di loro, come si dice per proverbio, qualche colpo magistrale, per poterseno poi a luoco e tempo in occasion servire."
[2] „Per mille ducati io non haverei dato fuori i secreti, ch' ha dato questo frate!" (a. a. O.)
[3] — „motto nelle mani altrui, non ad altro fine certo, se non per dar aiuto ad ogni scolare di questa musical professione, e far che senza mastro, sto per dire, si possi annoverare fra i più rari e celebri compositori". (a. a. O. Vorrede.)

fänglich eine langweilige Sache, fremde Arbeiten in Partitur zusammenzuschreiben, aber der Nutzen überaus gross, der Schüler finde da Dinge, welche kein Lehrer lehrt. [1])

Artusi sucht das Studium des Contrapunktes dadurch zu erleichtern, dass er sein Buch „L'arte del Contrapunto" (Venedig bei Giacomo Vincenti 1598) in eigenthümlicher Weise tabellarisch anlegt. Weit entfernt von der Casuistik weiland Tinctoris' sucht er die Lehre möglichst gedrängt und überschaulich zu geben. Tigrini's „Compendio della musica" (1588) ist ein Muster klaren Lehrvortrags.

Die Tonlehrer hatten vor Zarlino ihre Bücher zum grossen, ja zum grössten Theil mit Dingen gefüllt, welche doch nur als die Vorschule für den wirklichen Tonsatz gelten können — sie sind recht eigentlich musikalische „Proscholoi". Die Lehre von den Intervallen, von den Tongeschlechtern, den Kirchentönen, die Solmisation, die guidonische Hand, die musikalische Schrift in Note und Taktzeichen, dazu unendliche Intervallen-Rechnereien, unendliche Takt-Proportions-Rechnereien, welche praktisch so gut wie werthlos sind — das fand der Scholar, wenn er nach dem Rathe Zacconi's dort etwa Belehrung suchte. Tinctoris hatte in seinen Büchern über den Contrapunkt wenigstens einen ehrlichen Anlauf zum eigentlichen Tonsatz genommen, — Glarean gab Meisterstücke — das Beste aber und so ziemlich Alles musste doch der Lehrer thun. Die Tonlehre nahm jetzt eine ganz andere Gestalt an — Zarlino trat auch hier epochemachend ein — ganz neue Capitel stellten sich ein. Manches von der alten Lehre erschien jetzt als Gerümpel. Wirklich dachten die Lehrer an Vereinfachung, und selbst die geheiligte Solmisation, die unantastbare guidonische Hand wurden jetzt gelegentlich in Frage gestellt.

Adriano Banchieri räth, zu den Guidonischen sechs Sylben eine siebente zu setzen: „ba" für fa und „bi" für mi, wodurch die Nothwendigkeit einer Mutirung beseitigt ist. [2]) Ein Musiker der Münchener Hofcapelle fügte, wie Orlando Lasso dem Padre Zacconi erzählte, zu gleichem Zwecke die Sylben „si", „bo" ein. So gross war aber die Macht der Gewohnheit, dass Orlando meinte, es habe sich lächerlich ausgenommen, wenn jener nach seiner neuen Art solfeggirte und mitten unter den vertrauten Sylben des ut re mi u. s. w. plötzlich das „si" und „bo" laut wurde. Zacconi nennt den Erfinder Don Anselmo Fiamengo — es war also wohl ein Belgier. Noch weiter ging der Capellmeister des Domes in Bassano (um 1590), Don Gramatio Metallo,

---

1) a. a. O. Lib. III. cap. 33, 34.
2) Cart. mus. Prattica 2.

welcher bewies, „dass man die grössten Singestücke ohne Anwendung der Guidonischen Hand ausführen könne, jene also überflüssig sei".[1]) Bald darnach, 1620, machte der Spanier Pedro de Urena den Vorschlag als siebente Silbe „Ni" einzureihen.[2]) Ericeus Putoanus hatte schon 1599 mit seiner „Pallas modulata" einen Angriff auf das Guidonische System gemacht. So gross aber war das Ansehen des Herkömmlichen, dass noch im 18. Jahrhundert für und gegen die Solmisation gestritten wurde und der kais. Hofcapellmeister Joh. Jos. Fux sie gegen Mattheson's Angriffe brieflich in Schutz nahm, wie er denn von Wien am 12. Januar 1718 schreibt, dass „in diesen Landten wegen der Beschwerlichkeit der Aretinischen Sylben sich niemand beklaget, sondern im Gegentheill deren gutte Würkhung täglich zu Gehör kommet: indeme allhir Knaben von 9 und 10 Jahren zu finden, welche die schwäriste Stückhe all improviso wekh singen, welches ja nit sein kunte, wan die Aretinische Erfindung so voller Jammer und Ellend wäre; auch bleibt man in Italien, alwo ohne widerredt die vornembsten Singer hervorkommen, noch immer bey dieser methode" u. s. w.[3]) Was Wunder, wenn hundert Jahre vorher Zacconi von solchen Reformen nichts hören will; Banchieri's „bi—ba" hat ganz und gar nicht seinen Beifall:

    „chi lascia la vecchia per la nova
    più di quattro volte ingannato si trova"

und Metallo's Auseinandersetzung findet er zwar „molto dotta, ingegnosa speculativa e bella" — aber nach diesem den Widerspruch in echt italienisch höflicher Weise einleitenden Lob meint er selbst: „che la mano musicale antica, ritrovata dal predetto P. Guido, detto anco Guidone, con le sue scale naturali, grave, acute e sopracute, sono e saranno sempre l'ottime porte e vie da condurre ogni cantante, che brami di cantar per via di ragione al desiato fine di saper ben cantare e solfiggiare". Zacconi war, wie man sieht, kein guter Prophet. Er ärgert sich auch darüber, dass Banchieri die Ligaturen der alten Mensuralnotierung für eine sehr überflüssige und für eine schwierige Sache erklärt; „gebt Adriano kein Gehör", ruft er warnend. „Sie sind nicht überflüssig; denn wenn die Modernen sie nicht gebrauchen, so haben sie doch die Alten für brauchbar erachtet, und sie sind auch nicht schwer; vier Regeln genügen um sie zu verstehen".[4]) Interessant ist die weitere Bemerkung, dass viele Sänger sie gar

---

 1) Zacconi Pratt. di mus. Parte II. Libro 1, cap. 10.
 2) S. „Arte nueva de musica" von Caramuel da Lobkowidz.
 3) Mattheson hat die ganze, von seiner Seite mit höflichem Hohn, von Seiten des alten Fux mit Gereiztheit geführte Correspondenz in seiner „Critica musica", 2. Band, S. 185 u. f. veröffentlicht.
 4) Pratt. di m., Parte II. Lib. I, cap. 12 und cap. 14.

nicht mehr verstehen.¹) Wirklich bleibt fast nur die „Ligatura cum opposita proprietate" ≣≣ noch eine Zeitlang im Gebrauch.

Ganz übereinstimmend spricht sich auch Prätorius (1619) gegen alle verwickelten Ligaturen aus, man soll sie durch Bindungsbogen ersetzen, nur die eben erwähnte wünscht auch er um ihrer Bequemlichkeit willen beibehalten, ohnehin finde man für den Druck nur selten mehr die entsprechenden Typen.²) Die Musiker aus der niederländischen Schule, welche als Greise die Wandlung der Dinge erlebten, aber, wie begreiflich, keineswegs billigten, klagten bitter über Neuerungen, von denen man in ihren Tagen nichts gewusst. „E cosi eccone la scientia musicale in ruina per le molte confusioni", sagten Orlando Lasso und Philipp de Monte zu Zacconi, als sie 1593 mit ihm auf dem Reichstage zu Regensburg zusammenkamen.

Uebrigens schleppen sich die Lehrer mit noch sehr viel archaischem Gepäck. Ihr conservatives Wesen mag sich zum Theile auch dadurch erklären, dass sie fast Alle geistlichen Standes waren. Zacconi war Eremitaner, Orazio Tigrini Domherr in Arezzo, Artusi Canonicus in Bologna, Banchieri Olivetanermönch, der Neapolitaner Scipione Cerretto hatte wenigstens einen Geistlichen, Don Francesco Sorrentino, zum Lehrer gehabt.

Wir finden daher noch lange Auseinandersetzungen über die Kirchentöne, deren jetzt (unabhängig von Glarean) allgemein zwölf angenommen werden.³)

Artusi erklärt das diatonische, chromatische und enharmonische Geschlecht ganz nach den antiken Principien, welche beide

---

1) — perche questo e quel cantore non havendole più che tanto in prattica non l'intende, e non le sa cantare (a. a. O.).
2) Veterum regula (prima carens cauda longa est pendente secunda) cur observari debeat, non video, sed in ligatura tam descendentem quam ascendentem pro brevi semper sine discrimine habendam judico: praesertim cum ligatura ista ♭ jam ferme exoleverit, et in officinis typographicis rarissime reperiatur. Ego cum Lippio, Haslero.
3) Die Sänger hielten indessen oft an den alten acht Tönen fest, worüber sich Zacconi beklagt (I, cap. 45).

letztere indessen bisher noch niemand angewendet habe.[1]) Es ist eine Reminiscenz an die antike Ploke, Petteia u. s. w., wenn Artusi unter Berufung auf „gli antichi" ähnlich gemeinte Kunstausdrücke einführt: „Conducimento (quando si trova un progresso ordinato), Rettitudine (quando una parte procede di grado in grado verso l'acuto), Ritorno (vice versa), Circoito (quando procede verso l'acuto per grado e verso il grave per salto), Complicamento (quando nel modo di cantare si ritrova una scambievole posizione de intervalli):

Giuoco (reiterata percussione fatta spesse volte):

Fermezza (una continuata stazione di voce)."

Die Frage nach dem Verhältniss der Töne unter einander wirbelte überhaupt vielen Staub auf. Ptolemäus — Didymus — Aristoxenos gaben vollauf zu denken. Francesco Patrizzi, ein Dalmatiner aus Cherso (1529 —, lebte in Rom, wo er 1597 starb), entschiedener Platoniker, griff in seinem 1586 in Ferrara gedruckten Buche „della Poetica" etc. (II. 5, 6, 7) die Tontheilung des Aristoxenos sehr scharf an. Damit hetzte er einen der hitzigsten Aristoxener gegen sich auf, den vornehmen und sehr gelehrten Bologner Ercole Bottrigari (1531—1612). Dieser gab 1593 in Bologna ein ganzes Buch zu Schutz und Trutz seines Aristoxenos gegen Patrizzi heraus: „il Patrizio, ovvero de' tetracordi armonici di Aristosseno, parere e vera dimostrazione". Eine zweite Schrift Bottrigari's ist ein „Dialog", den er betitelte: „il Desiderio, ovvero de' concerti di varij stromenti musicali" (in Venedig bei Ricciardo Amadino 1594). Bottrigari gab diesem Dialog als Autorsnamen das Pseudonym „Alemanno Benelli" — anagrammatisch gebildet aus „Annibale Melone". Der Titel soll das Andenken eines Freundes ehren, welcher „Grazioso Desiderio" hiess und als einer der Interlocutoren auftritt — ähnlich wie in Vincenzo Galilei's Dialog „Fronimo".[2]) Jener Annibale Melone, ein Bologner von Geburt, Schüler Bottrigari's und mit ihm sehr befreundet, erhielt das Manuscript des „Desiderio" vom Verfasser mit der Ermächtigung, es unter obigem Namen drucken zu lassen.[3]) Scharfsinnige fanden aus dem Pseudonym trotzdem

---

1) — — sino ad hora tengo, che non vi sia stato alcuno, che l'habbi posto in prattica, ne inteso, se bene molti si sono dati ad intendere d'haverne fatto miracoli (Arte del Contrapp.).

2) Gerber irrt, wenn er angiebt, auch dieser „Desiderio" sei eine gegen Patrizzi gerichtete Schrift.

3) So erzählt Fantizzi „Notizie degli scrittori Bolognesi — II ad v. Ercole Bottrigari.

den richtigen Namen heraus, und Melone hatte die Schwachheit, sich ziemlich unverholen als Autor des Buches zu geriren. Bottrigari nahm das seinerseits ungemei nübel — er liess 1599 [1]) das Buch bei Bellagamba in Bologna nochmals drucken, mit dem Zusatz „Dialogo dell' illustre Cavaliere Hercole Bottrigari". Sollte man es glauben? Annibale Melone hatte die Stirne, einen Abdruck in Mailand zu veranstalten, betitelt: „il Desiderio — dialogo di Annibale Melone; in Milano, appresso di Stampatori Arciepiscopali 1601". Der Bologner Musikgelehrte Giovan Maria Artusi, welcher sich um dieselbe Zeit durch seine Polemik gegen Claudio di Monteverde unangenehm bemerkbar machte, erwies Bottrigari noch insbesondere den Freundschaftsdienst, dem Plagiat Melone's eine Dedication an den Senat von Bologna voranzustellen. Artusi gab überdies seinem Tractat „l'Artusi" etc. (1600) in einer zweiten Auflage (nach Mazzuchelli 1603) „Considerazioni musicali" bei, welche er gegen Bottrigari und dessen aristoxenisirende Lehren richtete. Im Texte des Buches giebt er dem Aristoxenos zwar das Zeugniss „Aristosseno acutissimo filosofo" — aber sein System selbst verwirft er und macht den „Errore del Benelli", d. h. des Dialogs „Desiderio" bemerkbar.[2])

Artusi ist Anhänger des Ptolemäus und tadelt auch das System des Didymus, „che è pieno di molti et importanti errori". Mit Missfallen bemerkt er: „li moderni Theorici s' affaticano a investigare proportioni tali, che fra di loro siano eguali" — diese Stimmung nennt er auch schon die „temperirte".[3]) — Das Wunderbarste nach all' diesen Vorgängen ist aber wohl, dass Bottrigari und Melone doch wieder gute Freunde wurden. Melone richtete eine Anfrage an Bottrigari: „Se le canzoni musicali moderne, communemente dette Madrigali ò Motetti si possono ragionevolmente nominare di uno de tre puri e semplici generi armonici, e quali debbono esserle veramente tali". Nämlich ob diese Compositionen diatonisch, chromatisch oder enharmonisch seien. Also die alte Geschichte, mit welcher Nicola Vicentino 1551 unnützen Lärm gemacht. Bottrigari gab seine Antwort — abermals in Dialogform: „il Melone, discorso armonico, et il Melone secondo — considerazioni musicali del medesimo sopra un discorso di M. Gandolfo Sigonio intorno ai Madrigali et ai libri dell' Antica Musica ridotta alla moderna prattica di D. Nicola Vicentino, e nel fine un discorso del Sigonio" (Ferrara 1602). So wurde Nicola Vicentino abermals auf den Schau- und Kampfplatz geschleppt, von welchem er ein halbes Säculum früher ohne son-

---

1) Die Jahreszahl sieht wunderlich so aus: MDIC.
2) Fol. 31 p. v. und fol. 32 p. v.
3) — no è maraviglia, se tanti instromenti da (de) pratici sono temperati in questa maniera. (fol. 32, p. v.).

derliche Siegestrophäen abgezogen war. Wer Messer Gandolfo Sigonio gewesen, welcher hier auch zu Worte kommt — darüber bleibt uns die Geschichte die Antwort schuldig.

Vieles von dem, was den Theoretikern jener Zeiten hart und widrig klang, wendet unsere Musik unbedenklich an; Vieles dagegen, was jenen gut und trefflich schien, bleibt für uns wegen entschiedenen Uebelklanges verboten. Das musikalische Ohr hat also (ganz wie Riehl in einem geistvollen Aufsatz für das landschaftliche Auge nachgewiesen) seine Convenienz; es kann dahin erzogen werden, dieselbe Tonfolge, denselben Zusammenklang so oder anders zu hören. Könnten sich Artusi, Zacconi, Tigrini u. s. w. in unsere Concertsäle, unsere Opernhäuser setzen, sie müssten das, was sie dort zu hören bekämen, für musikalische Gräuel erklären.

IX.
Die italienischen Organisten.

Die Organisten. Frescobaldi u. s. w.

Claudio Merulo's glänzende Erscheinung hatte die Orgelkunst in Italien aus dem Zustande der Halbentwickelung erlöst, in welchem sie sich bis dahin befunden hatte — die Organisten Italiens behaupten jetzt den Rang wirklicher Künstler, während die deutschen „Orgelschläger", dieser derben Bezeichnung entsprechend, noch lange eben nur das, allerdings auch respectable, Bild braver Handwerker und schlichter Diener der Kirche darboten. Die Claviatur, auf welcher sie noch wie mit Blechhandschuhen[1]) herumtappen, wird für ihre italienischen Collegen der Tummelplatz glänzender Virtuosität. Merulo findet Geistesverwandte, vielleicht directe, aber glückliche Nachahmer seines Styls, wie Ottavio Bariola, Organist der Kirche Madonna di S. Celso in Mailand, dessen 1585 erschienene „Ricercate per suonar d'organo", denen 1594 vier Bücher „Capricci ovvero Canzoni" folgen, sehr ausgesprochen den Merulo-Styl zeigen. Als Merulo's Nachfolger auf der ersten Orgelbank von S. Marco in Venedig erscheint seit 1. Jänner 1585 kein Geringerer als Johannes Gabrieli, dessen Oheim Andreas gleichzeitig — und schon zu Merulo's Zeit — die zweite Orgel inne hat. An die beiden Marcusorgeln knüpfen sich im Laufe des 17. Jahrhunderts glänzende Namen, wie Francesco Cavalli, Giambattista Volpe - Rovettino, Pier Andrea Ziani, — auch Giuseppe Guammi, vorher in München, dann Organist am Dom zu Lucca[2]), war einige Jahre lang (vom 30. Oktober 1588 bis 1595) Organist der zweiten Orgel in S. Marco, während Johannes Gabrieli noch immer die erste versah. Daneben eine grosse Anzahl anderer Organisten der Marcuskirche, denen „die Nachwelt keine Kränze flicht" — wie

---

1) Ein Passus Jean Paul's, welcher hier so trefflich passt, dass man mir das Plagiat verzeihen wird.

2) Zarlino (Sopplim. I, 3) sagt von ihm: „(il) molto gentile M. Gioseffo Guammi, eccellente compositore et suonatore suavissimo d'Organo". Es fragt sich aber, wie viel bei diesem Urtheil als Höflichkeit in italienischer Weise in Abzug zu bringen sein möchte — denn Zarlino gedenkt an dieser Stelle einer ihm aus Lucca von Guammi übersendeten musikalischen Antiquität.

Paolo Giusto da Castello (1595), Giampaolo Savii (1612), Giambattista Grillo (1619), Carlo Fillago (1623), Giambattista Berti (1624), Massimiliano Neri (1644) u. A. m. Dass wir von diesen wackeren Männern kaum mehr kennen, als ihre Namen und — Dank dem Archiv in Venedig — die Tage ihrer Anstellung und ihre Jahresgehalte, darf uns nicht bewegen, sie für geringe Musiker zu halten — die Organistenprüfung in Venedig war, wie wir wissen, streng. Adriano Banchieri nennt in der aus S. Elena in Venedig datirten Vorrede seines „Organo suonarino" neben Johannes Gabrieli wie einen ebenbürtigen Meister auch Paul Giusto.[1])

Der Organist musste sich besonders durch die Fertigkeit hervorthun, dem Augenblick gerecht zu werden, ein Thema präludirend durchzuführen auch wenn kein Notenblatt vor ihm lag, die Pausen des Gesanges passend auszufüllen, sich nach Bedürfniss bald länger, bald kürzer in Passagenwerk zu ergehen, die Sänger solid und sicher zu begleiten. Dergleichen riss die Zeitgenossen oft zur Bewunderung hin — für uns, die Nachkommen, ist es verklungen und verschollen. Und selbst von dem, was wir noch besitzen, ist Vieles entstellt. Die deutschen Orgler nahmen zwar in ihre Tabulaturbücher Arbeiten der besten Meister Italiens auf, aber „colorirten" sie selbst nach eigenem Geschmack oder Ungeschmack.

Schüler Merulo's war der Minorit Girolamo Diruta aus Perugia, Organist in Gubbio, später in der Fischerstadt Chioggia bei Venedig — dem Merulo selbst das Zeugniss giebt: „ha fatto a lui et a me insieme singolare honore"[2]) und welcher in seinem 1593 in Venedig erschienenen, in Dialogform verfassten und dem siebenbürgischen Fürsten Sigismund Bathori gewidmeten Buche „il Transilvano" über die wahre Art schrieb, Orgel und Cembalo zu spielen (sopra il vero modo di sonar organi e stromenti da penna). In Rom finden wir Paolo Quagliati (um 1600—1610), auch als Cembalist berühmt; in Ferrara Luzzascho Luzzaschi, von Merulo als „erster Organist Italiens" gepriesen, von Vincenzo Galilei zu den vier grössten Musikern der Zeit gezählt, wogegen Lelio Guidiccioni von ihm dem Pietro della Valle die wenig schmeichelhafte Schilderung machte: „er habe nicht einmal einen Triller auszuführen vermocht und die feinsten contrapunktischen Schönheiten plump und roh heruntergespielt." Gabriel Fattorini aus Faenza (um 1600) erringt auch als kirchlicher Componist Ruhm. Florenzio Maschera aus Cremona lässt als Organist in Brescia mit Vorliebe das neue Genre der Canzoni francesi (fugirte Sätze) hören. Bernardin

---

[1] — — gl' eccellentissimi Musici et Organisti nella Chiesa di S. Marco, il Signore Gio. Gabrielli et Signore Paolo Giusto.
[2] Vorrede der „Canzoni alla francese" (1598).

Borghesi, um 1590 Organist der Kirche alla Scala in Mailand, wird wegen Anmuth seines Spiels gepriesen. Alexander Milleville (geb. in Paris, gest. am 7. Sept. 1589 als Kapellmeister des Domes zu Ferrara, 68 Jahre alt) gilt als ein für seine Zeit grosser Orgelmeister; sein in Ferrara geborener Sohn Franz Milleville wird Lehrer des Ercole Pasquini aus Ferrara (bis 1614 Organist in der Peterskirche zu Rom) und Girolamo Frescobaldi's.

Mit dem Namen Frescobaldi beginnt die grosse, klassische Zeit des Orgelspieles, — er ist nicht blos für seine Zeit, sondern für alle Folgezeiten eine imponirende Erscheinung — und wenn seine Nachfolger Froberger u. A. ihn an Glätte überbieten, an Grossheit kommt ihm keiner gleich — bis man in der Fortentwickelung der Kunst auf den Namen Bach's stösst.

Die Merulo-Toccate bot, wie wir sahen, sehr bedeutende Elemente: polyphone Sätze von trefflicher Fügung und glänzendes Passagenwerk, — etwas ganz anderes, als das planlose Irrlichteliren der deutschen Coloristen. Diese Elemente sind bei Merulo und seinen Nachfolgern noch in äusserliche und willkührliche Verbindung gesetzt; die massvoll und edel bewegte Polyphonie macht, indem die Rechte oder die Linke des Spielers plötzlich auf einem Accord breit liegen bleibt, längerm Passagenwerk in der andern Hand Platz; die Passagen stocken dann wieder plötzlich und die Polyphonie ergreift das Wort, um wieder von Laufwerk abgelöst zu werden, oder eine der Stimmen löst sich, während die andern ruhig und fest fortgehen, in Coloratur auf — und so fort. Diese Elemente gehörig zu sondern, gut zu gruppiren, im Einzelnen durchzubilden, jedem seine gehörige Sphäre anzuweisen, die Composition zu einem gerundeten Ganzen, zu einem organischen Gebilde, statt bloss zu einem mehr oder minder incohärenten Haufwerk musikalischer Einfälle, musikalischer Einzelzüge zu machen, war die nächste Aufgabe. Wo die Orgelmeister es wirklich versuchten, einen consequent durchgeführten Tonsatz in fugirten Stücken (Canzoni) zu schaffen, fiel Alles meist noch mager und trocken genug aus. Zudem bringt der im Thema stets wiederkehrende Rhythmus der Canzon francese ♩ ♩ ♩ | ♫ ♫ ♩ ♩ | eine unleidliche Monotonie hinein, so dass sich eine Composition von der andern kaum unterscheidet. An die Stelle ärmlicher und magerer Formen kräftige, lebendige Bildungen zu setzen — diese Nothwendigkeit fühlten Manche — suchten ehrlich und eifrig Abhilfe, fanden sie aber nicht, weil ihr Talent dafür nicht ausreichte. Zu diesen zählt Adriano Banchieri, welcher, ziemlich nüchtern und reizlos in seinen Compositionen, dennoch ein so bedeutendes Mittelglied bildet, dass wir ihn, ehe wir uns zu Frescobaldi wenden, kennen lernen müssen.

Adriano Banchieri war in der Stadt der musikalischen Gelehrsamkeit, in Bologna, geboren. Ein 1613 gezeichnetes Bildniss (bei der dritten Ausgabe seiner „Cartella di Musica") stellt ihn, laut Beischrift, als einen Mann von 46 Jahren vor — er bezeichnet sich selbst als Zögling Giuseppe Guami's. Er war geistlichen Standes — „Bolognese, monaco Olivetano" pflegt er sich zu nennen. Anfangs Organist in der Kirche „S. Maria in Regola" zu Imola, wurde er es später in der Kirche „S. Micchele in Bosco" (eine Olivetanerkirche nebst Kloster vor Porta S. Mamolo nächst Bologna). Als sein Todesjahr giebt Mazzucchelli 1634 an. Er war ein tüchtiger Harmoniker, ein denkender Theoretiker, als Tonsetzer wie als musikalischer Schriftsteller gleich thätig — die Zahl seiner Arbeiten ist Legion. Von den ernsthaftesten Kirchenstücken bis zu den tollsten Possen (seiner burlesken Nachahmungen des „Amfiparnasso" gedachten wir schon), von grossen Werken (wie eine achtstimmige Messe, 1599), von subtilen Kunststücken (Canoni musicali, 1613), von den Mysterien der Solmisation, welcher er in einem „Duo in contrappunto sopra ut re mi fa sol la, utile a gli figliuoli et principianti che desiderano praticare le note cantabili con le reali mutazioni" (1613) seine Huldigung darbringt und welcher er in der „Cartella musicale" durch Einschaltung einer siebenten Silbe „ba" für ♮ und „bi" für ♭ gleichwohl den Todesstoss beibringen will, bis zu leichtgefügten Madrigalen zeigt er sich als wahrer „uomo universale" — wie man zur Zeit der Renaissance sagte. Hier interessirt uns zunächst der „Organo Suonarino" (1605). Banchieri's Schrift (etwas über hundert Seiten klein Quart) kündigt ihren Zweck schon auf dem Titelblatte und dann nochmals mit denselben Worten in der Vorrede an: „entro quale si pratica, quanto occorer sole a gli suonatori d'organo — in tutte le feste et solennità dell' anno". Also ein Noth- und Hilfsbüchlein für Organisten und insofern nicht ohne Interesse, als daraus zu ersehen ist, was der Kirchendienst von ihnen verlangte. Er wolle, sagt er, die Organisten hier nicht etwa schön und gelehrt spielen lehren — dafür geben schon der „Transsilvano" des höchst tüchtigen Diruta (del sufficientissimo Diruta) genugsam Anleitung, noch wolle er etwa die Regeln des Contrapunktes erläutern, wofür schon Zarlino, Tigrini, Artusi, Ponzio und andere treffliche Männer gesorgt. In der That giebt er dem Organisten Material, aber keine Anleitung — er giebt die rituellen Motive; etwas daraus zu machen bleibt die Sache des Orgelspielers. Indessen bringt er, als Zugabe, doch einen Anhang „otto Sonate a quattro parti spartite, che saranno a proposito per il Graduale, Offertorio, Levatione et Post-Communione, quali Sonate sono commode per sonare." Die Gabe ist dürftig ausgefallen — die Ueberschriften lauten allerdings stolz genug: „Sonata prima, Fuga plagale — Sonata seconda, Fuga triplicata — Sonata terza, Fuga grave — Sonata quarta, Fuga cromatica — Sonata quinta, Fuga harmonica — Sonata sesta, Fuga triplicata — Sonata settima, Concerto enarmonico — Sonata ottava in Aria Francese" — und weiterhin eine zweite Serie: „Ingresso d'un ripieno — Fuga autentica in Aria Francese — Sonata in Dialogo — Sonata, Capriccio capriccioso — Sonata in Aria francese, Fuga per imitazione" — es ist, als werde ein ganzer Schatz an Musik ausgekramt; aber der Inhalt des Gebotenen fällt neben den hochtönenden Namen kahl und ärmlich ab — es sind kurze, embryonenhaft unentwickelte Sätzchen, deren Kürze Banchieri durch Repetitionszeichen und beigeschriebene „da Capo" abzuhelfen sucht, mager im Klang, steif in der Führung, nichtssagend in der Erfindung, im Harmoniegehalt dürftiger als dürftig. Die Stimmen alterniren oft zu je einem Paar, Sopran und Alt, und wenn diese pausiren, Tenor und Bass; oft dialogisiren die Stimmen in leertönenden Echos; die „Sonata in Dialogo" begnügt sich, kurze vierstimmige Phrasen erst in höherer und dann in tieferer Lage hören zu lassen; das „Capriccio capriccioso" ist bei seiner grenzenlosen Nüchternheit von Caprice weit entfernt; die chromatische Fuge ist diatonisch und geht mit Hilfe der eingezeichneten ♯ ♯ aus E-dur; das „enharmonische Concert" ist der fürchterlichste Unsinn — selbst auf dem berühmten „Archicimbalo" müssten sich Combinationen höchst wunderbar ausnehmen, wie folgende:

Das geht noch über den Fürsten von Venosa!

So sah nun ein „Musterwerk" aus, welches bis 1638 seine
vier Auflagen erlebte, die Arbeit eines grundgelehrten, wohlmei-
nenden Mannes, welche in demselben Jahre 1605 bei Ricciardo
Amadino in Venedig erschien, wo ebendort Angelo Gardano eine
Neuauflage des ersten Buchs von Merulo's Orgelstücken veranstaltete, ein Jahr nachdem Merulo aus dem Leben geschieden
— und zehn Jahre ehe Frescobaldi seine erste grosse Arbeit,
die „Ricercari et canzoni francesi sopra diversi obligbi" in Rom
ans Licht treten liess. So bedeutend der Einfluss der beiden
Gabrieli, Merulo's u. s. w. für die Kunst war — es blieb am
Ende doch noch das Auftreten eines Meisters der Orgel wünschenswerth, welcher mit starker Hand die Kunst auf eine Höhe
emporhebe, auf welcher die „Organo-Suonarinos" ein für allemal
unmöglich werden, und welcher der Orgelkunst die engen Kin-
derschuhe, in welchen sie noch je zuweilen herumlief, ausziehe.
Das war nun aber eben Girolamo Frescobaldi. Er bezeichnet einen der Wendepunkte der Musik und ist selbst die glänzendste Gestalt jener suchenden und versuchenden, treffenden und
verfehlenden Uebergangszeiten. Seine Werke, denen der Stempel
des Genius aufgeprägt ist, stehen neben den dürftigen Incunabeln
der Monodie jener Zeiten als Werke klassischen Gehaltes da,
denen keine Zeit mehr etwas wird anhaben können. Dass sie
gleichsam mit einer Hand nach einer eben abgeschlossenen grossen
Kunstepoche zurück- und mit der andern nach der hoffnungs-
reichen Zukunft einer neuen Tonkunst vorwärtsdeuten, giebt ihnen
einen eigenen und wunderbaren Reiz.

Von Frescobaldi's Lebenslauf wissen wir kaum die Haupt-
züge. Dass er aus Ferrara gebürtig war, wird einstimmig bezeugt; sein von dem Augustiner F. Jo. Salianus gezeichnetes,
von Christian Sas in Kupfer gestochenes Bildniss trägt rings um
das einfassende Oval die Umschrift: „Hieronym. Frescobaldvs.
Ferrarien. organista Ecclesiae D. Petri in Vaticano Aet. suae 36."
Es zeigt einen schönen, auffallend edeln Kopf, dessen Blick und
Ausdruck etwas Vornehmes hat und zugleich den Künstler verräth. Wiederholt den Publikationen von Frescobaldi's Tonwerken
vorangestellt, erscheint es zum erstenmale in den 1624 in Rom
publizirten „Capricci sopra diversi soggetti". Hiernach wäre Frescobaldi 1588 geboren. Sein Lehrer war einer der beiden Milleville — Alexander, den man gewöhnlich nennt, wohl nicht, da
dieser schon 1589 starb — folglich kann es nur Franz Milleville
gewesen sein. Der Lehrer war französischer Abkunft, und in
Ferrara mögen noch von den Zeiten der Este her die niederländischen musikalischen Erinnerungen lebhaft gewesen sein.
Frescobaldi ging nach den Niederlanden, obschon Italien damals
schon Componisten und Organisten in Menge besass. In Antwerpen wurde Frescobaldi's erste Composition, ein Buch fünf-

stimmiger Madrigale bei Peter Phalesius gedruckt. Die Widmung derselben an Guido Bentivoglio, Erzbischof von Rhodus, ist aus Antwerpen 10. Juni 1608 datirt. In demselben Jahre finden wir Frescobaldi in Mailand. 1615 nennt er sich in der am 22. Dezember geschriebenen Dedication an den Cardinal von Mantua schon: Organist der Peterskirche in Rom. Er zählte damals erst 27 Jahre. Gleichwohl war sein Ruf als Orgelspieler so gross, dass sein erstes Auftreten in St. Peter in die gigantischen Räume der Kirche 30000 Zuhörer herbeigelockt haben soll. Sein Vorgänger war Ercole Pasquini gewesen. Die Kunstfreunde (wie Lelio Guidiccioni, della Valle) fanden, Ercole[1]) habe „gelehrter" gespielt — Frescobaldi's Spiel sei leichter und gefälliger. In dem im Jahre 1640 verfassten Sendschreiben della Valle's wird Frescobaldi ausdrücklich als ein „noch Lebender" bezeichnet; er zählte also 52 Jahre. Abbé Maugars, der geistreiche französische Musikfreund und Sonderling, hatte ihn ein Jahr vorher — 1639 — in Rom kennen gelernt. Die Zeit seines Todes und der Ort seiner Bestattung sind unbekannt; kaum zu begreifen bei einem Mann, welcher das Wunder seiner Zeit war, — nennt ihn doch Lorenzo Penna (dell' Albori music. III. 1.) „il mostro de suoi tempi." Ein Geistesriese darf er aber wirklich heissen.

Was einst Goethe von Palladio sagte, mag auch von Frescobaldi gelten: „er ist ein recht innerlich und von innen heraus grosser Mensch gewesen". Unter seinen Händen entwickelt die Orgel zum erstenmale ihre ganze Pracht und Grösse. In seinen Orgelsätzen glüht überall das Feuer des Genius; reiche Formen gestalten sich, fügen sich bildsam um grossen Ganzen. Mächtige Kraft, energisches Leben, nichts Kleines oder Kleinliches, auch nicht im Zier- und Passagenwerk — kunstvolle, sinnreiche Combinationen, genial gelöste schwierige Satzprobleme. Die Dissonanz, welche bis dahin fast wie ein nothwendiges Uebel behandelt worden, wird für Frescobaldi ein sehr positives, wichtiges Kunstmittel. Er behandelt fremdartige Zusammenklänge nicht mehr naturalistisch, nicht auf gut Glück hin und ohne zu wissen, woher und wohin, wie der Fürst von Venosa gethan; er sucht ihrer Herr und ihr Meister zu werden, welchem sie gehorchen müssen; er frägt ihnen die Gesetze ab, die Bedingungen ihres Erscheinens, er experimentirt mit ihnen, so im „Capriccio di durezze" und in der „Toccata di durezze et di ligature", geniale Stücke, in welchen er die Härten, welche die Ueberschriften ver-

---

[1]) Sollte man es für möglich halten? Fétis erzählt, P. della Valle sage von Frescobaldi: „que Frescobaldi était un Hercule placé dans St. Pierre". Aber della Valle redet von Ercole Pasquini!!! Sollte Fétis so viel italienisch verstanden haben, wie er deutsch verstand — nämlich nichts?!

heissen, eigens, um der Tendenz willen vielleicht zu sehr häuft, aber fortwährend durch frappante Einfälle überrascht.

Manche Entdeckungsreise dieser Art mag auch wohl misslingen, wie im „Capriccio cromatico con ligature al contrario" (1615), wo Frescobaldi den Hörer durch ein Dornendickicht von Querständen und falschen Dissonanz-Auflösungen — aufwärts! — unbarmherzig hindurchschleppt und überdies durch thematische Verkehrtantworten und durch eine übel behandelte Chromatik das Stück zu einem völlig unanhörbaren macht. In einer anderen Composition derselben Sammlung (Ricercari et canzoni francesi sopra diversi obligi) „obligirt" er sich, alle Stimmen, mit Vermeidung stufenweiser Schritte, sprungweise zu führen. Dagegen gewinnt ein „Ricercar con obligo del Basso, come appare" gerade durch die constant festgehaltenen, auf verschiedenen Tonstufen erscheinenden fünf Noten des Basses eine eigenthümliche Grossartigkeit.

Ein äusserst sinnreiches Stück ist das „Recercar con obligo di cantare la quinta parte senza toccarla". Diese „Quinta Parte si placet" ist die kurze Phrase welche, mit ihrem Tempus perfectum, ihrer Zahlenproportion und ihren altfränkischen Noten vor dem Stücke, wie ein Gespenst aus altniederländischer Zeit dasteht — zumal das Stück selbst — „intendomi chi più, che m'intend' io" lautet sein Motto — einfach im C-Takt (über dasselbe Thema) schon in wesentlich modernem Sinn gesetzt ist. Die alten Ausgleichskünste müssen zur Anwendung kommen. Die Aufgabe ist, die Punkte zu finden, wo jene Phrase sich den übrigen vier Stimmen als fünfte einfügt. Es macht sehr gute Wirkung, zumal wenn zu dem fortgehenden Spiel des Organisten etwa eine Tenorposaune jene sechs Noten „sänge" — denn wenn der Organist selbst sie etwa solfeggirte: „re, fa, fa, mi, la, re", dürften sie sich schwerlich besonders gut ausnehmen.[1]) Der

---

1) Zur Erleichterung des Auffindens bemerke ich hier, dass die Phrase (nach einfachen C-Takten gerechnet) eintritt: im Takte 7, 22, 30, 40, 51, 76, 94. In keiner Weise kann ich Fétis Recht geben, wenn er (Biogr. univ. III, S. 332) sagt: „les plus grands artistes paient quelquefois un tribut au goût de leur temps, ce goût fut il de plus mauvais — on en trouve quelquesuns (Ricercari) entachés des folies imaginées par quelques compositeurs — — ces tours de force et ces énigmes ne sont point l'objet réel de l'art". Der vollendeten, ihrer Mittel sicheren Kunst gewiss nicht! — aber der werdenden, lernenden? — Wie viel daraus zu lernen ist, wird jeder wissen, der sich mit derlei Dingen befasst hat! Und was sind denn dann die Augmentationen, Engführungen, Verkehrungen und ähnliche „Zierden der Fuge"?! Müsste man nicht über J. S. Bach, ja über Mozart und Beethoven den Stab brechen? Liegen Formenspiele dieser Art nicht tief im architektonischen Grundzug der Musik? Die Alten befassten sich mit solchen „puerilités" — wie Fétis gelegentlich zankt — und wurden grosse Meister, die uns Werke von ewigem Gehalt geschenkt haben. Wir in unserer „Geistesfreiheit" ver-

Zweck zu üben, zu bilden, der Lehrzweck tritt bei Frescobaldi
zuweilen direkt hervor. Einer Bergamaske — eigentlich sind es
verbundene Partiten über den also genannten Tanz — schreibt
er bei: „chi questa Bergamasca suonera, non poco imparera", und
er hat Recht. — Bei der neunten Toccate im „Secondo Libro di
Toccate, Canzone" etc. setzt er zum Schlusse: „non senza fatiga
si giunge al fine" — er neckt nämlich den Spieler beständig
durch die seltsamsten rhythmischen Combinationen: $^{12}/_8$ in der
rechten und dazu $^{8}/_{12}$ in der linken Hand, C und $^{6}/_4$, $^{6}/_4$ und
$^{4}/_6$, C und $^{12}/_8$ —! Die „Partiten" über beliebte Tänze, wie
die Romaneska, die Folia, die Passacaglia — „cento(!) partite sopra passacagli" — sind ihrem Wesen nach contrapunktische Studien (keine eigentlichen „Variationen"), aus welchen das als bekannt vorausgesetzte, daher an der Spitze nicht erscheinende
Thema aller Ecken und Enden herausguckt — in einer melodischen Phrase hier, in einer rhythmischen Gestaltung, in einer
Harmoniewendung dort. Eine in ihrer Art höchst reizende Kleinigkeit sind fünf kurze Partiten („Cappriccio" nennt Frescobaldi das
Stück) über ein für uns längst verschollenes Lied (l'aria di Rog-
giero), dessen Hauptmotiv diesmal solo vorangestellt wird:

Fra Jacopino.

Fortwährend ertönt in den einzelnen Stimmen der Ruf: „Fra
Jacopino" — suchend, schmeichelnd, drohend, zankend, freudig u. s. w. [1])

Dass die neu in Aufnahme gekommene Chromatik Frescobaldi lebhaft anregt, ist natürlich. Die „Enarmonik" lässt er
weislich bei Seite. Bei seinen chromatischen Experimenten ver-
brennt er sich zuweilen die Finger, oft aber gelingt ihm das Ge-
waltigste. Ueber das unhandliche antik griechische Tetrachord
des chromatischen Geschlechtes schreibt er ein schroffes aber fast
gigantisch zu nennendes Ricercar; ein anderes mit dem Thema:

---

achten das demüthige Sitzen auf der Schulbank, wir folgen nur „den Ein-
gebungen des Genius" — dafür pfuschen wir aber erklecklich, und ein
Josquin oder Palestrina könnte es nur verachten, wie wir's „zuletzt so
herrlich weit gebracht!"

1) So ganz verschieden der Styl — man könnte an Paganini's „Carneval de Venise" denken, ein Stück, mit welchem bekanntlich später auch
Ernst Furore machte. Man kann aus dem „Fra Jacopino" eine ganze
lustige Klostergeschichte herauslesen an welche Frescobaldi allerdings
nicht im Traume gedacht hat.

gehört zu seinen herrlichsten. Wesentlich chromatisch ist die „Toccata duodecima" im ersten Buch der Toccaten. Dass dabei auch Härten und Herbheiten mitunterlaufen, ist begreiflich. Zum Theile kommen sie auf Rechnung der Kirchentöne, welche dem Meister noch traditionell anhängen, während ihn die ganze Art des Tonsatzes, in welcher er sich bewegt, schon gegen die moderne Tonalität hin-, ja in sie hineindrängt. Die Mischung dieser beiden, wesentlich von einander verschiedenen Grundlagen giebt insbesondere den Toccaten Frescobaldi's eine sehr eigene, fremdartige, aber ganz seltsam anregende, anziehende Färbung. Es hat sicher einen eigenen Reiz, wenn irgend ein geistvoller Fremder, dessen Conversation uns hinreisst, der aber unserer gewohnten Sprache nicht völlig mächtig ist, gelegentlich einen naiven Sprachschnitzer macht oder irgend einen für uns unzulässigen Idiotismus seiner Muttersprache, in welcher er als Kind zuerst sich auszudrücken gelernt, einmischt. Aehnliches empfinden wir bei Frescobaldi, wenn wir nach unseren modernen Tonarten an irgend einer Stelle ein accidentales ♭ oder ♯ vermissen, oder ein Querstand rasch und doch sehr fühlbar vorüberschlüpft. Aber seine Harmonie ist farbenreich, volltönig und von grossem Reiz, zuweilen von frappanter Kühnheit. Er empfindet übrigens sehr gut, dass er mit zweierlei Material baut. Seine contrapunktischen Arbeiten über Themen des gregorianischen Gesanges gehören in der Regel ganz den Kirchentönen, seine Ricercaren und Canzonen dem modernen Tonsystem an. Manche herbe Stelle kommt übrigens kurz und gut auf Rechnung von Stichfehlern, wie sich zweifellos conjecturiren lässt, manche andere aber davon, dass der Tonsetzer die alte Praxis der „selbstverständlichen" ♯ und ♭ nicht ganz aufgegeben hat. Sein Satz ist correct, wenigstens nach den Gesetzen seiner Zeit.[1]) Vor groben Missgriffen warnt ihn sein Genius.

---

1) In der „Aggiunta" zum ersten Buch der Toccaten erscheint aber im ersten „Balletto" folgender Passus:

Es ist kein Versehen, denn in der folgenden Corrente (Variation) wiederholt er sich. In der prächtigen Canzone Nr. 6 des „Libro secondo" schlüpft die unangenehme verdeckte Octave vorüber:

In der contrapunktisch-polyphonen Behandlung kirchlicher Motive — der Kyrie „della Madonna" (Missa de B. Virgine), „degl' Apostoli", „della Domenica", der Hymnen „Ave Maris Stella", „Iste confessor" u. s. w. reihet sich Frescobaldi, der Orgelspieler, völlig den besten Meistern seiner Zeit oft ganz vollständig an, welche eben diese Sätze für Singstimmen ausarbeiteten — grössere Notengeltungen, ruhige Motive — ganz wie für Gesang angelegt — wahre „Kirchenstücke ohne Worte". Schriebe man sie als Kirchengesänge mit Unterlegung des zugehörigen Textes aus, so würden sie auch in dieser Gestalt völlig ihrem Zwecke entsprechen. Anderwärts verläugnen diese kleinen Sätze die Orgel, für welche sie bestimmt sind, keineswegs. Sie sind mehr instrumenten- als singstimmengerecht. Ja selbst zierliches Spiel mit kleinen Nebenmotiven, contrapunktischer Flitterstaat stellt sich (wiewohl nur sehr ausnahmsweise) ein (zweiter Vers des „Ave Maris Stella", dritter des „Magnificat sesti toni" u. a. m.).

Es finden sich von Frescobaldi auch wirklich Kirchenstücke mit Gesang in Fabio Constantini's Select. cant. (1614): eine dreistimmige Motette: „Peccavi" (für 2 Soprane und einen Tenor) und ein Duo für Cantus und Tenor „Angelus ad Pastores" (dieselbe Sammlung enthält auch eine Motette von Frescobaldi's Amtsvorgänger Ercole Pasquini: „Jesu, decus angelicum").

In den Orgelsätzen behält Frescobaldi den Cantus firmus entweder unverändert als solchen bei — und führt ihn allenfalls durch mehrere Stimmen durch, oder er bildet eigentliche Orgelmotive in kleinen Noten, welche in ihren Intervallschriften dem Cantus firmus entnommen sind. Zuweilen kann er es sich bei allem Respekt vor den Kirchentönen nicht versagen, etwas von den neuen Kunstmitteln, wie Chromatik u. dgl. gleichsam einzuschmuggeln. Den Gebrauchswerth dieser der Orgel allein zugewiesenen Kirchenstücke beim Gottesdienste deutet Adriano Banchieri an: „per alternare Corista a gli canti fermi in tutte le feste et solennità dell' anno". Wird nämlich eine Messe nach dem planen gregorianischen Gesang im Unisono und ohne jegliche Instrumentalbegleitung gesungen, so nehmen die einzelnen Sätze des Kyrie u. s. w. nur kürzeste Zeit in Anspruch, und es erscheint wünschenswerth, dass die Orgel, ausfüllend und dem gottesdienstlichen Moment grössere Dauer gebend, eintrete. Das rituelle erste Kyrie der M. de B. Virgine ist folgendes:

In missis de Beata virgine.

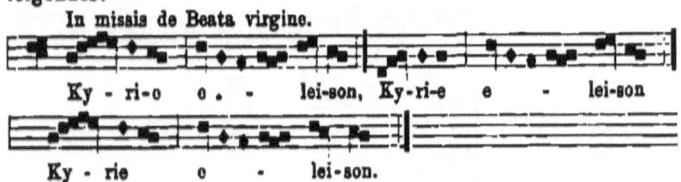

Hatte nun die Geistlichkeit, im Kirchenchore um das grosse Buch und Pult aufgestellt, diese Intonation abgesungen, so antwortete der Organist dem Gesange mit einer Art von künstlerisch-veredelndem und bereicherndem Echo:

Oder aber auf andere Art:

Die Missa Dominicalis (in Dominicis et Festis semiduplicibus) hat folgendes erste Kyrie:

 (Ter)

Frescobaldi beantwortet es also:

Kyrie della Domenica (Frescob. l. c.).

In ähnlicher Weise lässt Frescobaldi die Orgel den einzelnen Versen des Magnificat primi, secundi et sexti toni, der Hymnen de Apostolis, Iste confessor, Ave Maris stella, della Domenica respondiren (Lib. II. di Toccate, Canzone etc.).

Die Organisten. Frescobaldi u. s. w. 449

Secon-
do
Verso.

Terzo
Verso.

Der Zweck dieser anziehenden Tonsätze — grosser Meisterarbeiten in kleinem Umfang — ist also, die Pausen zwischen dem gregorianischen Gesang mit etwas Bedeutungsvollerem als mit willkührlichen Interludien zu füllen, sie mit dem Gesang in inneren Zusammenhang zu bringen. Diese Verbindung der streng rituellen alterthümlichen Kirchenmusik mit einer polyphon und reich ausgebildeten, dieses Einfassen des alten Heiligenbildes in einen reich und schön ornamentirten Rahmen darf eine in hohem Grade glückliche heissen.

„Dreierlei gesungene Messen sind approbirt im römischen Missale zu finden", sagt Banchieri, „welche alternirend vom Chor und der Orgel ausgeführt (lequali s'alternano tra il choro et organo), welche an allen Festen gesungen werden — u. zw. *della Madonna, della Dominica* und *Apostolorum*". Frescobaldi hat, wie man sieht, als treuer Diener der Kirche, für alles bestens gesorgt. Auch für die feierlichen Momente der „Levazione", des „Post-Commune". — für welche Banchieri seine magern „Sonaten" schrieb, componirte Frescobaldi würdige Tonsätze in der Form der Toccata oder des Ricercar. Dass aber unter dem „Chor", welcher mit der Orgel „alternirt", nicht Figural-, sondern gregorianischer Gesang zu verstehen ist, lehrt Zacconi in unzweifelhafter Weise.[1]

Eine eigene und sehr stattliche Klasse unter den Werken Frescobaldi's bilden seine Toccaten. In vielen derselben ist der Zusammenhang mit der Merulo-Toccate noch deutlich fühlbar. Die Art und den Werth dieser Richtung schildert am besten ein Dichter — Jean Paul — welcher sie schwerlich je kennen gelernt und obschon er nicht von ihnen, sondern überhaupt von instrumentaler Einleitungsmusik „voll musikalischen Geschnörkels, voll Feuerwerkgeprassels wider einander tönender Stellen" redet — „es ist der Staubregen, der das Herz für die grossen Tropfen der einfacheren Töne aufweicht."[2] Frescobaldi — kann man beifügen — bahnt den Weg zu Palestrina, die Toccate den Weg zur Missa. Das Gesetz musikalischer Formenentwickelung zeigt sich nicht leicht irgendwo deutlicher, als wenn man den Weg etwa von Andrea Gabrieli's kurzen Präludien in den einzelnen Kirchentonarten über Merulo's Toccaten zu jenen Frescobaldi's (und von da weiter zu J. S. Bach) nimmt. Sehr gut, trotz der altfränkischen Ausdrucksweise, erklärt Praetorius: „Toccata, ist als ein Präambulum oder Präludium, welches ein Organist, wenn er erstlich uff die Orgel oder Clavicymbalum greifft, ehe er ein Mutet oder Fugen anfehet, aus seinem Kopff vorher fantasirt mit schlechten entzelen griffen und Coloraturen — sie werden aber von den Italis meines erachtens daher mit Namen Toccata also genennet, weil toccare heisst tangere, attingere, von Toccato, tactus: so sagen auch die Italiener „Toccate un poco", das heisst: beschlagt das Instrument

---

[1] al suddetto canto fermo dirò alle volte fermo, et alle volte Chorale, secondo che mi farà bisogno. (Zacconi, Pratt. di Mus. Parte seconda, Lib. I. cap. 9, della musica piana, cioè Canto fermo et armoniale.)

[2] Hesperus 2. Band XIX, „Gartenconcert von Stamitz".

oder begreifft das Clavier ein wenig: daher Toccata ein durchgriff oder begreiffung des Claviers gar wol kann genennet werden." Die Toccata zeigt den Charakter phantasirenden Improvisirens, sie hält kein Thema fest, ihre beiden Elemente sind wirklich die — mit Prätorius zu sprechen — „entzelen Griffe" (Accorde) und Coloraturen. Sie ist wirklich ein „Durchgriff," indem sie den ganzen Umfang des Instrumentes in raschen Läufen, in arabeskenhaften Figurationen durcheilt — gleichsam um des Instrumentes Vermögen zu prüfen. Es sind keineswegs nichtssagende Skalenspielereien — selbst die Läufe nehmen Gestaltungen an, die wie Ansätze zu wirklicher Themenbildung aussehen; wo sie aber zu wirklichen Themen werden, sind letztere mehr, nur wie leicht hingeworfen, eine kleine geschlossene Notengruppe, welche durch die vier Stimmen in raschen Antworten hindurchläuft und dann verschwindet, um neuen Gestalten Platz zu machen — von der festen Ausprägung zu contrapunktischer Durchführung bestimmter Motive ist keine Rede, und die Toccate behält auch hier den Charakter einer Improvisation — so wohl überlegt und sorgsam ausgearbeitet sie in Wahrheit auch sein mag. So ist die Toccate ein Mittleres zwischen Präludium und Phantasie. Von ersterem, das seine Themen in festeren Bildungen contrapunktisch durchführt, ohne den Charakter des Vorbereitenden, Einleitenden zu verlieren, unterscheidet sie sich durch ihr flatteriges Wesen; von der letzteren durch den Mangel an selbstständiger Bedeutung, wie die Phantasie sie allerdings behauptet. Für Prätorius ist die Toccate, wie wir sahen, mit dem Präludium eines und dasselbe — und wirklich finden sich von Frescobaldi kurze Vorspiele — „Toccata avanti la messa della Madonna; Toccata avanti la messa della Domenica; Toccata avanti la messa degl' Apostoli; Toccata avanti il Ricercar" (nämlich vor dem Ricercar über das griechische Tetrachord) — wahre, wenn auch kurze Präludien im eigentlichen Sinne. Neben den mit raschem Figurenwerk brillirenden Toccaten giebt es eine andere Art, die aber fast nur ausnahmsweise erscheint — hier ist es eine Folge von Accorden, Note gegen Note, oder stellenweise zwei, drei Noten gegen eine — aber nicht säulenartig starr neben einander hingestellt, sondern in fortgehender, flüssiger Bewegung. (Toccata XII Lib. 1.) So bunt sich die erste Art mit ihrem Gewimmel zwei- und dreigestrichener Noten im oberen und unteren Liniensystem ausnimmt, so ruhig sieht die andere aus mit ihren weissen Halbtaktnoten, an welche sich erst im Verlauf allerlei kleine Schnörkel in Viertel-, Achtel und Sechszehntelnoten anhängen. Auch jene andere lebhafte Art eröffnet Frescobaldi gerne mit dem Introitus einiger fester, imposanter Accorde — bald aber tritt die rasche Bewegung ein und wird, insgemein gegen das Ende des Stückes hin, noch lebhafter. Zuweilen lässt sich eine Toccate auch wohl eine gute

Weile an, als wolle sie ein Präludium im eigentlichen Sinne werden — die vier Stimmen gehen festgeprägt ihren polyphonen Gang, aber wie aus den Ritzen einer festgefügten Quaderwand endlich da und dort Grün mit Ranken und Blätterwerk hervorspriessen mag, so beginnt hier das Zierwerk erst nur wie zufällig in einer Stimme — bald aber überwuchert es — die Wand verschwindet hinter dem Mantel von Epheu. So ist Toccata XI im ersten Buch.

Toccaten, in denen das Passagenwerk vorwaltet, sind im ersten Buche, mit alleiniger Ausnahme der eilften und zwölften, alle übrigen. In der sehr grossartigen eilften hat das Zierwerk wenigstens kein Uebergewicht. Die Toccata 12 vermeidet, um ihre chromatisch fortschreitenden Harmonieen deutlich hervortreten zu lassen, die Coloratur so gut wie ganz.

Im zweiten Buche nehmen die Toccaten eine fühlbar andere Gestalt an. Sie sind zwar auch nicht arm an colorirten Stellen, aber sie nehmen, ohne die Beweglichkeit aufzugeben, vorwiegend den Charakter thematischer Arbeit an — im Verlaufe des Stückes tritt auch wohl ein Wechsel geraden und ungeraden Taktes ein (gleich in der ersten Toccate C—3—$^{12}/_8$ — letzterer zusammen mit C); wir finden hier sogar Toccaten (N. 3 u. 4), welche nicht mehr als Vorspiele gemeint, sondern bestimmt sind „da sonarsi alla levazione" — es sind wahre Phantasieen. Toccate 5 und 6 ist gesetzt „sopra i pedali per l'organo e senza", d. h. sie bauen sich über lange Haltetöne des Pedals, auf welchem der Organist im Wortverstande „festen Fuss" fasst, in reicher Figuration auf und können auch ohne Pedal gespielt werden. Die Wirkung der fortbrausenden Basstöne ist eine eigenthümlich grandiose. Man sieht übrigens, wie wenig man den Organisten im Pedalspiel zumuthen durfte. Die „Toccata di durezze e ligature" ist ganz ohne Colorirung — aus Gründen, die im gestellten Problem liegen. Aber selbst wo sich die Toccate durchweg in buntem Passagenwerk bewegt, fühlt Frescobaldi sehr wohl, dass das Ohr Ruhepunkte braucht, dass der Hörer nicht in einer Art musikalischer Hetzjagd den Athem verlieren darf. Er hält also weilweise, mitten in die bewegten Stellen hinein, auf einem vollen Tonika-Dreiklang an, ohne vorbergehende Cadenzbildung — diese wird für den Schlussaccord aufgespart. Wie Komma und Strichpunkt die Rede, wie Pilaster eine reich geschmückte Renaissancefaçade, theilen und gliedern diese die Bewegung unterbrechenden Accorde das Tonstück — die hinströmenden Skalenläufe, die kleinen, scharf ausgemeisselten Motive werden dadurch in wohl geschiedene Gruppen überschaulich zusammengerückt — und Frescobaldi giebt dem Ganzen einen eigenthümlichen, deutlich fühlbaren Periodenbau — zuweilen, wie im Anfang von Tocc. 3 L. 1, von grosser Regelmässigkeit — (Haltpunkte: Takt 2 — 4 — 6 — 8). Andererseits aber kommt eben durch diese plötzlich liegen bleibenden Accorde in die Tonstücke, wenigstens stellenweise, etwas Stockendes. Die Schwierigkeit, deutlich zu gliedern, ohne die Bewegung zu unterbrechen, ist noch nicht völlig überwunden.

Frescobaldi hat es nicht verschmäht, fremde Compositionen zu „coloriren", wie man in Deutschland sagte — er braucht den Ausdruck „passagiare" — in Passagen aufzulösen — so ein Madrigal Arcadelt's: „Ancidetemi pur d'Archadelt passagiato", welches in dieser aufgeschmückten Form den Toccaten des zweiten Buches eingereihet und auch für den praktischen Gebrauch als Toccata gemeint ist. Die Eleganz und Noblesse, mit welcher Frescobaldi das heikle Geschäft des Colorirens hier durchführt, zeigt den enormen Unterschied zwischen ihm und den deutschen Coloristen, welche daneben den Eindruck geschmackloser Barbaren machen — Elias Nicolaus Ammerbach, Bernhard Schmidt d. ä. und d. j., Jacobus Paix, Johannes Woltz u. s. w. Erst mit Samuel Scheidt verschwindet die leidige deutsche Orgeltabulatur, — seine Werke „Ludorum musicorum prima & secunda pars" (1623), seine „Tabulatura nova" (1624) u. a. m. sind bereits in Noten auf Liniensystemen gedruckt, und mit der alten Orgeltabulatur verschwindet auch das Colorirwesen, von welchem A. G. Ritter in einem lesenswerthen Aufsatz [1]) sagt: er getraue sich nicht, aus dieser gewürzreichen, gleichwol geschmacklosen organistischen Kochkunst, wo vier-, fünf-, acht- bis zwanzigstimmige Gesänge mit Hinweglassung des Nicht-Greifbaren und unter naivster Hintansetzung der harmonischen Gesetze mit einem reichen Aufwand von Coloraturen für die Orgel zurechtgemacht werden, auch nur einen einzigen geniessbaren Satz herauszufinden — und mit Recht spottet er über die Orgler, „welche sich der anstrengenden Mühe des Selbstschaffens entschlugen und es vorzogen, gegenüber den Gesangscomponisten in das billige Verhältniss von Kostgängern zu treten, welche undankbar das Empfangene nicht in der ursprünglich einfachen und kräftigen Gestalt, sondern mit einer von ihnen gefertigten ganz besonderen Brühe, Coloratur genannt, zugerichtet (leider auch zernichtet) zum Verbrauche anboten". Es ist interessant, auch einmal Frescobaldi auf den Bahnen dieser dunkeln Ehrenmänner zu finden, gleichsam als habe er sie lehren wollen, wie die Sache eigentlich zu machen war.

Als eine der grandiosesten Orgelphantasieen Frescobaldi's darf sein grosses Stück (Capriccio) über das Hexachord gelten, welches Athanasius Kircher in der Musurgie mitgetheilt hat. Eine wahrhaft unerschöpfliche Erfindungs- und Gestaltungskraft erprobt sich an dem Unterbau der sechs Guidonischen Sylben. Es ist,

---

1) „Die Coloristen, Beitrag zur Geschichte des Orgelspieles im XVI. Jahrhundert". Allgem. Mus. Zeitung, Jahrgang 1869 Nr. 38 u. f.

als habe der grosse Meister der Orgel in diesem, auch was die Ausdehnung betrifft, colossalen Stück über die ganze Summe seines Wissens und Könnens Rechenschaft ablegen wollen.

Ueberhaupt versteht es Frescobaldi, aus einem oft ganz kleinen Motiv eine Welt von mannigfachen Gestalten hervorzuzaubern. Als Beleg mag die Bergamasca dienen, „bei welcher man viel lernt" — oder selbst die Spielerei jenes „Fra Jacopino" — nicht minder bieten die Partiten manches in dieser Beziehung sehr Interessante.

Im Ganzen genommen gehen die Toccaten des zweiten Bandes jenen des ersten an Schönheit und Gehalt vielleicht noch vor. Motive von grösster Schönheit tauchen auf, majestätische Vollklänge, Figurationen voll Kraft und Eleganz. Wahre Meisterstücke sind insbesondere die Toccaten 6 und 7. Der Toccate ist hiermit ihr Charakter dauernd gegeben, wie sie ihn noch bei Sebastian Bach zeigt. Der durchgehende Charakter der Toccate Frescobaldi's ist imposante Majestät und glänzender Reichthum — es sind prachtvolle Triumphthore, durch welche der Weg zu dem Weiteren führt.

Hawkins sagt von Frescobaldi: „er sei der erste in Italien gewesen, welcher fugenmässig gespielt". Dieser Irrthum (denn ein solcher ist diese Angabe) hat seitdem in den Musikgeschichten das Bürgerrecht erlangt. Aber schon die ganze Organistengeneration vor Frescobaldi hatte sich mit Vorliebe in Fugensätzen ergangen. Was sie auf diesem Gebiete leistete, hat indessen kaum mehr Bedeutung, als dass sich eben die Gattung als eine besondere von den Toccaten und sonstigen Kunstformen des Orgelspieles selbstständig ausschied. Bei den Gabrieli u. s. w. haben die sogenannten „Canzonen" fast nur erst den Werth interessanter Incunabeln. Adrian Banchieri's fugirte Sätze im „Organo suonarino" gleichen vollends mageren Skizzen. Kaum haben sie (wie jemand einmal bei anderer Gelegenheit sehr gut sagte) aufgehört anzufangen, so fangen sie an aufzuhören. Die Themen finden nicht Raum, nicht Zeit sich zu entwickeln. Die Antworten erfolgen oft in der Octave oder, wenn in der Quinte, als „Fuga reale". Der aus solchen kümmerlichen Keimen, aus diesem musikalischen Knieholz ganze prächtige Wälder zu zügeln verstand, war wiederum Frescobaldi.

Im Vergleiche zu den früheren noch sehr knappen Sätzen, den sehr dürftigen Bildungen und der ganzen trockenen und steifen Durchführung, nehmen Sätze dieser Art bei ihm wahrhaft grossartige Dimensionen an. An Stelle des kleinlich zusammengenagelten Lattenwerkes tritt hier ein stolzer, vielgliedriger Bau. Statt der früheren physiognomielosen oder eckigen und bunten und dabei doch nichtssagenden, stets gleichartigen Motive, statt der vagen Züge, hier wie in Marmor ausgemeisselte Themen von individueller Physiognomie; an Stelle der kleinen Schnitzbildchen

Gestalten, wie bei jenem mythischen Künstler Griechenlands, welche blicken und schreiten. Was die Fugen J. S. Bach's so wunderbar erfreulich macht, findet sich auch schon und zuerst bei Frescobaldi: das urgewaltige Leben, welches bis in die kleinsten Züge hinein pulsirt, die anscheinend unerschöpfliche Fülle, die freudige Kraft, welche sich im Schaffen mit einer Art von Götterbehagen bethätigt.

Die vollständig zu ganz festbestimmter Form ausgebildete Fuge mit ihren nach einem unverrückbaren Kunstgesetz gemodelten „Beantwortungen", ihren Wiederschlägen, Divertimenti, den Meisterproben ihrer sogenannten „Zierden" an Engführungen, Augmentationen, Diminutionen, die Form also, wie wir sie in höchster Vollendung und mit dem bedeutendsten Inhalt bei J. S. Bach antreffen, dürfen wir bei Frescobaldi noch nicht suchen. Es bedurfte mehr als zweier Menschenalter und der rastlosen Arbeit deutscher, tüchtiger Orgelmeister — welche im Vergleiche zu ihren Vorgängern, den „Coloristen", wie Riesen dastehen — ehe es mit der Fuge so weit kam. Auch die „Ricercar" Frescobaldi's sind keineswegs mit der späteren „Fuga ricercata" eines und dasselbe — und eben so wenig bedingt es der Ausdruck „Canzona", dass diese auch nothwendig die Anlage einer Fuge haben müsse. Im Lib. II. zeigt die „Canzona" Nr. 5 auch nicht die Spur einer fugirten Arbeit — in der Durchführung singbarer Melodieen in der Oberstimme auf einer stellenweise polyphonen, stellenweise aber auch schon nahezu ganz homophonen Begleitung entspricht das Stück sogar dem Namen einer „Canzone" besser. Die Stimmen verketten sich, aber sie fliehen nicht eine vor der andern — was doch schon selbst nach der Ansicht der gleichzeitigen Theoretiker das Kennzeichen der „Fuga" ist.[1]) Es sind wesentlich rhythmisch construirte Tonbauten, — Studien über den Rhythmus, wenn man will — und gerade dadurch erhält die Canzone 5 Etwas, wobei man L. B. Alberti's Wort von seinen Bauwerken „tutta questa musica" umkehren und sagen möchte: „tutta questa architettura". Sie macht analog den Eindruck, wie etwa ein Prachtbau mit imposanter Façade. Die Fugenform erscheint aber umgekehrt auch wieder unter den Tonstücken, welche als „Capriccio" — als „Ricercar" — als „Fantasia" bezeichnet vorkommen — der Toccata aber bleibt sie vollständig fremd, — selbst als Episode bleibt sie hier ausgeschlossen. Der spätere Componist — ein J. S. Bach, Händel u. s. w. — ist nur so lange der Herr eines Fugenthema, als er es erfindet; hat er es erfunden, so wird er dessen Diener und muss es „nach unverrückbar ehernen Gesetzen" seine Bahn führen. Zu Fresco-

---

1) — — dictae sunt autem a fugando, quia vox vocem fugat, idem melos depromendo. (Praetorius, Synt. III, S. 21.)

baldi's Zeit hatte der Componist freiere Hand — er kann im Laufe des Stückes sein Thema abdanken, wie ein Fürst einen missliebig gewordenen Günstling — muss aber dann für Ersatz sorgen und ein zweites tüchtiges, womöglich gesteigert intensiv wirkendes Thema fugenmässig ein- und durchführen. Prätorius erklärt den Kunstausdruck „Caprice" in folgender Art: „Capriccio seu Phantasia subitanea, wenn Einer nach seinem eigenen Plesier und Gefallen eine Fugam zu tractiren vor sich nimpt, darinnen aber nicht lange immoriret, sondern bald in eine andere Fugam, wie es ihme in Sinn kömpt, einfället".

So locker und scheinbar improvisirend gestaltet Frescobaldi seine Sätze nicht — eher könnte man sie als eine Art Vorläufer dreisätziger Symphonieen nennen (natürlich noch ohne den Eindringling des Menuet oder Scherzo): erster Satz, Andante, Schlusssatz — nur dass hier die Sätze nicht getrennt sind, sondern einer in den andern übergeht und sie, trotz verschiedener Themen, ein organisch-zusammenhängendes, in sich geschlossenes Ganze bilden. Einem leicht und geistvoll durchgeführten Fugato, dessen Thema sich insgemein ziemlich lebhaft in kleineren Notengeltungen ankündigt, folgt ein majestätisch-kraftvoller Satz im ungeraden Takt; volle Accorde, imposant einherschreitende Bässe, imitatorische Arbeit in breiter, ruhiger Entwickelung — dann der Schlusssatz mit neuem Fugenthema — dieses meist von minder lebhaftem Charakter als jenes erste, aber ihm zugleich ein bewegtes Gegenthema nach Art der späteren Doppelfuge entgegengestellt.

Die Themen dieser Abtheilungen sind von einander unabhängig — doch giebt es auch Stücke dieser Art, wo ein durchgehendes oder wiederkehrendes Thema das Ganze noch einheitlicher gestalten hilft. Dahin zählt die kraft- und lebensvolle „Canzone sesti toni":

Hier fügen sich in den phantasiereichen Mittelsatz allerdings wieder Episoden im ungeraden Takt ein, und nach ihnen tritt ein neues Thema auf,

aber zuletzt bricht das allererste Thema wieder siegreich hindurch und führt den Satz mit den sinnreichsten und geistvollsten Combinationen zu Ende. — In der „Canzon quarti toni dopo il postcomune" erscheint das zu Anfang im C-Takt auftretende Fugenthema in der Episode ungeraden Taktes abermals und sinnreich in 6/4 umgebildet — der Schlusssatz bringt ein neues, bis zum Schlusse fast unaufhörlich durch die einzelnen Stimmen wanderndes Fugenmotiv. Das geniale chromatische „Ricercar dopo il Credo" bleibt in seiner Mitte auf einer Ferma stehen, setzt aber dann seinen Weg mit den früheren Motiven fort — und zwar wird allmählich ein energisches Thema, das anfangs als Nebenthema auftrat, zum Hauptmotiv und zwar nach der Fermate höchst effektvoll in verkehrter Bewegung.

Bei der Beantwortung der Themen existiren für Frescobaldi die Kunstgesetze der späteren Fugenkunst einstweilen noch nicht. Er beantwortet zuweilen in der Octave, oder er antwortet zwar dem Dux mit dem Comes in der jetzt giltigen Weise, aber die nächsthinzutretende Stimme antwortet nochmals mit dem Comes. Er bringt aber daneben auch Beantwortungen in der Quinte. insgemein erfindet er seine Fugenthemas so, dass sie einfach in die Quinte transponirt werden können, aber er fasst auch eine für alle Folgezeit massgebend gewordene Idee: **an die Stelle fer Fuga reale stellt er die Fuga di tuono.**

Damit ist gleichsam das Zauberwort gesprochen, mit welchem die Fuge von ihrem bisherigen Bann erlöset wird — nicht leicht hat sich ein genialer Einfall so lohnend bewiesen wie dieser!

Die Fugenthemen haben noch nicht die Mannigfaltigkeit, wie bei J. S. Bach, wo sie selbst meist schon ein ganz bestimmtes Charakterbild von Freude, Wehmuth, Schmerz, Scherz, düsterem Brüten, heiterem Gaukeln u. s. w. geben — aber sie haben Physiognomie und insgemein einen Zug von Energie, ein gewisses entschlossenes Auftreten, das ihnen zuweilen etwas Heroisches giebt.

Die reiche, vielgestaltige Durchführung gestaltet sich sehr

kunstvoll, dabei ungezwungen und mit einer gewissen vornehmen Grazie der Bewegung. Engführungen werden oft und dann meist sehr glücklich angewendet. Zuweilen wird durch Wiederholungszeichen dem Organisten Spielraum gegeben, länger oder kürzer seine Orgel ertönen zu lassen, je nachdem es der Moment des Gottesdienstes bei bestimmter Gelegenheit eben fordern mag. Die sogenannten „Ricercar" verdienen ihren Namen durch besonders kunstreichen Tonsatz oder Lösung irgend eines schwierigen Satzproblems.

Vergleicht man die Armuth der früheren Orgelcomponisten mit diesem Reichthum, so begreift man das Erstaunen und Entzücken der Zeitgenossen über die wundergleiche Erscheinung. Imponirende Pracht ist der Charakter dieser Tonsätze, unter denen man manches Schroffe, aber nichts Kleinliches findet — man wandelt wie in königlichen Hallen, wenn man sich in den wundersamen Tongebilden der „Canzona prima" oder ähnlicher Sätze ergeht.

Als ein sehr reizendes Stück und zugleich als Prototyp für alle späteren Tonstücke ähnlicher Art verdient das „Pastorale" Erwähnung, mit welchem das erste Buch der „Toccate" schliesst. In Rom liess sich den Pifferari der richtige Ton dafür schon abhorchen — und wirklich sind es dieselben Melodiewendungen, dieselben in ihrer Einfalt so eigenthümlich rührenden Klänge von Hirtenmusik, welche noch jetzt zur Weihnachtszeit in den Strassen Roms ertönen — man erkennt die Motive, welche nachmals Händel für sein Pastorale im „Messias" eben dort holte, wo sie vor ihm Frescobaldi geholt hat. Die Orgel ahmt in lang gehaltenen Pedaltönen den Klang der Sackpfeifen nach — auch die Harmonie ist entsprechend behandelt. — Künste und Nachahmungen sind, mit richtiger Einsicht, vermieden. Der zugleich idyllische und religiöse Charakter der Hirtenmelodien der Pifferari ist hier in die höhere Kunstgattung eingeführt.[1])

Das letzte aber nicht das leichteste unter Frescobaldi's Arbeiten sind endlich seine Tanzstücke, Kunstwerke kleinen Umfanges, in keiner Weise dazu bestimmt, wirklich zum Tanzen aufgespielt zu werden.[2]) Es ist Unterhaltungsmusik — auch das siebenzehnte Säculum wollte dergleichen haben — allerdings aber Unterhaltungsmusik edler Art — die Elemente, welche sich nachmals zur „Suite" gruppirten. Die italienische Tanzmusik des

---

1) Die Ueberschrift lautet: „Capriccio. Pastorale". Im Index aber steht: „Capriccio fatto sopra la Pastorale". Unzweifelhaft ist es also die Pifferaro-Musik, welche die Motive hergegeben.
2) Diese Unterscheidung wurde gemacht. Mattheson sagt („Neueröffnetes Orchester" S. 189) von der Form solcher Tänze: — sie müssen ein bestimmtes Schema einhalten, „dafern sie zum Tantzen destinieret, sonst nimmt man sich Liberté".

17. Jahrhunderts hat, wo sie sich nicht unter Naturalistenhänden ganz primitiv gestaltet, entweder etwas eigenthümlich Zartes, etwas Mädchenhaftes (etwas „Fräuleinhaftes" könnte man sagen) — wie sie denn insgemein durch ein mildes Moll etwas fast Schwärmerisches und Inniges bekommt, oder sie tritt mit Pomp und Pracht, mit einer Art spanischer Grandezza, vornehm und stolz auf — hielt doch Spanien damals an beiden Enden Italiens, in Mailand und in Neapel, das Scepter. Man kann sich nur dazu tanzende Herren und Damen in der schwer-prächtigen spanischen Modetracht der Zeit denken, wo nur gemessene Bewegungen möglich waren — Figuren, wie wir sie auf den Kupfern in Cesare Negri's, des gleichzeitigen Mailänder Tanzmeisters „Nuove invenzioni di balli" erblicken.¹) Frescobaldi's Tänze haben völlig diesen Charakter; Balletto, Gagliarda, Corrente, Passacaglia, Ciaconna lauten ihre Ueberschriften. Die pathetischen Tänze haben wirklich etwas „Hochadeliges". Und hier entdeckt Frescobaldi, wie zufällig, eine Form, welche abermals für die folgenden Zeiten hohe Wichtigkeit gewinnen sollte — die Variation (an Stelle der Partite). Wechselte der Rhythmus in den Tanzschritten, so musste natürlich auch der Rhythmus der Musik wechseln. Der feierlichen Bewegung, in welcher die tanzenden Herren und Damen durch wohlgewählte Attitüden ihre Person in's beste Licht setzten, folgte die schnellere, wo sie ihre Gelenkigkeit und Anmuth bethätigten — oder aber dem rascheren Tanze folgte umgekehrt der langsame, gemessene. Behielt nun der Componist für beides dieselbe Tanzweise bei, so musste sie jedesmal in einem andern Rhythmus vorgetragen werden. So lässt Antonio Brunelli, der Zeitgenosse Frescobaldi's, in einem für einen Ball in Pisa geschriebenen und von den dortigen Edeldamen (nobilissime gentildonne Pisane) ausgeführten Tanzstück dieselbe Tanzmelodie als „Ballo grave" erscheinen.²) So bringt Frescobaldi in einer „Aggiunta" zum „Libr. I. di Toccate" ein „Balletto"

---

1) Ueber ihn und sein Buch wolle der gütige Leser das Nähere im ersten Bande meiner „Bunten Blätter" aufsuchen.
2) Man findet dieses Stück unter den Musikbeilagen des ersten Bandes meiner „Bunten Blätter".

und darauf die „Corrente del Balletto".

Wie wichtig dieses dem Componisten von den Tänzerbeinen dictirte Exercitium für die Erkenntniss der Bedeutung, des Wesens und der Macht des Rhythmus werden musste, ist augenscheinlich. Wie ganz anders gestaltete sich das Motiv trotz der genau gewahrten Noten, weil der Rhythmus es anders in Bewegung setzte!

Das veränderte und doch kenntlich wiederkehrende Stück repräsentirte aber eben darum auch eine Variation. Und nun bringt Frescobaldi im Libro secondo eine „Aria, detta Balletto" mit acht nachfolgenden „Parti" und eine „Aria detta la Frescobalda" mit fünf Parti (darunter eine Corrente und eine Gagliarda), welche nicht mehr Partiten, sondern wahre und echte Variationen sind — Variationen rhythmischer und contrapunktischer Art, jede das Thema in veränderter Form darstellend. Der Name „Variation" wird aber einstweilen noch nicht angewendet; noch Frescobaldi's Schüler Froberger behält die Ueberschrift „Partite" bei, wo er die rein ausgebildete Variationenform anwendet.

Wenn Formen- und Ideenreichthum, Kraft und Leben bei

einem Künstler ein Zeichen des Genies sind, so zeigt, wenn irgend jemand, Frescobaldi diese Eigenschaft.

Für die Notirung bedient sich Frescobaldi der italienischen Tabulatur. Das System für die rechte Hand hat sechs Linien mit dem C-Schlüssel auf der ersten oder dem G-Schlüssel auf der zweiten Linie — die linke hat ein System von acht Linien mit dem C-Schlüssel auf der sechsten, dem F-Schlüssel auf der vierten Linie, so dass hier gleichsam Alt und Bass aneinandergerückt und die beiden Mittellinien „gemeinsames Gebiet" sind:

Toccata sesta (Lib. II.)

u. s. w.

Als Vorzeichnung wird bloss ein ♭ angewendet; wo sonst Accidentalen nöthig sind, werden sie vor oder — oft undeutlich — unter die bezügliche Note eigens geschrieben. Kleine Notengeltungen bis 𝅘𝅥𝅰 spielen eine grosse Rolle. Die Schreibart „in note bianche", bei welcher sechs 𝅗𝅥 auf eine Battuta (◇) gehen,[1]) eine Schreibart übrigens, welche bald ausser Gebrauch kam und selbst in jener Zeit nicht häufig war, z. B.

wendet Frescobaldi zuweilen an — auch die schwarze Hemiole

---

1) ≡≡ „Figura di prolatione, che ne vanno sei alla battuta" (Zacconi, Pratt. di Mus. — Parte II. Lib. I. Cap. 11).

zeigt sich, als altes Inventarstück aus den Zeiten der Mensuralnotirung:

u. s. w.

Die Taktzeichen der Mensuralzeit werden angewendet — C C$\frac{3}{2}$, O$\frac{3}{2}$, 3, $\frac{3}{4}$, $\frac{3}{4}$, C3, — doch kommen ausnahmsweise auch vereinzelte Tempobezeichnungen vor: „Adasio" (wie kommt Frescobaldi zum venetianischen Dialect?) oder „Adagio" und „Allegro". Taktstriche werden überall gezogen, meist nach je zwei Takten (als Tempus) — sie sind in dem Gewimmel kleiner Noten auch unentbehrlich. Wo mehrere kleine Noten gleicher Geltung zusammentreffen, werden sie gebunden: 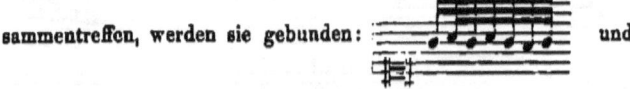 und nicht, wie man wohl auch sonst geschrieben findet:

sehr zum Vortheile der Deutlichkeit. Achtelnoten erscheinen dagegen getrennt

Frescobaldi's Ruhm drang auch nach Deutschland. Zwar weiss Prätorius (1619) noch kein Wort von ihm — aber später sendete ihm Kaiser Ferdinand III. aus Wien einen Zögling, der den Geist des Meisters mit Liebe und Verständniss in sich aufnehmen sollte, wie sonst kein zweiter, und der auch sein berühmtester Schüler wurde: Johann Jacob Froberger. Er muss mit seinem Lehrer zusammen in's Auge gefasst werden, obwol, nach Mattheson's Angabe, sein Vater ein ehrlicher deutscher Cantor aus Halle war (worüber jedoch an Ort und Stelle bisher keine beglaubigenden Nachweisungen aufzufinden gewesen sind).

Gleich seinem Lehrer Organist und Tonsetzer für Orgel und Cembalo, vereinigt Froberger in seinen Compositionen Züge des grossen contrapunktischen italienischen Styls, welchen er von Frescobaldi erlernt, die heimischen Züge seiner deutschen Abkunft, und Züge endlich, welche der zu spielender Eleganz geneigten Zier- und feinen Unterhaltungsmusik in Frankreich eigen waren. Diese verschiedenen Elemente arbeitet er so in einander, dass daraus ein eigenthümlicher Styl entsteht, welchen man nicht wohl anders nennen kann, als den „Froberger'schen". Unter den Musikern jener Uebergangszeiten macht Froberger vielleicht der erste einen oft wesentlich modernen Eindruck und giebt zudem das auch moderne Bild eines musikalischen Genies auf Reisen — und diese Kunstfahrten machte er noch zu einer Zeit, da er bereits in Wien auf kaiserlicher Orgelbank festsass oder doch hätte festsitzen sollen, während Frescobaldi, sobald er in Rom seine Anstellung gefunden, eine kurze Reise in das nicht ferne Florenz ausgenommen, nicht weiter gekommen zu sein scheint, als man die Peterskuppel in Sicht behält. Froberger ist musikalischer Kosmopolit — aber am entschiedensten und als das für Froberger wesentlich Kennzeichnende tritt Frescobaldi's Kunst und Art hervor. Wenn Frescobaldi ein bis zur Herbheit strenger, grossinniger Meister und ein Diener der Kirche ist, so giebt sich Froberger als eine zarte, liebenswürdige Natur — wo Frescobaldi die musikalische Sprache der Kirche redet, welche er auch dort nicht verleugnet, wo er Passacaglien und Ciacconen schreibt oder mit Fra Jacopino seinen Scherz hat, ist Froberger ein musikalisches Weltkind, so viel er sich auch in Kunstformen bewegt, welche, aus der Kirche hervorgegangen, wesentlich der Kirche angehörten. Man könnte Froberger den frühesten Saloncomponisten nennen — wenigstens was Eleganz, Anmuth und leichten Ton betrifft, nur dass er trotzdem nirgends den Meister der Kunst, den in strenger Schule gebildeten Musiker verleugnet und dass seine Fugensätze sich denen seines Lehrers würdig anreihen.

Eine beträchtliche Menge von Compositionen gestattet uns ein sicheres Urtheil. Zwar wurde von Froberger's Arbeiten, so lange er lebte, wunderbarer Weise gar nichts gedruckt — erst acht und zwanzig Jahre nach seinem Tode erschien 1695 (nicht 1696, wie Mattheson und Walther schreiben) zu Mainz in gestochenen Noten eine Sammlung unter dem Titel „Diverse curiose rarissime partite di Toccate, Ricercate, Capricci e Fantasie per gli amatori di cembali, organi ed istromenti" [1]). Der vornehme italienische Titel, der gegen die treuherzigen Titelblätter altdeutscher „Tabulaturen" sehr contrastirt, wäre zu bemerken — der Zögling der italienischen Organistenschule Frescobaldi's verräth sich selbst in diesem posthumen Werke — in

---

[1]) Eine Seltenheit der Seltenheiten! Herr Prof. Faisst in Stuttgart besitzt ein Exemplar. Gerber kannte das Werk nur aus Breitkopf's Verzeichniss. Eine angeblich zweite Edition von 1699 in Trägs Katalog ist mehr als problematisch. Eine zweite Sammlung ähnlicher Stücke, welche nach Walther's Lexikon 1714 ebenfalls in Mainz erschienen sein soll, ist nicht mehr nachweisbar.

seinen Manuscripten bedient er sich durchweg der italienischen Sprache. Blieben die Sachen vorläufig ungedruckt, so copirte dafür Froberger seine Compositionen eigenhändig mit kalligraphischem Aufwand, um sie dann irgend einem hohen Gönner zu Füssen zu legen. Diesem Umstand haben wir es zu danken, dass wir von Froberger mehr und Besseres kennen, als seine von Erzählern allgemach zum förmlichen Roman herausstaffierten Abenteuer zu Wasser und zu Lande mit ihren Schiffbrüchen, Räubern, getretenen Orgelbälgen und groben Fäusten grober englischer Organisten. Eine sehr reiche Sammlung von Compositionen Froberger's besitzt nämlich, als Autograph, die Wiener Hofbibliothek. Es sind vier in goldgepresstes Leder gebundene, folglich als Prachtstück gemeinte Musikbücher in klein Querquart — manchen Stücken hat Froberger zuletzt, origineller Weise, ein „Manu propria" angehängt. Die Noten sind wie in Kupfer gestochen — allerlei kalligraphische Schnörkel sind nicht gespart, stellenweise sogar mit der Feder gezeichnete Illustrationen sind angebracht, Sinnbilder, auch wohl geflügelte Engelsköpfchen, — kleine Scheusale zwischen Ornamenten-Kribskrabs — der Musiker Froberger war jedenfalls dem Zeichner vorzuziehen. Diese kalligraphischen Notenbücher schrieb Froberger augenscheinlich für seinen Gönner, Kaiser Ferdinand III. In Dresden führte, nach Mattheson's Erzählung, Froberger ein ähnliches Dedicantenstück aus; er spielte dort vor dem Churfürsten Johann Georg II. sechs Toccaten, acht Capricci, zwei Ricercar und zwei Suiten, „die er alle in ein schön gebundenes Buch sehr sauber selbst geschrieben hatte", und er überreichte dem Churfürsten „hernach das Buch zum Geschenk, wofür er eine güldene Kette bekam". Froberger bedient sich der gewöhnlichen Notenschrift auf fünf Linien — also nicht der linienreichen Tabulirung der italienischen Orgelmeister — zur Ausgleichung wechselt er aber im Laufe eines Stückes nach Bedürfniss mit dem C-, G- und F-Schlüssel (letzterer als Bass- und als Baryton-Schlüssel), oder aber er schreibt die vier Stimmen partiturmässig, wie Singstimmen auf vier Liniensysteme. Wenn C. F. Becker[1]) in einem in der unbeholfenen deutschen Tabulatur geschriebenen alten Buche, Sammelbuche von 1681, das Tongemälde einer „Schlacht" findet, von dem er meint, Froberger dürfe wohl als Componist dieser namenlosen Schlacht vermuthet werden, so ist es eine willkürliche Annahme, — Froberger wendet nie die deutsche Tabulatur an — eine Annahme, für welche vielleicht kein besserer Grund vorlag, als die bekannten Angaben Mattheson's über eine Allemande, in welcher Froberger die Gefahren seiner Ueberfahrt über den Rhein, und ein anderes

---

1) Hausmusik S. 42.

Stück, in welchem er seine traurigen Abenteuer in England, — einschliesslich des ihm angeblich vom Hoforganisten versetzten Trittes oder Schlages — schilderte, Stücke, die sich handschriftlich in Mattheson's Besitz befanden. Das Machwerk der „namenlosen Schlacht" wird wohl irgend einem namenlosen deutschen Orgelschläger angehören. (Zwar — im ersten Bande der Toccaten u. s. w. Frescobaldi's findet sich auch ein „Capriccio sopra la Battaglia", welches mit seinen Nachahmungen von Trompetenfanfaren und seinen das Schlachtgetümmel (sehr zahm) malenden Arpeggien und Passagen eben auch kein Meisterstück und Frescobaldi's nichts weniger als würdig ist.)

Nach Mattheson's Erzählung [1]) soll Froberger als fünfzehnjähriger Knabe von einem schwedischen Gesandten seiner schönen Discantstimme wegen nach dem Anno 1650 (sic) geschlossenen Westphälischen Frieden mit nach Wien genommen worden sein, „von wannen ihn der Kaiser Ferdinand III. nach Rom zu dem berühmten Girolamo Frescobaldi, Organisten zu St. Peter, in die Lehre thun liess, damit er hernach kaiserlicher Hoforganist werden mögte, welches er auch 1655 geworden ist". In dieser Erzählung sind mindestens die Jahreszahlen gründlich falsch.

Froberger gehörte zwar der kaiserlichen Hofmusikkapelle als Organist an — aber nicht erst seit 1655, sondern vom 1. Januar 1637 bis zum 30. September 1637 (kein volles Jahr!) mit einem Gehalt von 24 fl. monatlich — dann vom 1. April 1641 bis October 1645 mit 60 fl. Gehalt, endlich vom 1. April 1653 bis zum 30. Juni 1657, wo er „Dienstes entlassen" wurde [2]) — — „begab sich aber" (erzählt Walther) „wegen Kayserl. Ungnade von Wien nach Mayntz, alwo er unverheyrathet gestorben; wie dessen ein Anverwandter von ihm gewiss versichert." Der Anverwandte hat sich, trotz der gewissen Versicherung, dennoch geirrt. Froberger fand eine ihm überaus gewogene Beschützerin an der Herzogin Sibylla von Württemberg (geb. 1620) und brachte seine letzten Tage in ihrem Dienste zu. Allem Anschein nach fand er nach seiner Entlassung aus Wien sogleich bei der Herzogin Zuflucht und in ihr eine ausserordentlich gütige Beschützerin — es war ein geradezu herzliches Verhältniss, das zwischen der hohen Frau und ihrem „Musikmeister und Musiklehrer" — wie sie ihn selbst nennt, herrschte.

Seit Mattheson wird Froberger in allen Handbüchern, Lexikons u. s. w. im Jahre 1635 geboren und stirbt 1695. Köchel setzt in seinem Buche „die kaiserliche Hof-Musikkapelle in Wien" [3]) zu dem Geburtsjahre mit Recht ein entrüstetes Ausrufungs-

---

1) S. dessen Ehrenpforte.
2) Köchel, die kais. Hofmusikkapelle in Wien, S. 58.
3) S. 109.

zeichen; es giebt in der That kein Beispiel, dass ein zweijähriges Kind Hoforganist geworden wäre. Als Todesjahr nennt Köchel vermuthungsweise — 1700, als Ort des Ablebens (nach Walther) Mainz. Aber Froberger starb weder 1695 noch 1700, sondern plötzlich in Folge eines Schlagflusses am 7. Mai 1667, und nicht in Mainz, sondern zu Héricourt (Frankreich, Depart. Haute-Saône), wo er bei der Herzogin Sibylla lebte. Beerdigt wurde er am 10. Mai in der Kirche zu Bavilliers (Dep. Haut-Rhin). Ueber Dieses — und viel Anderes — haben zwei eigenhändige Briefe der Herzogin an Constantin Huyghens im Haag (den Vater des berühmten Astronomen und Entdeckers der Saturnusringe) Licht gegeben. (Diese Briefe befinden sich in der Collection des Doctor Edmund Schebek, eines tüchtigen Musikkenners und eifrigen Autographensammlers, in Prag.)

Vieles in Froberger's Lebensgeschichte bleibt indessen dennoch räthselhaft. Was war der Grund der „Kayserlichen Ungnade" und der Dienstesentlassung? Was hatte es mit der zweimaligen langen Unterbrechung des Dienstes für eine Bewandtniss? — Wir dürfen der Herzogin glauben, welche Froberger's sittlicher Strenge und Religiosität ein für ihn sehr ehrenvolles Zeugniss giebt — auch Mattheson spricht von Froberger's „tugendliebendem, gottesfürchtigem Gemüth" — schwerlich zog ihm also ein wirkliches Vergehen die „Ungnade" zu. Wohl aber kann es eine wiederholte starke „Urlaubsüberschreitung" verschuldet, und zu letzterer mögen Kunstreisen den Anlass gegeben haben. Es ist kein Grund vorhanden, Mattheson's Angabe zu bezweifeln, dass Froberger eine Zeit lang in Paris lebte, wo er „die frantzösische Lautenmanier von Galot und Gautier auf dem Klavier annahm, welche damals hoch gehalten wurde." Diese Manier sind zuverlässig jene über den Noten mückenartig herumtanzenden Trillerchen, Mordentchen und dergleichen „Agréments", wie sie hernach auch bei Franz Couperin, Rameau u. A bis zum Uebermass ihr Wesen trieben, jener „französische Champagnerschaum" (wie der alte Zelter einmal an Goethe schrieb), welchen sogar J. S. Bach nicht verschmähete. Bei Frescobaldi ist von diesen musikalischen Berlöckchen, von diesem mit dem Brenneisen gekräuselten Styl (calamistratus, wie einst Cäsar Augustus von den Versen seines Freundes Mäcenas sagte) noch keine Spur. Froberger aber würzt im Wiener Autograph gleich die Toccata prima, obschon sie sonst im hohen Styl seines Lehrers Frescobaldi componirt ist, reichlichst aus der französischen Pfefferbüchse. Die Sache ist auch darum von Interesse, weil sie lehrt, dass diese kleinen Klimpereien nicht erst, wie man insgemein annimmt, von François Couperin datiren.

Seine Reise nach Dresden, wo er, nach Mattheson's Angabe,

dem Churfürsten „ein kaiserliches Handschreiben" (vielleicht ein Empfehlungsschreiben) überbrachte, machte er, nach diesem Umstande zu schliessen, jedenfalls mit Bewilligung des Kaisers. Er bestand dort, auf Wunsch des Churfürsten, einen Wettkampf mit dessen Hoforganisten Matthias Weckmann (nach Mattheson geb. 1621 zu Oppershausen in Thüringen — Schüler des Heinrich Schütz, der ihn nach Venedig schickte, wo er, Schütz, selbst seine Bildung erhalten, — später da er schon Hoforganist in Dresden war, schickte ihn der Churfürst zu Jacob Prätorius nach Königsberg in die Lehre, in welcher er drei Jahre blieb — 1657 erhielt er die Berufung als Organist an die Jakobskirche nach Hamburg, wo er 1674 starb — ein Schüler des schon 1612 verstorbenen Johannes Gabrieli, wie Mattheson behauptet, kann er nicht gewesen sein). „Mein Mathies", lässt Mattheson den Churfürsten leise zu Weckmann sprechen, „wollet ihr mit Frobergern um eine guldene Ketten auf dem Clavier spielen?" Weckmann erklärte sich „von Herzen gerne" bereit, fügte aber sogleich hinzu: „aus Ehrerbietigkeit für Ihro kaiserliche Majestät soll Froberger die Kette gewinnen." Froberger spielte zuerst und erkundigte sich dann (?!) gleich (sic) nach „einem in der Capelle, der Weckmann heisse, der wäre am kaiserlichen Hofe sehr berühmt, und denselben mögte er gerne kennen. Weckmann stund hart hinter ihm; dem schlug der Churfürst auf die Schulter und sagte: „da steht mein Mathies." Hierauf spielte „nach abgelegten Begrüssungen" Weckmann eine halbe Stunde lang über ein ihm von Froberger gegebenes Thema, darüber sich sowohl dieser als der ganze Hof verwunderte und Froberger zum Churfürsten mit den Worten herausbrach: „Dieser ist wahrhaftig ein rechter Virtuos." Es mag in dieser Geschichte ein Körnchen Wahrheit stecken — Unwahrscheinlichkeiten aber liegen auf der Hand — Froberger erkundigt sich nach dem ihn so sehr interessirenden Weckmann erst, nachdem er selbst in des Churfürsten Gegenwart gespielt; schicklicher oder unschicklicher Weise konnte er diese Erkundigung doch wohl nur an Serenissimum richten; Weckmann erklärt im Voraus, er werde Froberger aus dem Wettstreite als Sieger hervorgehen lassen, spielt aber dann eine halbe Stunde lang als „wahrhafter Virtuos." Mattheson vergisst, dass er an anderer Stelle Froberger die goldene Gnadenkette in Dresden aus einem andern Grund, nämlich für jene Dedication zukommen lassen u. s. w. Mattheson schliesst seine Mittheilungen über Weckmann mit der Angabe, dass er und Froberger Freunde und im Briefwechsel blieben — und Froberger „sandte dem Weckmann eine Suite von seiner eigenen Hand, wobei er alle (!) Manieren setzte, so dass auch Weckmann dadurch der Froberger'schen Spielart ziemlich kundig ward."

. Köchel giebt, ohne die Quelle näher anzudeuten, an, dass

Froberger 1657 — also nach seiner definitiven Entlassung aus der Wiener Hofkapelle — nach England reiste. Aber nach den Mittheilungen, welche jener „Anverwandte" Walther zukommen liess, soll sich ja Froberger nach Mainz begeben haben.

Diese Reise nach England bildet für Froberger's Biographen insgemein den Glanzpunkt ihrer Darstellung. Man schlage bei Gustav Schilling, bei Fétis nach — und sehe zu, wie sie „die Adern" des von Mattheson gelieferten „dürren Blätterskelets mit Saftfarben und gleissendem Grün durchziehen" (wie Jean Paul sagen würde), wie aus der historisch sein sollenden Darstellung eine „Kunstnovelle" wird, bei welcher die in Activität gesetzte Phantasie ihrer Verfasser eine Menge Details zu dem historischen Kern — hinzugeträumt, und zu deren Ausstattung für Damenboudoirs nur noch Goldschnitt und Seideneinband fehlt. Fétis führt die Geschöpfe seiner Einbildungskraft sogar redend ein: „mon ami, il est temps de sortir, dit derrière lui une voix dure et rauque de vieillard; Froberger se leva pour obéir immédiatement à l'ordre presque menaçant qu'il venait de recevoir" — und so weiter. Froberger's angebliche Erlebnisse in England, selbst nur wie sie Mattheson erzählt, klingen so äusserst abenteuerlich, dass man Zweifel an der Wahrheit dieser Erzählung, deren wirklich historischer Gehalt vielleicht ein ganz unbedeutender ist, nicht unterdrücken kann.

Sollte nun nicht vielleicht gerade die berühmte Fahrt nach England eine colossale „Urlaubüberschreitung" veranlasst haben? Was machte denn Froberger in der Zwischenzeit vom October 1645 bis zum April 1653? An der Richtigkeit dieser durch das Archiv der Hofkapelle sichergestellten Daten ist nicht zu zweifeln, eben so wenig an der in die erwähnten Prachtbücher von Froberger eigenhändig geschriebenen Jahreszahl, welche also in diese Zwischenzeit fällt, wo bei Froberger's Orgelbank in Wien „Sedisvacanz" war. Obendrein lautet die Datirung des Libro secondo der Wiener Handschrift: Vienna li 29. Settempre A. 1649. Froberger war also in Wien!

Unter den Compositionen findet sich als Schluss des Libro quarto ein „Lamento sopra la dolorosa perdita della Reale Maesta di Ferdinando IV Re di Romani." Der König starb aber erst 1654, zu einer Zeit also, wo Froberger sein Amt in Wien wieder angetreten. Diese Compositionen sind also die Frucht mehrjähriger Arbeit.

Einer ähnlichen Composition, wie jenes „Lamento", erwähnt der Danziger Capellmeister Johann Valentin Meder in einem am 14. Juli 1709 geschriebenen (in Mattheson's „Ehrenpforte" mitgetheilten) Briefe. „Ein gewisser Liebhaber der Musik", schreibt Meder, „habe ihn gezwungen des Froberger's sein Memento mori auf Violen anzubringen, und mit in's Concert zu mischen; er hätte auch desselben Verfassers Tombeau aus dem F-moll mit beifügen sollen, solchen Eigensinn aber von sich abgelehnt, indem besagtes Tombeau sehr ineinander geflochten, und sich mit Geigen nicht so wohl ausdrücken lasse — ein anderes sei ein Clavichordium, ein anderes die Violin. Jedoch um des besagten Liebhabers Willen zu erfüllen, habe er ihm ein neues Tombeau vor zwei Violinen, drei Violdigamben und zwei Flöten gesetzet" u. s. w. Der Umstand, dass als Tonart von Froberger's „Tombeau" F-moll angegeben wird, während das Trauerstück auf den Tod Ferdinand IV. aus C dur geht, macht es aber zweifelhaft, ob damit jenes „Lamento sopra la dolorosa perdita" u. s. w. gemeint sei, obwohl letzteres auch zur Gattung der „Tombeaus" gehört, da Meder weiterhin solche Sätze auch mit dem allgemeinen Namen „Lamente und klagende Sätze" bezeichnet. Charakteristisch für die Art wie Froberger diejenigen von seinen Compositionen aus Tönen zusammenwebt — denn so muss man es nennen — welche mehr klavier- als orgelmässig sind, darf die Bemerkung Meder's heissen: ein Clavichordium sei etwas anderes als eine Violine und das Stück sei „sehr zusammengeflochten." Damit ist etwas anderes gemeint, als streng durchgeführte, künstliche Polyphonie, deren vier oder mehr Stimmen sich gar wohl für Saiteninstrumente einrichten oder vielmehr umschreiben liessen, wie es denn bei den altdeutschen polyphonen Liedern insgemein auf dem Titel heisst, sie seien auch „auf Instrumenten zu gebrauchen" oder „für alle Arten von Instrumenten dienlich." Meder meint vielmehr jene Setzart, welche Joh. Seb. Bach mit dem respektwidrigen Namen „manschen" bezeichnete — eine Schreibart nämlich, wo Stimmen kommen und Stimmen gehen, man weiss nicht woher und wohin — wo der Satz plötzlich sehr stimmenreich und voll und plötzlich wieder mit wenigen Stimmen ganz durchsichtig wird — wo sich der Gang der einzelnen Stimmen — Discant, Alt, Tenor, Bass — nicht verfolgen lässt, kurz die Art, wie wir unsere Orchester- und Claviersachen, welche nicht in den alten strengen Formen des Canons, der Fuge u. s. w. gehalten sind, schreiben, während Bach den Organisten und den seine einzelnen Stimmen consequent führenden Contrapunktisten auch dort nicht vergisst, wo er ein Orchester vor sich hat. Herzogin Sibylla schreibt darüber in einem ihrer Briefe an Huyghens: sie wollte gerne das Memento mori Froberger bei ihm schlagen, so gut ihr möglich wäre. „Der Organist zu Cöln Caspar Grieffgens schlägt selbiges Stück auch" (heisst es im Briefe weiter) „und hat es von seiner Hand gelernt, Griff vor Griff. Ist schwer aus den Noten zu finden. Habe es mit sondern Fleiss darum betracht, wiewohl es deutlich geschrieben, und bleibe auch des Herrn Grieffgens seiner Meinung, dass wer die Sachen nit von ihm, Herrn Froberger sel. gelernet, unmöglich mit rechter Discretion zu schlagen, wie er sie geschlagen hat." Die Schilderung passt vollkommen auf das mehrerwähnte

Trauerstück. Hochpathetischen Charakters, trotz der Durtonart Trauer, und zwar tief, wenn auch mild gestimmte Trauer ausdrückend, will es auf der Claviatur mehr declamirt, als in genauem Takt gespielt, überhaupt beinahe nach Art einer freien Phantasie mit discret angewandtem Tempo rubato behandelt sein. Den Schluss bildet allerdings ein handgreiflich malender, nicht misszuverstehender Zug, welcher sich so kindisch ausnimmt, dass er den guten Eindruck des Vorhergehenden nahezu auslöscht. Glissando und presto fährt in raschem Lauf die C-dur Tonleiter vom kleinen C im Bass bis zu den lichthellen Regionen des dreigestrichenen C — offenbar die „Himmelfahrt" des höchstseligen Ferdinandi des Vierten — diese Scala ist die „Scala del cielo", die Himmelstreppe, die Jacobsleiter; damit man es ja nicht missdeute, hat Froberger eigenhändig quer über den letzten Takt, so dass das dreigestrichene C gerade hineinfährt, den offenen, Lichtstrahlen entgegenwerfenden Himmel und drei Cherubköpfchen — geflügelte Scheusälchen — hingezeichnet. Die folgenden, den Libro quarto schliessenden Sätzchen sind alle auf ein analoges Harmoniefundament gebaut, wie das „Lamento" — also dazu und zusammengehörig, und zwar eine Gigue, eine Courante und eine Sarabande — Tänze also! aber Tänze ernster, contrapunktischer Art. Auch hier ist Froberger's illustrirende Feder nicht müssig gewesen — die Gigue prangt mit einer Zackenkrone — wohl die „Krone ewiger Gerechtigkeit" — dieser Tonsatz ist auch der relativ am freudigsten bewegte im Cyclus; zur Courante, einem feierlich majestätischen Stück, hat der Componist ein Crucifix und einen dampfenden Weihrauchkessel gezeichnet; zu der Sarabande, welche nicht wie sonst einen sentimentalen Charakter hat (alle Sentimentalität ist schon im „Lamento" aufgebraucht), sondern wiederum imposant und mit einer gewissen, der Vornehmigkeit, wie sie damals verstanden wurde, sich selbstgefällig präsentirenden Grazie einhertritt, ein reich mit Getreideähren bewachsenes Feld (Anspielung auf Matth. XIII. 8?) und einen Lorbeerkranz, welcher sich von selbst erklärt. Dieser Kreis von Tonstücken ist für die Geschichte der Suite von Wichtigkeit. Bei diesen Malereien der Componisten- und Illustrationsfeder wird man versucht, auch an die Rheinfahrt- und Organistenfusstritt-Allemanden zu glauben, von denen Mattheson berichtet.

Die Benennung „Tombeau" deutet auch wieder indirect auf Froberger's Aufenthalt in Frankreich. Im Jahre 1709 wenigstens begegnen wir diesem Terminus zum erstenmale in der französischdramatischen Musik in einem von Cambert componirten, 1671 (also vier Jahre nach Froberger's Tod) zu Paris aufgeführten Pastorale „les peines et les plaisirs d'amour", wo der Klaggesang Apoll's am Grabe der Nymphe Climéne als „Tombeau" bezeichnet ist. Die Benennung ging dann auf alle ähnlichen Stücke in der

Oper über — Rameau's prächtiger Chor „que tout gemisse" und Telairen's sich daranschliessende Arie „pâles flambeaux" gehört so gut in diese Klasse, wie Gluck's erste Scene im „Orfeo." Es scheint fast, als sei Froberger der Begründer dieser ganzen Gattung.

Froberger's Ricercar, Partiten, Tanzstücke u. s. w. lassen ihn in der Disposition und in der Durchführung als Frescobaldi's Schüler erkennen.

Von der schwerfälligen Art der deutschen Orgelspieler des 16. Säculums, welche in harter Sisyphusarbeit zentnerschwere Notenblöcke wälzen, welche rohe Accordsäulen neben einander hinpflanzen, wie etwa weiland die alten Celten ihre colossalen Steinsetzungen ihrer Min-hir und Dolmen, und hinwiederum in nichtssagendem, geschmacklosem, buntscheckigem Laufwerk herumfaseln oder irgend einen Cantus firmus mit der Grobschmiedarbeit irgend eines contrapunktischen Gitterwerks umgeben, ist bei Froberger keine Spur mehr. Allerdings waren die deutschen Organisten, wie die Tabulaturbücher der beiden Strassburger Bernhard Schmidt beweisen, wo wir Arbeiten der beiden Gabrieli, Merulo's u. A. in „deutsche Tabulatur umgesetzt" finden, bei den Werken der Italiener in die Schule gegangen, und der bedeutende Meister Samuel Scheidt in Halle, welcher 1654 starb, also Froberger's etwas älterer Zeitgenosse, schwerlich aber, wie auch vermuthet worden, Froberger's „erster Lehrer" war, wenn Froberger schon mit 15 Jahren Halle für immer verliess, scheint dieselbe Schule durchgemacht zu haben. Johann Caspar von Kerl, der vielbewunderte, kam erst um 1645 nach Rom, um bei Carissimi' zu studieren — ob auch bei Frescobaldi, ist unsicher — auf keinen Fall kann dort Froberger sein „Mitschüler" gewesen sein.[1]) Des holländischen „Organistenmachers" Jan Pieter Swelink Orgelsätze (so weit wir sie kennen) sind trocken und altväterisch. Wo wir die Orgelkunst in Deutschland sich von dem rohen Standpunkt der handfesten deutschen Orgelschläger des 16. Säculums losringen sehen, ist es überall der belebende Hauch aus Italien, welcher befreiend wirkt. Die Zeit der grossen deutschen Vorläufer J. S. Bach's — eines Pachelbel, Buxtehude u. A. stand damals schon vor der Thüre — aber eingetreten war sie noch nicht. Froberger hat neben Scheidt als ihr Vorläufer eine epochenmachende Bedeutung, und wenigstens mittelbar hat also Frescobaldi auch auf die Kunst in Deutschland einen sehr bedeutenden Einfluss gehabt. Wer Analogieen und Aehnlichkeiten zwischen Lehrer und Schüler suchte, würde ihnen bei Frescobaldi und Froberger aller Orten begegnen. Froberger's deutsche Abkunft verräth sich zumeist in einzelnen Themen, welche wie deutsche Volksweisen klingen, so in einer Canzon des Wiener Libro secondo:

---

1) wie Fétis will, s. Biogr. univ. d. m. ad voc. Kerl (Jean Gaspard de).

Die Organisten. Frescobaldi u. s. w. 473

(im Original partiturmässig in vier Stimmen.)

Das klingt im Thema so nicht-italienisch und so urdeutsch wie möglich, aber die Durchführung ist durch und durch Frescobaldisch. Man stelle nur neben diese Composition Froberger's zur Vergleichung die „Canzon quarti toni dopo il postcomune" von Frescobaldi:

Der „nationale" Unterschied im Charakter (nicht einmal in der Bildung!) der Themen und die völlige Uebereinstimmung in der Art der Durchführung derselben liegt klar vor Augen. Im Verlaufe des Stückes gestalten beide Tonsetzer ihr Thema zu einer Episode im $\frac{12}{8}$ ($\frac{6}{4}$)-Takt, nachdem sie beide ihren Satz mit einer entschieden eintretenden Cadenz zu Ende führen zu wollen geschienen:

Nach dieser Episode tritt bei beiden Meistern ein gleichsam reflektirender Moment des Stillstands ein, nach welchem es wieder frisch und lustig in der fugirten Arbeit weiter und zu Ende geht.

Mit Hilfe der „vergleichenden musikalischen Anatomie" würde man vielfach zu ähnlichen Resultaten kommen. Auch das colorirte Motiv  ist eine Manier Frescobaldi's, welche sich der Schüler getreulich angeeignet hat — während Frescobaldi seinerseits sie bei seinen Vorgängern Merulo, Gabrieli u. s. w. antraf. So geläufig dieser Zierschnörkel den italienischen Orgelmeistern ist, so wenig findet er sich bei den deutschen.

Die Toccaten Froberger's gleichen jener Classe der Frescobaldi'schen, welche wir als „thematisch durcharbeitend" bezeichnet haben, bis zum Doppelgängerischen. Froberger bildet allenfalls glatter, flüssiger, sein grosser Lehrer schroffer, aber auch mächtiger und imposanter.

Eben so sind Froberger's Partiten echte und gerechte Kinder der Frescobaldi'schen. Aber zu Frescobaldi's strenger Hoheit verhält sich der liebenswürdige, klangselige Froberger, wie etwa Mozart zu J. S. Bach. Jenes „Manschen", wo es vorkommt, ist ein Schritt zur Befreiung der Musik aus den unaufhörlichen Banden der Polyphonie. Frescobaldi ist mehr Organist, Froberger mehr Clavierspieler. Frescobaldi's Partiten sind bewundernswerthe, geistvolle contrapunktische Studien „für Kenner und Liebhaber"; in jenen Froberger's ist alles glatter, flüssiger, beweglicher, eleganter geworden — so recht für musikalische grosse Damen, wie Herzogin Sibylla, und doch auch für den strengsten Musiker höchst interessant. Kleine musikalische Juwele sind seine Partiten — eigentlich Variationen — „auff die Mayerinn" (im Wiener Manuscript). War diese „Mayerinn" ein Volkslied, oder etwa eine Lieblingsmelodie jener Ursula Meyer, genannt „die Meyerin", welche, 1575 zu Münster geboren, viele Jahre im Dienste Anna's von Oesterreich, Tochter des Erzherzogs Karl I. von Steyermark, stand, als sich diese Prinzessin mit König Sigismund III. von Polen am 31. Mai 1592 vermählte, ihr folgte, die Kinder des königlichen Hauses erzog, an der königlichen Tafel ass, als das Orakel des Hofes und des königlichen Familienrathes galt, noch unter Sigismund's Nachfolger, Ladislav IV., ihrem Eleven, eine grosse Rolle spielte, selbst in Staatssachen eine einflussreiche Stimme hatte, vom Papst Urban VIII. durch Uebersendung der goldenen Rose geehrt wurde und endlich 1635 zu Warschau starb? Der Gedanke liegt sehr nahe, dass Froberger wieder einmal eines seiner Dedicantenstücke ausgeführt hat und die Partiten später auch (mit Recht) in die für Ferdinand III. bestimmte Sammlung aufnahm. Das Thema, in seiner Urgestalt als Lied, kann man sich wohlerhalten aus der Oberstimme der Partita quinta heraussuchen — welch' letztere übrigens die mindest bedeutende im Cyclus ist, zweistimmig: die Liedmelodie und ein bunt figurirter laufender Bass. Desto reizender und pikanter sind

die anderen, darunter eine „Courante sopra Mayerinn" nebst
„Double" — zum Schlusse eine „Saraband sopra Mayerinn" —
das Double-Stück (eine Form, der wir dann unter J. S. Bach's
Suiten als einer gewohnten begegnen) gleichsam als eine Variation
der Variation. Den Namen „Double" hat Froberger wohl aus
Frankreich mitgebracht; bei Frescobaldi kommt er noch nicht
vor. Die Perle unter den Partiten ist die sechste, die „Partita
cromatica", ein Stück voll Leben, anmuthiger Bewegung und
Wohlklang.

Froberger's Tanzstücke haben dagegen mit denen Frescobaldi'
weniger Verwandtschaft — sie gehen mehr in's französische Genre.
Unter Franz Couperin's Sarabanden, Couranten u. dgl. finden sich
Nummern, die entschieden mit den analogen Froberger's verwandt
sind. Und hier grenzt er hinwiederum an J. S. Bach und
dessen Suiten. Bemerkenswerth ist die gelegentliche Bemerkung
der Herzogin Sibylla, „man müsse die Sachen von Froberger selbst
gelernt haben, um sie richtig zu spielen." Auch hierin kündigt
sich das Morgenroth einer neuen Zeit an. Frescobaldi's streng
polyphone, gleichsam ganz objektive Stücke kann ein tüchtiger
Orgler kaum verderben — aber bei Froberger tritt schon die
Subjectivität des Künstlers mehr in's Werk und muss hinwiederum
daraus sprechen.

Es ist schon erwähnt worden, dass der in „kayerliche Un-
gnad" gefallene Froberger ein Asyl bei der Herzogin Sibylla
von Württemberg fand. Es ist wohlthuend, wenn wir nach Froberger's Tode in dem ersten, am 25. Juni 1667 aus Héricourt an
Huyghens geschriebenen Brief der Herzogin lesen: „allein ver-
bleibe ich, leider Gott erbarms, nur eine geringe hinterlassene
Schülerin meines lieben, ehrlichen, getreuen und fleissigen Lehr-
meisters sel. Herr Joh. Jacob Froberger, kais. Maj. Kammer-
Organist, welcher heut sieben Wochen Abends nach fünf Uhr
unter währendem seinem Vespergebet von dem lieben Gott mit
einem starken Schlaganfall angegriffen worden, nur noch etliche
Mal stark Athem geholt und hernach ohne Bewegung eines Glieds
so sanft und, wie ich zu dem lieben Gott hoffe, selig verschieden. Denn er noch die Gnad von Gott gehabt, dass er nieder-
gekniet laut gesagt: Jesus, Jesus sei mir gnädig! und somit
zurückgeschlagen Verstand und Alles hin. Liefen alle zu, was
im Schlosse waren, konnt aber niemand helfen, war selbst auch
dabei. Nun, der liebe Gott erwecke ihn mit Freuden und gebe,
dass wir einander im himmlischen und englischen Musenchor wieder antreffen mögen." Froberger scheint sein Lebensende geahnt
zu haben — Tags vorher hatte er der Herzogin einen Dukaten
eingehändigt mit der Bitte, ihn nach seinem Tode zu frommen
Werken zu verwenden. Dürfen wir hiernach nicht annehmen,
dass Froberger damals nicht mehr in der Vollkraft des Lebens ge-

standen, etwa ein Mann in den Sechzig gewesen, und das wir folglich seine Geburt in die ersten Jahre nach 1600 versetzen können? Ist es aber so, wie hätte er mit fünfzehn Jahren zu Ferdinand III. kommen können? Mattheson's Angaben erscheinen auch hier mindestens ungenau — freilich lässt er auch den dreissigjährigen Krieg zwei Jahre später enden, als der Westphälische Frieden geschlossen worden!

Die Herzogin liess ihrem Froberger „zur Gedächtnuss einen Grabstein machen; ist nit unfein" schreibt sie. Seine Tonwerke bewahrte sie wie einen Schatz: „seine edle Compositiones habe ich so lieb und werth, dass ich sie so lang ich lebe nit kann oder begere aus Handen zu lassen." Eine Malerin oder Zeichnerin, Namens Caterina Bergerotti, zeichnete für die Herzogin ein „Conterfait" des geliebten Meisters, welches die hohe Dame in ihrem „Museo" aufbewahrte. Das Bild ist nicht mehr zu finden — auch der „nit unfeine" Grabstein in der Kirche zu Bavilliers ist in den Stürmen der Revolution abhanden gekommen. Die Herzogin erwähnt, dass zu Froberger's Beerdigung sich „gute Freund von Montbelliard" eingefunden, „denn ihn die Leut wegen seines guten Humors geliebt haben, ob sie eben seine Kunst nit verstanden." Ist das nicht wieder ein an Mozart erinnernder Zug? Aber er hatte am Hofe der Herzogin auch seine Gegner. „Adversarii", schreibt die edle Frau, „bleiben aber auch nit aus und meinen es sei der Sachen zu viel gethan und nit recht, weil er nit mehr unser Religion gewesen, und was noch mehr allerlei so Reden oder Judiciren mag. Doch reuet es mich nit, ich höre gleich was ich wolle, denn seine rare Virtou und der Herr, bei dem er in einsten gewesen meritiren noch wehl eine ehrliche Begleitung zu letze. Ohne was ich noch vor mein Person, wie vor gedacht, Gutes von ihm empfangen habe, so ist er ja doch auch noch ein Christ und guten Lebens gewesen. Ist mir gewiss sauer genug angekommen und bin kein lachender Erb, möchte mir noch als Herz und Augen übergehen, wenn ich bedenke, was mir mit ihm abgestorben."

Froberger war als Protestant lutherischer Confession geboren. Mattheson erzählt, in Rom habe ihn ein deutscher Mitschüler, Namens Kappeler, beredet, zum Katholicismus überzutreten — Kappeler selbst sei später bei der Landgräfin von Darmstadt Maria Elisabeth zu Husum Hoforganist geworden, „sattelte nun selbst um und bekannte sich zum Lutherthum." Es gab, wie bekannt, in jenen Zeiten mehr Leute, welche nach dem Grundsatz „Cujus regio ejus religio" in solcher Weise „umsattelten" — ja gelegentlich nach Bedürfniss wiederholt „die Religion changirten." Eben weil Froberger's Religiosität keine blos äusserliche war, mochte er nicht die Confession wechseln, wie man einen Rock wechselt. Es macht der Herzogin Ehre, dass sie grossinniger

dachte, als die Zionswächter an ihrem Hofe.[1]) Wenn übrigens,
wie Mattheson sagt, Froberger schon als Knabe in des Kaisers
Ferdinand III. Kapelle kam, so dürfte sein Uebertritt unmöglich
erst in Rom geschehen sein. Aus Briefen, welche der verdienstvolle Historiograph der Wiener Hofkapelle, Köchel, gefunden, ergiebt sich indessen, dass Froberger's Uebertritt wirklich in Rom
geschah — aber nicht auf Zureden eines Mitschülers, sondern auf
den Wunsch des Kaisers, und dass dieser Uebertritt schon von
Wien aus vorbereitet worden.

Als Schüler Froberger's nennt Mattheson (in der Lebensskizze
des k. dänischen Hofkapellmeisters Kaspar Förster) gelegentlich
einen Danziger Ewald Hinsch, welcher „bei dem berühmten Froberger gelernt hatte" und unter Kaspar Förster als Hoforganist
des Königs Friedrich III. diente. Auch Kaspar Grieffgens in Cöln
scheint von Froberger Anleitung bekommen zu haben. Als Vorbild hat er aber noch mehr gewirkt, denn als unmittelbarer Lehrmeister. Es ist interessant, die Partiten „auff die Mayerinn" mit
dem grossen 1648 zu Prag erschienenen Variationenwerk Wolfgang
Ebner's, der gleichzeitig in Wien mit Froberger Hoforganist war,
— „Aria XXXVI modis variata per il cembalo" — zu vergleichen.
Froberger's Arbeit hat hier augenscheinlich als Muster gedient,
selbst die „chromatische Partita" findet dort ihr Gegenbild in einer
„chromatischen Variation." Auch die beiden Muffat deuten oft
genug auf Froberger zurück, während wir z. B. an dem gleichzeitigen Kuhnau in Leipzig statt dessen die Familienzüge der norddeutschen Organistenschule erkennen.

Ein sehr respektabler Meister dieser Epoche ist Giovanni
Battista Fasolo aus Asti, Franciscaner in einem Kloster zu Palermo, dessen „Annuale organistico" 1645 in Venedig erschien. Die
Art, wie er in diesem Werke die gegebenen kirchlichen Motive
der Hymnen, Antiphonen u. s. w. behandelt, erinnert in ihrer
ganzen Factur, in der freien, energischen und lebensvollen Führung
der Stimmen, im Verschmähen kleinlichen Zierwerks und in der
Tüchtigkeit des Zusammenklanges durchaus an die ähnlichen Arbeiten Frescobaldi's, der vor dem braven Mönch von Palermo

---

1) Merkwürdig ist es, dass sich an ihren Tod die Wundererzählung
von einer Engelsmusik knüpft, gleichsam als habe diese geliebte Kunst
sie noch in den letzten Augenblicken nicht verlassen. „Als die fromme
Herzogin Magdalena Sibylla von Würtemberg auf dem Sterbebette lag,
den 7. August 1712, liess sich Nachts im Zimmer, wo eben nur zwei Personen gegenwärtig waren, eine überaus liebliche Stimmen- und Harfenmusik hören, die nach einigen Minuten verwehte. Sogar der Kanzler der
Universität gedachte derselben in einer feierlichen öffentlichen Rede; die
Zuhörenden hätten in ihrem Leben nichts Anmuthigeres gehört; in der
That seien nicht Menschen-, sondern Engelsstimmen erklungen." Die Herzogin starb erst am 11. August 1712. (Perty, Mystische Erschein. S. 471.)

wohl den Zug des Genialen, Vielseitigkeit und Glanz voraus hat, im Uebrigen aber ihm entschieden geistesverwandt erscheint.

Berühmter als der anspruchslose Klosterbruder im fernen Sicilien wurde Bernardo Pasquini, geboren 1637 zu Massa di Valnevola im Toskanischen, Organist der Basilica von S. Maria maggiore in Rom, der den stolzen Titel erhielt „Organoedus Senatus populique Romani", Lehrer Franz Gasparini's und Francesco Durante's, gestorben 72 Jahre alt am Cäcilientag 1710 und begraben in S. Lorenzo in Lucina (beim Corso), wo seine Grabschrift von ihm rühmt: „musicis modulis apud omnes fere Europae Principes nominis gloriam adeptus." Wirklich soll ihm Leopold I. aus Wien Scolaren zur Ausbildung zugesendet haben — was indessen mit den Daten des Wiener Kapellarchivs nicht stimmen will, wo von 1657 bis 1679, den Regierungsjahren des genannten Kaisers, als Organisten genannt werden: Wolfgang Ebner, Paul Neidlinger 1657—1669, Marcus Ebner 1657—1680, Alexander Poglietti 1661—1683, Carlo Capellini 1665—1683. Einige Stücke des eben genannten Poglietti und Bernardo Pasquini's wurden 1704 zu Amsterdam in einer Sammlung Toccaten und Suiten gedruckt. Ludwig Landsberg erwarb in Rom zwei in ihrer Art unschätzbare Autographe Pasquini's, zwei voluminöse Bände Toccaten und ähnliche Compositionen — nach Landsberg's Tode (1858) wanderten sie nach Amerika, wo sie leider — verschollen sind.[1]) So ist uns von dem berühmten Meister nichts geblieben, als sein Name und seine stolze Grabschrift in S. Lorenzo in Lucina.

---

[1]) Die egoistische Eitelkeit der Engländer und Amerikaner, Werke, welche ein Gemeingut der Menschheit sein sollten, im „Privatbesitz" zu haben — oft um sie dann nie wieder anzusehen, sie aber vor aller Welt zu versperren, verdiente wohl einmal ein nachdrückliches Wort! Wollte doch einmal ein Engländer das berühmte Salzfass Benvenuto Cellini's (in der kais. Schatzkammer in Wien) durchaus kaufen!! Natürlich — für Guineen, dachte er, ist Alles feil.

Leipzig,
Druck von Hundertstund & Pries.

Nachwort.

Gern leiste ich dem Wunsche der Familie wie der Freunde des verewigten Verfassers Folge, diesem nachgelassenen Theile seiner „Geschichte der Musik" einige Worte der Erinnerung hinzuzufügen. Stand ich doch mit Ambros Jahre hindurch bis zu seinem Tode in freundschaftlichem und geistigem Verkehr und habe ich doch diesen Theil der Musikgeschichte allmälig entstehen und werden gesehen. Wir hatten ja in unseren Arbeiten wie Anschauungen so manche Berührungspunkte, und es bereitete ihm jedesmal eine grosse Freude, wenn er sich über seine Pläne und Ziele gegen mich aussprechen konnte. Noch steht er mir lebhaft vor Augen, wie er, nur wenige Tage vor seiner Erkrankung, bei mir vorsprach und mit überströmender Begeisterung so manches Detail dieses Bandes schilderte. „Möchte es mir nur beschieden sein, das Werk, so wie ich es wünsche, zum Abschluss zu bringen! Ich darf wol hoffen dann der Kunst wie der Wissenschaft einen Dienst erwiesen zu haben", so sagte er mir damals beim Fortgehen. Leider sollte er aber die Vollendung seines Werkes nicht mehr erleben.

„Wir haben in Ambros nicht etwa nur den Verlust eines liebenswürdigen Collegen und einer seltenen, den ernstesten Aufgaben zugewendeten, von einem unerschütterlichen Willen getragenen Arbeitskraft zu bedauern, mit dem Dasein des Mannes ist auch ein aus den innersten Bedürfnissen der Zeit wie der musikalischen Kunst concipirtes Werk gerade da abgebrochen, wo dasselbe seine höchsten Blüthen zu entfalten versprach." — Diese Worte, mit denen ich meinen Nachruf an Ambros in der „Presse" einleitete, dürften auch hier an ihrem Platze sein, denn ich wüsste den Empfindungen über das

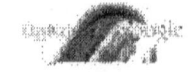

Erlöschen dieser Kraft keinen überzeugungstreueren Ausdruck zu geben.

Ich glaube nicht zu viel zu sagen, wenn ich dieses Werk als ein aus den innersten Bedürfnissen der Zeit concipirtes bezeichne. Es ist eine That, deren Tragweite umsomehr an Bedeutung gewinnt, wenn man bedenkt, dass bei uns in Deutschland die mächtigen Einflüsse der Aesthetik den Sinn von der strengen Forschung auf den entlegeneren Gebieten der Musikgeschichte vielfach ablenken. Und doch verweist uns der Kampf der grossen Gegensätze, welcher heutigen Tags das Musikleben durchwühlt, auf die Nothwendigkeit einer klärenden, in die Tiefen der Vergangenheit eindringenden Forschung, als der sichersten Basis für die Beurtheilung der gegenwärtigen Strömung und deren Ziele. Der Werth jener That steigert sich im Hinblick auf die Schwierigkeiten, die zu besiegen waren und auf die kargen Früchte, die sie an äusseren Ehren, wie an materiellem Erfolge abwirft. Der Weg der Forschung auf diesem Gebiete führt nicht etwa zu den Lorbeeren eines populären Ruhmes — denn es ist nur eine kleine Gemeinde, die diesem Gegenstande ein höheres Interesse und Verständniss entgegenbringt — sondern eher von Klippe zu Klippe. Es gilt die mühevolle Arbeit, in die Schachte eines längst versunkenen Empfindungslebens hinabzusteigen, das Geäder der Formenbildungen blosszulegen und aus der Kruste wunderlicher, räthselhafter Gestaltungen das echte musikalische Metall herauszuschlagen, die treibende Kraft, welche dieselbe erzeugte, aufzuspüren: eine harte Arbeit im Dienste der Kunst und Cultur, die nur die Begeisterung für die Sache vergütigt, freilich auch wirklich vergütigt. In Wahrheit vermag nur die Begeisterung allein über die Furcht hinwegzuheben, dass bei dem Dunkel, welches manche wichtige Phasen der Geschichte noch verhüllt, das Schaffen mehr oder weniger nur zu fragmentarischen Errungenschaften führe, und das drückende Bewusstsein zu bannen, dass bei dem vielen, schwer zu entziffernden Material der Irrthum stets im Hinterhalte lauere und eine neue Entdeckung die mühsam gewonnenen Resultate überhole und abschwäche. Ein auf solche Aufgaben gerichtetes Unternehmen bedingt vor Allem die Mittel, den in Archiven zerstreut liegenden Stoff zusammenzutragen und in reichlichster Sammlung aufzuspeichern; es bedingt ferner eine sorgenlose Musse, ihn mit der nöthigen Ruhe zu verarbeiten; es erfordert in erster Linie einen eisernen Fleiss, der vor der minutiösesten Prüfung, vor Enttäuschung in Folge verfehlter Schlüsse nicht zurückschreckt. Mit seltener Energie hat Ambros die Schwierigkeiten in Betreff der Beschaffung der Materialien zu überwinden gewusst und dabei selbst persönliche Opfer nicht gescheut. Für seinen ausdauernden, rastlosen Fleiss zeugt schon die überaus reiche musikalische Hinterlassenschaft, eine reiche Sammlung von circa 1500 Nummern eigener Handschrift, die Frucht 30jährigen Fleisses, in welchem schon allein die Sammlung der von ihm in moderne Notenschrift übertragenen und in Partitur gesetzten Werke der berühmten alten niederländischen Meister mehrere stattliche Bände bilden.*) Doch das Glück einer sorgenlosen Musse war ihm nie beschieden; die Verhältnisse zwangen ihn vielmehr zu einer mannigfachen Zersplitterung seiner kostbaren Zeit und Thätigkeit. Bei der vielverzweigten Wirksamkeit, die seine Kräfte mächtig in Anspruch nahm, muss man es in hohem Masse bewundern, dass Ambros das von seinem Oheim, dem Hofrath Kiesewetter, Angestrebte und Angebahnte in verhältnissmässig

---

*) Einem Freunde des Verewigten, dem Componisten Wilhelm Westmeyer, ist es zu verdanken, dass dieser werthvolle musikalische Nachlass für Oesterreich erhalten bleibt. Es ist damit sowohl ein Wunsch des Verfassers als auch eine Ehrenpflicht erfüllt. Westmeyer hat in ritterlicher Weise von der hinterbliebenen Familie diese Schätze kirchlicher und weltlicher Tonkunst acquirirt, um sie einem vaterländischen Institute als Geschenk zu überweisen, wo sie dem Studium bleibend zugänglich sein sollen.

nicht gar langer Zeit so rühmlich zum Ziele führen konnte. Er
ermöglichte diess durch eine ausserordentliche Vielseitigkeit der
Bildung, welche sich stützte auf eine ungemeine Elasticität des
Geistes, verbunden mit einer zähen Arbeitskraft und einem
wahrhaft phänomenalen Gedächtnisse. So verdankt ihm der ehrwürdige Dom der mittelalterlichen Musik einen Ausbau, der
sich in dem Capitel über die Kunst der Niederländer prächtig
zuwölbt, und von den Höhen desselben, eröffnet sich in diesem
leider nicht vollendeten Theile eine Aussicht, über die Grenzen
des Mittelalters hinaus auf die ersten Bildungen einer neuen Zeit!

Ambros hat das unschätzbare Verdienst, in jenem Capitel den
Culminationspunkt jener mittelalterlichen Epoche in eine ganz
neue Beleuchtung gerückt und Gesichtspunkte erschlossen zu
haben, welche über das archäologische Interesse weit hinaustragen und neue Einblicke in den Bildungsgang der Tonkunst
gewähren. Es ist aber nicht die Geschichte einer isolirten Kunst,
deren Bild uns Ambros entrollt, wir verfolgen vielmehr das
Werden, das Wachsthum der Musik in deren stetigem Zusammenhange mit dem Gange der Cultur und der Entwickelung
der Schwesterkünste. Das verleiht der Darstellung einen erhöhten Reiz und wirft manche interessante Lichter auf das
Familienverhältniss dieser Kunst zu den übrigen Künsten.
Ambros äussert sich in der Einleitung zu seinen Skizzen und
Studien „Bunte Blätter"*): „Man wird es wol in meiner Musikgeschichte bemerkt haben, wie mir der Kunstgeist dieser oder
jener Periode in seinem Zusammenhange klar zu sein, wie mir
die Musik und die bildende und bauende Kunst nur Aeusserung
ein und derselben geistigen Strömung scheint." Dieses Princip
hat Ambros in seiner Musikgeschichte consequent durchgeführt;
es bedurfte aber auch eines so umfassenden Wissens, wie er es
besass, um es mit solcher Consequenz durchzuführen. Sein

---

*) Bunte Blätter. Skizzen u. Studien für Freunde der Musik und
der bildenden Kunst v. A. W. Ambros. 2 Bde. Leipzig, F. E. C. Leuckart.

Grundprincip mag ihn zu einer oder der anderen Ausschreitung verleitet haben, man mag überhaupt der Methode im Aufbau des Materials nicht immer seine Zustimmung geben können, doch haben die Mängel nicht eine solche Tragweite, dass sie dem monumentalen Charakter des Werkes den geringsten Eintrag thun könnten. Entbehrt die „Geschichte der Musik" auch eines völlig ausklingenden Schluss-Accordes, so hat sich doch der Verfasser damit ein für alle Zeiten bleibendes und seinen Namen ehrendes Denkmal gesetzt.

Die letzten ermuthigenden Antriebe sein Werk zu vollenden erhielt Ambros durch die warme Theilnahme, welche eine hohe Frau mit seltenem Verständniss seinen Bestrebungen sowie dem Gegenstande derselben zuwandte.*)

Er hatte öfters den Wunsch geäussert, diesen Theil seiner Musikgeschichte jener hohen Gönnerin zueignen zu dürfen. Die Hinterbliebenen hielten es für eine Pflicht der Pietät, die Erfüllung dieses Wunsches zu ermöglichen. So möge denn dieses Buch unter der Aegide jener an der Spitze desselben stehenden, dem Wortlaut nach von dem Verstorbenen herrührenden Dedication, in die Oeffentlichkeit treten.

Wien, im Mai 1878.

Eduard Schelle.

---

*) Von der nämlichen Seite dazu angeregt verfasste Ambros im Januar 1876 ein eingehendes Elaborat über die Reorganisation der Kirchenmusik in Oesterreich. An der Verwirklichung der darin niedergelegten Ideen, die keineswegs in losem Zusammenhange mit den Resultaten seiner historischen Studien gestanden, hatte er bereits Jahre lang im Vereine mit Wilhelm Westmeyer gearbeitet. Als nun endlich sicherer Boden dafür gewonnen schien, wurde Ambros dem Leben entrissen und so bleibt jetzt nur zu hoffen, dass es dem überlebendem Freunde im Interesse der Kultur, von Staat und Kirche gelingen möchte, das gemeinsam erstrebte Ziel ungeachtet der vorhandenen, fast unüberwindlich scheinenden Schwierigkeiten allein zu erreichen.

Verlag von F. E. C. Leuckart (Constantin Sander) in Leipzig.

Bunte Blätter.
Skizzen und Studien
für Freunde der Musik und der bildenden Kunst.
Von
A. W. Ambros.
Jeder Band geheftet M. 4,50. — Elegant gebunden M. 6. —

Erster Band. Mit dem Portrait des Verfassers. Inhalt: Der Originalstoff zu Weber's „Freischütz". — Musikalisches aus Italien. — Deutsche Musik und deutsche Musiker in Italien. — Abbé Liszt in Rom. — Carneval und Tanz in alter Zeit. — Die „Messe solennelle" von Rossini. — Hector Berlioz. — Sigismund Thalberg. — Schwind's und Mendelssohn's „Melusine". — Zur Erinnerung an Friedrich Overbeck. — Fétis. — Wagneriana. — Tage in Assisi. — Im Campo Santo zu Pisa. — Florenz und Elbflorenz. — Lose Studienblätter aus Florenz und dessen Nachbarschaft (Giotto; Die Geschichte des Antichrist.) — Von der Holbeinausstellung in Dresden. — Alessandro Stradella. — Robert Franz. — Musik-Beilagen.

Zweiter Band. Inhalt: I. Musikalisches. Musikalische Wasserpest. — Hamlet, Oper von Ambroise Thomas. — Zumsteeg, der Balladencomponist. — Der erste Keim des Freischütz-Textes. — Musikalische Uebermalungen und Retouchen. — Franz Lachner's Requiem. — Bachiana. — Rubinstein. — Halbopern und Halboratorien. — Schubertiana. — Allerlei Beethoven'sche Humore. — Ein Kapitel von musikalischen Instrumenten. — II. Zur bildenden Kunst. Von Wien nach Nürnberg. — Orcagna, Holbein und Kaulbach. — Kaulbach's Carton: die Christenverfolgung unter Nero. — In den Raphael-Sälen des Vaticans. — III. Aus meiner italienischen Reisemappe. Goethe in Italien und seine Nachfahrer. — Italienischer Frühling. — Ein Bilderbuch voll Figuren. — Der Gesundheitspass von Orbetello. — Römische Ostern. — S. Maria alla morte in Rom. — Orvieto.

Des Anicius Manlius Severinus Boetius
Fünf Bücher über die Musik.
Aus der lateinischen in die deutsche Sprache übertragen und mit besonderer Berücksichtigung der
Griechischen Harmonik
sachlich erklärt von Oscar Paul.
Mit vielen Tabellen und Facsimiles. 27 Bogen gr. 8. Geh. M. 16.

Längst hat die historische Forschung die fünf Bücher über Musik des Boetius für ein äusserst wichtiges Werk zum Verständnisse der griechischen und mittelalterlichen Musik erklärt, aber auch stets ist von den vorzüglichsten Musikgelehrten auf die erheblichen Schwierigkeiten der umfangreichen Schrift hingewiesen worden, deren Inhalt in ein kaum aufzuhellendes mystisches Dunkel gehüllt sei. Bisher wurde niemals der Versuch gewagt durch Uebertragung in eine der lebendigen Sprachen den Schleier zu lüften und den Forschungen über die Akustik und die Tonsysteme der Griechen, welche Boetius für das Mittelalter gewissermassen rettete, neue Bahnen zu eröffnen. Mit der vorliegenden, ersten deutschen Uebersetzung und den sachlichen Erklärungen dazu ist nun endlich der Litteratur ein Werk geschenkt, welches die griechische Harmonik erschöpft und das Verständniss der musikalischen Theorien des früheren Mittelalters vermittelt.

Geschichte der alten und mittelalterlichen Musik
von
Rudolph Westphal.
Erste Abtheilung XII u. 248 Seiten. gr. 8. Geh. M. 5,25.
Dritte Abtheilung 96 Seiten. gr. 8. Geh. M. 3,75.

Auch unter dem Titel:
Plutarch über die Musik von Rud. Westphal.
Geheftet. M. 3,75.

www.ingramcontent.com/pod-product-compliance
Lightning Source LLC
Chambersburg PA
CBHW021421300426
44114CB00010B/585